JN411658

국역
휘찬여사 5
열전2

국역
휘찬여사 5 열전2

초판1쇄 발행 | 2012년 2월 28일

기획 군위문화원 · 군위군
지음 홍여하
옮김 김현영 · 박한남 · 이재희 · 류주희

펴낸이 홍기원
총괄 홍종화
디자인 정춘경
편집 오경희 · 조정화 · 오성현 · 신나래 · 정고은 · 임민영
관리 박정대 · 최기엽

펴낸곳 민속원 출판등록 제18-1호
주소 서울 마포구 대흥동 337-25 전화 02) 804-3320, 805-3320, 806-3320(代) 팩스 02) 802-3346
이메일 minsok1@chollian.net 홈페이지 www.minsokwon.com

ISBN 978-89-285-0245-5 94380
978-89-285-0240-0(세트)

《木齋家塾彙纂麗史》

목재木齋 홍여하洪汝河 저

국역 휘찬여사 5

《열전列傳 2》

김현영
박한남
이재희
류주희 역

민속원

국역 휘찬여사

일러두기

1. 모든 고유명사(인명, 지명 등), 관직명, 한자 성어에는 해당 한자를 병기하였다. 다만 한 페이지에 중복되어 나오는 경우에는 한자를 생략하였다.
2. 원문에 인명에서 생략되어 이름만 나오는 경우에도 성명을 모두 써주었다.
3. 번역 과정에 원문 교감을 병행하였다. 『고려사』나 전후의 사실로 미루어 명확한 오탈자나 오류인 경우에는 주석을 붙여서 설명하였다.
4. 원주(쌍행) 번역 부분을 역자 주와 구별하기 위하여 { } 안에 원주를 넣었다. 역자 주는 각주로 처리하였으나 10자 이내로 짧은 것은 괄호 속에 처리하였다.
5. 연대 표기는 먼저 고려의 왕대를 쓰고 괄호 속에 서기 연대와 중국 연대를 써주었다.
   예) 충렬왕 9년(1283, 元 世祖 至元 20) *밑줄 부분은 경우에 따라 생략하였다.
6. '帝'는 '황제'로, '王'은 '왕' 혹은 '국왕'으로 번역하였다. 혼동의 염려가 있을 경우에는 괄호 속에 그 왕이나 황제의 시호를 넣어주었다.
7. 송宋, 요遼, 금金, 원元, 몽골[蒙古]은 혹은 송나라, 요나라, 금나라, 원나라라고도 번역하였다.
8. '붕崩', '훙薨', '졸卒', '서逝'는 '붕어하다', '훙거하다', '죽었다', '서거하다' 등으로 번역하였다.
9. 이 책은 원본 총 48권을 6책으로 나누어 간행하였다. 제1책에는 세가世家, 제2책과 제3책에는 지志, 제4책에서 제6책까지는 열전列傳이다. 다만 원본의 제21권 신서인전辛庶人傳(우왕, 창왕)은 세가편의 공민왕 다음 공양왕 앞으로 옮겼다. 왕대의 계속성을 보이는 측면도 있지만, 각 책의 분량을 염두에 둔 편집이다.

10. 거란, 여진, 몽골 등의 이름이나 용어는 한자어대로 쓴 후 한자를 병기하고 괄호 속에 원래의 발음을 써 주었다.

11. 번역본에 사용한 주요 부호는 다음과 같다.
   - 『 』: 저서나 저작물. 예) 『삼국사기三國史記』
   - 「 」: 논문이나 편명, 관작명이나 공신명. 예) 『서경書經』 「무일편無逸篇」
   - [ ] : 의역한 부분의 원문. 예) 군사에 관련된 주요한 일[軍機]
   - { } : 원문 주를 번역한 것. 예) 예종의 장자로 어머니는 순덕왕후順德王后 이씨이다.{예종 4년 기축년 (1109)에 태어났다.}
   - ( ) : 역문에 대한 간단한 주석 또는 원문에 없는 것을 보완한 사항. 예) 숭녕崇寧(송나라 휘종의 연호)
   - " " : 원문에서의 인용 문장 및 대화 부분.
   - ' ' : 인용 문장 또는 대화 안에 있는 인용어.

12. 영인본은 독자의 편의를 위하여 왕대, 연기, 사론 등 부분에 색도를 넣어 구분하였다.

13. 각 권의 번역자는 다음과 같다.
   - 김현영 : 권1, 5, 9, 13, 17, 21, 25, 29, 33, 37, 41, 45
   - 박한남 : 권2, 6, 10, 14, 18, 22, 26, 30, 34, 38, 42, 46
   - 이재희 : 권3, 7, 11, 15, 19, 23, 27, 31, 35, 39, 43, 47, 48
   - 류주희 : 권4, 8, 12, 16, 20, 24, 28, 32, 36, 40, 44

『국역 휘찬여사 5 열전2』 목차

휘찬여사 권32 명신 11

휘찬여사 권33 명신 12

휘찬여사 권34 명신 13

휘찬여사 권35 명신 14

휘찬여사 권36 명신 15

휘찬여사 권37 명신 16

휘찬여사 권38 의열전 유학전 탁행전 행인전 양리전

『국역 휘찬여사』 **총목차**

| 휘찬여사 권30 |

명신 9

명신名臣 9

민종유閔宗儒 {민제閔霽} 박전지朴全之 윤선좌尹宣佐 홍빈洪彬 김륜金倫 이조년李兆年 한종유韓宗愈

민종유閔宗儒

민종유는 평장사 민영모閔令謨의 현손이다. 나이 겨우 11세에 왕자 시양부王子始陽府의 학우學友로 뽑혔고 19세에 청도감무淸道監務에 임용되었다. 그 고을은 대성大姓이 많아서 다스리기가 힘든 곳으로 알려져 있었다. 민종유는 일체 청탁을 들어주지 않고 법대로 하였으므로 지방관 평가에 최고의 성적을 받았다. 이때에 유천우兪千遇가 도병마사都兵馬使로 있었는데 민종유를 보고 기특하게 여겨 사위를 삼았다.

충렬왕 때에 여러 관직을 거쳐 삼사우윤三司右尹으로 있다가 밀직부사로 진급하였다가 찬성사에 올랐다. 충숙왕 6년(1319)에 복흥군福興君에 봉해졌으나 8년(1321) 왕씨가 아닌 다른 성姓을 군君으로 봉하는 제도를 폐지함에 민종유도 예에 따라 군호가 혁파되었다.

이듬해 왕이 원나라에서 머물며 돌아오지 않았을 때 권한공權漢功 등이 반감을 품고 심왕瀋王을 왕위에 앉히고자 중서성中書省에 글을 보내려고 백관을 협박하여 서명을 강요하였다. 당시 사람들이 그 세력이 두려워서 그들과 합류하기도 하고 혹 구실을 붙여 회피하기도 하였다. 그때에 어떤 사람이 종이를 가지고 와서 민종유에게 서명하라고 하니, 민종유는 그를 꾸짖어 이르기를 "신하가 임금의 잘못을 숨기는 일 가운데 충직한 도리가 있는 법인데 이제 도리어 사실을 기만하기까지 하니 이런 짓을 어찌 차마 하겠는가? 내 비록 늙었으나 너희들에게 내 충직을 팔지 않겠다." 하고 드디어 거절하니 그 사람이 부끄러워서 물러갔다.

(충숙왕) 11년(1324)에 죽으니 나이 80세였다. 시호는 충순忠順이다.

천품이 장중하고 풍채가 아름답고 옛날의 제도와 사적에 밝았으며 관리로서의 재능이 우수하였다. 그리고 사람들과의 교유에 경솔하지 않고 사람들에게 후하게 대하였다. 공무를 마치고 돌아오면 문 닫고 손님을 사절하고 집안을 깨끗이 청소하였다.

아들 민적閔頔은 진현관進賢館 대제학에 올랐으며, 민적의 아들의 이름은 민변閔抃으로, 여흥군驪興君에 봉해졌고, 민제閔霽를 낳았다.

민제閔霽

민제의 자는 중회仲晦로, 성품이 맑고 소박하여 사치스러운 것을 좋아하지 않았다. 책읽기를 좋아하여 한번 읽어도 바로 기억하였으며 역사에 밝았다. 공민왕 때 19세의 나이로 급제하여 춘추검열春秋檢閱로 선발되었다.

우왕[辛禑] 때 판소부시사判少府寺事, 예의판서禮儀判書를 역임하였다.

창왕[辛昌] 때에 개성윤開城尹, 상의밀직사사商議密直司事를 거쳐 공양왕 원년(1390)에 예문관제학이 되었다가 예조판서로 옮겼다.

민제는 어려서부터 예의禮儀를 잘 아는 사람으로 알려져 있었으므로 추부樞府에 올라가서도 언제나 예조禮曹를 겸임하였다. 이단異端의 음사淫祀를 싫어하여 화공畵工으로 하여금 노비[僕隷]가 막대기를 들고 개를 몰아 승려와 무당을 쫓아내는 모습을 벽에 그리게 하고 감상하였다. 어느 날 왕이 경연經筵에 가서 민제에게 묻기를 "들으니 예조禮曹에서 복색을 제안하고 불교 행사를 줄인다 하니 그러한가?"라고 하였다. 민제가 대답하기를 "복색은 외국 물건을 금하려는 것이요 불교 행사는 봄과 가을의 장경藏經 모임을 제외하고는 모두 그만둬야 합니다."라고 하였다. 이에 왕은 "외국 물건을 귀하게 여기지 않는 것은 좋은 일이나, 불교 행사는 선왕들이 실시해 온 것인데 내가 어찌 함부로 그만둘 수 있느냐?"라고 하였다. 외직에 나아가 한양부윤漢陽府尹이 되었다.

박전지朴全之

박전지는 죽주竹州 사람으로 약관의 나이에 과거에 급제하여 사한史翰을 지냈다.

충렬왕 5년(1279)에 원나라 세조가 조서를 내려 의관 자제들을 선발하여 입시入侍케 하였는데 박전지도 그 중에 참여하였다. 이로 인하여 중국의 명사들과 사귀면서 그들과 고금 역사를 상론하였으며 중국의 산천과 풍토를 손바닥을 들여다보듯이 환하게 알았다.

본국으로 돌아와 이부와 병부시랑에 임명되었으나 그는 나이 젊고 벼슬이 높다는 이유로 사양하고 외직으로 나가 안동부사安東府使가 되었다. 왕이 그 재능을 아깝게 여겨 소환하여 전중윤殿中尹에 임명하였다.

그때 충선왕이 세자로 있으면서 그로 하여금 시강侍講케 하였는데 세자에게 많은 도움을 주었다. 또 세자가 왕위를 계승하여 사림원詞林院을 설치하여 박전지와 최참崔旵・오한경吳漢卿・이진李瑱 등으로 학사를 삼아 전주銓注의 임무를 주관케 하였다. 왕은 언제나 시종들을 버리고 사림원에 가서 박전지 등과 더불어 정치에 대해 의논하고 친히 술과 음식을 준 후에 해가 저물도록 혹은 밤늦도록 허물없이 이야기를 하였으며, 궁중에서 쓰는 촛불을 내주어 그들의 집에까지 보내 주었다. 밀직부사密直副使에 올랐으나 충렬왕이 복위하자 참소를 입고 파면되었다.

충선왕이 복위하여 연흥군延興君에 봉하였다. 충숙왕 8년(1321)에 첨의찬성사僉議贊成事가 되었다. 이때에 심왕瀋王의 무리들이 왕이 죄를 지었다는 무고의 글을 올리면서 박전지에게 서명할 것을 강요하였다. 박전지가 분개하여 말하기를 "개 같은 놈들이 감히 나를 더럽히려 하는가?"라고 하고 드디어 아들 박원朴瑗을 왕이 오는 곳으로 보내 사실을 알렸다. 왕이 돌아와 박전지에게 다시 나와 일을 보라고 하였으나 늙은 것을 빙자하여 굳이 사양하므로 정승政丞으로 치사致仕하게 하였다. 죽으니 나이 76세였다. 시호는 문광文匡이다.

박전지는 사람됨이 온화하고 인자하였으나 일 처리에는 과단성이 있었다. 그가 어려서 아직 강보襁褓에 싸여 있을 때 외조부 이장용李藏用이 보고 말하기를 "이 아이는 반드시 집안을 일으킬 아이니 잘 키우라."고 하였다. 그가 점점 자라면서 경사經史에 통달하고 술수術數를 깊이 연구하였다.

충선왕이 일찍이 그를 궁중에 불러 들였을 때 마침 광평군廣平君, 강릉군江陵君 두 아들이 곁에 있었다. 왕이 두 아들에게 각각 자기 이름을 쓰라 하고 그것을 박전지에게 보이고 묻기를 "이 중에 누가 나라를 맡을 만한가?"라고 하니 박전지가 감히 대답하지 못하였다. 왕이 굳이 말하라 하니 한참 후에야 자리를 옮겨 앉아서 말하기를 "두 왕자의 글씨를 보니 둘째 아들이 왕위를 이을 것입니다."라고 하였다. 몇 달이 못 되어 광평군이 죽어 강릉군이 왕의 뒤를 이었다.

윤선좌尹宣佐

윤선좌의 자는 순수淳叟이며 시중 윤관尹瓘의 7세손이다. 태어나면서부터 총명함이 남달랐다.

충렬왕 때에 과거에 장원으로 급제하여 직문한서直文翰署에 임명되었다. 충선왕 초에 좌정언이 되었다가 내서사인으로 옮겼다. 전라도안렴사가 되어서는 강직하다는 이름을 들었다.

충숙왕이 즉위하여 감찰집의監察執義를 맡겨 윤신걸尹莘傑, 백원항白元恒과 함께 왕에게 『자치통감資治通鑑』을 강의하였다. 그러다 바로 어떤 일로 인하여 파면되었다가 다시 집의로 임명되었다.

이때에 심왕 왕호瀋王王暠가 원나라 영종英宗의 총애를 받게 되자 죄가 있다고 왕을 무고하여 왕위를 빼앗으려고 하니 벼슬을 얻으려는 무리들이 그의 편에 가담하였다. 권한공과 채홍철 등은 민지閔漬와 조호趙瑚 등을 맞이하여 왕호王暠를 왕으로 세울 것을 의논하고 백관을 자운사慈雲寺에 집합하여 원나라에 보낼 상소문에 서명할 것을 요구하였는데 사람들은 모두 앞을 다투어 이에 합류하였다. 그러나 윤선좌는, "나는 우리 임금의 잘못을 알지 못한다. 신하로서 임금을 고발하는 짓은 개나 돼지도 하지 않는다."라 하고 문건에 침을 뱉고 나갔다. 이로 인하여 대간과 문한의 관원들이 서명을 하지 않았다. 일이 진정되자 원나라 중서성中書省에서 그 문건을 돌려보내어 왔다. 왕이 서명하지 않은 자를 세어보고 탄식하여 말하기를 "윤선좌가 헌부憲府에 있지 않았더라면 사람들도 어떻게 하였을지 알 수 없었다."라고 하였다.

그때에 왕이 원나라에 5년이나 있게 되어 재원이 부족하게 되자 왕호의 일당들은 기미를 알아차리고 부고府庫를 봉하여 수송하지 못하게 하였더니 윤선좌가 찰관察官 조관趙琯에게 편지를 보내 부고를 맡은 자로 하여금 수송할 수 있게 하였다.

왕이 귀국하여 민부전서民部典書에 임명하고, 한양윤漢陽尹을 맡게 하였다. 이윽고 왕이 왕비와 함께 용산龍山에 가서 좌우에게 이르기를 "윤윤尹尹(윤선좌, 한양윤)은 청백하고 검박하기 때문에 한양의 목민관牧民官을 삼은 것이니 모두들 분별없이 그에게 시끄럽게 굴지 않도록 조심하라."고 하였다.

충숙왕 후 4년(1335)에 왕이 친히 수령을 선택하다가 계림윤鷄林尹에 이르러 붓을 놓고 생각하다가 말하기를 "신하가 정부에 가득 찼건만 윤윤尹尹만한 사람이 없다." 하고 즉석에서 임명하였으니 그가 임금의 신임을 받는 것이 이러하였다.

이듬해에 예문관대제학에 임명하고 이어 치사하였다. 충혜왕[1] 후4년(1343)에 미질微疾이 나자 의관을 갖춰 입고 죽으니 나이는 79세였다.

윤선좌는 성품이 청렴하고 소박하였으며 친구 사귐에 신중하고, 대답을 신중하게 하였으며 홀로 있으면서 언제나 손님을 대하듯이 하였다. 오직 경사經史로 즐거움을 삼고, 질문해오는 자가 있으면 곧 경서에 근거하여 답을 하였다. 노·장·형·명老莊刑名[2]의 모든 서적을 깊이 연구하지 않은 것이 없었으므로 배우는 사람들이 많이 모여들었다. 문장은 간결하고 평이하였으며 당시 중국에 보내는 표전表箋은 그의 손으로 작성된 것이다.

홍빈洪彬

홍빈의 자는 문야文野이며 남양南陽 사람이다. 그 선조는 대대로 중국 연경에 살았었다. 홍빈은 원나라에서 내정에서 숙위하여 공을 쌓아 장관長官의 추천을 받아 송강부판관松江府判官, 태상예의원 경력太常禮儀院經歷 등을 역임하였다.

충숙왕이 참소를 입고 원나라에 머물러 있을 때에 홍빈은 왕을 도와 죽을 힘을 다하

---

1 원문에는 충선 후4년이라 하였으나 충혜 후4년이 맞다.

2 노자와 장자의 책과 신불해, 상앙, 한비자 등 형명가刑名家들의 책을 말한다.

여 다투며 왕이 잘못이 없다는 것을 해명하였다. 왕이 복위하여 귀국하게 되자 홍빈도 따라왔다. 왕은 홍빈의 공로를 생각하여 본국에 머물러 있게 하려고 원나라에 아뢰어 정동성 이문소의 관원으로 되게 하였으며 도첨의찬성사에 임명하였다.

충숙왕이 죽을 때에 유언으로 정동성사征東省事의 직무를 대리하게 하였다. 이때에 조적曹頔이 반란을 일으켜 홍빈과 정동성의 관리들을 협박하여 이끌고 왕궁을 습격하였다가 조적이 패하여 죽었다. 그 잔당들은 모두 순군巡軍에 잡혀 갇혔으나 홍빈과 정동성 관리들은 사면되었다.

원나라에서 조적 일당의 참소를 듣고 관원을 파견하여 충혜왕과 홍빈 등을 잡아다가 왕을 형부刑部에 가두고 홍빈 등에게 칼을 씌워 옥에 가둔 후에 중서성, 추밀원, 어사대 등이 합석하여 심문하였다. 충혜왕이 해명을 제대로 하지 못하여 사태가 위험하게 되었더니, 홍빈이 말하기를 "조적은 왕의 종이다. 종으로서 상전을 해치려 하였으니 이것은 법이 용서할 수 없는 죄다. 그러므로 왕의 죄는 응당 경감되어야 하며 나는 왕의 유언으로 임시로 행성사行省事를 책임지고 있었으므로 사건이 국법에 관계되는 것이라면 내가 책임지겠다. 왕은 관련시키지 말아야 한다."라고 하였다. 홍빈의 말이 강개하였으므로 사람들이 모두 홍빈을 걱정하였으나 홍빈은 "나는 임금의 아들이니 내가 일을 바르게 하지 못하면 어떻게 지하에 가서 선왕先王을 볼 수 있겠는가."라고 하였다.

왕이 복위하자 그에게 1등 공신호를 내리고 당성군唐城君을 봉하여 이어 원나라에 보고하여 행성낭중行省郎中으로 되게 하였다. 후에 왕이 원나라에 잡혀 가자 홍빈은 덕성군 기철德成君奇轍과 함께 임시로 정동성의 직무를 대행하였다. 대언 인당印瑭이 원나라로부터 급히 달려왔는데 역마가 도착하자 곧 죽어버렸다. 홍빈이 인당에게 말하기를 "그대가 오기에 나라 사람들은 모두 '삼한이 다시 바로 잡히는가보다.'라고 하였는데 이제 부고府庫만을 봉한단 말인가?"라고 하고 벌떡 일어나 나갔다. 그리고 그 후로는 병을 칭탁하고 일을 보지 않았다.

충목왕이 왕위를 이은 후, 허정許政이라는 중국 사람이 홍빈을 모함하여 "인당이 왕의 명령을 받고 오자 홍빈이 화가 나서 말하기를 '황제가 8세 아동으로 하여금 왕위에 않게 하였으니 국가의 운명을 가히 알 수 있다.'라고 하며 2일간 나오지 않았다."라고 하니 채하중蔡河中을 증인으로 세웠다. 이 말을 중서성中書省에서 듣고 사람을 보내 심문한 결과 두 사람의 말이 서로 틀리므로 도리어 그들이 벌을 받았다. 홍빈이 말하기를 "내가 여기 오래 머물러 있을 수 없다." 하고 드디어 원나라에 가서 홍국로 총관興國路摠管으로 있다가 다시 본국으로 돌아왔다.

공민왕이 즉위하자 우정승에 임명되었다. 당성부원군唐城府院君의 봉호를 받고, 홍언박洪彦博, 이공수李公遂와 함께 정방제조政房提調가 되었다. 곧 사직하였으므로 왕이 측근을 보내 다시 나오라고 하였으나 홍빈은 문을 닫고 나오지 않았다. 재추宰樞들이 그 집에 모여 간청하니 나와 일을 보다가 다시 사직하였다. 66세에 죽었는데 시호는 강경康敬이다.

김륜金倫

김륜의 자는 무기無己이며 참리 김변金賆의 아들이고 김취려金就礪의 증손이다.

충렬왕 때에 합단哈丹이 침입하자 나라사람들이 강화도로 들어가 피난하였는데 김륜의 장인 허공許珙은 당시의 재상으로서 최후에 가기로 되었다. 그리하여 김륜에게 가족을 인솔하고 앞서 가라 하였다. 당시 그의 나이 14세였지만 일을 지휘하는 것이 어른 같았으므로 전 가족이 의지할 수 있었다. 그는 음직으로 관직에 나아가 변정도감辨正都監이 되었다.

어떤 거실巨室에서 시골 백성을 상대로 한 여자 종의 자손 100명의 소유권을 둘러싸고 다투었다. 김륜이 그 기록[籍]을 살펴본 후에 말하기를 "이것은 아무 재상이 여러 아들들에게 준 문건인데 지금으로부터 몇 해 전이다. 이제 여자 종의 자손들의 나이를 대조하니 선후의 차이가 있고 또 여자종의 이름의 한 자가 조금 한 쪽에 치우친 것으로 보아 분명히 위조한 것이다. 그 재상의 여러 아들들도 모두 후손이 있을 터이니 그들은 응당 집집마다 문서 하나씩을 집에 보관하고 있을 것이다. 어찌하여 그것을 가져와 살펴보지 않는가?"라고 하니 거실巨室의 사람의 말이 과연 막히고 말았다.

후에 감찰시승監察侍丞이 되었는데, 갑과 을 두 사람이 자기 집안에 소속된 인구를 두고 소송이 벌어졌다. 을이 말하기를 "이 문제는 벌써 선대 적에 어사대에 송사한 적이 있다. 당시 어사대 책임자로서 허씨許氏 성을 가진 분이 안분하여 준 것이다. 그 후에 갑이 받은 호구는 죽어 후손이 없으나 우리 집에서는 다행히 그 자손이 불어났다. 그런데 화재로 인하여 을의 문서가 없어졌으므로 갑은 이것을 기회로 하여 몽땅 제 것으로 만들었다고 을은 무고합니다."라고 하였다.

김륜은 잠자코 해수와 달수를 따져 보고 말하기를 "이른바 허씨許氏는 내 집안 문경공文敬公이다." 하고 관속을 시켜 당시의 장부[印簿]를 검열한 결과 나눠 준 인원수가 낱낱이 기록되어 있었다. 이것으로써 갑에게 따지자 갑은 역시 말이 막히고 말았다. 김륜의 정밀성은 이러하였다.

충렬왕을 따라 원나라에 갔을 때 충선왕이 날마다 왕에게 문안하였다. 수행원들이 모두 두려워 위축되었으나 김륜은 여러 임무를 맡아 보면서도 혼자 곁에서 시중을 들었다. 충렬왕은 그 성의를 가상하게 여겼고 충선왕도 그를 예우했다.

충숙왕이 원나라에 5년 동안이나 머물러 있었고 심왕 왕호王暠는 원나라 황제(영종)의 총애를 받고 있었다. 불평을 품은 자들이 나라 사람들을 협박하여 황제에게 글을 올려 심왕을 왕으로 삼으려고 하였으나 김륜과 동생 원윤 김우金禑만이 홀로 서명하지 않았다. 어떤 자가 김륜에게 사사로이 말하기를 "사람들의 제의를 거스르고 독자적으로 행동하다가 만일 후회하게 되면 어떻게 하려는가?"라고 하였다. 김륜이 꾸짖기를 "두 마음을 품지 않는 것이 신하의 본분이다. 무슨 후회가 있겠는가?"라고 하였다. 얼마 안 가서 경상・전라 도순문사都巡問使로서 합포合浦를 진수하였는데, 지휘와 명령하는 것이 엄숙하니, 원 사신이 존경하였다.

조적이 난을 일으켰다가 처형된 후 충혜왕이 김륜에게 명하여 그들을 순군부巡軍府에서 신문하게 하였다. 순군부에서 이들을 엄히 다스리려고 하니 김륜은 "이들은 조적에게 속아 잘못 되었을 뿐이다. 따질 필요가 있는가? 만일 그들에게 중한 상처를 입힌다면 반드시 내가 법을 무시하고 강제로 굴복시켜서 정부를 기만하였다고 할 것이다."라고 하여 형벌을 늦추게 하였다. 그리하여 죄수들은 이에 감복하여 죄를 숨김없이 자백하였다. 사건을 종결지어 원나라에 통보하니 승상 백안伯顔이 조적의 일당을 비호하여 황제에게 말하여 충혜왕을 불러 갔다. 충혜왕이 도중에서 함께 가려고 김륜을 불렀다. 김륜은 나이 60을 넘었으나 부름에 따라 달려가 원나라에 도착하였다. 백안이 황제에게 말하여 김륜을 옥에 가두고 5부(중서성, 추밀원, 어사대, 종정부, 한림원)의 관리를 시켜서 함께 심문하게 하였다. 조적의 무리는 구변이 좋은 자가 많았으나 김륜은 한마디 말로 그들을 꺾었는데 그 말이 간단하고 굳세었다. 5부 관원들은 놀라며 김륜을 가리켜 '백발재상白鬚宰相'이라고 하였다. 충혜왕이 귀국한 후 그의 공을 1등으로 하고 벽에 그의 초상을 그렸고 언양군彦陽君에 봉하였다.

후에 원나라 황제가 사신을 보내 왕을 잡아갔다. 이때 김륜은 집에 있다가 사변을 듣고 때가 이미 늦은 것을 한탄하였다. 재상들과 함께 원나라에 탄원할 것을 토의하였으나 모두 말하기를 "제후의 신하로서 황제와 대치하면 엄중한 견책을 받을까 염려된다."라고 하였으며 전 정승 강장姜莊과 예천군 권한공權漢功 및 이능간李凌幹 등이 모두 불가하다고 하니 김륜은 소리를 가다듬고 말하기를 "신하와 임금의 관계, 자식과 아버지의 관계는 서로 은혜와 의리를 다하여야 한다."라고 하니 여러 재상들이 침묵하였다. 김륜이 또 말하기를 "이제 중서성에 제출했다가 비록 접수되지 못한다 하더라도 임금을 구하려는 것이 죄로 될 리는 만무하리라고 나는 확신한다."라고 하였다. 좌중이 모두 옳게 여겨 마침내 상서하기로 결의하고 이제현李齊賢에게 초안을 만들게 하였다. 그러나 원로元老들이 많이 서명하지 않았으므로 성취되지 못하였다. 결국 충혜왕은 돌아오지 못하고 게양도揭陽道로 유배되었다가 그곳에서 죽으니 김륜은 종신토록 그 분함을 얼굴과 입에 달고 살았다.

충목왕 초에 좌정승이 되고 얼마 지나지 않아 퇴직을 요청하였다.

충혜왕이 죽은 후 원나라에서 오랫동안 그에게 시호를 내려주지 않았다. 왕이 김륜을 불러 의견을 물으니 대답하기를 "선왕이 돌아오지 못한 것은 공연히 아첨쟁이들을 친근하다가 원망을 사고 신망을 잃은 까닭입니다. 이제 화근의 괴수가 아직 남아 있으니 우선 그를 단죄하여 선왕의 잘못이 아니라는 것을 밝힌 연후에 칭하는 것이 가합니다."라고 하였다. 이제현 등과 상소하여 이르기를 "강윤충康允忠은 천예로부터 일어나 선왕의 총애를 받더니, 보잘 것 없는 소인으로서 나라의 권세를 독점하고 백성에게 해독을 끼친 나머지 선왕을 견책 받게 한 결과 시호를 받지 못하게 되었습니다. 만일 이 역적의 죄를 다스리지 않는다면 선왕의 충성을 밝힐 수 없을 것입니다. 이러한 억울한 사정을 자세히 살피어 저승에 있는 선왕의 원한을 풀어 주기를 바랍니다."라고 하였다. 왕이 깨닫고 그 상소를 원나라에 전달함과 동시에 다시 정삭을 개정한 데 대한 축하의 표문과 시호를 청하는 표문 두 통을 김륜에게 주어 원나라에 보내기로 하였다.

이에 김륜이 사례하며 말하기를 "신의 나이가 일흔에 또 두 살입니다. 도중에 쓰러져 임무를 수행하지 못할까 염려되나 그러나 숨결이 아직 붙어 있는 한 어찌 감히 힘을 다하지 않으리요?" 하고 물러 나와 행장을 준비하였다. 방금 떠나려 할 무렵에 갑자기 감기에 걸려 10일 동안이나 미음도 마시지 못하다가 좌우로 하여금 몸을 부축하여 일으키라 한 후 의관을 갖추고 단정히 앉아 죽었다. 시호를 정렬貞烈이라 하였다. 김륜은 독서를 즐기고 옛 사적과 제도를 많이 알아 질문하는 자가 있으면 즉석에서 정확한 해답을 주었다.

아들 김경직金敬直은 여러 관직을 거쳐 밀직에 이르렀다. 충정왕 초에 왕에게 욕설하였다는 죄로 매를 맞고 바다 섬으로 귀양갔다. 공민왕이 소환하여 찬성사로 승진시켜 언양백彦陽伯에 봉하였다.

홍건적이 물러가자 왜적倭賊이 또 양광도의 여러 고을에 침입하니 경성이 계엄 상태에 있었다. 김경직이 왕궁에 갔을 때 재추들이 바둑을 두며 농담을 하는 것을 보고 곧 발길을 돌려 집으로 돌아 와서 탄식하기를 "나라가 장차 망하려는가! 내 가슴이 불에 타는 것 같다. 시절이 비록 태평하다고 해도 재상은 농담을 하여서는 안 될 것인데, 이제 전쟁의 피해와 기근을 구제하지 않고 오락을 이렇게 하고 있으니 망하지 않으려 한들 될 수 있겠는가. 만일 내 아버지가 살아서 이 말을 들었다면 곧 죽으려고 하였을 것이다."라고 하였다.

이조년李兆年

이조년의 자는 원로元老이니 경산부京山府 사람이다. 부친 이장경李長庚은 공손하고 검박하여 위엄이 있었으므로 지방 사람들이 존경하고 두려워하였다. 이조년은 키가

작았으나 정기가 강하고 생기가 있었으며, 열심히 공부하여 글을 잘 지었다. 어려서부터 지절을 품었으며{회자懷字 대신 유有자로도 쓴다} 날래고 굳세었으며, 의지가 굳어 거리낌 없이 직언을 하기를 원수에게 말하듯 하였으며 남을 도와주려 할 때는 급하기가 물같이 빨랐다.

충렬왕 20년(1294)에 과거에 급제하고 여러 관직을 거쳐 예빈내급사禮賓內給事로 되었다가 외직으로 나가 합주지사陜州知事를 지내고 내직으로 들어가 비서랑秘書郎이 되었다.

충렬왕 32년(1306)에 왕을 따라 원나라에 갔을 때 왕유소王惟紹와 송방영宋邦英이 왕의 부자 사이를 이간시켜 따라간 신하들이 모두 어찌할 바를 몰라 뿔뿔이 피신하였다. 그러나 이조년은 왕을 믿고 처음 마음 그대로 있으면서 진퇴를 삼갔다. 그리하여 예例에 따라 귀양보내져 돌아와서 고향에서 13년간 있었으나 한 번도 자기에게 죄가 없었다는 변명을 입 밖에 내지 않았다.

충숙왕이 원나라에 가서 5년 동안 억류되어 있었을 때 심왕 왕호瀋王王暠가 왕위를 빼앗을 야망을 품게 되었으므로 신하들 중에서 변절하는 자가 많았다. 그러나 이조년은 분격하여 단신으로 원나라에 가서 중서성에 글을 보내 왕의 잘못이 없다는 것을 논쟁하였다. 그리하여 원나라 조정에서는 그의 행동을 높이 평가하였다.

충혜왕이 세자로서 원나라에 갔을 때 승상 연첩목아燕帖木兒가 이조년을 보고 기뻐하였다. 충숙왕이 물러서면서 원나라 임금에게 말하여 충혜왕을 왕위에 앉히게 하였다. 이때 태보太保 백안伯顔이 연첩목아燕帖木兒가 정권을 독차지한 것을 미워하는 나머지 충혜왕에게도 무례하게 대하였다. 충숙왕이 복위하고 충혜왕이 원나라에서 숙위宿衛를 하게 되자 연첩목아는 이미 죽고 충혜왕에 대한 백안의 태도가 더욱 각박하였다. 충혜왕이 연첩목아의 자제들과 위구르[回骨] 소년들과 함께 음주 방탕하면서 위구르의 한 여성을 사랑하였으며 간혹 숙위를 결근하는 데까지 이르렀다. 백안이 더욱 미워하여 그를 가리켜 '발피撥皮'라 하였다. 따라간 신하들이 감히 말하지 못하였다. 이조년이 충혜왕에게 경계하는 말을 올리기를 "전하가 천자를 대함에 있어서 응당 하루같이 조심해야 할 것입니다. 그런데 어찌 체면을 버리고 함부로 행동하여 화를 재촉합니까? 그러나 이것은 전하의 허물이 아닙니다. 전하는 아보阿保(보모의 뜻)의 집에서 자랐으며 같이 노는 자들도 대부분 무뢰한들일 뿐이니, 누구에게 바른 말을 들으며 어디에서 바른 일을 보았겠습니까? 선비는 비록 소박하고 옹졸하게 보여도 능히 경사經史에 통달하고 염치를 알고 있는 자들입니다. 그런데 전하는 그들을 가리켜 사개리沙箇里[3]라 하니 이 무슨 말입니까? 전하가 능히 곁에서 알랑거리는 자를 멀리 하고 단정한 선비를 친근히 하여 행실을 고치고 스스로 삼가하면 좋으려니와 그렇지 않는다면 천자를 지척에 두고 닥쳐오는 엄중한 결과를 어찌 하겠습니까?"라고 하였다. 왕이 그 말에 견디다 못하여 담을 넘어 달아났다.

조적의 반란과 관련하여 충혜왕이 원나라에 불려 갔을 때 이조년이 왕을 따라 갔다. 백안이 이전 일의 감정을 가지고 왕과 조적의 도당들로 하여금 대질하라 하였다. 이조년이 분격하여 이제현李齊賢에게 말하기를 "나는 승상丞相을 만나 직접 그 면전에서 따지고 싶소. 그러하면 그의 마음을 돌릴 수 있을 것입니다. 그러나 승상의 집 문의 수위가 엄중하여 그 문으로 들어가서 이 분한 일을 호소할 수가 없습니다. 그런데 다행히 그가 남쪽 성밖으로 사냥을 간다 하니 내가 길가에서 편지를 들이대고 머리를 말발굽 밑에 부딪쳐 죽음으로써 우리 임금의 무죄를 해명하겠으니 그대는 붓을 들어 내 편지를 써 주십시오."라고 하였다. 그는 밤중에 일어나 목욕하고 닭이 울자 떠나려 하였는데 백안이 바로 이날에 실각하였으므로 편지를 올리지 못하였다. 이 말을 들은 자는 누구나 다 모골이 송연함을 느끼며 "담이 몸집보다 더 크다는 말은 이공李公을 두고 하는 말이다."라고 하였다.

충혜왕이 왕위를 계승하고 본국으로 돌아왔는데 이조년의 엄격한 성격이 남에게 두려움을 주었기 때문에 대궐에 들어가 알현할 때마다 왕은 그의 신발 소리를 들으면 "이조년이 온다." 하면서 주변 사람들을 물리치고 몸가짐을 단정히 한 채 기다리곤 하였다.

왕이 일찍이 북궁北宮으로부터 걸어와서 송강松岡에서 새 사냥을 하고 있었다. 이조년

---

3 사개리는 몽골어로 유생儒生을 말한다. 하지만 여기서는 세상 물정에 어두운 사람을 뜻한다.

이 지름길로 가서 무릎을 꿇고 말하기를 "벌써 참소를 받고 불우하던 때의 일을 잊었습니까? 지금 불량배들이 임금의 위세를 등대고 부녀자를 겁탈하고 재물을 강탈하므로 백성들이 살 수 없습니다. 저는 화가 어느 때 닥쳐올지 몰라 근심이 됩니다만 왕은 이것을 근심하지 않고 어찌 잡된 유희를 일삼습니까?"라고 하였다.

처음에 왕이 상인 임신林信의 딸을 총애하여 임신을 대호군大護軍으로 삼았다. 어느 날 임신이 기륜奇輪을 구타한 일로 인하여 왕이 임신의 편을 들어 직접 가서 기륜의 집을 파괴한 일이 있었다. 이조년은 이제 그 사실까지 함께 간하니, 왕이 크게 노하여 그 말을 접수하지 않았다. 하지만 이윽고 부드러운 말로써 이조년에게 감사하다는 말을 전하며 말을 보내왔다. 그러나 다음날 이조년은 병을 핑계대고 필마匹馬로 돌아가 죽을 때까지 나가지 않았으며 세상의 일에 관여하지 않았다. 벼슬은 정당문학에 이르렀고, 역임한 벼슬마다 모두 좋은 평가를 받았다. 충혜왕 4년(1343)에 죽으니 나이는 75세이다. 문열文烈이라고 시호를 내리고 충혜왕 묘정에 배향하였다.

한종유韓宗愈

한종유의 자는 사고師古니 한양漢陽 사람이다. 어려서부터 눈의 정기가 남달랐으며 성질이 관후하고 진중하였으며 체격이 장대하여 보기에 위엄이 있어서 장차 높은 벼슬을 하여 중요한 지위에 설만한 인물로 여겨졌다. 하지만 아직 출세하지 못하였을 때는 이름난 선비들과 왕래하며 술 마시기를 하루도 빠뜨리지 않았으며 한종유는 술에 취하기만 하면 일어나 춤을 추면서 양화사楊花辭를 노래하니, 사람들이 그들을 양화도楊花徒라고 불렀다.

충렬왕 때 나이 18세로 과거에 급제하고 사한史翰으로 들어갔다. 충숙왕 때 여러 번 벼슬하여 예문관응교가 되었다. 이때 왕이 원나라에 머물러 있었는데 왕이 심왕 호와 서로 대립되어 있을 때에 나라 사람들 중에는 그에 대한 의혹을 가진 자 많았으나 한종유는 개연히 왕의 편에서 도리를 주장하였다. 그리하여 이조년李兆年 등과 더불어 연명으로 상서문을 작성하여 가지고 원나라에 가서 바쳤다. 왕이 돌아오자 그 공로로 발탁되어 대언代言이 되었다가 드디어 지신사知申事로 승진되었다.

왕이 또 간신에게 넘어가 한종유에게 말하기를 "내가 공문을 원나라에 보내 심왕에게 왕위를 물려 줄 제의를 하련다."라고 하고 비밀히 공문을 한종유에게 내주며 곧 도장을 찍으라 하였다. 한종유가 말하기를 "국가를 선조로부터 물려받았는데 어찌 적자嫡子가 그만두고 방계에게 줄 수 있습니까?"라고 하여 굳이 간하였다. 그러나 접수되지 않으니, 물러 나와 말에 떨어졌다고 칭탁하여 나가지 않았다. 그리고 이조년과 함께 여러 재상과 협의하여 간신을 축출할 것을 획책하였으나 일이 이뤄지지 못하였다.

조적의 난에 한종유는 김륜과 함께 그 당파들의 재판을 판결하였다. 충혜왕을 따라 원에 불려 갔는데, 도착하자 모두 옥에 가두었으므로 사태가 예측할 수 없게 되었으나 마침 백안이 죽었으므로 풀려 날 수 있었다. 왕이 귀국하여 한종유를 평리評理에 임명하고 한양군漢陽君을 봉하였으며 철권鐵卷을 주고 벽상壁上에 그의 초상을 그리게 하였다. 얼마 후 찬성사로 임명하였다.

왕이 악양岳陽으로 귀양갈 때 왕에게 충성한 자는 한종유와 이조년뿐이었다. 충목왕이 어린 나이에 왕위를 잇게 되자, 황제는 한종유를 불러 충목왕과 함께 귀국하여 나랏일을 보살피라며 우정승에 임명하였다. 왕이 언젠가 이백李白과 두보杜甫의 시를 보려고 하였는데 한종유가 말하기를 "아름다운 시와 화려한 대구對句는 나라를 다스리는데 도움을 주지 못하는 것입니다."라고 하였다. 왕이 굳이 가져오라 하므로 한종유는 서적을 보관하는 자가 없다고 칭탁하여 끝내 보이지 않았다.

충정왕이 즉위한 후 권력자와 친근한 자들이 정치를 도맡으니, 한종유는 부원군府院君으로 은퇴하여 고향에 있었다.

공민왕 원년(1352)에 김승택金承澤과 함께 서연書筵에 참석하였는데 왕이 항상 그에게 두터운 배려를 하였으며 다시 그를 재상을 삼고자 하였다.

(공민왕) 3년(1354)에 병에 걸려 죽었으니 나이는 68세였다. 시호는 문절文節이다.

성품이 넉넉하고 중후했으나 담소를 좋아했으며 술을 마시는 자리에서는 화기가 넘쳤으며 사물을 접함에 여유가 있었다. 문장을 짓는 데는 세상의 기운을 물리치는 데 힘썼으며, 더욱 그 시에 자기의 뜻을 나타내려고 하였다. 한강 저자도楮子島 가운데 별업別業을 갖고 있었으며 일찍이 시를 지어 이르기를 "십리나 되는 낮은 호수에 가는 비가 지나가네[十里平湖細雨過], 긴 피리소리 갈대꽃 위에 들리네[一聲長笛隔蘆花]. 솥에 국 끓이는 사람[却將銀鼎調羹手] 낚시대 잡고 늦으막히 물가에 내려가네[還把漁竿下晩沙]."라 하였다. 호는 복재復齋이다.

논하기를,

임금과 신하 사이에는 송사[獄]가 없다. 군신 사이에 송사가 있으면 부자사이에도 장차 송사가 있을 것이다. 고려의 충렬왕과 충선왕·충숙왕·충혜왕 무렵에는 군신, 부자 사이의 소송이 극에 달하였다. 충선왕이 토번西蕃(티벳)으로 쫓겨난 것은 왕위를 뺏으려는 심왕의 계획에 간신 권한공 등이 몰래 서자 심왕에게 붙어 충숙왕을 폐하고자 하였으니 천하의 큰 변고라고 할 만하다. 일국의 신하들이 두려워 떨며 협조하거나 혹자는 마음을 숨기고 관망을 하였는데, 유독 민종유·박전지·윤선좌·김륜·홍빈·이조년·한종유 이들 일곱 신하만이 우뚝 서서 움직이지 않았다. 충성을 다하고 절개를 다하여 잘못된 의논을 물리쳐 능히 왕위를 회복시키고 종묘사직을 안정시켰으니, 어찌 훌륭한 충신이라 하지 않겠는가. 진실로 수사선도守死善道의 부류[4]가 아니라면 이렇게 하겠는가?
충혜왕이 왕위를 잇자 심왕의 일당들이 조적의 난을 얽어 또다시 충혜왕을 무고하기를 심하게 하였으니 이 역시 천하의 큰 위기였다. 그때는 이미 3명의 신하는 늙었고, 김륜과 홍빈, 이조년·한종유가 좌우에서 충혜왕을 도와 죽을힘을 다하여 무고함을 씻기고 잘못을 바로 잡아 왕위가 이어졌으니, 그 공적이 더욱 무성하다 하겠다.

---

4 위선을 하다가 죽느니 차라리 악행을 하지 않고 사는 것을 '수사선도守死善道'라고 함. 공자의 사은출처仕隱出處 사상을 드러낸 말. 생명을 아끼고 죽는 것을 가볍게 생각하지 않는 공자의 정신이 담겨 있다. 子曰 : "篤信好學, 守死善道. 危邦不入, 亂邦不居. 天下有道則見, 無道則隱. 邦有道, 貧且賤焉, 恥也. 邦無道, 富且貴焉, 恥也."(『論語』 泰伯篇)

이곡李穀 안축安軸 {안종원安宗源 안보安輔} 왕후王煦 김영돈金永旽 김영후金永煦

이곡李穀

이곡의 자는 중보[中父]이며 한산韓山 사람이다. 어렸을 때부터 행동이 범상하지 않았으며, 성장해 글 읽을 줄을 알게 되자 꾸준히 공부에 노력하였다. 일찍이 아버지를 잃고 어머니를 섬기는 데 효성이 있었다.

충숙왕 7년(1320)에 과거에 급제하고, 예문검열이 되었으며, 후에 원나라에 들어가 원나라 제과制科에 뽑혀 한림국사원 검열관翰林國史院檢閱官에 임명되었다. 이곡은 중국 조정의 문사들과 교제하며 강론과 질의응답을 하는 과정에서 조예가 더욱 깊어졌다. 붓을 들면 곧 훌륭한 문장이 되는데 필치가 엄하고 의미가 심오하며 비속하지 않고 옛 풍미가 있어서 누구나 감히 외국 사람으로 보지 못하였다.

어사대에 말하여 우리나라에 동녀童女를 요구하는 일을 폐지할 것을 요청하고 원나라에 제출할 상소上疏를 대신 작성하였다. 그 상소에 이르기를 "예로부터 어진 임금은 나라를 다스림에 있어서 천하 백성을 차별 없이 사랑합니다. 이리하여 가능한 제도는 통일시켰지만 지역과 인정에 따라 각기 옳다고 생각되는 것은 존중하여 변경하지 않았습니다. 사방의 먼 나라의 풍속이 각각 다른데 굳이 중국과 같이 만들려고 한다면 인정이 좇지 않을 것이며, 실정도 맞지 않을 것입니다. 고려는 본래 해외에 떨어져 한 나라를 이루고 있어서 중국에 성현 천자가 있지 않는 한 서로 통하지 않았습니다. 당나라 태종太宗의 위력으로도 두 번이나 침공하였다가 소득이 없이 돌아갔습니다.

귀국의 건국 초기에 고려는 솔선 귀순하여 귀국 왕실에 큰 공훈을 세웠습니다. 세조는 공주를 우리나라에 출가시키는 동시에 조서詔書로서 명시하기를 '의복과 예의 제도는 조상의 풍습을 없애지 말라!'고 하였습니다. 그러므로 우리의 풍속은 지금까지 변경되지 않았으며 현재 천하에서 임금과 신하가 있고 백성과 사직社稷이 있는 나라는 오직 우리 삼한뿐입니다. 우리 고려로서는 조서詔書에 명시된 바에 근거하여 선조가 하던 바를 준수하고 귀국의 정치와 명령을 실행하는 동시에 제때에 사절과 공물을 보내 귀국과 같이 해야 할 것입니다. 그런데 부시婦寺의 무리들이 중국으로부터 빈번히 몰려다니며 은총을 믿고 우리나라를 소란케 하고 있습니다. 심지어 내지內旨(임금의 명령)를 칭탁하고 사람과 글을 빗발치듯 보내 해마다 동녀童女를 강탈해 가는 자가 길에 끊임이 없습니다. 대개 남의 딸을 빼앗아다 윗사람에 아첨하여 자기의 이익을 꾀하는 이러한 짓은 고려가 자초自招한 것이라고 하겠지마는 천자의 명령이 있었다고 말하고 있으니 어찌 귀국의 조정의 위신에 관계되지 않겠습니까?

대체로 사람이 자식을 낳아서 양육하는 것은 후일에 그의 덕을 보려는 것입니다. 이것은 사람의 귀천과 나라에 관계없이 인간으로서의 본능은 일반인 것입니다. 고려 풍속으로 말한다면 남자가 차라리 본가로부터 따로 살지언정 여자는 집을 떠나지 않게 되어 있는데 그것은 마치 진秦나라의 데릴사위와 같아서 부모를 부양하는 것은 여자의 임무로 되어 있습니다. 그러므로 딸을 낳으면 애지중지하여 이를 키워서 밤낮으로 그가 장성하기를 바라니 그것은 딸이 부모를 부양해 주기 때문이다. 그런데 하루아침에 품안에서 빼앗겨 4천 리 밖으로 보낼 때, 그리고 발이 한 번 문 밖을 나가면 종신토록 돌아오지 못하게 될 때 인정상 그 부모의 마음이 어떠하겠습니까?

현재 고려 부녀들이 후后나 비妃의 지위에 있거나 왕과 제후의 배우자로 되어 있으므로 고관대작들이 고려의 외손에서 많이 나왔습니다. 이리하여 우리나라 왕족과 문벌이 있고 부유한 자들 중에는 천자의 요구에 응하는 자도 있고 혹은 자원하는 자도 있으며 또 예식을 거쳐 행해진 결혼도 있으나 이것들은 정상적인 일이 아닙니다. 그런데 이욕에 끌린 자들이 이것을 상례常例로 삼고 이제는 우리나라에 사신으로 오는 자들은 누구나 자기의 처첩을 요구하게 되어 처녀를 요구하는 데만 그치지 않게 되었습니다.

듣건대 고려 사람들은 딸을 낳으면 비밀에 부쳐 두고 남이 알세라 걱정하는 형편이어서 이웃 사람도 볼 수 없다고 합니다. 그리고 중국 사신이 이를 때마다 겁을 먹고 수군거리기를 '왜 왔을까. 처녀를 잡으러 온 것은 아닐까? 계집 잡아 가려는 것이 아닐까?' 하고 있습니다. 이윽고 군대와 관리들이 사방으로 나가 문을 두드리고 집집마다 뒤지며, 혹 숨겨둔 자가 있으면 이웃 동네까지 화를 입게 되며 친족을 결박하고 채찍질을 하는 등 곤욕을 주어서 처녀가 나타난 후에야 그칩니다. 그러므로 한 번 사신이 나오게 되면 나라 안이 소연하여 닭과 개까지도 편안할 수 없게 되었습니다. 이리하여 많은 사람들을 모아 놓고 그 중에서 선택하는데 거기에서는 곱고 미운 것이 일정한 표준으로도 되지 않습니다. 혹은 사신에게 뇌물을 먹여 그 욕심을 채워 주면 고와도 면제되고 다른 데서 구합니다. 이리하여 여자 하나를 뽑는데 수백 집을 거쳐야 합니다. 이 모든 과정은 오로지 사신들의 마음대로 실행되어 누가 감히 반대하지 못합니다. 이것은 무슨 까닭입니까? 그것은 천자의 명령을 청탁하기 때문이다. 이런 일이 한 해에 두 번, 어떤 때는 한 번, 때로는 한 해 건너 한 번씩 있습니다. 그리고 그 수효는 많은 때는 40~50명에 이릅니다.

선발되면 그 부모와 친척들이 한 곳에 모여 통곡하는 소리가 밤낮 그치지 않으며 드디어 국경 밖으로 보내게 되면 옷자락을 끌어당기며 엎어져 길을 가로 막으며 고래고래 소리 지르면서 통곡합니다. 그 가운데는 분함을 이기지 못하여 우물에 빠져 죽은 자가 있는가 하면 목을 매어 죽는 자도 있으며 또 기가 막혀 기절하는 자가 있는가 하면 피눈물을 쏟고 실명하는 자도 있습니다. 이와 같은 일은 이루다 기록할 수 없습니다. 사자의 처첩을 데려 가는 것은 이와 같지는 않다 하겠지마는 인정에 거슬리고 원망을 사는 것은 마찬가지입니다.

『서경書經』에 이르기를 '백성들이 나라를 위해 자발적으로 힘을 다하지 않는다면 임금은 아무 공적도 이룰 수 없다.'라고 하였습니다. 생각하건대 귀국의 덕화德化가 미치는 곳마다 만물이 다 성취하는데 고려 사람들은 홀로 무슨 죄로 이 고통을 받아야 합니까? 옛적에 동해東海에 원한을 품은 여자가 있으므로 3년 동안 한재가 있었다고 합니다. 지금 고려에는 원한을 품은 여자가 그 얼마입니까? 해마다 나라에 수재와 한재가 끊어지지 않고 백성이 굶주려 죽는 자가 많은 것은 이러한 원한이 모여서 생기는 괴변이 아니겠습니까?

이제 귀국의 당당한 위세로서 어찌 궁녀가 부족하여 외국에서 구하지 않으면 안되는 것입니까? 그들이 비록 조석으로 총애를 받는다 하더라도 오히려 부모와 고향을 생각하는 것이 사람의 절실한 감정입니다. 그런데 궁중 한 구석에 밀어 두고 헛되이 늙게 하거나 혹 때로는 궁중에서 내보내어 내시에게 주는 것이 있어 자식을 낳지 못한 여자가 열 가운데 5~6이니 그 원망과 상심이 어떠하겠습니까?

은혜로운 명령[德音]을 내리시어 천자의 명령이라 칭탁함으로써 위로 성덕을 모독하고 아래로 자기의 이욕을 위하여 처녀를 잡아가는 것과 우리나라에 사절로 와서 처첩을 구하는 것을 법으로써 엄금하고 앞으로 그런 일이 절대 없게 하기를 바랍니다. 그리하여 원한을 풀어주고 화목을 가져오게 하여 만물이 다 같이 발전할 수 있게 하면 얼마나 다행이겠습니까?"라고 하였다. 황제가 이 건의를 받아들였다. 본국에서 그에게 판전교사사判典校寺事의 벼슬을 주었다.

충혜왕 후2년(1341)에 표문表文을 가지고 원나라에 갔다가 6년간 머물러 있었는데 원나라에서 중서사전부中瑞司典簿 벼슬을 주었다. 이때 본국에서 관리를 함부로 등용하는 폐단이 있어서 노예도 경대부卿大夫의 벼슬을 할 수 있었다. 전중殿中 최강구崔江求가 정윤正尹이 되었을 때 이곡이 시를 지어 보냈다.{보내준 시에 이르기를 "생전 정윤이면 그래도 괜찮아. 사후에 더 받은 중서보다 나으리[不妨正尹生前得 猶勝中書死後加]."라고 하였다.} 안취安就와 조명趙溟이 죽은 후에 중서中書 벼슬을 받았기 때문이다.

충목왕이 왕위를 이어 본국으로 돌아올 때에 이곡이 재상에게 편지를 보내 말하기를 "생각하건대 우리 삼한은 나라가 나라답지 못하게 된 지 이미 오래입니다. 풍속이 퇴폐되고 형벌이 문란하며 백성은 살길을 잃고 도탄에 빠졌습니다. 다행히 이제 국왕이 명령을 받아 귀국하게 되니 국민의 기대는 오랜 가뭄에 단비를 바라는 듯합니다. 그러나 왕은 나이가 어리고 성격이 겸손하고 과묵하여서 나라의 정사는 일체 재상들에게 위임되는 만큼 국가의 안위와 백성들의 생활과 군자의 진퇴 등 등 모든 것이 당신들에게 달려있습니다. 그런데, 지금 우리나라 풍속이 재산이 있으면 재능 있는 것으로 되고 세력이 있으면 지혜 있는 것으로 되고 있습니다. 이리하여 관리의 의복을 입고 선비의 관을 쓴 것을 광대놀음으로 보며 바르고 정당한 말을 항간의 미친 수작으로 보는 데까지 이르렀으니 나라가 나라답지 못하다는 내 말이 마땅하지 않습니까? 제가 친척을 이별하고 고국을 떠나 원나라에 가서 오래 객지 생활을 하는 것도 실로 이 까닭입니다.

이즈음 당신들이 정치를 혁신하였다는 것을 들었습니다만 전일에 비하여 별반 다른 것이 없습니다. 말로는 노련한 사람을 존중히 한다 하나 기실은 젊은 자가 실권을 쥐고 있으며 청렴한 사람을 존중히 여긴다고 하지만 욕심쟁이가 권력을 잡고 있으며 이미 불량한 소년배를 물리쳤다 사실은 노성한 자가 허물을 고치지 않고 있으며 이미 낡은 신하를 교체하였다 하지만 새로 들어온 자가 도리어 낡은 자에게 아부하고 있습니다. 이것은 왕이 당신들에게 위임한 본의에 맞지 않는 것 같습니다. 이것이 원나라 조정에 알려지면 시비를 듣지 않을 수 있겠습니까?"라고 하였다.

여러 번 옮겨 정당문학政堂文學이 되고 한산군韓山君에 봉해졌다가 도첨의찬성사에 임명되었다. 충정왕이 즉위하자 일찍이 이곡이 공민왕을 왕으로 세울 것을 청원하였던 일이 있었기 때문에 스스로 마음이 불안하여 관동關東에 가서 지냈다. 충정왕 3년(1351)에 죽으니 나이는 54세였다. 시호는 문효文孝이다.

이곡은 성질이 단정하고 강직하였으며 사람들이 모두 그를 존경하였다. 그가 지은 『가정집稼亭集』 20권이 세상에 전한다.

안축安軸

안축의 자는 당지當之이니 복주 흥녕현福州興寧縣 사람이다. 안축은 나서부터 총명하였으며 열심히 공부하여 과거에 급제하여 사한史翰에 뽑혔다.

충숙왕 11년(1324)에 원나라 제과制科에 합격하여 요양로 개주판관遼陽路蓋州判官 벼슬을 받았다. 이때에 충숙왕이 원나라에 억류되었다. 안축이 동지에게 말하기를 "임금에게 근심이 있으면 신하가 곤욕을 당하고, 임금이 곤욕을 당하면 신하는 죽는 법이다."라고 하고 곧 원나라에 상서하여 왕이 죄가 없다는 것을 강하게 변호하였다.

여러 관직을 거쳐 좌사의를 거처 감찰대부가 되었는데 언제나 관직館職을 겸임하였기 때문에 표전문表箋文과 사명詞命은 모두 그의 손에서 나왔다. 후에 검교 평리檢校評理로서 외직으로 나가 상주목사尙州牧使가 되었다. 이때 어머니가 흥녕興寧에 있었으므로 안축이 그곳을 왕래하면서 효성을 다하였다.

충목왕이 즉위한 후 제일 먼저 재상을 논하고자 불러들였다가 얼마 지나지 않아서 정당문학, 찬성사, 우문관 대제학, 감춘추관사에 이르렀다. 그리고 이제현李齊賢 등과 더불어 민지閔漬가 편찬한 『편년강목編年綱目』을 증수하였다. 당시 집정자執事者들이 선비를 좋아 하지 않았기 때문에 그를 파면시켜서 군君에 책봉하였다.

안축은 마음이 공정하고 가정을 지키는데 엄격하였으며 법도가 있었다. 선을 보면 칭찬하기를 그치지 않았으며 악을 보면 피하고 가까이 하지 않았다. 일찍이 말하기를 "내 평생에 칭찬받을 만한 일을 한 것은 없으나, 네 번의 법관을 지내는 동안에 억울하게 노비가 된 자는 반드시 양인이 되게 하였다."고 하였다.

아버지 안석安碩이 일찍이 죽었으므로 두 아우 안보安輔와 안즙安輯을 교육시켰는데 그들은 모두 과거에 급제하였으며 동생들도 아버지처럼 섬겼다.

충목왕 무자년(1348)에 죽으니 나이는 67세였다. 시호는 문정文貞이다. 일찍이 강릉도 존무사로 있으면서 문집을 지었는데 『관동와주關東瓦注』이다. 호는 근재謹齋이다. 안축의 아들은 안종원安宗源이다.[5]

안종원安宗源

안종원의 자는 사청嗣清이다. 나이 17세 때에 과거에 급제하고 충목왕 때에 사한史翰에 임명되었다. 임기가 차서 마땅히 승진할 차례였으나 동료 심동로沈東老가 연장자로서 벼슬이 낮았으므로 안종원은 그에게 양보하였다. 아버지 안축이 그 말을 듣고 기뻐하여 말하기를 "양보하는 것은 덕행의 시작이다. 내가 남에게 양보하면 누가 나를 버리겠는가? 우리 가문에 인물이 있으니 아마 더욱 번창할 것이다."라고 하였다. 그 후에 전법총랑典法摠郎에 임명되었다.

당시 신돈辛旽이 정권을 마음대로 행사하게 되자 사대부들이 앞을 다투어 그에게 아부하였다. 어떤 집정자가 말하기를 "우리들이 신돈을 영상領相에게 추천하면 간관諫官의 자리를 얻을 수 있을 것이니 속히 신돈을 찾아가 만나 보는 것이 좋다."라고 하였다. 안종원이 사절하여 말하기를 "나는 본래 게으르고 거칠어서 세력에 아부할 줄을 모른다."라고 하였다. 집정자는 무안을 당하고 도리어 안종원을 참소하여 강릉부사江

5 아들이 2명으로 안종기安宗基도 있다.

陵府使로 나가게 하였다. 그는 그 곳에서 백성에게 은혜로운 정치를 하니, 그곳 백성들이 산 사람의 사당[生祠堂]을 세우고 그를 제사 지냈다. 그 후 7~8년간 벼슬을 떠나 자취를 감추고 나오지 않았다.

신돈이 처형되자 좌사의대부右司議大夫가 되었다. 우왕[辛禑]이 즉위한 후에 좌사의대부 유구柳玽, 사인 박상진朴尙眞, 헌납 임효선林孝先·노숭盧嵩·민유의閔由誼 등과 함께 도당都堂에 상서하기를 "환자宦者(내시)가 국가의 화근이 된 사례는 역사에서 역력히 볼 수 있습니다. 우리나라 충선왕이 서장西藏(티벳)으로 귀양가고 충혜왕이 악양岳陽으로 갔던 것이 모두 백안독고사伯顔禿古思와 고용보高龍普의 소위였고 전날에 있은 최만생萬生의 대역大逆 사건은 그 극도에 달한 것이었습니다. 이제 임금이 나이가 어리시니 경험이 많고 사리를 잘 아는 노련한 사람을 친근히 하여 좋은 품성을 배양해야 하며 환자宦者가 조석으로 붙어 있어 잘못 인도하여 나라 일을 그르치는 일이 다시는 반복되지 않게 해야 할 것입니다. 현재 혼전魂殿에는 이미 도감都監이 있어서 제때에 조석공양을 하고 있으니 환자들이 어지럽게 모여들어 세력 다툼질을 하는 자리로 되지 않게 해야 할 것입니다. 이에 재상들께서는 잘 헤아리시기 바랍니다."라고 하였다.

이때 우왕의 나이가 어리므로 일체 나라 일이 재상에게 맡겨져 있기 때문에 안종원 등이 이와 같은 제의를 하여 응당한 조치가 취해질 것을 바랐으나 재상들은 이것을 염두에 두지 않았다. 얼마 후 대사헌이 되어 상서하여 이르기를 "환관 이득분李得芬은 선대의 미미한 공로로 인하여 벼슬이 찬성에 이르고 권세를 희롱하여 뇌물을 받으며 함부로 신하들을 참소 중상하므로 전체 관리들은 물론 백성들까지 모두 이를 갈고 있습니다. 다행히 전하의 영명한 판단으로 그를 먼 곳으로 유배 보냈습니다. 그러나 그 도당들이 아직 많이 남아 있어서 벼슬자리를 함부로 차지하고 국록을 허비하고 있습니다. 이들은 국가에 도움이 되지 않을 뿐만 아니라 앞으로 있을 화가 우려됩니다. 선대의 제도를 본받아 환관은 총명하고 영리한 자를 10명이 넘지 않는 정도를 선택하여 궁중에서 심부름을 시키게 하고 나머지 인원은 정리해 내보내기를 바랍니다."라고 하였다.

또 장령 여극인呂克禋·윤취尹就, 지평 성석연成石瑊 등과 더불어 상서하기를 "근래 명나라에서 우리나라를 견책하고 우리나라에서 생산되지 않는 금·은·말[馬] 등의 요구액을 정해 놓고 공납케 하고 있는데, 그 수량이 또한 지나치게 많아 이것을 문무관과 산관散官에까지 추렴하여도 액수에 차지 못하는 형편입니다. 그런데 탐욕 있고 분별없는 자는 대체를 돌보지 않고 이 기회를 타서 자기 물건을 팔아 사리를 도모하고 있습니다. 이러한 사정은 명나라로 하여금 더욱 우리나라를 정직하지 못한 것으로 만들어 드디어 사자를 거절하며 공납을 받지 않는 데 이르게 하였습니다. 사신들이 사사로이 가지고 가는 물건은 등급에 따라 일정한 수량을 차등 있게 하고 그 수량 이외에는 한 필의 피륙도 가져가지 못하게 하며 청백하고 엄격한 관원을 파견하고, 다시 국경에서 수색을 해서 범법자를 발견하면 극형에 처하며, 가산을 몰수해야 할 것 입니다. 일행 중에 범죄자가 있을 때에는 정사正使와 부사副使를 모두 법에 의하여 처벌해야 합니다."라고 하니, 왕이 이 제의를 받아 들였다.

최영崔瑩이 권신과 탐관오리를 처치하고 안종원을 청백하고 성실하다 하여 문하찬성사에 발탁하였다. 공양왕 때 흥녕부원군興寧府院君에 봉해졌다. 본조(조선)에 들어와서 판문하부사判門下府事를 지내다가 죽었다. 사람됨이 단정하고 근엄했으나 풍채는 오히려 편안하고 깨끗했다. 일찍이 쌍청정雙淸亭을 지어 선비들을 대접하는 것을 좋아했는데 예절이 있고 흡족하게 하였다.

안보安輔

안보의 자는 원지員之이다. 나이 19세 때에 과거에 급제하고 춘추수찬春秋修撰이 되었다. 충목왕 원년에 원나라 제과制科에 합격하여 요양행성 조마遼陽行省照磨에 임명되었는데, 성의 관리들은 그 재능을 중히 여기고 모두 예절 있게 대하였다. 이윽고 안보는 노모를 봉양한다며 관직을 버리고 본국으로 돌아왔다. 후에 우대언이 되었다가 옮겨 전법판서典法判書를 지냈다.

공민왕이 즉위하여 안보의 현명한 것을 알고 밀직제학密直提學에 임명하고 제조 전선사提調銓選事를 겸임시켰다. 어느 날 밤이 깊어서 왕이 안보를 불러 벼슬을 주려고 하다가 말하기를 "오늘이 무슨 날인가?" 하고 역서를 보고 다시 말하기를 "불길한 날[猖鬼]이니 그만 두어야 하겠다." 하였다. 안보는 본래 음양설陰陽說에 구애되는 것을 증오하였기 때문에 무릎을 꿇고 말하기를 "왕이 천시天時를 받든다는 것은 이렇게 하는 것이 아닙니다. 전하는 하고자 하는 바를 할 것이니 창귀猖鬼가 무슨 상관이 있겠습니까?"라고 하였더니 왕의 낯빛이 변하였다.

(공민왕) 4년(1355)에 정당문학政堂文學에 임명되었다. 안보는 내심으로 자기를 알아주는 임금을 만났다고 생각하고 아는 것을 숨김없이 전부 왕에게 이야기하였으나 왕은 안보를 사정에 서투른 사람이라고 여기게 되었고 안보도 역시 늙은 어머니를 봉양하기 위하여 사직하고 돌아가기를 원하였으므로 동경유수東京留守로 나아가게 하였다.

(공민왕) 6년(1357)에 죽으니 나이 56세였으며 시호를 문경文敬이라 하였다. 안보는 성질이 강직하고 결백하였다. 『사기史記』와 『한서漢書』를 즐겨 읽었으며 문장은 허식이 없고 내용을 중하게 여겼다. 사무 처리에는 대체를 주로 하고 일을 어물어물하거나 뒤를 돌아보는 일이 없었다.

왕후王煦

왕후의 처음 이름은 권재權載이며 몽골 이름은 탈환脫歡이다. 정승 권부權溥의 아들이다. 형 권준權準이 충선왕의 지우知遇를 받았다. 왕이 권준에게 그의 형제들을 묻다가 권재의 이름을 듣고 기뻐하여 그를 보기도 전에 낭장郎將 벼슬을 주고 얼마 안 가서 삼사판관三司判官으로 영전시켰다. 왕이 원나라에 있으면서 그를 불러 한 번 보고 아들로 삼고 왕후라는 이름을 주어 왕족에 입적시켰다. 왕이 귀국한 후에는 출입할 때마다 언제나 수레를 같이 타고 다녔다. 벼슬은 사복부정司僕副正을 거쳐 사헌집의司憲執義가 되었다.

충숙왕 원년(1314)에 승진하여 삼중대광三重大匡이 되고 계림부원군雞林府院君에 봉해지니 세상에서는 왕의 아우라고 하였다. 그의 나이 20세 남짓하였을 때 충선왕이 원나라에 가서 원나라 임금에게 말하여 황태자의 속고적速古赤을 삼고 계림군공의 작위를 주게 하였으며 원나라 서울에서 전장과 저택을 사서 주었다.

충숙왕 7년(1320)에 환자宦者 백안독고사伯顔禿古思의 모함으로 충선왕이 티벳[西藏]으로 귀양 가자 왕후가 대신 가겠다고 하니 황제가 그를 가엾게 여겼으므로 독고사禿古思도 그에게 위해를 가할 수 없었다. 왕후가 문객 두서너 사람과 티벳으로 가는 도중에 서쪽으로 가는 사자使者를 만나 서로 이야기하였더니 사자가 반가워하며 말하기를 "내가 조서를 가지고 왕을 맞으러 가는 길인데 나는 불가불 여러 곳을 거쳐 가게 되었으니 늦어질 우려가 있다. 당신은 앞서 가서 보고하라!"고 하고 역마 세 필을 주었다. 왕후는 밤낮으로 쉬지 않고 달려 왕을 만났다. 그러자 사자도 만나게 되어 원나라 서울까지 같이 왔다.

충선왕이 죽자 상복을 입고 시체를 받들고 귀국하여 장례를 지낸 후 매달 초하루 보름마다 분묘에 가서 제사 지내기를 자기가 죽을 때까지 계속하였다.

충숙왕이 원나라에 머물러 있을 때 심왕이 왕위를 빼앗으려고 백방으로 책동하였는데 왕은 어떻게 할 바를 몰랐으며 신하들 중에는 변절하는 자가 많았다. 그러나 왕후는 홀로 시종 일관 정당한 입장을 견지하였으므로 아무도 그에 대한 잡소리를 하지 못하였다.

충선왕이 죽은 후 거의 20년이 되도록 시호를 받지 못하였다. 왕후는 원나라에 가서 왕의 시호를 요구하는 동시에 충숙왕의 시호도 요구하였다. 이때 정권을 잡고 있던 자들이 지원을 해 주지 않았으므로 왕후는 이것이 자기의 책임이라 하여 자비로 많은 비용을 써서 목적을 달성할 수 있었다.

충목왕 원년(1345)에 어머니가 사망하여 상중에 있었는데, 기복起復(상중에 특별 명령으로 벼슬을 하는 것)하여 첨의우정승僉議右政丞으로 임명되었으나 나오지 않았다. 아버지 권부가 아직 생존하여 재삼 권고하였으므로 부득이 부임하였다. 그는 먼저 관리 선발법을 전리사典理司와 군부사軍簿司에 귀속시켰다. 옛 제도에는 관리의 급료가 적은 것을 고려하여 경기京畿의 토지를 일인당 몇 묘[畝]씩 하사하고 그것을 녹과祿科라 하였는데, 후세에 권세 있는 고관들이 거의 다 점유하는 바람에 군부[領府]의 피해가 가장 컸다. 이에 왕후는 명령을 내려 이것을 회수하였다. 이로 인하여 간악하고 탐욕스러운 자들의 증오를 받아 파면되고 김영후金永煦가 그 뒤를 이으니 당시 사람들이 실망하였다.

이듬해에 아버지가 사망하였다. 한 달이 지나자 원나라 임금이 왕후에게 상복을 벗고 입조入朝하라고 하였다. 그 다음해에 왕후는 좌정승 김영돈金永旽과 함께 황제의 명령으로 귀국하여 왕에게 말하기를 "황제가 선왕先王의 품행이 나쁜 네 내하여 묻기 때문에 저희들이 대답하기를 '선왕은 처음에는 그렇지 않았는데 다만 소인배들이 잘못 인도한 까닭입니다. 지금도 그 소인배들이 아직 제거되지 않고 있어서 왕을 또 잘못

인도하고 있습니다.'라고 하였더니 황제가 수긍하고 저희들더러 나가서 그들을 처단하라는 지시를 주었습니다."라고 하였다. 태비太妃가 이 말을 듣고 눈물을 흘리며 술을 주어 위로하고 김영돈에게 황제의 밀지를 전달하기를 청하였다. 그 명에 이르기를 "왕후를 복직시켜 정승을 삼는 것이 좋겠다."라고 하였다. 이때 우정승 노책盧頙이 곁에 있다가 부끄러워 낯을 붉히고 물러 나갔으며 그 후 병을 칭탁하고 나오지 않았다.

이에 정치도감整治都監을 설치하고 왕후와 김영돈, 찬성사 안축安軸, 판밀직 김광철金光轍을 판사判事로 삼고 정연鄭琠과 김두金科 등을 속관屬官으로 삼았다. 속관들을 각 도에 나누어 보내 토지를 측량케 하되 모두 안렴사를 겸임시켰다. 김두가 양광도楊廣道를 담당하였는데 이천현利川縣 관속이 이전에 공전公田을 정승 채하중蔡河中, 이문理問 윤계종尹繼宗에게 뇌물로 준 사실이 발각되었다. 김두가 관속의 귀를 베어 도내에 조리 돌리고 공문으로 도감에 보고하였더니 녹사 안길상安吉祥이 윤계종의 지난날의 은혜를 생각하고 알고도 말하지 않았다. 왕후와 김영돈이 노하여 그의 뺨을 때리고 죄를 성토한 후[鳴鼓] 쫓아냈다. 원나라에서 사람을 보내 왕후와 김영돈에게 의복과 술 및 교초交鈔를 주어 정치사업整治事業을 적극 추진하라고 고무하였다.

기황후奇皇后의 족제 기삼만奇三萬이 권세를 믿고 남의 토지를 빼앗으며 함부로 불법행위를 하기 때문에 왕후 등이 그를 매를 쳐서 순군巡軍에 가두었는데 그는 옥에서 죽었다. 그리하여 행성이문소行星理問所에서는 도감 관원인 좌랑 서호徐浩와 교감校勘 전녹생田祿生을 구금하고 심문하였다. 이에 왕후는 김영돈과 함께 첨의부僉議府에 글을 보내기를 "우리들이 직접 황제의 명령에 의하여 본국의 정치 사업을 진행하는 바 이제 행성이문소에서 기삼만의 죽음을 여러 도감의 책임으로 전가시키고 서호와 전녹생을 가두었다. 이문 하유원河有源이 사감을 품고 반드시 불법으로 허위 자백을 짜내려 할 것이다. 이제부터는 정치 사업을 추진시킬 수 없으니 이 사정을 중서성에 전달하여 주기를 바란다."라고 하였다. 그리고 왕후는 김영돈과 함께 직접 황제에게 문제를 제기하기 위하여 원나라로 갔다. 그러자 이문소에서는 뒤따라 사람을 보내 도감 관원을 모조리 잡아 가두었다. 때마침 황제가 중서성 우사 도사右司都事 올리불화兀理不花 등을 보내 왕과 왕후 및 김영돈에게 의복과 술을 보내 정치 사업을 포상하였다. 왕후와 김영돈이 동선역洞仙驛에서 그들을 만나 되돌아 왔다. 올리불화는 황제의 명령으로 정치 사업이 얼마나 진척되었는가를 물었다. 이문소에서는 이 소문을 듣고 서호 등을 석방하였으며 또 서호를 억지로 자복케 한 도감 관원 오경吳璟·진영서陳永緖·안극기安克己·이원구李元具·전성안全成安 등을 옥에 가두었다.

원나라에서 기삼만이 죽은 소문을 듣고 공부낭중 아로阿魯, 형부낭중 왕호류王胡劉 등을 보내 심문하고 다시 직성사인直省舍人 승가노僧家奴를 보내 정치관整治官 백문보白文寶 등 10여 명에게 매를 쳤다. 왕후와 안축安軸만은 황제의 명령에 의하여 무죄로 되고 김광철光轍, 이원구元具는 병으로 인하여 매를 면하였다. 이어 황제가 조서를 보내 정치도감을 두고 왕후에게 판사를 시켰다. 이때 김영돈이 자기 의견을 고집하였는데 왕후는 그와 서로 다투기를 수치로 여겼다. 황제가 문책하고 일체의 책임을 왕후에게 일임하였다. 왕후는 이어 도첨의사사都僉議司事를 맡았다.

(충목왕) 4년(1348)에 다시 정승이 되었는데 서울에 큰 기근이 들고 양광도와 서해도가 더욱 심하였다. 왕후가 창고 곡식을 풀어 구제하여 생명을 보전한 자가 대단히 많았다.

충목왕이 죽자 덕녕공주德寧公主는 왕후와 부원군 기철奇轍에게 정동행성[行征東省]의 직무를 대행시켰다. 왕후 등이 이제현李齊賢을 원나라에 보내 왕위 계승자를 세울 것에 대한 표문을 제출하였다. 충정왕 원년(1349)에 원나라에 가서 황제의 생일을 축하하고 귀국하는 도중에 창의현昌義縣에 이르러 병으로 인하여 죽으니, 나이는 54세였다.

왕후는 사람됨이 강직하고 진중하였으며 용모와 신체가 장대하여 보기에 위엄이 있었다. 평생에 부질없는 말을 하지 않았고 조금 글을 읽어서 대의를 알아 선현의 사적을 곧 잘 말하였다. 손님 접대하기를 좋아하며 비록 아래 사람이라도 인사성 있게 대하였다. 두 번 재상으로 있으면서 항상 나라의 복리를 증진하며 해독을 제거하는 것을 자기의 소명으로 삼았다.

왕후가 죽은 후 노책盧頙은 왕후가 정치整治를 할 때 자기를 추궁한 것을 원망하여 관청에서 장례를 치르지 못하게 하고, 가는 길의 역관驛館에 지시하여 시체를 역관에 들여 놓는 것을 금지시켰다. 그러나 역관 관원들은 시체를 바라보고 슬피 울며 맞아들여 제사하기를 부모와 같이 하였다. 공민왕 원년(1352)에 왕이 말하기를 "내가 원나라에 가서 10년간 있는 동안에 한결 같이 나를 시종하여 공로가 가장 현저한 신하들에 대하여서는 거의 다 벼슬을 주어 포상하였는데 정승 왕후는 불행히 먼저 죽었으니 내 이것을 깊이 슬퍼한다. 마땅히 시호를 주고 그 자손을 공적功籍에 기록하여야 할 것이다."라고 하고 시호를 정헌正獻이라 하였다. 후에 공민왕 묘에 배향하였다. 아들의 이름은 왕중귀王重貴이다.

왕중귀는 재상이 될 만한 도량을 가지고 있었다. 공민왕 초에 좌부대언左副代言이 되었는데 기철奇轍이 처형되자 기철의 사위라 하여 지방으로 유배되었다. 후에 동지밀직사사同知密直司事로 임명되었다가 신돈辛旽의 비위에 거슬려 파면되었다.

그때 원나라와 우리나라 사이에 불화가 조성되었는데 참소하는 자가 왕중귀 등이 국가의 비밀을 원나라에 누설하였다고 무고하여 유배되었다. 그는 얼마 안 가서 소환되어 감찰대부監察大夫에 임명되었다.

(공민왕) 18년(1369)에 서원군瑞原君 노은盧誾이 북원北元 황제의 조서를 가지고 황주黃州까지 왔을 때 왕이 대장군 송광미宋光美를 보내 노은을 잡아다가 그의 온 이유를 심문하였더니 그가 거짓으로 자복하기를 "왕중귀와 이수림李壽林, 이명李明 등과 공모하여 첩자를 하고자 함이었다."라고 하였다. 이에 왕중귀 등을 옥에 가두었다가 목을 베어 저자에 효수하니 세상 사람들이 모두 그의 무고함을 애석하게 여겼다.

우왕 2년(1376)에 찬성사 지윤池奫이 왕중귀의 처 기씨奇氏를 아내로 삼으려고 여러 번 중매자를 보냈으나 응하지 않았다. 어느 날 지윤이 자기의 졸개들을 데리고 그 집으로 갔다. 기씨의 종이 급히 달려가 이르기를 "부인은 몸을 피하기 바랍니다."라고 하니, 기씨가 말하기를 "내 구차하게 피신하지 않겠다."라고 하였으므로 종들은 아마 기씨가 따르려는 것이라고 여겼다. 기씨가 술상을 차려 지윤을 대접하니 지윤도 일이 잘 되어가나 보다고 여겼다. 이리하여 마침내 지윤이 내실로 들어가려 할 무렵에 기씨가 멱살을 잡고 뺨을 치며 꾸짖기를 "소위 재상이라는 자가 이 같은 강폭한 행동을 하느냐? 내 차라리 죽을지언정 네 말을 들을 줄 아는가?"라고 하였다. 지윤은 부끄러워 물러갔다. 기씨가 최영崔瑩에게 가서 말하기를 "내가 좋은 가옥에서 살고 있으므로 지윤이 그것을 차지할 욕심이 나서 나를 폭행한 것이다. 당신은 청백 정직하기로 알려졌기 때문에 찾아 와서 말한다."라 하고 곧 이사하였다. 세상 사람들이 그를 갸륵하게 여겼다. 왕중귀의 아들은 왕숙王肅, 왕엄王嚴, 왕도王道이다.

김영돈金永旽

김영돈은 상락공上洛公 김방경金方慶의 손이며 삼사三司 김순金恂의 아들이다. 김영돈의 어릴 때 이름은 나해那海이니 충렬왕 말에 등제하여 처음으로 강릉부녹사江陵府錄事에 임명되고, 조적曹頔의 난에 시종하여 공로가 있었으므로 1등 공신에 책봉되어 추성병의 익찬 공신호推誠秉義翊贊功臣號를 받고 상락부원군上洛府院君에 봉해졌다. 뒤에 충혜왕이 원나라에 잡혀가자 재상과 국가 원로들이 상서하여 왕의 죄를 용서해 줄 것을 청하려 할 때 의론이 일치되지 않자 김영돈이 말하기를 "임금이 욕을 당하면 신하는 죽는 것이니 청하기를 마땅히 급히 해야 할 것이다."라 하였으니 이 말은 김륜전金倫傳에 있다.

충목왕 때에 이르러 좌정승이 되어 왕후王煦 등과 함께 판정치도감사判整治都監事가 되었다. 이때에 기삼만奇三萬의 죽음으로 인해 정치관 서호徐浩와 전녹생田祿生 등을 행성이문소行省理問所에 가두니 김영돈이 왕께 고하기를 "전하께서 어찌 정치관을 가두십니까?" 하니, 왕이 말하기를 "기삼만은 남의 땅 5결을 탈취하였으나 어찌 죽어야 할 일이겠는가?" 하므로 김영돈이 말하기를 "기삼만은 권세를 믿고 방자하였으니 어찌 5결의 토지만을 빼앗는데 그쳤겠습니까?" 하였다. 왕이 이문理問 하유원河有源을 불러 묻자 김영돈은 "우리들은 친히 황제의 명을 받들고 먼저 원악元惡을 다스림이니 서호와 전녹생이 무슨 죄가 있습니까?" 하고 이에 스스로 행성의 감옥에 들어갔다. 왕이 명하여 출옥시켰는데, 자세한 내용은 왕후전王煦傳에 있다. (충목왕) 4년(1348)에 죽었다.

김영후金永煦

김영후는 김영돈金永旽의 동생이다. 충숙왕 때 여러 벼슬을 거쳐 삼사우윤三司右尹에 이르렀다. 충혜왕을 시종한 공으로 추성보절동덕익찬 공신호推誠保節同德翊贊功臣號를 하사받고 삼사좌사三司左使에 임명되었다.

충혜왕이 원나라에 잡혀가니 시종한 군소 백관들이 모두 도망하여 숨었으나, 김영후만이 홀로 왕을 지키다가 창에 맞았다. 충목왕이 즉위하여 찬성사 제조정방에 임명하고, 곧 우정승에 제배하였다.

공민왕 때에 서연書筵에 입시하여 변정도감辨整都監을 파할 것을 청하니 왕이 말하기를 "내가 좋은 말을 듣고자 서연을 열었더니 그대 말이 실로 나의 마음에 어긋난다." 하고 드디어 병을 칭하고 안으로 들어갔다.

김영후는 처음에 복창군福昌君에 봉해졌다가 뒤에 상락후上洛侯에 봉해졌는데, (공민왕) 10년(1361)에 죽으니 나이는 70세였다. 시호는 정간貞簡이다.

성품이 엄숙하고 바르며 신중하였으며, 친척이나 옛 친구 가운데 궁핍한 자가 있으면 도와주지 않음이 없었다. 손자 김사안金士安과 김사형金士衡의 나이가 모두 약관弱冠을 지났으므로 어떤 사람이 김영후에게 말하기를 "어찌 벼슬을 구하지 않느냐." 하니, 대답하기를 "자제子弟가 과연 어질다면 국가가 스스로 쓸 것이요, 만약 어질지 못하다면 비록 얻는다고 하여도 가히 보전할 수 있겠는가?" 하니 듣는 자가 모두 감탄하였다.

아들은 김천金蕆이니 벼슬이 밀직부사密直副使에 이르렀다.

논하기를,

충숙왕과 충혜왕 때 나라에 일이 많았다. 그때 여러 신하들 가운데 역순逆順에 밝고 거취를 아는 자가 많지 않았다. 그러나 오직 민종유閔宗儒 등 7신 외에 또 한악韓渥·원충元忠·안축安軸·이제현李齊賢 및 왕후王煦·김영돈·김영후 등 7신이 있을 뿐이었다.

왕후는 심왕의 변란에 두 마음을 품지 않았으며 수상이 되어서는 관리 인사를 두 인사기관(전리사, 군부사)으로 귀속시켰으니 가히 재상의 대체를 안다고 하겠다.

김영돈은 힘을 써서 충혜왕을 변호하는 진정서를 냈으며 김영후는 왕을 호위하다가 창을 맞았으니 그 할아비(김방경)의 충렬에 비교하여 부끄러울 것이 없겠다.

최해崔瀣 장항張沆 이성李晟

최해崔瀣

최해의 자는 언명彦明이며 계림雞林 사람이다. 문창후文昌侯 최치원崔致遠의 후예이다. 아버지 최백륜崔伯倫은 과거에 장원 급제하고 벼슬이 민부의랑民部議郞이 되었다. 최해는 어려서부터 총명하고 지혜가 남달랐다. 나이 9세 때에 능히 시를 지었고 장성해서 과거에 급제하여 성균학관成均學官이 되었다가 예문춘추검열藝文春秋檢閱로 있었는데, 일에 연루되어 장사감무長沙監務로 강직되었다.

충숙왕 8년(1321)에 원나라에 가서 과거를 보아 제과制科에 합격하고 요양로 개주판관遼陽路蓋州判官으로 임명되었다. 본국으로 돌아오자 예문응교藝文應敎가 되었다. 이후 여러 관직을 거쳐 성균대사성에 이르렀다.

최해는 재주가 비상하고 뜻이 고상하였다. 글을 읽고 글을 지을 때에는 스승이나 친우에게 의존함이 없이 자력으로 해석하였다. 이단異端(불교)에 유혹되지 않았고 시속에 젖지 않았으며 옛사람을 본받기에 유의하였다. 토론에 있어 견해가 서로 다를 때에 자기의 견해가 옳다고 인정되면 상대방이 비록 노성한 스승이거나 혹은 유식한 선비로서 한 때의 으뜸가는 학자라도 그들과 따지고 또 논박하여 자기의 견해를 견지하며 물러서지 않았다.

연우延祐 연간에 원나라에서 과거를 본다는 소문을 듣고 말하기를 "자기의 배운 바를 시험해 보겠다."고 하여 응시해 제과에 합격하고 바로 급제하였다. 장원壯元 송본宋本도 그의 재능에 대해 시에서 여러 번 표현하였다. 그 뒤로부터 그의 이름이 더욱 유명해졌다. 그러나 자기의 뜻에 맞지 않는 자를 심히 미워하여 더욱 배척하였다. 또한 사람의 비위를 맞추기를 좋아하지 않으며 행동에 절제가 없고 말을 서슴없이 맞대놓고 하기 때문에 큰 벼슬에 등용되지 못하였다. 그러나 벗은 정직한 사람을 택하였고 시를 짓고 술을 마시는 것으로 낙을 삼았다.

어느 때 그가 동래현東萊縣을 지나다가 해운대海雲臺에 올라 합포만호 장선張瑄이 자기의 시를 소나무에 새긴 것을 보고 깎아 버리고 흙을 바른 후 안동安東으로 갔다. 장선이 그 소식을 듣고 노하여 용감한 장수를 보내 잡게 하였으나 최해는 몰래 죽령竹嶺을 넘어 서울로 돌아갔다. 이것이 유림들 사이에서 큰 웃음거리로 되었다. 그가 재주를 믿고 세상을 홀시하는 것이 이러하였다. 평생에 집안 살림에 관심이 없었고 스스로 호를 졸옹拙翁이라고 하였다.

후에 성 남쪽 사자산獅子山 아래에 거주하면서 스스로 「예산은자전猊山隱者傳」을 지었다. 그 전에 이르기를 "은자의 이름은 하계夏屆 혹은 하체下逮라고 하며 성은 창괴蒼槐인데 용백국龍伯國 사람이다. 본래 두자 성[覆姓]이 아니었으나 은자로 된 후에 중국 발음의 합음에 따라 성까지 고친 것이다. 은자는 어렸을 때에 이미 자연의 이치를 아는 것 같았고 학교에서 배우게 되자 한 부문에만 매달리지 않았다. 이리하여 겨우 대의大意를 이해하면 곧 중단하였으므로 마침내 학업을 마치지 못하였으니 이는 그가 공부를 깊이 연구하지 않은 까닭이다. 그는 점차 장년이 되었을 때에 공명功名에 뜻을 두었으나 세상에서 용납되지 않았다. 그것은 성질이 사람의 비위를 맞추는 데 능하지 못하고 또 술을 좋아하여 몇 잔만 마시면 사람의 좋고 그른 것을 비평하기를 즐겨하여 귀로 들은 것은 입안에 감춰둘 줄을 몰랐기 때문에 사람들의 애중愛重을 받지 못하였다. 그리하여 혹 등용되었다가도 배척을 당하여 떠나버렸다. 친구가 혹 그를 애석히 여겨 반성하라고 권고하기도 하고 책망하기도 하였으나 그는 받아들이지 않았다. 중년에 자못 뉘우치는 바 있었으나 때는 이미 늦어서 사람들은 모두 옳지 못한 인물로 여겼으므로 은둔 한 채 그대로 있을지언정 등용될 수는 없었다. 은자도 역시 세상에 다시는 뜻이 없었다. 어느 때 그가 일찍 말하기를 '나와 서로 상종한 사람은 다 좋은 사람이었고 상종하지 않은 자는 욕심이 많은 자이다. 그러니 많은 사람의 인정을 받기는 어려웠다. 이것은 나의 단점인 동시에 나의 장점이기도 하다'라고 하였다. 그는 만년晩年에 사자갑獅子岬 절 중을 따라 밭을 빌려 농사지으며 자기 호를 예산농은猊山農隱이라 하였다. 좌우명座右銘을 쓰기를 '너의 밭과 너의 농원은 삼보三寶(부처)가 준 큰 은혜이다. 만족함이 어디서 나왔는가? 너는 스스로를 속이면 안된다.'고 하였다. 은자가 본래 불교를 좋아하지 않았으나 끝내는 중의 소작인[佃戶]이 되었으므로 현실이 자기 과거의 뜻과 맞지 않는 것을 농담 삼아 암시한 것이다."라고 하였다.

충혜왕 후원년(1340)에 죽으니 나이는 54세였다. 그의 저서 『졸고拙藁』 2권이 세상에 전해지고 있다.

장항張沆

장항은 사람됨이 청렴하고 정직하며 문장을 잘 지었다. 과거에 급제하고 벼슬이 사헌대부에 올랐다. 충숙왕이 참소를 입고 원나라에 머물러 5년 동안이나 돌아오지 못할 때 장항은 분연히 몸을 바쳐 시종하였으며 그 공로로 철권鐵券을 하사받고, 군부판서軍簿判書가 되었다.

충혜왕 때에 밀직제학에 임명되고 영산군永山君에 봉해졌다. 충목왕이 즉위하자 정당문학에 임명되는데, 그는 왕의 묻는 말에 대답할 때에는 언제나 능묘에 존경하라는 말로 경계하였다. 일찍이 도당都堂에 편지하기를 "임금은 스승을 존경하고 향학심이 있으며 도덕과 의리에 합당한 말을 듣기를 즐겨한다. 그러나 간사한 아첨쟁이들이 정권을 농락하여 윗사람을 속이고 형벌을 불공평하게 하여 무고한 사람들에게 해가 미치게 한다. 이러한 것이 화기和氣를 상하게 하여 하늘이 한재旱災를 내리고 굶주려 죽은 시체가 길에 쌓여 눈으로 차마 볼 수 없는 형편이다. 만일 이것을 빠짐없이 매장하고 주린 자를 구제해 주면 화기가 통하여 풍년이 들게 할 수 있을 것이다."라고 하였다.

공민왕이 즉위하자 장항이 예학에 밝다 하여 태묘太廟의 악기와 복식을 수정하는 일을 맡겼다. 장항이 죽으니 왕이 말하기를 "지금의 재상으로서 종묘宗廟에 대한 마음씀이 장눌재張訥齋와 같은 자가 어디 있겠는가?" 하였다. 시호는 문현文顯이다.

이성李晟

이성은 담양潭陽 사람이다. 약관의 나이에 과거에 급제하여 수원사록水原司錄으로 나아가 임기가 차자 가솔을 데리고 죽계竹溪 마을 집으로 돌아와 벼슬을 단념하고 날마다 고서를 연구하는 것으로 일을 삼았다.

후에 국자박사에 임명되었다가 좌사보左司補에 임명되어 서성西省에 입직하게 되자 {시를 지어 자신의 뜻을 보였다. "약국에 부는 맑은 바람 나를 속여 늙게 하고, 죽계 고

향의 밝은 달 나의 심정 유혹하네. 어제 밤에 나는 이미 귀농 계획을 세웠나니, 눈 녹은 강남길을 필마로 돌아가리[藥局清風欺我老 竹溪明月誘吾情 昨宵已決歸田計 雪盡江南匹馬行]."이라고 하였다.} 다음 날에 벼슬을 버리고 농촌으로 돌아갈 때 당시의 이름 난 선비들이 이성의 초당에 모여 주연을 베풀고 그를 전별하였다. 충선왕이 북경 저택에서 그의 이름을 듣고 벼슬을 건너뛰어 중서사인에 임명하였다가 예문응교에 승진시켰다.

충숙왕 원년(1314)에 벼슬을 버리고 집으로 돌아갈 때 민부전서民部典書의 관직을 받고 치사하였다. 얼마 지나지 않아 죽었는데 나이 75세였다.

이성은 사람됨이 질박하고 허식이 없었다. 어려서부터 열심히 공부하여 손에서 책을 놓지 않았으며 어디를 가든지 학자가 구름같이 모여 들었다. 사람들은 그를 '5경상자五經笥'라고 불렀다.

논하기를,
이 세 사람의 절개와 풍류는 모두 가히 숭상할 만하다.

조렴趙廉 이백겸李伯謙 신군평申君平

조렴趙廉

순창淳昌 사람이다. 충숙왕 때에 과거에 급제하였다. 또 원나라 제과에 합격하여 원나라의 요양로총관遼陽路摠管이 되었다가 귀국하여 전리좌랑典理佐郎이 되었다. 종묘의 소목昭穆에 관한 제도를 논하였으며 후에 좌사의대부가 되었다.

이때 원나라 조사詔使가 우리나라에 와서 왕이 그를 영접하지 않았다고 트집을 잡아 양부兩府에 대하여 추궁하자 양부에서는 모두 과오라고 인정하였다. 조렴은 우사의 왕백王伯과 함께 왕에게 상서하여 말하기를 "임금과 신하는 한 몸이니 화란과 행복을 같이 하는 것입니다. 또 신하는 임금의 잘못이 있더라도 드러내지 않아야 하는 바 그것은 아들이 아버지에 대해서와 마찬가지인 것입니다. 그런데 이제 양부에서는 자기의 몸만을 위하여 임금을 저버리었으니 그들을 법에 의하여 논죄하기를 바랍니다."라고 하였다.

그 말이 참으로 적절하였으므로 왕이 상서문을 보고 의리 있는 사람이라고 하였다. 그리고 왕백과 함께 밀직부사密直副使에 임명하였다. 이렇게 사의司議로서 바로 추부樞府로 들어 간 것은 전례에 없는 일이었다.

이백겸李伯謙

이백겸은 평장사 이공승李公升의 4대손이다. 충렬왕 때에 과거에 급제하고 여러 관직을 거쳐 우정언右正言이 되었다. 충선왕 초에 집의執義로 임명되고 선부전서選部典書로 전직하였다. 후에 외직으로 나가 제주목사濟州牧使, 해주목사海州牧使를 역임하였는데 어디서나 으뜸가는 공적이 있었으며 명성이 높았다.

충숙왕 5년(1336)에 제주濟州 도적 괴수가 김성金成 등의 악당들을 규합하여 성주 왕자星州王子를 쫓아내고 반역을 일으켰다. 국가에서 이를 토벌하려 하였으나 적임자를 구하기가 어려웠다. 그때 적당들이 모두 하는 말이 "만일 이백겸과 송영宋瑛이 와서 우리를 초무招撫한다면 우리가 어찌 감히 배반할 수 있겠는가."라고 하였다. 그리하여 곧 이백겸과 송영을 보내 초무케 하였더니 얼마 안 가서 과연 반란이 평정되었다. 동지밀직사사同知密直司事의 관직을 받고 죽으니 나이 58세였다.

신군평申君平

신군평은 평주平州 사람이다. 과거에 급제하여 충숙왕 때에 대관臺官으로 되었다. 이때 권귀權貴들에게 뇌물을 주고 벼슬을 얻는 자가 매우 많았다. 그 가운데 최완崔琬이라는 자가 일찍이 아버지의 상사喪事를 숨기고 과거를 보아 급제하니, 신군평은 그의 임명장[告身]에 모두 서명하지 않았다. 또 정승 강융姜融, 찬성사 채하중蔡河中, 회의군 최노성崔老星, 좌대언 조신경曹莘卿, 원윤 신시용申時用, 지평 윤현尹賢 등이 일을 처리하는데 간사하였으므로 이들 고신에 대해서도 모두 서명하지 않았다. 이리하여 그들의 미움을 받아 파면되자 조정과 재야에서 모두 애석히 여겼다. 다음날 장령 박원계朴元桂가 그 고신에 서명하였니 사람들은 그를 비겁하다고 조롱하였다. 신군평은 후에 어사대부御史大夫에 임명하였는데 죽었다.

논하기를,
이 세 사람들은 말을 맡은 언관으로서 모두 잘하였다고 할 수 있다.

이제현李齊賢

이제현의 자는 중사仲思이며 경주慶州사람이다. 정승 이전李瑱의 아들이다. 신라 시조 좌명대신 알평謁平의 후예이다. 어려서부터 의젓하여 어른 같았고 글을 잘 지어서 문장가의 기풍이 있었다.

충렬왕 27년(1301)에 나이 15세로 과거에 급제하였다. 그러나 그는 "이것은 학문의 소소한 지엽에 불과하다." 하고 더욱 부지런히 경서 토론에 더욱 열중하여 심오하고도 정밀하게 연구하였다. 이에 아버지 이전이 기뻐서 말하기를 "아마 하늘이 우리 가문을 더욱 빛나게 하려는가 보다."라고 하였다.

조금 있다가 예문춘추관에 뽑혀 들어갔다,

연우延祐 갑인년(충숙왕 원년 : 1314)에 충선왕이 원나라에 머물면서 만권당萬卷堂을 짓고 요수姚燧, 염복閻復, 원명선元明善, 조맹부趙孟頫 등이 왕의 집에서 여러 학사들과 어울렸는데, 이제현이 그들과 상종하는 동안 학문이 더욱 발전하니 여러 학자들이 칭찬하기를 그치지 않았다.

병진년에(1316 : 충숙왕3) 사절使節로 서촉西蜀에 갔을 때 간 곳마다 지은 시가 널리 세상 사람들의 입에 회자되었다. 벼슬이 갑자기 뛰어 선부 전서選部典書로 되었다. 충선왕이 강향사降香使로 강남江南에 갔을 때 이제현은 권한공權漢功과 함께 수행하였다. 왕이 누각이나 좋은 경치를 구경하면서 흥이 일어나고 옛 생각에 잠길 때마다 말하기를 "이러한 장소야 말로 이생李生(이제현)이 없을 수가 없다."라고 하였다.

충선왕이 언제인가 이제현에게 묻기를 "태조 때에 거란契丹이 낙타를 보내 온 것을 다리 밑에 매어 두고 먹이를 주지 않아서 굶겨 죽였다. 그런데 낙타는 중국에서 생산하지 않지만 중국에서는 모두 사육하고 있다. 대저 나라의 임금으로서 수십 마리의 낙타를 사육한다 하더라도 백성에게 폐해를 끼치는 데까지는 이르지 않을 것이다. 그리고 거절했으면 그만이지 구태여 굶겨 죽이기까지 할 것이야 있는가?"라고 하였다. 이제현이 대답하기를 "나라를 처음 세워 후손에게 전해 주는 임금은 보는 바가 원대하고 생각이 깊어서 후대들이 미칠 바가 아닙니다. 송 태조가 궁중에서 돼지를 길렀는데 인종仁宗이 그것을 없애라 하였습니다. 그 후에 요망한 자의 사건이 발생하여 돼지 피를 제때에 쓸 수 없게 되자 태조의 생각이 여기까지도 미친 줄을 짐작한 것이라고 하였습니다. 이 말이 정론定論은 아니지마는 송 태조가 돼지를 기른 본의가 피를 쓰기보다 더 큰 것이 있는 줄을 누가 알 것입니까? 우리 태조가 이렇게 한 것은 거란의 흉계를 꺾기 위해서인지 혹은 또 후손들의 사치한 기풍을 방지하기 위해서인지 모르지마는 어쨌든 틀림없이 심오한 이유가 있는 것이니 그것은 전하가 깊이 생각하고 힘써 실천하여 체험하는 데 달려 있습니다."라고 하였다.

왕이 또 묻기를 "우리나라는 옛날부터 문화가 중국과 비등하다고 하였는데 지금 학도들이 모두 중[釋子]에게 글을 배우는 것은 무슨 까닭인가?"라고 하였다. 이제현이 대답하기를 "옛적에 태조가 나라를 창건하는 초기에는 조금도 쉴 틈이 없음에도 불구하고 우선적으로 학교를 세워 인재를 양성하였습니다. 한번 평양에 가자마자 수재秀才 정악廷鶚을 박사교수博士敎授로 삼고 6부 생도에게 비단을 주어 학업을 권장하고 녹봉을 나누어 인재를 키우고자 했으니 태조의 교육에 대한 관심이 절실 했던 것을 볼 수 있었습니다. 광종 이후에 교육을 더욱 정비하여 중앙에 국학國學을, 지방에 향교鄕校를 세우고 동리마다 상서庠序를 보급시켜 글 읽는 소리가 가는 곳마다 들렸으니 우리의 문물이 중국과 비등하다는 것이 지나친 말이 아닙니다. 그러나 의종 말년에 무인武人이 사변을 일으켜 옳고 그르고 간에 사람을 모두 죽인 관계로 그 위험에서 빠져 난 자는 깊은 산골로 도망하여 관복을 벗고 중의 옷[伽梨]을 갈아입어 남은 생명을 부지하였습니다. 신준神駿, 오생悟生[6]과 같은 사람들이 다 그런 사람들입니다. 그 후에 국가의 법과 질서가 점차 회복됨에 따라 공부하기를 원하는 자들이 나타났으나 배울 곳이 없었으므로 그들은 모두 그러한 자들을 찾아가 학습하게 된 것입니다. 그러므로 저는 공부를 하려는 자가 중에게로 가게 된 이유가 여기에 있었다고 봅니다. 이제 전하가 각급 학교를 광범히 설치하고 6예六藝를 숭상하고 5륜[五敎]을 밝히어 선조들의 모범을 따른다면 누가 진정한 선비를 버리고 중에게로 가서 배우겠습니까?"라고 하였다.

충선왕이 이 말을 받아 들이고, 이제현을 지밀직사사知密直司事로 승진시키고 공신호를 내려주었다. 또 강남[燕吳]을 유람할 때에 호종한 공로로 원나라에 청하여 고려 왕부단사관高麗王府斷事官에 임명하게 했다.

후에 다시 원나라에 갔을 때 유청신柳淸臣과 오잠吳潛이 우리나라를 한 성省으로 만들어 중국 본토에 병합할 것[內地]을 청하였다. 이에 이제현이 글을 지어 도당都堂에 상서上書하기를,

"『중용中庸』에 '대저 나라를 다스리는 자는 아홉 가지 기본 준칙이 있으나, 그것을 행하는 목적은 하나입니다. 왕통이 끊어진 나라를 잇게 하고 망하는 나라를 추켜 세워주며 분란을 풀어 주고 위험에서 붙들어 주며, 주는 것은 후하게 하고 받아들이는 것은 박하게 하는 것들은 바로 제후諸侯를 포섭하기 위함이다.'라고 하였습니다. 이것을 해설하는 자가 말하기를 '후손이 없는 자는 계승하게 하고 멸망한 자는 영지領地를 봉하여 위와 아래가 서로 편안케 하며 크고 작은 나라들이 서로 협조하게 하면 온 천하가 모두 힘을 다하여 왕실을 보위할 것이다.'라고 하였습니다. 옛날 제나라 환공齊桓公이 유리하던 형후邢侯를 형 땅으로 전주시켜 주었더니 그는 자기 고향으로 돌아가는

6 신준과 오생은 의종 24년(1170) 무신정변이 일어나자 승려가 되어 각각 충청도 공주와 가야산에 은거하여 후학들을 가르치며 절의를 지킨 은거 문신들이다.

것 같이 여겼으며 멸망한 위衛 나라를 다시 봉하여 주었더니 그는 자기 나라가 망하였던 것을 알지 않았다고 합니다. 이것이 바로 제 환공이 여러 나라를 규합하여 온 천하를 바로잡아 오패五霸의 우두머리가 된 이유입니다. 패자霸者도 이렇게 노력할 줄 알았거늘 하물며 세상에서 가장 광대한 지역을 차지하고 온 천하를 한 가정으로 삼는 천자이겠습니까? 생각건대, 우리나라는 태조 왕씨가 개국한 지 대략 4백여 년이며 귀국[聖朝]에 신하로 복종하여 해마다 공물을 바친 지도 백여 년이 되었습니다. 그 동안 백성에게 입힌 덕도 깊지 않은 것이 아니요 조정(원나라)을 위하여 세운 공로도 두텁지 않은 것이 아닙니다. 그렇기 때문에 공주를 출가시켜 대대로 친밀한 인척 관계를 가졌으며 옛날부터 전해 오는 제도는 변함없이 자기 국가를 보전할 수 있게 하였습니다. 이것들을 세조 황제의 조서 내용에서 근거한 것입니다.

지금 들으니 귀국 정부에서 우리나라에 행성行省을 설치하여 중국의 지방과 동일하게 하려 한다고 합니다. 만일 그것이 사실이라면 우리나라의 공로는 막론하고라도 세조의 조서詔書 내용을 어떻게 할 것입니까? 지난 11월에 새로 내려온 조서의 한 조항에 '옳지 못한 것과 옳은 것에 대하여는 각각 달리 대처하여 세상을 안정시켜 중통中統으로부터 지원至元 시대의 정치를 회복할 것'이라 하였습니다. 이 조서는 실로 온 천민의 복입니다. 그런데 유독 우리나라에 한해서만 세조의 조서 취지를 실천하지 않아도 좋단 말입니까?

『중용』은 공자의 문인들이 후대에 교시를 준 것이며 결코 빈말이 아닙니다. 그 내용을 보면, 끊어진 왕통을 이어 주고 또 보살펴 주고 망하게 된 나라를 추켜 세워주며 분란한 것은 풀어 주고 위험한 것은 붙들어 주는 것이라 하였습니다. 그런데 이제 아무런 이유 없이 조그마한 나라의 4백 년 왕업을 일조에 폐절시켜 나라의 주인도 종묘도 제사도 끊어지게 한다는 것은 이치로 따져 보아도 결코 그렇게 하지 못할 일입니다.

다시 생각건대 저희 나라는 지방이 천리에 불과한데 그 중에 산림과 천택 등 경작하지 못한 토지가 10분의 7이니 되어 토지에 세를 부과하여도 그것은 운임비도 되지 못할 것이며 백성에게 조세를 부과하여도 관리의 봉급을 주기에도 부족한 형편입니다 이것을 귀국 정부의 용도에 비하면 새 발의 피로 밖에 되지 않을 것입니다.

더군다나 우리나라는 중국에서 멀고 백성은 고지식한데다가 언어가 중국과 다르고 행동 양식이 중국과 다르니 만일 우리나라에서 이러한 소문을 들으면 정녕 모두 의혹과 불안을 불러일으켜 집마다 찾아다니며 일러 주어도 가라앉힐 수 없을까 염려됩니다.

또 왜적과는 바다를 사이에 둔 인접지여서 만일 그들이 이 소문을 듣게 되면 우리의 처지를 거울로 삼아 자기들의 취하여 온 방침이 옳았다고 생각할 것이 아니겠습니까? 바라건대 집사 각하는 우리의 공로를 잊지 않은 세조의 뜻을 계승하고 『중용』이 후세에 남긴 교훈을 살려 나라는 그 나라대로, 사람은 그 사람대로 자기 직책을 닦으면서 중국을 보위하는 울타리로 삼아 무궁의 복록을 누리게 하십시오! 이렇게 되면 어찌 다만 삼한 백성들만이 반가이하고 황제의 성덕을 노래 부르는 데 그치겠습니까? 종묘사직의 영혼들도 지하에서 감격해 울 것입니다."라고 하였다. 이에 (행성을 두자는) 의논이 중단되었다.

충선왕이 참소를 입고 서장西藏으로 귀양 가자 이제현은 또 최성지崔誠之와 함께 원랑중元郎中에게 편지를 보내 말하기를,

"당신의 높은 명성을 흠모한 지 이미 오래입니다. 마음으로 항상 수려한 당신의 풍모를 뵈옵고 고명한 학설을 듣고자 하면서도 먼저 그렇게 해 줄만한 기회를 얻지 못한 채 세월만 끌고 소원을 이르지 못하였습니다. 이제 홀연 간담을 털어 놓고 귀하에게 말하려 하는데 당신과의 교제는 옅고 사연이 깊어서 당신의 듣고 이해하는 데 도움이 되지 못할까봐 염려됩니다. 그러나 우리나라는 귀하의 고향도 됩니다. 귀하가 크게 출세하여 비록 조금 중원에서 살고 원나라에 벼슬을 하고 있지만 조상의 분묘와 친척은 의연히 이곳에 있는 만큼 우리들이 말하려는 바가 어찌 무관심하겠습니까?

이제 황제는 나라를 다스리기에 정력을 들여 노력하고 있으며 대승상大丞相은 재능과 계략이 세상에서 보기 드문 사람으로서 그의 의견과 계획은 황제가 모두 들어 주기 때문에 조정에서는 아무 실책이 없습니다. 그리하여 나라에서 어떤 개인이 자기 할 바의 일을 못하거나 어떤 사물이 옳게 되지 못할 때에는 반드시 그들을 추켜세워서 잘 처리해 주고야 맙니다. 뿐만 아니라 귀하는 단아하고 성스럽고 웅장하고 심오한 자질

에다 예악시서禮樂詩書를 모두 익혔습니다. 그리고 아름다운 관복으로 동각東閣에 있으면서 재상들을 찬조하고 있으니 지기知己의 재상을 만나 벼슬을 하면서 가진 바의 포부를 수행한다고 할 만합니다.

생각건대 우리나라가 사대事大한 이래 백여 년이 되는데, 해마다 우리의 할 직무를 다하여 조금도 소홀히 한 적이 없었습니다. 지난번에 요遼나라의 유종遺種 금산왕자金山王子란 자가 중원의 백성을 납치 약탈하고, 섬을 약탈할 때 귀국 정부는 합진哈眞과 찰라에게 군대를 거느리고 가서 토벌하게 하였습니다. 때마침 날이 차고 눈이 쌓여 군대가 나아갈 수 없게 되어 도리어 적의 웃음거리가 될 번 하였습니다. 이때 우리 충헌왕이 조충趙沖과 김취려金就礪를 보내 군량을 보급하고 군대를 보충하는 동시에 힘을 합하여 적을 섬멸하였습니다. 이리하여 양국 원수들은 형제의 의를 맺고 영원히 서로 잊지 않기로 맹세하였습니다. 이것은 우리나라가 태조황제 때 충성을 다한 증거입니다.

세조 황제가 남방을 정벌하고 회군하여 장차 황제의 위를 계승하려 할 무렵에 그 아우가 만리장성의 북쪽에서 반란을 꾸몄습니다. 이때 제후들이 불안과 의혹에 쌓여 있었고 통행이 심히 곤란하였음에도 불구하고 우리 충경왕은 세자로서 여러 신하를 거느리고 멀리 양梁, 초楚의 땅에 가서 세조를 맞이하였습니다. 이에 세상 사람들이 먼 나라(고려)가 사람이 복종하는 것을 보고 천명이 돌아가는 곳을 알게 되었습니다. 이것은 우리가 세조 황제를 위하여 충성을 다한 증거입니다.

충경왕이 왕위를 이어, 동쪽으로 귀국한 후 충렬왕이 다시 세자로서 원나라에 가서 직접 황제께 입시하니 세조가 그 공로를 생각하고 그 의로움을 기특히 여겨 공주公主를 출가시켜 각별한 은혜를 보여주셨습니다. 누차 조서를 발포하여 우리나라의 예전 제도를 변경하지 말 것을 명시하였으므로 온 세상이 이것을 미담으로 찬양하였습니다. 우리 늙은 심왕瀋王은 곧 공주의 아들이며 세조의 친 외손입니다. 세조로부터 지금에 이르기까지 다섯 임금을 섬겨 왔으며 인척 관계로도 또 오랜 역사를 가지고 있습니다.

그런데 우리 왕은 공이 있을 때에 물러서지 않았다가 소홀한 데서 변고가 생겨 말 못할 행색으로 먼 티벳[吐藩]으로 귀양가게 되었습니다. 그 곳은 고국에서 만 여 리 떨어져 있으며 그 길은 깎아 세운 듯한 절벽으로서 열 걸음에 아홉 번 거꾸러지며 얼음과 눈이 깊게 쌓여 춘하추동 한 빛입니다. 독기 품은 안개는 사람을 쪄내고 도적은 때 없이 나타납니다. 가죽 배를 타고 강을 건너며 우막을 치고 들에서 자며 지루한 걸음 반년 만에야 그 지방에 이릅니다. 밥은 찐 보리 가루이고 거처는 토굴입니다. 그 만 가지 신고辛苦는 이루 다 기록할 수 없습니다. 길가는 사람이 듣고도 동정의 눈물을 흘리겠거늘 하물며 그의 신하로 된 자이겠습니까? 우리 왕은 궁문宮門을 들어갈 길이 막히고 정부에서는 말해주는 사람이 없으니 원한의 눈물을 머금고 소리질러 부르짖으나 누가 들으며 누가 가엾이 여기겠습니까? 이것이 제가 밥을 먹어도 맛을 모르고 누워도 잠을 이루지 못하여 허둥지둥하다가 눈물 끝에 피가 따르는 까닭입니다.

대체로 먼 나라를 회유하고 동족同族에게 후하게 하는 것은 선왕先王의 정치이요, 공로가 있으면 허물을 덮어 주는 것은 춘추春秋의 논법입니다. 귀하는 어찌 조용히 승상丞相에게 말하여 지난날에 두 마음이 없었다는 것과 오늘에 와서 자기의 허물을 뉘우치고 있다는 것을 밝혀 주지 않습니까? 여러 대 충성스럽게 섬긴 공을 저버릴 수 없으며 나라 백성이 사모하는 정을 막을 수 없으며 세조의 간절한 부탁을 잊어서는 안 될 것입니다. 그렇습니다. 황제께 말하여 특사의 혜택을 주어 그를 석방하고 본국으로 돌려보내며 다시 햇빛을 보게 하십시오! 그리하여 어진 임금의 시대에 외롭게 우는 자가 없게 한다면 대승상大丞相의 배려의 미덕이 더욱 세상에 나타날 것이며 또 귀하의 근본을 잊지 않는 도리와 남을 구제하는 인자함을 세상 사람이 모두 칭송할 것이니 어찌 우리나라 임금과 신하들만이 골수에 새기고 은혜의 만분의 하나라도 보답하려는 데 그칠 뿐이겠습니까?"라고 하였다.

또 승상 배주拜住에게 상서上書하기를,

"『맹자』에 이르기를 '우왕禹은 세상에 물에 빠진 자가 있으면 자기가 빠진 것 같이 여겼고 후직后稷은 세상에 주리는 자가 있으면 자기가 주린 것 같이 생각하였다.'라고 하였습니다. 그런데 이 천하의 물에 빠진 자와 천하의 주리는 자를 우왕이 밀어 넣은 것이 아니며 후직이 먹지 못하게 한 것이 아닌데 무엇 때문에 자신이 책임을 지고 나섰겠습니까? 하늘이 관리에게 임무를 내려 주는 것은 본래 이 사람을 시켜 사람을 구제하려는 것입니다. 그런데 궁지에 빠져 호소할 곳이 없는 사람을 보고도 태연하여 그것을 자기 수치로 삼지 않는다면 어찌 하늘이 임무를 내려 준 본의라 하겠습니까? 그렇기 때문에 손발에 못이 박히도록 고생을 하고 자신이 곡식을 심어 전체 백성을 먹여 세상을 안정시키면서 요堯, 순舜 같은 임금을 도와 그의 혜택이 후세에까지 미치게 하는 것입니다. 설사 어떤 사람이 파도치는 물에 빠지거나 구렁에 굴러 떨어진 것을 우왕과 후직이 보았다면 그들의 목전의 구제만으로써 만족하겠습니까? 나는 우왕과 후직이 반드시 다시는 주림과 물에 빠질 우려가 없게 한 연후에야 그만 두었을 것이라고 합니다.

생각건대 승상 집사丞相執事는 천자를 보좌함에 있어서 감정에 사로잡히지 않고 말을 높이고 얼굴빛을 변하지 않고도 국가를 태산과 같이 안정시키며 해마다 기후가 순조롭고 자주 풍년이 들어서 백발노인들이 모두 세조 때의 정치를 다시 본다고 하였습니다. 사람이 이러한 시대에 살게 된 것은 또한 행복한 일입니다. 시대는 바로 이러한데 어떤 사람이 있어서 곤궁하기가 주리고 물에 빠진 것보다 심하다면 집사는 어떻게 조치하시겠습니까? 지난해에 우리 늙은 심왕瀋王이 천자의 분노에 저촉되어 어찌할 줄 모를 때에 집사는 가엾이 생각하시고 가장 경한 법에 의하여 먼 지방으로 귀양보내는데 그치는 관대한 처분을 받게 하였으니 재생의 은혜는 부모보다 더합니다.

그러나 그 곳은 너무 멀고 또 벽지에 있어서 언어가 불통하고 기후도 판이하며 도적이 불시에 나오고 기갈이 번갈아 닥쳐옵니다. 그리하여 신체가 수척하고 머리는 백발이 되었으니 그의 신고하는 모양이 말만 해도 눈물이 흐릅니다. 우리 왕의 친분으로 말하면 세조의 친 생질이요 공으로 말하면 선제先帝의 공신입니다. 또 그의 할아버지는 성무 황제가 건국할 때부터 정의에 공명하고 솔선 귀의를 얻었으며 대대로 귀국을 원조한 공적이 현저하며 전傳에 이른바 '10대에 걸쳐 죄를 용서 받을 자'로 됩니다. 귀양간지 이미 4년이나 되어 마음을 고치고 허물을 뉘우치는 바도 많을 것입니다. 바라건대 집사께서는 처음에 힘써 구제하여 주었으니 끝까지 배려할 것을 잊지 말고 임금께 말하여 두터운 혜택을 베풀어 본국에 돌아가서 살다가 죽게 된다면 그 감사함이 어찌 파도치는 급한 물에 빠진 자가 탄탄한 대로를 밟게 되고 구렁에 빠진 자가 좋은 음식을 배 불리 먹게 된 데에만 비하겠습니까? 만일 시기상조라 하여 날을 물리고 달을 끌다가 어떤 어질고 유력한 자가 먼저 손을 쓰게 되면 세상 사람들이 또한 집사가 일을 주선하는 데 있어서 등한하다고 할 것이며 우리나라 사람들 역시 집사가 좋은 일을 하는 데 시작과 마감이 다르다고 할 것이니 집사를 위하여 애석해 하는 바입니다."라고 하였다.

얼마 안 가서 황제의 명령으로 충선왕을 가까운 곳인 타사마朶思麻로 옮겼다. 이것은 배주의 건의에 의한 것이다. 이제현은 그 곳에 가서 충선왕을 만나 보았다. 그는 가는 도중에서 시와 노래를 지어 읊었는데 거기에는 충성과 의분이 넘쳐흘렀다.

밀직사사密直司使로 승진하고, 공신호를 받고, 정당문학政堂文學으로 전직하여 또 김해군金海君의 봉호를 받았다.

충숙왕이 죽고 조적이 난을 일으키자 충혜왕이 죽였다. 그러나 그 당파가 원나라 서울에 많이 남아 있어서 기필코 왕에게 죄를 씌우려고 책동하였다. 그러나 원나라에서 관리를 보내 왕을 불러 가니 인심이 불안과 공포에 싸이고 불의의 화난이 언제 일어날 지모를 정세였다. 이때 이제현은 용감히 나서면서 말하기를 "나는 내가 우리 임금의 아들이라는 것을 알고 있을 따름이다."라고 하고 왕을 따라 원나라에 갔었는데 사건이 그에 의하여 변명, 해결할 수 있었다. 그리하여 그의 공로는 1등으로 평정되어 철권鐵卷을 수여 받았다. 이윽고 그는 본국으로 돌아 왔다. 그러나 소인의 무리들이 더욱 날뛰기 때문에 이제현은 산수 간에 자취를 감추고 나오지 않으면서 『역옹패설櫟翁稗說』을 저술하였다.

충혜왕이 원나라에 잡혀 가자 재상과 국가 원로들이 민천사旻天寺에 모여 왕이 죄를 용서 받기 위한 청원서를 원나라에 보내기로 할 때에 이제현이 초안을 작성하였다. 그에 이르기를,

"고려국 원로대신들은 삼가 정동성征東省 재상들에게 글을 보냅니다. 귀국 사신 타적朶赤 등이 황제가 하늘에 제사하고 대사령大赦令을 선포했다는 조서를 가지고 얼마 전에 이곳에 왔었습니다. 우리 왕 보탑실련寶塔實憐(충혜왕)이 부하 관원들을 인솔하고 의장儀仗을 갖추고 성 밖에 가서 영접하여 본성本省으로 들어왔다가, 왕이 황제의 조서를 받아 읽기를 마치자 사신들이 곧 왕을 잡아 말에 태우고 돌아갔습니다. 너무 창졸간에 벌어진 일이라 전체 신하들이 무슨 말을 하겠습니까? 그러나 왕으로 말하면 나이 젊고 경험

이 없으면서 솔직한 마음으로 경솔하게 행동하다가 이러한 결과를 가져오게 된 것으로서 그 본의에 있어서는 부디 딴 마음이 없습니다. 하늘이 위에서 내려다보고 있는데 어찌 거짓말을 하겠습니까?

또 우리나라로 말하면 시조 왕씨가 바닷가에 건국한 지 이미 426년이요 자손이 왕위를 계승하기를 28대에 이르렀습니다. 그 동안에 송, 요, 금 등 세 나라들과 사신을 통하고 왕래하여 왔으나 그것은 이 나라들과의 연계를 끊지 않고 지낸 데 불과한 것이었습니다.

태조 성무 황제가 일어서던 시기에 금산 왕자라는 자가 중원에 침입하여 백성을 약탈하고 망한 요나라의 왕업을 회복하려고 획책하다가 궁지에 빠져 동쪽으로 도망하여 바다 섬으로 들어가 함부로 횡행하였습니다. 이때 태조가 합진哈眞, 찰라札剌 두 장수를 보내 토벌하였는데 때마침 날이 차고 눈이 깊어 군량을 보급할 수 없게 되었습니다. 이때 우리 충헌왕(고종)이 조충趙沖, 김취려金就礪 등을 보내 병력으로 원조하고 식량을 보급하여 일거에 적을 격파하였습니다. 이에 양국은 맹세하기를 자손만대까지 오늘을 잊지 말자며 포로를 나눠 가짐으로써 신표를 삼았습니다. 지금 우리나라의 거란장契丹場이 그것입니다.

세조 문무 황제가 양양 지방에서 작전을 하고 있었을 때에 아리발가가 외몽고 지방에서 사변을 일으키려 하자 제후諸侯들이 불안과 의혹에 싸여 저마다 거취에 대하여 생각하게 되었습니다. 이때 우리 충경왕(원종)은 당시 세자로서 모든 신고를 무릅쓰고 변량(하남성 개봉) 지방까지 가서 도중에서 세조를 맞이하였습니다. 이에 세조가 일행을 바라보고 한편으로는 놀라고 한편으로는 기뻐하여 말하기를 '고려는 멀리 떨어진 나라이다. 그런데 이제 내가 서울로 돌아가 황제의 위를 계승하려 할 이 시기에 자진하여 그 세자를 보내 내게 귀의하여 왔다. 이는 하늘이 나를 돕는 것이다.'라고 하였습니다.

충경왕(원종)이 즉위한 후 그 신하 임유무 부자가 원나라에 복속하는 것을 못마땅하게 여겨 마음대로 국왕을 교체하고 강화도로 들어가 전쟁에 대비했습니다. 세자 충렬왕이 급히 원나라에 가서 알리자 세조께서 크게 노하여 조서를 내려 왕을 복위케 한 다음 역마 편으로 달려와 입조하라고 명하셨습니다. 왕과 세자가 원병을 이끌고 귀국해 반역자들을 사로잡거나 죽인 후 강화도를 떠나 개경으로 돌아와 오직 한 마음으로 직무에 충실했습니다.

충렬왕 대에 들어 세조께서 두 번에 걸쳐 일본을 정벌하셨는데, 왕이 김방경金方慶 등을 보내 전함을 건조했으며, 늘 선봉으로 참전했습니다. 또 내안 대왕 일당인 합단哈丹이 수달달水達達과 여진 땅을 공격해 함락시킨 후 우리 영토까지 침범해 천자의 권위에 항거하려고 하자 왕이 출병하여 맞아 격파함으로써 모두 죽었습니다. 대덕(원 성종 연호) 말에 충선왕이 인종 황제를 도와 역적을 소탕하고 무종 황제를 모신 공로가 1등이었으니 이것 또한 왕씨가 원나라에 오랫동안 충성을 바친 하나의 예입니다.

또 생각하건대 세조황제가 제국대장공주를 우리나라에 시집보내어 이 분이 충선왕을 낳고, 충선왕이 충숙왕을 낳고, 충숙왕이 충혜왕을 낳았으니, 충혜왕은 비록 멀기는 하지만 세조에게는 진짜 인척이 됩니다. 또 황후 기씨는 우리나라에서 태어나 황제의 배필이 되어 황태자를 낳으심으로써 천하 사람들의 기쁨이자 의지가 되게 했으니, 원나라에서는 마땅히 우리나라를 여러 다른 번국들과 동격으로 대우하지 않을 것입니다.

또한 우리나라는 일본과 바다를 사이로 이웃하고 있으니, 우리가 원나라의 복록을 입으면 저들은 귀화가 늦어진 것을 부끄러워 할 것이며 우리나라가 원나라로부터 죄를 받으면 저들은 귀화하지 않고 버틴 것을 다행으로 여길 것이 분명합니다. 옛 주나라에서 위후衛侯 간衎을 잡았다가 뒤에 복위시킨 일과 한나라에서 양왕 무를 불러들였다가 다시 양나라로 돌려보낸 일은 군주로서의 큰 법도를 보인 좋은 예입니다. 하물며 원나라는 역대 황제께서 생명을 아끼는 덕이 주나라나 한나라보다 훨씬 더 합니다. 이번에는 친히 남쪽 교외에서 선조를 하늘에 배향하는 제사를 지내시고 대례가 끝난 후 덕음을 천하에 두루 선포하시니 온 세상 사람들이 크게 환호하였습니다. 만약 한 사람[一物]이라도 그 어진 은혜를 입지 못한 경우가 있다면 진실로 마음 아파해야 할 것입니다.

생각건대 천자께서는 더없이 인자하신 마음으로 모든 허물을 용서하시니 이제 한번 마음을 돌리시어 우리 충혜왕으로 하여금 죄의 그물에서 벗어나 은혜의 바다에서 헤엄치게 하시고 왕씨의 군신과 사직으로 하여금 그 이름을 보존하도록 하시며 의관과 풍속의 제도도 그대로 두어 세상의 어리석은 백성들이 생업에 편안히 종사할 수 있게 해주신다면, 태조와 세조께서 우리나라를 긍휼히 여긴 뜻이 더욱 명백해지지 않겠습니까?

또 세조께서 공주를 시집보내 자손을 낳아 먼 나라와 군은 우호를 맺으려하신 그 계획이 어찌 더 원대해지지 않겠습니까? 황후가 황태자를 낳으시어 천하 사람들이 기뻐하고 의지하는 마음이 어찌 더욱 커지지 않겠습니까? 우리나라가 황제에게 충성하고 적을 미워하는 마음이 어찌 더 굳어지지 않겠습니까? 아직 복속하지 않고 있는 일본의 백성들이 자신들의 고집을 버리고 즐겨 귀화하려는 결심이 어찌 더 돈독해 지지 않겠습니까? 426년을 내려온 28대의 고려 선왕들이 어찌 더욱 감동하지 않겠습니까? 원나라에서 생명을 아껴 허물을 용서해주시는 그 큰 덕이 어찌 더욱 천하 후세에 전해지지 않겠습니까? 생각건대 진사께서는 저의 하잘 것 없는 말을 굽어 살피시어 천자에게 아뢰어주시기를 바랍니다."

상서문의 작성이 끝난 뒤 서명하여 성省에 올리려고 하였으나 나라의 원로들 가운데 오지 않은 자가 많아 끝내 일이 성사되지 못하였다.

충목왕이 왕위를 이어받자 이제현은 판삼사사에 오르고 부원군에 책봉되었다. 이때 도당에 상서하여 이르기를,

"지금 우리 국왕은 옛날 원자로서 갓 공부를 시작하던 어린 나이에 천자의 명을 받들어 조종의 중대한 왕업을 잇고서 실패한 앞 왕의 뒤처리를 감당하게 되었으니 마땅히 언행을 조심하여 삼가고 근신해야 할 것입니다. 삼가고 근신하기 위해 덕을 닦는 가장 중요한 것은 공부하는 일 만한 것이 없습니다.

지금 좨주 전숙몽田叔蒙이 이미 스승으로 이름이 올라있으니 다시 현명한 선비 두 명을 택하여『효경』,『논어』,『맹자』,『대학』,『중용』을 강의하게 하여 '격물치지'와 '성의정심'의 도를 익히고 벼슬아치 자제들 가운데 정직하고 신중하며 학문을 좋아하는 사람 열 명을 뽑아 시학으로 삼아 측근에서 보좌하고 이끌게 하십시오. 사서에 익숙하게 되면 다음으로 육경을 강의하여 교만과 사치, 음란과 안일, 음악과 여색, 개와 말 따위가 눈과 귀에 닿지 못하게 하면 알지 못하는 사이에 습성이 되고 덕이 이루어지니 이것이 당면한 일 가운데 급한 일입니다.

임금과 신하는 의리상 한 몸이니 머리와 지체가 서로 가깝지 않다면 그것이 옳은 일이겠습니까? 재상들이 잔치가 아니면 임금을 만날 수 없고 특별히 부르지 않으면 임금께 나아가지 못하니 이것이 어찌된 일입니까? 마땅히 임금께 청하여 날마다 편전에 나와 늘 재상과 함께 정사를 논하시게 해야 할 것이며 때로 날을 잡아 직접 면대할 것이며 별일이 없어도 이러한 예를 지켜나가야 합니다. 그렇지 않으면 환시들과 날마다 가까워져서 백성들의 기쁨과 걱정, 나라의 안위를 보고드릴 수 없게 될까 걱정됩니다.

정방政房이란 명칭은 신하들이 권세를 부리던 시절에 생겨난 것으로 옛 제도가 아니니 혁파하여 전리사典理司와 군부사軍簿司로 업무를 돌려주어야 합니다. 고공사考功司를 설치하여 관리의 고과를 드러내고 재능 여부를 따져 매년 6월과 12월 도목都目을 받아 정안政案을 고과해 인사를 행하는 것을 항구적인 법으로 삼는다면 청탁하는 무리들은 근절되고 이권을 구하는 작태를 막을 수 있을 것입니다. 지금 만약 주저한다면 장래에 양장梁將, 조륜祖倫, 박인수朴仁壽, 고겸高謙과 같은 무리들이 날뛰면서 제멋대로 인사 서류를 조작할 것이니 이에 대한 비방을 막을 수 없을 것이 우려됩니다.

응방鷹坊과 내승內乘이 백성들에게 끼치는 해가 매우 심하기 때문에 이미 혁파하라는 명이 내렸으나 뒤에 다시 지체되어 온 나라가 실망하고 있습니다. 고용보高龍普가 달려와서 책망하는 지경에까지 이르렀으니 어찌 마음속 깊이 부끄러워하지 않을 수 있겠습니까?

덕녕창德寧倉과 보흥창寶興倉처럼 옛 제도가 아닌 것은 모두 혁파하여 백성을 긍휼히 여기시는 황제의 뜻에 어긋나지 않게 해야 할 것입니다.

자사刺史와 수령에 적합한 사람을 임명하면 백성은 복을 누리게 되며 그렇지 못하면 백성들은 피해를 입게 됩니다. 높은 자리에 있다가 좌천된 자는 교만하여 법을 따르지 않으며, 나이가 들어 관직에 오른 사람은 정신이 흐릿하여 제대로 일을 수행할 수 없습니다. 가끔 촌구석에 청탁으로 벼슬을 하여 금어金魚를 차고 다니는 자들은 더 말할 것도 없습니다.

옛 제도처럼 조정 관리로서 아직 참직參職에 나아가지 못한 사람들은 반드시 감무와 현령을 거친 후 4품을 주어 목사와 대수로 삼는 것을 관례로 하고, 감찰사와 안렴사가 반드시 평가하여 상과 벌을 줄 수 있도록 하소서. 소위 관직이 높은 사람, 나이가 많은 사람, 청탁으로 촌구석에서 벼슬한 사람을 부득이 기용해야 한다면 차라리 중앙 관직을 줄지언정 목민관으로는 임명하지 말아야 할 것입니다. 이런 식으로 20년 동안 인사를 하고도 유랑하는 백성이 돌아오지 않거나 공물이나 조세가 부족했던 적은 아직까지 없었습니다.

금은과 비단은 우리나라에서 생산되지 않기 때문에 선대 고관들도 흰 포목과 명주만을 써서 옷을 지어입고 그릇은 놋쇠와 질그릇만 썼습니다. 충선왕이 옷 한 벌을 지으려고 값을 물었더니 너무 비싸서 포기하고 짓지 않은 적도 있습니다. 충숙왕도 충혜왕에게 금실로 수놓은 옷과 새 깃으로 장식한 갓은 우리 조상의 옛 법도가 아니라고 꾸짖은 적이 있습니다. 이로 보아 4백 년 동안 사직을 보전할 수 있었던 것은 검소함을 미덕으로 여긴 때문입니다.

그러나 근래 풍속이 사치스러워져 만생이 곤궁하고 국가 재정이 궁핍해졌습니다. 재상들은 비단 옷을 짓거나 금이나 옥으로 그릇을 만들지 말아야 하며, 화려한 차림새의 기마병을 뒤따르게 하는 것도 금해야합니다. 가자 검소한 생활을 하고 임금께 건의하고 백성들을 교화하면 풍속이 좋아질 것입니다. 과거 수탈했던 베는 즉시 돌려줘야 합니다. 그러나 관리가 이를 틈타 이익을 챙길 경우 가난한 백성들이 실제로 혜택을 받지 못할까 우려되니 관청에 지시하여 다음해에 납부해야 할 각종 공물로 충당케 함으로써 백성들로부터 먼저 받거나 서로 차대하는 폐단을 벗어나게 해주십시오. 행성에 이미 문서를 보냈으니 빨리 시행해야 할 것입니다.

식읍食邑이 설치된 뒤로 모든 관료들의 녹봉을 제대로 지급하지 못하고 있습니다. 군주로서 신하들의 비용을 취해서 자기 창고를 채운다면 어찌 후세의 비난거리가 되지 않겠습니까? 양궁에 건의하여 식읍을 폐지하고 광흥창에 귀속시켜 녹봉에 충당하소서.

경기京畿의 토지 가운데 조업전祖業田과 구분전口分田을 제외한 나머지는 녹과전祿科田으로 나누어 지급해 온지 거의 50년이 되었습니다. 그러나 근래 권세가에서 거의 모두 탈점해 갔기 때문에 그 사이 여러 차례 개선 방향을 논의했으나 그때마다 협박조로 임금을 속이는 바람에 실해하지 못하고 있습니다. 정말 개혁을 시행한다면 기뻐할 사람은 너무 많고 기뻐하지 않을 사람은 권세가 수십 명 뿐인데 무엇을 꺼려 시행하지 않습니까? 주와 군에서 오랫동안 포탈했던 공물과 조세를 해당관청에서 온갖 방법을 동원해 징수했으니 그 십분의 일도 거두지 못하고 원망만 받았습니다.

바라건대 지정 3년(1343 : 충혜왕 4) 이전에 포탈했던 공물과 조세는 일체 면제해 주십시오. 그리고 몇 년 동안 가난한 백성들로부터 조세를 거두어들인 결과 사람을 전당잡히거나 팔아넘기는 일까지 벌어졌습니다. 바라건대 각 도의 존무사와 안무사로 하여금 그들이 수도로 와서 신고하는 것을 허락한다는 방榜을 붙이게 한 후 관청의 비용으로 속전贖錢을 지급해 원래의 신분을 회복하도록 해주십시오. 그리고 사들인 사람에게 자수를 명한 다음 자수하지 않고 뒤에 신고하는 경우는 속전을 지급하지 않고 강제로 그들의 부모에게 돌려주도록 하고 심한 자는 죄로 다스리십시오."라고 하였다.

후에 이제현은 안축安軸, 이곡李穀, 안진安震, 이인복李仁復과 함께 민지閔漬가 편찬한 『편년강목編年綱目』을 증수했으며 『충렬왕실록』, 『충선왕실록』, 『충숙왕실록』 등 3대 실록을 수찬하였다.

공민왕이 즉위하였으나 아직 귀국하지 못하니 이제현으로 하여금 정승을 대리하게 하고 정동성의 일을 임시로 처리하게 하였다. 곧이어 도첨의정승에 임명되자, 이문理問 배전裵佺과 박수명朴守命을 행성行省에 하옥시키고 직성군直城君 노영서盧英瑞를 가덕도에, 찬성사 윤시우尹時遇를 각산角山에 유배보냈으며, 찬성사 정천기鄭天起를 제주 목사에, 지도첨의사사 한 대순韓大淳을 기장 감무로 좌천시켰다. 당시 왕이 원나라에 있어서 왕좌가 비었으나 이제현의 적절한 조치로 사람들이 안정을 찾을 수 있었다.

일찍이 원나라에 표문을 올리면서 계단 위에 올라가서 예를 행했는데, 당시 이제현의 의장과 경호가 왕과 다를 바가 없었으므로 사람들이 비난하였다. 조일신이 왕을 호종한 공을 내세워 교만 방자하게 횡포를 부리고 이제현이 자기보다 높은 자리에 있는 것을 헐뜯자 이제현은 왕에게 자신은 남들이 우러러 보는 지위에 감히 있을 수 없다며 굳이 사직하려고 했으나 왕이 허락하지 않았다. 후에 말에서 떨어져 다리를 다쳤기 때문에 사직을 청했으나 왕은 허락하지 않고 공신호를 내려주었다. 이제현이 다시 세 번이나 글을 올려 사직을 청하자 이에 허락하였다.

조일신이 난을 일으켜 한 밤중에 궁궐에 난입하여 군사를 풀어 평소 미워하던 사람들을 해쳤으나 이제현은 관직에서 물러나 있었기 때문에 죽음을 면할 수 있었다. 조일신이 처형되자 이제현은 다시 승상이 되고 계림부원군에 봉해졌다.

기철 등이 처형된 후 기철 등의 의복과 좋은 비단을 환시와 양부에 내려주었으나 이제현은 공이 없다며 사양하고 받지 않았다. 글을 올려 늙어서 관직에서 물러가겠다는 청을 하고 치사하였다. 『국사國史』를 편찬하게 되자 사관史官과 삼관三官[7]이 모두 그의 집에 모였다. 일찍이 왕이 이제현으로 하여금 소목昭穆의 차례를 의논하여 정하게 하였는데, 그 말은 「예지禮志」에 나온다.

왕이 또 경성을 수축하게 하면서 대신들과 원로들에게 물으니, 이제현이 말하기를 "삼대(하·은·주) 이전의 일은 알 수 없지만 그 이후 나라로서 도읍을 세우고도 성곽이 없었다는 말을 듣지 못했습니다. 우리 태조께서 사방을 정벌하시고 평정하여 삼국을 통일하신 지 7년 만에 돌아가셨습니다. 당시 온갖 질고疾苦를 겪은 백성들을 동원해 공사를 일으키는 일을 차마 할 수 없어 개경에 성을 쌓지 않았던 것이니 일부러 하지 않은 것이 아니라 형편상 할 수 없었던 것입니다. 현종 때 거란이 수도를 유린하고 궁실을 불태우자 현종이 허둥지둥 남쪽으로 피난하였습니다. 당시 만약 성곽이 견고했더라면 그렇게 쉽게 도성이 유린되지는 않았을 것입니다. 현종 20년(1029)에 비로소 왕가도王可道에게 명하여 경성의 성곽을 수축하니 후에 금산 왕자가 군사를 이끌고 와서 서해도, 충청도 사평진 북쪽까지 모두 초토화했지만 수도에는 입성하지 못했습니다. 또 몽골의 여고餘古와 차라대車羅大가 황교黃橋에 진을 쳤지만 수도를 침범하지 못했습니다. 모두 성곽이 있었기 때문입니다. 성곽을 수축해야 된다는 것은 지혜 있는 사람이나 어리석은 사람이나 모두 다 아는 사실입니다. 그러나 수축할 경우 농번기를 피해

---

7 예문춘추관, 성균관, 전교시를 말함.

야 하며 양식과 건축 재료도 준비해야 합니다. 일단 일을 시작하면 많은 사람들이 한꺼번에 모일 터이니 궁성과 성문은 반드시 수비해야 할 것입니다. 또한 결정이 내려졌다면 음양술로 기피하는 요소가 있다고 하더라도 절대 변경하지 않아야 공사를 완성할 수 있을 것입니다."라고 하였다.

홍건적의 난이 일어나 왕이 남쪽으로 피난하던 중 이제현은 상주에서 왕을 뵈었다. 이에 이제현은 "애초에 험한 곳에 요새를 설치해 수비했더라면 반드시 승리했을 터인데 진작 계획을 세우지 못한 것이 한스럽다. 적이 만약 들판에서 싸웠다면 우리 군사들이 반드시 패했을 것인데, 비와 눈으로 적이 뜻밖의 재난을 입은 틈을 다 이긴 것이니 이것은 종묘사직과 험준한 국토 덕분이다."라고 하였다.

(공민왕) 16년(1367)에 죽으니 나이 81세였다. 시호는 문충文忠이다. 타고난 자질이 중후한 데다 학문으로 보충하였기 때문에 그가 제시한 정책과 사무 처리는 모두 탁월하였다. 역사책을 읽다가 「측천기則天紀」에 이르자 "어찌 주나라의 잔손으로 당나라의 왕업을 이을 수 있었는가?" 했는데, 뒤에 『주자강목朱子綱目』을 보고 자신의 판단이 정확했음을 알았다. 다른 사람에게 작은 장점이 있으면 칭송을 하여 그 사실이 알려지지 못할까 걱정하였으며 선배들이 남긴 업적은 아무리 사소한 것이라도 자신이 미치기 어렵다고 여겼다. 또 평생 한번이라도 성급히 말하거나 얼굴빛을 갑자기 변한 적이 없었다. 또한 거친 말을 하지도 않았다. 만년에 한가하게 지낼 때 술상을 차려두고 손님들을 대접하면서 고금의 일들을 평가하는 일에 열성을 보였다. 이를 본 최해崔瀣는 "선비는 헤어진 지 사흘 만에 눈을 닦고 그를 다시 평가한다고 했는데, 나는 익재益齋에게서 그것을 보았다."고 탄복하였다.

이제현은 옛 법을 준수하고 제도를 뜯어 고치는 것을 좋아하지 않아 자주 말하기를 "나의 뜻이 어찌 옛 사람만 못하겠는가마는 다만 나의 재주가 오늘날 사람에게 미치지 못할 뿐이다."라고 하였다.

신돈이 깊은 원한을 품고 온갖 방법으로 그를 헐뜯었지만 이미 나이가 많아 늙었기 때문에 해칠 수가 없었다. 대신 왕에게 이르기를 "유생들이 좌주座主니 문생門生이니 하면서 온 나라에 퍼져 청탁을 일삼으며 마음대로 욕심을 채우니 이제현의 문생 같은 자들이 바로 그들입니다. 그 문하에서 벼슬한 문생들이 지금 온 나라에서 도적질을 하고 있으니 유생들의 해악이 이와 같습니다."라고 하였다. 결국 신돈이 처형되자 왕은 익재의 선견지명先見之明을 따를 수 없다고 감탄했다. 젊어서부터 동년배들이 감히 이름을 부르지 못하고 반드시 '익재'라고 불렀으며 재상이 되고 나서도 귀천에 관계없이 모든 사람이 '익재'라고 불렀으니 그가 세상 사람들로부터 추중推重받은 것이 이와 같았다.

그러나 성리학을 즐겨 공부하지 않아 조예가 없었기 때문에 공자와 맹자에 관한 이야기를 할 때도 공론만 늘어놓았다. 일을 처리함에 합리적이지 못했기 때문에 식자들이 단점으로 여겼다. 공민왕의 묘정에 배향되었으며, 그가 지은 『익재난고益齋亂藁』 10권이 세상에 전한다.

이제현은 일찍이 『국사』가 갖춰지지 못한 것을 걱정하여 백문보白文寶・이달충李達忠과 함께 「기년紀年」과 「전傳」, 「지志」를 지었다. 이제현은 태조 때부터 숙종까지, 이달충은 예종 이하를 편찬하였다. 백문보는 겨우 예종, 인종의 2대를 기초하였으며 이달충은 착수조차 못하였더니 그 원고마저 남쪽으로 피난 갈 때 모두 산실되어 이제현의 「태조기년」만 남아 있다.

아들은 셋이니 이서종李瑞種, 이달존李達尊, 이창로李彰路이며, 이서종의 아들은 이보림李寶林이다.

논하기를,

이색李穡이 이제현의 글에 서문을 쓰기를 "공이 중국에 들어가 요수姚燧, 장양호張養浩와 교제하면서 견문이 새로워졌고 힘써 변화를 꾀하여 그 학문은 정대하고 고명한 경지에 이르게 되었다. 수확하여 동쪽으로 돌아와 5왕을 모시어 4번이나 총재가 되었으니 우리나라 백성에게는 다행이었으나 사문斯文(우리 학문 즉 유학)은 어떻겠는가? 그러나 동방의 선비들이 비루하지 않고 조금 아름답게 된 것은 공이 교화를 해서 그런 것이다. 숙향叔向과 자산子産[8] 같은 이는 그 도가 비록 세상에 행해지지는 않았으나 교화가 각각 그 나라를 교화시켰으니 어찌 유감이 있겠는가?"라고 하였다.

지금 이색의 글을 통해 충선왕과 충혜왕을 돌려보내 달라는 이제현의 청하는 여러 글을 보면, 그 문장은 법도가 있었으며, 그 뜻은 슬펐으나 기세는 두려움이 없었다. 가히 큰 나라(원나라)에서 일을 처리하는 사람들의 뜻을 돌릴 만하였다. 정말이구나! 그 문장의 유창함이여.

역사에서는 이제현의 마음 씀이 올바르지 않았다고 하였다. 그러나 그가 평생에 한 일을 지금 고험할 수 있는데, 역사가들은 무슨 일을 지적해서 그런 말을 했는지 모르겠다. 오호라! 어떻게 그의 크고도 아름다움을 족히 덮을 수 있겠는가?

---

8 숙향은 춘추전국시대 진晉나라 도공悼公・소공昭公 때의 대부. 자산은 정鄭나라의 재상. 두 사람 모두 유명한 외교가이다.

| 휘찬여사 권31 |

명신 10

명신名臣 10

이공수李公遂 유숙柳淑 이인복李仁復

이공수李公遂

이공수는 익주益州 사람으로 전서典書 이행검李行儉의 손자이다. 그는 감찰 규정監察糾正으로 과거에 장원 급제하여 전의 주부典儀主簿에 임명되었다. 충목왕忠穆王 대에 지신사 감찰대부를 지낼 때 김용겸金用謙이란 자가 성질이 모질고 사나웠으나 환관 용장龍藏 때문에 갑자기 대언에 임명되었다. 김용장의 조카 곽윤정郭允正도 그 세력에 의지해 대경大卿에 임명되었다. 김용겸이 그것을 시기하여 용장을 설득해 파직하도록 하고 용장이 준 재산을 빼앗았다. 이에 곽윤정이 감찰사에 고소하여 탄핵하게 하였다. 팔관회에서 왕이 풍악을 구경하다가 김용겸에게 들어오라고 명했다. 이공수가 김용겸이 탄핵을 입어 조정 반열에 나란히 설 수 없다고 아뢰었다. 대언들이 우선 머물게 할 것을 청하였으나 왕이 말하기를 "차라리 대언 한 명이 줄더라도 이공수의 말을 듣겠다." 하였다.

공민왕 때에 첨의 평리에 임명되었고 찬성사로 승진하였으며 행성 도사에 임명되었으나 사직하니 익산부원군益山府院君으로 봉했다. 홍건적[紅寇]이 이미 평정되고 나서 다시 찬성사가 되어 분사分司의 백관을 통솔하고 서울(개경)에 머물러 지켰다. 서울(개경)이 막 전쟁을 겪고 나서 온갖 일들이 새롭게 시작되었는데 이공수가 정성을 다해 큰 틀을 만들어서[區畫] 조정에서 정사가 폐해진 것이 없었다. 그때 여러 능과 전의 관리를 채우려고 도읍에 남아 있던 재상들에게 추천하게 하자 친속을 천거한 이들이 많았으나 이공수만은 한 사람도 천거하지 않고 말하기를 "나라에서 명령을 내린 것이 어찌 재상 자제를 위한 것이겠는가." 하였다.

원나라에서 왕을 폐하고 덕흥군德興君을 맞아들여[納] 대신 세우려고 하였는데 이공수는 마침 사신으로 원나라에 갔다가 서경西京에 도착하여 태조 원묘原廟에 예를 행하고 맹세하기를 "왕을 복위시키지 못하면 돌아오지 않겠습니다." 하였다. 이공수는 기奇황후의 외사촌 오빠였다. 원나라 도읍에 당도하니 기황후[1]와 태자가 사람을 교외에 보내 위로하였다. 황제가 홍경궁興慶宮에 있으면서 불러 만나주었고 기황후는 음식을 주며 위로하기를 "경이 정성을 다해 우리 어머니에게 효도하니 곧 우리 오빠입니다." 하였다. 이공수가 답하기를 "주周나라의 강원姜嫄(전설상 주周의 시조 후직의 어머니)과 임사任姒[2]는 성인을 낳아 덕화로 덕을 닦았는데 나라가 중간에 쇠하자 강후姜后가 대죄待罪하여 선왕宣王이 중흥中興하였습니다. 포사褒姒(주周 유왕幽王이 총애한 비妃), 달기妲己(은殷나라 주왕紂王의 비妃), 여후呂后(한漢 고조高祖의 후后), 무측천武則天(당唐 고종高宗의 후后)은 종족을 멸하고 제사가 끊어지게 하였습니다. 착한 일과 나쁜 일이 환히 드러났으니 실로 만년의 귀감이 됩니다. 우리나라가 원나라[大朝]의 장수[戎臣]들과 이미 형제 관계를 맺었고, 천자天子[3]께서 장인과 사위 관계를 맺어 고기와 물이 만난 것처럼 백여 년이 지났습니다. 이제 우리 황후께서는 곧 주나라의 임사 같은 분이니 우리나라[三韓]의 경사입니다. 우리 왕[寡君]이 충성을 다하고 적에 대해 의분을 품어 원나라를 위해 공을 세웠으니 상을 주어 사방에 널리 보여 장수들을 격려해야 마땅합니다. 그런데 어찌 사사로운 감정을 가지고 공의를 폐할 수 있습니까. 병신년(공민왕 5, 1356)의 화(공민왕이 기철 등을 죽인 일)는 실로 우리나라에서 번창할 때 경계하지 않아 일어난 것이지 왕의 죄가 아닙니다. 자기에게 허물이 있는 것을 모르고 공로가 있는 왕을 폐하면 훗날 반드시 천하의 웃음거리가 될 것입니다. 황제에게 잘 아뢰셔서 우리 왕을 복위시키고 간신을 내쫓기 바랍니다." 하였다. 기황후가 그 말에 감복하였으나 분노가 여전히 그치지 않았다.

이공수에게 덕흥군을 모시고 고려로 가게 하였다. 그때 고려인으로 연경燕京에 있던

---

1 원나라 순제順帝의 황후로 북원 소종昭宗의 생모이다. 고려 기자오奇子敖의 딸이며 기철奇轍의 누이동생이다.
2 임사任姒는 주周나라 문왕文王의 어머니 태임太任과 무왕武王의 어머니 태사太姒를 합쳐 이른 것이다.
3 『휘찬여사』에는 태자太子로 되어 있다.

이들은 모두 위관僞官(덕흥군에게서 받은 관직)을 받아 고려로 왔으나 이공수는 홀로 받으려 하지 않았다. 기황후와 태자가 강요하자 이공수가 말하기를 "노신老臣이 비록 목에서 흐르는 피를 덕흥군의 수레에 흩뿌리지는 못하지만 어찌 차마 따라갈 수 있겠습니까." 하니 황후가 더 강요하지 못하였다.

오래지 않아 태상예의원사太常禮儀院使로 임명하니 사직하며 말하기를 "신이 변방 구석에서 나고 자라 중국어도 모르고 중국 예법도 모르니 어찌 감히 은총을 탐하여 비웃음을 사겠습니까. 게다가 오늘날 장수들이 외방에 배치되어 공을 세우고도 상을 받지 못하였습니다. 신은 세상에서 이것을 가지고 폐하를 책잡을까 염려됩니다." 하였으나 허락하지 않았다. 마침 종묘에서 큰 제향이 있었는데 이공수가 태상경이 되어 예를 행할 때 조금도 어긋나는 것이 없으니 보는 이들이 모두 경탄하였다.

태자가 황제의 명령으로 이공수를 불러 만수산萬壽山 광한전廣寒殿에 오르게 하였다. 태자가 전殿의 편액에 쓰여 있는 '인지仁智'의 뜻을 물었다. 이공수가 대답하기를 "백성을 사랑하는 것을 인仁이라 하고 사물을 구분하는 것을 지智라 합니다. 제왕이 이것으로 세상을 다스리면 태평성대를 이룰 수 있습니다." 하였다. 태자가 전殿 앞의 금과 옥으로 된 기둥을 가리키며 묻기를 "그대[老人]는 이런 것을 본 적이 있는가?" 하니 이공수가 대답하기를 "제왕이 정사를 어질게 하면 거처하는 곳이 비록 썩은 나무여도 돌이나 쇠보다 단단하고 그렇지 않으면 금이나 옥도 썩은 나무보다 못합니다."라고 하였다. 태자가 거문고를 타는데 곡이 잘 되지 않자 말하기를 "연습하지 않아 잊어버렸다." 하니 이공수가 무릎 꿇고 대답하기를 "단지 백성을 염려하는 마음을 잊지 않을 따름이지 거문고 한두 가락을 잊었다고 뭐가 문제겠습니다." 하였다. 황제가 대액지太液池에서 배 위에 있을 때 태자가 이공수의 말을 아뢰자 황제가 이르기를 "짐은 이 노인이 어진 것을 잘 안다. 너의 외가에서는 오직 이 한 사람만 그렇다." 하였다.

하루는 기황후가 그 오빠 기철이 화를 입고 패망한 까닭을 물었다. 이공수가 대답하기를 "그릇되게 재물을 모아 원망을 사서 형세가 그렇게 되었습니다." 하였다. 환관 박불화朴不花가 기황후에게 몰래 보고하기를 "이공수는 다만 그 왕을 위할 뿐이니 어찌 그 친척을 생각하겠습니까." 하였다. 황후는 이 때문에 오랫동안 이공수를 부르지 않았다.

덕흥군이 요양遼陽에 이르렀을 때 최유崔濡가 말하기를 "이공수가 원나라 도읍에 남아 있는데 그 마음을 헤아리기 어렵습니다. 그로 인해 혹시 중간에 변고가 생기면 후회하더라도 어쩔 수 없게 됩니다." 하였다. 이에 독로첩목아禿魯帖木兒, 박불화에게 뇌물을 많이 주어 이공수를 반드시 고려로 돌아오게 하려 하였다. 이공수가 그 사실을 알고 서장관書狀官 임박林樸에게 말하기를 "나는 부모님도 이미 안 계시고 벼슬도 최고까지 올랐다. 그러니 어찌 다시 조금이라도 아쉬운 것이 있겠는가. 머리를 깎고 중이 되어 산으로 들어갈지언정 결코 덕흥군을 따라가지 않겠다."라고 하였다. 독로첩목아가 들어가 황제에게 아뢰었지만 황제가 허락하지 않았다.

고려[本國]에서 그를 좌정승으로 삼았는데 오래지 않아 역관 이득춘李得春이 거짓으로 말하기를[妄言] "덕흥군이 이공수를 우정승으로 삼았다." 하니 이에 파면시켰다. 덕흥군이 패망하고 나서 이공수는 홍순洪淳, 허강許綱, 이자송李子松, 김림金琳, 황대두黃大豆, 장자온張子溫, 임박 등과 함께 편지를 써서 대나무 지팡이 속에 넣어 겸종傔從 정량鄭良, 송원宋元 등에게 남루한 옷을 입혀 거지꼴을 하고 샛길로 따라가서 보고하게 하기를 "최유가 다시 군사를 일으켜 고려로 갈 모의를 하고 있으니 덕흥군이 이미 패했다고 하지 말고 삼가 대비하시기 바랍니다." 하였다. 본국에서 비로소 이득춘이 거짓말한 것을 알았다. 이에 이공수를 영도첨의領都僉議에 임명하고 추충수의동덕찬화 공신호推忠守義同德贊化功臣號를 주어 공을 드러냈다.

마침 패라첩목아孛羅帖木兒가 병력을 거느리고 원나라 도읍에 들어가 승상丞相을 내쫓고 그 자리를 대신하였다. 그리고 어사대부 독견첩목아禿堅帖木兒, 평장平章 노적사老的沙와 함께 말하기를 "고려의 왕은 공이 있고 죄가 없는데도 소인에게 모함을 받았다. 어찌 먼저 그 억울한 것을 펴주어야 하지 않겠습니까." 하였다. 황제는 조서를 내려 왕을 복위시키고 최유를 형틀에 채워 보냈다. 이공수도 사직하고 고려로 돌아오니 그의 충의가 온 세상에 알려졌다.

이공수가 연경燕京의 제화문齊化門을 나오며 노복에게 피리를 불게 하고 말하기를 "천하의 즐거움이 이보다 더 할 수 있을까?" 하였다. 오는 중도에 말이 지치자 노복이 화살로 콩 다발을 사서 먹였다. 이공수가 말하기를 "왜 궁핍한 백성의 먹을 것을 빼앗는가?" 하면서 면포綿布를 잘라서 보상해주었다. 여산참閭山站에 사람은 없고 들판에 조[粟]가 쌓여 있었다. 종자從者가이 또 그것을 가져다 말에게 먹이자 이공수가 묻기를 "조 한 묶음束의 값은 면포 몇 자인가?" 하고 포 양쪽 끝에 글을 써서 조가 쌓인 곳에 두었다. 종자가 말하기를 "반드시 다른 사람이 가져갈 것이니 무슨 유익이 있겠습니까?" 하니 이공수가 대답하기를 "나도 그것을 잘 알지만 이렇게 해야 내 마음이 편하다." 하였다. 그가 돌아왔을 때 국학國學을 수리 중이었다. 이공수는 기뻐하며 즉시 황제가 하사한 금띠를 풀어 주어 그 비용을 거들도록 했다.

신돈이 나라의 정무를 맡으면서 이공수를 꺼렸다. 이공수도 자기의 잘 된 것을 스스로 경계하여 두문불출하였다. 그가 하루도 조정에 나가 정사를 보지 않으니 사람들이 매우 안타까워하였다. 신돈이 이공수를 파직하고 익산부원군益山府院君으로 봉했다. 공민왕 15년(1366)에 이공수가 죽으니 나이 59세였다. 왕이 애도하여 관에서 장례 비용을 대도록 명했다. 시호는 문충文忠이다.

이공수는 깨끗하고 밝았으며 삼가서 작은 것이라도 함부로 주고받지 않았다. 일에 임해서는 강직하여 굴하지 않았고 이해를 따져 움직이지 않았다. 그는 풍류를 즐겨 한가롭고 아취가 있었으며 조용히 자연에 취미가 있었다. 덕수현德水縣에 별장을 두고 스스로 남촌 선생南村先生이라 부르며 복건幅巾을 쓰고 명아주 지팡이를 짚고 소요하며 유유자적하였다. 이공수는 어려서 어머니를 여의고 자부姊夫 전공의全公義의 집에서 자랐는데 이미 현달한 뒤에도 전공의를 아버지처럼 누나를 어머니처럼 섬겼다. 이공수가 병이 들자 친속들이 부인 김씨에게 묻기를 "왜 부처님께 기도하지 않는가?" 하니 김씨가 답하기를 "공이 평생 부처에게 아첨하지 않았는데 어찌 감히 그 길을 배반하고 속이겠는가?" 하였다. 신우 2년(1376)에 (종묘의) 공민왕 묘정廟庭에 배향配享되었다. 아들이 없다.

유숙柳淑

유숙의 자는 순부純夫이고 서주瑞州 사람이다. 충혜왕 후원년(1340){후원년은 고려사[舊史書]를 따른 것이다.}에 과거에 급제하여 안동安東 사록司錄으로 뽑혔다. 공민왕이 왕의 아우로 원나라에 들어갔을 때 유숙이 따라가 4년을 머물렀다. 충목왕이 즉위하자 공민왕을 따르던 관리들 중 다수가 절개를 지키지 않았지만 유숙은 홀로 변절하지 않았다. 춘추 수찬春秋修撰에 보임되었다가 삼사 도사三司都事로 전보되자 관직을 버리고 원나라로 갔다.

충목왕이 훙거하고 나서 원로 대신들이 (원나라) 중서성에 글을 올려 공민왕을 세울 것을 청하였다. 명령이 내려오려 할 때에 유숙은 어머니가 병이 난 것을 듣고 그날로 돌아갈 것을 청하였다. 어떤 사람이 말리자 유숙이 말하기를 "충신과 효자는 명목은 다르지만 실상은 하나이며 본말의 순서가 있다. 더욱이 임금을 섬길 날은 길지만 부모님을 모실 날은 짧다. 만일 돌아가시면 후회한들 무슨 소용이 있겠는가?" 하고는 드디어 고려로 돌아왔다. 그 어머니가 유숙을 보고 기뻐서 즉시 병이 낫자 오래지 않아 다시 원나라로 갔다.

공민왕이 즉위하여 고려로 돌아올 때 요양遼陽에 이르러 유숙을 좌부대언으로 임명하였다. 이어서 우대언, 좌사의대부로 승진하여 국가의 중요한 일에 참여하였다. 그러나 부름이 없으면 궁궐에 나가지 않았다.

조일신趙日新에게 모함을 받아 파직되어 물러나 농장에만 있었다. 왕이 연경에 있을 때 시종한 공을 녹훈할 때 1등으로 되었다. 조일신이 처형당할 때 유숙은 마침 어머니 상중이었지만 왕이 부름에 따라 관직에 나가 대언代言이 되었고 오래지 않아 판전교判典校가 되었다. 왕이 일마다 모두 유숙에게 자문하였으나 유숙은 가까이 있으려 하지 않아 여러 차례 병을 이유로 사직하였다. 하루는 환관을 시켜 거듭 불렀으나 오지 않자 왕이 노하여 순군巡軍에 내렸다. 판도 전리版圖典理, 판서, 추밀원 직학사를 역임하고 여러 차례 승진하여 지원사知院事가 되었다.

기철을 죽인 공을 녹훈하여 안사공신 철권安社功臣鐵券을 하사하였다. 유숙이 여러 공신들에게 말하기를 "공신 철권은 곧 죄인 명부입니다. 여러 공들은 같은 마음으로 왕실을 받들고 사당私黨을 만들지 말기 바랍니다." 하였다.

홍건적이 황주까지 들어와 상황이 매우 절박하였다. 유숙이 말하기를 "믿을 것은 성곽과 양식이다. 이제 성은 완전하지 않고 창고에 쌓아 둔 것이 없으니 장차 무엇을 가지고 지킬 것인가." 하였다. 마침내 왕이 남쪽으로 가는 것으로 책략을 결정하였다. 유숙은 추밀원사, 한림학사, 승지, 동수국사同修國史로 승진하였다. 안우安祐 등이 총병관 정세운鄭世雲을 죽이고 말하기를 "이제 총병관을 죽였으나 유숙이 중간에 있으면서 기묘한 계책을 내니 어찌 제거하지 않을 수 있겠는가." 하였다.{이 주장은 필시 김용金鏞이 선동하였고 무리가 듣고 따랐다.} 유숙이 이것을 듣고 왕에게 보고하기를 "많은 사람의 분노는 거스르기 어렵습니다. 오늘날 여러 장수들이 신을 꺼리는 것은 다만 제가 전하의 곁에 있기 때문입니다. 전하께서 신을 내쫓는다면 신은 벼슬 없는 존재가 되니 누가 다시 말에 올리겠습니까." 하였다. 이에 유숙을 동경 유수로 내보냈다. 오래지 않아 다시 불러 지도첨의知都僉議로 삼고 충근절의찬화忠勤絶義贊化 공신호를 주었다. 평리評理로 자리를 옮겼다.

왕이 손수 교서를 내려 왕이 예뻐하는 사람에게 공주창公州倉에 있는 쌀을 주도록 하였다. 안렴사 이지태李之泰가 말하기를 "명령은 반드시 양부를 거쳐 나와야 하고 군량곡은 헛되이 사람들에게 줄 수 없다." 하면서 명령을 받들지 않았다. 그 사람이 왕에게 호소하자 왕이 진노하여 죄를 예측할 수 없었다. 유숙이 죄를 줄 수 없다고 고집하니 왕이 매우 화가 나서 말하기를 "일을 모두 경들의 말을 따라해야 하는가?" 하고는 유숙을 지목하여 나가라고 하였다. 유숙이 빠르게 나오니 왕이 다시 불렀다. 유숙이 이지태의 말을 모두 왕에게 아뢰고 또 말하기를 "전하의 진노가 그치지 않으니 신은 이것이 후세에 구실이 될까 염려됩니다." 하였다. 이에 왕의 화가 풀려 그냥 두고 다시 따져 묻지 않았다. 다른 날에 유숙이 사죄하기를 "신이 은혜를 입은 것이 오래인데 조금도 보답한 것이 없습니다. 도리어 말로 위엄에 저촉되었으니 죄를 용서받을 수 없습니다." 하였다. 왕이 황금을 주고 위로하며 말하기를 "경의 말에 상을 주는 것이다." 하였다.

유숙이 자신은 최고로 누렸다고[盛滿] 하여 사직할 것을 청하자[乞骸骨] 서녕군瑞寧君으로 봉했다. 흥왕사興王寺의 변란이 있었을 때 왕이 밀실에 피해 적들이 서로 말하는 것을 들었는데 "왜 이렇게 늦었는가?" 하니 대답하기를 "홍언박洪彦博, 유숙을 죽이느라 늦었다." 하였다. 이윽고 여러 장수들이 들어왔고 유숙도 따라 들어왔다. 왕이 말하기를 "경이 이미 죽었다고 하던데 지금 경을 보니 의혹이 풀렸다." 하고는 정당문학 겸 감찰대부로 임명하고 공훈을 기록할 때 1등으로 하였다. 또 신축년(1361, 공민왕 10)에 호종한 공도 역시 1등으로 하여 첨의찬성사 예문관 대제학으로 승진시켰다.

유숙이 신돈에게 거슬려 파직되었다. 유숙은 왕이 시기심이 많아 공신 중 끝까지 보전한 수가 적은 것을 보고 여러 차례 물러나겠다고 청하였으나 왕이 허락하지 않았다. 유숙이 병을 이유로 조정에 나가지 않고 손님을 만나지도 않은 것이 여러 달이었다. 애초에 신돈이 궁궐의 합문을 드나들 때 유숙이 그를 약간 물리쳤다. 신돈이 등용되어 위세를 부리게 되자 대신들을 중상하여 그 기세가 무서웠다. 매번 유숙을 부를 때마다 유숙이 가지 않으니 신돈이 깊이 앙심을 품었다. 또 유숙이 충직한 것을 미워하여 여러 가지로 참소하고 훼방하니 왕도 차츰 믿게 되었다. 왕이 유숙을 불러 손을 잡고 탄식하기를 "내가 경을 의지하여 중신을 삼으려 하는데 어찌하여 이렇게 늙어 쇠퇴하는가. 경은 바라는 것을 숨기지 말고 말하라." 하였다.

유숙이 고향으로 물러날 것을 청하니 왕이 허락하였다. 장군과 재상, 대신, 문생, 옛날 아전들이 모두 교외에 나와 전송하니 수레와 말이 길을 메웠다. 그것을 본 사람이 탄식하고 한탄하였다. 유숙이 시를 지었는데 그 마지막 연에 이르기를 '충성이 쇠퇴하고 성의가 얕아져서가 아니라 큰 이름 밑에 오래 있기 어렵네[不是忠衰誠意薄 大名之下久居難].' 하였다. 사람들이 모두 그의 명철明哲함을 칭찬하였다.

유숙이 가고 나서 신돈은 더욱 거리낌이 없어졌다. 그 후에도 왕은 유숙을 잊지 않고 칭찬하여 마지않았다. 신돈은 유숙이 다시 등용될까 두려워 해치려고 몰래 유숙의 죄를 찾았다. 어떤 사람이 신돈에게 유숙의 시를 읊어주니 신돈이 왕에게 참소하기를 "유숙이 물러나겠다고 청한 것은 깊은 뜻이 있는데 상께서는 아셨습니까?" 하였다. 왕이 묻기를 "무슨 뜻인가?" 하니 신돈이 답하기를 "유숙은 전하를 구천句踐에 비기고 자신을 범려范蠡에 비겼으므로 그가 물러나기를 매우 간절히 청하였습니다. 범려가 구천의 장수가 되어 오吳 나라를 쳐서 이기고 오나라 왕비 서시西施를 취해 떠나며 이르기를 '까마귀의 부리와 물고기의 아가미 같아서 사람을 잡아먹는 상이니 큰 이름 밑에 오래 있기 어렵네[鳥觜魚腮食人之相 大名之下難以久居]' 하였습니다. 이는 전하를 구천에 비긴 것이니 죄가 매우 큽니다." 하였다. 왕이 묻기를 "어떻게 들었는가?" 하니 신돈이 아뢰기를 "유숙이 떠나려 할 때 시를 지었는데 그 한 연에서 이렇게 말했으니 증거입니다. 지금 유숙이 서주瑞州에 있는데 바다와 가깝습니다. 만약 범려를 본받아 배를 타고 떠나면 반드시 연경으로 가서 덕흥군을 즉위시키려 할 것입니다. 그러니 일찌감치 제거하여 후환을 끊어버리는 것이 좋겠습니다." 하였다. 왕이 여러 측근 신하들에게 묻기를 "유숙이 떠날 때 시를 지었는가?" 하니 마지막 연을 들어 대답하는 자가 있었다. 이 때문에 왕은 더욱 의심하였다.

신돈이 유숙을 죽이려고 하니 왕이 여러 번 신돈의 뜻을 어겼으나 마침내 장杖을 칠 것을 명하고 관작을 삭탈하고[除名] 재산을 몰수[籍沒]하였다. 신돈이 끝내 영광靈光에서 목을 매어 죽게 하였다.

유숙은 물러나 살면서 나라일이 평소와 다르다는 것을 듣고 눈물, 콧물을 번갈아 흘리지 않을 때가 없었다. 화가 닥치자 집안사람들이 유숙의 평소 말에 따라 용뇌향龍腦香을 보내주었고 또 좋은 말을 보내며 도망치라고 권하였다. 유숙이 말하기를 "임금은 하늘인데 하늘에서 도망칠 수 있는가? 또 죽고 사는 것은 운명이니 순순히 받아들여야 한다. 도망한들 장차 어디로 갈 것인가?" 하였다. 죽을 때 낯빛이 평소와 같았다. 사람들이 모두 그를 위해 눈물을 흘렸다. 그의 아들 유실柳實과 유후柳厚도 모두 유배되어 집안사람들이 유골을 수습하여 거적으로 싸서 장사를 지냈다.

신돈이 처형된 후 왕이 비로소 알고 몹시 애도하며 그 억울한 것을 씻어 주도록 하였다. 시호를 문희文僖라 하였다. 유실과 유후를 불러들여 유숙을 예장禮葬하도록 하였다. 신우 2년(1376)에 공민왕 묘정廟庭에 배향되었다.

이인복李仁復

이인복의 자는 극례克禮이고 성산군星山君 이조년李兆年의 손자이다. 그는 태어날 때부터 몸집이 컸고 조금 자라서는 행동거지가 노성老成한 사람 같았다. 힘써 공부하여 글을 잘 지었다. 이조년이 매번 그 등을 어루만지며 말하기를 "우리 집안을 키울 자가 너인가." 하였다. 충숙왕 대에 19세의 나이로 과거에 급제하였다. 복주福州 사록司錄이 되었다가 춘추 공봉春秋供奉에 발탁되었다. 충혜왕 때에 기거 사인起居舍人으로 원나라 제과制科에 급제하여 대령로 금주 판관大寧路錦州判官에 임명되었다. 고려로 돌아와 기거주로 승진하였다. 충목왕이 즉위하여 이인복이 제과에 급제하여 명망이 있다고 하여 네 번 옮겨서 우부대언이 되었고 밀직제학으로 승진하여 서연書筵에서 진강하라는 명을 받았다.

이인복은 외모가 엄숙하였고 말과 얼굴빛이 정중하였으므로 왕이 늘 측근 신하들에게 말하기를 "나는 이공李公을 보면 몸이 오그라든다." 하였다. 여러 차례 승진하여 삼사좌사三司左使가 되었다. 원나라에서 정동행성征東行省 도사都事로 임명하였다.

공민왕 초년에 조일신趙日新이 난을 일으켜 서울과 지방에서 두려워하고 불안해하였다. 왕이 이인복을 은밀히 불러 묻기를 "일이 이미 이렇게까지 되었는데 어떻게 하면 좋겠는가?" 하니 이인복이 대답하기를 "신하된 자가 난리를 일으키면 정해진 형벌이 있습니다. 더욱이 오늘날 중국의 당당한 법령이 밝히 드러나 있는데 만약 망설이면서 형벌을 결행하지 않는다면 신은 그 폐가 주상께 미칠까 염려됩니다." 하였다. 이에 왕이 조일신을 죽이기로 뜻을 정했다. 왕은 평소에도 이인복을 중시하였지만 이로 인해 더욱 귀하게 여겨 마침내 정당문학 겸 감찰대부로 임명하였다. 오래지 않아 성산군星山君으로 봉하였다. 원나라에서 정동행성 원외랑으로 임명하였다.

원나라에서 조서를 내려 기씨奇氏를 처형한 죄와 변경을 침범한 죄를 사면해주어 사신을 보내 사례해야 했다. 왕이 이르기를 "이인복이 대체大體를 아니 이 사람이 아니면 보낼 수 없다." 하였다. 이승경李承慶은 이인복의 당내친堂內親인데 그가 왕에게 말하기를 "신은 이인복이 옳지 않다고 생각합니다." 하였다. 왕이 묻기를 "왜 이렇게 말하는가?" 하자 이승경이 대답하기를 "이인복이 평생 공부한 것이 나라 일을 경륜하고 세상을 구제하는 것인데 어떻게 한 번도 상께 진술하지 않을 수 있습니까?" 하였다.

이인복을 상서 좌복야 어사대부로 고쳤다. 이인복이 이색李穡에게 말하기를 "나는 재주가 없어서 헌대憲臺의 장관을 두세 번이나 했지만 기강을 진작시키지 못했다. 생각해보면 자잘한 일은 번거롭게 왕께 아뢸 것이 없고 또 큰일은 묘당廟堂에서 처리하니 중간에서 흔들 수 없었다." 하였다. 참지중서정사參知中書政事로 옮겼고 판개성부사, 첨의 평리를 역임하고 찬성사로 승진하였다. 단성좌리端誠佐理 공신호를 주었다.

이인복이 원나라에 갔을 때, 패라첩목아孛羅帖木兒가 병력을 거느리고 연경에 들어가 승상을 내쫓고 그 자리를 대신하였다. 이인복이 들어가 패라첩목아를 만나니 패라첩목아가 이인복을 여러 번 주시하였다. 이인복이 물러나자 그 측근[從者]에게 말하기를

"'앞으로 나가도 두려워할 만한 것을 보지 못했다[就之 不見所畏].'[4]고 하는 것이 이 사람을 두고 말한 것인가." 하였다.

왕이 봉의대부 정동행 중서성 좌우사 낭중으로 임명할 것을 청하였다. 신돈에게 거슬려 파직되었고 흥안부원군興安府院君에 봉해졌다. 오래지 않아 판삼사사가 되었다. 왕이 문수법회文殊法會를 크게 열고 양부의 대신들을 거느리고 예불하였는데 오직 이인복과 이색李穡만은 절할 때가 되자 문득 나와 버려 절하지 않았다.

공민왕 22년(1373)에 검교시중檢校侍中으로 경산京山(오늘날 경상북도 성주)에서 부친상을 당했을 때 왕이 판전교시사 임박林樸을 보내 조문하고 위로하게 하였다. 다음해 등에 종기가 나자 다시 회복하지 못할 것이라 생각하여 의관을 갖추고 북쪽을 향하여 절하였는데 마치 작별하는 것 같았다. 임종 때에 동생 이인임李仁任이 염불을 하라고 권하였으나 답하기를 "내가 평생 동안 부처에게 아첨하지 않았다." 하였다. 약을 바치자 또 거절하고 이인임에게 이르기를 "재상이 죽으면 관에서 장사를 지내주는데 이는 국가의 두터운 은혜이다. 다만 내가 평소 조금도 보탬이 되지 못하였으니 죽으면서도 부끄럽다. 그러니 나를 위해 사양하라." 하였다. 말을 마치고 몸에 조복朝服을 입히도록 하고 죽으니 향년 67세였다. 왕이 매우 슬퍼하여 소찬을 들고 사신을 보내 제사지내도록 하고 예식을 갖추어 장사지내도록 하였다. 시호를 문충文忠이라 하였다.

이인복은 강직하고 절조가 있었다. 다른 사람이 잘한 것을 들으면 비록 작은 일이라도 반드시 기뻐하고 한 가지 일이라도 도리에 어긋나면 반드시 성내는 것이 얼굴빛에 드러났다. 그러나 입 밖으로 내지 않으니 사람들은 그를 말더듬이라 하였다. 그가 스스로 말하기를 "나는 성질이 좁고 급하여 말로 실수할까 두려워 참는 것을 신조로 삼았다." 하였다. 그가 문장을 지으면 말이 엄격하고 뜻이 깊었는데 붓을 잡으면 문장을 잇느라 매우 고심하였다. 사실을 서술하고 사물을 묘사할 때 은근히 비판하고 풍자하는 것이 많았다. 그가 일찍이 민지閔漬가 편찬한 『편년강목編年綱目』을 수정하고 충렬·

4 『맹자』 양혜왕梁惠王(上)에 나오는 말로 맹자가 양혜왕을 만나고 소감으로 한 말이다.

충숙·충숙왕의 3대 실록 및 『고금록古今錄』·『금경록金鏡錄』을 편수하였다.

이인복이 몰래 아뢰기를 "신돈은 정직한 사람이 아니어서 후일에 반드시 변란이 있을 것이니 멀리하시기를 청합니다." 하였으나 왕이 듣지 않았다. 신돈이 처형되자 왕은 그의 선견지명에 감탄하였다. 이인복은 그 아우 이인임과 이인민李仁敏의 사람됨을 미워하여 말하기를 "나라를 해치고 집안을 망하게 할 사람은 반드시 이 두 동생이다." 라고 하였다. 그 후에 과연 그러하였다. 그 손자 이존성李存性도 연좌되었다. 신우 원년(1375)에 충정왕 묘정에 배향되었다. 아들은 이향용李向容이다.

논하기를,

공민왕[玄陵]의 여러 대신 가운데 문한文翰에 노성한 사람은 적지 않았으나 충의忠義롭고 정직하여 그 절의를 빼앗을 수 없는 자는 이공수, 유숙, 이인복 세 사람뿐이다.

이공수는 목숨을 걸고 승려 왕(덕흥군)을 따르지 않겠다고 스스로 맹세하여 의로운 명성이 중국에 퍼졌다. 귀국하여서는 역적 신돈에게 거슬려 문을 닫아걸고 권세를 피하여 죽을 때까지 그리하였으니 명철하다 할 만하다.

유숙은 성품이 본래 충직하여 신돈이 궁궐에 출입하는 것을 막았으므로 끝내 모함을 받고 중상을 받아 죽임을 당했다. 당시 피살된 사람이 한 둘이 아니지만 유숙과 김제안金齊顔이 가장 어질었으니 천년 뒤에도 매번 유숙의 원통함을 생각하면 바로 하늘에 호소하고 싶어도 어찌할 바를 모르겠다.[5]

이인복은 성품이 바르고 곧았으며 방정하고 엄숙하여 옛날 사람의 풍모가 있었다. 조일신이 난을 꾸였을 때 책략을 결정하여 조일신을 처형하게 하였다. 신돈에게서 그가 나라를 해칠 것을 예측하였고 이인임에게서 그가 집안을 엎을 것을 헤아렸으니 충성과 예지가 누가 그보다 더 높을 수 있을까.

---

5 이 말은 『송사宋史』에서 인용한 것으로 악비岳飛(1103~1142)의 억울함을 일컬은 '千載而下 每念岳武穆之冤 直欲籲天而無從也'에서 나왔다.

원송수元松壽 한수韓脩 이달충李達衷 백문보白文寶

원송수元松壽

원송수는 원주 사람으로 추밀사 원선지元善之의 아들이다. 과거에 급제하여 춘추 수찬에 임명되었다. 충혜왕이 서연書筵에 나왔을 때 안진安震이 말하기를 "신들이 양부兩府에 재직 중이어서 종일토록 시강만 할 수 없습니다. 마땅히 단정한 선비를 택하여 자문에 대비하게 하셔야 하는데 원송수와 민식閔湜이 적임자입니다." 하였다. 이제현 등이 또 진언하기를 "옥에 티가 있으면 반드시 좋은 기술자를 기다려 쪼아낸 후에야 보배로운 그릇을 만들 수 있습니다. 임금 된 이가 어찌 모두 허물이 없겠습니까? 반드시 어진 신하가 충성스런 간언을 한 이후에야 능히 임금의 큰 덕을 이룰 수 있습니다. 마땅히 원송수로 하여금 늘 가까이에서 도의를 갈고 닦게 하십시오." 하였다.

충목왕 때에 헌납에 임명되었을 때 찬성사 정천기鄭天起가 아직 사령장[告身]이 나오지 않았는데도 곧바로 정방政房에 들어갔고 또 그 처를 버리고 늘 창기倡妓의 집에 머무는 것을 탄핵하였다. 왕이 화를 내며 원송수 등을 옥에 가두고 신문하게 하였다. 재상들과 대간들이 풀려나게 하려 애썼으나 성공하지 못하였고 끝내 파직되었다.

충정왕 3년(1351)에 지방으로 나가 해서도海西道 안렴사가 되었다. 공민왕이 즉위하여 고려로 돌아올 때 원송수가 도중에서 영접하여 알현하였는데 용모가 맑고 준수하였으며 행동거지에 법도가 있으니 왕이 그가 보통 사람이 아닌 것을 알고 내서 사인內書舍人 좌부대언으로 발탁하여 기밀에 관한 일을 맡겼다. 날마다 만나서 가까워지고 신임하게 되어 인사[銓注]에도 참여하게 되었다. 인재의 선발에 신중하였고 조금도 사적인 감정에 끌리지 않았으며 비록 왕명이라도 구차하게 따르지 않았다. 따라서 왕은 더욱 공경하고 중하게 여겨 원송수가 오면 반드시 일어나 응대하였다.

일찍이 원송수가 아내의 상을 당해 복을 입고 있을 때 나와서 정사를 보도록 명하였다. 원송수가 아뢰기를 "승선이 저만 홀로 있는 것이 아니고 또 복을 입고서 정사를 보는 것은 고례古禮가 아닙니다." 하니 왕이 동의하였다. 공민왕 10년(1361)에 홍건적을 피하여 남쪽으로 갔을 때 원송수가 모시고 좇았다. 홍건적이 평정되고 나서 공을 매길 때 1등이 되었다. 원송수가 국가의 중요한 일[機務]을 담당한 것이 8년이었는데 늘 근심과 두려움을 품고 눈물을 흘리며 다른 사람을 대신 임명하라고 요청하였다. 왕이 이르기를 "경이 경과 같은 사람을 진출시키면 대신 임명할 수 있다." 하였다. 이에 이강李岡을 추천하여 대신하게 하고{이강이 인사를 맡고 있을 때 변경에서 올라오는 경보가 끊이지 않았으나 상하가 유지된 것은 이강의 공이 크다. 그러나 오직 접대하는 것만 힘썼으니 식자들이 비웃었다.} 정당문학으로 전보되었다. 오래지 않아 신돈에게 거슬려 파직되었다. 신돈이 더욱 권세를 부리자 근심하며 분하게 여기다 병이 들어 죽으니 향년 43세였다.

그에게 재상의 기국이 있으니 나라 사람들이 애석해 하였다. 시호는 문정文定이며 호는 매계梅谿이다.

한수韓脩

한수는 자가 맹운孟雲이고 청주淸州 사람이다. 중찬 한강韓康의 후손으로 찬성사 한악韓渥의 손자이다. 나이 15세에 과거에 급제하였는데 초서와 예서를 잘 썼다. 충정왕이 정방政房 필도적必闍赤(몽골어로 문사를 뜻하는 말)으로 삼았다. 충정왕이 왕위를 넘겨주고 강화도로 가자 한수가 좇아가니 당시에 명성이 자자하였다. 공민왕이 불러서 다시 필도치를 삼았고 여러 차례 승진하여 대언이 되어 인사를 담당하였다. 신돈이 왕의 은총을 받게 되면서 그 행적이 매우 비밀스럽게 되었다. 한수가 몰래 아뢰기를 "신돈은 바른 사람이 아니어서 난을 불러들일까 두려우니 상께서는 이것을 생각하시기 바랍니다. 신이 아니면 누가 감히 말하겠습니까?" 하였다. 왕이 바야흐로 신돈에게 미혹되어 한수를 예의 판서로 임명하니 대개 멀리하려는 의도였다. 신돈이 패하게 되자 왕이 이르기를 "한수가 선견지명이 있었구나." 하였다.

우왕이 즉위하고 여러 차례 승진하여 상당군上黨君에 봉해지고 판후덕부사判厚德府事가 되었다. 갑자년(1384)에 죽으니 향년 52세였다. 사람들이 모두 애도하였다. 시호는 문경文卿이고 호는 류항柳巷이다. 학식이 있었고 바르게 행하여 세상에서 귀하게 여겼다. 문집이 세상에 전해진다.

이달충李達衷

이달충은 경주 사람이다. 그의 아버지 이천李蒨은 과거에 급제하여 벼슬이 첨의 참리僉議參理에 이르렀고 월성군으로 봉해졌다. 이달충은 충숙왕 대에 과거에 급제하여 여러 차례 승진하여 성균관 좨주에 임명되었다. 공민왕 원년(1352)에 전리 판서에 임명되었다가 감찰대부로 전보되었다. 공민왕 8년(1359)에 호부 상서로 옮겼다.

팔관회 때 담당 관원이 관세막盥洗幕(손 씻는 천막)을 복야청僕射廳 남쪽에 설치하고 울타리를 세워 안팎을 나누었다. 이달충과 형부 상서 이정李挺이 복야청에 앉아 있다가 그 울타리를 철거하게 하였다. 왕이 의봉루儀鳳樓에서 그것을 보고 크게 노하여 옥에 가두라고 명하였으나 옆에 있던 신하들이 그만둘 것을 청하였다. 어사대에서 또 탄핵하였는데 일찍이 이정이 내불당內佛堂의 제조提調를 역임하였기에 특별히 용서해주었다.

공민왕 15년(1366)에 왕이 이달충이 이름난 선비라고 하여 밀직제학으로 발탁하였다. 당시는 신돈이 권세를 부리고 있었는데 이달충이 일찍이 많은 사람들이 모인 넓은 자리에서 신돈에게 말하기를 "사람들이 이르기를 '상공相公이 주색을 좋아한다.' 합니다." 하니 신돈이 좋아하지 않았다. 오래지 않아 파직되었다. 신돈이 처형되자 시를 지어 풍자하였다.{천지가 만물을 낳아 그 종류가 무수하되[天地生成品彙煩] 누가 조화를 범하여 제 맘대로 차고 덥게 했던고[誰干洪造擅寒暄] 기쁜 정 담뿍 쏟을 때는 봄이 든 동산[歡情浹洽藏春塢] 성낼 때는 음기 뭉치면 해를 가리는 구름[怒氣陰凝蔽日雲] 꿩이 조개로 매가 비둘기 됨이 오히려 괴상하니[雉蜃鷹鳩猶足怪] 용이 물고기 되고 쥐가 범됨을 어찌 차마 말하리[龍魚鼠虎豈容言] 가련타 늙은 나무 바람 불어 넘어지면[可憐老木風吹倒] 감았던 겨우살이 덩굴들 의탁할 곳 잃으리[蘿蔦離披失所援] 요괴한 짓 멋대로 부리는 늙은 여우[騁怪馳妖老野狐] 사람들 다투어 활 당기는 줄 제 어이 알리[那知有手競張弧] 여우가 범의 위엄을 비니 곰들이 벌벌 떨고[威能假虎熊羆慴] 여우가 남자로 변하여 호리니 부녀들 줄줄이 몰려가네[媚惑[6]爲男婦女趨] 누른 개와 보라매를 꺼림은 마땅하니[黃狗蒼鷹尤所忌] 검정 닭 흰 말은

6 『휘찬여사』에는 '혹惑'이 혹或으로 되어 있다.

무슨 죄 지었던고[烏雞白馬是何辜] 네가 죽으면 머리를 언덕 향한다더니[曾聞汝死必丘首[7]] 보아라 벌써 성 동쪽 한길 가에 [今見城東官道隅] 신돈은 성격이 사냥개를 무서워하고 사냥을 싫어하였다. 또 끝도 없이 음란하였다. 항상 검은 닭과 흰 말을 죽여 양기를 보충하였다. 그래서 당시 사람들이 신돈을 보고 늙은 여우 요괴라고 하였다.}

그 후에 이달충은 계림 부윤雞林府尹으로 임명되었는데 글을 올려 사직하였으나 윤허를 받지 못하였다. 신우 11년(1385)에 계림군雞林君으로 죽으니 시호는 문정文靖이다.

이달충은 성품이 강직하여 어려움에도 굴하지 않았으며 분별력이 있었다. 일찍이 동북면 도순문사가 되었다가 돌아올 때 우리 조선의 환조桓祖가 들판에서 전송하였는데 태조가 환조의 뒤에 서 있었다. 환조가 술을 건네자 이달충이 서서 마셨고 태조가 술을 건네자 이달충이 무릎을 꿇고 마셨다. 환조가 괴이히 여기며 물으니 이달충이 말하기를 "이 사람은 비범한 사람이니 공이 미치지 못할 것입니다." 하고 그 자손을 부탁하였다. 그가 지은 『제정집霽亭集』이 세상에 전하는데 그 시문은 이제현이 크게 칭찬하였다. 이달충의 아들은 이준李蹲, 이전李專, 이수李端, 이횡李竑이 있었다.

백문보白文寶

백문보의 자는 화보和父이고 직산현稷山縣 사람이다. 충숙왕 대에 과거에 급제하여 춘추 검열에 임명되었고 여러 차례 승진하여 우상시가 되었다. 공민왕 초에 전리 판서로 전보되어 10과科를 설치하여 선비를 뽑을 것을 청하였다. 밀직제학에 임명되었을 때 전쟁 중에 화재를 입은 나머지 사국史局에 소장된 사고와 실록이 겨우 몇 상자에 지나지 않았다. 왕이 청주淸州에 있을 때 공봉供奉 곽추郭樞를 보내어 이것들을 해인사로 옮기게 하였다. 그때 백문보는 개경에 남아 있었는데 김희조金希祖와 의논하기를 "지금 외적으로 인한 난리가 겨우 안정되었는데 갑자기 국사를 옮겨가면 사람들이 보고 듣고는 놀랄 것이니 그렇게 해서는 안된다."라고 하였다. 그리고 곽추를 머물게 하고 다음 명령을

7 여우가 죽을 때에 머리를 자기가 살던 굴 쪽으로 둔다는 '수구초심首丘初心'을 두고 쓴 말이다.

기다렸다.

그 후에 상소하여 일을 논하기를 "우리나라는 대대로 동쪽 땅을 지켜 문물과 예악이 옛날의 유풍이 있습니다. 그런데 생각지도 않게 외적으로 인한 난리가 여러 차례 일어났고 홍건적이 개경을 함락하여 상께서 남쪽으로 옮기셨습니다. 이것을 말하자니 마음이 아픕니다. 이제 전쟁을 겪은 다음에 백성들이 의지하여 생활할 수 없으므로 넉넉한 은총으로 남은 백성들에게 은혜를 베푸셔야 합니다. 또 하늘의 운수는 순환하여 일주하면 다시 시작합니다. 700년을 소원小元이라 하고 3,600년이 쌓이면 대주원大周元이라 하는데 이것이 황제, 왕, 패자覇者들의 다스려짐과 어지러움, 흥망성쇠의 주기입니다. 우리 동방은 단군으로부터 지금까지 3,600년이니, 주원의 기회입니다. 그러니 마땅히 요순堯舜, 육경六經의 도를 준행해야하고 공리화복功利禍福의 설을 실행해서는 안됩니다. 이와 같이 하면 위로 하늘에서 도와 음양이 때에 맞으니 국운이 연장될 것입니다. 바라기는 예종께서 청연각淸燕閣과 보문각寶文閣을 설치한 옛일을 생각하시어 하늘과 사람의 도덕의 설을 강구하여 성학聖學을 밝히십시오.

또 향촌의 풍속이 모두 바르게 되면 나라는 다스려질 것입니다. 당나라에서 향촌에 대중정大中正을 두었고 우리나라에서도 건국 초기에 사심관事審官을 두었습니다. 이제 크고 작은 고을에 다시 사심관을 두어 비위를 규찰해야 합니다. 신라가 처음 불법을 숭상하니 백성들이 승려로 출가하기를 좋아하여 향리, 역리들이 모두 요역과 부세를 피해 달아났습니다. 또 사대부에게 아들이 하나만 있어도 또한 모두 머리를 깎고 승려가 되었습니다. 이제부터는 관에서 도첩度牒을 발급하여 도첩을 받은 자만 출가할 수 있게 하십시오. 한 집안에 장정이 셋이 되지 못하면 모두 허락하지 말아야 합니다." 하였다.

처음 왕이 도읍에 돌아왔을 때 종묘의 신주를 미타사彌陀寺에 두었으므로 환안도감還安都監을 설치하고 백문보와 평양백平壤伯 김경직金敬直에게 그 일을 주관하게 하였다. 일이 달을 넘겨 지연되자 왕이 노하여 재촉하니 상고할 만한 전적이 없다고 대답하였다. 이에 사관 남영신南永伸을 해인사의 사고史庫로 보내 『삼례도三禮圖』와 두우杜祐의 『통전通典』을 가져오게 하였다. 책이 오자 백문보가 『통전』을 따르고 또 침원寢園의 늙은 급사 박충朴忠의 말을 채택하여 의식과 제도를 정하였다. 그런데 박충이 글을 알지 못하여 억측으로 헤아린 데서 나온 것이 많았다.

신우가 대군으로 학문을 배우게 되니 왕이 백문보 및 전녹생田祿生, 정추鄭樞를 스승으로 삼았다. 벼슬이 정당문학에 이르렀고 직산군稷山君으로 봉해졌다. 공민왕 23년(1374)에 죽었고 시호는 충간忠簡이다. 그는 성품이 청렴하고 결백하였으며 정직하였다. 이단에 미혹되지 않았고 글을 잘 지었다. 아들이 없었다.

논하기를,

원송수는 온화하고 원만하며 옥처럼 빛나 만승萬乘이 되는 국왕도 일어나 경의를 표하였다. 불충한 신하에 대해서는 분노하고 미워하여 심지어 병이 나서 죽기까지 하였으니 임금을 사랑하고 나라를 걱정하는 것이 지극한 성의에서 나왔다.

이달충은 요상한 중을 비웃었으니 그 곧은 기풍이 위엄 있고 씩씩하였다.

한수는 임금이 폐위된 날에 따라갔으며 아직 자취가 드러나지 않았을 때 간신을 배척하였다. 사류들이 그 의로운 행동을 높이고 임금이 그 선견지명에 탄복하는 것이 마땅하지 않은가?

백문보는 청렴하고 결백하였으며 정직하였다. 또 이단에 미혹되지 않았으니 이는 가히 존경할 만하다.

이암李嵒 윤택尹澤

이암李嵒

이암의 자는 고운古雲이고 처음 이름은 군해君侅였다. 이암의 할아버지 이존비李尊庇가 일찍 부모를 여의고 외삼촌 백문절白文節에게 배웠는데 글을 잘 짓고 예서隷書를 잘

셨다. 이존비는 원종 초에 과거에 급제하여 내시內侍에 이름을 올렸고 국학 박사 직한림원으로 옮겼으며 여러 차례 승진하여 이부 시랑이 되었다. 충렬왕대에 상서 우승尙書右丞 사의대부司議大夫를 역임하고 좌승지에 임명되었다. 그때 김주정金周鼎이 필도치必闍赤를 새로이 설치하여 기무機務를 맡길 것을 건의하였는데 이존비는 정직하였지만 애초에 그 건의에 참여하지 않았으므로 선발에 들지 못했다. 그러자 가까이에 있던 사람들이 말하기를 "이존비를 배척하는 것은 옳지 않다." 하여 마침내 필도치가 되었고 밀직부사密直副使로 승진하였다.

신사년(충렬왕 7년, 1281)에 일본을 정벌할 때 이존비가 경상충청전라 도순문사都巡問使가 되어 군량과 전함을 마련한 것이 알맞았으므로 백성들이 소요하지 않았다. 판밀직사사, 세자 원빈世子元賓으로 있다가 죽으니 세자가 부음을 듣고 울며 탄식하기를 "이존비는 바른 사람인데 어찌하여 이렇게 일찍 죽는가?" 하였다. 이암의 아버지 이우李瑀는 철원군鐵原君이었다.

이암은 어려서부터 남다른 아이였다. 충선왕 때에 17세의 나이로 과거에 급제하였다. 충숙왕은 그 재주를 아껴서 부인符印을 맡게 하고 비서 교감秘書校勘에 임명하였다. 여러 차례 승진하여 도관 정랑都官正郎이 되었다. 충혜왕이 왕위를 이어받고 밀직 대언密直代言 겸 감찰 집의監察執義로 발탁하였다. 충숙왕이 복위하고 나서 이암이 충혜왕의 총애를 받았다 하여 장을 치고 섬으로 유배 보내고 아버지 이우는 파직하여 고향으로 돌려보냈다. 충혜왕이 즉위하여 지신사에 임명하였고 동지추밀원사로 승진시켰다. 이어 정당문학 첨의평리로 자리를 옮겼다. 왕이 무인 한용규韓用規를 전교典校로 삼자 부령副令 이암이 그렇게 할 수 없다고 고집하였으나 왕이 따르지 않았다.

충목왕이 즉위하여 찬성사에 임명하고 제학提學 정사도鄭思度와 함께 정방의 제조를 삼았다. 환관 고용보高龍普가 인사가 불공정하다고 왕에게 아뢰니 이암은 밀성密城으로, 정사도는 광양光陽으로 유배보냈다가 사면하였다. 충목왕이 죽고 나서 충정왕을 받들어 원나라로 갔는데 왕위를 잇게 되자 이암에게 나랏일을 처리하게 하였다. 정방 제조로 삼고 추성수의동덕찬화推誠守義同德贊化 공신호를 하사하였다. 다시 찬성사에 임명하고 좌정승을 삼았다. 공민왕 초에 철원군으로 봉하자 사퇴를 청원하고 청평산淸平山으로 들어갔다. 왕이 다시 불러 수문하시중守門下侍中을 삼았다.

홍건적이 쳐들어오자 이암은 서북면 도원수가 되어 병사 2,000명을 거느렸다. 일행 중에 박거사朴居士라는 사람이 스스로 말하기를 "비술秘術이 있어 적을 쳐부술 수 있다." 하여 사람들을 미혹시켰다. 이암이 붙잡아 개경으로 보냈다. 오래지 않아 이암이 나약하여 군사를 거느릴 수 없다 하여 평장사 이승경李承慶을 보내 대신하게 하였다. 홍건적이 개경에 가까이 다가오자 왕을 따라 남쪽으로 갔다. 홍건적이 평정되고 나서 호종공신 1등으로 녹훈되었고 철성부원군으로 봉해졌다. 또 익조공신翊祚功臣 호를 받았다. 공민왕 13년(1364)에 나이 68세로 죽었다. 왕이 담당 관원에게 예장하도록 명하였다. 시호는 문정文貞이다.

이암은 규칙을 잘 지켰고 집에 있을 때 살림이 어떤지 묻지 않았다. 그림과 글씨를 즐겼고 서법은 한 시대에 빼어났다. 일찍이 「태갑편太甲篇」(『서경書經』의 편명)을 써서 왕에게 바치고 그 아들 이강李岡에게 말하기를 "너는 기억하라. 나는 늙었다. 관리로서의 직책이 없으면 말할 책임이 없으나 임금의 마음을 바로잡는 것을 책무로 삼아야 할 따름이다." 하였다. 신우 원년(1375)에 충정왕 묘정에 배향되었다.

아들에 이인李寅, 이숭李崇, 이음李蔭, 이강李岡이 있다. 이인은 신우 10년(1384)에 고성군固城君으로 죽었다. 이음은 여러 장수들과 함께 홍건적을 평정하여 그 공으로 상장군에 임명되었는데 전쟁 중에 죽었다.

윤택尹澤

윤택의 자는 중덕仲德이고 윤해尹諧의 손자이다. 3세에 아버지를 잃고 7세에 가르침을 받기 시작하였는데 곧바로 외웠다. 윤해가 매번 경구警句를 보고 눈물을 흘리며 말하기를 "우리 가문을 일으킬 자가 너인가?" 하였다. 조금 자라서 고모부 윤선좌尹宣佐에게 배웠는데 제자백가서와 역사서에 두루 통하였으며 특히 『좌씨춘추左氏春秋』에 뛰어났다. 늘 범중엄范仲淹의 '천하 사람들이 근심하기 앞서 근심하고 천하 사람들이 즐거워한 이후에 즐거워한다[先天下之憂而憂 後天下之樂而樂].'는 말을 외웠다. 또 말하기를 "대장부로 어찌 하잘 것 없어서야 되겠는가." 하였다.

충숙왕 4년(1335)에 과거에 급제하여 경산부京山府 사록司錄으로 뽑혔고 서울로 와서 교감校勘이 되었다가 검열로 옮겼다. 나이 45세에 벼슬이 겨우 9품이었으나 스스로는 재상이라 생각하였다. 어떤 사람이 모욕을 주었으나 윤택은 담담하게 처신하며 주저하지 않았다. 그 후에 왕이 연경의 저택에 있을 때 윤택이 혼자 말을 타고 가서 알현하니 왕이 한 번에 기량이 중함을 알아보고 후사後嗣를 부탁하는 말을 하였으니 그것은 공민왕을 염두에 둔 것이었다. 윤택이 절하고 사례하기를 "신이 늙었으니 어떻게 할 수 있겠습니까." 하였다. 이듬해 왕이 서경에 멈추었을 때 윤택이 검열로서 임시로 서경 참군을 맡아 접대하는데 법식에 들어맞으므로 왕이 매번 감탄하기를 "어질도다! 회인回人여."라 하였다. 이는 그의 외모가 회회족과 비슷하였기 때문에 이렇게 부른 것이다.

황제의 조서가 오자 왕이 윤택에게 읽게 하였는데 가까이에 있던 신하들이 말하기를 "조서는 내외 지제고知制誥가 읽어야 합니다." 하였다. 왕이 말하기를 "참군參軍이 양제兩制가 되는 것도 다만 나에게 달린 것이 아닌가." 하고는 마침내 임시로 응교를 삼았다. 오래지 않아 서경 부윤으로 발탁하려 하였으나 관자官資가 낮자 판관으로 올렸다. 어떤 사람이 윤택이 공손하지 않다고 모함하자 왕이 말하기를 "윤택은 충성스러우니 그대가 속이는 것이 분명하구나." 하였다. 충숙왕 7년(1338)에 좌부대언에 임명되어 인사[銓選]를 담당하였다. 왕이 윤택의 아들에게 호군護軍 벼슬을 주고자 하니 사양하며 말하기를 "관직은 지극히 귀중한 것입니다. 어질고 애쓴 이들도 오히려 적체되어 있는데 감히 신의 아들에게 사사롭게 처리할 수 있겠습니까." 하였다. 이 때문에 왕이 더욱 귀하게 여겨 우대언으로 자리를 옮겼다. 왕이 병으로 자리에 눕게 되자 연경의 저택에서 부탁했던 말을 다시 윤택에게 말하였다. 윤택이 무릎을 꿇고 말하기를 "염려하지 마십시오." 하였다.

충목왕이 즉위한 초기에 나주 목사에 임명되었다. 왕이 죽자 백성들의 바람은 공민왕에게 있었다. 윤택이 논의를 제기하여 전밀직 이승로李承老 등과 함께 원나라 중서성에 글을 올려 "우리나라에서는 형제, 숙질이 서로 뒤를 이어 나이 어린 임금이 편히 다스림을 감당할 수 없습니다."라고 하였는데 그 글의 말이 매우 사리에 맞았다. 이 때문에 충정왕이 앙심을 품었고 즉위하자 광양光陽 감무監務로 강직시켰다.

공민왕의 처음 인사에서 밀직사로 들어가 제학이 되었고 오래지 않아 개성 부윤으로 치사하였다. 근신 중에 원나라에 향악鄕樂을 올리자는 주장을 하는 이가 있었는데 윤택이 그 소식을 듣고 상소하기를 "원나라 세조가 일찍이 물리쳤는데 지금 다시 올릴 수 없습니다." 하였다. 왕이 깊이 동감하여 받아들였다.

승려 보우普愚가 도참설圖讖說로 왕을 설득하기를 "한양漢陽에 도읍을 정하면 36국이 조공朝貢을 바치러 올 것입니다." 하니 왕이 그 말에 미혹되어 한양에 궁궐을 지었다. 윤택이 말하기를 "묘청이 인종을 미혹하여 나라가 거의 전복될 정도였으니 그 본보기가 오래되지 않았습니다. 하물며 지금 사방 변경에는 근심거리가 있어 병사들을 훈련시키고 기르는 것도 오히려 넉넉하지 못할까 두려운데 공사를 일으키고 백성들을 수고롭게 하니 나라의 근본을 해칠까 염려됩니다." 하였다.

왕이 일찍이 「무일편無逸篇」(『서경』의 편명) 써서 재상들에게 나누어주게 하고 윤택을 불러 강의하게 하였다. 윤택이 주공周公이 성왕成王을 도운 노고에 대해 진술하고 말하기를 "전하께서는 성왕이 주공의 가르침을 따르고 엄숙히 공경하며 두려워한 것을 본받으시기 바랍니다." 하니 얼굴빛이 변하였다. 또 진덕수眞德秀[8]의 『대학연의大學衍義』와 고려의 최승로崔承老가 성종에게 올린 글을 진강하였다. 그때 왕은 불교에 깊이 맛을 들여 세상 물정의 바깥에 생각하였다. 윤택이 아뢰기를 "전하께서는 위로는 종묘를 받들고 아래로는 백성을 보호해야 하는데 어찌 필부들이 인륜을 끊는 일을 본받으려 하십니까? 신의 말을 따르시려면 공자의 도가 아니면 안 됩니다. 성상께서 뜻을 더하시기 바랍니다." 하였다.

공민왕 10년(1361)에 정당문학으로 승진하여 치사하며 말하기를 "신은 의릉毅陵(충숙왕)의 알아주심을 크게 입었으나 조금도 갚지 못하였습니다. 화공에게 어진을 그리게 하여 신에게 주신다면 시골집에서 밤낮으로 우러러보며 공경하겠습니다." 하였다. 또

---

8 진덕수眞德秀(1178~1235)는 자가 경원景元이고 서산선생西山先生이라 불렸다. 주희朱熹의 뒤를 이어 성리학을 발전시켰고 『심경心經』을 지었다.

말하기를 "근래 기근이 잇달아 일어나고 게다가 전쟁까지 있으니 백성들의 괴로움이 극에 달하였습니다. 전에는 남경南京의 궁궐을 짓고 지금 백악白岳에 궁을 지으니 백성들이 어떻게 견딜 수 있겠습니까?" 하였다. 또 말하기를 "모든 일의 득실에 대해 주상께서 비록 그렇게 된 까닭을 환히 아신다 하더라도 대신에게 위임하면 즉시 처리되지 않고 그대로 두어서 그러는 동안 그 해가 이미 굳어져 구제하려 해도 할 수 없게 됩니다." 하였다. 왕이 술을 내려주자 윤택이 한 번에 세 잔을 마시고도 정신과 기색이 아무렇지도 않으니 시중 홍언박洪彦博이 감탄하기를 "윤공이 이렇게 고지식할 것이라 생각하지 못했다. 나는 따라가지 못하겠다." 하였다.

윤택이 비록 치사하였으나 스스로 선왕의 부탁 받은 것을 자임하여 알고서는 말하지 않은 것이 없었다. 그의 말이 때로는 절실하고 고지식하더라도 왕도 관대하게 용납하였다.

공민왕 12년(1363)에 또 찬성사로 승진하여 치사하였다. 이듬해 병이 있자 금주錦州로 돌아가겠다고 청하였다. 산수를 즐기며 산 지 7년 만에 죽었다. 향년 82세이며 시호는 문정文貞이다.

병이 위독해지자 자손들을 앞으로 나오게 하여 훈계하기를 "우리 할아버지께서 미천한 데서 일어나 청렴결백하고 충직한 것으로 당대에 유명하셨다. 내가 밤낮으로 그 뜻을 잇지 못할까 두려웠는데 왕께서 나를 잘못 알아보셔서 은총과 녹봉이 과분하였다. 또 나이 80을 넘겼으니 이는 모두 선대의 유덕이다. 내가 죽으면 장례는 불교식을 쓰지 말라." 하였다

윤택은 일찍이 아버지를 여위어 아버지 얼굴도 알지 못하였다. 그러나 철마다 지내는 제사 때는 무덤에 올라가 반드시 곡하고 애도하는 마음을 다하였다. 책에서 부자의 정을 서술한 것을 보면 눈물을 흘리지 않은 적이 없었다. 항상 주머니 하나를 차고 다니다가 맛있는 음식을 얻으면 반드시 주머니에 넣어 어머니께 드렸다. 일찍이 연경에 갔을 때 길에 떨어진 금 100냥을 발견하고는 그 자리를 지키고 서서 주인을 기다렸다. 주인이 눈물을 흘리며 감사해하며 갔다. 그는 평생 베 이불을 덮고 해진 자리에 앉았으며 아침 저녁으로 끼니가 떨어져도 태연하였다.

스스로 호를 율정栗亭이라 하였다. 공민왕이 손수 초상화를 그리고 율정 두 자를 크게 써서 하사하였다. 지은 책으로 율정집栗亭集이 세상에 전해진다. 아들은 윤구생尹龜生, 윤봉생尹鳳生, 윤동명尹東明이 있는데 윤구생은 별도로 전傳이 있다.

논하기를,
이암이 손수 「태갑편」을 써서 현릉(공민왕)에게 바치며 말하기를 "저는 늙었습니다. 그리고 관리로서의 직책이 없으면 말해야 하는 책임도 없습니다. 그렇지만 전하의 마음을 바르게 하는 것을 임무로 여깁니다." 하였으니 참으로 노성한 신하의 말이다.
윤택은 「무일편」을 진강하면서 공민왕에게 엄숙하고 공경하며 주공을 본받으라고 훈계하였으며 또 진덕수眞德秀의 『대학연의』와 최승로가 성종에게 올린 글을 가지고 진강하였으니 임금을 도와서 좋은 데로 인도하는 직무를 잘 했다고 할 수 있다.
『시경詩經』에 이르기를 '비록 노성한 사람은 없으나 오히려 법도는 남아있구나[雖無老成人 尙有典刑].'[9]라고 하였는데 이암과 윤택을 노성한 사람이라 할 수 있지 않을까?

최재崔宰 송천봉宋天逢

최재崔宰

최재의 자는 재지宰之이고 완산完山 사람이다. 그의 아버지 최득평崔得枰이 청렴하고 공정하게 자신의 행실을 지키니 사람들이 공경하고 두려워하였는데 벼슬이 선부 전서選部典書에 이르렀다. 최재는 충숙왕 대에 과거에 급제하여 여러 차례 승진

9 『시경詩經』 대아大雅편에 실려 있다.

하여 중부령中部令이 되었다. 외직으로 지서주사知瑞州事가 되었으나 어머니 상을 당해 부임하지 않았다. 이듬해 불필요한 관직[冗官]을 도태시킬 때 최재를 천거하자 왕이 그에게 아버지의 풍모가 있다 하여 즉시 감찰 지평에 임명하니 최재가 부득이 취직하였다.

충혜왕이 즉위하고 그 관직을 갈았다. 왕이 원으로 잡혀가자 왕이 설치한 모든 것을 다시 혁신하기로 하여 도감을 설치하였는데 최재를 판관으로 삼았다. 최재가 탄식하기를 "왕의 허물이 왕이 스스로 한 것이 아니라 옆에서 영합하여 한 것이다. 전에는 영합하고 나중에는 잘못을 드러내니 나는 참 부끄러울 따름이다." 하고는 병을 핑계대고 출사하지 않았다.

충목왕 때에 전법 정랑典法正郎으로 자리를 옮겼고 외직으로 나가 지흥주사知興州事가 되었으나 인승단印承旦이 미워하여 파직되고 전객 부령典客副令으로 옮겼다. 충정왕 때에 지양주사知襄州事가 되었는데 원나라에서 내려준 향을 가지고 온 사신이 존무사存撫使를 모욕하자 최재가 말하기를 "장차 모욕이 나에게도 미칠 것이다." 하고는 관직을 그만두고 돌아갔다. 집정執政이 기뻐하여 왕에게 아뢰어 감찰 장령에 임명하였다.

공민왕 초년에 집의로 승진하고 상서 우승으로 옮겼으며 그 후 상주 목사가 되었다. 왕이 홍건적을 피해 남쪽으로 갈 때 상주에 머물렀다. 최재가 왕에게는 마음을 다해 공궤했지만 측근 신하들에게는 음식을 보내지 않았다. 이에 측근 신하들이 흉을 보았고 마침내 파직되었다. 다시 감찰 대부가 되었고 오래지 않아 완산군完山君에 봉해졌으며 전리 판서典理判書로 자리를 옮겼다. 신우 3년에 밀직 부사 상의에 임명되었으나 굳이 사양하며 물러나기를 간청하였다. 다시 완산군에 봉해졌다. 신우 4년에 죽었다. 최재는 성품이 강직하고 자기 뜻을 굽히지 않았으므로 세상에서 귀하게 여겼다. 아들에 최사미崔思美, 최덕성崔德成, 최유경崔有慶이 있었다.

송천봉宋天逢

송천봉은 김해 사람으로 과거에 장원으로 급제하여 정언, 헌납, 기거랑을 역임하였다. 충목왕 때에 감찰 장령이 되어 평리 전윤장全允臧을 탄핵하기를 "임금을 보좌하는 재상이 되어 총애를 빙자해 제멋대로 하고 직무를 제대로 수행하지 않으며 요리를 맡은 사람들과 결탁하여 어선御膳을 몰래 훔쳤습니다. 민상정閔祥正이 황제에게 선왕이 나라의 임금이 될 수 없다고 고소할 때 전윤장은 민상정과 한 무리가 되었으니 그 죄가 이보다 심할 수 없습니다. 파직하여 내쫓으시기 바랍니다." 하였다. 그러나 전윤장이 참소하여 초도 구당草島句當으로 나가게 되었다. 이에 대관臺官이 모두 사직하였고 모든 감찰이 궁궐에 나아가 송천봉을 다시 불러들일 것을 청하였으며 정승 왕후王煦도 도왔으므로 직무를 수행하지 않을 수 없었다. 정당 문학 신맹辛孟, 판밀직 이공수李公遂가 힘껏 청하니 광양光陽 감무로 옮겼다.

공민왕 초에 불러서 감찰 집의에 임명되어 판전교判典敎 김군발金君發과 함께 문학과 행실이 뛰어난 선비인 허응린許應麟, 유사렴兪思廉, 윤수상尹守常 등을 천거하였다. 또 감시를 담당하여 한달한韓達漢 등을 선발하였다. 왕이 한달한과 가장 나이어린 5명을 불러 모란으로 시를 짓게 하였는데 빼어나지 않은 것이 많았고 한 사람은 한 줄도 쓰지 못하고 백지를 내었다. 이에 왕이 격노하여 그 방목을 거두어들이고 송천봉을 책망하여 이르기를 "재주를 살피는 데 정밀하지 않음이 어찌 이 지경인가." 하니 송천봉이 부끄러워 대답하지 못했다.

신우 초에 대사헌이 되어 같은 반열에 있는 사람들과 상소하기를 "가만히 살펴보니 판숭경부사判崇敬府事 윤충좌尹忠佐는 순주順州의 천한 사람으로 지극한 은총을 외람되이 받았습니다. 관질이 재상과 같이 되어 제멋대로 권세를 부리며 위로 임금의 귀를 가리고 아래로 백성들의 뜻을 막습니다. 일찍이 선왕의 앞에서 화를 내며 칼을 뽑아 그 머리카락을 자르기까지 하였으니 그 도리에 어긋나고 패악하며 불순한 것이 이미 드러났습니다. 또 임금이 돌아가신 뒤에 귀머거리인 척하면서 가만히 변화의 추이를 살폈으니 그 마음을 헤아리기 어렵습니다. 그런데도 단지 간사하고 아첨만하는 것으로 사랑을 받아 임용되었습니다. 더욱 엄하게 내치시기 바랍니다." 하였다. 상소를 아뢰자 윤충좌를 파직하여 집으로 가도록 내보냈다.

송천봉 등이 다시 상소하기를 "예로부터 있었던 환관의 화는 밝히 살필 수 있습니다. 우리나라에서도 백안독고사伯顏禿古思가 원나라 조정의 총애를 받아 충선왕을 모함하고 참소하여 토번吐蕃으로 유배하게 하였습니다. 고용보高龍普[10]는 몰래 충혜왕을 고소하여 악양岳陽의 화를 만들었습니다.[11] 전날에 최만생崔萬生이 감히 대역죄大逆罪(공민왕을 시해한 것)를 범한 것에 대해 신명과 사람 함께 분해합니다. 오늘날 윤충좌의 불충하고 불경한 죄는 지난 번 상소에 이미 다 갖추어 아뢰었으니 참으로 가차없이 죽여야 합니다. 또 권세를 멋대로 부리며 뇌물을 받고 범상한 사람을 끌어들여 관직을 주었습니다. 토지를 넓게 차지하여 나라를 그르치고 백성을 해쳤는데 지금 면직에 그친다면 온 나라 사람들이 바라는 대로 되지 않았다고 원망할 것입니다. 사령장을 모두 회수하고 가산을 몰수하며 죄인으로 신문한 후 죄를 정하여 후대에 올 사람들을 경계하시기 바랍니다." 하였다. 왕이 관작을 삭탈하며 토지를 회수하도록 하였다.

간관도 상소하기를 "전하께서는 즉위한 초기에 진실로 자신의 고집을 버리고 다른 사람들의 바른 의견을 따르며 직언을 수용하여 세상 사람들의 뜻을 수렴하셨습니다. 그런데 근래에 송천봉 등이 상언하여 환관의 녹봉을 덜 것을 청하였고 또 상호군 이미충李美忠, 전공 총랑典工摠郞 서능준徐陵俊이 내탕고의 물건을 훔쳐 쓴 죄를 탄핵하였으나 전하께서 윤허하지 않으셨습니다. 예로부터 임금의 실책 중 간언을 거절하는 것이 가장 큰데 전하께서는 타고난 자질이 아름다우시니 결코 이와 같지 않을 것입니다. 이 무리들은 권세를 제 마음대로 하고자 달콤한 말과 아첨하는 말로 전하의 마음을 미혹케 하여 전하를 간언을 거절하는 실책에 빠지게 하였습니다. 이것이 바로 신들이 밤낮으로 가슴을 치며 걱정하고 전하를 위해 깊이 아파하는 것입니다. 환관 윤충좌는 간사하고 흉악하여 전하의 뜻에 영합하기를 잘하며 자기 무리를 부추겨 드러나지 않게 권력을 농간하였습니다. 김사행金師幸과 윤상尹祥과 같이 악한 짓을 하며 서로 도왔는데 김사행과 윤상은 이미 모두 유배되었으나 윤충좌만 사면해주시는 은총을

10 고려 후기의 환관으로 원나라에 가서 기황후의 측근이 되어 권력을 행사하였다.
11 충혜왕이 원에 끌려가서 게양현揭陽縣으로 유배가다가 악양현岳陽縣에서 죽은 것을 가리킨다.

입고 관작을 받기까지 하였습니다. 또 교활한 환관 황중길黃中吉과 결탁하여 부자 관계를 맺고 전하의 총명을 가렸으니 그 죄는 가차없이 죽여야 합니다. 송천봉의 말을 따라 윤충좌와 황중길의 죄를 다스리십시오. 또 이미충, 서능준이 선왕 때에 반역한 신하 신돈과 김흥경金興慶의 비위를 맞춰 섬겨 내탕고를 담당하고는 그 출납을 멋대로 하여 창고를 텅 비게 하고 훔쳐낸 것이 헤아릴 수 없습니다. 송천봉이 아뢴 대로 모두 그 죄를 다스리시기 바랍니다." 하였다. 신우가 황중길, 이미충, 서능준의 이름을 관원 명부에서 삭제하고 서용하지 말라고 명하였다. 대간에서 이미충, 서능준을 전법의 옥[典法獄]에 가둘 것을 청하였으나 이미충이 권세 있는 이에게 뇌물을 주어 순군옥巡軍獄에 이감되었다. 나라 사람들이 탄식하기를 "두 역적이 누군가에게 뇌물을 주고 가벼운 옥으로 이감되었구나." 하였다.

송천봉은 그 후에 첨서밀직사사에 임명되었고 김해군金海君에 봉해지고 죽었다. 향년 81세였고 시호는 문정文貞이다.

논하기를,

충혜왕이 덕망을 잃어 원나라[上國]에 잡혀갔을 때 당시에 모든 신하들이 상관없는 듯이 바라보았다. 홀로 최재가 개혁을 하고 슬퍼하며 이르기를 "전에는 영합하고 나중에는 그 잘못을 드러내는 것을 내가 견딜 수 없다." 하고는 병을 핑계대고 나가지 않았으니 거취가 밝았다. 당시 사대부 중에 군신의 의리를 아는 자가 최재, 한수뿐이었다.

송천봉은 처음 전중殿中이 되어 전윤장의 방자함을 배척했고 나중에 헌대憲臺의 장관이 되어서는 환관의 폐단을 극론하여 나라의 법을 바로잡고 조정의 대신들이 그 때문에 기세를 펼 수 있었다. 가히 그 언관의 책임을 다했다 할 것이다.

이존오李存吾 정공권鄭公權

이존오李存吾

이존오의 자는 순경順慶이고 경주 사람이다. 그는 자태가 단정하고 깨끗하였으며 몸가짐을 정중히 하고 말이 적었다. 어려서 부모를 여의고 힘써 공부하였는데 의기에 넘쳤으며 지조와 절개가 있었다. 나이 10여 세에 12도徒에서 공부할 때 '강물이 넘치다[江漲]'를 소재로 시를 지었는데 "넓은 들이 모두 잠겼는데[大野皆爲沒] 홀로 높은 산만 넘치지 않았네[高山獨不降]." 하니 식자들이 기이하게 생각하였다.

공민왕 9년(1360)에 과거에 급제하여 수원水原 서기가 되었고 사한史翰에 뽑혔다. 정몽주鄭夢周, 박상충朴尙衷, 이숭인李崇仁, 정도전鄭道傳, 김구용金九容, 김제안金齊顔과 사귀며 하루도 빠짐없이 강론하니 사람들이 크게 칭찬하였다. 여러 차례 승진하여 감찰규정監察糾正이 되었다가 공민왕 15년(1366)에 정언에 임명되었다. 이때 신돈이 정권을 잡고 제멋대로 하며 함부로 인사를 하는 불법을 저질렀지만 대헌臺憲 중에 감히 말하는 이가 없었다. 이존오가 분연히 자신의 안위를 돌보지 않고 장차 논박하려고 소매에 상소문을 가지고 성省에 나아가 동료들에게 보이며 말하기를 "요망한 승려가 나라를 망치니 논박하지 않을 수 없다." 하였다. 모든 낭관들이 놀라며 화답하는 사람이 없었다. 좌사의대부 정추鄭樞는 이존오의 인척 형이었다. 이존오가 말하기를 "형님이 부당복이不當復爾." 하자 정추이 따랐다. 이에 상소하기를 "3월 18일에 전내殿內에서 문수회文殊會를 베풀었을 때의 일입니다. 영도첨의領都僉議 신돈이 재신의 줄에 앉지 않고 감히 전하와 함께 앉았는데 그 사이가 한 자도 되지 않으니 나라 사람들이 놀랐고 분위기가 어수선하였습니다. 대개 예는 위아래를 구분하여 백성들의 뜻을 안정시키는 것입니다. 만약 예가 없다면 무엇으로 군신이 되며 무엇으로 부자가 되며 무엇으로 국가가 될 수 있겠습니까? 성인이 예를 제정하여 위아래의 나뉨을 엄히 한 것은 생각이 깊고 멀리 염려한 것입니다.

가만히 살펴보니 신돈이 전하의 은총을 입고 국정을 오로지 하면서 임금을 무시하는 마음을 가졌습니다. 처음 영도첨의로 임명한 날에 법에 따르면 조복朝服을 입고 나아가 사은해야 마땅함에도 반달이 지나가도록 나오지 않았습니다. 대궐 뜰에 나아가서도 무릎을 조금도 구부리지 않았습니다. 말을 타고 홍문紅門에 들어가 전하의 평상에 함께 앉았습니다. 그가 공무를 마치고 집에[12] 있을 때 재상들이 뜰에서 절하니 비록 최항崔沆, 김인준金仁俊, 임연林衍이 한 짓도 이와 같지는 않았습니다. 그가 옛날에 승려였을 때에야 내버려두고 무례함을 책망할 필요가 없었으나 지금은 재상이 되어 관직과 지위가 이미 정해졌는데도 감히 예를 허물고 분수를 범하는 것이 이와 같습니다.

그렇게 된 연유를 찾아보면 반드시 사부師傅라는 이름을 의지한 것입니다. 그러나 유승단이 고종[高王]의 스승이고 정가신鄭可臣이 충선왕[德陵]의 스승이었으나 저 두 사람이 감히 이같이 했다는 것을 듣지 못하였습니다. 이자겸이 인종[仁王]의 외할아버지여서, 인종이 겸손하여 할아버지와 손자의 예로 만나려 하였으나, 공론을 두려워하여 감히 그렇게 하지 못하였습니다. 대개 군신의 분수가 본디 정해져 있기 때문입니다. 이 예는 군신이 있은 이래 만고에 걸쳐 변하지 않는 것이어서 신돈과 전하께서 사사로이 할 수 있는 것이 아닙니다. 신돈이 누구이기에 감히 이처럼 자신을 높일 수 있습니까?

『서경』 홍범洪範에 이르기를 '임금만이 복을 내릴 수 있고[惟辟作福] 임금만이 위세를 쓸 수 있으며[惟辟作威] 임금만이 귀한 음식을 먹을 수 있다[惟辟玉食]. 신하가 복을 내리고 위세를 부리며 귀한 음식을 먹으면[臣而有作福作威玉食] 반드시 집안에 해가 있고 나라에 흉함이 있을 것이니[必害于家凶于國] 사람들이 기울어지고[人用側頗僻] 백성들은 넘보게 될 것이다[民用僭忒].' 하였습니다. 이것은 신하가 임금의 권한을 참람하게 쓰면 지위에 있는 자들이 모두 그 분수를 불안하게 여기고 백성들도 영향을 받아 그 상도常道를 넘게 됩니다. 신돈이 복을 주고 위세를 부리며 또 전하와 대등한 예로 상대하니 이는 나라에 두 임금이 있는 것입니다. 만약 일찍 조처를 하지 않아 교만하고 참람한 것이 더욱 방자해지면 관직에 있는 사람들이 모두 그 본분을 불안하게 여기고 백성들은 장차 그 상도를 넘어갈 것이니 두렵지 않습니까?

---

12 『휘찬여사』에는 '충家'으로 되어 있으나 '가家'의 착오인 듯하다.

송나라의 사마광司馬光이 이르기를 '기강이 서지 않으면 간사한 지혜가 있는 영웅이 딴마음을 품는다.' 하였으니 예를 참람하게 해서는 안 되고 기미가 자라게 해서는 안 됩니다. 만약 전하께서 이 사람을 공경하면서도 백성들에게 재앙이 없게 하려면 그 머리를 깎고 승복을 입히며 관직을 빼앗은 후 절에 두고 공경하십시오. 이 사람을 반드시 등용하고도 나라가 평강하게 하려면 그 권한을 억제하고 위아래의 예를 엄격하게 하여 대우한다면 백성들의 뜻이 안정되고 나라의 어려움은 풀릴 것입니다.

또 전하께서는 신돈이 어질다고 보십니까? 신돈이 권세를 부리고 나서 음양이 때를 잃었고 겨울철에 우레가 있으며 누런 안개가 사방을 가리고 10여 일 동안 태양에 흑점이 있었습니다. 밤에는 붉은 기운이 있었고 천구성天狗星이 떨어졌습니다. 나무에는 얼음이 얼었고 청명 후에 우박이 있었습니다. 천문에 여러 차례 변이가 있어 산과 들에 있어야 할 새와 짐승들이 대낮에 도성 안에서 날아들고 뛰어다니기까지 하였습니다. 신돈에게 준 '논도섭리論道燮理'라는 공신 호가 과연 천지와 조종의 뜻에 부합합니까? 신들이 간원諫院직에 있으면서 전하께서 마땅하지 않은 사람을 재상으로 삼아 장차 사방에 웃음거리가 되고 만세에 비난받을 것을 애석하게 여기므로 말없이 가만히 있을 수 없고, 말하지 않는 책임을 면하려 합니다. 신이 이미 말씀드렸으니 경청하시고 재가하여 주십시오." 하였다. 상소가 올라가자 대언 권중화權仲和에게 읽게 하였는데 반도 읽지 않아 왕이 크게 진노하여 그 상소를 태우라고 명했다. 정추, 이존오를 불러 면전에서 책망하였다.

이때 신돈이 왕과 평상을 마주하고 있었는데 이존오가 신돈을 주목하여 꾸짖기를 "늙은 승려가 어찌 이리 무례한가." 하니 신돈이 당황하고 놀라서 자기도 모르게 평상에서 내려왔다. 왕이 더욱 노하여 순군옥에 가두고 찬성사 이춘부李春富, 밀직부사金蘭, 첨서밀직 이색李穡, 동지밀직金達祥에게 국문하게 하고 근신들에게 이르기를 "나는 이존오의 성난 눈이 무섭다." 하였다. 이춘부 등이 이존오에게 묻기를 "너는 젖비린내 나는 아이이니 어찌 스스로 이렇게 할 수 있겠는가? 반드시 몰래 사주한 자가 있을 것이다. 숨기지 말라." 하였다. 이존오가 답하기를 "나라에서 어린애를 무지하다 하지 않고 언관에 두셨으니 감히 말하지 않아 나라를 배반할 수 있겠습니까?" 하였다. 당시 이존오의 나이는 25세였다. 신돈의 무리가 반드시 죽이려 하였으나 이색이 이춘부에게 말하기를 "두 사람이 망령되었으니 진실로 죄를 다스려야 마땅합니다. 그러나 우리 태조 이래 500년 동안 한 사람의 간관도 죽인 적이 없는데 이제 영공令公(신돈) 때문에 간관을 죽인다면 나쁜 평판이 길이 전해질 것입니다. 또 어린 유생이 말이 대인大人에게 무슨 해가 있습니까. 영공에게 죽이지 말고 말하는 게 낫습니다." 하였다. 이춘부가 옳다고 하여 죽지 않았고 장사長沙 감무監務로 좌천되었다. 나라 사람들이 모두 칭찬하기를 "진짜 정언이다." 하였다.

이존오가 공주公州의 석탄石灘에 물러나 은거하니 신돈의 세력이 더욱 성하였다. 이존오가 그것을 염려하고 분해하다가 병이 났다. 공민왕 20년(1371)에 병이 위중해지자 가까이 있던 사람들에게 부축하여 일어나게 하고 묻기를 "신돈이 아직도 있는가?" 하니 옆에서 답하기를 "그렇습니다." 하였다. 다시 누우며 말하기를 "신돈이 죽어야 나도 죽을 수 있다." 하였다. 자리에서 뒤척이며 불안해 하다가 죽으니 나이 31세였다. 그가 죽고 3개월 만에 신돈이 처형되었다. 왕은 그의 충성을 생각하여 성균관 대사성으로 추증하였다. 그때 아들 이래李來는 10세였는데 왕이 손수 '간신諫臣 존오의 아들 안국安國'이라고 써서 정방에 내려보내 장거 직장掌車直長에 임명하였다. 안국은 이래의 어릴 때의 이름이었다.

이존오는 성품이 효성스럽고 우애가 있었다. 그 형 이양오李養吾가 지방에 갔다가 적도들에게 살해당했는데 이존오가 여러 달을 찾아다닌 끝에 마침내 시신을 찾았으나 이미 뼈만 남아 확인할 수가 없었다. 이존오가 말하기를 "우리 형은 손가락이 6개이다." 하여 이에 확인하고 돌아와 장사지냈다. 관에 요청하여 그 적도들을 모두 잡았다.

정공권鄭公權

정공권의 처음 이름은 추樞이고 자가 공권公權이었는데 후에 자字를 이름으로 썼다. 공민왕 초에 과거에 급제하여 예문 검열에 뽑혔고 여러 차례 승진하여 좌사의대부가 되었다.

공민왕 15년(1366)에 정언 이존오와 함께 신돈이 나라를 망친 죄를 극언하자 왕이 크게 진노하여 정공권 등을 불러 면전에서 힐책하고 순군 옥에 가두었다. 그리고 이춘부, 김란, 이색, 김달상 등에게 국문하게 하였다. 신문하기를 "너희들에게 상소하라고 꼬인 자가 누구냐?" 하니 정공권이 답하기를 "우리 부자는 서로 이어 간대부가 되어 나라의 큰 은혜를 입었습니다. 그런데 전하께서 적임자가 아닌 사람에게 정사를 맡겨 사직이 위태로워지고 사람들이 한스러워 하는 것을 보았으므로 언관직에 있으면서 입 다물고 있을 수 없었으니 어찌 다른 사람들의 말을 기다렸겠습니까? 또 신돈이 위복을 멋대로 하여 길에 다니는 사람들도 눈짓만 하는데 누가 감히 꼬일 수 있겠습니까." 하였다. 김달상이 무릎 꿇으라 하였으나 정공권이 꿇지 않자 사람을 시켜 머리채를 잡고 발로 차 무릎을 꿇렸다.

다시 묻기를 "꼬인 사람이 없다고 하지만 아는 사람은 반드시 있었을 것이다." 하니 대답하기를 "전교령典校令 임박林樸, 우사의 임현林顯, 전군사 김주金湊가 알고 있었습니다." 하였다. 김주는 시중 김보金普의 처조카였는데 일찍이 신돈이 김보를 참소하여 파직하였다. 이춘부 등은 김주가 김보를 위해 정공권을 사주했을 것이라 생각하고 즉시 김주를 체포하여 고문하였다. 신돈의 무리는 이것을 빌미로 자기들과 생각을 달리하는 명망있는 자들을 모두 제거하려고 정공권에게 반드시 그들을 끌어들이게 하였다. 어떤 사람이 이르기를 "만약 경천흥慶千興, 원송수元松壽를 끌어다 대면 사형을 면할 수 있다." 하니 정공권이 답하기를 "간관이 되었으니 의리상 나라의 역적을 논박하는 게 마땅하며 죽고 사는 것은 운명에 달렸으니 어찌 다른 사람을 무고하여 벗어나려 하겠는가." 하였다. 임현 및 우헌납 박진록朴晉祿이 정공권 등이 옥에 갇힌 것을 보았는데 박진록이 말하기를 "우리는 사람도 아니다." 하니 임현이 놀라 "이 무슨 말인가." 하였다.

신돈의 무리는 왕의 화가 풀리지 않아 정공권 등이 반드시 죽을 거라고 공공연히 말했다. 이색이 들어가 왕에게 화난 기색이 없는 것을 보고 그 말이 거짓인 것을 알았다. 신돈의 무리가 반드시 죽이려 하였으나 이색이 이춘부에게 말하여 사형을 면하고 동래 현령東萊縣令으로 좌천되었다. 이때부터 재상, 대간이 모두 신돈에게 붙어 언로가 끊어졌다.

공민왕 20년(1371)에 다시 불러들여 좌간의에 임명하였다. 그 후에 성균관 대사성으로 있으면서 신우를 가르쳐 신우가 즉위하고 좌대언에 임명되었다. 첨서 밀직, 정당문학을 역임하였고 수성익조공신輸誠翊祚功臣 호가 주어졌다. 항상 권세 잡은 간신이 멋대로 하는 것을 미워하고 분하게 여기며 못마땅해 하였다. 신우 8년(1382)에 등창이 나서 죽었다. 시호는 문간文簡이다.

그는 성품이 공손하고 검소하여 몸가짐을 조심하였고 중후하였다. 관직에 있을 때는 바르게 하는 것에 힘썼다. 당시 가묘家廟 제도가 무너졌는데 정공권은 제기를 별실에 보관하다가 제사를 지낼 때 직접 닦았으며 제물을 올릴 때 깨끗하게 하려고 애썼다. 그가 지은 원재집圓齋集이 세상에 전한다. 그에게는 아들로 정총鄭摠, 정승鄭拯, 정탁鄭擢, 정지鄭持가 있었다.

논하기를,

천지에 순수하고 강하며 아주 올바른[純剛至正] 기운을 받고 태어나 그것을 배양하여 해가 없게 한 자는 천년, 백년에 하나가 있을 정도이니 한나라에 주운朱雲,[13] 송나라의 진관陳瓘[14]·호전胡銓,[15] 우리나라의 이존오 이 네 사람뿐이다. 바야흐로 요망한 중이 정권을 잡아 충성되고 선량한 사람들을 죽이니 온 나라가 두려워 떨었다. 이존오가 마침내 글을 올려 직언을 하고 궐정에서 질책하여 역신의 정신을 빼 놓았으니 오늘날 그 엄정한 모습을 생각해보아도 생기가 있었다. 비유하자면 장우張禹를 좌절시키고, 채경蔡京을 탄핵하며, 진회秦檜를 배척한 것보다 더 어렵지 않은가.

정공권은 부자가 이어서 간관이 되어 은혜를 감사하며 그것을 보답하려 하였다. 이존오가 소매에 상소문을 집어넣고 왔을 때 동료들이 모두 두려워 피하였으나 정공권 만이

---

13 한나라 성제 때 주운이 장우張禹를 탄핵하려 하니 주운을 끌어내게 하였으나 주운이 난간을 꽉 잡아 난간이 부러졌다.

14 송나라의 진관은 간관으로 소인배인 채경蔡京을 등용해서는 안 된다고 주장하여 채경의 미움을 받아 자주 유배되었다.

15 남송의 호전은 금나라가 침입하였을 때 진회秦檜가 항복을 주장하자 진회와 그 무리를 목 벨 것을 청하였다.

그것을 따랐다. 공자가 말하기를 "의로운 것을 보고도 행하지 않으면 용기가 없는 것이다." 하였으니 정공권 같은 사람은 공자가 말한 용기 있는 사람에 가까울 것이다.

박상충朴尙衷 김구용金九容 전녹생田祿生

박상충朴尙衷

박상충의 자는 성부誠夫이고 나주羅州 반남현潘南縣 사람이다. 공민왕대에 과거에 급제하여 여러 차례 관직을 옮겨 예조 정랑이 되었다. 모든 제사 올리는 일은 예의사禮儀司가 담당하였는데 오래된 참고할 만한 문서와 장부가 없어 여러 차례 착오를 일으켰다. 박상충이 고례를 참고하고 증거로 삼아 차례를 매기고 계통을 잡아서 손수 써서 제사의 전범을 만들었다. 그 후 이 임무를 이어받은 자는 근거할 것이 있게 되었다.

어머니 상을 당했을 때 전교령에 임명되었다. 당시 사대부들은 부모상에 100일만 되면 즉시 상복을 벗었다. 박상충은 3년상을 마치려 하였지만 그 뜻을 이루지 못하고 관직에 나갔다. 그러나 고기를 먹지 않고 3년상 기간을 마쳤다.

신우 초에 김의金義가 명나라[朝廷] 사신을 죽이고 북원北元으로 달아났다. 김의를 따라갔던 자들이 돌아오자 이인임李仁任, 안사기安師琦가 후하게 대우하였다. 박상충이 상소하기를 "김의가 사신을 죽인 죄를 따라간 자들에게 물어야 합니다. 일행에게 사신을 호위하도록 엄히 경계했다면 어떻게 이런 사고가 있었겠습니까. 재상들이 그 따라간 자들을 매우 후하게 대우했다는 말을 들었습니다. 이 안사기는 김의에게 사신을 죽이도록 사주하였는데 그 자취가 이미 드러났습니다. 이제 그 죄를 다스리지 않으면 사직의 화가 이로부터 시작될 것입니다." 하였다. 태후가 그 소를 도당에 내려보내며 안사기의 목을 베어 저자에 걸어두도록 하였다. 이인임 등이 또 종친, 원로대신, 백관들과 연명으로 북원의 중서성에 글을 올리려 하였으나 박상충과 임박, 정도전鄭道傳 등만이 선왕이 이미 남쪽明을 섬기기로 결정하였으니 북쪽(북원)을 섬기는 것은 부당하다고 하면서 서명하지 않았다.

오래지 않아 판전교시사判典校寺事가 되었는데 북원의 사신이 오자 박상충이 또 상소하여 그들을 물리칠 것을 청하며 이르기를 "신이 시종직을 맡은 지 여러 해 되었습니다. 시종신이면 할 말을 해야 하는 것이 옛날의 제도입니다. 근래의 일 중에 말씀드릴 것이 적지 않으나 신이 감히 말씀드리지 않았습니다. 어찌 직무가 간쟁이 아니니 다른 관직을 침범할지 모른다고 염려하고 있겠습니까? 또 명예를 추구한다는 혐의 때문에 입을 다물고 있겠습니까? 오늘날 언로를 크게 열어 재상과 모든 관원들이 말 못할 게 없도록 한 것은 대개 백성을 편하게 할 계책을 듣고자 함입니다. 신의 어리석은 생각으로도 백성을 편하게 할 계책은 많습니다. 나라의 큰 형세가 불안하면 비록 백성을 편하게 하려 해도 할 수가 없습니다. 오늘날의 형세는 바로 장작더미를 쌓아둔 아래에 불을 두고 그 위에 누워 있으면서 불이 아직 미치지 않았다고 평안하다고 하는 것과 같습니다. 유식한 선비 중에 누가 마음 아파하지 않겠습니까?

선왕이 막 홍거하셔서 아직 장례를 치르지 않았을 때 명나라 사신이 국경에 있는데도 갑자기 북원을 섬기자는 논의를 제기하여 인심을 현혹한 자는 누구입니까. 정료위定遼衛[16]에서 보낸 사람을 함부로 죽인 자는 누구입니까. 사실과 다른 말을 앞서 말하여 사신을 맞이하려는 정료 군인을 달아나게 하고는 돌보지 않은 자 누구입니까. 선왕께서 사신을 호송하라고 명한 것은 김의만이 아니며 대신들도 선왕의 명을 받았는데 안주安州에 이르러 스스로 돌아온 자는 누구입니까. 서북군으로 정료위를 치려고 한 자는 누구입니까? 김의의 편지를 찢어 비밀이 드러나지 않게 하고 이른바 사람을 함부로 죽여 사건을 일으킨 자와 반역을 일으킨 자들의 모당母黨 근원을 내버려 두고 죄를 묻지 않는 것은 무슨 까닭입니까. 김의가 배반한 것이 한 달이 넘어가는데도 명나라 조정에 알리려 하지 않은 것은 무슨 까닭입니까. 최원崔源이 사신으로 간 것은 과연 모두 대신들의 뜻에서 나온 것인지요. 지금 또 들으니 북원에 사신으로 갔다가 김의와 함께

16 고려 후기에 명나라에서 요양遼陽에 설치한 지방 행정 기구이다.

배반한 자들이 모두 돌아왔다고 하는데 배반한 역적들이 스스로 돌아와서 이미 죄가 있다고 하는데도 우리나라에서 죄를 묻지 않습니까. 그런즉 김의의 배반에는 반드시 시킨 자가 있습니다.

지금은 정세가 위급하여 생존과 멸망이 갈릴 큰 분기점입니다. 사태가 이와 같으니 비록 지극히 어리석은 자라도 그 이해와 시비가 있는 곳을 압니다. 지금 말하는 자들이 대개 이렇게 하지 않는 것은 화를 당할까 매우 두려워하기 때문입니다. 도리로 말한다면 도를 따르면 길하게 되고 거스르면 흉하게 됩니다. 형세로 말한다면 남쪽이 강하고 북쪽이 약하다는 것을 사람들이 다 아는 바입니다. 대개 신의를 버리고 반역하는 것은 천하에 불의한 것입니다. 강한 자를 배반하고 약한 자를 따르는 것은 오늘날 좋은 계책이 아닙니다.

신하가 되어 선왕이 사대한 뜻을 거스르고 심지어 천자의 사자를 죽이고 그 말을 빼앗기까지 하였으니 죄악이 이보다 심할 수 없습니다. 한두 신하가 불충한 마음을 품고 나라를 팔아 자기 이익을 채우려 하고 그 죄악으로 인한 재앙을 국가에 전가하여 종묘와 사직이 멸망하게 하고 백성이 썩어 문드러진 이후에야 그만두려 하니 원통하지 않겠습니까. 일의 형세가 이 지경에 이르렀으니 전하께서 충직한 두세 신하와 함께 조속히 분별하여 처리하지 않으신다면 장차 종묘를 어찌할 것이며 백성들을 어찌할 것입니까.

대개 이익을 좇아가고 손해를 피하며 사는 것을 좋아하고 죽는 것을 미워하는 것은 사람의 다 같은 마음입니다. 신이 어찌 병들어 정신병[病風者]이겠습니까? 지금 죽을 지도 모르는 상황에서 상소하여 감히 말씀드리는 것은 충의로 인한 분한 마음이 지극하여 그로 인해 해를 받을 것을 돌보지 않기 때문입니다. 그러니 이 일이 명예를 구하는 일이겠습니까, 다른 관원의 직분을 침범하는 것이겠습니까. 만일 전하께서 신의 말을 자세히 살피시고 그에 맞게 처리하셔서 종묘와 사직을 평안하게 하고 백성들이 길이 의지하게 하신다면 신의 한 몸은 만 번 죽더라도 한이 없겠습니다." 하였다.

다시 상소하기를 "작은 나라가 큰 나라를 섬길 때 죄를 범해 그에 따른 벌만 받지 않아도 됩니다. 오늘날 용서받을 수 없는 큰 죄가 네 가지입니다. 신처럼 어리석어도 알 수 있으니 어찌 대신이 모를 수 있겠습니까. 그러나 한번 힐책을 당할까 두려워하는 마음이 생기면 의리를 돌보지 않으니 우환을 피할 만한 것이면 하지 않는 것이 없습니다. 마음에 가리는 것이 있으면 비록 다른 사람보다 나은 지식이 있더라도 어리석은 사람의 견해만 못하게 됩니다.

신이 그들의 죄를 하나하나 나열하여 그 벌을 면할 방법을 진술하고자 청하니 괜찮습니까. 뜻을 굽히고 순복하여 명을 섬기기로 한 것은 선왕의 뜻입니다. 그런데 선왕께서 돌아가신 날 마침내 북원을 섬기자는 논의를 제기하였으니 신하가 되어 임금을 거슬러 전하로 하여금 명나라[上國]에 죄를 짓게 하였으니 그 첫 번째 죄입니다.

오계남이 북방을 진무하며 함부로 정료위 사람들을 죽이고 없는 사실을 만들어 그 군사들을 놀라게 하였습니다. 그리고 그 죄를 가리려고 무리를 지어 악을 행하여 화를 불러들여 나라를 위태롭게 하였으니 그 두 번째 죄입니다.

김의가 사신을 죽이고 진헌한 말을 탈취한 후 배반한 것은 천하의 큰 죄악이니 사람들이 다 죽이기 원하는 바입니다. 지금 김의와 함께 배반한 자들이 왔는데도 즉시 추궁해 묻지 않아 그 죄가 나라에 미치게 하였습니다. 비록 종묘와 사직을 멸망시키고 백성들을 다 죽게 만들더라도 돌보지 않으니 그 세 번째 죄입니다.

김의가 배반한 것이 한 달이 넘어가는데도 명나라 조정에 알리려 하지 않았습니다. 또 최원이 사신으로 갈 때 감히 왕명을 어기고 국경을 나가지 못하게 하여 여러 달 동안 머뭇거리게 하였습니다. 이 때문에 명나라에서는 더욱 의심하였으니 그 네 번째 죄입니다.

이 네 가지 죄는 그 중 하나만 있어도 사형에 처할 수 있는데 하물며 이 네 가지 죄가 있는데도 처단하지 못하고 다 같이 그 화를 당하려는 것은 무엇 때문입니까. 전하께서 진실로 대신 중 충직한 자와 상의하여 분별하다면 그 죄에 대해 누가 책임져야 하는가 분명할 것입니다. 이미 죄인을 찾아 옥에 가둬두고 대신에게 표문을 받들고 가서 천자에게 아뢰게 하여 그 조사를 기다린다면 총명한 천자가 어찌 분별하지 못할 리가 있겠습니까. 종묘와 사직, 백성의 안위가 이 일거에 달려 있습니다. 이 기회를 한 번 잃으면 후회한들 어찌 하겠습니까?" 하였다.

간관 이첨李詹, 전백영全伯英도 상소하여 이인임의 죄를 논박하니 이첨 등을 옥에 가두고 국문하게 하였다. 박상충이 이들의 진술에 연결되어 옥에 갇혔다가 장을 맞고 유배형에 처해져서 가는 도중에 죽으니 나이 44세였다. 박상충은 잠잠하여 말이 적었고 강개하였으며 큰 뜻을 품었다. 경서와 역사에 박식하였고 글을 잘 지었다. 집에 한가로이 있을 때 책만 보고 먹고 사는 문제는 말하지 않았다. 별을 보고 운명을 예측하는 것에도 통달하여 사람들의 길흉을 점치면 많이 맞았다. 그는 집에서는 부모에게 효도하고 형제들에게 우애가 있었으며 관직에 있을 때는 부지런하고 몸가짐을 조심했다. 불의한 자가 부귀한 것을 보면 멸시하였다. 일찍이 대언 임박에게 시를 주었으나{충신의사 대대로 이어져[忠臣義士世相傳]/ 나라와 백성이 오백 년이 되었네[宗社生靈五百年]/ 간신이 나라 팔아먹을 줄 어찌 예상했으랴[那料姦人能賣國]/ 역적 무리들이 편안히 잠자게 해서야[坐令逆黨得安眠]} 답하지 않고 일을 가부간에 결정하지 않았다. 그의 아들로 박은朴訔이 있었다.

김구용金九容

김구용은 상락군上洛君 김앙金昂의 아들로 충렬공忠烈公 김방경金方慶의 현손이다. 자는 경지敬之이고 처음 이름은 제민齊閔이었다. 공민왕대에 16세의 나이로 진사과에 합격하였다. 왕이 모란으로 시를 짓도록 하였을 때 김구용이 1등을 차지하니 기특하게 여겨 산원散員 자리를 주었다. 과거에 급제하여 덕녕부德寧府 주부에 임명되었고 여러 차례 이동하여 민부 의랑民部議郎이 되었다. 성균 직강을 겸임하면서 후학들을 진출시키는 일에 힘썼다. 가르치는 일에 진력내지 않으니 비록 집에서 쉴 때라도 질문하는 유생이 끊이지 않았다.

신우 원년(1375)에 삼사 좌윤에 임명되었다. 그때 북원에서 사신이 와서 말하기를 "백안첩목아伯顔帖木兒 왕이 우리를 배반하고 명나라를 붙좇았으므로 너희 나라에서 왕을 죽인 죄를 용서한다." 하였다. 이인임, 지윤池奫이 사신을 맞아들이려 하자 김구용이 이숭인李崇仁, 정도전, 권근權近 등과 도당에 글을 올리기를 "만약 이 사신을 맞아들이면 온 나라의 신민이 모두 난적亂賊의 죄에 빠지게 되니 나중에 죽어 지하에서 무슨 낯으로 공민왕[玄陵]을 뵙겠습니까.” 하였다. 경복흥慶復興, 이인임이 그 글을 내치고 받지 않았다. 간관 이첨, 전백영 등이 상소하여 이인임의 죄를 논박하고 처단할 것을 청하였다. 그러나 이인임이 간관들을 장을 때리고 유형에 처하였다. 또 김구용, 이숭인 등이 자기를 해치려 했다고 하여 아울러 유형에 처하였다. 김구용은 죽주竹州에 유배되었다가 오래지 않아 여흥驪興으로 옮겨졌다. 김구용은 자연에서 소요하며 시 짓고 술 마시기를 즐겼다. 그가 살던 집에는 육우당六友堂이라는 편액을 걸었다.

신우 7년(1381)에 신우가 불러 좌사의대부를 삼았다. 이에 상서하기를 “지금 왜구가 침략해 들어와 소요하며 사방에서 적의 공격을 받아 전쟁이 그치지 않습니다. 백성들이 그 생업을 잃어 굶주리며 이리저리 떠돌아다닙니다. 그러니 세금과 군대를 징발하려 해도 거둘 곳이 없습니다. 하물며 변고가 되풀이하여 일어나니 진실로 전하께서 이것을 두려워하여 반성하며 수양하여 하늘의 뜻에 응답해야 합니다. 그런데 전하께서는 일상생활에서 절제가 없으며 술에 취해 백성들이 사는 동네에서 말을 달리니 만약 넘어지기라도 하면 부상을 입을까 염려됩니다. 설령 전하께서 자신을 가벼이 여기시더라도 종묘와 사직은 어찌 하시렵니까. 엎드려 바라기는 조종께서 어렵게 세우신 나라의 업을 생각하시어 하늘에서 꾸짖고 훈계하는 마음을 살피시고 날마다 대신들을 만나 다스릴 방도를 모색하여 논의하십시오. 출입할 때의 위엄을 갖춘 의식은 모두 옛 제도를 따르십시오.” 하였으나 신우가 듣지 않았다.

이듬해 성균관 대사성이 되었고 오래지 않아 판전교시사가 되었다. 애초에 의주 천호千戶 조계룡曹桂龍이 요동에 가자 도지휘都指揮 매의梅義 등이 기만하여 말하기를 “우리는 너희 나라 일에 대해 매번 마음을 다해 행하는데 너희 나라는 어찌하여 감사하는 뜻을 표하지 않는가.” 하였다. 신우 10년(1384)에 김구용이 행례사行禮使[17]가 되어 국서를 받들고 겸하여 백금 100냥과 세저포, 세마포 각 50필을 가지고 갔다. 요동에 이르자 총병摠兵 반경섭潘敬葉, 왕여의旺與義 등이 말하기를 “신하된 자는 의리상 사사

17 『휘찬여사』에는 ‘使’가 ‘事’로 되어 있다.

로이 교제할 수 없는데 어찌 이렇게 할 수 있겠는가." 하고는 마침내 붙잡아 서울로 보냈다. 황제가 대리위大理衛로 유배보내도록 하였다. 김구용이 가는 도중에 노주瀘州 영녕현永寧縣에 이르러 병으로 죽으니 나이 47세였다. 그 후에 신우가 조계룡이 매의의 말을 잘못 전한 죄를 다스려 유배보냈다. 김구용은 사장詞章을 잘하였으며 척약재집惕若齋集이 세상에 전한다. 그에게는 아들로 김명선金明善, 김명리金明理, 김명윤金明允이 있었다.

전녹생田祿生

전녹생의 자는 맹경孟耕이며 담양潭陽 사람이다. 충혜왕 때에 과거에 급제하여 제주濟州 사록으로 임명되었다. 서울에 돌아 와서는 전교 교감으로 임명되었고 정동 향시征東鄉試에 급제하였다. 전녹생이 일찍이 정치관整治官이 되어 권호權豪를 끝까지 다스리려다 그 뜻에 거슬렸으므로 가로막혀 과거를 볼 수 없었다.

강황보姜璜寶라는 자가 깨끗지 못한 짓을 하여 동료들에게 배척을 받아 궁궐에서 치르는 과거 명단에 이름을 올리지 못했다. 전녹생은 강황보에게 예전에 입은 은혜가 있어서 동료들에게 강황보의 이름을 올려줄 것을 청하였으나 동료들이 따르지 않았다. 그러나 전녹생이 끝내 이름을 썼다.

공민왕대에 기거 사인에 임명되었다. 전녹생은 간의 이색, 사간 이보림·정추 등과 함께 상서하여 염철별감鹽鐵別監의 폐해를 문제 삼았다. 왕이 대간, 재상을 불러 이해득실을 물으니 이색과 이보림은 병을 핑계대고 나오지 않았으나 전녹생과 정추는 변함없이 전의 의견을 고집했다. 전중시어사로 옮겼다가 지방으로 나가 전라도 안렴사가 되었다. 그가 왕에게 아뢰기를 "왜구가 침입한 이후 온 도에 수소戍所를 두어 많은 곳은 18곳이 됩니다. 군대를 통솔하는 장수들이 고을에서 사납게 굴어 위신을 세우고 수소에 속한 병졸들에게 일을 시켜 자기 이익을 채우니 고을이 쇠약해지고 백성들은 흩어져 도망갔습니다. 왜구가 침략해오자 다시 각 고을의 병사들을 징발하여 연호군烟戶軍이라 하였지만 왜구를 막는 것은 보지 못했고 다만 백성에게 해만 끼칩니다. 차라리 모든 수소를 혁파하고 각 고을로 하여금 봉수烽燧에 신경을 쓰고 척후를 엄격히 하여 변란에 대비하는 게 나을 것 같습니다. 만약 그럴 수 없다면 요해처를 조사하여 수소를 줄인다면 백성들의 힘은 펴지고 군량은 절약될 것입니다." 하였다.

홍건적의 전란으로 왕이 남쪽으로 갔을 때 수행하여 2등으로 녹공되었다. 여러번 자리를 옮겨 좌상시에 임명되었고 감찰대부가 되었다. 왕이 공주가 임신하고 한 달이 차자 사면령을 내렸는데 전녹생이 장령 이무방李茂芳과 함께 정리상 용서할 수 없는 자를 골라 다시 가두었다. 이보다 앞서 규정糾正 송강宋綱이 대호군 한중보韓仲寶와 길을 다투었다. 이 때문에 중방과 헌사가 틈이 벌어졌다. 이때 왕의 총애를 받는 환관 윤상尹祥 상호군이 되자 중방에서는 전의 일로 앙심을 품고 있다가 윤상으로 하여금 왕에게 참소하게 하였다. 이에 왕이 크게 진노하여 전녹생을 옥에 가두려 하였는데 시중 경천흥慶千興이 간쟁하여 겨우 그만두었다. 그치게 되었다. 오래지 않아 밀직 제학을 바뀌었으며 대사헌, 정당문학을 역임하고 벼슬이 문하 평리에 이르렀다. 추충찬화보리공신推忠贊化輔理功臣 호가 주어졌다.

신우 초에 간관 이첨, 전백영이 이인임, 지윤을 처단할 것을 청하자 신우는 이첨, 전백영을 옥에 가두도록 하였다. 이때 전녹생 및 박상충이 연좌되어 장을 맞고 유배되었는데 모두 유배되는 중에 죽었다.

논하기를,

고려 오백 년 동안 충직한 선비가 많았다. 그 중에 두드러지게 유명한 자로 이조년은 충혜왕의 편지를 변별하였고 이존오는 신돈을 배척하는 상소를 하였으며 박상충은 북원의 사신을 물리치라는 상소를 올렸다. 단지 나라만 생각하고 자신을 돌보지 않는 자가 아니라면 이렇게 할 수 있을까? 충의의 기운이 하늘과 땅과 함께 모두 폐하여 졌다. 박상충은 이미 기로 대신의 편지에 서명하지 않았다. 정몽주, 이숭인, 정도전, 권근, 이첨, 전백영이 서로 이어서 말하였다. 김구용은 이숭인의 글에 참여하였고 전녹생은 전백영의 글에 참여하였다. 정몽주, 이숭인 등은 넘어졌다가 다시 일어났으나 박상충, 전녹생은 바른 길로 가다가 화를 당했으니 애석하도다.

이무방李茂芳 정습인鄭習仁 하윤원河允源

이무방李茂芳

이무방의 자는 석지釋之이고 광양光陽 사람이다. 충목왕 때에 과거에 급제하여 전교교감典校校勘이 되었다. 공민왕 초에 순창군淳昌郡 수령으로 나갔다. 순창군에서 나는 토산물을 요구하는 사람이 있자 이무방이 차고 있던 붓통[筆鞘]과 허리띠를 풀어 향리에게 주며 말하기를 "친구가 개인적으로 청하는 것이니 공적인 물품으로 응대할 수는 없다. 이것을 가지고 요구하는 것을 바꾸어 주라. 하였다. 물건을 요청한 사람이 이것을 알고는 부끄러워하며 갔다.

그 후에 헌납이 되었을 때 김용金鏞이 나라의 권력을 장악하고 있으면서 여러 번 만나자고 하였으나 이무방이 사양하고 가지 않았다. 김용이 말하기를 "조정 벼슬아치 중 나를 만나보려 하지 않는 자가 없다. 그런데 이무방만은 오지 않고 내가 직접 찾아갔는데도 오지 않았으니 나를 깔보는 것이다." 하였다.

장령으로 전보되었다. 나라 제도에 능의 수도隧道(묘도)는 반드시 집의가 서명하고 봉하도록 되어 있었는데 세상 사람들이 능을 봉한 자는 현달하지 못한 자가 많다고 하였다. 정릉正陵(공민왕의 비인 노국대장공주의 능)을 봉할 때 집의 홍원철洪原哲은 세상에서 꺼리는 것에 구애되어 그 일을 피하려 하였다. 그래서 이무방이 대신 서명하였는데 조심하였다. 왕이 가상히 여기며 말하기를 "장령이 청렴결백하며 충직한 것은 내가 알고 있다. 현달할 것인가 그렇지 못할 것인가는 나에게 달린 것이 아닌가." 하였다. 홍원철은 두려워 머리를 밀고 혐의를 피하였다.

이무방이 어머니 상을 치르고 있는 중에 판전교시사에 임명되었다. 이무방이 굳이 사퇴하였으나 왕이 윤허하지 않았다. 민부 상서로 옮기고 대사헌으로 바꾸었으며 밀직 학사로 올렸다. 왕이 가뭄 때문에 이무방에게 강안전康安殿에서 비를 빌도록 하였는데 이무방이 팔을 태워 비를 빌었다.

오래지 않아 계림 부윤雞林府尹이 되어 나갔다. 당시 계림부는 큰 흉년이 들었는데 이무방이 부임하자 마침 풍년이 들었다. 이무방은 백성들의 편의를 위해 생선과 소금을 팔아 의창義倉을 설치하여 진휼과 대여에 대비하게 하였다. 최영崔瑩이 6도를 순시할 때 법을 매우 엄격하게 적용하여 수령 중에 좌천되고 물러난 자들이 많았다. 최영이 계림에 도착하자 경내가 고요하고 안정되어 있어서 최영이 크게 기뻐하였다.

이무방이 중앙으로 들어와 판개성부사가 되었고 여절공신勵節功臣 호를 받았다. 왕이 이무방이 청빈하다고 하여 쌀 50석을 하사하자 이무방은 대신이 그냥 받을 수 없다고 하여 사양하였다. 정당문학에 임명되자 왕이 매번 칭찬하기를 "정당문학은 오직 나라 일만 생각하고 집안일을 잊었다. 또 권세 있는 자들을 두려워하지 않으니 비록 옛날 사람 중에도 그보다 더한 이가 없을 것이다." 하였다.

신우가 즉위하여 서연書筵을 열고 이무방으로 사師를 삼았다. 공민왕이 기르던 비둘기가 궁궐 안에 있었는데 신우가 늘 그것을 좋아하여 보고 즐겼다. 이무방이 『서경』의 「여오편旅獒篇」[18]을 써서 진강하고 말하기를 "비둘기도 진귀한 날짐승이니 기르지 마시기 바랍니다." 하였다. 신우가 이에 측근 신하들에게 비둘기를 없애라고 명하였다.

이무방이 일찍이 시중 경복흥이 한방신韓方信, 노진盧稹의 집을 적몰하지 않았다고 책망한 적이 있었다. 이무방이 이 일 때문에 미움을 받아 파직되었다. 광양군光陽君에 봉해졌고 곧이어 문하 평리에 임명되었다. 신창이 즉위하고 검교문하시중에 임명되었다. 공양왕이 여러 신하들에게 잔치를 베풀었는데 이무방도 잔치에 참여하였다. 그가 81세의 상노인[上壽]으로 일어나 춤을 추었는데 풍채와 태도가 볼 만하였다. 왕이 감탄하여 칭찬하고 추충여절찬화공신推忠勵節贊化功臣 호를 주었다. 본조本朝(조선)에 들어와 광양부원군光陽府院君으로 봉하였다. 그가 죽자 시호를 문간文簡이라 하고 예식을 갖추어 장례를 치렀다.

정습인鄭習仁

정습인의 자는 현숙顯叔이고 초계草溪 사람이다. 그는 뜻과 기백이 있었으며 술을 마

18 주周나라 성왕成王 때에 큰 개를 바치는 사람이 있자 소공召公이 받지 말라고 「여오편旅獒篇」을 지어 올렸다.

시면 과감하게 말하였다. 공민왕 대에 과거에 급제하여 성균관 학관이 되었다. 영주榮州 수령으로 나가서 업무를 시작하려 할 때 향리가 관례대로 소재도消灾圖에 분향할 것을 청하였다. 정습인이 말하기를 "신하가 도리 아닌 것을 행하지 않으면 재앙이 어디서 나오겠는가? 잘못한 것이 없는데도 생긴다면 순순히 받을 따름이다." 하였다.

고을에 탑이 있었는데 이름이 '무신無信'이었다. 정습인이 말하기를 "이상하다. 재목으로 쓰기에 좋지 않은 나무[惡木][19] 밑에서는 쉬지 않고 도천盜泉[20]의 물은 마시지 않으니 대개 그 이름을 미워하는 까닭이다. 우뚝 솟아서 그 형상을 온 고을이 우러러보는 탑을 어떻게 무신이라 부칠 수 있는가?" 하고는 날을 정해 탑을 없애도록 하고 그 벽돌은 빈객의 숙소를 수리하는 데 썼다. 신돈이 이 소식을 듣고 노하여 계림의 감옥에 가두었다. 여러 달이 지나 전법 옥에 옮겨 고생스럽게 하였다. 신돈은 반드시 죽이려 하였으나 조정의 신하들이 구해주어 죽음을 면할 수 있었다. 그리고 정습인에게 영주로 가서 그 탑을 복구하도록 하였다.

신돈이 처단된 후 다시 양주梁州 수령이 되었고 또 밀성密城 수령이 되었다. 그는 가는 곳마다 그 지역의 세력 있는 자들을 억누르고 귀신에게 지내는 제사를 금지하였다. 신우 때에 전교령이 되었는데 일본 사신이 조정에 왔으므로 정습인에게 답례로 방문하게 하였다. 일본 사신은 승려로 정습인의 이름을 듣고는 말하기를 "우리는 불교를 배척하는 사람과 함께 하고 싶지 않으니 교체해주십시오." 하여 마침내 가지 않았다.

정습인이 부모상을 치를 때 모두 여묘廬墓 살이를 하며 상을 마쳤고 상을 치를 때 모든 절차를 『주자가례朱子家禮』에 따랐다.

공양왕이 즉위하고 우산기상시에 임명하였다. 왕이 남경에서 송도로 돌아올 때 일관이 길일를 택했는데 왕은 그 날이 왕비에게 불리하다고 하여 그 날을 늦추려고 도는 길을 통해 송도에 들어가려 하였다. 정습인과 좌산기 진의귀陳義貴가 그래서는 안 된다고 아뢰었다. 왕이 기뻐하지 않으며 정습인에게 이르기를 "너는 재상들이 천거한 것이

19 『관자管子』에 선비가 지조가 굳고 변하지 않는 마음이 있으면 악목 가지를 그늘 삼지 않는다는 말이 있다.
20 중국 산동성山東省 사수현泗水縣에 있는 샘으로 공자가 그 이름이 좋지 않다고 마시지 않았다 한다.

아니라 내가 스스로 등용했다. 여러 말 말라." 하니 정습인이 제대로 말하지 못하고 우물거리며 물러났다. 오래지 않아 윤구택尹龜澤의 사령장에 서명하지 않은 것 때문에 외방에 유배 보내졌다. 그 이야기는 김종연金宗衍 전傳에 있다. 그의 아들에 정전鄭悛이 있었다.

하윤원河允源

하윤원은 진주晉州 사람이다. 그의 아버지 하즙河楫은 찬성사로 치사致仕하였고 진천군晉川君으로 봉해졌다. 그가 죽자 아들인 승려 원규元珪가 그를 화장하였고 시호는 원정元正이다.

하윤원은 충혜왕 말년에 과거에 급제하여 전교 교감으로 임명되었다. 공민왕대에 전리 총랑으로서 여러 장군을 따라 개경을 회복한 공으로 2등 공신에 녹훈되었다. 일찍이 경상慶尙·서해西海·양광楊廣·교주도交州道의 안렴사로 나갔고, 원주原州·상주尙州의 목사를 지냈는데 가는 곳마다 명성과 공적이 있었다. 신돈이 권세를 부릴 때 하윤원은 아첨하여 붙지 않았다.

신우 초에 대사헌에 임명되었고 진산군晉山君에 봉해졌다. 그는 '그른 줄 알면서 잘못 판단하면 하늘이 벌을 내린다[知非誤斷皇天降罰].'는 8자를 나무[株]에 써서 사헌부에 가면 반드시 걸어 둔 다음에 일을 보았다. 어머니 상을 당해 여묘 살이를 하였다. 신우가 글을 내려 부르기를 "비록 삼년상이 고금에 통용되는 제도이지만 100일 만에 상을 끝내는 것도 당시의 형편에 따라 마땅할 수 있다. 효도하는 마음을 충성하는 마음으로 바꾸어 슬픔을 억제하고 부름에 응하여 나오라." 하였다. 글이 도착하기 전에 하윤원이 죽었다. 그의 아들로는 하유종河有宗, 하자종河自宗, 하계종河啓宗이 있었다.

논하기를,

이무방이 차고 있던 붓통을 풀러 손님을 응대하고 권문세가에게 자신을 굽히지 않았으니 그가 배양한 것을 알 수 있다.

정습인은 평소 간언하는 절개가 있어 신돈이 미워하고 해치려 하였으니 어찌 탑을 헐었다고 죽이려 한 것이겠는가?
하윤원은 권세있는 원흉에게 붙지 않고 홀로 사헌부의 기강을 진작하였으니 그 지조가 굳다. 상제喪制가 해이하고 문란하게 되어 흰 상모만 쓰는것으로 극에 달하였다. 유독 정습인과 하윤원은 여묘 살이 하며 상제를 마쳤다. 포은圃隱(정몽주)과 길재吉再 이외에 3년상을 제대로 치른 사람은 이 두 사람을 겨우 볼 수 있으니 가상하다.

김속명金續命 이자송李子松

김속명金續命

김속명은 중찬中贊 김지숙金之淑의 손자로 성품이 청렴하고 정직하여 과감하게 바른 말을 하였다. 공민왕 초에 감찰 집의監察執義에 임명되어 대부 원의元顗, 지평 홍원로洪元老와 마음을 모아 잘못된 것을 따졌고 법을 집행할 때 아부하지 않았다. 모든 관직에 임명된 자에게 흠이 있으면 사령장[告身]에 서명하지 않으니 이에 나인[內人], 환관들이 미워하였으나 모두 파직되었다. 여러 차례 벼슬을 옮겨 좌부대언이 되었다.

왕이 홍건적을 피해 남쪽으로 갔을 때 김속명이 수행하여 2등 공에 녹훈되어 토지와 노비가 주어졌다. 감찰대부로 옮기자 사직하였으나 허락하지 않았다. 재이가 일어나자 왕이 직언을 구하였다. 김속명이 헌납 황근黃瑾 등과 상언하기를 "『서경』에 '임금이 밝으면 신하들도 어질어서 만사가 평안하다[元首明哉 股肱良哉 庶事康哉]. 임금이 작은 일에 관심을 가지면 신하들이 해이해져 만사가 폐해질 것이다[元首叢脞哉 股肱惰哉 萬事墮哉].' 하였습니다. 전하께서는 타고난 기질과 성품이 침착하고 진중하시며 연세가 한창 때입니다. 즉위하신 지 오래되어 나라 일을 잘 아시고 지혜가 나오면 온전하여 빠짐이 없습니다. 다만 사람들을 믿지 않는 경우가 많고 환관, 승려, 잡류의 말을 믿고 따를 때가 있습니다. 비록 대신이라도 한 가지 일을 논의하고 한 마디 말을 낼 때 반드시 전하의 뜻을 살펴 명령에 따라 시행합니다. 따라서 아첨하는 것이 풍조가 되었고 바른 말하는 길은 끊어졌으니 이는 전하의 어질고 바른 정치에 가장 큰 실책입니다.

땅은 신하의 도리입니다. 오늘날 상벌이 확실하지 않아 대소 관원들이 해이해져 직무를 게을리 하니 관원이 없는 듯합니다. 또 군공으로 백정白丁이 갑자기 재상에 임명되며 노비[皁隷]가 조정의 반열에 참여하니 신하의 도리가 문란해져 지진이 일어나게 되었습니다. 지금부터 공이 있는 자에게 상을 주고 죄가 있는 자에게 벌을 주며 관직을 귀하게 여겨 아끼시기 바랍니다.

옛날에는 군인을 선발한 후 토지를 주었으므로 병사들이 모두 먹을 것이 넉넉하여 정벌하러 가는 것을 꺼리지 않았습니다. 근래에는 세력 있는 자들이 토지를 겸병하여 많이 겸병한 경우 백결에 이릅니다. 일찍이 한 이랑의 토지도 병사들에게 주지 않다가 징발하여 전쟁에 나가게 하니 모두 흩어져 버립니다. 하물며 (원수에 대한) 적개심을 바랄 수 있겠습니까? 군인을 선별하여 토지를 지급하는 법을 복구하시기를 청합니다.

가까이에 있는 신하들이 모두 올바른 사람이라면 임금이 누구와 더불어 부정한 일을 하겠습니까. 전하께서 날마다 궁형을 받은 환관들과 서로 친하게 지내셔서 비루하고 속되며 황당무계한 말 듣기를 좋아하시니 한밤중까지 주무시지 않고 해가 중천에 떠야 일어나십니다. 대신들을 멀리하시니 나라 일에 대한 좋은 의견이나 이치에 맞는 정론이 들어갈 수가 없습니다. 겨울에 천둥이 치고 지진이 일어나는 것은 그 허물이 실로 여기에 있습니다. 지금부터 삼전三殿의 환관은 각각 10여 명씩만 남기고 모두 없애시고 올바른 사람과 단정한 선비들에게 늘 옆에서 모시게 하십시오.

나라를 다스리는 도리는 경서와 사서에 실려 있지 불서를 가지고 잘 다렸다는 말을 아직 듣지 못하였습니다. 전하께서 불법을 지나치게 신앙하시니 이 때문에 여러 머리 깎은 승려들이 알현하기를 청하여 자기의 사사로운 이익을 실현합니다. 바라기는 지금부터 승려들이 궁궐에 드나드는 것을 끊어버리십시오. 다시 경연을 열어 날마다 다스릴 방도를 강구하시고 늘 성현의 글을 읽으시며 이단의 설이 섞이지 않게 하십시오.

궁궐 안에서 정사를 어지럽히는 여자[女謁]는 정치를 하는 데 크게 해롭습니다. 오늘날 바느질하는 낭자娘子와 환관[內竂]의 딸도 옹주翁主와 택주宅主로 봉해진 자가 있으니 참람하고 분수를 넘었으며 존비의 체면에 허물이 됩니다. 지금부터는 종실宗室과 공신 이외에는 봉작하는 것을 허락하지 마십시오. 이미 봉한 자는 박탈하시기를 청합니다.

지방이 편안한가 그렇지 못한가는 수령에게 달려 있습니다. 오늘날 비록 대성臺省과 정조政曹에 적임자를 천거하라는 명령을 내려도 모두 면분과 정의를 따라서 하니 그 천거한 자 중에는 심지어 글자를 모르는 경우도 있습니다. 지금부터는 직접 불러보시어 명실상부한지 따져 보신 후 적임자가 아닌데도 적당하지 않은 사람을 추천하였으면 그 추천한 사람을 반드시 처벌하시기 바랍니다.

전傳에 이르기를 '죄를 용서하지 않는 나라는 그 정치가 반드시 공평하다.' 하였습니다. 또 '가라지[稂莠]를 기르면 좋은 곡식을 해치고 간악한 자에게 은혜를 베풀면 어진 백성을 그르친다.' 하였습니다. 홍수와 가뭄이 감응하는 것은 자주 사면령을 내리는 데 원인이 있으니 원컨대 지금부터는 죄가 있는 자를 사면하지 마셔서 간악한 버릇을 조장하지 마시기 바랍니다." 하였다. 왕이 대간을 불러 힐책하였으나 대간이 면전에서 더욱 간절히 간쟁하였다. 왕이 몹시 진노하자 지도첨의知都僉議 유숙柳淑이 나아가 아뢰기를 "이미 직언을 구하고는 말하는 자에게 화를 낼 수 있습니까?" 하니 왕의 화가 조금 풀렸다.

지밀직사사로 옮겼다가 지방으로 나가 경상도 도순문사가 되었다. 왜적 3,000여 명이 진해현鎭海縣으로 쳐들어오자 김속명이 병사를 거느리고 급히 공격하였다. 상황이 매우 급박하여 적들이 배를 탈 틈도 없자 고을의 북쪽에 있는 산에 올라가 나무를 베어 목책[鹿角柵]을 만들어 지키고 있었다. 김속명이 다시 진격하여 대파하였다. 김속명이 노획한 무기를 바치니 왕이 기뻐하여 중사中使를 보내 옷, 술, 금띠[金帶]를 하사하고 병사들에게 차등있게 벼슬을 주었다.

오래지 않아 삼사 좌사에 임명되었고 단성규의보리공신端誠揆義輔理功臣 호가 주어졌다. 첨의 평리로 옮겼다가 그 후에 대사헌이 되어 최영崔瑩을 논박한 것 때문에 파직되었다. 신우가 즉위하고 삼사 우사가 되었다. 당시 전라도 병사들을 모집하여 동강東江에 주둔하면서 지키게 하였는데 찬성 목인길睦仁吉이 이 병사들을 경기도의 여러 섬에 보내 왜적을 사로잡게 하려 하니 신우가 허락하였다. 김속명이 옳지 않다고 하면서 아뢰기를 "병졸을 모집하여 멀리서 오니 기운이 쇠약해졌고 전함은 아직 완성되지 않았습니다. 또 대신은 가벼이 지방을 나가서는 안 됩니다." 하였으나 왕이 듣지 않았다.

김속명은 (명덕)태후(충숙왕의 비)의 외척으로 궁중의 일을 도맡아 총괄하였는데 성질이 강직하고 휘둘리지 않아 사람들이 모두 두려워하고 꺼렸다. 집정자 중에는 심지어 죽이려는 자도 있었다. 지방으로 나가 양광·경상도의 도안무사가 되었으니 대개 배척받은 것이었다. 태후가 김속명을 서울에 머물게 하고자 하여 유실柳實을 불러 방책을 묻자 유실이 아뢰기를 "오늘날 북쪽 변방에 적이 쳐들어왔다는 기별이 있으니 대신이 지방으로 나가서는 안 됩니다." 하였다. 태후가 마침내 중사中使를 보내 그만두게 하였다.

그때 이인임, 지윤, 임견미林堅味 등이 권력을 마음대로 휘두르면서 제멋대로 하며 탐욕이 끝이 없었으나 오직 김속명만은 꺼렸다. 일찍이 김속명이 병을 핑계대고 집에 있으니 경복흥, 이인임, 지윤이 문병을 왔다. 김속명이 말하기를 "옛날에는 양부에 성省이 다섯 명, 추樞가 일곱 명뿐이었다. 오늘날은 하루에 임명되는 재추가 심지어 50인[21]이나 되니 논의가 어떻게 이뤄지겠는가." 하였다. 경복흥이 답하기를 "부득이하다." 하였다. 김속명이 말하기를 "오늘날 재추宰樞가 자리나 지키며 녹봉이나 받아먹고 마음이 바르지 않은 자가 나 같은 사람이 없다." 하였다. 이인임이 말하기를 "공이 올바르지 않다면 누가 올바르겠습니까." 하니 김속명이 답하기를 "내가 도당에서 자리나 지키며 모든 일을 처리할 때 마음으로는 그르다 하면서도 입으로는 맞다 하니 마음이 올바르지 않은 것이 누가 나와 같겠는가." 하였다. 지윤, 이인임이 깊이 앙심을 품었다.

지윤이 자기 아내에게 신우의 유모와 사귀도록 하여 궁궐을 드나들며 권력을 농단하고 뇌물을 받아먹으니 김속명이 비웃었다. 지윤이 듣고는 김속명을 더욱 미워하였다. 마침 반야般若 사건이 일어나자 양부, 대간, 원로 대신이 흥국사興國寺에 모여 사실을 가렸다.[22] 밀직 권중화權仲和가 서연에서 강의한다며 홀로 오지 않았다. 김속명이 당리

---

21 『휘찬여사』에는 '인人'이 '팔八'로 되어 있다.

22 우왕 2년(1376)에 반야가 태후에게 가서 우왕의 생모임을 주장한 것에 대해 양부, 대간 원로 대신들이 사실

堂吏에게 말하기를 "왕모王母가 아직 정해지지 않았으니 마땅히 속히 분변하여 사람들의 의혹을 풀어야 하는데 어찌 서연을 한다고 하는가?" 하였다. 이윽고 탄식하기를 "천하에 자기 아버지를 모르는 자는 간혹 있지만 그 어머니를 모른다는 말을 나는 들어보지 못하였다." 하였다.

이에 이인임 등이 사의司議 허시許時와 김도金濤 등을 사주하여 탄핵하기를 "신하된 자가 임금을 공경해야 하는 것은 천하고금의 변하지 않는 법입니다. 신하가 공경하지 않으면 죄가 이보다 큰 것이 없습니다. 근래 홍국사에 모여 논의할 때 김속명이 해서는 안 될 말을 했으니 불경한 것이 무엇이 이보다 심하겠습니까. 국문하여 죄를 다스리실 것을 청합니다." 하였다. 두 번이나 상소하였지만 태후가 힘껏 구해주어 문의현文義縣에 유배되었다. 끝내는 유실을 파직하고 박임종朴林宗에게 대신하게 하였다. 유실은 김속명이 천거하였고 박임종은 이인임의 인척이었다.

김속명이 유배되자 태후는 좌우 손을 잃어버린 것 같으니 당시 사람들이 애석해 하였다. 신우 12년(1386)에 죽으니 시호는 충간忠簡이다. 공양왕 초년에 좌상시 윤소종尹紹宗 등이 말하기를 "김속명이 몸은 비록 죽었으나 그의 충의는 사람을 감동시킵니다. 그에게 포상과 시호를 더하고 그의 무덤에서 제사를 지내며 그의 자손을 기록하였다가 관직에 임명하셔서 충성스런 혼백을 위로하시기를 청합니다." 하니 왕이 따랐다.

이자송李子松

이자송은 청양靑陽 사람으로 공민왕대에 전법 판서로 임명되었다. (원에서) 덕흥군德興君을 세우는 변란이 있을 때 이자송이 홍순洪淳과 함께 원나라에 있었다. 황제가 고려 사람은 모두 덕흥군을 따라 귀국하게 하니 김첨수金添壽, 유인우柳仁雨, 강지연康之衍, 황순黃淳, 안복종安福從, 문익점文益漸, 기숙륜奇叔倫 등이 다 덕흥군에게 붙었다. 오직 이자송, 홍순, 황대두黃大豆 등은 굳이 거절하고 덕흥군을 따르지 않았다. 그들이

을 추궁한 것을 가리킨다.

연경에 오래 머물게 되어 돈과 식량이 다 떨어졌지만 끝내 마음이 변하지 않았다. 이윽고 고려에 돌아오자 왕은 그들의 절의를 가상히 여겨 각각 쌀과 콩 30석을 주었다. 이자송을 밀직부사로 임명하고 단성보조공신端誠補祚功臣 호를 주었다.

오래 있다가 동북면 존무사로 나갔는데 왜적이 안변安邊 등지를 침범하여 부녀자를 약탈하고 창고의 곡식을 10,000여 석을 빼앗아 갔다. 이 일의 책임 때문에 파직되어 고향으로 돌아갔다.

신우 때 삼사 좌사로 순위부 상만호巡衛府上萬戶가 되었다. 좨주祭酒 방순方旬이 좌윤左尹 김정휘金鼎暉의 첩을 몰래 간통하여 김정휘가 관청에 고소하려 하였으나 방순이 애걸하므로 그만두었다. 그런데 방순이 도리어 순위부에 고소하기를 "김정휘가 내승內乘의 말을 훔쳐서 죽였다." 하였다. 이자송이 이 일을 듣고 크게 노하여 김정휘를 잡아다 국문하였다. 소윤 한흥수韓興壽도 김정휘가 자기 첩을 강간하였다고 고소하였으므로 김정휘를 지방에 유배 보냈다. 이자송은 수문하시중으로 승진하였다.

신우가 도읍을 한양으로 옮기고 이자송에게 남아 지키게 하였다. 이자송이 송도에서 와서 알현하니 신우가 술을 하사하고 위로하기를 "옛 도읍을 남아 지키는 여러 일이 몹시 번거롭고 바쁜데 경이 홀로 처리하니 어찌 어렵지 않겠는가?" 하였다. 신우가 말에서 떨어지자 이자송이 홍영통洪永通과 아뢰기를 "전하께서는 취하기만 하면 말을 달리시니 신 등이 마음속으로 늘 위태롭게 여기며 두려워하였는데 이제 과연 굴러 넘어지셨습니다. 지금부터는 궁궐에 단정히 계시면서 놀이와 사냥을 경계하시고 주색을 삼가시며 가벼이 움직이지 마시기 바랍니다." 하였다. 신우가 듣고는 말없이 있었으나 기뻐하지 않았다. 오래지 않아 파직되었고 공산부원군公山府院君에 봉해졌다.

최영이 신우에게 요동을 공격할 것을 권고하니 이자송이 최영의 집으로 가서 불가하다고 힘주어 말하였다. 최영이 신우에게 아뢰기를 이자송이 임견미의 당이 되어 아부하였다고 핑계를 대서 장 107대를 치고 전라도 내상內廂에 유배 보내기로 정하였으나 오래지 않아 죽였다. 어떤 사람은 기생 연쌍비燕雙飛를 투기하여서라고 하였다.

이자송은 청렴하고 정직하여 나라 사람들이 다시 재상이 될 것이라고 주목하였으나 그가 죽은 것을 듣자 슬퍼하지 않는 사람이 없었다.

논하기를,

공민왕의 모든 신하들 중에서 충성을 다해 나라에 보답한 인물을 논한다면 김속명과 이자송이 그 사람이다. 김속명은 외척인 신하로 나라에 신명을 바치겠다는 의리를 깊이 품었다. 대간으로 재직할 때는 당시 일을 분명하게 논박하여 공의가 드러나게 하였다. 양부에 올라서는 바르고 곧으려 애썼으나 간흉에게 무함을 받아 우울하게 삶을 마쳤으니 애석하도다.

이자송은 승왕僧王(덕흥군)의 변을 당해 절의를 온전히 지키고 고려에 돌아왔으니 그 뜻이 깨끗하다. 요동을 공격하려 하니 위태한 것이 극에 달했으며 사람들이 모두 반드시 패할 것이라 예측하면서도 온 조정에서 감히 한마디도 하지 못했다. 홀로 이자송이 몸을 던져 그에 맞섰으니 충성과 절의가 위엄이 있고 씩씩하였다.

이 두 사람은 공민왕이 자신들을 인정하고 대우해 준 것을 배반하지 않았다 할 것이다. 아! (이윤伊尹이) 공명하고 진실함을 품었으나 죽음을 당했고 (문종文種이) 충성스럽고 성의를 다하였으나 살해당하였으니[23] 자고로 그것을 슬퍼하였다. 얼마나 통탄스러운가!

양백연楊伯淵 홍중선洪仲宣 김도金濤

양백연楊伯淵

양백연은 성품이 민첩하고 몸치장하기를 좋아하였다. 공민왕 대에 여러 차례 자리를 옮겨 상호군이 되었다. 최영을 따라가 흥왕사興王寺의 난을 평정하여 공이 1등으로 기록되어 밀직부사로 신속하게 옮겼다. 이어서 판사사로 승진하였다. 서북면 원수로

23 『문선文選』 육기陸機 〈호사부서豪士賦序〉의 '伊生抱明允以嬰戮, 文子懷忠敬而齒劒.'의 구절을 인용하였다. 이윤은 상商의 대신이고 문종은 춘추시대의 지략가이다.

나가 선주宣州(평안북도 선천)에서 왜구를 쳐서 50여 명의 목을 베었다. 또 우리 태조를 따라 동녕부東寧府를 공격하였다.

신우 초에 문하 평리가 되었다. 그때 심왕瀋王이 반역한 적도 김의金義를 거느리고 온다는 변방의 보고가 있었다. 양백연이 안주安州 상원수가 되어 여러 장수들과 함께 가서 대비하였다. 요심遼瀋의 초적草賊인 오련吳連, 이영보李英寶, 최노개崔奴介 등이 나라의 군사가 모두 왜구를 막으러 가서 북쪽 변방이 비었다는 소식을 듣고 100여 명을 거느리고 강을 건너 쳐들어오자 양백연이 오련을 잡아 죽이고 최노개를 사로잡아서 바쳤다. 이보다 앞서 압록강 북쪽에서 자주 도적들이 일어나 나라에서는 김의가 오랑캐 군사를 인도하여 온 것이 아닌가 의심하였다. 이때에 이르러 비로소 심왕의 군사가 아니라 초적인 것을 알았다.

이윽고 찬성사로 승진하여 정방政房 제조提調가 되었다. 이때 왜구가 두루 퍼져서 한방언韓邦彦·김용휘金用輝·경의慶儀를 양광·전라·경상도 조전 원수助戰元帥로 삼고 양백연에게 전쟁을 독려하게 하였으며 지밀직 홍인계洪仁桂를 부독전사로 삼았다. 백성들이 양백연 등이 온다는 소식을 듣고는 말하기를 "차라리 왜구를 만날지언정 원수를 만나지 말라." 하였다. 왜적의 기병과 보병 2,000명이 진주를 침략하였다. 양백연이 경상도 상원수 우인열禹仁烈, 도순문사 배극렴裵克廉, 한방언, 김용휘, 경의, 한인계 등과 함께 반성현班城縣에서 싸워 크게 격파하였다. 목을 벤 것이 13명이었고 남은 무리는 모두 산골짜기로 숨었다. 판사 김남귀金南貴, 중랑장 전오돈全五惇을 보내 승전을 보고하니 신우가 기뻐서 김남귀 등에게 각각 백금 50냥을 주었다. 김남귀가 공도 없이 받을 수 없다고 사양하였다. 도당에서 말하기를 "임금께서 주시는 것이니 사양해서는 안 된다." 하자 전오돈이 말하기를 "그렇다면 이미 내 물건이 되었으니 도당에 바치고자 합니다." 하였다. 당시의 여론이 이것을 좋게 여겼다.

양백연, 우인열 등에게 금, 은, 비단, 궁중의 술을 내렸다. 그들이 돌아오자 양부에게 천수사天壽寺에서 환영하도록 하였다. 양백연이 공은 적은데 상이 무겁다고 하여 하사한 금을 사양하였으나 신우가 허락하지 않고 다시 도당에게 명하여 위로연을 베풀게 하였다. 양백연이 공을 믿고 자못 교만해졌다. 이인임, 임견미 등이 이것을 미워하여 헌사를 사주하여 양백연이 처제와 몰래 통정하였고 또 밤중에 기병을 보내 죽은 밀직 성대용成大庸의 어머니 집을 둘러싸게 하고 성대용의 첩으로 수절하는 이를 강간한 것을 탄핵하게 하였다. 마침내 양백연의 관직을 삭탈하고 합주陜州에 유배 보냈다.

이날 밤에 환관 임보林甫·한진韓軫이 왕의 명을 거짓으로 꾸며 양백연을 다시 불러들이려 하였으나 그 심부름꾼이 순찰관에게 잡혔다. 최영이 신우에게 아뢰기를 "상호군 전천길全天吉이 일찍이 신에게 말하기를 '양백연이 두 시중을 살해하고 스스로 수상이 되려 한다.'고 하였습니다. 그 무리를 조사하여 처벌하시기 바랍니다." 하였다. 신우가 최영, 박보로朴普老, 이원굉李元紘, 장하張夏, 양백익梁伯益, 도흥都興 등에게 대성臺省, 전법典法과 함께 순군巡軍에 모여 같이 다스리도록 하였다. 이에 전천길, 한진, 임보, 제학 김도金濤 등을 옥에 가두고 신문하였다. 전철길과 임보가 모두 자복하여 "양백연이 자기가 좌시중이 되어 최영을 수시중으로 성석린成石璘을 겸 대사헌으로, 임보를 반주班主로 삼으려 하였다."고 말하였다. 오직 김도 만이 자복하지 않으므로 매를 맞아 기절하였다가 소생한 것이 세 차례였다. 다시 신문하자 이에 말하기를 "전천길이 진술한 대로입니다." 하였다.

다시 전천길을 국문하자 성석린 및 지문하 윤승순尹承順, 판밀직사사 김용휘金用輝, 동지밀직사사 유만수柳曼殊 등이 연루되었으므로 즉시 이 네 명을 옥에 가두었다. 신우가 최영에게 이르기를 "환관의 망언 때문에 여러 재상을 잘못 해치지 않게 하라." 하였다. 양백연의 동생 양중연楊仲淵·양계연楊季淵·양자연楊子淵 및 그 친구인 밀직부사 임의任毅, 신렴辛廉, 전법 판서典法判書 안득희安得禧, 김남귀金南貴, 이귀李貴, 직문하 홍림洪琳 등을 국문하니 진술이 홍중선洪仲宣도 연루되었다. 판도 판서版圖判書 표덕린表德麟과 전법 판서典法判書 유번柳蕃을 보내 양백연과 홍중선을 유배된 곳에서 죽이고 또 김도, 양계연, 한진, 김남귀, 홍림, 임보를 죽여 저자거리에 목을 매달았다. 아울러 양백연, 홍중선, 김도, 한잔의 가산을 몰수하였고 그 자녀들은 노비를 만들었다. 성석린, 윤승순, 유만수, 임의, 이귀는 차등을 두고 장을 쳐서 수졸로 삼아 유배 보냈다. 양자연, 양중연, 신렴, 안득희는 지방으로 내쫓았다[放歸田里]. 전천길은 옥중에서 죽었다. 김용휘는 양백연의 처형인데 일찍이 토지와 노비를 가지고 양백연과 다투어 틈이 벌어졌으므로 최영은 그가 반드시 참여하지 않았을 것이라 하여 묻지도 않고 석방하였다. 최영이 이 옥사를 처리할 때 형벌이 지나치게 무거워 당시 사람들이 원망하였다.

홍중선洪仲宣

홍중선의 처음 이름은 중원仲元이다. 충혜왕 대에 과거에 급제하고 여러 번 승진하여 내부 부령內府副令이 되었다. 공민왕 초에 한양 부윤으로 나갔는데 석기釋器[24]의 무리라고 하여 장을 쳤다. 신우 초에 판개성부사로 있다가 정당문학政堂文學으로 옮겼다. 시중 이인임李仁任 등이 환관으로 유배된 자들의 석방을 청하였다. 홍중선이 김속명金續命에게 이르기를 "환관들이 권세를 부려 선왕 대에 화란禍亂을 일으키는 실마리가 되었으니 내쫓아 유배 보낸 것이 마땅하다. 근래에 간관 중 직언을 하다가 배척받은 자들이 많은데 다시 불러들인 자는 없다. 그런데 지금 이 무리들을 먼저 풀어준다면 나라꼴이 어찌 되겠는가." 하였다. 홍중선을 문하찬성사로 올렸다.

신우가 서연書筵을 열고 홍중선과 권중화權仲和를 사부師傅로 삼았다. 이인임과 임견미林堅味 등은 홍중선과 정방政房에 함께 있어 그 권한이 나뉘는 것을 미워하였다. 이에 홍중선을 계품사啓稟使로 삼았다. 그때 납합출納哈出이 군사를 거느리고 요동遼東을 향해 갔으므로 길이 막혀 홍중선이 즉시 가지 못하였다. 간관 서균형徐鈞衡 등이 평소 홍중선에게 원한이 있었고 또 이인임의 뜻을 기쁘게 하려고 탄핵하여 아뢰기를 "홍중선이 선왕대에 참람되게 딴 마음을 먹었다가 발각되어 처벌을 받았습니다. 또 몰래 신돈에게 붙어서 지위가 재상까지 올랐으며 전하의 특별한 은총을 외람되이 받아 사부로 발탁되었습니다. 지금 홍중선 등 네 사람을 계품사로 삼았는데 홍중선은 자신이 이 임무를 면하려고 말하기를 '네 사람이 한꺼번에 가면 반드시 그 중 반을 잡아둘 것이다.'

24 충혜왕과 은천옹주銀川翁主 사이에서 태어났으며 공민왕 때 역모사건에 연루되어 죽임을 당하였다.

하여 여러 사람들의 귀를 미혹하였습니다. 다시 논의하여 두 사람만 보내기로 했는데 홍중선이 벗어나지 못하자 또 말하기를 '네 사람이 함께 가는 게 마땅하다.' 하였습니다. 대체를 살피지 않고 자신의 편리만 도모하였으니 충성스럽지 못한 것이 더할 나위 없습니다. 홍중선을 국문하신 후 멀리 유배 보내고 서용하지 마시기 바랍니다." 하였다. 이에 홍중선을 의령현으로 유배 보냈다.

양백연의 옥사가 일어나자 말이 홍중선도 연루되었다. 이에 판도 판서版圖判書 표덕린表德麟, 전법 판서 유번柳藩 등을 보내 홍중선을 죽이고 그 가산을 몰수하니 나라 사람들이 원통해 하였다. 홍중선이 표덕린 등이 왔다는 말을 듣고는 죽음을 면하지 못하리라는 것을 알고 하늘을 우러러 맹세하기를 "내가 죄도 없이 죽으니 하늘이 반드시 위세를 보일 것이다." 하였다. 그가 죽자 과연 하늘에 큰 천둥과 번개가 있으니 고을 사람들이 괴이하게 여겼다.

김도金燾

김도의 자는 장원長源이며 연안부延安府 사람이다. 공민왕대에 과거에 급제하여 전주 사록全州司錄에 임명되었다. 다섯 번 자리를 옮겨 정언이 되었는데 발언한 것이 문제가 되어 파직 당하였다.

명나라 홍무洪武 4년(1371)에 제과制科에 급제하여 칙명으로 돈창부東昌府 구현丘縣의 승丞에 임명되었으나 김도는 중국말을 잘하지 못하고 부모가 늙었다는 이유로 사직하고 본국에 돌아가기를 원하니 조서를 내려 허락하였다. 그가 돌아오자 왕이 가까운 신하들에게 말하기를 "우리나라 사람으로 제과에 급제한 사람이 참으로 드물다. 김도가 이미 제과에 급제하고 황제의 임명을 받아 이름을 한 시대에 날려 우리나라에 인재가 있는 것을 세상이 알게 하였다. 그가 돌아오는 것을 좀 더 일찍 알아 예식을 갖추어 영접하지 못하는 것이 한스럽다." 하였다. 우사간 예문 응교右司諫藝文應敎로 발탁하였다.

여러 차례 자리를 옮겨 성균관 사예司藝가 되었다. 왕이 손수 "김도장원나복산인金濤長源蘿葍山人"이라는 여덟 자를 써서 하사하였다. 신우 때에 우사의右司議로 임명되었는데 이인임, 지윤의 지시를 받고 삼사 우사三司右使 김속명을 탄핵하여 유배 보냈다. 좌부 대언左副代言으로 자리를 옮겼고 지신사知申事로 승진하였으며 밀직제학密直提學에 임명되었다.

김도가 홍중선洪仲宣에게 붙어 인물을 논의하니 이인임이 이것을 미워하였다. 마침 김도의 집 종이 연경궁延慶宮 옛터의 주춧돌을 훔치는 것을 대리臺吏가 붙잡았다. 이인임이 대관臺官을 사주하여 불경죄로 국문하였다. 환관 이득분李得芬이 김도와 잘 알아 신우에게 아뢰어 관직만 그만두게 하였다. 헌사에서 다시 멀리 유배 보낼 것을 청하자 이득분이 그 문서를 보류하였다. 양백연의 옥사가 일어나자 김도가 고문을 당해 기절했다가 깨어난 것이 세 번이었다. 마침내 거짓으로 자복하니 저자거리에서 죽여 머리를 달았고 그 가산은 몰수하였다.

애초에 김도가 옥의 관원에게 말하기를 "내가 죽은 것은 아깝지 않으나 죄도 없는 한 사람을 죽이면 도리어 그 재앙을 받을 것이다." 하니 옥의 관원들이 두려워하며 그 억울함을 알았다. 죽음에 이르자 그의 문생인 진사 10여 인이 문 밖에서 시신을 지켰다. 이종李倧이라는 자가 시신을 안고 냇물에 들어가 그 피를 씻긴 후 자기 옷을 벗어 옷을 입혔으며 삿자리로 덮고 그 머리는 망으로 감싸서 매달았다. 그러고 나서 두 번 절하고 떠나가니 당시 사람들이 의롭게 여겼다.

그의 아들에는 김자지金自知, 김여지金汝知, 김치지金致知, 김학지金學知가 있었다.

논하기를,

양백연이 사람됨은 비록 볼만한 것이 없으나 그의 죽음은 매우 억울하였다. 이때 양백연이 비록 작은 공은 있었지만 권력과 지위가 아직 융성하지 않았다. 같은 반열에 있는 이를 죽이는 힘과 세력이 최충헌과 같이 된 이후에야 가능할 것이다. 하물며 전천길이 협박에 못 이겨 진술한 것은 최영에게도 해가 되지 않는 말이었다. 다만 이인임, 임견미가 양백연이 권한을 나누어 가질까 두려워 터무니없는 말을 만들어 옥사를 일으켰다. 최영은 이미 늙고 노망하여 마침내 그 간계에 빠져버렸다. 심지어 홍중선과 같은 충직한 선비를 그 사실도 조사하지 않고 갑자기 함께 죽였으니, 어찌 역적 신돈이 거짓으로 꾸며 유숙을 해친 것과 차이가 있겠는가? 그 억울함이 매우 심하다.

김도는 처음에 이인임에게 붙어 정직한 신하를 배척하다가 마침내 이인임에게 계략에 빠져 억울하게 죽었다. 천도天道는 되돌려 주기를 좋아하는 것인가.

| 휘찬여사 권32 |

명신 11

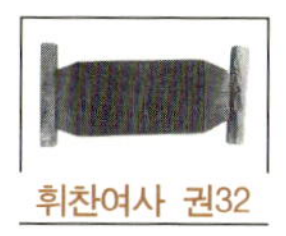

명신名臣 11

염제신廉悌臣 유탁柳濯 윤환尹桓

염제신廉悌臣

염제신의 자는 개숙愷叔이고 어렸을 때의 이름은 불노佛奴이다. 중찬中贊 염승익廉承益의 손자이다. 어려서 아버지를 잃고 고모부인 원나라 평장平章 말길末吉의 집에서 자랐다.

원나라 태정제泰定帝가 진왕晉王으로서 대통을 이어받으니, 말길이 염제신을 데리고 화림和林에서 거가를 맞이하였다. 황제가 한번 보고 기특하게 여겨 궁중에서 숙위宿衛하도록 명하였다. 반역자 어사대부御史大夫 첩실帖失이 처형되어 그의 누이동생을 내려주니, 염제신이 아뢰기를 "신이 비록 무지하나 역당逆黨과 가까이하고 싶지 않습니다."라고 하므로, 황제가 더욱 중히 여겼다.

몇 해를 지난 후에 어머니를 만나기 위해 휴가를 청하니, 황제는 그로 하여금 금강산에 강향降香하도록 명하였다. (원나라에) 돌아가니 상의사尙衣使로 제수하였다. 얼마 후에 다시 (우리나라에) 돌아가기를 청하니, 정동성 낭중征東省郎中으로 제수하였다. (정동성의) 동료들이 위복威福을 농단하였는데, 염제신이 힘써 다퉈 억제한 바가 많았으며 전민田民 소송은 모두 담당 기관에 돌려보냈다. 충숙왕忠肅王이 감탄하여 말하기를 "염 낭중은 청백하고 대쪽 같다."라고 하였다. 좌우사左右司에서 공문[文移]에 서명하기를 청하면 왕은 반드시 말하기를 "우리 낭중이 서명하였느냐?"라고 묻고, (서명이) 있다고 하면 서명하고, 없다고 하면 그만두었다.

원나라에서 소환하여 익정사 승翊正司丞에 제수하였다. 후에 절강성浙江省에 사신으로 가서 마침 중정원中政院에서 전화錢貨를 회계하게 되었다. 관리들이 많이 뇌물을 주며 아첨하였으나 임제신이 일체 물리치므로 승상 별가불화別哥不花가 임제신을 존중하였다. (그는) 중앙에 들어와 재상이 되자 순제順帝에게 추천하며 말하기를 "노신老臣이 강절江浙에 있을 때에 염불노가 곧고 깨끗하다는 것을 알았습니다."라고 하고, 이전 일을 자세히 고하였다. 황제가 그를 등용하려 하니, 염제신은 어머니 병으로 인하여 힘껏 청하여 우리나라로 돌아왔다.

충목왕忠穆王 때에 삼사 우사三司右使로 임명하고 수성익대공신輸誠翊戴功臣의 칭호를 내려주었다. 도첨의평리都僉議評理로 옮겼다가 찬성사贊成事로 승진하였다. 정동성征東省 관리가 어떤 일로 대신臺臣을 힐문하려 하는데, 이때 이공수李公遂가 대부大夫로 있었다. 염제신이 말하기를 "대강臺綱(어사대)을 흔들어서는 안 된다. 이 대부는 한 시대의 호걸인데, 가히 모욕할 수 있겠는가?"라고 하니, 일이 중지되었다.

공민왕恭愍王 초에 좌정승左政丞으로 제배하고 단성수의동덕보리공신端誠守義同德輔理功臣의 칭호를 내려주었다. 채하중蔡河中이 원나라에 있으면서 다시 재상이 되려고 꾀하였다. 마침 원나라에서 남정南征하면서 용사를 구하니, 채하중이 비밀리에 태사太師 탈탈脫脫에게 말하여 우리나라로 돌아가서 군사를 동원하여 남정을 돕겠다고 청하고, 인하여 염제신이 용맹과 지략이 있다고 추천하였다. 염제신이 이를 물러나기를 청하였다. 왕 역시 탈탈의 세력에 핍박을 받아 채하중을 정승政丞으로 삼고, 염제신을 파면하여 곡성부원군曲城府院君으로 봉하였다.

유탁柳濯 등과 더불어 전쟁에 나가는데, 장교와 군사들이 앞다투어 남의 말을 빼앗았다. 행성行省에서 방문을 붙여 금하여도 그치지 아니하므로 백성들이 소란스러웠다. 염제신과 나영걸羅英傑·손불영孫佛永만은 그렇게 하지 않았다. 행군하여 압록강에 이르니 강윤충康允忠이 여러 군사들과 모의하여 말하기를 "우리들이 친척과 이별하고 선산을 등지고 사지에 나아가는데 어느 날에 돌아오겠는가?"라고 하고, 정예 기병 50명을 거느리고 서울로 달려가서 처음으로 군사 동원을 획책한 자를 죽이려 하였다. 이를 염제신에게 고하니, 염제신이 말하기를 "옳지 못한 계책이다. 우리 임금은 하늘과 같다. 하늘을 가히 피할 수 있겠는가? 충신과 의사義士로서 어찌 임금을 배반하는 말을 하겠는가?"라고 하였다. 지름길로 급히 가서 이미 도성(중국 북경)에 이르렀는데 왕이 사신을 보내어 염제신을 돌려보내달라고 청하였다. 황제가 (염제신은) 고려의 대신이라고 하여 휘정원徽政院에서 연회를 베풀고 보내었다.

왕이 기씨奇氏(기철奇轍)를 처단하고 원나라를 두려워하여 염제신을 서북면 도원수西北面都元師를 임명하였다. 초구貂裘와 금대金帶를 내려주고 절월節鉞을 주면서 말하기를 "경이 간 뒤로 나는 북쪽 일을 걱정하지 않겠다. 그 군정軍政을 다스리되 말먹이와 군량을 우선으로 하고 성보城堡를 그 다음으로 하고 기계器械를 그 다음에 하라."라고 하였다.

수문하시중守門下侍中으로 제배하였는데 두세 번 사양하였으나 윤허하지 않았다. 상소하여 군무軍務를 논하여 아뢰기를 "식량은 백성에게 하늘이 되는 것입니다. 군사를 농사에 감추어 군사로 하여금 일이 있으면 병기를 잡고 일이 없으면 둔전屯田을 경작하게 한다면, 거의 군량을 운반하는 것이 생략되고 군대 식량이 족해질 것입니다. 군대의 강약은 군량의 저장 여하에 달려있습니다. 이제 군사를 동원한 지가 여러 날이 되었는데, 군량을 수송하는 길이 험하고 멉니다. 만약 건장한 장정을 뽑아 요해처에 나누어 주둔시키고 그 나머지 병사들을 안주安州 등지로 옮겨 먹이면서 사태를 보아 움직이게 하면 군량 운송의 수고로움이 감해질 것입니다. 변방을 지키는 법은 시기에 따라 교대시키는 것입니다. 이제 군사들이 한여름에 북쪽에 와서 어느덧 겨울이 되었는데 옷도 없고 덧옷도 없으니 어떻게 추위를 막을 수 있겠습니까? 가령 그들을 강제로 전쟁에 내보낼지라도 어찌 기꺼이 힘을 다하겠습니까? 청컨대 대개 반년으로 서로 교대하게 하소서. 병사가 상을 당하여도 군대에서 벗어나지 못하면 남의 자식 된 정의에 차마 못할 바가 있습니다. 청컨대 이제부터는 무릇 상을 당한 자에게는 다른 사람으로 대신하도록 허락하고 만일 대신할 사람이 없으면 날을 계산하여 휴가를 주소서."라고 하였다.

뒤에 자기의 지위가 과분하다고 하여 사직하였는데 다시 기용하여 우정승右政丞으로 삼았다. 홍건적의 난에 염제신이 처자식과 재물을 많이 실어 거마車馬가 매우 성대하였는데, 어머니를 버리고 갔으므로 대간이 불효不孝로 논핵하고, 재상에 제배된 지 한 달이 넘도록 고신告身에 서명하지 않았다. 마침 김용金鏞이 복주되었으므로 김용의 인척이라고 하여 파면되었다. 얼마 후에 어머니가 돌아가시자 대렴大斂하여 장사를 지냈다.

이듬해에 영도첨의사사領都僉議司事에 임명되었는데, 이때 신돈辛旽이 권세를 부리며 염제신이 자기에게 붙좇지 않는 것을 미워하여 왕에게 참소하였다. 왕이 그 아들과 사위에게 명하여 신돈과 단절하지 말도록 효유하였으나 염제신이 끝내 뜻을 바꾸지 않았다.

올랄兀剌의 전쟁 때에 염제신이 서북면 도통사西北面都統使가 되어 모든 장군을 절도節度하였다. 군사가 돌아오자 곡성백曲城伯으로 봉하고 친히 그의 초상을 그려 내려주었으며, 다시 문하시중門下侍中으로 임명하였다.

행신幸臣 김흥경金興慶이 청알請謁을 많이 하였는데, 염제신은 용납하지 않으므로 김흥경이 원망하는 말을 하였다. 왕이 말하기를 "시중은 중국에서 배웠고 성품이 고결하여 다른 조정 신료에 비할 바가 아니다. 또한 대신大臣이 마음을 쓰는 것은 네가 알 바가 아니다."라고 하니, 김흥경이 감히 다시 말하지 못하였다.

신우辛禑가 즉위하자 염제신을 영삼사사領三司事로 임명하였다가 얼마 후에 영문하부사領門下府事로 삼았다. 신우가 상을 마치고 정전正殿에 거동하니, 재상들은 축하 인사를 올렸다. 염제신이 제일 먼저 임금 노릇하기도 어렵고 신하 노릇하기도 쉽지 아니하며, 어진 이를 가까이 하고 아첨하는 사람을 멀리해야 한다는 등의 말을 진술하니 신우가 용모를 단정히 하였다. 충성수의동덕논도보리공신忠誠守議同德論道輔理功臣의 칭호를 더해주었다.

북원北元에서 사신을 보내어 장작원사將作院使에 임명하였다. 염제신이 이미 늙었으나 나라에 대의大疑(결정하기 곤란한 큰 사건)가 있으면 반드시 더불어 의논하였는데 숨기지 않고 말을 다하였다. 지위가 총재冢宰가 된지 무릇 29년이었다. 병이 들자 신우가 중관中官을 보내어 궁온宮醞과 약이藥餌를 내려주었다. 염제신이 의관을 갖추어 이를 받고 아뢰기를 "공은 늙은 저를 위하여 잘 말해 달라. 임금께서 늙은 신하를 염려해주는 까닭은 다만 신이 일찍이 선군先君(공민왕)을 보필하였기 때문이다. 신은 이제 생명이 위태로우니, 원컨대 임금께서는 날마다 더욱 삼가서 오직 길이 마치는 것을 도모하소서."라고 하였다. 죽으니 나이 79세였다. 시호는 충경忠敬이다. 유언에 따라 3일장을 하였다. 아들은 염국보廉國寶·염흥방廉興邦·염정수廉廷秀로 모두 과거에 급제하였다. 염흥방은 따로 열전이 있다. 염국보는 서성군瑞城君에 봉해졌으며, 염정수는 관직이 대사헌大司憲에 이르렀으나 모두 염흥방과 함께 복주伏誅되었다.

유탁柳濯

유탁의 자는 춘경春卿이고 고흥군高興君 유청신柳淸臣의 손자이다. 담략이 있고 무예武藝에 능하였다. 일찍이 문음門蔭으로 원나라에 가서 숙위宿衛를 하고 돌아와서 감문위대호군監門衛大護軍에 제배되었다. 몇 년이 안 되어 세 번 관직을 옮겼으며, 고흥군高興君으로 책봉되었다.

원나라에서 합포 만호合浦萬戶에 제수하였다. 충정왕忠定王 때에 도첨의참리都僉議參理에 제수하고, 추성양절익조공신推誠亮節翊祚功臣의 칭호를 내려주었다가 찬성사贊成事로 승진시켰다.

공민왕恭愍王 초에 외직으로 나가 전라도 만호全羅道萬戶가 되었는데, 군대를 바르고 엄숙하게 단속하여 주현州縣을 소란스럽게 하지 않았으며 군사들과 동고동락하였다. 왕이 하교하여 표창하고 의복과 술을 내려주어 위로하였다. 왜적이 만덕사萬德社에 침략하여 살육과 약탈을 저지르고 가는데, 유탁이 경기輕騎(차림이 가볍고 날랜 기병)로 추격하여 왜적을 붙잡고 포로가 된 이들을 모두 찾아왔다. 이에 유탁이 진鎭에 있을 때까지는 왜구가 다시는 침범하지 못하였다.

소환하여 다시 찬성사贊成事로 임명하였다. 얼마 안 있어 좌정승左政丞에 제배하였다가 파면하고 고흥부원군高興府院君으로 책봉하였다.

원나라가 장차 남정南征하여 홍건적을 치고자 용사勇士를 구하니, 채하중蔡河中이 유탁 및 염제신廉悌臣 등 40여 명의 용감하고 지략이 있는 이들을 추천하였다. 원나라에서 사신을 보내 이들을 부르니, 유탁 등이 군사 수천 명을 거느리고 원나라에 가서 태사太師 탈탈脫脫을 따라 고우高郵의 도적 장사성張士誠을 토벌하면서 자못 공로가 있었다.

관제官制를 회복하면서 문하시랑門下侍郞 동중서문하평장사同中書門下平章事에 제수하였다. 얼마 안 되어 어떤 사건으로 외방에 유형하였다가 다시 등용하여 고흥후高興侯에 봉하였다.

왕이 홍건적을 피하여 남쪽으로 가면서 유탁을 경상도도순문慶尙道都巡問 겸 병마사兵馬使로 임명하였다가 다시 좌정승을 제배하였다. 홍왕정난공신興王靖難功臣 1등에 책록되었다. 평리評理 최영崔瑩, 밀직부사密直副使 오인택吳仁澤과 함께 정방政房을 제조提調하면서 최영·오인택과 더불어 바야흐로 총애를 받았다.

하루는 관직을 임명하는데 유탁이 말하기를 "마땅히 먼저 대성臺省을 선발해야 한다."라고 하니, 최영이 갑자기 말하기를 "내가 선발하겠다."라고 하며, 거친 목소리로 아전을 불러 말하기를 "우달적于達赤의 명부를 가져오라."고 하였다. 유탁은 그가 양보하지 않음을 미워하여 말과 표정이 바야흐로 거칠어졌다. 오인택이 말하기를 "대성을 어찌 가히 우달적에서 선발할 것인가? 모름지기 먼저 유사儒士로서 명망이 있는 사람을 선발해야 한다."라고 하였다. 두 사람이 전단하여 함부로 하면서 방약무인하니, 유탁이 병을 핑계대고 참여하지 않았다.

노국공주魯國公主가 훙거하니, 왕이 불교의 설에 미혹되어 화장火葬을 하고자 유탁에게 물었는데, 옳지 않다고 하자 이에 중지하였다. 추충병의동덕보리공신推忠秉義同德輔理功臣의 칭호를 내려주었다.

유탁이 몸가짐이 무겁고 풍모가 아름다워서 행동거지가 볼 만하였다. (원나라) 조사詔使가 와서는 교만하고 건방져서 오만한 기색으로 재상을 만나도 함께 앉기를 좋아하지 않다가 유탁을 만나자 예의범절이 매우 공손하였다. 이색李穡이 동렬들에게 말하기를 "시중의 행동과 차림새가 예절에 맞으니 존중을 받는 것이 마땅하다."라고 하였다. 여러 번 물러나기를 청하였으나 윤허하지 않았다.

왕이 공주의 영전影殿을 마암馬巖에 영건하니, 유탁이 밀직密直 안극인安克仁·정사도鄭思道에게 말하기를 "마암의 역사는 다만 백성을 수고롭게 하고 재물을 손상시킬 뿐만 아니라 음양가陰陽家들의 말에도 이곳에 집을 지으면 다른 성씨가 왕이 된다고 한다. 내가 외람되이 백관의 우두머리로 있으면서 어찌 가히 마음속으로 그릇되게 여기면서 임금이 과오를 범하게 하여 비난을 후세에 남길 것인가? 차라리 죽을지언정 간하지 않을 수 없다."라고 하였다. 안극인 등이 이 말을 따라 상서하여 아뢰기를 "금년에 한재가 심하여 오곡이 여물지 않아 백성들이 장차 먹을 것이 없습니다. 바라건대 중앙과 지방의 토목 공사를 정지하소서."라고 하였다. 왕이 크게 노하여 말하기를 "이는 나의 영전 역사를 저해하는 것이다."라고 하고 유탁과 정사도를 하옥시켰다. 안극인은 정비定妃의 아버지이므로 억지로 집으로 돌려보냈다.

태후太后가 사람을 시켜 왕을 타이르며 말하기를 "이는 다만 임금의 과오를 드러내고 재상이 어질다는 것을 나타내는 것이다. 유탁 등을 석방하는 것이 옳다."라고 하였으나 왕이 듣지 않았다. 곧바로 이춘부李春富로 유탁을 대신하여 시중侍中에 임명하였다. 이색에게 명하여 노국공주가 훙거하였을 때에 제사를 3일간 지내지 않고 그 장례를 영화공주永和公主의 전례에 강등시킨 것으로 국문하게 하였다. 유탁이 말하기를 "공주는 국모國母입니다. 돌아가신 처음에 신들은 애통해하며 어찌 할 바를 몰라서 마침내 제사를 지내지 못하였습니다. 신축년辛丑年(공민왕 10년, 1361)의 난리에 예문禮文이 모두 소실된 까닭에 장례는 신 등이 아는 바로써 예를 삼았을 뿐이며 다른 이유는 없습니다."라고 하였다. 이것으로 왕에게 아뢰니 왕이 더욱 노하였다. 신돈辛旽이 나와서 아뢰기를 "시중을 반드시 죽이소서."라고 하였다. 왕이 유탁을 죽이고자 이색에게 명하여 백성에게 유시하는 글을 짓게 하니, 이색이 대답하기를 "유탁은 죽음을 당할 죄가 없으니 감히 글을 짓지 못하겠습니다."라고 하면서 힘껏 간하였다. 왕이 크게 노하여 이색을 하옥시켰다. 이색이 울면서 아뢰기를 "신은 죽음을 두려워하지 않으나 왕이 무죄한 대신을 죽일까 걱정할 뿐입니다."라고 하니, 왕이 그들을 모두 석방하였다. 이튿날 유탁 등이 사례하니 왕이 술을 주면서 위로하기를 "내가 잘못 노하여 경들을 며칠 동안 욕되게 하였다. 괴이하게 여기지 말라."고 하였다. 이 말은 이색의 열전에 실려 있다

후에 왕이 또 정릉正陵에 납제臘祭가 없는 것을 유탁이 정한 바라고 하여 하옥시키고, 파면하여 서인庶人으로 만들고 그의 가산을 적몰하였다. 도당都堂에서 아뢰기를 "모든 능陵에 모두 납제가 없으니, 청컨대 그를 풀어주소서."라고 하였다. 왕이 노여움을 풀고 고신告身 및 가산을 돌려주었다.

신돈이 이미 처형되어서는 헌사憲司에서 아뢰기를 "유탁이 수상首相으로 되어 일찍이 전라도의 군민軍民을 오로지 탈점하려고 그의 매부 야선첩목아也先帖木兒에게 의탁하여 만호부萬戶府를 설치하고 군목청책軍目靑冊을 만들어 추밀원樞密院에 제출하였습니다. 공

주가 승하한 처음에 빈전殯奠을 없애고 장례 때에는 예절을 박하게 하였습니다. 또 역적 신돈과 무리를 지어 노비와 돈으로 뇌물을 주며 서로 결탁하였습니다. 이백수李伯修가 신돈의 역모를 고하자 유탁은 알면서도 자수하지 않았습니다. 바라건대 전형典刑을 실시하여 불경불충不敬不忠의 죄를 바로잡으소서."라고 하니, 왕이 그 말을 따랐다.

태후가 환관 사안불화沙顔不花로 하여금 그를 용서하도록 청하니, 왕이 노하여 사안불화를 가두었다. 마침내 유탁을 청교青郊에서 목매어 죽이니, 나이 61세였다. 백성들 가운데 눈물을 흘리는 자도 있었다. 당시 의논에 말하기를 "왕이 유탁이 영전의 역사를 중지시킬 것을 간한 것을 유감스러워 하였다."라고 하였다.

후에 우리 태조(이성계)가 꿈속에서 유탁이 자기 아들 유습柳濕에게 벼슬시켜 주기를 청하므로 이를 기이하게 여겨 유탁에게 특진보국特進輔國 고흥백高興伯을 추증하였으며, 시호를 충정忠靖이라 하고, 유습에게 관직을 제수하였다. 아들은 유운柳雲·유습柳濕·유선柳漽이다.

윤환尹桓

윤환은 군부판서軍部判書 윤수尹秀의 손자이다. 충숙왕忠肅王 때에 호군護軍으로 제배되었고 충혜왕忠惠王이 즉위하여 대언代言으로 제수하였다. 충숙왕이 원나라에서 복위하자 당파로 인한 옥사가 일어나서 윤환을 순군巡軍에 가두고 고신告身을 빼앗고 곤장을 쳐서 섬으로 유배보냈다. 드디어 도망하여 원나라로 들어갔다.

윤환이 일찍이 조익청曹益淸과 함께 충혜왕의 측근인 송팔랑宋八郎·홍장洪莊 등을 순군에 가둔 일이 있었다. 홍장이 전날의 감정을 품고 그를 참소하여 윤환을 칠원漆原으로 귀양보냈다. 충혜왕이 복위한 후 동지밀직同知密直으로 제수하고, 원나라에서는 행성원외랑行省員外郎에 제수하였다. 조적曹頔의 난 때에 시종한 공로가 있어서 수성양절보리공신輸誠亮節輔理功臣 칭호를 내려주고 찬성사贊成事로 제수하였다. 원나라에서 행성낭중行省郎中으로 제수하였다.

왕이 삼현三峴에 신궁新宮을 일으키고 노비를 채우고자 근신近臣들에게 명하여 각각 인물이 고운 여종 한두 명을 바치게 하였다. 윤환은 강윤충康允忠·손수경孫守卿 등과 함께 부득이하여 모두 말하기를 "명령대로 하겠다."라고 하였다. 채하중蔡河中이 이르자 왕이 윤환을 돌아보며 말하기를 "경들이 의논한 바를 정승에게 이야기하라."라고 하였다. 윤환이 부끄러워 능히 말하지 못하다가 왕이 다시 재촉하자 윤환이 사실대로 고하였다. 채하중이 말하기를 "왕의 비록 명하지 않아도 신들이 이미 생각하고 있었습니다. 하물며 이제 명이 있으니 감히 받들지 않겠습니까?"라고 하였다. 물러나와 사람들에게 말하기를 "임금이 신하에게 노비를 청한 일은 예로부터 듣지 못한 바이다."라고 하였다.

왕이 일찍이 신하들을 위하여 연회를 베풀었는데, 윤환이 정방제조政房提調 곽균郭珚이 뇌물을 받은 일로 힐책하였다. 곽균이 응하지 않자 윤환이 소매를 걷어붙이고 곽균을 구타하는데 좌우에서 말려도 듣지 않았다.

공민왕恭愍王 때에 다시 찬성사로 되었다가 얼마 후에 판삼사사判三司事로 되었으며 수충협의동덕익찬공신輸忠協議同德翊贊功臣 칭호를 내려주었다. 좌정승左政丞으로 제배하고 문하시중門下侍中으로 고쳤다가 얼마 후에 죄를 범해 유배되었다. 후에 소환되어 칠원후漆原侯로 봉해졌다가 고쳐 칠원백漆原伯을 봉해졌다.

윤환은 본래 무인武人이었는데, 왕이 명하여 감춘추관사監春秋館事로 삼고 옥으로 된 풍잠[玉頂兒]과 옥 끈을 단 갓[玉纓笠]을 내려주었다가 얼마 후에 파면하였다. 신우辛禑 3년(1377)에 북원北元에서 사신을 보내 평장사平章事에 제수하였다. (신우) 6년(1380)에 다시 문하시중이 되었다. (신우) 12년(1386)에 죽으니 나이 80여 세였다.

윤환은 수염이 아름답고 체격이 장대하며 풍채가 수려하고 뛰어났다. 다섯 임금을 섬기면서 세 번 수상이 되니 집이 거부가 되었다. 일찍이 휴가를 얻어 칠원으로 돌아갔는데, 큰 흉년이 들어 사람들이 서로 잡아먹었다. (윤환이) 가산을 희사해 구휼하면서 빈민에게 빌려준 차용증서를 받아서 모두 불살라버렸다. 이때 오래도록 가물었는데 윤환의 밭에서 물이 솟아나와 남의 밭에까지 물을 댈 수 있어서 큰 풍작을 이루었으므로 경상도 사람들이 칭송해 마지 않았다. 시호는 충효忠孝이다.

논하기를,

염제신·유탁·윤환은 모두 행신倖臣(총애를 받는 신하)의 자손이지만 능히 스스로 한 시대의 명신이 되었으니 사람이 세류世類(집안의 품격, 출신)와 관계가 없다는 것은 그런 것 같다. 남정南征의 일이 있을 때[1]에 강윤충은 말을 달려 돌아와 처음 모의한 자를 죽이고자 하였으나 염제신이 허락하지 않으면서 말하기를 "충신과 의사義士로서 어찌 임금을 배반하는 말을 하겠는가?"라고 하였으니 가히 순신純臣(충성스럽고 독실한 신하)의 말이라고 할 수 있다. 현명한 이공수는 더욱 공경하게 되고 간사함을 깨달아 그 뜻을 따르지 않으니 올곧다고 하겠다.

유탁이 영전影殿의 공역에 대하여 간언을 하였는데, 말하기를 "어찌 가히 마음속으로 그릇되게 여기면서 임금이 과오를 범하게 하겠는가?"라고 하였으나, 결국 혼주昏主에게 유감을 사서 해를 당하였다. 군자는 "충성되도다!"라고 말한다. 역사에서는 염제신이 어머니를 버린 일과 유탁이 발고하지 않은 것으로 비난하는데, 한 시대의 평가가 과연 공정한 것인가?

윤환은 다섯 임금을 섬기면서 세 번이나 수상이 되었으나 사업에 일컬을 만한 것이 없다.

김보金普 임군보任君輔

김보金普

김보는 김해부金海府 사람이다. 충정왕忠定王 때에 지밀직知密直으로 제배되었다. 공민왕恭愍王 초에 첨의평리僉議評理로 전임되었다. 연저燕邸에서 시종한 공으로 1등에 책록

1 원나라에서 남방의 반란을 진압할 때에 고려에 군사를 징발한 일이 있음.

되고 충근양절광보공신忠勤亮節匡輔功臣 칭호를 내려주었다.

의성창義成倉과 덕천창德泉倉을 제조提調하면서 창고 노비가 창관倉官을 끼고 포布를 바치고 신주信州의 조세를 받고자 하였는데 김보가 이것을 허락하였다. 아전이 서류를 갖추어 규정糾正 정운鄭暉에게 가서 서명을 청하자 정운이 연고를 물었다. 아전이 말하기를 "육지로 운반하는 비용을 줄이고자 할 뿐입니다."라고 하였다. 정운이 신주와 서울 간의 거리를 물으니, 아전이 속여 말하기를 "7, 8일 노정입니다."라고 하였다. 정운이 이에 서명하였는데, 후에 그가 속인 것을 깨닫고 그 서류를 회수하였으므로 창관倉官들이 모두 그를 미워하였다. 다른 날에 정운이 또 창고 밖에 쌀 5석碩이 따로 놓여 있는 것을 보고 힐문하자 아전은 여분이라고 변명하였다. 정운은 창관倉官이 몰래 쓰려는 것으로 생각하여 대성臺省에 고발하였다. 김보는 이로 말미암아 불평이 쌓여 정운을 왕에게 참소하여 순군에 가두게 하였는데 얼마 후에 석방되었다. 왕이 마침내 의성창과 덕천창의 관리 및 감검監檢들을 파면하였다. 규정이 아뢰기를 "내방고內房庫에 별도로 제거提擧를 두어 그것을 관장하게 하소서."라고 하였다. 얼마 후에 왕이 대관臺官을 불러 유시하기를 "들으니 경들이 창관倉官을 교체하는 것은 김보를 탄핵하기 위해서라고 한다. 내가 장차 다시 배치할 것인바 탄핵하지 말라."라고 하였다.

여러 도의 안렴按廉이 만기가 되어 모두 교체하게 되었다. 이자李資라는 자가 있어서 양광도楊廣道를 안렴하였는데, 김보에게 붙좇아 교체시키지 말라고 청하였다. 김보가 왕에게 아뢰니, 왕이 하지下旨하기를 "이제 농사철이니 역마를 번거롭게 하는 것은 옳지 않다. 다만 강릉도존무江陵道存撫만 교체하도록 하라."고 하였다. 김보의 처형인 김수金隨가 새로이 강릉존무로 제수되었기 때문이다. 이자는 그대로 양광도를 안렴하였다. 김보가 마침 모친상을 당하였는데, 당시 사람들이 말하기를 "이자의 이번 부임은 김 재상의 상사에 부의하기 위한 것이다."라고 하였다.

김용金鏞 등이 김보가 권세를 천단하는 것을 시기하여 그를 배척하고자 모의하였다. 찰방察訪 최연崔淵은 김용의 뜻에 아부하여 이자가 김보에게 준 뇌물이 얼마인지를 염문廉問하면서 사람을 보내 문서를 압수하고 종리從吏를 구속하여 풀어가라고 핍박하였다. 김용은 김보가 복직할 것을 염려하여 사람을 사주하여 상서하여 3년 상을 행하도록 청하게 하고는 비밀리에 왕의 가짜 명령서를 도평의사都評議司에 내려보냈다. 김보는 이로 인해 오랫동안 복직하지 못하였으며, 그 사이에 금녕부원군金寧府院君에 봉해졌다. 기철奇轍 등이 처형되자 김보는 당여黨與라는 이유로 체포되어 장형杖刑을 받고 가라산加羅山으로 유배되었다. 신돈辛旽이 권세를 잡으면서 등용하여 도첨의찬성사都僉議贊成事로 되었다가 얼마 후에 좌시중左侍中으로 제배되었다. 김보가 누차 왕에게 신돈을 중상하자, 신돈이 김보를 참소하여 다시 파면하였다.

임군보任君輔

임군보는 풍주豊州 사람이다. 공민왕恭愍王 초에 밀직지신사密直知申事에 제배되었다. 대호군大護軍 탁오십사卓五十四와 총애를 다투다가 파면되었다. 얼마 후에 복직되어 밀직부사密直副使로 승진하였다.

환자宦者 김백안첩목아金伯顔帖木兒가 거짓으로 왕지王旨를 전하면서 임군보를 내승제조內乘提調로 임명하였다. 일이 발각되어 백안첩목아는 장형杖刑에 처해지고 임금보는 태안군泰安郡으로 유배되었다. 또 임군보가 머뭇거리며 지체하자 제주濟州의 목자牧子로 유배지를 바꾸었다. 얼마 후에 소환되었다. 기철奇轍 등이 처형되고 그 일당을 추포하자 임군보는 머리를 깎고 삼각산三角山에 숨었다가 체포되어 저자거리에서 장형에 처해졌다.

신돈이 처음으로 권력을 잡자 임군보를 등용하여 다시 밀직부사로 제배하였다. 마침내 김란金蘭·목인길睦仁吉과 함께 궁중宮中에서 서무를 주관하는데 임금의 총애가 비할 바가 없었다. 지사사知司事로 승진하고 공신의 칭호를 내려주고 또 판사사判司事로 승진하였다.

임군보는 비록 신돈으로 인하여 재상으로 복직하였으나 내심으로 부끄럽게 여겨 왕에게 아뢰기를 "최영崔瑩과 이구수李龜壽 등은 모두 계묘년癸卯年, 공민왕 12년(1363)의 난을 평정한 공신입니다. 장차 10대까지 죄를 용서받을 사람들인데 무슨 죄로 면직하여 귀양보냈습니까? 또 사부師傅(신돈)는 본래 승려입니다. 비록 나라에 사람이 없다 해도 어찌 가히 승려로 하여금 정사를 하게 하여 천하의 비웃음을 초래하십니까?"라고 하였으나, 왕이 듣지 않았다. 임군보가 물러나 사람에게 말하기를 "내가 대대로 벼슬하는 집의 자손으로서 요행히 임금의 은혜를 입고 외람히 정부에 참여하면서 무식하고 천한 승려로 하여금 마음대로 그 간사함을 휘두르게 하니, 후세에 나를 무어라 하겠는가?"라고 하였다. 김보金普 역시 누차 왕에게 말하였다. 신돈이 참소하여 김보를 재상에서 파면시키고 아울러 임군보까지 배척하자, 왕이 말하기를 "김보와 임군보를 동시에 복직시켰다가 이제 다시 까닭 없이 모두 쫓아내면 사람들은 나와 경이 사람을 등용하고 물러나게 하는 데에 너무 경솔하다고 할 것이다. 잠시 후일을 기다리는 것만 못하다."라고 하였다. 이로부터 임군보는 정부에 몸을 담고 있어도 국사에는 참여하지 못했다.

정추鄭樞와 이존오李存吾가 신돈을 비난하다가 쫓겨나게 되니 임군보는 그들을 구원하므로 신돈이 더욱 그를 미워하였다. 마침 신돈이 목인길睦仁吉을 참소하여 전주全州로 귀양보내자 임군보가 말하기를 "목인길은 구인舊人이니 작은 실수로 내쫓을 수는 없습니다."라고 하였다. 신돈이 이로 인하여 왕에게 참소하여 아뢰기를 "기전룡奇田龍이 연경燕京(북경)으로 돌아가면서 임군보와 밀담을 하였습니다."라고 하니, 왕이 그 말을 믿고 마침내 여흥驪興으로 귀양보냈다. 아들은 임거경任巨敬이다.

논하기를,

상앙商鞅이 경감景監을 통하여 알현하고,[2] 조최趙衰가 발제勃鞮로 인하여 등용되었는데,[3] 예로부터 이를 부끄럽게 여겼다. 하물며 김보와 임군보는 역적 신돈으로 인하여 승진하였으니 수치스러운 것이 더욱 심하도다. 바야흐로 신돈이 권력을 쥐면서 충성스럽고 어진 이들을 참소하고 시기하니, 최영崔瑩·경복흥慶復興·유숙柳淑·원송수元松壽 등과 같은 이들이 모두 이미 배척되어 쫓겨났다. 그 나약하고 겁이 많고 연약하여 자기를

2 상앙商鞅이 환관宦官 경감景監의 소개로 진왕秦王을 알현한 일.
3 조최趙衰가 시인侍人 발제勃鞮를 통해 진 문공晉文公에게 추천된 일.

해칠 수 없다는 것을 헤아린 연후에 등용하여 함께 일을 하였으니, 김보와 임군보의 사람됨을 가히 알 수 있다. 이에 능히 마음속으로 부끄러워하면서 신돈과 거리를 두어 그 수치를 씻고자 하였으니, 유탁柳濯이나 임박林樸보다 훨씬 현명하다고 하겠다. 임군보가 이존오李存吾를 구원한 것 같은 것은 더욱 칭송할 만하다.

임박林樸 이성서李成瑞 이승로李承老

임박林樸

임박의 자는 원질元質이고 안동부安東府 길안현吉安縣 사람이다. 공민왕恭愍王 9년(1360)에 과거에 급제하여 개성 참군參軍으로 등용되었다. 다음 해에 홍건적이 개성을 함락시켰는데, 원수 김득배金得培는 임박이 병법兵法에 정통하다는 이유로 막하幕下에 두고 그와 함께 계획을 세웠다. 남쪽으로 옮길 때에 춘추春秋, 사적史籍, 전교典校, 제향祭享, 의궤儀軌 등을 땅을 파서 감추었다. 홍건적이 평정되자 그것을 파내는데 군졸들이 대부분 태만하여 내어버리고 거두지 않았다. 임박이 유순柳珣·이구李玖와 함께 감검監檢하여 10분의 1, 2를 거둘 수 있었다.

(공민왕) 12년(1363)에 서장관書狀官으로 이공수李公遂를 따라 원나라에 갔다. 그때 덕흥군德興君이 황제를 속여 상주하기를 "고려 왕이 홍건적에게 죽음을 당하였습니다."라고 하였다. 황제가 덕흥군을 임금으로 삼았다. 임박이 이공수와 더불어 상주하기를 "우리 임금은 홍건적을 쳐부수고 지금 여전히 무고하십니다."라고 하였다. 황제가 임박에게 명하여 덕흥군을 받들고 고려로 가게 하니, 임박이 상주하기를 "신들이 만약 승려였던 임금을 따른다면 부인이 그 남편을 배반하는 것과 다름이 없습니다."라고 하였다. 황제가 말하기를 "너희들의 뜻대로 하라."고 하였다. 덕흥군이 임박에게 말하기를 "네가 만약 나를 따르지 않으면 죽음만 있고 아무런 이익이 없다."라고 하고, 전리총랑典理摠郎에 제수하여 유인하였다. 임박이 받지 않고 말하기를 "차라리 죽을지언정

맹세코 따르지 않겠다."라고 하였다.

덕홍군이 장차 우리나라로 오면서 임박에게 시를 청하였는데, 임박이{그 병풍에 쓰기를 "근본을 버리는 세속 인심 끝만 찾아다니니, 태산이 도리어 털끝만큼 가볍게 되누나. 채찍 던지며 곧장 강을 건너가려 하고,[4] 떡이 먹고 싶어 헛되이 땅에다 떡을 그려 만드네. 독을 얻고 춤출 때에 누가 깨질 줄을 알았으랴. 뒤섞여서 피리 불며 영화를 구하는 사람도[5] 허튼 그림 그려 사람의 눈 미혹하지 말라. 나는 자연의 오랜 돌 병풍을 사랑한다네."라고 하였다.} 학사 위소危素가 (이 글을) 보고 탄식하여 말하기를 "오늘날에도 역시 충성과 절개 있는 선비가 있구나!"라고 하였다.

임박이 돌아오니 왕이 말하기를 "덕홍이 좋은 벼슬로 꾀어도 네가 따르지 않았으니, 나 역시 좋은 벼슬로 표창하리라."고 하면서 이에 중서 사인中書舍人에 제수하였다. 임박이 상소하여 정심론상正心論相 20조목을 올리니, 왕이 더욱 그를 중히 여겨 또 전의 부령典儀副令에 제수하였다. 왕이 명하여 시정時政의 득실을 진술하게 하니, 다시 10여 개의 일을 올렸다. 왕이 가납하고 얼마 후에 영令(전의령)으로 승진시켰다.

하남왕河南王의 사신 곽영석郭永錫이 왔을 때에 임박이 관반館伴이 되었다. 곽영석이 말하기를 "일찍이 들으니 고려의 산수가 기이하다고 하는데, 아직도 기자箕子의 유풍이 있다. 원컨대 지도地圖와 예악禮樂과 관제官制를 보여 달라."라고 하였다. 임박이 말하기를 "우리나라 산수의 영이靈異함을 알고자 한다면 바야흐로 지금 위에 황후와 황태자가 계시니 어찌 그 수려한 기운을 타고 난 것이 아니겠는가!"라고 하였다. 곽영석이 무릎을 치면서 높이 읊조리기를 "마침내 천하에 부모의 마음으로 하여금 남자 낳기를 중히 여기지 않고 여자 낳기를 중히 여기게 하였도다!"라고 하니, 좌우에 있던 사람들이 부끄러워하였다.

---

4 후진後秦 부견符堅이 동진東晋을 치려고 하면서 많은 군사가 양자강에 채찍을 던지면 강을 메우고 건너갈 수 있다고 하였다.

5 제齊나라 왕이 피리[竽] 듣기를 좋아하여 피리 잘 부는 사람 300명으로 하여금 매일 함께 피리를 불게 하였다. 그 가운데 한 사람은 실제로 피리를 불 줄도 모르면서 부는 흉내만 내면서 녹을 받아먹었는데, 한 사람씩 각각 피리를 불게 하니 도망하였다.

(공민왕) 16년(1367)에 제주 선무사濟州宣撫使가 되었다. 임박이 제주에 이르러 그 만호萬戶에게 말하기를 "달달목자達達牧子는 배반을 잘하니 그대는 마땅히 마음을 다하여 위무하여서 일이 생기지 않도록 하라."고 하였다. 또 성주왕자星主王子에게 말하기를 "그대들은 곧 신인神人의 후손으로서 신라에 들어와서는 성주星主로 되고 고려[本朝]에 들어와서는 왕자로 되어 역대 임금에게 복종하여 섬기었다. 역대 임금들이 그대들을 대우하는 것 또한 매우 후하였으니, 그대들은 마땅히 각각 한마음으로 복종하여 섬기어서 목자들과 사변을 일으키지 말라."라고 하였다. 이에 성주왕자 및 군민軍民들이 모두 보복하면서 말하기를 "감히 명을 받들지 않겠습니까?"라고 하였다. 이전에 선무宣撫하는 자들은 대개 모두 탐오하고 포악하여 (백성들에게) 침어侵漁를 자행하였으므로 백성들이 매우 고통스러워하였다. 몽골의 목자들이 이로 인하여 그들을 꾀어 자주 반란을 일으켰다. 임박이 나주羅州에 가서는 물을 길어 독에 담아 가져가고, 비록 차 한 잔이라도 입에 대지 않았으므로 백성들이 크게 기뻐하며 서로 말하기를 "성인이 왔다. 조정 관리[王官]가 모두 임 선무와 같다면 우리들이 어찌 반란을 일으키겠는가?"라고 하였다. 그러나 제주 사람 중에서는 임박이 물을 싣고 간 것을 비난하는 자도 있었다.

성균 좨주成均祭酒로 전직하자 상소하여 비로소 오경사서재五經四書齋를 나누었으며, 과거는 한결같이 중국의 수검통고법搜檢通考法에 의거하였다. 대사성大司成 판전교사判典校事에 승진하였다.

처음에 성석린成石璘이 차자방 지인箚子房知印이 되어 신돈辛旽에게 아부하지 않으니, 신돈이 왕에게 참소하여 임박으로 대신하게 하였다. 성품이 궤이詭異한 것을 좋아하고 기개가 있어서 대담하게 말하고 또 세상에 이름 내기를 좋아하였다. 항상 스스로 말하기를 "나라를 위하여 힘써 일하는 것만 알 뿐이고, 일찍이 간청하기 위하여 윗사람을 뵙지는 않았다."라고 하였다. 그러나 매일 밤마다 헌 옷을 입고 걸어서 신돈의 집에 드나들며 신돈을 위하여 계책을 꾸미니, 종적이 괴이하고 비밀스러웠다. 신돈이 일찍이 평양平壤에 가는데 임박이 칼을 차고 따라가면서 부끄러워하는 빛이 없었다. 매번 신돈이 크고 훌륭한 덕이 있다고 칭찬하므로 신돈이 기뻐했다.

지인知印이 되어서는 손에 반부班簿(관리들의 명부)를 가지고 우열을 평정하면서 친구들을 저지시켜 막아서 밖으로는 공평한 것처럼 보였지만 환관과 궁첩宮妾들이 모두 욕심을 채웠다. 왕의 뜻을 잘 살피고 또 신돈의 호오好惡를 헤아려서 오직 영합하는 데에만 힘썼다. 이에 왕의 신임이 날로 두터워져 권세가 대언代言의 위에 있게 되니, 경복흥慶復興과 이인임李仁任 등이 그 전횡하는 것을 깊이 꺼리었다.

임박이 일찍이 신돈에게 말하기를 "공이 국정을 총괄하고 있으니 마땅히 전민田民쟁송의 원통함을 정리해야 합니다."라고 하였다. 신돈이 마침내 왕에게 아뢰어 추정도감推整都監을 설치하고 신돈을 제조提調로, 임박을 사使로 임명하였다. 임박은 공평하게 처결한 것이 많았다. 그러나 신돈이 한쪽 편을 들어준 것은 변별해주지 않았으므로 억울한 일이 자못 많았다.

(공민왕) 23년(1374)에 대언代言에 제배되었다. 왕이 홍거한 이튿날 임박이 빈소 곁에서 이빨을 드러내고 웃으니, 빈전도감 판관殯殿都監判官인 유원정柳爰廷이 성질이 꿋꿋하여 서슴없이 말하였다. (유원정은) 일찍이 왕을 모시고 강독하니, (왕이 그의) 재주를 매우 귀중히 여겼다. 이날 임박이 웃는 것을 보고 책망하여 말하기를 "선왕(공민왕)이 일찍이 그대를 사직의 신하가 될 것이라고 칭찬하였는데 지금 그대가 슬픔을 잊고 웃으니 이것은 충신이 아니다."라고 하였다. 임박이 정권을 잡자 그를 미워하여 등용하지 않았다. 그러나 임박은 현릉(공민왕)의 상에 흰 띠를 3년 동안 둘렀다.

신우辛禑 초에 이인임이 의견을 내어 백관과 더불어 서신을 장차 북원北元의 중서성中書省에 보내려고 하니, 임박이 박상충朴尙衷·정도전鄭道傳과 더불어 서명하지 않았다. 대사헌 이보림李寶林이 이인임의 뜻에 아부하여 임박을 탄핵하여 서인庶人으로 폐하여 길안현吉安縣으로 유배보냈다.

처음에 예안禮安 사람이 지윤池奫에게 의탁하여 신우의 태胎를 그 현에 묻고 군郡으로 승격시켰다. 처음에 택한 땅이 안동安東이었는데, 임박이 길안현에 있으면서 그 땅을 보고 말하기를 "불길하다."라고 하였다. 안동 사람이 조정에 고하기를 "예안이 길지가 아니라고 한 것은 임박이 잘못한 것입니다."라고 하였다. 지윤이 이로 말미암아 임박을 미워하였다.

지윤의 당파인 집의執義 김승득金承得과 지신사知申事 김윤승金允升이 지윤에게 말하기를

"임박이 중서성에 보내는 글에 서명하지 않은 것은 반드시 심왕瀋王을 영립하려는 뜻이 있는 것이니 이를 가히 치죄해야 한다."라고 하였다. 김승득이 인하여 대관臺官을 거느리고 상소하여 아뢰기를 "임박은 본래 용렬한 사람으로 일찍이 역적 신돈에게 붙어서 그의 심복이 되어 간사한 행위를 많이 저지르고 신돈이 처단되자 또 김흥경金興慶을 붙좇았습니다. 전하가 즉위한 처음에 이에 박상충의 무리와 더불어 당파가 되어 도당都堂을 멸시하고 중론衆論을 거슬려 사리에 어긋나는 일로 꾀어 상소하게 하였는데 언사言辭가 도리에 어긋나서 죄가 진실로 적지 않습니다. 원나라에서 역적 김의金義의 말을 듣고 심왕을 왕으로 세우려고 의논하니, 이에 우리나라 기로耆老와 백관들이 중서성에 글을 보내 변명하였습니다. 임박이 가만히 딴 생각을 품고 홀로 서명하지 않았으니, 청컨대 그를 주벌하여 전형典刑을 바르게 하소서."라고 하였다. 김윤승이 중간에서 그 상소문을 버리고, 체복體覆 손경생孫慶生을 보내 (임박을) 쇠사슬로 묶어서 전법사典法司로 압송하였다. 장杖 백 대를 쳐서 무안務安으로 유배보내다가 중도에서 밟아 죽었다. 아들은 임가林稼이다.

이성서李成瑞

이성서는 계림부鷄林府 사람이다. 충정왕忠定王 때에 밀직부사密直副使로 제배하였다. 공민왕恭愍王이 즉위하여 동지사사同知司事로 승진하였다가 상서 우복야尙書右僕射로 전임되었다.

왕이 홍건적을 피해 남쪽으로 갔을 때 명하여 양광도 도순문楊廣道都巡問 겸 병마사兵馬使로 삼았는데 군대를 모집하는데 공을 세웠다. 홍왕사興王寺의 변란에 최영崔瑩을 따라 역적을 토벌하여 또 공을 세워서 모두 1등에 책록되었다. 또 기해년己亥年(공민왕 8년, 1359)에 홍건적을 격퇴한 공로로 1등에 책록되고, 찬성사贊成事로 승진하였다. 얼마 후에 죄를 범해 외방으로 유배되었다가 이듬해에 소환되었다.

후에 원나라에 가서 하정賀正하니, 원나라에서 태위감 대경太尉監大卿에 제수하였다. 왕이 정릉正陵 역사를 일으켜 운암사雲菴寺를 원찰願刹로 삼고 그 절의 승려들에게 매달 쌀 30석을 지급하니 공급이 매우 지대하였다. 절의 승려들이 또 도당都堂에 이르러 손님을 접대할 물자를 청하니, 재추들이 그 청을 어기기가 힘들어서 도감都監의 쌀 50

석을 실어보내기로 의논하였다. 이성서가 휴가 중이었는데 아전이 문서를 받들고 서명하기를 청하였다. 이성서가 탄식하면서 말하기를 "내가 13세에 처음 벼슬하고 29세에 재부宰府에 들어가 지금 51세이다. 기해년己亥年(공민왕 8년, 1359)에는 가물고 신축년辛丑年(공민왕 10년, 1361)에는 외적이 침입하여 기근과 난리가 겹쳐 사변이 극심하였으나 창고가 고갈되어 녹봉을 지급하지 못하였다는 말은 듣지 못하였다. 지금은 백관에게 녹봉도 지급하지 못하는데 승려들이 제멋대로 욕심껏 행하면서 절의 승려[居僧]를 공양한다고 청하면 지급하고 역부役夫를 먹일 것이라고 청하면 지급하였다. 또 손님을 접대할 비용까지 지급하면 주면 한정이 있는 재물로써 끝없는 요구대로 들어주는 것이니, 나라가 어찌 궁핍하지 않을 수 있겠는가! 내가 재상의 자리에 있으니 가히 말하지 않을 수 없다."라고 하고 드디어 서명하지 않았다.

처음에 이성서가 원나라 한림 학사翰林學士 기전룡奇田龍의 첩을 간통하여 헌사憲司의 탄핵을 받고 파면되었다. 왕이 헌관憲官을 불러 그 탄핵 상소를 돌려주고 월성군月城君으로 봉하였다. 신우辛禑 5년(1379)에 죽으니 시호는 공간恭簡이다.

처 박씨朴氏는 일찍이 신돈辛旽과 간통하여 유배되어 도역徒役[6]하였다. 이성서가 죽자 정천봉鄭天鳳과 야합하였다. 헌사憲司에서 국문하고 유배보냈으나 끝내 고치지 않고 제멋대로 행동하며 거리낌이 없었다.

이승로李承老

이승로는 합주陜州 사람이다. 충목왕忠穆王 때에 밀직密直으로 전주銓注를 주관하다가 뇌물을 받은 죄로 영해 군수寧海郡守로 좌천되었다.

공민왕恭愍王 때에 지밀직사사知密直司事에서 정당문학政堂文學으로 승진하였다가 어떤 일로 인하여 태안泰安으로 폄출되었다. 왕이 중사中使를 보내어 전송하였으며, 얼마 안 되어 소환하여 강양백江陽伯으로 봉하였다.

---

6 일정한 기간에 지정된 장소에서 노역勞役에 종사하는 형벌.

아우 이운목李云牧은 신돈辛旽과 이웃하였는데 그 딸이 인물이 고왔다. 이미 고한우高漢雨에게 출가하였으나 이운목이 신돈을 집에 맞아들여 딸을 시켜 술을 대접하니 신돈이 즐거워하며 음행하였다. 마침내 이운목을 응양 상호군鷹揚上護軍으로 임명하고, 고한우는 대호군大護軍으로 임명하였으며 이승로는 다시 정당문학으로 임명되었다.

이승로가 일찍이 처제와 간통하여 아들을 낳았는데 거짓으로 버린 아이를 데려다 기른다고 일컬었다. 이승로의 처는 일이 들통나면 가문의 명예를 더럽힐까 염려하여 말과 안색에 드러내지 않았으므로 20여 년간 비록 가까운 친척이라도 알지 못하였다. 감찰대부監察大夫 김한귀金漢貴가 이승로의 처와 처제를 잡아다 심문하니 모두 자복하였다. 이승로를 중모中牟로 귀양보내고 그 가산을 적몰하였다. 처제는 이승로에게 폭행을 당한 것이라 하여 죄를 면하였다.

왜적이 교동喬洞에 침입하니, 이운목은 장군 이몽골대李蒙古大와 함께 뒤쫓아 붙잡아야 하는데 겁을 내고 싸우지 않은 죄로 순군에 구속되었다. 이운목이 속여 말하기를 "만약 적을 섬멸하지 못하면 청컨대 현륙顯戮[7]을 받겠다."라고 하였다. 이에 다시 군량 4천여 석을 주어 보냈다. 의논하는 자들이 성과가 없을 것으로 짐작하였는데 과연 한 놈도 죽이지 못하였다.

이승로는 관직이 전리 판서典理判書에 이르러 신돈의 일당이라는 이유로 처형되었다.

논하기를,

임박은 이름난 선비이다. 홍건적의 침입을 당하여서는 군대 막사[戎幕]에서 작전을 세우고, 덕흥군의 변란 때에는 죽더라도 따르지 않겠다고 맹세하였다. 상소를 올려 시정의 폐단을 진술하고 과거科擧 법제도 참작하여 제정하였다. 당시에 여론이 모두 임박을 어질고 능력 있다고 하였는데, 임박으로 하여금 갑자기 죽게 하니 일생의 진위眞僞를 누가 알 수 있으리오!

---

7 죄인을 죽인 후에 그 시체를 대중에게 구경시키는 것.

이성서는 부인을 통하여 신돈을 섬기고 이승로는 신돈에게 당부黨附하여 처단되었으니, 간신전姦臣傳에 기록하는 것이 마땅한데, 옛 역사서에서 여기에 수록하였으므로 지금 일단 그것을 따른다.

목인길睦仁吉 정지상鄭之祥

목인길睦仁吉

목인길은 사주泗州 사람이다. 공민왕이 원나라에 가서 숙위宿衛할 때에 목인길은 중랑장中郎將으로 시종하였다. 왕이 즉위하자 그 공을 1등으로 책록하고, 또 기철奇轍을 제거한 공도 1등으로 책록되었다. 여러 번 승진하여 병부상서兵部尙書로 올라갔다. 왕이 홍건적을 피해 남쪽으로 갈 때에 목인길이 따라가서 지밀직사사知密直司事로 전임하였다.

목인길은 평소에 전법판서典法判書 이자송李子松과 유감이 있었다. 이자송이 사명使命을 받들어 원나라에 가게 되어 도당都堂에서 전별하는데, 목인길이 술에 취하여 이자송의 멱살을 잡고 욕설하였다. 감찰사監察司에서 이를 탄핵하니 목인길은 대관臺官을 왕에게 고소하였다. 전법사典法司에서 재차 탄핵하였으나 왕이 듣지 않았다. 간관諫官 전녹생田祿生 등이 상소하기를 "목인길은 음험하며 거칠고 포악합니다. 미천한 신분으로 출세하여 지위가 재보宰輔에 이르니, 공을 앞세우고 교만 방자하여 그 사납고 포악한 짓을 자행합하고 있습니다. 이자송을 모욕한 일로 헌사에서 탄핵하였으나 일찍이 부끄러운 줄을 모르고 그 허물을 엄폐하기 위해 도리어 대신臺臣들을 고소하니 이것은 전하의 은혜를 믿고 전하의 이목을 가리는 것입니다. 전하는 어찌 가히 약간의 수고에 매여 좌우의 이목인 관사를 가벼이 여기십니까? 이는 공도公道를 밝히는 바가 아닙니다."라고 하였다. 왕이 부득이 파면하여 사성군泗城君으로 봉하였다. 첨의부僉議府·감찰사監察司·전법사典法司에서 다시 청하므로 이에 파면하고 고향으로 돌려보냈다. 왕이 사람을 보내 비단 2필을 내려주었다.

홍왕사興王寺의 변이 일어나자 위사衛士가 모두 흩어지고 한 사람도 시위侍衛하는 자가 없었다. 변이 평정되자 왕이 좌우에게 말하기를 "사람들은 목인길과 우제禹磾를 미련하다고 한다. 그러나 두 사람이 있었더라면 반드시 난국에서 도망가지는 않았을 것이다."라고 하고, 마침내 목인길을 소환하였다.

고사故事에 상의商議로 된 자는 비록 국정을 의논하는 데에는 참여하더라도 문건에 서명할 수는 없었다. 어느 날 회의에서 제장諸將이 말하기를 "상의 역시 재상이다. 같이 의논하고도 서명하지 않는 것이 옳은가?"라고 하였다. 상의 김귀金貴는 지위가 목인길 아래에 있었는데, 먼저 서명하고 나서야 목인길에게 이르렀다. (목인길은) 그가 자기보다 먼저 서명하는 것을 싫어하여 이에 서명하지 않았다. 평리評理 최영崔瑩이 노하여 왕에게 아뢰고 서명하도록 명하였으나 목인길은 끝내 듣지 않았다. 그가 총애를 믿고 거만하기가 이와 같았다.

기해년己亥年(공민왕 8년, 1359)에는 적을 평정하고, 신축년辛丑年(공민왕 10년, 1361)에 호종한 공로가 모두 1등으로 되었으며 첨의 평리僉議評理로 제배되었다.

목인길이 일찍이 밤에 순찰하는데, 어떤 사람이 달아나 노국 공주魯國公主의 종형인 합라불화哈剌不花의 집으로 들어갔다. 몹시 급하게 수색하므로 합라불화가 왕에게 호소하니 왕이 노하였다. 신돈은 목인길이 그 흉악하고 간사한 것을 아뢸까 두려워서 왕이 노한 기회를 타서 참소하여 전주全州로 귀양보냈다. 후에 오인택吳仁澤과 함께 신돈을 제거하려고 모의하다가 일이 누설되어 곤장을 쳐서 청주淸州로 유배보내어 관노官奴로 삼고 가산을 적몰하였다. (다시) 기용하여 찬성사贊成事에 제배하였다.

신우辛禑 때에 목인길은 이준李竴과 토지를 다투면서 틈이 생겼다. 그를 중상하려 하는데 지윤池奫이 처형되자 목인길은 (이준을) 지윤의 당파로 무고하여 순군옥巡軍獄에 가두게 하였으나 얼마 후에 석방되었다.

목인길이 일찍이 도당都堂에서 소리 높여 말하기를 "왜적이 함부로 침략하고 있는데 우리들은 이곳에 앉아 배불리 먹으면서 조금도 부끄러워하지 않으니, 가히 사람이 있다고 말할 수 있겠는가?"라고 하였다. 이인임李仁任이 그 말은 자기를 핍박하는 것으로 여겨 노하여서 이에 목인길을 보내어 전라도에서 왜를 격퇴시키게 하였다. (신우) 6년(1380)에 대사헌大司憲 우현보禹玄寶 등이 무함하여 목인길이 몰래 반역할 뜻을 품었다고 탄핵하므로 관직을 삭탈하고 먼 곳으로 귀양보내고 그 가산을 몰수하였다. 얼마 후에 유배지에서 죽었다.

정지상鄭之祥

정지상鄭之祥은 하동군河東郡 사람이다. 그 누이동생으로 인하여 원나라에 왕래하면서 공민왕恭愍王을 만나 입시入侍하였다. 수종하며 공로를 세웠는데 왕이 즉위하자 갑자기 승진하여 감찰지평監察持平에 이르렀으나, 사물의 이치에 밝지 못하였다.

전라도 안렴全羅道按廉으로 되어 경내에 들어가자 어떤 위력한 사람을 만나 그는 시키는대로 사람을 매를 쳐서 여러 고을로 돌렸다. 도내가 온통 벌벌 떨었다.

야사불화埜思不花는 우리나라 사람으로 원나라 순제順帝에게 총애를 받았다. 그 형 서신계徐臣桂는 6재六宰가 되었고, 아우 서응려徐應呂는 상호군이 되어 세력을 믿고 위복威福을 좌우하였으므로 나라 사람들이 두려워하였다. 야사불화가 강향降香하려 우리나라에 와서 이르는 곳마다 방종하고 횡포하여 존무存撫와 안렴들이 많이 모욕과 수치를 당하였으나 감히 그 비위를 거스르지 못했다. 전주全州에 이르자 정지상이 영접과 인사를 공근히 하였으나, 야사불화는 매우 거만하게 대했다.

접반사接伴使 홍원철洪元哲이 정지상에게 청탁한 일이 있었는데, 정지상이 들어주지 않자 홍원철이 야사불화를 격분시켜 말하기를 "정지상이 천자의 사절을 업신여긴다."라고 하니 야사불화가 정지상을 결박하여 욕보였다. 정지상이 분노하여 크게 소리쳐서 고을 아전들을 속여 말하기를 "나라에서 이미 기씨奇氏 일당을 모두 죽이고 다시는 원나라를 섬기지 않기로 하고 재상 김경직金敬直을 원수로 삼아 압록강을 지키게 하였다. 이 사자使者는 쉽게 제어할 수 있는데, 너희들은 무엇이 두려워서 나를 구하지 않는가? 장차 너희 고을을 조그마한 현縣으로 강등시키겠다."라고 하니, 고을 아전들이 소리 지르며 들어와서 결박을 풀고 부축하여 나갔다.

정지상은 드디어 무리들을 이끌고 야사불화와 홍원철 등을 붙잡아 가두고 야사불화가 차고 있던 금패金牌를 빼앗아 서울로 달려오는 도중에 공주公州를 지나면서 서응려를 붙잡아 철퇴로 쳐서 며칠 후에 죽게 하였다.

정지상이 왕에게 아뢰니, 왕이 경악하여 순군巡軍에 가두고 행성 원외랑行省員外郎 정휘鄭暉에게 명하여 전주 목사 최영기崔英起와 읍리邑吏들을 체포하였다. 또 차포온車蒲溫을 보내 내온內醞(임금이 신하에게 내려주던 술)을 가져가서 야사불화를 위로하게 하고 그 패를 돌려주었다.

원나라에서 단사관斷事官 매왕買住을 보내와서 정지상을 국문하였다. 마침 왕이 기씨 일당을 처단하고 정지상을 석방하여 순군 제공巡軍提控으로 임명하였다. 다시 호부 시랑戶部侍郎 어사 중승御史中丞으로 전임되었다가 판사判事에 이르러 죽었다.

성품이 엄혹하여 모든 사형을 집행할 때에는 반드시 그를 보냈었다. 정지상의 처는 과부로 담양潭陽에서 살다가 왜적에게 살해되었다.

신창辛昌 때에 아들 정종鄭從은 전리 좌랑典理佐郎으로 되었다. 왜적에게 복수할 대책을 올리고 자청하여 소모 별감召募別監이 되어서는 군대 1백여 인을 모집하여 박위朴葳를 따라 대마도對馬島를 공격하였다. 후에 (이름을) 정혼鄭渾으로 고쳤다.

논찬, 결락됨.

김유金庾 나흥유羅興儒

김유金庾

김유는 김해金海 사람이다. 공민왕恭愍王 때에 여러 장군들과 함께 홍건적을 평정하고 서울을 회복하여 그 공이 2등으로 책록되었다. 또 흥왕사興王寺의 변을 평정한 공도 1등으로 책록되었다. 원나라에서 덕흥군德興君을 (왕으로) 세웠을 때에 김유는 사명使命

을 받들고 원나라에 있었다. 우리나라 사람으로 원나라에 있는 자는 모두 그를 추종하였으나 김유는 절개를 지켜 두 마음을 품지 않았다. 우리나라로 돌아오니 밀직부사密直副使로 제배하고 추성익조공신推誠翊祚功臣의 칭호를 주어 표창하였다. 여러 차례 승진하여 지문하사知門下事로 되었다.

신우辛禑 때에 판개성判開城에 제수되었으며, 김해군金海君에 봉해졌다가 문하 평리門下評理로 전임되었다. (신우의) 유모 장씨張氏의 옥사가 일어나니, 김유는 최영崔瑩이 임금에게 항거하는 것을 질책하였다. 최영이 노하여 신우에게 아뢰니, 곤장을 쳐서 합포合浦로 유배보냈다가 얼마 안가서 석방하였다. 오랜 후에 찬성사贊成事로 승진하였다.

이자용李子庸·홍상재洪尙載 등과 함께 사명을 받들어 명나라 서울에 갔다. 이보다 앞서서는 우리나라 사신이 입조入朝할 때에 요동遼東을 경유하다가 번번이 이르지 못하였기 때문에 김유 등으로 하여금 바다를 건너가게 하였는데, 바닷길이 험악하여 기한 내에 도달하지 못하였다. 황제가 김유 등이 지체된 것을 책망하고 또 묻기를 "지난날 너희 나라에서 짐의 사신을 죽이고 또 너희 임금을 시해하였다. 그 권세를 잡은 자가 누구인가?"라고 하고, 엄하게 고문을 가하므로 김유가 이인임李仁任이라고 대답하였다. 황제가 김유를 안으로 이끌어 달래며 말하기를 "너의 선왕先王이 아들이 없는 것은 짐이 아는 바이다. 지금 왕은 누구의 아들인가?"라고 하니, 김유가 변명하지 못하였다.

다음 날 우리나라 사람인 환자宦者 최안崔安이 흥성사興聖寺에 이르러 김유의 수행원 단득춘段得春을 속여 말하기를 "김유가 어제 너의 임금이 누구의 아들인지 주달하였는데, 너는 어찌하여 감추는가?"라고 하니, 단득춘이 말하기를 "김유의 말이 망녕된 것이다."라고 하였다. 단득춘이 물러나와 종산鍾山에 이르러 통역 정련鄭連에게 이를 말하였다. 이인임의 가노家奴 역시 일행 가운데 있다가 이를 들었다. 황제가 김유 등을 대리大理로 귀양보냈는데, 천축天竺에서 2천여 리 떨어진 곳이었다.

이듬해에 석방해 돌려보내고 또 조빙朝聘을 통하도록 허락하였다. 김유 등이 이르니, 신우가 주연을 베풀어주며 위로하기를 "경들이 명나라에 사절로 갔다가 외떨어진 곳으로 귀양가서 산 넘고 물 건너 2만 8천여 리를 가서 3년만에야 살아 돌아왔으니, 내가 매우 민망히 여긴다."라고 하고 각각 안마鞍馬를 내려주었다.

이인임의 종이 들은 단득춘의 말을 고하니, 이인임이 신우에게 아뢰어 찬성사 우현보禹玄寶와 밀직 강회백姜淮伯에게 명하여 국문하고, 김유를 청주淸州로 유배보내고, 정련을 한양漢陽으로 귀양보냈다. 사람들은 김유가 돌아오면서 각색 비단을 많이 싣고 와서는 이인임에게 뇌물로 주지 않은 까닭에 이로 말미암아 죄를 짓게 된 것이라고 하였다. 그런데 홍상재는 바다에서 왜적에게 약탈을 당하여 아무 것도 없었기 때문에 화를 면하였다.

얼마 후에 김유에게 편한 대로 거주하도록 허락하였다. (신우) 12년(1386)에 다시 김유를 하옥시키고 곤장을 쳐서 순천부順天府로 귀양보내고 가산을 적몰하였다. 이인임이 압송하는 아전에게 분부하여 5일을 기한으로 왕복하도록 하니, 김유는 결국 경천역敬天驛에서 죽었다.

나흥유羅興儒

나흥유는 나주羅州 사람이다. 사람이 영리하게 보이고 익살스러운 풍자를 잘 하였다. 경서와 역사를 자못 공부하였으나 여러 번 과거에 응시해 급제하지 못하고 글방[塾舍]을 차리고 어린이들을 가르쳤다.

공민왕恭愍王 때에 중랑장中郞將으로 임명되었다. 영전도감 판관影殿都監判官으로 있으면서 수염과 귀밑털이 허옇게 세였으나 일꾼들을 독려해 돌을 나르게 하고 손수 깃대를 들고 돌 위에 올라가 기를 휘두르며 호령하니 왕이 기뻐하였다. 여러 관직을 거쳐 예의 총랑禮儀摠郞으로 승진하였다.

왕의 명령으로 나무로 서리고 있는 용龍을 만들어 궁전 문을 장식하는 일을 감독하였는데, 마침내 기교가 있다는 소문이 났다. 사재령司宰令으로 승진하였다가 사농 소경司農少卿으로 전임하였다.

중국과 우리나라 지도를 편찬하고 개벽 이래 제왕帝王의 흥망과 강역이 변천한 자취를 서술하였다. 말하기를 "옛것을 좋아하고 학식이 훌륭한 군자君子는 이것을 보면 가슴 안에 하나의 천지가 생길 것이다."라고 하였다. 마침내 왕에게 바치니 왕이 보고 그를 가상히 여겼다.

나홍유는 전대의 고사故事를 곧잘 말하였으므로 왕이 총애하여 항상 노생老生이라 부르면서 아침저녁으로 좌우에 두고 혹은 시를 짓게 하기도 하고 혹은 농담도 하게 하면서 때로는 임금의 식사도 내려주고 손수 국에 간을 맞춰 주기도 하였다. 나홍유는 번번이 이를 남에게 자랑하였다. 지은 시를 베껴 사관史館에 보내면서 말하기를 "늙은 신하가 임금의 지우를 받으니 태공太公이 주 문황周文王을 만난 것 같고, 식사를 같이 하고 종이를 주어 시를 짓게 하니 이태백李太白이 당 현종唐玄宗을 만난 것 같다. 어찌 주주사周柱史[8]의 붓을 잡지 않을 수 있겠는가!"라고 하였다. 그가 스스로를 좋게 꾸미고 명예를 구하는 것이 이러하였다. 헌사憲司에서 나홍유가 영전影殿의 재목을 도용하였다고 탄핵하여 그 관직을 파면하였다.

신우辛禑 초에 판전객시사判典客寺事로 있으면서 상서하여 일본과 화친하기를 청하므로 마침내 통신사通信使로 보냈다. 신사년辛巳年(충렬왕 7년, 1281)에 동정東征한 후로 일본과 우리나라는 절교하였다. 나홍유가 처음에 이르자 간첩으로 의심하여 그를 구속하였다. 양유良柔라는 자는 우리나라의 승려였는데, 나홍유를 보고는 풀어주기를 청하였다. 이때 나홍유는 나이 겨우 60세였으나 속여 말하기를 "내가 지금 150세이다."라고 하였다. 왜인들이 구름같이 모여들어 구경하고 심지어는 화상畵像을 그리고 찬讚을 써서 주는 자도 있었다.

논하기를,

김유는 덕흥군의 변란 때에 절의를 지켜 두 마음을 품지 않았다. 유모 장씨의 옥사 때에는 최영이 임금에게 항거하는 것을 질책하였으니, 가히 군신의 의리를 헤아린다고 하겠다. 명나라 조정[天庭]이 엄하게 그 말을 핵실하였으나 숨기고 전하지 않았다. 원망을 품고 씻지 못하였으니 슬프도다!

8 노자老子를 가리킨다. 노자는 주周나라 장서실藏書室의 주하사柱下史 벼슬을 지냈다.

나홍유는 근거 없는 농담을 잘하고[詼笑不根][9] 스스로를 옛날 사람에 비교하기도 하였다. 그러나 직접 천역賤役을 맡아 가면서까지 당시의 군주(공민왕)에게 아첨하였으니, 비천한 사람의 행실일 뿐이다. 무엇을 취할 게 있겠는가!

정세운鄭世雲 안우安祐 {김득배金得培 이방실李芳實}

정세운鄭世雲

정세운은 광주光州 장택현長澤縣 사람이다. 공민왕恭愍王이 원나라에 가서 숙위宿衛할 때에 시종하였다. 여러 관직을 거쳐 대호군大護軍에 이르렀다. 왕이 즉위하여 공을 1등으로 책록하였다. 김용金鏞과 함께 왕에게 총애를 받았다.

양광도 안렴楊廣道按廉 김남득金南得이 홀적 중랑장忽赤中郎將 정곡鄭谷에게 태형을 가하여 욕을 보이니 정곡의 동료 권석화權石和 등이 왕에게 호소하였다. 정세운과 김용은 김남득과 친하였으므로 왕에게 청하여 권석화에게 곤장을 쳐서 섬으로 귀양보냈다. 또 김용과 함께 밀직부사密直副使 임군보任君輔가 총애받는 것을 시기하여 거짓으로 참소하고 왕지王旨를 전하여 제주濟州로 귀양보냈다. 군부 판서軍簿判書, 지문하성사知門下省事를 역임하였으며 기철奇轍을 처단한 공으로 1등에 책록되었다.

(공민왕) 8년(1359)에 홍건적이 서경西京을 함락하였다. 정세운을 서북면 도순찰사西北面都巡察使로 임명하자 황주黃州로부터 돌아와서 아뢰기를 "적이 서경에 들어와 섶을 쌓고 성을 수축하니 진격하여 핍박할 계획이 없습니다. 원컨대 동요하지 말고 민심을 안정시키소서."라고 하였다. 참지정사參知政事로 전직하였다.

9 회소詼笑는 희학戲謔과 같음. 『한서漢書』 동방삭전東方朔傳에 "朔雖詼笑, 然時觀察顔色, 直言切諫, 上常用之."라고 하였고, 송宋나라 소식蘇軾의 『답여량중둔전答呂梁仲屯田』시에 "旋呼歌舞雜詼笑, 不惜飮釂空缾盆."라고 하였다.

왜가 양광도楊廣道에 침략하여 서울에 계엄령을 내리고 백관에게 명하여 종군從軍하게 하였다. 간관諫官이 왕궁에 이르러 하직하니, 정세운이 아뢰기를 "간관의 종군은 예로부터 듣지 못하였습니다. 나라의 체면에 어떻다 하겠습니까?"라고 하였다. 명을 내려 (종군을) 면해주었다.

(공민왕) 10년(1361)에 홍건적이 서울을 함락하였다. 왕이 복주福州(지금의 안동)로 피난가는데 정세운이 추밀樞密로서 응양군 상호군鷹揚軍上將軍을 겸하여 종행從行하였다. 성품이 충성스럽고 굳세어서 밤낮으로 근심하고 분노하며 적을 소탕하여 회복시키는 것을 자기의 임무로 삼으니 왕도 의지하고 믿었다. 정세운이 여러 번 청하기를 "빨리 애통한 교지를 내려 민심을 위로하고 사신을 보내어 각도의 군사를 독촉하여 적을 토벌하소서."라고 하니, 왕이 드디어 정세운을 총병관摠兵官으로 삼았다.

하교하기를 "'천하가 편하면 재상에게 뜻을 붙이고 천하가 위태하면 장수에게 뜻을 붙인다.'라고 하였다. 생각건대 시기와 형세의 경중은 사람에게 있으니 가히 삼가지 않겠는가! 삼가 생각건대 태조께서 나라를 창건하고 열성조列聖朝가 서로 계승하여 백성을 편히 살게 하였다. 과인 때에 와서 안일에 빠져 군사의 일을 폐하고 강구하지 않아서 홍건적의 침범을 초래하여 남쪽으로 피난하게 되었도다. 매번 종사를 생각할 때마다 애통함을 어찌 감당하리오! 이제 모든 장수를 나누어 보내어 군사를 합하여 적을 치게 하고 이에 정세운에게 절월節鉞을 주노라. 가서 그 군사를 독려하여 명령을 받들거나 명령을 받들지 않는 자를 상벌하고, 각처의 군관軍官과 군인으로 감히 고의로 절제節制를 어기거나 또 단계를 밟지 않고 직업 왕에게 보고하는 자는 군법으로 처리하도록 허락하노라. 아! 군사를 동원하는 데에 군률軍律로 하는 것은 나라에서 마땅히 먼저 할 바이며, 나라를 위하여 집을 잊어버리는 것은 신하된 자가 마땅히 급히 할 바이다. 오직 너희 군사들은 나의 지극한 마음을 살필지어다."라고 하였다.

정세운이 도당都堂에 나아가서 분연히 큰 소리로 말하기를 "나는 매우 한미한 사람이다. 나로 하여금 재상이 되게 하였으니 나라가 어지러워지는 것도 당연하다. 죽령竹嶺 이남에 사는 사람으로 왕을 수행한 자는 양식을 주지 않고 아울러 종군하게 하였다. 이 의논은 이미 결정되었는데 지금 어찌하여 시행하지 않는 것인가? 기강이 이와 같으니 어찌 능히 난국을 극복하겠는가?"라고 하였다. 유숙柳淑에게 말하기를 "내가 내일 출병할 것이다. 공은 가서 군대를 점열하라."고 하니, 유숙이 말하기를 "모든 군대가 이미 죽령대원竹嶺大院에 이르렀다."라고 하였다. 정세운이 말하기를 "군대가 만약 기일을 어기면 공 역시 책임을 면하지 못하리라."라고 하니, 유숙이 곧바로 가서 독촉하였다. 또 김용에게 말하기를 "지금 두 재상은 적을 구경만 하고 있다. 이와 같이 하면 누가 본받지 않겠는가? 만약 적을 섬멸하지 못하면 비록 산속에 도망가 숨더라도 어찌 살 수 있을 것이며 나라를 구할 수 있으리오!"라고 하였다. 수시중守侍中 이암李嵒이 말하기를 "지금 적이 난입하여 임금과 신하가 피난하고 있으니 세상의 웃음거리가 되고 있다. 공이 솔선하여 대의를 제창하고 절월을 들고 전선으로 나가니 왕업의 중흥이 이 한 번의 움직임에 달려있다. 바라건대 공은 힘쓸지어다! 우리 임금과 신하들은 밤낮으로 공의 개선을 기다릴 것이다."라고 하였다.

정세운이 출정하니 발탁하여 중서 평장사中書平章事로 제수하였다. 그 지위는 2상二相과 3재三宰의 사이에 있었다. 왕이 우달적于達赤 권천우權天祐를 보내 옷과 술을 내려주었다. 정세운이 부주附奏하기를 "장수들 가운데 적을 잡았다고 보고하는 자가 있어도 먼저 상을 주지 마소서. 신도 비록 적을 잡더라도 감히 자주 보고하여 역마를 번거롭게 하지 않고 크게 이긴 후에 장계를 갖추어 올리겠습니다."라고 하였다.

서경西京 사람 고경高敬이 군문에 와서 말하기를 "부민府民으로 적에게서 탈출한 자가 대략 만 명이나 되니 청컨대 장수를 보내어 진무하소서."라고 하였다. 정세운이 크게 기뻐하며 예부 상서禮部尙書 이순李珣을 보내어 가서 진무하게 하고 군사를 독촉하여 서울로 가게 하였다.

(공민왕) 11년(1362)에 정세운이 장군들을 독려하여 경성을 포위하게 하고 자기는 물러가 도솔원兜率院에 주둔하였다. 적이 평정하고 대장군 김한귀金漢貴와 중랑장 김경金景을 노포露布[10]를 받들어 행재소에 이르게 하였다.

10 봉함封緘하지 않고 널리 백성에게 알리는 포고문.

왕이 기뻐하여 김한귀에게는 황금 25냥, 비단 2필을 내려주고 김경에게는 베 2필을 내려주었다. 곧 내첨사內詹事 이대두리李大豆里를 보내 정세운에게 의복과 술을 내려주었다. 태후太后와 공주公主도 의복과 술을 내려주었다. 얼마 후에 안우安祐 등에게 살해되었다.

홍언박洪彦博은 그의 죽음을 듣고 말하기를 "총병摠兵이 출병할 때에 말과 태도가 매우 오만하였다. 그 화를 당함이 마땅하다."라고 하였다. 첨의정승僉議政丞을 추증하고 예禮로서 장사지냈다. 호종扈從 및 수복收復한 공에서 모두 1등으로 책록하였다.

안우安祐 {김득배金得培 이방실李芳實}

안우의 어릴 때 이름은 발도拔都이며 탐진현耽津縣 사람이다. 김득배金得培는 상주尙州 사람이며, 이방실李芳實은 함안현咸安縣 사람이다.

안우는 공민왕恭愍王 원년(1352)에 군부 판서軍簿判書에 제배되었으며 여러 번 승진하여 지추밀원사知樞密院事로 되었다.

김득배의 아버지 김록金祿은 판전의判典醫를 지냈다. 김득배는 과거에 급제하여 예문검열藝文檢閱로 임명되었다가 여러 관직을 거쳐 전객 부령典客副令이 되었다. 공민왕이 원나라에 가서 숙위宿衛할 때에 따라갔다. 왕이 즉위하자 우부대언右副代言으로 제수하였다. (공민왕) 6년(1357)에 서북면 도지휘사西北面都指揮使로 되었다가 얼마 후에 추밀원 직학사樞密院直學士 도순문사都巡問使에 제수되었다.

이방실은 충목왕忠穆王을 따라 원나라에 가서 시종하면서 공로가 있었다. 왕이 즉위하자 중랑장中郎將으로 임명하였다. 공민왕 3년(1354)에 대호군大護軍으로 전직하였다. 선성 달로화적宣城達魯花赤 노연상魯連祥이 반란을 일으키자 이방실은 용주龍州 군사를 이끌고 몰래 강을 건너 곧바로 노연상의 집으로 가서 그 부자를 죽이고 그들의 머리를 서울로 보냈다.

(공민왕) 7년(1358)에 안우를 안주부 만호安州府萬戶로, 김원봉金元鳳을 그 부관으로 임명하고, 경천흥慶千興을 서경부 만호로, 김득배를 그 부관으로, 이방실을 그 편비偏裨로 임명하였다. 출발할 때에 재추宰樞들이 도문都門 밖에서 전별연[祖餞]을 베풀었다. 안우

가 술에 취하여 한낮이 되도록 일어나지 않으니 휘하 군사들이 실망하였다.

이듬해 겨울에 홍건적이 가평장僞平章 모거경毛居敬 등의 무리가 4만 병력이라 이름하고 압록강을 건너와 의주義州를 함락하고 부사副使 주영세朱永世 및 고을 백성 천여 명을 죽였다. 또 정주靜州와 인주麟州를 함락하고 도지휘사 김원봉金元鳳을 죽이고는 마침내 인주에 주둔하였다. 안우가 군대를 거느리고 진격하니 적이 패하여 달아나는 것을 추격하여 30여 명을 죽였다.

적이 철주鐵州로 들어갔다. 안우가 기병 70여 명을 거느리고 전선을 돌다가 산에 올라 가 군사를 쉬게 하였는데, 갑자기 적의 장수 모귀양毛貴揚의 부대와 마주쳤다. 대거 출격하므로 장병들이 모두 두려워하여 아연실색하였으나 안우는 담소하며 태연자약해 하면서 대소변을 마치고 세수하고 양치한 후에 유유히 말에 올라 군사를 이끌고 직진하여 청강淸江을 가로막고 진을 쳤다. 적의 기병 몇 명이 다리에 올라 창을 휘두르며 용맹을 과시[賈勇]하자 병마 판관兵馬判官 정찬丁贊이 검을 휘두르면서 고함치며 앞장서서 다리에 올라 가 적의 장수 한 명을 베어죽이자 적이 조금 물러섰다. 안우는 이방실과 장군 이음李蔭・이인우李仁祐 등과 함께 용감히 싸워 적을 대파하였다. 적은 퇴각하여 인주・정주 등지에 주둔하였다. 일이 알려지자 왕이 사신을 보내어 안우에게 금띠[金帶]를 내려주었다.

선주宣州 관내 여러 현縣에서 백성들이 적이 가까이 다가온다는 소문을 듣고 모두 흩어졌다. 적은 군사 1,000여 명을 보내 그 곡식을 취하였다. 안우와 이득배가 보병과 기병 1,000명을 거느리고 추격하니, 적이 짐을 짊어지고 능히 달아나질 못하였다. 추격하여 적의 주둔지에 이르니, 적이 정예 부대를 총출동하여 반격하므로 안우 등이 패전하였다. 천호千戶 오중흥吳仲興과 장군 이인우가 전사하고 군사와 말을 잃은 것도 많았다. 후퇴하여 정주定州에 주둔하였다. 적이 마침내 서경西京을 함락시켰다.

또 이듬해에 이방실이 적과 철화鐵化에서 만나 100여 명을 죽였다. 모든 군사가 생양역生陽驛에 집결하니 총 2만이었다. 이때 날씨가 추워서 군사의 손발이 얼어 터져 쓰러진 자가 매우 많았다. 적은 우리 군사가 진공하리라는 것을 알고 사로잡은 사람을 살육하였는데 만 명이나 되어 쌓인 시체가 언덕과 같았다. 우리 군사가 서경으로 진공하는데, 보병이 먼저 돌입하다가 밟혀 죽은 자가 1,000여 명이고 적병의 죽은 자는 무려 수천 명에 달하였다. 적이 퇴각하여 용강龍岡과 함종咸從에 주둔하였다.

왕이 안우를 안주 도만호安州都萬戶로, 이방실을 상만호上萬戶로, 김어진金於珍을 부만호副萬戶로 임명하였다. 안우 등이 함종으로 진군하니, 적은 우리 군사가 아직 진용을 갖추지 않은 틈을 타서 돌격하였다. 우리 군사가 패하여 달아나니 적이 정예 기병으로 추격하였다. 안우·이방실·김어진·대장군 이순 등이 후방에서 항거하자 적이 핍박하지 못하였다. 마침 동북면 천호東北面千戶 정신계丁臣桂가 군사 1천여 명을 이끌고 와서 적과 결사적으로 싸워 적 수십 명을 죽였다. 적이 추격하여 50리에 이르러 그만 두었다. 우리 보병이 산으로 올라가 살육을 당하는 것을 면한 자가 1,000여 명이었다.

적 400여 명이 숙주肅州 산골짜기에 주둔하다가 그 무리가 서경에서 패한 소식을 듣고는 급히 의주로 돌아갔다. 중랑장 유당柳塘과 낭장 김경金景이 의주에서 성문을 수리하다가 이를 듣고 의주 천호 장륜張倫을 불러 용주 등지에서 군사를 징발하여 공격하였다. 적이 정주성靜州城으로 들어가 농성하는데 유당 등이 진공하여 섬멸하였다.

우리 군사가 또 함종에서 싸웠는데 판개성부사判開城府事 신부辛富와 장군 이견李堅이 전사하였다. 모든 군대가 힘껏 싸우니 적이 형세가 궁박하여 목책木柵 안으로 들어가 방어하였다. 우리 보병이 목책 안으로 돌입하여 공격하고, 기병은 목책을 포위하고 화살을 난사하여 적 2만 명을 죽이고, 가원수僞元帥 심자沈剌와 황지선黃志善을 사로잡았다. 적이 퇴각하여 증산현甑山縣에서 방어하니, 이방실이 정예 기병 1,000명을 거느리고 추격하여 연주강延州江에 이르렀다. 안우·이득배·김어진 역시 정예 기병을 거느리고 뒤따라 이르렀다. 적이 궁색하여 강을 건너다가 얼음에 빠져 죽은 자가 거의 수천 명에 달하였다. 적이 강 언덕에 오르자 대오를 지어 항거할 태세를 보이니, 우리 군대는 궁지에 빠진 적이 결사적으로 싸울까 의심하여 군대를 거두고 추격하지 않았다.

이날 밤에 적이 도망치는데, 이방실이 밤중에 식사를 먹이면서 추격하였다. 적들이 굶주리고 피로하여 안주·철주 등 몇 개 고을 사이에서 죽은 자가 서로 잇날았다. 이방실이 추격하여 고선주古宣州에 이르러서는 날랜 기병으로 육박하여 수백 명을 죽였다. 적이 결사적으로 대항하므로 이방실은 사람과 말이 피로하여 군대를 거두어 진격을 멈추었다. 남은 적 3백여 명은 하루 낮 하루 밤을 달려 의주에 이르러 압록강을 건너 달아났다. 이방실과 안우 등이 추격하였으나 따라잡지 못하고 돌아왔다. 안우 등은 처음 압록강으로부터 서경에 이르고 또 함종으로부터 되돌아가 압록강에 이르면서 모두 아홉 번 전투하였다.

안우·이득배가 경천흥과 함께 이순·김인언金仁彦을 보내 승리를 보고하니 왕이 위로하며 소환하고, 이성만호泥城萬戶 김진수金璡守에게 명하여 압록강의 하방夏防을 지키게 하였다.

안우 등이 전문箋文을 올려 하례하기를 "우리 오랫동안 태평을 구가하던 백성으로서 저들 감히 죽기로 항거하는 적들과 맞서는 것은 참으로 또한 어려운 일이었습니다. 청천강과 안주의 전투에서 불리하였던 것은 비록 신들이 어질지 못한 탓이었으나 서경과 함종의 전투에서 공을 세운 것은 사직에 덕이 있었기 때문입니다. 산야에 쌓인 시체가 수만에 달하고 관진關津에 돌입한 기병은 천 명을 넘었습니다. 결함되는 바는 적의 괴수를 놓친 것으로 유감스럽게 여깁니다.

그러나 나무에 목을 매어 스스로 죽은 자가 많으니 그 궁박함은 묻지 말 것이며, 부부가 서로 찔러서 죽은 자가 태반이니 계책이 이미 궁하였다는 것입니다. 저들의 심중을 추측하건대 다시 동쪽으로 올 의사가 없습니다. 비록 그렇기는 하지만 적중에 있으면서 활과 말에 익숙한 자 중에 우리나라 사람이 상당히 많으니, 근년에 죄고罪辜를 지은 것은 아마도 이 선성宣城의 잔당들일 것입니다. 만약 옛 악을 베어버리지 않으면 마땅히 다시 장래가 염려됩니다. 전하께서 신들이 수초水草에서 수고함이 오래되고 생사의 곤욕에서 피로함을 염려하시어 개선하겠다는 보고를 윤허하여 받아들이셔서 밝게 소환하여 들어오라는 말씀을 내리셨습니다.

남은 변방의 일은 모두 하방夏防에 돌렸는데, 그곳 형편을 돌아보건대 몇 년을 지나야 소생할 것입니다. 술지게미와 쌀겨[糟糠]나마 입에 대게 되면 또한 오히려 다행할 일이며, 술과 고기를 장차 백성에게 구하는 것은 가히 차마 하지 못할 바입니다. 사신의 왕래에 접대 비용과 수용은 아침저녁의 죽과 밥을 제외하고는 일체 금지하소서.

역관驛館은 도로에 연하여 있어서 추리騶吏가 주현州縣에 나오게 되면 주州와 역驛의

거리가 하루 길이 넘기 때문에 공급 순번은 한 달이 지나야 교대됩니다. 안주安州 이남을 제외하고 가주嘉州·정주定州·수주隨州·곽주郭州·선주宣州·철주鐵州·용주龍州·인주麟州 사람은 마땅히 본 고을에서 나와 손님 접대하는 것을 그만 두고, 당분간 그 역관도 폐지하소서.

백성들은 부득이하여 오랑캐에게 노욕奴辱을 당하고 군관軍官은 어쩔 수 없이 산으로 도망하여 숨었습니다. 이는 형세가 구차하여 그러한 것이 아니며 힘이 미약한 까닭이었습니다. 고의로 도모한 자를 제외하고는 마땅히 먼저 그 잘못은 지적하여도 용서하여 주어 은혜와 위엄을 아울러 행하시어 어긋나지 않게 하소서.

신들은 이달 초하루[初吉]에 군을 떠나 조정[天朝]에 나아갈 것이며, 삼가 전문箋文을 받들어 아뢰나이다."라고 하였다.

군대가 이윽고 개선하자 장졸에게 큰 연회를 베풀었다. 안우를 추충절의정란공신推忠節義定亂功臣 중서평장정사中書平章政事로, 이득배를 수충보절정원공신輸忠保節定遠功臣 정당문학政堂文學으로, 이방실을 추성협보공신推誠協輔功臣 추밀원부사樞密院副使로 제배하였다.

홍건적의 배 70척이 또 서해도西海道에 침입하였다. 이방실을 보내어 풍주豊州에서 요격하여 30여 명을 죽이니 적들이 배를 몰아 도망쳤다. 왕이 군신들에게 연회를 베풀고 이방실에게 옥띠[玉帶]와 옥 갓끈[玉纓]을 내려주었다. 공주가 말하기를 "어찌 귀중한 보물을 아끼지 않고 손쉽게 남에게 주십니까?"라고 하니, "이방실의 공은 내가 비록 살을 베어주더라도 오히려 능히 보답할 수 없는데 하물며 이따위 물건이랴!"라고 하였다.

(공민왕) 10년(1361)에 홍건적의 가평장僞平章 반성潘誠·사류沙劉·관선생關先生·주원수朱元帥가 용봉龍鳳으로 기원紀元하고 무리 20만을 거느리고 압록강을 건너 삭주朔州·이성泥城에 침입하였다. 안우를 상원수上元帥로, 김득배를 도병마사都兵馬使로, 이방실을 도지휘사都指揮使로 임명하였다. 지숙주知肅州 강려康呂가 민호民戶를 불태우고 도망하자 적이 무주撫州에 주둔하였다. 이방실은 적의 숫자가 많고 우리가 적자 병사를 진격시키지 않고, 은주殷州·순주順州·성주成州의 3주와 양암陽巖·수덕樹德·강동江東·삼등三登·상원祥原 5현의 백성과 곡식을 절령책岊嶺柵으로 옮기기를 청하니, 왕이 그 말을 따랐다.

이방실이 판사농사判司農事 조천주趙天柱, 좌승左丞 유계조柳繼祖, 대장군大將軍 최준崔準 등을 보내어 적을 박주博州에서 격파하였다. 예부 상서禮部尙書 이순李珣은 태주泰州에서 요격하여 7명을 죽였다. 이방실은 지휘사指揮使 김경제金景磾와 함께 개주价州에 이르러 공격하여 150여 명을 죽였다. 안우는 조천주·정리鄭履·장신보張臣補·이원계李元桂·홍선洪瑄·정선鄭詵 등을 보내어 보병 및 기병 4백을 이끌고 박주에 이르러 공격하여 100여 명을 죽였다. 이방실은 또 기병 100기로써 연주延州에서 공격하여 20명을 죽였다.

안우가 제군을 영솔하고 진격하여 안주에 주둔하면서 승첩을 올리기를 "정찬丁贊·왕안덕王安德·김인언金仁彦·허자린許子麟·박수년朴壽年·김기金琦·정원보鄭元甫·유지철兪之哲·변안열邊安烈·권장수權長壽·조린趙麟·조인벽趙仁壁 등이 모두 힘써 싸워 공을 세웠으니, 바라건대 상을 내려주어 사기를 북돋아주소서."라고 하였다. 왕은 안우를 도원수都元帥로 임명하면서 말하기를 "곤외閫外의 일은 장군이 절제하라. 너는 명령을 듣거나 듣지 않는 자를 상벌하라."고 하였다.

적이 안주를 습격하여 아군이 패하고 상장군 이음李蔭과 조천주가 전사하였다. 적이 김경제를 사로잡아 그를 원수元帥로 삼고 글을 보내기를 "군사 110만을 거느리고 동쪽으로 가니 속히 항복하라."고 하였다.

왕이 밀직제학密直提學 정사도鄭思道와 김슬金琡을 보내 절령책을 지키게 하였다. 적이 밤에 군사 만여 명을 절령책 부근에 숨겼다가 닭이 울자 철기鐵騎 5천으로 책문을 공격하여 격파하였다. 우리 군대가 크게 무너졌으며 안우·김득배 등이 단신으로 도망쳐 돌아왔다. 안우가 다시 군대를 수습하여 총병관摠兵官 김용金鏞 등과 함께 금교역金郊驛에 주둔하였다. 김용이 좌상시左常侍 최영崔瑩을 보내 경병京兵을 보내달라고 청하였다. 왕은 사태가 급박한 것을 알고 마침내 피난을 계획하였다. 경성의 부녀자와 노약자들을 먼저 성 밖으로 나가게 하니, 민심이 흉흉하였다.

적의 선봉이 흥의역興義驛에 이르렀다. 왕과 공주가 장차 남쪽으로 가려고 하니, 김용·안우·이방실 등이 달려와서 아뢰기를 "경성은 지키지 않을 수 없습니다."라고 하였다. 최영은 더욱 통분해하면서 크게 외치기를 "원컨대 전하께서는 잠시 머물러 정장丁壯을 모집하여 종묘 사직을 지키소서."라고 하였다. 재신宰臣들이 서로 돌아보며 말이 없었다. 어가가 민천사旻天寺로 행차하여 근신들을 보내어 보내 큰 길에서 큰 소리로 의병을 초모하였으나 도성 사람이 모두 흩어져 응모하는 자가 겨우 몇 명에 불과하였다. 안우 등이 어찌할 수 없이 왕에게 아뢰기를 "신들이 이곳에 남아 적을 막을 것이니 청컨대 전하께서는 떠나소서."라고 하였다. 왕이 드디어 남쪽으로 행차하였다. 왕이 숭인문崇仁門을 나가니 늙은이와 어린아이들이 엎어지고 자빠지며 자식과 어미가 서로 버리고 짓밟혀 쓰러진 자가 들판에 가득하고 울음소리는 천지를 진동하였다.

며칠 후에 적이 경성을 함락하였다. 수개월간 머물러 주둔하면서 소와 말을 죽여 가죽을 펴서 성으로 삼고 그 위에 물을 부어 얼음을 얼게 하여 사람이 타고 오를 수 없게 하였다. 사람을 죽여 구워먹고 혹은 아이를 밴 여자의 젖을 도려 구워먹으며 그 잔학함을 자행하였다.

왕이 복주福州에 있으면서 정세운鄭世雲을 총병관摠兵官으로 임명하여 제군을 통솔하게 하였다. (공민왕) 11년(1362)에 안우·이방실·김득배·황상黃裳·한방신韓方信·이여경李餘慶·안우경安遇慶·이구수李龜壽·최영이 군사 20만을 거느리고 (서울) 동쪽 교외에 있는 천수사天壽寺 앞에 주둔하였다. 정세운이 독촉하여 진군하게 하였다. 제장들이 경성을 포위하자 정세운은 물러가 도솔원兜率院에 주둔하였다. 이때 바야흐로 눈비가 내려 적의 방비가 허술하였다. 이여경은 숭인문崇仁門을 담당하고 있었는데, 휘하인 권희權僖가 정탐하고 보고하기를 "적의 정예부대가 모두 이곳에 모였으니 불의에 공격하면 가히 이길 수 있습니다."라고 하였다. 다음날 새벽에 권희가 기병 수십 기를 거느리고 돌입하여 북을 치고 함성을 지르며 분격하니 적의 무리가 몹시 놀랐다. 제장들이 이를 틈타 사방에서 돌격하였다. 우리 태조(이성계)는 휘하의 친병親兵 2천 명을 이끌고 앞서 올라 적을 무찔렀다. 포시晡時(오후 3~5시 사이) 무렵에 적의 괴수 사류와 관선생 등을 베어 죽였다. 적들이 자기들끼리 밟아 쓰러져 죽은 시체가 성안에 가득하였으며, 머리를 베어 죽인 것은 무릇 10여 만에 달하였다. 원나라 황제의 옥새玉璽 2, 금보金寶 1, 옥인玉印 3, 금인金印·은인銀印·동인銅印, 금은 그릇, 패면牌面 등의 물품을 노획하였다. 제장이 모두 말하기를 "궁지에 빠진 적을 끝까지 밀어붙일 수 없다."라고 하고, 이에 숭인문崇仁門과 탄현문炭峴門의 두 문을 열어 주었다. 잔당 파두반破頭潘 등 10여만 명이 도망쳐 압록강을 건너 달아나니 적이 마침내 평정되었다.

성을 공격하던 날에 적들은 비록 궁박하고 위축되었으나 보루를 쌓고 굳게 지켰다. 제군이 진격하여 포위하고 핍박하는데, 우리 태조(이성계)는 길가 집에 머물러 있었다. 밤중에 적이 포위를 뚫고 달아나니, 태조가 말을 달려 동문東門에 이르렀다. 적과 아군이 성문을 다투며 혼잡하여 나갈 수가 없었다. 뒤에 오는 적이 창으로 태조의 오른쪽 귀 뒤를 찔러 형세가 급하였다. 태조가 검을 빼어 앞에 있는 적 7, 8명을 찌르고는 말을 뛰어 성을 뛰어넘었다. 말이 쓰러지지 않으므로 모두 신기하게 여겼다.

김용은 본디 정세운과 총애를 다투었다. 또 안우·김득배·이방실 등이 큰 공을 세워 왕에게 중용될 것을 두려워하여 안우 등으로 하여금 정세운을 죽이게 하고 인하여 그것으로 죄를 씌워 모두 죽이고자 하였다. 이에 거짓 교지로 글을 만들어 그의 조카인 전 공부상서 김림金琳으로 하여금 안우 등에게 유시하여 정세운을 제거하게 하였다. 또 말하기를 "정세운이 평소에 경들을 꺼리었으니 적을 격파한 후에는 반드시 화를 면할 수 없을 것이다. 어찌 먼저 도모하지 않겠는가!"라고 하였다.

안우와 이방실이 김득배의 막사[牙帳][11]에 이르러 말하기를 "이번에 정세운은 적을 두려워하여 진격하지 않았다. 김용의 글이 이와 같으니 불가불 따를 수밖에 없다."라고 하였다. 김득배가 말하기를 "이제 겨우 적을 평정하였는데 어찌 우리들끼리 서로 죽인단 말인가? 옛날에 양저穰苴(춘추시대 제齊나라의 명장)는 제멋대로 장가莊賈를 죽였으나,[12] 위청衛青(한무제漢武帝 때의 대장군)은 소건蘇建을 죽이지 않았다.[13] 고금을 통하여 밝은 교훈이 되니, 불가불 삼가지 않을 수 없다. 만약 부득이하면 붙잡아 궐하闕下에 보내어 임금의 처분을 따르는 것이 또한 옳지 않겠는가?"라고 하였다. 안우와 이방실이 이에 물러갔다가 밤에 다시 와서 말하기를 "정세운을 죽이라는 것은 임금의 명령이다. 우리들이 공을 세워도 명령을 받들지 않으면 후환을 어떻게 할 것인가?"라고 하였다. 김득배가 굳게

11 장군의 진영에 두른 장막으로 전하여 장군의 처소를 가리킨다.
12 장가가 사마양저의 감군監軍이었는데 시기에 늦었다고 베어 죽인 일.
13 소건이 흉노선우를 만나 대패하여 돌아오자, 대장군 위청이 죽이지 않고 황제에게 품하여 서인庶人으로 폐위시킨 일.

불가하다고 고집하였으나 안우 등이 강요하였다. 이에 술을 준비하고 사람을 보내 정세운을 청해왔다. 이윽고 이르자 안우 등이 장사에게 눈짓을 하여 앉은 자리에서 쳐 죽였다.

왕이 변고를 듣고 직문하直門下 김전金瑱을 보내 대사大赦를 반포하고 제장에게 명하여 행재소로 오게 하여 그 마음을 안심시키려고 하였다. 얼마 후에 판사判事 김현金賢과 상장군 홍사우洪師禹가 와서 제장이 정세운의 죄를 논한 글을 올리자 왕이 크게 기뻐하여 김현에게 금은과 포백을 내려주었다. 또 지주사知奏事 원송수元松壽를 보내 제장에게 의복과 술을 내려주었다. 안우가 함창현咸昌縣에 이르니, 왕은 대신 중에서 계책이 있는 자를 택하여 가서 맞이하게 하여 비상사태에 대비하려 하였다. 이에 시중侍中 유탁柳濯을 보냈다. 유탁이 이르러 무릎을 꿇고 술을 올리면서 원수는 서서 마시기를 청하였다. 안우가 감히 하지 않자 유탁이 말하기를 "지금 공은 삼한을 수복하였으니 내가 감히 작위를 마음에 담으리오! 한잔 후에 어찌 감히 서서 마시라고 청할 수 있겠는가?"라고 하고 인하여 눈물을 흘렸다.

다음 날 안우가 개선하여 행궁에 이르러 왕을 알현하려 하는데, 김용이 목인길睦仁吉을 시켜 (안우를) 인도하여 중문中門에 이르게 하고는 문지기를 시켜 그 머리를 내리쳤다. 안우가 말과 안색이 바꾸지 않은 채 세 번이나 차고 있던 주머니를 두드리며 큰 소리로 부르짖기를 "바라건대 잠시만 늦추어 달라. 원컨대 임금 앞에 가서 주머니의 글을 올린 후에 죽음을 당하겠다."라고 하였으나, 왕이 미처 듣지 못하였다. 이에 내리쳐서 죽였다. 글은 곧 김용이 안우 등을 속여 정세운을 죽이게 한 글이었다. 김용은 김림이 그 모의를 누설할까 염려하여 먼저 그를 죽이고, 드디어 왕에게 아뢰기를 "안우 등이 함부로 주장主將을 죽였으니 이는 전하를 무시한 것이므로 죄를 가히 용서할 수 없습니다."라고 하였다.

왕은 안우가 죽고 그 어린 아들이 헐벗은 채 길가에 서있다는 소문을 듣고 가엾이 여겨 불러 궁중에 머무르게 하고 그 돌아갈 곳을 물어서 보냈다. 휘하 사병들이 놀라 동요하므로 왕이 불러 술과 음식을 내려주며 위로하였다. 김용은 홍언박洪彦博·유탁·염제신廉悌臣·이암李嵒과 함께 품지稟旨(임금에게 아뢰어 결정을 받는 것)하여 방문榜文을 내걷기를 "안우가 불충하여 함부로 정세운을 죽였다. 안우는 이미 처형되었으니 능히 김득배와 이방실을 붙잡아오는 자가 있으면 3급級을 뛰어넘어 녹용할 것이다."라고 하였다. 대장군 오인택吳仁澤, 어사 중승御史中丞 정지상鄭之祥, 만호 박춘朴椿・김유金庾 등을 나누어 보내어 체포하게 하였다.

이날 이방실이 용궁현龍宮縣에 이르자 왕은 이방실의 외삼촌 우산기右散騎 신순辛珣과 안렴按廉 성원규成元揆에게 명하여 가서 맞이하게 하였다. 박춘이 가서 왕의 교지가 있다고 일컬으니, 이방실이 뜰에 내려와 꿇어앉았다. 오인택이 칼을 빼어 내리치니 곧바로 엎어져 기절하였다. 얼마 후에 다시 깨어나 담을 뛰어넘어 달아나는데, 박춘이 뒤쫓아가 죽였다.

김득배는 기주基州에 이르러 변을 듣고 기병 몇 명을 이끌고 도망하여 산양현山陽縣의 선영 옆에 숨었다. 김득배의 처를 가두어 국문하자 이에 고하므로 붙잡아 죽이고 상주尙州에서 효수하였다. 나이 51세였다. 보는 사람마다 개탄하며 애도하지 않는 이가 없었다.

김득배의 문생門生 직한림直翰林 정몽주鄭夢周가 왕에게 청하여 시체를 수습하고 제문을 지어 제사를 지냈다. (제문에) 이르기를 "오호라, 황천이여! 나의 죄가 무엇입니까? 오호라, 황천이여! 이는 어떠한 사람입니까? 대개 듣건대 선한 자에게 복을 주고 음란한 자에게 화를 내리는 것이 하늘이고, 착한 자에게 상주고 악한 자를 벌하는 것은 사람이라 하였나이다. 하늘과 사람이 비록 다르나 그 이치는 하나입니다. 옛 사람이 말하기를 '하늘이 정하면 사람을 이기고, 사람이 많으면 하늘을 이긴다.'라고 하였습니다. 하늘이 정하면 사람을 이긴다는 것은 과연 무슨 이치이며, 사람이 많으면 하늘을 이긴다는 것은 또한 무슨 이치입니까? 지난날에 홍건적이 난입하여 임금이 피난하고 국가의 운명은 실낱 같이 위태로웠습니다. 오직 공이 앞장서 대의를 창도하니 온 나라가 호응하였으며, 몸소 만 번 죽을 계책을 내어 능히 삼한의 삼한三韓의 왕업을 회복하였습니다. 무릇 오늘날의 사람이 여기에서 먹고 여기에서 잠잘 수 있는 것은 이 누구의 공로입니까? 비록 죄가 있어도 공으로써 덮어주는 것이 옳습니다. 죄가 공보다 중하여도 반드시 그 죄를 자복하게 한 연후에 죽이는 것이 옳을 것입니다. 어찌하여 말의 땀이 아직 마르지 않고 승리의 노랫소리가 아직 그치지도 않았는데 마침내 태산 같은 공로로 하여금 도로 칼날의 피가 되게 하십니까? 이것이 내가 피눈물로써 하늘에 묻는 바입니다. 나는 충성스러운 혼과 씩씩한 넋이 천추만세에 반드시 구천九泉의 아래에서 울음을 먹음을 알고 있나이다. 오호라! 운명이니 어찌 하리오! 어찌 하리오!"라고 하였다.

이방실의 아들 이중문李中文과 안우의 아들은 나이 겨우 10여 세였다. 거리에서 놀면 사람들이 앞을 다투어 먹을 것을 주며 말하기를 "지금 우리들이 편안히 먹고 잠자는 것은 세 원수의 공이다."라고 하고, 눈물을 흘리는 사람까지 있었다.

논하기를,

정세운은 충성스러운 마음으로 비분강개하여 적을 토벌하고 (서울을) 수복하는 것을 자기의 임무로 삼았다. 명을 받자 정벌에 전념하여 노략질을 일삼는 오랑캐를 섬멸하고 구도舊都를 회복하였다. 김부식金富軾이 서경을 회복한 것이나 조충趙沖이 요나라 잔당을 소탕한 것에 비교하면 공렬功烈이 더욱 우뚝하다. 그런데 어찌하여 총융사의 중대한 지위의 사람이 자기 몸을 낮추어 가벼이 곧바로 부장副將의 초청에 응하여 뜻밖의 변을 당하는가? 공을 이루고도 몸을 보전하지 못하였으니 애석하도다!

김득배·안우·이방실은 김용에게 속임을 당하여 결국 제멋대로 (정세운을) 살해하여 처단되었으니 사람들이 지금까지도 이를 슬퍼한다. 그러나 세 사람은 공을 오로지 하고자 투기하여 살해하였으니 다만 속임을 당하여 일으킨 것은 아니었다. 대저 장차 명을 받아 외방에 있는데 임금이 부장으로 하여금 그를 죽이게 하는데 밀지密旨를 내리지 않고 근신으로 하여금 비밀리에 사주하여 모해하는 것은 삼척동자라도 그것이 거짓임을 알 수 있는데 세 사람만 도리어 몰랐던 것인가! 김용의 서신이 이르렀을 때에 과연 모두 속임을 당하였다면 홍사우洪師禹를 보내어 정세운의 죄를 논한 글에서 어찌하여 김용이 보낸 글의 뜻을 대략이라도 언급하지 않았겠는가? 그런즉 안우·이방실이 김용과 더불어 같이 모의한 것을 알 수 있다.

그런데 김득배는 평소에 경들을 꺼린다는 말에 움직여서 억지로 따랐다. 공을 오로지

하고자 투기하여 살해한 것이 아니고 무엇이겠는가? 김득배가 마땅히 안우와 이방실을 타이르며 말하기를 "김용의 서한이 잘 모르고 정세운을 논죄하는데, 서한을 쓸 때에는 왕이 정세운의 성공한 것을 듣지 못하였다. 지금 정세운이 공을 이루었는데 죽인다면 곧 왕이 우리들에게 노여워하여 죽일 것이 아니겠는가?"라고 하였다면, 안우와 이방실이 놀라워하며 앞일을 다시 헤아려보지 않았겠는가! 이렇게 계산을 하지 못하고 적신賊臣의 속임수에 빠졌으니 안우와 이방실을 어떻게 죽여야 할 것인가.

김선치金先致 조돈趙暾 전이도全以道

김선치金先致

김선치는 김득배金得培의 아우이다. 낭장郎將으로 전라도 도순문사全羅道都巡問使 유탁柳濯을 따라 왜구를 격퇴하면서 손으로 수십 명을 죽였다. 여러 관직을 거쳐 호부 낭중戶部郎中이 되었다.

공민왕恭愍王 때에 도원수都元帥 이암李嵒을 따라 홍건적을 막으러 서경西京에 이르니, 적의 기세가 매우 성하였다. 이암이 적의 식량을 없애기 위하여 김선치로 하여금 부고府庫를 불사르게 하였다. 김선치가 말하기를 "만약 부고를 불사르면 적은 식량이 결핍되어 나라 안으로 갑자기 들어올 것이니 좋은 계책이 아닙니다."라고 하였다. 이암이 노하여 그를 나무랐으나 안우安祐가 곁에 있다가 조용히 말하기를 "김선치의 말이 옳다."라고 하므로, 이암이 그 말을 따랐다. 적을 평정하고 공로를 1등으로 책록하여 벽상壁上에 도형圖形하였으며, 토지와 노비를 내려주었다.

이부시랑吏部侍郎으로 선발되었으며, 외직으로 나가 양광도를 안렴按廉하게 되었다. 재상이 남경南京의 궁실宮室을 허물어 백악白岳으로 옮기려 하니, 김선치가 (임지로) 출발하기에 앞서 아뢰기를 "전에 (궁실을) 지으면서 남경의 사람들과 짐승이 피폐해졌는데, 지금 다시 그것을 허물면 아마도 백성들이 실망할 것입니다."라고 하였다. 왕이 놀래 말하기를 "나는 실로 알지 못하였다. 이는 재상이 스스로 한 일일 뿐이다."라고 하고 곧바로 명하여 허물지 말게 하였다.

홍건적이 서울을 함락하니, 제장을 따라 이를 수복하였다. 여러 관직을 거쳐 밀직부사密直副使가 되었으며, 외직으로 나가 계림부윤鷄林府尹이 되었다. 이때 강도가 옥에 갇혔는데 연좌된 자가 100여 명이었으나 오랫동안 처결치 않았었다. 김선치가 일을 맡아서 처리하여 살게 된 자[全活]가 매우 많았다. 상성군尙城君에 봉하고 추성익위공신推誠翊衛功臣의 칭호를 내려주었으며 동지밀직同知密直으로 승진하여 전라도 도순문사가 되었다.

신우辛禑 초에 왜인 등경광藤經光이 그 무리를 거느리고 와서 장차 입구入寇하겠다고 성언聲言하면서 공갈하고 인하여 양식을 요구하였다. 조정에서 의논하여 순천順天과 연기燕岐 등지에 나누어두고 관청에서 양식을 주기로 하였다. 얼마 후에 밀직부사 김세우金世祐를 보내 김선치에게 유시하여 그들을 꾀어다가 죽이게 하였다. 김선치가 많은 술과 음식을 갖추어 향응하면서 죽이고자 하였다. 계획이 누설되어 등경광은 그 무리들을 이끌고 바다를 건너 가버리고 겨우 세 사람만 잡아 죽였다. 김선치는 죄를 두려워하여 거짓으로 70여 명을 죽였다고 보고하였는데, 일이 발각되어 수졸戍卒로 편배編配되었다. 이전에는 왜가 주군州郡을 노략질하면서 사람과 가축을 죽이지 않았는데, 이로부터는 매번 침입하여 노략질할 때마다 부녀자와 어린아이까지 남김없이 살해하여 전라도와 양광도의 바닷가 주군州郡들이 텅비어버렸다. 김선치가 그들을 격노케 한 것이다.

후에 낙성군落城君으로 봉하였다. 상주尙州에 물러가 살다가 죽으니 나이 81세였다. 아들은 김추金錘·김전金銓·김균金鈞이다.

조돈趙暾

조돈의 첫 이름은 조우趙祐이며, 쌍성총관雙城摠管 조휘趙暉의 손자이다. 대대로 용진龍津에서 살았다.{덕원부德源府 동쪽 30리에 있다.}

20세가 못되어 충숙왕忠肅王을 섬겼다. 이때 이민吏民들이 여진의 홍긍洪肯{지금의 홍원洪源이다. 혹은 홍헌洪獻이라고도 쓴다.}·삼살三撒{지금의 북청北靑이다.}·독로올禿魯

兀{지금의 단천端川이다.}・해양海陽{지금의 길주吉州이다. 혹은 해양海洋이라고도 쓴다.} 등지에 도망하여 들어갔다. 왕이 조돈을 보내 해양에 이르러 60여 호를 쇄환하여 돌아오니, 감문위 낭장監門衛郎將으로 제수하였다. 후에 다시 해양에 이르러 100여 호를 쇄환하여 오니 왕이 이를 가상히 여겨 구마廐馬와 능단綾緞 등을 내려주고 좌우위 호군左右衛護軍으로 제수하였다. 왕이 훙거하니 조돈은 용진으로 돌아갔다.

일찍이 조휘가 쌍성{지금의 영흥永興이다.} 등지로써 반역하여 원나라에 들어갔다. 공민왕恭愍王 5년(1356)에 옛 땅을 수복하고자 하여 밀직密直 유인우柳仁雨를 동북면 병마사東北面兵馬使로 삼고, 강릉 존무사江陵存撫使 이인임李仁任과 함께 가서 공격하게 하였다. 유인우가 군사를 거느리고 철령鐵嶺을 지나 등주登州에 머무르니, 쌍성에서 200리 거리였다. 10여 일을 머무르며 진격하지 않았다.

쌍성총관 조소생趙小生은 조돈의 조카였다. 사변을 듣고 천호千戶 탁도경卓都卿과 함께 조돈을 불렀다. 조돈이 이르자, 조소생은 군사를 일으켜 항거하며 지키기로 계획하고는 조돈을 위협하며 말하기를 "지금 사태가 위급합니다. 숙부가 고려에 벼슬하여 여러 임금에게 총애를 받았습니다. 오늘 숙부가 남쪽으로 고려를 향하면 쌍성의 땅에 있는 12개 성에서 누가 기꺼이 나를 따르겠습니까?"라고 하였다. 이에 탁도경과 더불어 심복으로 용감하고 건장한 자 30인을 선발하여 조돈을 호위케 하였는데, 사실은 그를 구속한 것이다.

이인임이 유인우를 설득하며 말하기를 "조돈은 곧 왕실을 위하는 마음이 있으니, 반드시 역적들과 함께 반역하지는 않을 것이다. 지금 왕명으로 유시하면 반드시 올 것이다. 조돈이 오면 쌍성은 가히 격문을 보내는 것으로 평정될 것이다."라고 하니, 유인우가 그 말을 옳게 여겼다.

마침내 납서蠟書(밀랍)를 동그랗게 뭉쳐 그 속에 비밀문서를 넣은 것을 조돈에게 보내니, 조돈이 글을 보고 숨기고 장차 틈을 엿보아 움직이고자 하였다. 조돈이 어렸을 때 쌍성 사람 조도적趙都赤이 재주가 뛰어나며 의협심이 있음을 보고 굳게 우정을 맺어 환심을 얻었다. 이때에 조도적은 조소생의 모의를 주도하였다.

조돈이 조도적을 깨우치며 말하기를 "지금 철없는 두 아이가 조정의 명령을 거역하는 것은 너를 심복으로 삼고 있기 때문이다. 너는 본래 고려 사람이고, 너의 할아버지는 내 할아버지와 함께 모두 한양漢陽으로부터 왔다. 지금 본국을 배반하고 역적 무리를 따르는 것은 홀로 무슨 마음이냐? 역심逆心을 버리고 순리를 따를 것이며 위태로움을 버리고 안전한 데 나간다면 공명부귀가 바로 이때에 결정되는 것이니 너는 잘 헤아리라."고 하였다. 조도적이 눈물을 줄줄 흘리면서 손을 들어 하늘을 가리키며 말하기를 "공께서 저를 살려주었습니다. 공이 일단 먼저 가면 저도 따라 가겠습니다."라고 하였다.

조돈이 기뻐하며 아우 조천주趙天柱와 더불어 몸을 빼어 달려나가 삼기강三岐江에 이르렀다. 배를 타고 강의 중류에 이르렀을 때에 뒤쫓는 기병 백여 명이 강 언덕까지 왔다가 돌아갔다. 조돈이 용진龍進에 이르러 가족들에게 말하기를 "부인을 따라 바다를 건너 나와 등주登州에서 만나자."라고 하고, 아들 조인벽趙仁璧·조인경趙仁瓊·조인규趙仁珪·조인옥趙仁沃을 데리고 하룻밤에 2백 리를 달려 동틀 무렵에 유인우의 군영에 나아갔다. 유인우에게 말하기를 "두 아이들의 형세가 궁박하여 장차 북쪽으로 달아나려고 하며, 쌍성 사람들은 모두 산골짜기로 도망하였다. 지금 대부대가 갑자기 이르면 반드시 놀라서 내려오지 않을 것이며, 청야淸野(적이 이용하지 못하게 농작물 등을 말끔히 없앰)하여 먹을 것이 없을 것이다. 공을 위한 계책으로는 먼저 내 아들 조인벽을 보내 그들을 불러 깨우치는 것보다 좋은 것이 없다."라고 하였다.

유인우가 그 말에 따라 이에 조인벽 및 지통주知通州 장천핵張天翮으로 하여금 쌍성을 돌게 하였다. 쌍성 사람들은 (조인벽이) 이르렀음을 듣고 기뻐하여 말하기를 "조 별장趙別將이 왔다."라고 하였다. 서로 이끌고 와서 항복하고, 관군에게 음식을 대접하면서 말하기를 "고려 왕은 참으로 우리의 임금이다."라고 하였다.

이보다 앞서 우리 환조桓祖(태조 이성계의 아버지 이자춘李子春)가 조정에 오니, 왕이 맞이하며 말하기를 "완고한 백성들을 돌보느라 또한 수고롭지 아니한가?"라고 하였다. 그때 기철奇轍이 비밀리에 쌍성의 반역자들과 내통하여 난리를 선동하고 있었으므로 왕이 비밀리에 환조에게 명하여 이를 도모하게 하였다. 이때에 이르러 왕은 유인우가 지체한다는 말을 듣고 병마판관兵馬判官 정신계丁臣桂를 보내어 환조에게 유시하여 내응하도록 하였다. 환조가 명을 듣고 곧바로 군사들의 입에 재갈을 물리고[14] 가서 유인우와 더불어 군사를 합하여 쌍성부를 격파하였다. 조소생과 탁도경이 도망하여 이판령伊板嶺 북쪽 입석立石 지역으로 들어갔다.

이에 지도地圖를 안찰하여 화주和州·등주登州·정주定州·장주長州·예주預州·고주高州·문주文州·의주宜州 및 선덕宣德·원홍元興·영인寧仁·요덕耀德·정변靜邊 등의 진鎭을 수복하였다. 대개 함주 이북인 합란哈蘭{합란부이다. 함주는 오늘날의 명칭으로 이북以北은 자세하지 않다.}·홍헌洪獻·삼살三撒 지역은 본래 우리나라 영토였다. 조휘趙暉 등이 반역하여 원나라에 몰수된 지 무릇 99년 만에 지금 모두 수복한 것이다.

정신계가 군사를 거느리고 이판령을 지나 여진과 싸워 크게 승리하고 그 괴수 첩목아帖木兒를 베어 그 머리를 서울로 보냈다. 유인우가 처음 이르렀을 때에는 단주端州 이북 천 수백 리가 바람처럼 쏠려 고려를 향하였는데, 유인우가 재물을 탐오하며 백성을 살육하였다. 조도적이 와서 알현하니 왕이 호군護軍에 제수하고 금부金符를 내려주며 동북면 천호東北面千戶로 임명하여 가서 여진을 안무하게 하였다. 유인우가 꺼려 그를 죽였다. 장천핵은 유인우의 휘하에 예속되어 함부로 무고한 이들을 죽이고 소와 말과 재산을 약탈하였으며 다른 사람의 아내와 첩을 빼앗았다. 마침내 북쪽 백성들이 고려에 귀부하려는 마음을 저애하였으므로 조돈이 매우 유감스럽게 생각하였다. 조돈이 돌아오니 왕이 크게 기뻐하며 자급을 뛰어넘어 예빈경禮賓卿으로 제수하고 서울에 집을 내려주었다.

조소생과 탁도경은 여진 땅으로 도망하였다가 형세가 궁지에 몰리자 항복하려고 하였는데, 조도적이 항복하였다가 피살된 것을 보고 새서璽書(옥새가 찍힌 문서)를 보고나서 항복하고자 하였다. (공민왕) 8년(1359)에 왕이 조돈을 보내어 새서를 갖고 가서 깨우치게 하였다. 조돈이 등주登州에 이르러 배를 타고 반달 동안 가서 해양海陽에 이르러 새서를 내려주었다. 조소생이 조돈을 따라 입조入朝하려고 하다가 다시 다른 생각을 품

14 군사가 행진할 때에 떠들지 못하도록 군졸들의 입에 나무막대기를 물리던 일.

고 갑옷을 갖춰 입고 기다리므로 조돈이 감히 들어가지 못하고 돌아왔다.

홍건적이 서경을 함락시키니 지병마사知兵馬事로서 안우安祐의 휘하에 예속되어 적을 격퇴하였다. (공민왕) 9년(1360)에 판사농시사判司農寺事로 제배되었다가 (공민왕) 10년(1361)에 공부 상서工部尙書로 전임하여 왕을 따라 남쪽으로 갔다. 왕이 조돈 및 목인길睦仁吉에게 명하여 복주福州(안동) 군사를 나누어 거느리고 행궁을 숙위하게 하였다.

(공민왕) 11년(1362)에 외직으로 나가 해주 목사海州牧使가 되어서 어머니의 상사를 당하였다. 한 해가 지나서 기복起復되어 예의 판서禮儀判書로 임명되었다. 홍건적을 평정한 공으로 1등에 책록되었다.

신우辛禑 원년(1375)에 용성군龍城君으로 봉하고, (신우) 5년(1379)에 벼슬을 그만두고 용진龍津으로 돌아가 노후를 보냈다. 조인옥이 따라가고자 하니 조돈이 만류하며 말하기를 "우리 집이 한때 위태로움을 만나 가문의 존속조차 유지하기 힘들었다. 공민왕(현릉)의 특별한 대우를 받아 온 가문을 보전되고 부자 형제가 모두 모두 조정에서 현달하게 되었으니, 나라의 은혜가 막중하다. 너희들은 늙은 아비를 염려하지 말고 힘을 다해 왕실을 섬기기를 내 곁에 있는 것과 같이 하라."고 하였다. 그 다음 해에 죽으니 나이 73세였다.

조인벽은 여러 차례 전공을 세워서 관직이 삼사좌사三司左使에 이르렀다. 조인옥은 여러 번 승진하여 판전의시사判典儀寺事가 되었다. 우리 태조(이성계)가 회군할 때에 윤소종尹紹宗이 『곽광전霍光傳』을 품고 와서 올렸다. 태조가 조인옥에게 명하여 읽게 하고 그것을 들었다. 조인옥이 인하여 왕씨를 다시 세우자는 의논을 극력 간하였다. 전법판서典法判書로 제배되었다.

신창辛昌이 즉위하자 조인옥은 동렬과 함께 상소하기를 "불교는 청정하여 욕심이 적고 세상을 떠나서 속세와 인연을 끊는 것을 종지宗旨로 삼으니, 본래 천하와 국가를 다스리는 도가 아닙니다. 근세 이래로 승려들이 스승의 가르침을 생각하지 않고 토지의 조세와 노비의 노역勞役을 부처 공양에는 쓰지 않고 스스로 그 몸을 부유하게 하며, 과부의 집에 출입하고, 권문세가에 뇌물을 바치니, 청정하여 속세를 끊는 교리에 어떻다 하겠습니까? 원하건대, 이제부터는 도행道行이 있는 선발하여 여러 사원에 머물게 하고, 토지 조세와 노비 고용은 소재 관청에 명하여 거두어 공안公案에 기재하여 승려의 수를 계산하여 공급해 주소서. 무릇 승려로서 남의 집에 유숙하는 자는 간음을 범한 것으로 논죄하여 군적軍籍에 충당할 것이며, 그 주인 집 또한 논죄하소서. 귀천을 불문하고 부녀자는 비록 부모상이라 하더라도 절에 가지 못하게 하고 어기는 자는 실절失節한 것으로 논죄하며, 감히 부인의 머리를 깎은 자는 중죄를 가하고, 비구니가 된 자 또한 실절로서 논하소서. 향리鄕吏와 역리驛吏 및 공사 노비는 승려와 비구니가 되는 것을 허락하지 마소서."라고 하니, 왕이 그 말을 따랐다. 밀직대언密直代言으로 승진시켰다. 공양왕恭讓王 때에 희군한 공을 책록하고 철권鐵券과 토지를 주었다. 얼마 후에 어떤 일로 파면되었다가 기용되어 이조 판서吏曹判書가 되었다.

전이도全以道

전이도는 공민왕恭愍王이 원나라에 가서 숙위할 때에 시종하였다. 왕이 즉위하여 우리나라로 돌아오자 낭장郎將에 제수하고 시종한 공으로 1등에 책록되었다. 의성창사義成倉使로 제배되어 왕이 광명사廣明寺에 행차하여 반승飯僧하는 데에 능히 제공하지 못하여서 곤장을 맞고 파면되었다.

후에 예부 시랑禮部侍郎으로 경상도 진제사賑濟使로 갔다가 돌아와서 상주하기를 "수령守令은 직분은 백성을 다스리는데 있으니 진실로 그 사람이 아니면 백성이 반드시 그 해를 받게 됩니다. 선왕先王은 그러한 것을 알아서 수령은 반드시 등과登科한 선비를 썼는데 지금은 감무監務와 현령縣令이 모두 서리들에서 나와 온갖 방법으로 침어侵漁[15]하여 백성들의 재물을 강제로 약탈하니, 감히 농상農桑을 권장하고 정교政敎를 닦는 일을 바라겠습니까? 신이 의성현義城縣을 순시하며 옛 둑이 있는 것을 보았는데 가뭄을 만나면 가히 물을 대서 쓸 수 있었으나 현령이 수축하지 않았으므로 신이 명을 받들어 이미 곤장을 쳤습니다. 원컨대 이제부터는 모든 수령은 오로지 선비만을 쓰소서."라고

15 어부가 고기를 잡는 것처럼 다른 사람의 재물을 약탈하는 것.

하였다. 왕이 그 말을 옳게 여겼으나 끝내 능히 쓰지는 못하였다.

여러 관직을 거쳐 판전농시사判典農寺事로 되었다. 왕이 남쪽으로 복주福州(안동)에 갈 때에 전이도가 호종하였다. 왕이 전이도에게 명하여 홍주도洪州道에서 군대를 모집하고, 얼마 후에 제장諸將을 따라 경성을 수복하였다. 호종과 수복한 공을 책록하고 모두 녹권錄券을 내려주었다.

삼선삼개三善三介가 동북면東北面에 침입하니, 전이도는 지병마사知兵馬使로 되어 도지휘사都指揮使 한방신韓方信을 따라 이를 막았다. 전이도가 군대 6천을 거느리고 홀면忽面을 지켰는데, 홀면은 산골이 험준하여 군량 운반이 계속되지 못하였다. 여러 차례 삼관三關으로 물러나 지킬 것을 청하였으나, 한방신은 조정 명령[朝旨]에 위배될 것을 염려해 듣지 않았다.

삼선삼개가 홀면을 핍박하자 전이도는 기세에 눌려 달아났다. 이때 덕흥군德興君의 군대가 이미 선주宣州에 웅거하여 동북계東北界와 산봉우리 하나만 떨어져 있었다. 만약 산봉우리를 넘으면 홀면은 이미 적의 뒤에 있게 되므로 한방신은 패주한 것을 책망하지 않고 삼관을 지키게 하였다. 삼선삼개가 또 삼관을 핍박하자 전이도가 능히 지키지 못하여 화주和州 이북이 모두 함락되었다. 삼선삼개가 물러가자 한방신은 다시 전이도로 하여금 홀면을 지키게 하였는데, 전이도는 이를 원망하였다.

전이도는 성품이 편협하고 성급하였다. 매번 사람들에게 말하기를 "삼선삼개가 깊이 들어 온 것은 주장主將이 물러섰기 때문이다. 나는 국가를 위하여 홀면을 죽음으로 지키고자 하였으나 주장의 절도節度를 어기기가 어려워 물러나 삼관을 지키다가 적에게 기회를 주게 되었다."라고 하였다. 감찰사監察司에서 이를 듣고 한방신의 죄를 다스리고자 하였다. 왕이 감찰대부監察大夫 최재崔宰를 불러 한방신에게 죄가 없다고 깨우쳤으므로 일이 잠잠해졌다.

논하기를,

김선치는 성망聲望(명성과 덕망)과 훈업勳業이 김득배金得培에게 버금간다. 공을 같이 하여

(서울을) 수복하였으나 같은 재앙에는 참여하지 않았다. 집이 상주尙州 영순永順에 있어서 지금까지도 '이수댁二帥宅'이라 부른다.

조돈은 조소생이 화란禍亂을 엮을 때에 가족을 이끌고 남쪽으로 도망하여 사나운 가족들을 변화시켜 충성스럽고 의로운 가문이 되게 하였다. 비유하자면 이현충李顯忠[16]이 송宋나라에 귀순한 일과 서로 비슷하다. 그 몸이 영화와 복록을 누리고 은택이 후손에게까지 미친 것은 마땅하도다!

전이도는 물러나 삼관三關을 지키기를 청하였다. 돌아와서는 주장主將에게 허물을 돌리면서 자기를 변명하여 형벌에서 벗어나려고 하였으니 잘못되었도다!

---

16 이현충李顯忠 : 남송南宋의 장령將領. 초명은 세필世輔, 뒤에 현충顯忠이라는 이름을 하사받았다. 소년 때부터 아버지를 따라 금나라를 정벌하는 전쟁에 나가서 일생 동안 변방에 있었는데, 송 황제가 간성干城으로 여겼다.

| 휘찬여사 권33 |

명신 12

명신名臣 12

최영崔瑩

최영崔瑩

최영은 평장사 유청惟淸의 5세 손이다. 아버지 원직元直은 벼슬이 사헌 규정司憲糾正에 이르렀다. 최영은 풍채가 헌걸차고 체력이 남보다 뛰어 나서 우달치于達赤[1]로 선보選補되었다. 공민왕 원년(1352)에 조일신趙日新이 반란을 일으키자 최영은 안우安祐, 최원崔源 등과 협력해 그들을 모조리 처단하였다. (공민왕) 3년에 대호군大護軍이 되었다. 원나라 승상丞相 탈탈脫脫 등을 따라 남으로 고우高郵(중국 강소성의 지명)를 정벌할 때 우리나라의 군사는 27회의 전투를 하였는데 최영의 공이 가장 많았다. 사주泗州와 화주和州 등의 적이 병선 8천여 척으로 회안성淮安城을 포위하였을 때 최영이 물리쳤다. 이때 원나라의 정치가 쇠퇴하였으나 여러 장수와 완악한 도적들과 최영은 강회江淮에서 혈전을 하여 이름이 중국에 떨쳤다. 동쪽(우리나라)으로 돌아와 인당印當을 따라 압록강 서쪽 8개소의 병참을 격파하였다.

(공민왕) 6년에 서해西海·평양平壤 체복사體覆使로 되었으며 그 이듬해 왜적이 오예포吾乂浦(『휘찬여사』에는 오차포吾叉浦)에 침입하자 최영은 복병하였다가 싸워 이겼다. 또 그 이듬해에 서북면병마사로 되었다. 홍건적이 서경에 침입하자 최영은 여러 장수들과 함께 생양역生陽驛·철주鐵州·화주和州·함종咸從 지역에서 싸워 자못 전공이 있었다.

---

1 고려 후기 몽고의 영향을 받아 설치된 군사조직. 어원은 옥전치玉田赤·우단치于丹赤와 마찬가지로 문지기[司門人]를 뜻하는 몽고어의 차자借字이다. 국왕의 주위에서 근시近侍·숙위宿衛하는 업무를 담당하였으며, 홀치忽赤·속고치束古赤 등과 더불어 애마愛馬로 불렀다. 몽고의 영향으로 설치된 것으로 보이며 주로 공민왕 때를 전후하여 기록에 나타난다.

또 그 다음 해에 평양윤이 되어 진제장賑濟場을 두고 백성들에게 농사를 장려하고 전사자의 시체를 거두어 매장하였다.

(공민왕) 11년에 안우安祐·이방실李芳實 등과 함께 서울[京都]를 회복한 공이 있어 1등으로 녹훈錄勳되어 벽상에 도형[壁上圖形]하였다. 전리 판서典理判書로 임명되었다.

(공민왕) 12년에 김용金鏞이 그의 도당들을 보내 흥왕사興王寺의 행궁行宮을 습격하였다. 최영이 우제禹磾, 안우경安遇慶, 김장수金長壽 등과 함께 군대를 인솔하고 달려가 반란의 무리들을 모조리 죽였다. 적들을 평정하여 또 1등으로 책훈策勳되었으며 진충분의좌명공신盡忠奮義佐命功臣 칭호를 받았고 곧 찬성사贊成事로 승진되었다.

(공민왕) 13년(1364)에 최유崔濡가 덕흥군德興君을 모시고 압록강을 건너 왔다. 아군이 대전하다가 패하니 적이 승승장구해 선주宣州를 점령하자 전국이 불안에 떨었다. 최영을 도순위사都巡慰使로 임명해 급히 안주安州로 가서 전체 군대를 지휘통제 하였다. 최영은 명령을 받고 곧 군대를 재촉해서 출발하였으며 군사들을 격려해 기어이 적을 섬멸할 것을 맹세하였다. 도중에서 도망치는 병졸을 만나 곧 목을 베어 조리돌렸더니 비로소 군령이 엄숙하게 되었다. 드디어 여러 장령들과 함께 군대를 나눠 가지고 적을 수주隨州 달천獺川에서 크게 격파하였다. 최유가 요동으로 달아나자 원 왕조에서 최유를 잡아서 고려에 보내었고 (고려에서는) 그를 참하였다.

(공민왕) 14년에 왜적이 교동喬桐과 강화江華에 침입하였을 때에 최영은 도지휘사都指揮使로서 동강東江에 주둔하였다. 이때 신돈辛旽의 권세가 날로 성하였다. 밀직密直 김란金蘭이 그의 딸을 신돈에게 준 것을 최영이 책망하자 신돈이 최영을 왕에게 참소하였다. 최영이 고봉현高峰縣으로 사냥을 갔는데 왕이 이순李珣을 보내 책망하기를, "왜적이 창릉昌陵에 침입해 세조世祖의 영정을 가져갔는데 그대는 도지휘사都指揮使로서 그것을 알지 못하였다. 또 김속명金續命으로 그대를 대신하게 하였는데 그대는 아직도 그 군대를 데리고 때 없이 사냥을 나가니 무슨 일인가?"라고 하고 드디어 최영의 (도지휘사직을) 파직시키고 계림윤鷄林尹으로 임명하였다. 신돈이 최영과 이구수李龜壽를 모함하기를, "내시[中官]들과 결탁해 임금과 신하를 이간시켰습니다." 하고, 자기의 당 이득림李得林을 보내 신문하여 그의 전민田民(토지와 노비)을 적몰하고 유배를 보냈다. 이득림이

최영을 신문할 적에 기필코 그를 죽이려 하였다. 이때 정사도鄭思道가 합포合浦를 수비하고 있으면서 필사적으로 그 부당성을 주장하였었다. 이득림이 그 사실을 신돈에게 일러 주어서 정사도도 파직되었다.

(공민왕) 20년에 소환되어 다시 찬성사로 임명되었다.

(공민왕) 22년(1373)에 6도 도순찰사六道都巡察使로 되어 군호軍戶를 등록하고 전함戰艦을 건조하였으며 장수를 승급 또는 강직시키고 수령의 죄 있는 자를 독단으로 처리하였다. 최영은 본디 조정 사대부들의 현부賢否를 알지 못하므로 전최殿最(관인을 승급시키고 강등시키는 것)에 대해 정확치 못하였다. 또한 호령이 가혹하고 급하여 군민軍民들이 소동騷動하였다.

(공민왕) 23년에 전경양광도순문사全慶楊廣道巡問使로 되자 헌사憲司에서 공박하니, 최영이 왕에게 울며 호소하기를 "저는 진심으로 몸을 나라에 바치고 있는데 이제 이러한 비방을 받게 되었으니 저를 면직시키기 바랍니다."라고 하였다. 왕은 최영을 옳다고 인정하면서도 짐짓 대간과 도당에게 대신할 만한 자를 추천하라고 명령하였다. 그리고 얼마 안 가서 최영의 파면을 논의하였다는 이유로 대사헌大司憲 김속명金續命을 파면하고 최영에게는 선위정난공신宣威定亂功臣 칭호를 주었다.

고황제高皇帝(명 태조)가 임밀林密 등을 보내 제주濟州의 말 2천 필을 가져다 보내라고 하였다. 그런데 이전에 합적哈赤 석질리필사石迭里必思와 초고독불화관음보肖古禿不花觀音保 등이 사신을 살해하고 문득 항복하다가 바로 반란을 일으켰다. 이에 이르러 조지詔旨(황제의 명령)를 받들지 않으려고 하므로 드디어 제주를 토벌하기로 결정하였다. 7월에 최영을 도통사都統使로, 염흥방廉興邦을 도병마사都兵馬使로, 이희필李希泌과 변안열邊安烈, 목인길睦仁吉, 임견미林堅味, 지윤池奫, 나세羅世, 김유金庾를 원수元帥로 임명하고 전함 3백 14척과 사병 2만 5천 6백 명을 거느리고 토벌하게 하였다. 8월에 군사가 나주羅州에 도착하였다. 최영이 영산榮山에서 열병하고 모든 장군들과 약속하기를 "각도 선박은 각각 돛대 위에 깃발을 꽂아 표식할 것, 배에는 두목관頭目官을 두어 질서 없이 행선하지 말 것, 출발한 후에는 각각 대오를 정돈하며 연료와 음료수를 제때에 보급할 것이다. (제주에 도착하면 각각 병선을 거느리고) 동시에 함께 진군해 누구나 뒤에 떨어지지 말아야 하며 부대는 각각 근거지를 가지고 봉화로써 서로 연락할 것, 전체 부대의 행동은 도통사의 호각 소리에 따를 것이요 조금도 위반하지 말 것, 항복하는 자는 맞아들이지 말 것, 획득한 적 괴수의 재산과 금은으로 만든 패牌, 인신印信은 모두 관에 보내어 이것을 얻은 자에게 상을 준다."고 하였다. 맹서가 끝나자 "내 명령을 따르지 않으면 상형常刑이 있을 것이다."라고 하였다. 모든 장군들이 모자를 벗고 사례하였다.

배가 검산곶黔山串에 도착하니 서해의 전함 중에 도착하지 않은 것이 100여 척이나 되었다. 최영이 말하기를 "오늘 바람세가 좋지 못하다."고 하고 장차 기다리려고 하였다. 여러 장수들이 듣지 않고 (배를 출발시켜) 보길甫吉에 정박하였다. 최영이 정지시키려고 하자 여러 장수들이 말하기를, "군사는 신속한 것을 귀하게 생각한다. 머뭇거리다가 출발을 못한 다음에 허물이 있으면 장차 누가 책임을 지겠는가?"라고 하고 염흥방이 최영에게 여러 장수들의 말을 따르라고 권하였으나, 오시午時가 되도록 머무적거리며 출발하지 않으므로 변안열의 휘하 병사들이 갑자기 북을 울리며 키를 출발시켰다. 최영이 대노하여 (명령 위반자를) 돛대 위에 매달아 주리돌렸으나 조금 후에 여러 배가 돛을 달고 일제히 출발하므로 최영은 부득이 닻을 들어 배를 출발시켰다. 마침 서해도의 선박도 이르렀다. 해가 저물어 추자도楸子島에 도착하려 할 무렵에 과연 비바람이 크게 일어나서 선함들이 절벽 암석에 부딪쳐 파손된 것이 많았다.

다음날에 제주에 도착하였다. 최영은 모든 장군들을 배치해 4면으로 공격할 태세를 갖추었다. 석질리필사 등은 3천여 기騎의 병력으로 명월포明月浦에서 항거하였다. 최영은 목사 박윤청朴允淸을 보내 효유하기를, "이제 군대를 동원해 토벌하는 것으로, 적의 괴수를 제외하고 성주星主와 왕자王子, 토관土官, 군민軍民은 응당 이전과 같이 안도할 것이다."라고 하였다. 드디어 (최영이) 해안에 상륙하였다. 그때 군대들이 주춤거리며 전진하지 않으므로 비장裨將 1명을 베어 군중에 돌려 보이자 대군이 일제히 전진하였다. 좌우로 맹렬히 공격해 적을 대파하고 30리 지점까지 추격하였다. 해가 저물 무렵에 명일포 연안의 군영으로 돌아왔다. 이날 적의 말을 다수 획득해 모두 기병으로 되었다. 여러 장수가 한라산 밑에 주둔하며 병사들을 휴식하게 하였다. 적의 괴수 3명이

도전해 왔다가 거짓 패주하였다. 이것은 앞으로 효성曉星, 오음五音 평야에 유인해 기병으로 반격할 심산이었다. 최영은 그 모략을 알아차리고 날랜 군사로 급히 추격하니 적은 도주해 산 남쪽 호도虎島로 들어갔다. (이에 최영이) 비장 정룡鄭龍을 보내 빠른 병선 40척으로 포위하게 하고 자신은 정예 부대를 거느리고 뒤미처 갔다. 석질리필사가 나오자 허리를 참하였고 그의 세 아들 초고독불화관음보 등은 절벽 밑으로 몸을 던져 죽었다. 모두 그 목을 베어 서울에 바쳤다.

동도東道 합적哈赤 석다시만조石多時萬趙와 장홀고손莊忽古孫 등은 아직 성에 의거해 항복하지 않았다. 최영이 여러 장군들을 거느리고 공격하자 적들이 궤산潰散하여 도주하였으므로 계속 추격해 포로하고 잔당들을 수색해 모조리 죽였다. 금패金牌 9, 은패 10, 인신 30, 말 1천 필을 노획하였다. 이때 군졸 중에서 말을 잡아먹는 자가 있었으므로 최영이 바로 목을 베어 돌리니 사졸들이 모두 공포에 떨며 추호도 범하는 자가 없었다.

10월에 군사를 돌려서 오니, 왕은 이미 죽었다. 최영은 재궁梓宮(왕의 관棺) 앞에서 보고하고 통곡실성 하였다.

(신우) 2년(1376) 왜적이 연산連山 개태사開泰寺를 도륙하고 원수元帥 박인계朴仁桂가 패배해 전사하였다. 최영이 이것을 듣고 토벌을 자청하니 신우는 최영이 늙었다 하여 허락하지 않았다. 최영이 말하기를 "보잘 것 없는 왜적이 이와 같이 난폭합니다. 여러 장수가 명을 듣지 않은 것은 평소에 훈련이 없기 때문입니다. 저로 말하면 비록 몸은 늙었으나 원컨대 한번 죽어서 왕실을 보위할 뿐입니다."라고 하자, 우가 감탄하고 허락하였다. 이리하여 최영은 밤낮으로 행군하였다. 이때 적은 늙은이와 약한 자를 배에 싣고 곧 돌아가려는 듯이 보이면서 몰래 용감한 정예 부대 수백 명을 깊이 침입시키니 가는 곳마다 바람 쳐다보듯이 하고 감히 대적하는 자가 없었다. 홍산鴻山에 이르러서 함부로 살육과 약탈을 감행해 기세가 대단히 강성하였다. 최영은 도순문사 최공철崔公哲, 원수元帥 강영康永, 병마사 박수년朴壽年 등과 함께 급히 홍산鴻山으로 가서 전투에 앞서 우선 요해처를 점거하였다. 그곳은 3면이 다 절벽이고 오직 길 하나가 통할 뿐이었다. 모든 장수들이 겁을 먹고 전진하지 못하였으므로 최영이 몸소 사병의 선두에 서서 말을 채찍질하여 돌진하니 적은 바람에 풀잎이 쓰러지듯 하였다. 이때 적 1명이 숲

속에 숨어 최영을 쏘아서 입술을 맞혔다. 최영은 유혈이 낭자하였으나 안색은 태연자약하였으며 그 적을 쏘니 시위 소리와 함께 넘어졌다. 그런 후에야 맞은 화살을 뽑았다. 더욱 힘써 싸워 마침내 대파하고 포로 또는 살육하고 개선하였다. 우가 재추들에게 명령해 교외에서 맞이하게 하고 노부鹵簿를 갖추고 조칙詔勅(황제가 내린 문서)을 맞이하는 것처럼 하였다. 들어가서 우를 만나니, 우가 묻기를 "적의 수효가 얼마던가?"라고 하니, 대답하기를 "많지 않았습니다."라고 하였다. 여러 장수들이 탄식하였다. "다행히 적이 적었습니다. 적이 만일 많았더라면 거의 이 늙은이를 잃었을 것입니다."라고 하였다.

후에 적 중에서 도망 온 자가 있었는데, 여러 장수가 바로 문초하여 장계하기를 "왜가 항상 말하기를 두려운 것은 오직 백수白首의 최만호뿐이다. 홍산 전투에 최만호가 이르자 사졸이 앞을 다투어 말을 달려 치고 밟으니 매우 두렵다."고 하였다. 최영의 휘하가 홍산鴻山 전투에서 적을 격파하는 그림[鴻山破陣圖]를 올리니 우가 이색李穡에게 명하여 찬문贊文(찬양하는 글)을 짓게 하였다.

(신우) 3년에 왜적이 강화와 교동에서 노략질 하였다. 이보다 전에 최영이 해로에 관방을 설치하고 전함 100척을 준비하여 서울을 방위하자고 하였으나 우가 듣지를 않았다. 왜적이 밤을 이용해서 착량窄梁에 침입해 병선 50여 척을 불살라 해면이 낮과 같이 밝았고 죽은 자가 1천여 명에 달하였다. 만호 손광유孫光裕는 화살에 맞고 작은 배[劍船]를 타고 간신히 빠져 나왔다. 최영이 일찍이 손광유에게 경계하기를 "착량 강어구에서 관병觀兵을 하더라도 아예 바다로 나가지는 말라."고 하였다. 이날 손광유는 착량을 나서자마자 술에 크게 취해 배위에서 잠들었다. 적이 이르러도 돌아볼 수가 없었다. 적이 드디어 강도江都에 들어와 만호 김지서金之瑞와 부사府使 곽언룡郭彦龍은 도망쳐 마리산摩利山으로 들어갔다. 적은 함부로 약탈하고 김지서의 처를 포로해 갔다. 우가 나세羅世, 이원계李元桂, 강영康永, 박수년朴壽年, 조사민趙思敏 등을 보내 적을 강화도에서 공격하게 하고 최영을 도통사로 임명해 승천부昇天府에 주둔하면서 왜적에 대비하게 하였다. 적은 강화도를 떠나서 수안守安·통진通津·동성童城 현들에 침입하였는데 가는 곳마다에는 아무 것도 남지 않았다. 이에 서로 말하기를 "아무도 금하는 사람이 없구나. 참으로 낙토樂土이다."라고 하였다. 최영이 경복흥慶復興, 이인임李仁任 등과 함께 경

천敬天에 가서 방어 대책을 토의하였을 때, 최영이 탄식하며 말하기를 "왜적의 횡포 잔악함이 이러하니 원수元帥로서 어찌 낯을 들 수 있는가."라고 말하면서 마침내 눈물을 줄줄 흘리었다. (원수) 석문성石文成은 다만 가기歌妓가 오는가만 돌아보고 물었으므로 사람들이 그들이 근심하고 즐기는 것을 탄식하였다.

김지서가 사람을 보내 고하기를, "적이 이미 부녀자와 옥백玉帛을 실어다 덕적도德積島에 두고 장차 다시 침입할 것 같으니 청컨대 원병을 보내주기 바랍니다."라고 하자, 최영이 불응하며 말하기를, "너희 부에는 기병 1천여 명이 있는데 적이 너의 처를 잡아 갔을 때도 용감히 싸우지 않았다. 이제 비록 군대를 늘려준들 어디에 쓰겠는가?"라고 하였다. 또 여러 재상들에게 말하기를 "먼 지방의 원수元帥들은 집합 기한을 잠간 어기기만 하면 군법에 부치거든 항차 경기에 있고 큰 병선[巨艦] 50척을 거느리고 있으면서 싸우지 않고 버려서 한 고을을 쓸쓸한 폐허로 만든 자이겠는가? 이러한 것을 처단하지 않고 어찌 호령을 할 수 있겠는가?" 하고 또 "손광유가 나의 절도를 위반하여 조강안집사阻江安集使가 거짓으로 적이 물러갔다고 보고하여 내가 격퇴할 수 없게 하였습니다."라고 하고 우에게 처형할 것을 요구하였다. 이리하여 손광유, 김지서, 곽언룡을 옥에 가두었다. 교동의 늙은이와 어린이들을 내지로 옮기고 장정만을 남겨 두어 농사를 짓게 하고 호우豪右가 점령한 사전을 군수에 충당하자고 청하니 우가 따랐다.

우가 곧 손광유孫光裕 등을 사면해주었다. 이에 앞서 경상도 원수 김진金縝이 도내의 이름 난 기생을 모아 놓고 밤낮으로 술을 마시고 놀았다. 김진은 소주를 좋아하였으므로 군대 안에서 소주도燒酒徒라고 불렀다. 그는 편비偏裨(보좌관)들이 조금만 자기 비위를 거스르면 곧 후려치며 욕설을 하였으므로 모두 울분과 원망을 품었다. 왜적이 합포合浦 병영에 방화하고 약탈하자 군인들이 물러서며 말하기를 "소주도에게 적을 치게 하라."라고 하자 김진은 혼자 말타고 도주하였으므로 마침내 대패하였다. 이에 김진을 서민庶民으로 만들고 합포 도천호都千戶를 참하였다. 이때에 와서 최영은 탄식하기를 "이미 김진을 용서하고 또 손광유 등을 놓아 주니 형정刑政이 이러하고야 어찌 나라를 다스리겠는가."라고 하였다.

이때 서울[京都]이 바닷가여서 왜적이 자주 도적질을 하므로 모두 천도를 하여 피하자고 하였으나 오직 최영만이 군대를 징발해 고수할 방침을 말하였다. 그런데 우가 듣지 않고 궁성을 철원鐵原에 신축할 것을 명령하였다. 최영이 말하기를 "수도를 옮기는 일은 비단 백성을 소란하게 할 뿐만 아니라 또한 해적이 노리는 마음을 열어 주어 나라의 형세가 날로 위축될 것이니 이것은 그릇된 생각입니다. 신이 생각하기에는 태후太后께서 춘추가 이미 많으므로 의당 태후를 받들어 철원에 거주하게 하시고 전하는 여기에 머물러 인심을 안정시키시기 바랍니다. 다만 경성이 너무 넓어서 비록 10만의 병력을 가져도 방위하기 용이하지 않으니 내성內城을 축조해 불의의 사변에 대비하는 것이 좋겠습니다."라고 하였다. (이에 수도를 옮기는) 일이 정지되었다.

(신우) 4년(1378)에 왜적의 병선이 대거 착량窄梁에 집결하여 승천부昇天府로 들어 와서 장차 경성을 침공하겠다고 공언하였으므로 국내가 크게 진동하였다. 우가 모든 군대에게 명령해 나누어서 동서강東西江에 주둔케 하고 궁문에 위병衛兵 대열을 늘어놓아 적의 침입에 대비하고 방리坊里의 병정을 동원해 성에 올라 가 망을 보게 하였다. 최영은 모든 군대를 감독하며 해풍海豊에 진을 쳤으며, 찬성사贊成事 양백연楊伯淵이 그 부관으로 임명되었다. 적이 이를 탐지하고 최영의 부대를 격파하면 경성을 엿 볼 수 있을 것으로 인정하고 다른 진지와는 싸우지 않고 그대로 통과하면서 급히 해풍으로 달려들어 곧바로 중군中軍으로 향하였다. 최영은 말하기를 "국가[社稷]의 존망이 이 결전에 달렸다."라 하고, 드디어 양백연과 함께 공격을 개시하였다. 적은 최영에게로 집중 공격을 하였다. 최영은 달아났다. 이때 우리 태조(이성계)가 정예 기병을 거느리고 맞바로 달려가 양백연과 합세해 공격한 결과 적을 대파하였다. 최영은 적이 붕괴되는 것을 보고 휘하를 거느리고 측면으로 공격해 거의 다 소탕하였다. 적의 패잔병들은 밤으로 도주하였다.

이때 성중에서는 최영이 패하였다는 소문을 듣고 더욱 흉흉하였다. 우는 나가서 피하려고 하였고 백관들은 짐을 싸 가지고 궁문宮門으로 겹겹이 모여들어 기다리고 있었다. 승첩보가 오자 경성의 계엄령을 해제하였다. 최영에게 안사 공신安社功臣 칭호를 주었다.

(신우) 5년(1379)에 정지鄭地가 왜적과 순천順天 조양兆陽에서 싸워서 패전하였다. 우

가 장차 여러 장수를 파견하여 왜적을 공격하려고 하였다. 최영이 가기를 청하면서 "신이 만일 적에게 죽으면 나라의 위신을 손상할까 염려되는 바입니다. 그러나 차마 앉아서 백성이 무참히 살상되는 것을 볼 수 없습니다. 나라의 안위가 신의 일거에 달렸으니 휘하 전사를 거느리고 출정하게 해 주기 바랍니다."라고 하자 우가 그에 따랐다. 도당에서 출정하는 장수들을 전송하였는데, 최영만은 이에 참여하지 않고 말하기를 "근자에 문하부門下府에서 환영과 전송을 금지하였는데 어찌 재상들이 먼저 그것을 위반할 수 있는가."라고 하였다. 어느 사이에 변방의 보고가 급하게 되었다. 우가 말하기를 "외지를 중요시하고 서울을 소홀히 할 수 없다."고 하여 드디어 최영이 남쪽으로 원정하지 않게 되었다.

5년에 정당문학 허완許完과 밀직 윤방안尹邦晏이 우의 유모 장씨張氏에게 몰래 참소하여 내재추內宰樞 임견미林堅味, 도길부都吉敷를 제거할 것을 청하였다. 우는 임견미 등을 자택으로 내쫓아 출입을 금지하였다. 임견미 등이 최영 및 경복흥, 이인임에게 달려가 말하기를 "허완이 우리 두 사람을 죽이려 하는바 결국 여러 분에게까지 화가 미칠 것이다."라고 하였다. 밤에 허완 등이 임금의 명령으로 사칭하고 최영을 불렀다. 그러나 최영은 이를 두려워하여 경복흥, 이인임 등과 함께 흥국사興國寺에서 만나 무장한 군대를 대대적으로 배치하고 양부兩府 백관과 기로耆老들을 집합시켜 토의한 후 장씨를 국문할 것을 청하였다. 우가 급히 최영을 불렀으나 최영이 거부하며 말하기를 "지금 전국이 실망하고 있습니다. 상께서 만일 군중의 의견을 들어 준다면 제가 들어가 보겠습니다."라고 하였다. 우가 말하기를 "그대가 여러 날 병으로 나오지 않으므로 한 번 볼 겸 실망한 일에 대하여 듣고자 한다."라고 하였다. 최영이 들어가려 한즉 여러 대신들이 만류하기를 "공이 가면 이 군대가 반드시 혼란스러워 할 것이고 나라가 안정되지 못할 것이다."라고 하였다. 이에 양부와 대간이 장씨를 내려주어 다스릴 것을 청하였으나 우가 듣지 않고 최영에게 군사를 풀 것을 명령하면서 말하기를 "내가 경을 부르는데 경이 군사를 옹위하면서 오지 않았다. 경은 일찍이 스스로 누대의 충신이라고 하였는데 그 충심이 어디에 있는가?"라고 하였다. 최영이 말하기를 "내가 만일 부름에 따라 들어가면 병사들이 기어이 따라 들어올 것이며 병사를 이끌고 궁중으로 들어가면 제 죄는 사형에 해당할 것입니다. 저의 몸은 비록 보잘 것 없으나 연관되는 바가 대단히 크므로 만일 간악한 자의 손에 죽으면 국가가 위태할 것입니다."라고 하였다. 우는 침묵하더니 몰래 사람을 시켜 대사헌 우현보禹玄寶에게 보내 말하기를 "백관과 함께 물러가는 것이 좋을 것이다."라고 하였으나, 우현보가 말하기를 "나는 물러 갈 수 있으나 백관이 반드시 따르지 않을 것입니다."라고 하였다. 백관이 장씨의 죄행을 낱낱이 태후에게 말하니, 태후가 말하기를 "어찌 한 여자의 잘못 때문에 온 나라가 분분하게 될 수가 있겠는가?"라고 하였다.

마침내 장씨를 이인임에게 보내면서 죽이지 말 것을 명하였다. 최영이 궁궐에 가서 사은하기를 "전하가 간사한 자를 물리치고 저를 의심하지 않으니 신민들이 모두 기뻐합니다. 다만 저를 불충한 신하라고 책망한 것은 실로 의외입니다."라고 하였다. 신우가 말하기를 "그때는 일이 다급하여 얼결에 실언을 했다."라고 하였다. 평리評理 김유金庾가 최영에게 말하기를 "신하로서 임금에게 항거하는 것은 어쨌든 옳지 못한 일이 아닌가."라고 하니 최영이 노하여 우에게 말해서 김유를 유배보냈다. 이어 장씨를 참하였다.

(신우) 6년에 최영에게 해도海道 도통사를 겸임시켰다. 동서강에 나가 주둔하였다. 이때 최영이 병에 걸렸는데, 의사가 약을 올리니 거절하면서, "내 이미 늙었고 또 사생은 천명에 있는 것인데 굳이 약을 먹고 살기를 바라겠는가."라고 하였다.

우가 최영의 공적을 기록하여 철권鐵券과 옥축玉軸을 주어서 이수異數(특별한 예우)를 표시하였다.

(신우) 7년에 수시중守侍中으로 임명하고 토지 300결을 하사하였다.

(신우) 8년에 어떤 자가 (이인임의 사위 강서姜筮의 집에) 익명으로 투서를 하였는데, (그 투서에 말하기를) "임견미林堅味, 염흥방廉興邦이 모의하여 이인임과 최영을 제거하고 정창군定昌君을 왕으로 세울 것을 모책한다."라는 것이었다. 판사判事 김극공金克恭이 듣고 다른 사람에게 옮겼다. 이에 김극공을 국문하니 거짓으로 자복하여 참하고 그 집을 적몰하였다.

이때 왜구가 여러 차례 침략하였으나 전함이 적어서 나가서 공격할 수가 없었다. 최영이 말하기를 "내가 이전에 도통사로 있으면서 전함 8백 척을 건조해 해적을 깨끗이 소탕하려 하였었다. 그러나 뜻밖에 이해李海 등이 분별없이 선왕에게 청해 그 병선을 나눠 가지고 패전해 전공이 수포로 돌아가게 하였으며, 손광유孫光裕는 강 어구에서 전함을 거느리고 있다가 한 번 왜적을 만나 거의 다 불 태워 버렸다. 이제 다시 건조하고자 하나 방금 농사철을 당해 백성을 동원할 수 없으므로 승도를 시켜서 부역赴役하게 하려 한다. 국가가 급하면 승도라고 어찌 능히 홀로 편안하겠는가?"라고 하였다. 사재령司宰令 이광보李光甫로 하여금 병선의 건조를 감독하게 하니 그 사업의 독촉이 심히 급하여 원망이 크게 일어났다. 그러나 해를 넘기기 전에 큰 병선 130척을 건조해 요해처에 배치하며 방어하였다. 이때부터 왜적의 침입이 조금 줄어들어서 백성들이 도리어 기뻐하였다.

최영은 장수가 되어 전투에 임하여 적과 대치할 때에 의기가 편안하여 활과 돌이 좌우에 빗발쳐도 거의 두려워하는 기색이 없었고 군사 중에 한 발이라도 퇴각하는 자가 있으면 바로 참하여 주리돌렸다. 그러므로 크고 작은 많은 전투에서 가는 곳마다 공을 이루었으며 한 번도 패배한 적이 없었다. 이에 위세와 명성이 은연히 중국에까지 떨쳤다. (명나라) 사신 장부張溥와 주탁周倬 등이 이르자, 우가 우리 태조를 동북면에 주둔하게 하고 최영은 교외에 나가 주둔하게 하여 장부 등과 만나지 못하게 하였다.

최영은 성격이 염결하고 사사로움이 없었다. 비록 충성을 다하여 노력을 하니 때때로 도움이 되었으나 본대 학술이 없어서 일을 모두 자기 의견대로 결단을 하였다. 죽이기를 좋아하고 혹형을 가하니 위세와 복록이 저절로 나오고 그 독견獨見의 걱정 때문에 화와 혼단이 나오고 신하와 군주가 모두 다치고 나라가 넘어지는 데 이르게 되었으니 이것이 슬픈 일이다. 최영이 일찍이 강가에서 열병을 하는데 부오部伍가 정제되지 않자 대오장隊伍長을 참하려고 하였다. 우가 말하기를 "도통사는 너무 많이 죽이는 것 아닌가? 중대하면 곤장을 치고 가벼우면 용서해주는 것이 옳겠다."고 하였다.

서울[京城]에서 물가가 폭등해 장사꾼들이 이때를 틈타서 이익을 취하였다. 최영이 이것을 증오해 일체 매매하는 물품은 우선 경시서京城市署에서 가격을 정해서 세금을 받은 표식[稅印]이 있은 후에 비로소 매매할 수 있게 하였다. 그 표식이 없는 자는 쇠갈고리로

척추를 뽑아 죽인다고 하였다. 이에 커다란 쇠갈고리를 시장에 내어 걸었다. 시민들은 이것을 보고 벌벌 떨었다. 그러나 필경 시행되지 않았다.

양백연楊伯淵의 옥사는 최영에서부터 발단이 되었는데, 형장을 쓰는 것이 너무 가혹하였고 연루된 것이 날로 확대되어 진신搢紳들에게까지 파급되어 모두 고문과 신문을 받았다. 우가 최영에게 말하기를, "사람들의 망령된 말로 억지로 여러 장수들을 해치지 말라." 고 하였으나 최영은 듣지 않았다. 제학 김도金濤 등이 말이 연루되어 피살되자 나라 사람들이 원망하였다. 임견미, 염흥방을 주살할 때에는 태조가 사람을 보내어 최영에게 말하기를 "흉당들이 이미 제거되었으니 현명하신 공께서는 의당 형벌을 줄이고 덕을 베푸셔서 민심에 순응하여야 합니다."라고 하였으나 최영이 듣지 않았다. 양광도 안렴사 최유경崔有慶이 임견미, 염흥방의 가노를 잡아 죽이고 사람을 파견하여 도당에 보고하였다. 최영은 다 죽이지 않았다고 크게 노하여 그 사신을 참하려고 하였으나 태조가 확고하게 말렸다. 최영은 형옥을 결단하는 것이 너무 엄하였고 주륙하게 되니 백성들이 두려워하였다. 그러나 흉년을 만나 백성들이 굶주리게 되면 바로 진제賑濟를 널리 베풀어서 궁민들을 살렸다.

우가 서해도에 사냥을 나갔는데 지봉주知鳳州 유반柳蟠이 공궤 때문에 백성들의 재산을 많이 거두어들였다. 최영이 그것이 백성을 해롭게 한다고 하여 그를 곤장쳤다. 때때로 녹미祿米를 내서 군향을 보충하니 그 위복威福(위엄과 복록)이 스스로 나오는 것이 대개 이러한 부류이다. 최영은 산업産業을 일삼지 않아서 사는 집이 매우 누추하였고 청빈하고 검약하는 것이 마치 한미한 선비와 같았다. 몸이 비록 장상將相(장수와 대신)이었고 오래 병권을 맡았지만 관절關節이 이르지 않으니 세상에서 그 청렴함에 복종하였다. 일찍이 도당에 나아가서 여러 재상들의 폐해를 극언하고 드디어 금령을 만들어 서압署押을 하여 보관하면서 여러 공들을 보면서 "나중에는 수긍할 것이다."라고 하였다.

우가 무도無道한 것이 날로 심하여져서, 최영이 일이 있을 때마다 바로 간언하였다. 수창궁壽昌宮이 완성되었다. 최영 등이 (조성)도감이어서 우가 환자宦者 이광李匡을 시켜 말하기를 "큰 집이 낙성되었으니 무엇으로 경들의 공로를 보답하리오." 하였다. 최영이 말하기를 "이제 왜적이 우리나라를 좀 먹고 있어서 민생이 곤궁하고 초췌하니 매일 나라가 손상되는 듯합니다. 주상께서는 대신들과 함께 국정을 논의하지 않고 소인의 무리들과 친근해 지나치게 사냥을 즐기니 신 등이 앞으로 어찌 임무를 다할 수 있겠습니까?"라고 하였다. 이광이 들어가 (우에게) 아뢰자 우가 낯을 붉히며 말하기를 "신중히 그 충고를 들으리라."고 하였다.

(신우) 11년(1385)에 우가 해주海州로 사냥 갔을 때 최영이 따라 갔다. 깃발[旌旗帷幣]이 백 리나 걸쳤고, 있는 곳에서 공억供億을 해야 하므로 백성들이 명령을 감당할 수가 없었다. 안렴사 이수李須는 말을 잃고 도보로 진흙탕을 다녀야 하였다. 이리해 온 도내가 원망하였으나 여러 달을 머물러 즐기면서 돌아올 줄을 몰랐다. 이에 최영이 들어가 보고 그 폐단을 강경히 말하니 (우가 그 말을 듣고) 귀로에 올라 배주白州에 도착하자 또 연안延安 대지大池에서 고기 노는 구경을 하려 하였다. 최영이 말 앞에 막아서서 힘써 간언하니 우가 그만두었다.

우가 일찍이 용수산龍首山에 놀러가서 술에 취해 말을 달리다가 떨어졌다. 최영이 눈물을 흘리면서 간하기를 "충혜왕은 색을 좋아 하였으나 밤낮을 어느 정도 가렸습니다. 충숙왕은 놀기를 좋아 하였으나 농사 시절을 위반하지는 않았습니다. 이제 전하는 분별없이 놀다가 말에 떨어져 몸을 상하였으니 제가 재상 자리에 있으면서 임금의 잘못을 바로잡지 못하였습니다. 무슨 면목으로 사람을 대하겠습니까?"라고 하자, 신우가 부끄러워하며 말하기를 "이제부터 고치겠다."라고 하였다. 그가 충성을 다하고 도움이 되도록 하는 것이 이와 같았다.

최영은 의연히 국가의 일을 스스로 맡아서 하여 드디어 안으로는 사직의 계책을 세웠다. 그러나 늙고 패망悖妄하여 일을 생각하는 것이 거칠었다. 승국勝國(원나라)의 잔얼殘孽들이 사막으로 도망하고 명나라 천자가 사방을 통일해서 정병이 100만이나 되어 한나라 당나라에도 비할 바가 아니었다. 최영이 북원과 밀통하여 성원하기로 약속하고 그 용력을 내어 천자와 대항하고 대중들을 협박하여 군사를 일으켰으며 제멋대로 강퍅하였다. 소국이 중국과 항거할 수 없다는 것을 모르고 지력은 어찌 족히 대의에 적대하겠는가? 세력이 궁하고 병란이 일어나 화난이 뒤를 이으니 고려의 운명이 엎어지는 것을 최영이 실로 재촉하였던 것이다. 이는 이른바 독견의 걱정으로 화난과 혼단이 생긴 것이다.

처음에 우가 최영이 정직한 것을 꺼려하여 그 집에 가지 않았다. 일찍이 최영의 딸을 아내로 삼고자 사람을 시켜 뜻을 전하였다. 최영이 거절하며 말하기를 "신의 딸은 보잘 것 없고 시골 부인의 소생입니다. 전하가 기어이 들인다고 하면 늙은 신은 머리 깎고 산으로 들어가겠습니다."라고 하고 울며 굳이 거절하였다. 휘하 정승가鄭承可 등이 우의 비위를 맞추느라고 마침내 우에게 바치고 영비寧妃로 봉하였다. 이로부터 누차 최영의 집에 가곤 하였고 나라에 큰 일이 있으면 바로 최영과 몰래 의논하였다.

이에 앞서 (우왕 13년에) 장방평張方平 등이 요동遼東까지 갔다가 입국하지 못하고 돌아 왔다. (좌시중) 반익순潘益淳이 최영에게 말하기를 "지금 나라가 위태하여 사직의 존망이 공 한 몸에 달려 있는데 어찌 대책에 노력하지 않는가?"라고 하였다. 최영이 탄식해 말하기를 "집정執政이 이욕에 끌려 화근을 촉진시키고 있으니 과연 어떻게 한단 말인가?"라고 하였다. 이때에 어떤 사람이 요동으로부터 와서 고하기를 "옛날에 당 태종이 우리나라를 원정할 때 우리나라에서는 승군 3만을 내서 격파하였습니다. 마침 황제께서 고려가 반복反覆하므로 노하여 철령 이북은 원래 개원부의 소관이므로 요동에 할속한다고 조서를 내렸습니다."라고 하였다. 최영이 백관을 소집하여 철령을 바칠 것인가의 가부에 대하여 논의하였는데, 모두 말하기를 "바칠 수가 없다."고 하고 여러 장수들과 상의하여 요동을 공격하기로 하였다. 그리고 화의를 할 수 있으면 여러 대신들은 모두 화의를 청하려고 하였다. 우가 홀로 최영과 몰래 논의하여 요동을 공격하라고 권하였다. 공산부원군公山府院君 이자송李子松이 최영의 집으로 가서 강력히 불가하다고 말하자 최영은 바로 우에게 아뢰어 그를 죽여서 대중들에게 위세를 보였다.

요동 도사遼東都司가 황제가 천여 명의 병력을 보내어 강계에 와서 철령위鐵嶺衛를 세운다고 보고하였다. 우가 울면서 말하기를 "여러 신하들이 나의 계획을 찬동하지 않았으므로 이렇게 되었다."라고 하고 드디어 8도의 군대를 징발해 최영이 동교東郊에서 열병하였다. 요동의 기군旗軍으로 방문榜文을 가지고 온 자를 그곳에서 살해하라고 하였다.

우가 서쪽 방면으로 사냥 간다고 칭탁하고 드디어 출발하였다. 영비 및 최영이 따랐다. 이때 나라 안은 여러 차례 왜구의 환란을 입어서 8로가 모두 소연하고 매년 기근이 들어서 굶주린 사람들이 길에 가득하였다. 게다가 우가 음황무도하여서 정령이 패류하고 중외가 위태위태하여 스스로 보존할 수가 없었다. 바야흐로 농사철을 당하여 군사를 원도에 징발하니 원성이 길에 가득하였다.

우가 봉주鳳州에 주둔하고 우리 태조를 불러서 비로소 요동 공격의 뜻을 말하였다. 태조가 울면서 그 불가한 이유를 반복 역설하자 신우가 자못 그럴듯이 여겼다. 그러나 밤에 최영이 다시 가서 말하기를 "다른 말은 듣지 말기 바랍니다."라고 하였다. 우가 평양에 주둔하여 압록강에 부교浮橋를 가설하게 하고 임견미, 염흥방 등의 재물을 운반해 상을 줄 준비를 하고 또 승도僧徒를 징발해 군대에 편입하고 현린玄麟을 장수로 삼았다. 현린은 일찍이 최영을 도와서 일을 한 적이 있었다. 이리하여 최영을 8도 도통사八道都統使를 더해주고, 조민수를 좌군 도통사로 태조(이성계)를 우군 도통사로 임명하여 여러 원수를 영솔하게 하였다. 평양을 출발하려고 할 때, 최영이 우에게 아뢰기를 "이제 대군이 행군 중인데 만일 열흘이나 한 달을 끌게 되면 큰 일을 성취할 수 없으니 청컨대 제가 가서 감독하겠습니다."라고 하자, 우가 말하기를 "경이 가면 과인도 역시 가겠다."고 하였다. 최영이 말하기를 "전하께서는 환도하시고 노신이 이곳에서 여러 장수를 지휘하겠습니다."라고 하자, 우가 "선왕이 해를 입은 것은 경이 남정南征(제주도의 합단 적을 원정한 것을 말함)을 했기 때문이다. 내가 어찌 감히 경을 떠나 홀로 돌아가겠는가?"라고 하였다.

어떤 사람이 니성泥城으로부터 와서 보고하기를 요동군遼東軍은 모조리 호인胡人 토벌에 나가고 성 중에는 단지 지휘指揮 1인이 있을 뿐이므로 대군이 가면 교전하지 않고도 함락될 것이라고 하였으므로 최영이 매우 기뻐하고 진군을 독려하였다. 군사가 위화도에 주둔하였을 때에 좌우 도통사가 상서하여 반사班師(회군)할 것을 청하였다. 최영이 말하기를 "도통사가 스스로 와서 아뢰라."고 하자, 좌우군에서 다시 사람을 보내어 최영에게 나아가 속히 회군할 것을 청하였다. 최영은 특히 뜻이 없었다. 우리 태조가 대의를 들어 여러 장수들에게 말하여 회군을 하니 삼군三軍이 용약하였다. 태조는 행군을 천천히 하면서 삼군에게 바로 승여乘輿에 직핍直逼하지 말 것을 엄히 신칙하였다.

우가 변란 소식을 듣고 최영과 함께 달려서 서울로 돌아왔다. 여러 군이 근교에 주둔하고 상서를 올려 최영을 제거하라고 하였으나 우는 듣지 않았다. 여러 군이 도성에 들어가니 최영의 형세는 곤궁해져서 화원花園으로 달아나 분노를 못이겨 창대로 문지기를 찔러서 가슴팍에 구멍을 뚫어 놓고야 들어갔다.

이에 화원을 수백 겹으로 둘러싸고 곽충보郭忠輔가 바로 전각 안으로 들어가 최영을 찾았다. 우가 최영의 손을 잡고 울며 작별하였으며 최영은 재배하고 나왔다. 고봉현高峰縣으로 귀양보냈다. 송광미宋光美, 조규趙珪, 안소安沼, 정승가鄭承可 등은 도망해 숨었다가 모두 체포하여 유배를 보냈다. 신창辛昌이 왕으로 되자 최영 및 현린을 순군에서 국문하고 충주에 유배하였다. 정승가 등을 참하고 이어서 최영을 잡아다가 다시 순군에 가두었다.

전법 판서典法判書 조인옥趙仁沃, 이제李濟 등이 상소하기를 "최영은 우리 현릉玄陵(공민왕)을 섬겨 흥왕사興王寺의 난을 평정하였으며 홍건적을 북쪽 변방에서 구축하였습니다. 계속 상왕上王을 도와 왜적을 물리쳤고 모든 흉악한 자들을 소탕해 사직을 보존하였습니다. 그 공은 크나 대체大體에 어두워서 많은 사람의 의견을 무시하고 요동 공격을 결정함으로써 명나라 황제에게 죄를 지어 거의 나라를 뒤집어엎을 뻔하였습니다. 이른바 공이 죄를 덮을 수 없다는 것입니다. 바라건대 전하께서는 큰 나라를 섬기고 하늘을 두려워한다는 뜻으로 그 죄를 밝히 바로잡아서 선조의 신령에게 고하고 천자의 노여움을 풀어줌으로써 삼한이 만세토록 태평하게 하십시오."라고 하였다.

낭사郎舍 허응許應 등이 상소하기를 "최영은 진실로 사직의 신하입니다. 그러나 배우지 못해 계책이 없고 그 위에 노쇠하였습니다. 위세를 세우고 군중을 협박하여 독단으로 처리해 상국에 죄를 짓고 백성에게 해독을 끼쳤으며 하마트면 사직이 망할 뻔하였으니 전일의 공로는 모두 포기한 것이 되었습니다. 아, 최영은 이러한 큰 공을 가지고 있으면서 불행히도 이러한 반역을 범하였으니 진실로 온 나라 사람이 참을 수 없는 바입니다. 그러나 천하의 논의는 이른바 '사람마다 죽일 수 있다[人得以誅之]'는 난신亂臣입니다. 원컨대 대의에 입각해 빨리 단죄를 명령함으로써 천자에게 사죄하기 바랍니다."라고 하였다. 창이 이에 따라 마침내 최영을 죽였다. 나이 73세였다. 처형될 때 언사와 안색이 변하지 않았다. 죽던 날 서울 사람들은 저자를 중지하였으며 원근에서 이 소문을 듣고는 눈물을 흘리지 않는 사람이 없었다. 시체가 길가에 놓여 있었는데 오고 가는 사람이 말에서 내렸다.

논하기를,

고려의 명장은 당연히 최영이 제일이다. 지금까지도 부인이나 어린이들도 그 성명을 알고 있다. 그러나 장수가 되어서 정책[籌略]이 없고 대의에 어두워서 마침내 신세를 망치고 나라가 뒤집어졌다. 아깝다. 세상에 전하기를, 처형에 임해서도 태연자약하게 말하기를 '내가 탐욕한 마음이 있었다며 묘 위에 풀이 날 것이고 그렇지 않으면 풀이 나지 않을 것이다.'라고 하였다는데, 묘가 고양高陽에 있는데 지금도 벌거벗어서 세속에서는 홍분紅墳이라고 한다. 아! 기이하구나.

경복흥慶復興 안우경安遇慶 오인택吳仁澤 지용수池龍壽

경복흥慶復興

첫 이름은 경천흥慶千興인데 청주 사람이다. 아버지 경사만慶斯萬은 성격이 질박하고 검소한데 명덕 태후明德太后의 조카딸에게 장가 든 관계로 궁중[禁掖]에 자주 출입하여 환관[宦寺]들과 다름이 없으니 사람들이 이를 비난하였다.

벼슬이 우대언右代言에 이르러 일찍이 명령을 받고 마리산성摩利山城에 초제醮祭를 지낸 후 성에 해자[塹]를 파는데 공중에서 "경대언은 불행히 단명할 것이다."라고 부르는 듯한 소리가 두 번 들리었다. 돌아와 친구들에게 말하기를 "나는 세상에 오래 살지 못할 것이다."라고 하더니 얼마 아니 되어 과연 죽었다.

경복흥은 성격이 청렴하고 정직하며 여러 번 승진하여 감찰장령監察掌令에 이르렀다. 공민왕 초기에 군부판서軍簿判書로 임명되었으며 판추밀원사判樞密院事, 참지문하정사參

知門下政事를 역임하고 지정사상의知政事商議에 승진되었다. 그때에 서울에 성 쌓을 의논이 있었는데, 경복홍이 정세운鄭世雲, 유숙柳淑으로 더불어 말하기를 "지금 사방에서 병란이 일어나 전쟁의 상처가 대단하고 백성들이 굶주리고 있는데, 만약 성을 쌓는다면 백성이 장차 견디지 못할 것이다."라고 하니 왕(공민왕)이 그 일을 그만 두라고 명령하였다. 기철奇轍을 죽인 공로에 1등으로 등록되고 참지중서성사參知中書省事로 전임되었다.

어사대御史臺가 황상黃裳, 양백연楊伯淵이 판밀직 신귀辛貴의 아내 강씨康氏를 간통한 사건을 탄핵한 바, 경복홍이 말하기를 "강씨가 절개를 잃은 것은 남편이 귀양살이를 함으로써 외인 출입을 단속할 수 없었기 때문이다. 병신丙申년 이래로 귀양살이 하는 자가 실로 많아 아내가 홀로 사는 것을 원망하고 절개를 잃은 자들이 많으니 모두 석방하여 고향에 돌려보내기를 청합니다."라고 하니, 왕이 따랐다.

홍건적이 침략하여 들어오니 경복홍을 서북면 원수로 삼았다가 곧 부원수로 임명하였다. 그는 군대 천여 명을 거느리고 안주安州에 주둔하고 있으면서 적을 두려워하여 감히 싸우지 못하였다. 왕이 노하여 군법으로 논죄하고자 하니, 홍언박洪彦博이 말하기를 "경복홍은 공평하고 청렴하며 근신하고 독실합니다. 그러나 장수로서 익숙하지 못하니 이는 쓰는 사람의 잘못입니다."라고 하니 (공민)왕의 노기가 풀렸다. (홍건)적이 물러가니 진충동덕협보盡忠同德協輔 공신 칭호를 주고 곧 평장사수문하시중平章事守門下侍中에 임명하였다. 기해년(1359, 공민왕 8)에 홍건적을 격퇴한 공과 신축년(1361, 공민왕 10)에 호종扈從한 공에 모두 1등으로 등록되었다.

최유崔濡가 원나라에 있으면서 원나라 황제에게 참소하여 고려왕을 폐위하고 덕흥군德興君을 세울 음모를 꾸민 후에 요양성遼陽省 군사를 동원하여 덕흥군을 맞아들이기로 하였다. 그리고 이가노李家奴를 보내 국왕의 인장을 접수하려고 하였다. 왕이 경복홍을 서북면 도원수로 임명하여 안주安州에 주둔시키고, 이순李珣을 도체찰사로 임명하여 니성泥城에 주둔시키고, 우제禹磾와 박춘朴椿을 도병마사로 임명하여 강계江界 독로강禿魯江 등지에 갈라서 주둔시키고, 안우경安遇慶·이구수李龜壽·홍선洪瑄·지용수池龍壽 등을 여러 지방에 갈라서 주둔시키고, 모두 경복홍의 절도節度(지휘)를 받게 하였다. 밀직부사 정찬丁贊을 서북면 도안무사로 임명하였다. 박춘은 이가노가 장차 온다는 말을 듣고 군사를 거두어 병졸 수천과 일등 갑사甲士 2백여 명을 모집한 후에 두 마리의 노루를 산채로 잡아 가지고 이가노 있는 곳에 가서 말하기를 "박춘은 만호 관할 하에 있는데, 왕이 나에게 왜적을 방위하라는 명령을 받고 여기에 왔다. 지금 왕을 폐위하고 새로 세운다는 말이 있는데 그러한가? 박춘은 우리 왕을 위하여 죽을 것이다."라고 하였다. 그리고 이어 눈물을 흘리면서 노루를 잡아 대접하니, 이가노가 탄식하고 일변 두려운 마음도 있었다. 박춘은 또 지름길로 부하 군사를 이순에게 보내 이순으로 하여금 이가노를 만나 역시 자기가 한 바와 같이 하게 하였다.

정찬은 휘하의 병마사 목충睦忠을 보내 군사를 거느리고 요해 지대에 주둔하게 하였다. 목충은 곧 재상 박인길朴仁吉의 사촌 동생인데 세력에 의하여 정찬의 지휘를 받지 않으니 정찬이 능히 막을 수 없었다. 목충이 정찬丁贊을 원망하여 정찬이 덕흥군과 공모한다고 모함하고는 곧 주둔한 곳을 버리고 정찬의 영문에 육박하여 그를 엄습하여 죽이려고 하니 정찬이 크게 두려워하여 군사를 버리고 경복흥의 영문에 달려가 그 모함당한 이유를 밝혔다. 공민왕이 사신을 보내 정찬을 순군옥에 가두고 목충을 불러 대질하게 하였는데, 아무 증거가 없으므로 그는 걱정하고 분해하다가 죽었다. 정찬은 성격이 너그럽고 무예가 있었으므로 그때 사람들이 아까워하였다.

경복흥이 덕흥군 추종자들에게 다음과 같은 격서를 보냈다. "우리나라의 부형과 자제들이 혹은 공명功名으로 혹은 조회로 인하여 중국에 가서 있는 사람들로서 그 체류한 시일은 같지 않으나 객지 생활로 늙기는 일반이니 자기 나라에 돌아 갈 생각이 없겠는가? 길이 멀고 도적이 벌떼처럼 일어나고 세월은 더욱 깊어 가는 데 돌아 갈 계책은 갈수록 막연하니 부모처자들을 밤에 꿈꾸고 낮에 생각한다. (고향 이야기가 나면) 눈물을 흘리면서도 모양은 같지만 다른 사람을 공경한다. 조를 한 줌 움켜쥐고 언제나 고향에 가게 될 것인가를 점 치고는 부질없이 기뻐하며 일변 슬퍼하며 어느 달 어느 날에 내가 고향에 돌아 갈 것인가 한다. 그런데 어찌하여 지금 또 자기로서 자기 갈 길을 막고 있는가. 남이 속이는 말을 듣고 거짓 임금을 따르고 있다. 일방으로 잔적殘賊을 불러들이고 우익羽翼이라고 잘못 허장하며 풍찬노숙 하면서 생활이 안정되지 못하고 하릴없이 세월만 보내고 있다. 나가지 못하면 물러서는 것인데, 꾀하지 못할 것을 꾀하고, 해서는 안 될 일을 하고자 하면서, 제 속으로 생각하기를 내 일이 혹 성공되면 그때에는 친척도 만나 볼 것이요, 한 몸도 영화롭게 되어 고향에 가서 자랑하게 될 것이다. 그러고 선산에 가서 소분掃墳도 하게 될 것을 꿈꾸고 있으니, 이것은 나무에 올라가서 물고기를 얻으려 하는 것이요, 배를 타고 산을 넘으려고 하는 것과 같다. 이것은 다만 헛고생만 하고 미쳐 날뛰다가 자빠질 뿐이다. 그런데 우리 임금은 지극히 인자하신 마음으로 너희들의 잘못을 고쳐 주고 너희들의 친척[三族]을 보존하고자 한다. 그리하여 비록 법관이 형벌을 의논하고 군사를 선발하고 토지 제도를 개혁하려 하나 또한 고집하여 허락하지 않고 아직 잠깐 기다리라고 한다. 또 지난해에 변방 장수가 용맹만 믿고 홍건적을 방비하지 않았다가 적이 수도에 육박하니, 주상께서 스스로 홀아비, 과부, 고아, 자식 없는 늙은이[鰥寡孤獨]와 같은 부양할 길 없는 자들을 먼저 나가 피란하여 피해를 멀리하였고 적의 칼에 그들이 다치지 않도록 하였다. (왕이) 남쪽으로 거둥하자 자식 같이 잘 보호하였다. 그리고 너희 친척들의 수령首領(목숨)을 보존하게 하였으며 또 생활이 곤란하지 않게 하였다. 지금이나 옛날이나 다름없다. 그런데 네가 오히려 몸을 바쳐 은덕에 보답할 줄 모르고, 그를 보잘 것 없는 집의 자식을 따라 스스로 반역죄에 휩쓸려 들어가니, 그 결과는 반드시 친척[三族]이 피살되고 조상의 무덤을 뒤집고 집은 연못이 되며 토지와 노비[田口]를 몰수하고야 말 것이다. 어찌 오직 온 세상 사람들의 보는 면전에서 죽음을 당할 뿐이겠는가? 또한 귀신들도 은연히 큰 벌을 내릴 것이다. 그런데 너희들이 어찌 도리에 어긋나는 일을 이렇게 하게 되었느냐? 그런데 네 마음을 추측해 보건대, 또한 부득이한 일이라 할 것이다. 온 나라 사람이 누가 친구가 아니며 관직에 있는 사람이 누가 친척이 아닌가? 다시 새 마음을 먹고 딴 생각을 두지 말 것이며 조국을 배반하지 말고[爾毋胡越] 악귀 노릇을 하지 말기를 바란다. 소매를 잘라 충성을 다하고[斬裾輸忠] 혁대를 쏘아 패업을 이루어라[射鉤終相].[2] 임

2 관중管仲이 제환공齊桓公을 쏜 것을 말함. 춘추시대에 제양공齊襄公이 혼란하자 그의 아우 규糾가 노魯나라로 도망을 하여 관중소홀管仲·召忽을 사師로 하였고 소백小白은 거莒로 도망하여 포숙鮑叔을 사師로 하였다. 양공襄公이 죽자 규糾와 소백小白이 다투어 제나라로 돌아와 군주가 되었다. 관중管仲이 군사를 이끌고 거도莒道를 차단하여 소백小白을 저지하고 그의 의대구衣帶鉤를 쏘아서 맞혔다. 소백小白이 거짓으로 죽은 척하고 먼저

금과 재상이 협의하여 말하기를, 만일 돌아오는 자에게는 그 가짜 왕에게서 받은 관직을 한 급도 내리지 않고 그대로 임명할 것이라고 하였다.

아! 산에는 사방에 눈이 가득 쌓여 있고 큰 들에는 바람이 윙윙 울부짖는다. 털자리를 덮은 수레 아래에서 우러러 별을 보니 이런 때에 고향 생각이 얼마나 날 것인가! 월나라 새는 남쪽 가지에 둥지를 틀고 여우와 담비는 죽을 때에 제 굴 있는 편에 머리를 향하고 죽는다. 그런데 너희들은 사람으로서 새와 짐승만도 못하겠는가? 이 글을 받아 보는 대로 사흘로 넘기지 말고 너희들 부대에 고하여 빨리 돌아오면 마치 물고기가 물을 만난 것처럼, 새가 숲으로 돌아가는 것처럼 될 것이다. 아! 이 말을 듣지 않으면 너희들과는 영영 이별이 될 것이다."라고 하였다.

이순이 또 최유崔濡, 나영걸羅英傑, 유인우柳仁雨, 황순黃順, 홍법화洪法華 등에게 글을 보내어 타일렀다. "우리나라 태조가 삼국을 통일한 이래 신성한 자손이 대대로 계승하여 오늘에 이르도록 왕씨가 아니고서는 왕이 될 수 없음을 너희들 모두가 아는 바이다. 그런데 어찌 다른 성의 자식으로 왕을 삼고자 하여 도리어 부모의 나라를 공격하려 하느냐? 너희들이 고향을 떠나 친척을 생각하면서 몸을 괴롭히고 생각에 지치면서도 천리 길에 사람을 따라 다니는 것은 제 몸의 부귀를 누리는 동시에 이 영광을 고향 친척에게 자랑하려고 하는 것이 아니냐? 이제 만약 군사를 거느리고 들어오려고 한다면 너희들의 삼족은 종자도 남기지 않을 것이다. 그렇다면 비록 들어 올 수 있다 하더라도 누구와 더불어 영화를 누리겠는가? 또 자식이 되어 나라에서 반역자의 누명을 쓰게 되면 무슨 면목으로 세상에서 살 것인가! 마땅히 제각기 몸을 떨쳐 강을 건너오라. 오면 죄가 씻어지고 오지 않으면 주륙을 당할 것이니 조심하지 않을 수 있겠는가."라고 하였다.

최유가 덕흥을 받들고 압록강을 건너왔는데, 최영·안우경 등 모든 장수들이 쳐부시니 최유가 강을 건너 도망쳤다. 경복흥이 녹사錄事 김남귀金南貴를 보내 승전 보고를 올

들어와 군주가 되니 이가 환공桓公이다. 환공이 즉위한 후에 옛 원수를 기록하지 않고 관중管仲에게 재상을 시켜서 패업을 이루었다. 즉 자기를 배반하여 오랜 원수를 비유하여 말함.

리니, 왕이 김남귀에게 은 1정錠을 주었다. 사람을 보내 경복홍에게 술을 주고 좌시중으로 임명하였다. 개선하는 날에 왕이 관리들에게 명령하여 임금을 마중하는 의식[迎駕儀]과 같이 하고 여러 관리로 하여금 국청사國淸寺 남쪽 교외에서 연회를 베풀어 그들을 위로 하게 하였다. 그리고 모든 장수들에게 반역자의 토지, 주택, 재산을 주었다.

신돈이 정권을 잡으니 경복홍이 비록 재상의 지위에 있었으나 정사에 참관하지 못하고 신돈의 배척을 받았다. 파면 당하여 청원부원군으로 봉함을 받더니 뒤에 오인택吳仁澤 등과 신돈을 제거하기를 꾀하다가 사실이 발각되어 곤장을 맞은 후 홍주興州에 유배되었다. 가족은 적몰되어 종이 되었고 그 가산이 전부 몰수되었다. 신돈이 처형당한 후 소환되어 다시 좌시중 정방제조政房提調에 임명되었다. 왕이 피살되자 경복홍은 종실 중에서 왕을 맞아들이려고 하였으나, 이인임이 신우辛禑를 왕으로 세웠다. 우가 처음 서연書筵을 열었다가 이튿날은 병이라 칭탁하고 서연의 강의를 중지하고자 하니, 경복홍이 말하기를 "성현의 글을 비록 읽지 않더라도 항상 손에 책을 가지고 있으면 또한 자연히 유익합니다."라고 하니, 우가 곧 강을 하였다.

한략韓略이란 자가 있었는데 구변은 있었으나 재간과 행실은 보잘 것 없었다. 처음에 영사令使가 되었다가 과거에 급제하고 우의 외척인 관계로 등급을 초월하여 임관하였다. 또 유모와 환관들에게 부탁하여 지평持平 벼슬을 요청하였다. 우가 하루는 소첩小帖(간략한 문서)으로 한략을 대관臺官으로, 김선金瑄을 중방重房으로, 한충韓忠을 전법典法으로 임명할 것을 결정하여 정방에 내렸다. 김선, 한충도 또한 우의 외척이었다. 경복홍이 말하기를 "관리의 선정과 임명이 이미 끝났으니 다시 고칠 수 없습니다."라고 하니, 우가 말하기를 "종이와 먹이 있으면 이것을 고치기 무엇이 어렵겠는가?"라고 하였다. 경복홍이 또 말하기를 "옛날부터 외척에게는 언관을 제수하지 않았으니, 다른 관직을 주기를 청합니다."라고 하였다. 우가 강제로 시키려 하자 경복홍이 힘써 간쟁한 결과 마침내 그를 임명하지 않았다. 경복홍이 이인임, 최영, 지윤池奫으로 더불어 관리의 전형을 맡았는데, 지윤이 말하기를 "마땅히 군공을 우선적으로 할 것이다."라고 하였다. 경복홍이 말하기를 "이것은 도목都目(전체 관료의 인사)이니 군공은 뒤에 정하는 것이 마땅하다."라고 하여 오랫 동안 결정하지 못하였다. 그때에 지윤과 이인임이 권세를 마음대로 부려 온 나라가 그들에게 아부하였다. 경복홍 자신은 청렴과 결백한 행동을 하였으나 (그들을) 구제할 수 없다는 것을 알고 날마다 술에 취하는 것으로써 일을 삼았다. 그리고 관리를 전형할 때에는 곧 어진 사람을 추천함으로써 뇌물을 행사하는 무리를 억제하였다. 그러나 두 사람(이인임, 지윤)에게 방해 당하여 자기 뜻대로 하지 못하고 혹 먼저 나가 전형에 참여하지 않기도 하였다. 도당에서 장차 원나라 정부에 보낼 글을 의논하려는데, 경복홍이 술에 취하여 오지 않았다. 최영이 도당의 아전[堂吏]을 불러 말하기를 "금주방禁酒榜을 걸어치워라. 수상이 곧 이 모양인가?"라고 하였다. 모든 재상들이 드디어 경복홍의 집에 가니 경복홍은 부끄러워하면서 말하기를 "내 약을 마시고 취하여 나아갈 수 없었다."라고 하였다. 경복홍이 일찍이 친구들과 더불어 밤에 술을 마시면서 시 짓는 모임[聯句]을 하였는데, 전객령典客令 김사림金士霖(『고려사』에는 칠림七霖)이 말하기를 "내가 지방에 갔다 왔는데 백성들이 굶주려서 지금보다 더 지친 적이 없었다. 어찌 시를 지어 주고받으면서 즐길 시기이겠는가?"라고 하니 경복홍이 잠자코 있었다. 또 일찍이 최영과 더불어 사병私兵을 거느리고 동쪽 교외에서 대대적으로 사냥을 하였다. 그때 바야흐로 한재와 충재가 있었으므로 식견 있는 사람들이 비난하였다.

(신우) 6년(1380)에 나라에서 요동에서 나하추[納哈出]를 친다는 말을 듣고 우리나라 국경을 침략할까 염려하여 사람을 보내 탐문하게 하였더니, 그 사람이 돌아와서 하는 말이 "요동 총병遼東摠兵이 이미 출병하였더라."고 하였다. 그리하여 도당이 갑자기 회의를 소집하였는데, 경복홍이 술에 취하여 또 오지 않았다.

이인임, 임견미가 경복홍의 청렴하고 정직함을 꺼려 그가 술을 좋아하여 정사를 볼 수 없다고 왕에게 고하여 청주에 귀양보냈다. 또 문하평리門下評理 설사덕薛師德, 밀직부사 표덕린表德麟, 판사 정용수鄭龍壽, 배길裴吉, 이을경李乙卿, 상호군 설회薛懷, 중랑장 나흥준羅興俊 등을 귀양보냈는데, (이들은) 모두 경복홍의 술친구들이었다.

설사덕과 이을경은 귀양가는 도중에서 죽고 경복홍은 귀양살이하는 곳에서 죽었는데, 시호를 정렬貞烈이라 하였다. 신창이 왕이 되어 경복홍을 제사지내는 글에 쓰기를 "아! 우리 선조 공민왕이 주周나라 선왕宣王과 같이 중흥의 뜻이 있었고 한나라 고조[漢祖]와 같이 사람을 아는 현명함이 있어 즉위하던 초기에 항상 어진 사람을 구하고 밥먹는 것을 잊고 정치를 하기에 노력하였는데, 그대를 여러 관리들 중에게 선발하여 헌사憲司에 두고 침전에 불러 들여 여러 가지 계획에 대한 의논으로 밤을 새우기도 하였다. 임금이 되기 이전 시기의 원종元從 공신도 아는 자가 없었다. 무릇 백성의 괴로움과 즐거움, 사대부의 충성함과 간사함, 성의와 총명을 환히 알며 이익을 일으키고 폐해를 제거하고 어진 사람을 추천하고 불초한 자를 물리쳤다. 마침내 안으로 기철을 베고 밖으로 홍건적을 섬멸하여 문덕文德과 무열武烈이 온 세상에 알려졌다. 원나라 말년에 동남에 제각기 할거한 방국진方國珍, 장사성張士誠과 같은 무리들이 모두 사신을 보내 정성을 드리니, 우리 선조 중흥의 공렬이 조종祖宗 때보다 빛났는데, 거기에는 경의 노력이 많았다.

계묘년(1363, 공민왕12)에 이르러 반역자 최유가 기철의 도당과 결탁하여 더러운 얼자식 덕흥을 추대하고 군사를 원나라에 청하여 국경을 침략하니 우리 선조가 경에게 절월節鉞을 주어 최영들과 함께 격퇴하여 사직을 보존하였으니 그 공로가 영원불멸하고 경에게 녹권을 주고 공신각에 도형圖形하였다. 역적 신돈이 좌도左道(이단)로 우리 선조를 미혹하여 영첨의사가 되니 온 나라의 경대부들이 신돈의 뒤를 따라 아첨하고 어두운 밤에 그를 보려 가는데 오직 시기를 놓칠까 두려워하였다. 그리하여 신돈의 집 앞은 사람들이 들끓었다. 신돈이 또한 경의 청렴하고 충직함을 흠모한 끝에 경을 설복하여 제 당파로 끌어 들이고자 하여 자주 사사로이 사람을 보내 은근한 뜻을 통하였지만 경이 한 번도 신돈의 집에 가지 않으니 신돈이 곧 경을 참소하였다. 우리 선조가 바야흐로 정사를 신돈에게 맡기게 된 것은 그의 말을 어기기 어려웠던 까닭이다. 그리하여 경이 귀양을 가게 되자[明夷之行] 온 나라 사람들이 경을 아는 사람이나 모르는 사람이나 모두 눈물을 흘렸다,

신돈의 반역 음모가 발각되어 처형되니 우리 선조가 심히 후회하여 곧 그날로 경을 불러 경에게 좌상을 임명하였다. 우리 상왕(신우)이 왕위를 계승하니 역적 이인임이 틈을 타서 제 마음대로 권력을 차지하고 관직을 팔며 옥사에 농간을 부려 우리 선조의 존엄을 무너뜨렸으며 또한 사대事大의 예의를 억제하고 두려워하였다. 그러나 오히려 경이 조정에 있는 5~6년 사이에는 나라가 대체로 편안하였는데, 이인임이 경을 꺼려

그 끝없는 욕심을 마음대로 채우지 못하여 언제나 눈을 흘겼다. 그러나 우리 왕모 명덕비明德妃가 경을 깊이 신임하였으므로 감히 경에 대한 불만을 드러내지 못하였다. 그러다가 명덕비가 죽음에 이인임이 흉악한 무리들을 부추겨 경을 쫓아내었다. 이에 이인임은 흉악한 짓을 남김없이 하였다. 산천을 점령하여 밭을 만들고 양민임을 알면서도 종을 삼으니 원통함이 하늘과 땅에 가득 차고 더러운 소문이 중국에까지 들려 마침내 명나라 황제가 철령鐵嶺에 위衛를 세우려고까지 하여 나라가 거의 넘어지게 되니 최영이 충성을 떨쳐 흉악한 무리들을 숙청하였다. 상왕이 나에게 명하여 곧 나라 일을 맡도록 하여 모든 정사를 일신하게 하였다. 내가 생각건대 중국 급암汲黯이 한漢나라에 있었기 때문에 회남淮南의 모략이 실행되지 못하였으며 공자孔子가 송나라에 있었기 때문에 화독華督이 감히 나쁜 행위를 할 수 없었다. 경이 상왕 때에 있어 왕실의 안위와 조정의 위신을 한 몸에 부담하였으니 경은 진실로 당나라의 곽분양郭汾陽과 배진공裴晉公과 같은 사람들의 짝이다. 아! 경의 지위는 신하로서의 할 일을 극진히 하고도 밭한 이랑도 서울 근방에 없으며 한 말의 곡식도 집에 없어 도시락밥을 먹으며 맹물을 마시고 헌 갓옷을 입고 여윈 말을 탔다. 경과 같은 사람은 천년의 오랜 옛날에 구하여 보아도 몇 사람이나 되겠는가? 경의 충성과 청렴과 의리는 넉넉히 우리나라의 모범으로서 만세에 뛰어났다. 이제 밀직부사 유원정柳爰廷을 보내 경의 무덤에 제사 지내게 하노니 영명한 혼령이라도 알 수 있거든 이 범상치 않은 음식을 흠향하고 영원히 우리 왕가를 도우라."고 하였다. 아들은 경보慶補, 경진慶臻, 경의慶儀가 있다.

안우경安遇慶

그의 세계世系와 이력은 자세하지 않다. 공민왕 8년에 안우安祐 등을 따라 홍건적을 격퇴하고 뒤에 안우 등과 함께 서울(개경)을 수복하여 그 공이 모두 1등으로 등록되었다. 또 홍왕사 적을 토벌하여 그 공도 역시 1등으로 등록되었다. 원나라가 사신을 보내 홍건적을 평정한 공로에 대하여 봉훈대부奉訓大夫 광문감승廣文監丞 벼슬을 수여하였다.

얼마 있다가 원나라에서 덕흥군德興君을 왕으로 봉하여 우리나라에로 보내자, 안우경은 찬성사贊成事로서 도지휘사都指揮事가 되어 의주에 주둔하면서 파사부婆娑府의 탈탈

화손脫脫禾孫에게 글을 보내 말하기를 "우리나라는 태조 신성대왕神聖大王이 창업하여 계통을 세우고 왕업을 적자嫡子에게 계승시켜 지금 400여 년에 이르렀다. 원왕元王(원종)이 처음으로 원나라 조정을 섬기기 시작하였을 때 세조 황제世祖皇帝는 재래의 풍습을 변경하지 않을 것을 명령하였으며, 원왕의 적자嫡子 충렬왕에게 공주를 출가시켰다. 공주가 충선왕을 낳고 충선왕에게 또 공주를 출가시켜 충숙왕을 낳았다. 그러므로 양국은 의리상으로는 임금과 신하의 사이요, 친분상으로는 장인과 사위 사이가 되었다. 현재 우리나라 임금은 충숙왕의 적자이며 원나라 조정에 10여 년 동안 입시入侍하여 공적이 자못 현저하였으므로 공주에게 장가들어 부마駙馬(황제의 사위)가 되고 왕업을 계승하여 이 나라에 군림하면서 대국을 섬기는 예에 있어서 모든 성의를 다 하였다. 불행히 홍건적이 천하를 횡행하여 원나라 백성을 약탈하고 가는 곳마다 불바다를 만들었으나 원나라의 위력으로써도 제압하기 어려웠다. 지난 기해년(1359, 공민왕8) 겨울에 자칭 모평장毛平章·황원판黃院判을 비롯한 적도 10여 만이 우리나라에 밀고 들어와 서경西京까지 침범하였다. 우리는 대군을 동원하여 그를 남김없이 소탕하였다. 또 신축년(1361, 공민왕 10)에 사류沙劉·반평장潘平章·관선생關先生 등의 적 30여 만이 깊이 우리 서울에 들어 왔다. 우리 왕이 몹시 노하였으며 여러 장수들은 용맹을 떨쳐 그 무리를 몽땅 섬멸함으로써 사직의 안전을 보장하고 백성에게 혜택을 주었다. 두 차례에 걸쳐 적을 격파한 사실은 이미 자세히 중서성中書省에 보고하였으며 우리나라 백성들은 원나라에서 응당 후한 포상이 있을 것으로 생각하고 목을 늘이고 기대하고 있었다. 그런데 뜻밖에 우리나라 사람 최유崔濡 등이 적의를 품고 그럴듯한 거짓말로 황제를 미혹케 하여 우리 임금의 지위를 잃게 하였다.

최유 등은 우리 선왕先王을 섬기면서 아첨하여 그 비위를 맞춤으로써 왕을 나쁜 길에 빠지게 하였다. 계미년(1343, 충혜왕 4)에 임금이 남쪽으로 가서 돌아오지 못한 것은 실로 최유가 그렇게 만든 것이었다. 우리나라 사람들은 이에 언급될 때에 눈물을 흘리며 통곡하지 않은 적이 없다. 이번에 최유 등이 또 말재주를 부려 우리의 큰 공로를 애써 엄폐하고 우리 왕을 폐하고 이 땅의 무고한 백성들이 평온한 생활을 누릴 겨를조차 없게 하니 이야말로 우리나라의 죄인이다. 우리 왕이 재상 이공수李公遂·유인우柳

仁雨・허강許綱・홍순洪淳 등으로 하여금 하정賀正(신년을 축하함)을 하고 사은謝恩도 하게 하였다. 황제의 생신도 축하하고 황태자의 생신도 축하하였다. 그리고 여러 가지 계품啓稟도 하였다. 그러나 최유 등은 그때마다 서로 황제의 앞을 가로 막고 선물과 표전문表箋文(황제에게 바치는 글)을 가로채어 황제에게 전달될 수 없게 하였으며 사행원들을 구류하여 오직 그들의 말만 좇게 하여 왔다. 또 세조 황제가 재래의 풍습을 고치지 않도록 지시하여 적자로써 왕위를 계승하게 한 유래가 오래다. 그런데 최유 등이 원나라 조정을 우롱하여 서자[孼庶]를 왕위에 올려 세움으로써 재래의 풍습을 뜯어 고쳤고 세조 황제의 조서의 취지가 공허한 것으로 되게 하였으니 이야말로 천하의 죄인이다.

우리나라 사람들은 가슴을 치고 이를 갈며 말하기를 '난신적자亂臣賊子는 누구나 처단할 수 있다는 것은 예로부터 내려 온 떳떳한 법칙이다. 최유 같은 무리들은 그 죄가 다만 죽이기만으로는 부족하며 심장을 도리고 배를 갈라도 원나라 조정에서 비난할 리는 결코 없을 것이다.'라고 한다. 상하를 막론하고 다 가지고 있는 이 분노는 한데로 뭉쳐 우레와 같이 울리고 있으니 기필코 큰 군사 행동을 일으켜 최유 등을 토벌해 그 살을 먹고 벗긴 가죽을 깔고 잠자고야 말 것이라고 여론이 들끓고 있어 막을 수가 없는 형편이다. 이제 정병 백만을 동원해 토벌하러 가기로 이미 방향을 결정하였다. 대군이 일단 동원되어 말머리를 북쪽으로 돌리면 아무리 단속해도 인심이 분노해 있으므로 그 노기가 마치 불꽃과 같아서 닥치는 대로 살라버릴 터이니 천하의 무고한 사람들이 참혹한 화를 받게 될 것이다. 본관本官의 관할 하에 있는 각 부락 사람들은 속히 가족을 수습해 데리고 빨리 산채山寨(산에 돌이나 목책 등을 둘러 친 진터)로 들어가 멀리 군대의 창끝을 피할 것이며, 또 최유 등을 고려의 반역 도당과 분리시켜 여러 종류의 군인들이 분별없이 침해하게 하지는 않을 것이다. 만일 최유 등을 체포해 그 목을 바치는 자가 있으면, 비단 우리나라의 분노를 풀 수 있을 뿐만 아니라 원나라에서도 최유 등이 황제를 기만하고 법을 어지럽게 한 사실과 그 단죄의 옳음을 인정하여 앞으로 본관에게 훌륭한 상이 있을 것이다. 형편을 참작해서 곧 시행할 것이다."라고 하였다.

처음에 안우경이 병마사 김지서金之瑞, 옥천계玉天桂에게 요해처를 나눠 수비하게 하고 송분석宋芬碩에게 의주義州 궁고문弓庫門을 수비하게 하였으며, 호군 김득화金得和로

하여금 기병 10여 기를 거느리고 압록강 강변을 순찰케 하였다. 밤중에 적이 추도楸島에 왔다는 보고를 받고 안우경은 도순찰사 이구수李龜壽, 도병마사 홍선洪瑄, 순무사 지용수에게 사람을 보내 급한 것을 알렸다. 이때 사졸들이 얼고 굶주린 탓으로 일어날 수가 없었다. 날이 밝아 올 무렵에 적이 강을 건너 왔다. 안우경이 관속官屬 70여 기를 거느리고 성위에 올라가 바라보니 적이 궁고문을 포위하였으므로 안우경은 군대를 거느리고 달려갔다. 적이 벌써 성을 넘어 들어가 문을 지키는 병사를 죽였으나, 송분석은 아직 모르고 있었다. 안우경은 사졸의 선두에 서서 방천봉邦天奉·함석주咸石柱·김득화金得和·현노개玄奴介·최흑려崔黑驢·나성羅成 등과 함께 일곱 번 싸워 그를 물리쳤다. 적이 산에 올라가 아군이 적고 또 응원군이 없는 것을 보고 보병과 기병을 7부대로 나눠 가지고 북을 치며 함성을 올리면서 일제히 공격해 왔다. 아군은 지탱할 수 없어 성문으로 쫓겨 돌아 왔다. 최흑려가 말에서 내려 창을 짚고 문 밖에 버티고 서 있으니 적이 다가오지 못하였다. 최흑려는 아군이 전부 들어 온 후에야 말을 타고 천천히 들어왔다. 이구수·홍선·지용수 등은 불의에 적이 다다르자 각각 10여 기를 거느리고 왔다. 아군은 여러 차례 교전한 끝에 형세가 불리하게 되었으며 홍선은 말이 거꾸러져 적에게 포로가 되었다. 아군은 대패해 쫓겨 안주安州로 가서 지켰으며 적은 선주宣州를 점거하였다.

왕은 찬성사 최영을 도순위사都巡慰使로 임명하고 우리 태조에게 명령해 동북면으로부터 정예 기병 1천 명을 거느리고 이성泥城으로 와서 합세하게 하였다. 도체찰사 이순李珣, 도병마사 우제禹磾, 박춘朴椿 등이 군대를 거느리고 와서 합류하였으므로 아군이 다시 사기가 왕성해졌다. 적의 정찰 기병이 정주定州에 나타났으므로 안우경이 정예 기병 3백을 거느리고 엄습해 격파하고 그 장수 송신길宋臣吉의 목을 베어 군중軍中에 조리 돌리자 적은 기가 꺾였다. 이에 안우경·이구수·지용수, 도병마사 나세를 좌익으로, 이순·우제·박춘과 우리 태조로 우익으로 삼고, 최영은 중군이 되어 정주定州로 진격하였다. 태조가 여러 장군들이 퇴각하는 것을 보고, 그들이 비겁해서 힘써 싸우지 않는다고 말하자 여러 장군들이 그(태조)를 꺼리었다. 이때 적은 이미 수주隨州의 달천獺川에 주둔하였는데, 여러 장군들이 태조에게 말하기를 "내일 전투는 그대 혼자서 대적하라."고 하였다. 태조는 여러 장군들이 자기를 꺼려하는 것을 알고 다소 근심하는 기색이 있었다. 다음 날 적이 3부대로 나눴으므로, 태조는 자기가 중간에 서고 노련한 부하 장수 2명을 좌우에 배치하여 각각 적의 한 부대씩을 담당해 맹렬히 공격하였다. 이때 태조가 탄 말이 진흙탕에 빠져 한 때 매우 위태하였으나 말이 뛰어 빠져 나왔으므로 모두들 신기하게 여겼다. 태조가 적의 장수 몇 사람을 쏘아 눕히자 적이 패주하였으므로 두 장수가 검을 빼어 들고 마구 공격하였다. 적이 붕괴되어 도망친 뒤 하늘에는 먼지만이 덮여 있었다.

왜적이 교동喬桐을 침공해 살육을 하자 경성이 크게 진동하였다. 왕이 안우경·지용수·이순李珣에게 명령해 33 병마사兵馬使를 거느리고 동서강東西江에 주둔하게 하고 승천부昇天府로써 후원하게 하였다. 얼마 안가서 그는 추성양절선력익찬공신推誠亮節宣力翊贊功臣 칭호를 받았다.

오인택吳仁澤 등과 신돈辛旽의 제거를 도모하다가 누설되어 곤장을 맞고 남원南原으로 귀양갔으며 가족은 노비가 되고 가산은 몰수당하였다. 신돈이 처형된 후에 소환되어 다시 찬성사로 되었다가 서경도만호로 나갔다. 이순과 함께 (북원) 오로산성五老山城을 공격해 이기고 원나라 추밀원부사樞密院副使 합랄불화哈剌不花를 포로로 잡아 돌아왔다.

오인택吳仁澤

오인택은 공민왕 때에 안우 등을 따라 홍건적을 격퇴하고 그 공로가 2등으로 등록되었으며 벼슬을 여러 번 진급해 상장군上將軍이 되었다. 또 안우 등을 따라 경성을 수복하였고 또 최영과 함께 흥왕사興王寺의 적을 토벌해 그 공로가 모두 1등으로 등록되었다. 후에 판밀직사사로 있으면서 밀직부사 김달상金達祥과 함께 왕의 총애를 받고 국가 기밀을 총람하였으므로 내상內相이라고 불렀다. 이때 국가에는 해마다 전쟁이 계속되어 국고가 고갈되었고 덕흥군德興君의 군사가 또 침입하였다. 그래서 공을 세운 자에게는 모두 관직으로 상을 주었는데, 이것은 오인택과 김달상이 문무관직을 첨설添設하는 것을 처음 건의하였고 마침내 그들이 전주銓注를 주관하게 되었다. 그리하여 출정

장교와 사관은 모두 등급을 초과해 진급하였으므로 사람들이 즐겨 종군하였다. 그러나 청탁이 크게 성하고 뇌물이 공공연히 횡행하여 장인바치와 노예까지 누구나 다 벼슬을 주어 벼슬이 너무나 흔하게 되었다.

재상 중에서 어떤 사람이 왕에게 남쪽으로 피난할 것을 권한 자가 있어서 왕은 자못 그럴듯이 여겼다. 이때 오인택이 말하기를 "홍건적 난리에 남쪽으로 피난하였어도 능히 성을 수복할 수 있은 것은 저들이 외적이었기 때문에 사람마다 가슴에 분노를 품고 구름 같이 모여 들어 결사적으로 싸워 섬멸했던 것입니다. 그러나 덕흥은 홍건적과 달라서 지나는 곳은 모두 그의 백성으로 될 것이니 대가大駕가 일단 남으로 가면 도성 이북에서 누가 전하를 따르겠습니까? 오늘의 형편으로는 전하가 직접 나가서 싸우는 것이 상책입니다."라고 하였다. 피난에 대한 문제가 마침내 중지되었다.

왕이 최영, 유탁柳濯, 경천흥慶千興을 불러 말하기를 "오인택과 김달상은 전주銓注를 함부로 하여 어질고 재능 있는 자를 버리고 친척을 등용하며 공로를 고려하지 않고 오직 뇌물에만 좌우된다. 이리하여 장인바치의 천한 자들이 중앙과 지방에 배치되었다. 화기和氣를 손상하고 재앙을 초래한 것이 모두 이 까닭이니 내가 이에 대하여 크게 상심한다. 응당 모두 먼 곳으로 쫓아 보내 천의天意에 부합케 해야 할 것이다."라고 하였다. 이때 오인택과 김달상이 마침 도당都堂에 있었으므로 중사中使(환관)를 보내 왕의 명령을 전달하고 오인택을 청풍淸風으로 김달상을 옥주沃州로 귀양보냈으므로 세상 사람들이 대단히 기뻐하였다. 오인택의 아들 군부판서軍簿判書 오영주吳英柱와 삼사판관三司判官 오영좌吳英佐가 그 어머니와 함께 소경 석천록石天祿에게 점을 치기를 "최영·이구수는 어느 때 쫓겨날 것인가?"라고 물으니, 석천록이 말하기를 "멀지 않을 것이다." 라고 하였다. 말이 누설되어, 오영주를 기계杞溪로, 오영좌를 천녕川寧으로 귀양보내고, 이와 함께 석천록도 매를 쳐서 귀양보냈다.

신돈이 정권을 잡은 이후에 소환되어 지도첨의知都僉議로 임명되었다. 오인택이 경천흥과 함께 신돈을 제거할 것을 모의하였으나 일이 누설되어 순군에 가두었다가 매를 쳐서 상주尙州로 귀양보내고, 또 오영좌를 매를 쳐서 수원水原으로 귀양보내어 모두 노奴로 만들었다. 후에 오인택은 신돈이 기필코 자기를 죽일 것이라는 소문을 듣고 영좌와 함께 도망쳤다. 신돈이 사람을 양광, 전라, 경상도에 보내 수사하고 또 오인택의 처자를 가두었다. 판사 옥천계玉天桂는 오인택의 어린 아들을 기르고 있었으므로 신돈은 그가 오인택과 공모한 것으로 의심하고 순군에 가두고 고문해 죽였다. 이어 오인택을 체포해 매를 쳐서 사리성思利城 봉졸烽卒로 귀양보냈다.

지용수池龍壽

지용수의 세계世系에 대한 기록은 없다. 충목왕 때에 현릉직顯陵直으로 임명되었으며, 공민왕 때에 안우安祐 등을 따라 홍건적을 격파 구축하고 또 안우 등과 함께 수도를 수복하였다. 그 공로가 모두 1등으로 등록되었으며 판전객시사判典客寺事로 임명되었다가 후에 전공 판서典工判書로 전직하였다. 안우경 등과 함께 덕흥군德興君의 군대를 격퇴해 추성규의선력공신推誠揆義宣力功臣 칭호를 받고 동지밀직사사로 임명되었다. 후에 여러 관직을 거쳐 첨의평리僉議評理로 되었다가 지문하성사知門下省事로 바뀌었으며, 이어 서북면상원수西北面上元帥 겸 평양윤으로 나갔다. 처음에 기새인첩목아奇賽因帖木兒가 원나라에서 벼슬해 평장平章으로 되었으며 원나라가 망하자 요심遼瀋의 관리인 평장 김백안金伯顔 등과 함께 동녕부東寧府를 점거하고 있으면서 그 아버지 기철奇轍이 처형된 데 대하여 원한을 품고 앞으로 우리나라 변방을 침범하려 하였다. 왕은 지용수와 서북면 부원수 양백안楊伯顔 그리고 안주 상만호安州上萬戶 임견미林堅味를 보내 우리 태조와 함께 가서 그를 토벌하게 하고 시중 이인임李仁任을 도통사로 임명해 안주에 주둔하게 하였다. 군사가 의주에 도착해 만호 정원비鄭元庇, 최혁성崔奕成, 김용진金用珍 등에게 말 3~4필이 나란히 갈 수 있는 부교浮橋를 압록강에 가설하게 하고 우리 태조가 임견미와 함께 앞서 건너고 모든 군대가 뒤를 이어 건넜다. 사졸들이 다리에서 앞을 다투어 건너다가 빠져 죽은 자도 있었으며 3일 만에야 도하가 완료되었다. 이날 저녁 사나운 뇌성과 함께 폭우가 쏟아졌으므로 모두 불안을 느꼈다. 이때 병마사 이구李玖가 "길한 징조이다."라고 말하자, 여러 장수가 그 까닭을 물은즉, 이구는 "용이 움직이면 반드시 뇌우가 있는 법이다. 이제 상원수의 이름이 용자로 되었고 그가 강을 건너는 날에 뇌우가 있으니 승리할 징조이다."라고 말하였다. 모두들 다소 안심하였다. 군사가 나장

탑螺匠塔에 도착하였다. 거기서 요성遼城까지 2일 노정이다. 치중輜重 부대는 남겨 두고 7일간 양식만 가지고 행군하였다. 요심遼瀋 사람들에게 고유告諭하기를 "요심은 우리나라 땅이고 그 백성은 우리 백성이다. 이번에 정의의 군대를 동원해 안존시키려 하니, 만일 산채山寨로 도피한 자가 있으면 각 개별 부대들에게 피해를 당할 염려가 있으니 즉시 군전軍前에 와서 사정을 말할 것이다."라고 하였다. 그리고 비장裨將 홍인계洪仁桂, 최공초崔公招 등에게 날랜 기병 3천을 거느리고 가서 습격하게 하였다. 적은 아군이 적은 것을 보고 쉽게 생각하였으나 대군이 이어 도착하였으므로 성 안에서 바라보고 낙담하였다. 그런데 적장 처명處明은 자기의 용맹을 믿고 항전하였으므로 우리 태조가 이원경李原景을 시켜 타이르기를 "너를 죽이기는 쉽다. 그러나 너를 살려서 쓰려 하니 속히 항복하라."고 하였으나 그가 듣지 않았다. 이원경이 말하기를 "너는 우리 장수의 재주를 모른다. 네가 항복하지 않으면 대번에 쏘아 꿰뚫을 것이다."라고 하였다. 그러나 역시 항복하지 않았으므로 태조가 짐짓 그의 투구를 쏘아 날리고 또 이원경을 보내 달랬으나 역시 듣지 않았으므로 태조가 그의 다리를 쏘았다. 처명이 맞고 달아났다가 뒤미처 다시 와서 싸우려 하자 또 이원경을 시켜 말하기를 "네가 만일 항복하지 않으면 네 얼굴을 쏠 것이다."라고 하였다. 처명은 마침내 말에서 내려 머리를 땅에 대고 항복하였다. 어떤 자가 성에 올라 외치기를 "우리들은 대군이 온다는 소문을 듣고 모두 항복하려 하였으나 성을 지키는 장수가 강제로 항전시키고 있다. 힘써 공격하면 성을 빼앗을 수 있다."라고 하였다. 성은 대단히 높고 가팔랐으며 돌과 나무가 뒤섞였으며 화살이 빗발같았다. 군사가 드디어 성에 육박해 급히 공격함으로써 마침내 함락시켰다. 새인첩목아는 도망치고 김백안을 포로로 잡았다.

이날 저녁에 아군은 성 동쪽으로 물러서서 방문榜文을 붙여 납합출納哈出·야선불화也先不花 등에게 말하기를 "기새인첩목아奇賽因帖木兒는 우리나라의 보잘 것 없는 신하로서 원나라 황제의 측근에 있으면서 지나친 은혜를 입어 벼슬이 1품에 이르렀으니 의리상 고락을 같이 해야 할 것이었다. 그리고 천자가 바깥으로 망명할 때 그는 응당 그 전후좌우에 있으면서 목숨을 바쳐 충성을 다해 그 곁에서 떠나지 말아야 할 것이었다. 그런데 은혜를 저버리고 의리를 잊고 동녕부東寧府로 피신한 후 그 아비 철轍이 처형된 것을 원수로 여겨 우리나라에 대하여 반역을 기도하였다. 지난해에 나라에서 군대를 출동해 추격하자 교전을 도피하면서도 역시 행재소行在所로 가지 않고 동녕성東寧城에 물러 앉아 평장平章 김백안 등과 결탁해 심복으로 하고 송보리松甫里·법독하法禿河·아상개阿尙介 등에게서 군대와 말을 규합해 다시 우리나라를 침해하려 하였다. 그 죄는 용서할 수 없으며 이제 정의의 군대를 일으켜 문죄하게 된 것이다. 또 김백안 등과 함께 소민小民들을 유인 혹은 협박해 성을 고수하고 항거해 나섰다. 초마哨馬의 전봉前鋒이 김백안을 위시해 합라哈剌·파두덕좌불화波豆德左不花·고달로화적高達魯花赤을 사로잡고 총관부摠管府의 두목들을 일망타진하였다. 그러나 새인첩목아는 또 도망치고 자수하지 않았다. 각채各寨들에서는 그가 나타나는 대로 곧 체포해 급보할 것이다. 만일 숨겨 두면 동경東京의 전례가 있다."라고 하였다.

또 금주金州와 복주復州 등처에 방문을 붙여 "우리나라는 요堯와 때를 같이 해 건국하였으며 주周나라 무왕武王은 기자箕子를 조선에 봉하고 그 땅을 하사하니, 그 지역이 서쪽으로 요하遼河에 이르렀다. 이 강토를 대대로 지켜 내려오던 바, 원나라가 천하를 통일한 후 공주를 내려주시고 요심遼瀋 지역을 그 탕목湯沐으로 삼았으며, 이를 계기로 해 분성分省을 설치하였던 것이다. 말기에 이르러 나라가 덕을 잃고 천자가 외지로 망명하자 요심의 두목 관리들은 천자를 따르지도 않고 또 우리나라에 대하여 예의를 닦지도 않았다. 그리고 우리나라의 죄인 기새인첩목아와 서로 결탁해 복심이 되어 무리를 모아 백성을 학대하였다. 그 불충不忠의 죄를 도피할 수 없을 것이다. 이번에 정의의 군사를 일으켜 문죄하자 새인첩목아 등은 동녕성東寧城에 의거해 방비가 튼튼한 것을 믿고 왕명을 거역하였다. 그런데 대군이 이르는 곳에서는 옥석玉石이 다 타버리는 것이니 후회한들 무슨 소용이 있겠는가. 요하遼河 이동의 우리 강토 내의 전체 백성과 크고 작은 두목들은 속히 자진해 귀순함으로써 다 같이 작록爵祿을 받을 것이며 만일 개전의 정이 없으면 동경의 전례가 있을 것이다."라고 하였다. 다음 날 군사가 성 서쪽 10리 지점에 숙영하였다. 이날 밤에 치열한 불꽃이 타오르는 듯한 붉은 기운이 군영을 향해 쏘아 들었다. 일관日官 노을준盧乙俊이 말하기를 "괴이한 기운이 군영에 비쳤으니 옮겨 주둔하는 것이 좋겠다."라고 하였다. 이때 만호 배언裵彦 등이 석성石城에서

고가노高家奴를 치고 아직 돌아오지 않았으므로 머물러서 기다리려 하였으나 노을준의 말을 듣고 회군하기로 하였다.

처음에 성이 함락되자 아군이 창고를 거의 다 불살랐기 때문에 군량이 모자라게 되어 여러 장수들은 곧은 길로 갈 것을 청하였으나, 지용수는 듣지 않고 군대를 열병한 후 바닷가로 돌아 회군하고자 하였다. 장병들은 대단히 굶주리었으며 소와 말을 잡아먹고 대열이 서지 못하였다. 이리하여 불평이 많았기 때문에 마침내 지름길로 돌아오면서, 적군의 추격이 있을 것을 염려해 야영할 때면 반드시 사병을 시켜 변소와 마구간을 지어 놓았다. 과연 납합출納哈出이 뒤를 밟아 이틀이나 따라 오다가 "변소와 마구간을 지은 것은 행군의 질서가 정연한 것을 말하는 것이니 습격할 수 없다."라고 하고 곧 돌아갔다. 3일 만에 군사가 송참松站에 도착하였을 때 진무鎭撫 나천서羅天瑞가 양곡 수백 석을 구해 식사를 제공하였으므로 드디어 구제되었다. 이 전투에서는 눈바람과 심한 추위로 인해 도로는 얼음판이 되었으며 사병과 군마는 많이 희생되었다.

김백안이란 자는 그 아비가 우리나라의 중인데 통제원通濟院의 여종을 간통해 백안을 낳았다. 김백안은 우리나라에서 벼슬해 낭장郎將을 지내고 원나라에 들어가서, 대성臺省의서 여러 관직을 거쳐 평장平章에 이르렀었다. 군사가 안주安州에 돌아왔을 때 김백안이 불순한 언사를 하였으므로 처단해 버렸다.

논하기를,

경복흥은 청렴하고 바르며 삼가고 도타워서 옛날 대신의 풍모가 있었다. 신돈이 배척하여 파직시키자 오인택 등에게 책략을 주어 적신을 죽이려고 모의하였다. 공은 비록 이루어지지 않았지만 충성심과 분개심은 늠름하다고 하겠다. 신돈이 죽임을 당하자 다시 상부相府에 들어왔다. 마침 지윤, 이인임이 권력을 마음대로 하여 혼탁하게 되자 경복흥은 매일 술을 마시면서도 부정하지는 않았다. 그러나 인사권을 맡았을 때에는 바로 현명한 사람을 천거하고 뇌물을 억제하여, 지윤과 이인임이 마음대로 할 수는 없었다. 몇 년 동안 국가가 조금 안정이 된 것은 경복흥의 공이다. 승왕僧王(덕흥군)의 군사 변란이 있자 경복흥은 여러 군을 절도하고 총령할 뿐이었다. 박춘朴椿이 계책을 세워 노루를 대접하니 이가노李家奴가 먼저 두려워하였다.

안우경은 몸소 사졸에 앞서서 힘써 싸워서 공로가 있었다. 그러나 최영 군이 이르자 비로소 승첩을 아뢰게 되었다. 오인택이 국왕의 남순南巡을 저지하고 계책이 매우 기묘해서 만약 그 공로를 논한다면 여러 장수들 아래에 있지는 않다. 이때에 지용수는 공로가 없었는데 기새인寄賽因을 격파하여 북쪽 변방이 안정이 되었으니 그 공로를 족히 칭찬할 만하다.

정지鄭地 변안열邊安烈 왕안덕王安德

정지鄭地

정지의 첫 이름은 정준제鄭準提요 나주羅州 사람이다. 풍채가 헌걸차고 성격이 관대하고 후하며 어려서부터 큰 포부가 있었다. 독서하기를 좋아하였고 대의에 통달하였으며 다른 사람과 해설을 하면 환하게 하였다. 들어오나 나가나 항상 손에서 책이 떠나지 않았다. 공민왕 23년에 검교중랑장檢校中郎將 이희李禧라는 사람이 수전水戰 훈련을 청하는 글을 올렸다. 왕이 개탄해 말하기를 "이희는 조정 밖에 있는 신하인데도 이렇게 건의하고 있다. 그런데 조정의 관료들과 나를 시위하는 군인들 중에는 일찍이 한 사람도 이희와 같은 자가 없는가."라고 하였다. 위사衛士 유원정柳爰廷이 말하기를 "중랑장 정준제는 외적 평정에 관한 방책을 작성하였으나 아직 내놓지 않았을 뿐입니다."라고 하였다. 정지가 속고적速古赤(임금의 옷을 맡은 숙위 신하. 고려 말에 둠. 원 나라에서 온 제도)으로서 마침 곁에 있었으므로 왕이 물으니 정지는 곧 주머니에서 그 문건을 꺼내어 왕에게 드리었다. 왕이 이것을 열람하고 대단히 기뻐하였다. 정지를 전라도안무사로, 이희를 양광도안무사로 임명하고 모두 왜인추포만호倭人追捕萬戶를 겸임시켰다. 최신길崔臣吉·박덕무朴德茂 등이 역시 상서하여 이희·정지와 마찬가지 방안을 냈다. 박덕무를 경기왜인추포부사京

譏倭人追捕副使로 임명하였다. 왕이 재상에게 말하기를 "이번에 이희 등에게 벼슬을 주었는데 그대들은 달리 생각하지 말 것이다. 그들의 성과를 바라고 다른 사람들을 고무하려는 데 지나지 않는다. 앞으로 성과가 없으면 응당 용서하지 않을 것이다."라고 하였다. 또 정지의 휘하 병사 85인, 이희의 휘하 병사 67인에게 첨설직添設職을 주고 밀직사密直司에게 명령하여 천호 공명첩千戶空名牒 20, 백호첩百戶牒 2백 장을 주었다.

이때 정지는 이희와 함께 재삼 상소해 전후 수십 개 조항에 걸친 제의를 하였는데, 그것을 요약하면 "깊은 육지의 백성은 배를 부리는 데 익숙하지 못하여 왜적을 막기가 어려우니, 다만 섬에서 생장하였고 수전을 자원하는 자를 모집해 우리들이 지휘하게 하면 5년 이내로 바닷길을 깨끗이 하겠습니다. 그리고 도순문사都巡問使로 말한다면 한갓 군량만 허비하고 민생을 괴롭게 할 뿐이므로 이것을 폐지할 것입니다."라고 하였다. 왕이 순찰사 최영을 불러 문의하였다. 이에 앞서서 최영이 6도를 순찰하고 전함 2천 척을 건조해 각 도의 군대로 하여금 왜적을 잡으려 하였었는데, 백성들이 고통을 못이겨 집을 버리고 이산하는 자가 10중 5~6에 달하였다. 이런 차에 정지 등의 제의가 있었으므로 그것을 그만 두었다. 신우 3년에 왜적이 순천順川・낙안樂安 등지에 침입하였다. 정지는 예의판서禮儀判書로서 순천도 병마사順天道兵馬使로 임명되어 이 왜적을 쳐서 40여 급級을 베었다.

(신우) 4년(1378)에 왜적이 영광靈光・광주光州・동복同福 등지에 침입하였다. 정지가 도순문사 지용기池湧奇, 조전원수助戰元帥 이림李琳・한방언韓邦彦 등과 함께 추격해 옥과현玉果縣까지 가니, 적이 미라사彌羅寺로 들어갔다. 아군이 포위하고 불을 놓아 그 출로를 차단하고 있다가 맹렬히 공격하였으므로 적은 스스로 거의 다 타 죽었으며 노획한 말이 백여 필이었었다. 이 전투에서 정지의 공로가 큰 자리를 차지하였다. 전승의 보고가 가자 정지와 지용기에게 각각 은 50냥을 주었다. 왜적이 또 담양현潭陽縣에 침입하였으므로 정지는 지용기와 함께 그를 공격해 몰아냈다. 이어 전라도 순문사가 되었다.

(신우) 8년에 해도 원수海道元帥로 되었다. 왜적이 큰 배 50척으로 진포鎭浦에 침입하였다. 정지는 이것을 격퇴하고 군산도群山島까지 추격해 적선 4척을 노획하였다. (신우) 9년에 또 왜적과 교전해 그를 대파하였다. 우가 금대金帶 하나와 은 50냥을 하사하였다. 이때 마침 봄철을 당하여 질병이 대단히 유행해 해군[舟師]의 사망자가 태반이나

되었다. 정지는 해상에서 죽은 시체를 즉시로 육지로 운반해 매장하였으므로 사졸들이 이에 감격해 목메어 울지 않는 자가 없었다.

정지가 전함 47척을 거느리고 나주 목포에 진주하였을 때 적이 큰 배 120척으로써 경상도에 나타났다. 연해의 주군이 크게 진동하였으며 합포원수合浦元帥 유만수柳曼殊로부터 급보가 왔다. 정지는 밤낮으로 달려가면서 스스로 노를 젓기도 하였으므로 노 젓는 병졸들이 더욱 더 힘썼다. 섬진蟾津에 도착하니 적은 이미 남해南海의 관음포觀音浦에 이르러 염탐을 하고 아군을 겁이 많고 나약한 줄로 여겼다. 때마침 비가 내렸으므로 정지는 사람을 보내 지리산智異山 신시神祠에 기도하기를 "나라의 존망이 이 한 번에 달렸으니 나를 도와 신의 선물을 만들게 하시라."라고 하였더니 비가 과연 멎었다. 적의 기치가 공중을 덮고 창검이 바다에 번뜩이면서 사방으로 둘러싸면서 나아갔다. 이때 정지가 머리를 조아리며 하늘에 절하니 갑자기 바람세가 유리하게 되었으므로 중류에 나가 돛을 달고 나는 듯이 박두양朴頭洋에 이르렀다. 그때 적은 큰 배 20척으로 선봉을 삼았다. 정지는 진공하여 우선 이것을 격파하니 시체가 바다를 덮었다. 계속 남은 적을 쏘니 화살 소리와 함께 쓰러졌다. 이리하여 적을 크게 격파하였다. 또 화포를 발사해 적선 17척을 불살랐다. 병마사 윤송尹松은 화살에 맞아 전사하였다. 정지는 장령들에게 말하기를 "내가 전쟁 마당에서 적을 격파한 적이 많았으나 오늘과 같이 통쾌한 일은 없었다."라고 하였다.

군기윤軍器尹 방지용房之用이 일본에 사절로 갔다가 돌아오는 도중에 왜적을 만나 포로가 되어 배 밑에 구속되어 있었다. 이번 전투 직전에 적들이 말하기를 "만일 패전하면 우선 너를 죽이겠다."라고 하였으나, 전투가 끝나고 적이 완전 섬멸되었으므로 방지용은 화를 면하였다. 전승 첩보가 이르자 우가 크게 기뻐하면서 궁중의 술을 하사하여 위로하였다.

정지가 병으로 인하여 사직하였다가 얼마 안 있다가 지문하부사知門下府事로 되었다. 그는 각 도에서 전함을 건조해 왜적에 대비할 것을 청하여 왕이 이에 따랐다. 곧이어 해도도원수海道都元帥 양광·전라·경상·강릉도 도지휘처치사都指揮處置使로 되었다.

(신우) 10년(1384)에 문하평리門下評理로 임명되었다. 우가 환자宦者 김실金實을 보내 정지를 책망하기를 "도통사 최영은 전함을 건조해 수전에 대비하고 나아가서 화포를 장비

하는 등 그 사려가 주도하였다. 그대가 해도 원수海道元帥로 된 이후로 왜적이 침입해 주군州郡을 소란케 하고 있으나 그것을 아직 소탕하지 못하니 책임이 실로 그대에게 있는 것이다."라고 하였다. 이에 정지는 공손히 사과하였다. (신우) 13년에 정지가 상서하여 동정東征(왜국 정벌)을 자청하였는데, "근자에 중국에서 왜국 정벌을 공언하고 있습니다. 만일 우리나라 각지에 그 병선들을 정박시키면 비단 응접하기가 곤란할 뿐만 아니라 우리나라의 허실을 엿볼 우려가 있습니다. 그리고 왜적으로 말하면 온 나라가 모두 도적인 것이 아니고 그 반란민들이 대마對馬・일기一岐 등 여러 섬에 근거지를 두고 우리나라 동쪽 변방에 접근해 무시로 침범해 옵니다. 그러므로 만일 그 죄를 성토聲討하고 큰 병력으로 우선 여러 섬들을 공격해 그 소굴을 전복하고 일본에 공문을 보내 패잔적도를 모두 쇄환하게 하면 왜적의 화를 영원히 제거할 수 있을 것이며 중국의 군사도 또한 구실이 없어져서 오지 않을 것입니다. 그리고 지금의 우리 수군은 모두 수전에 능숙해 신사년(1281, 충렬왕 7)의 왜국 정벌 때에 몽한군蒙漢軍이 배에 익숙치 못하였던 것과는 비할 바 아닙니다. 만일 적당한 계절에 순풍을 타서 행동을 일으키면 용이하게 성공할 수 있습니다. 다만 배는 오래되면 부패하고 군사는 오래 되면 피로하는 법입니다. 또한 현재 선졸들은 요부徭賦에 시달려 날마다 도망할 생각을 하고 있으니 이 기회에 정책을 결정하여 소탕하는 것이 좋겠습니다."라고 하였다.

(신우) 14년에 우가 우리 태조를 파견해 요동遼東을 공격할 때 정지는 안주도 도원수安州道都元帥로서 그 휘하에 있었으며 태조를 따라 회군하였다. 이때 왜적이 3도道에 침입해 여름부터 가을까지 살육과 방화를 감행하였으나 주군의 장수와 수령들은 방어하는 자가 없었다. 정지는 그 이름이 왜적의 공포하는 바이었으므로 그를 양광・전라・경상도 도지휘사로 임명해 모든 장수들과 함께 가서 치게 하였다. 왜적은 함양咸陽으로부터 운봉雲峰 팔라현八羅峴을 넘어 남원南原에 침입하였다. 정지는 도순문사 최운해崔雲海, 부원수 김종연金宗衍, 조전원수 김백흥金伯興・진원서陳元瑞, 전주목사 김용균金用鈞, 양광도상원수 도흥都興, 부원수 이승원李承源 등을 인솔하고 용감히 공격해 그를 대파하고 적 58급級을 베고 말 60여 필을 노획하였다. 적은 밤으로 도주하였는데, 정지는 군량이 결핍되어 추격할 수 없었다. 이때 세상에서 말하기를 "이번 전투가 아니었다면 3도 백

성들은 거의 다 없어졌을 것이다."라고 하였다. 우가 궁중의 술[宮醞]과 비단을 주었다.

공양왕 원년에 양광·전라·경상도 절제체찰사節制體察使 겸 총초토영전선성사總招討營田繕城事가 되었다. 김저金佇가 변안열邊安烈 등과 함께 신우辛禑를 맞아들일 것을 모의하다가 일이 발각되자 정지는 그 연루자가 되어 지방으로 귀양갔다. (공양왕) 2년에 좌헌납左獻納 함부림咸傅霖을 보내 정지를 계림鷄林에서 국문하였다. 대간이 항소해 법에 의해 논죄할 것을 요구하였으므로 횡천橫川으로 옮겼다가 대간이 다시 계속하여 논박하였으므로 또 먼 곳으로 옮겼다. 이 사실은 변안열 전기에 실려 있다.

윤이尹彝·이초李初의 옥사가 발생하자 청주淸州에서 투옥되어 고문을 받았는데, 불복하고 말하기를 "이시중李侍中(태조 이성계)이 대의에 입각해 회군할 때 내가 이윤伊尹과 곽광霍光의 고사를 들어 시중을 풍간한 바 있었다. 거기는 깊은 의미가 있다. 무슨 이·초에 가담하였단 말인가?"라고 하고, 그 말이 끝나자 하늘에 맹세하였는 바, 그 말의 내용이 감개에 넘쳐 남을 감동시킬 만하였으며 옥관도 초사招辭(공술장)를 받지 못하였다. 정지가 물러나와 남더러 말하기를 "인생은 한 번은 죽는다. 어찌 삶을 아낄까만 왕씨가 나라를 회복하자 죄 아닌 죄로 죽는 것이 비통하다."라고 하였다. 다음 날에 준엄한 심문을 받게 되었는데 수해로 인하여 면하였다. (공양왕) 3년에 회군할 때 공이 2등으로 등록되고 녹권錄券 및 토지 50결을 받았다. 대성臺省과 형조刑曹에서 협의해 상서하기를 "정지는 변안열의 당파라고 해서 죄에 연좌되었으나 사실은 무고이며 억울하다."라고 하였으므로 석방되었다. 그 후 광주光州 별장에서 한거하다가 판개성부사判開城府事로 소환되었으나 부임하지 않았다. 병으로 죽었다. 나이 45세였다. 시호를 경렬景烈이라 하였다.

변안열邊安烈

변안열은 심양瀋陽 사람이며 원나라 말년의 병란으로 인하여 공민왕을 따라서 우리나라에 왔는데 왕이 원주原州를 그 본향本鄕으로 하사하였다.

안우安祐를 따라 홍건적을 격퇴하고 그 공이 2등으로 수록되었으며 곧 이어서 안우 등과 함께 서울을 수복하여 그 공이 1등으로 등록되고 여러 차례 예의판서禮儀判書로 되었다. 일찍이 재추宰樞들이 교외에 모여서 연회를 할 때, 변안열은 임견미·염흥방 등과 더불어 박희拍戲로 승부를 다투었다. 판밀직사사로 되어 최영과 함께 제주를 정벌하고 귀환한 후 지문하부사知門下府事로 되었다가 평리評理로 전임되었다.

신우 초기에 양광·전라도 도지휘사로 나갔는데, 왜적이 부령扶寧에 침입하여 행안산幸安山으로 올라갔을 때 변안열이 나세羅世, 조사민趙思敏, 유실柳實과 함께 군대를 지휘하여 진공하여서 크게 격파하여 참수와 포로로 잡은 것이 많았다. 우가 백금 1정錠, 안장 갖춘 말과 의복을 주었고 개선할 때에는 도당都堂이 천수사天水寺까지 나가서 광대놀이[儺戲]를 배설하고 영접하였다. 문하찬성사로 승진하였다.

왜적의 배 5백 척이 진포鎭浦 포구에 들어와서, 굵은 밧줄로 서로 얽어매어 놓고 군사를 나누어 수비하면서 드디어 상륙한 후 분산하여 각 주군에 들어가서 방화와 약탈을 하였다. 이때 나세와 심덕부 등이 진포에 이르러 화포火炮로 그 선박을 불사르니 배를 지키던 적들이 불에 타고 물에 빠져서 거의 전멸되었다. 왜적은 막다른 골목에 빠져서 더욱 발악하여 납치한 남녀를 모조리 살해해서 통과하는 곳마다 피바다를 이루었다. 배를 지키던 왜적 중에서 죽음을 면한 자는 옥주沃州로 도망가서 상륙했던 적과 합세하여 영동현永同縣을 불사르고 감무監務를 살해하였으며, 또 황간黃澗·어모禦侮·중모中牟·화녕化寧·공성功城·청리靑利 등 현들을 약탈하였으며, 상주尙州에 들어가서 7일간이나 머물면서 술을 마시고 있었다.

그때 지용기池勇奇의 휘하에 있던 배검裵儉이 자진하여 정찰하였는데, 왜적들이 그를 죽이려 하자, 배검이 말하기를 "하늘 밑에는 사신을 죽이는 나라는 없다. 우리나라 장수들이 정병精兵을 무수히 영솔하고 있으니 싸우면 반드시 승전한다. 그러나 너희들을 모조리 섬멸한들 무슨 이익이 있겠느냐? 너희들은 어느 고을이나 하나 점령하고 있는 것이 좋겠다."라고 하니, 적이 말하기를 "이것은 우리를 속이는 것이다. 너희 나라에서 정말로 우리를 살려 주겠으면 왜 우리 배를 빼앗았는가?"라고 하고, 배검에게 술을 먹인 후 무장한 기병으로 호송하였다.

왜적은 3세 여아를 납치해다가 배를 가른 후 물에 깨끗이 씻어 쌀, 술과 함께 제단에 올려놓고 하늘에 제사하였는데 풍악을 잡히고 나열하여 절을 하였다. 그리고 제사가 끝난 후에 그 쌀을 두 손으로 움켜서 나누어먹고 술을 석 잔씩 마신 다음 그 여아를 불에 태우는데 갑자기 창 자루가 부러졌다. 이에 점쟁이가 말하기를 "이곳에 머물러 있으면 반드시 패전하리라!" 하였으므로, 왜적은 즉시 철병하여 선주善州로 달아났다가 경산부京山府로 침입하였다. 이리하여 3도의 주군은 쓸쓸하게 텅 비었다.

우가 태조 이성계를 양광·전라·경상도 도순찰사로 임명하고, 변안열을 체찰사로 임명하여 보좌하게 하였으며{혹자는 도체찰사로 임명하여 보좌하게 하였다고 한다}, 왕복명王福命·우인열禹仁烈·도길부都吉敷·박임종朴林宗·홍인계洪仁桂·임성미林成味 및 태조의 서형庶兄 이원계李元桂를 원수로 임명하여 모두 태조의 지휘를 받게 했으며 각기 말 2필씩 주었다.

군사들이 출발하여 장단長湍에 도착하였을 때에 흰 무지개가 해를 관통하였는데 점쟁이는 승전할 징조라고 말했다. 그때 왜적은 사근역沙斤驛에 주둔하고 있었는데 원수 배극렴裵克廉·김명휘金明輝·지용기·오언吳彦·정지鄭地·박수경朴修敬·배언裵彦·도흥都興·하을지河乙沚가 적을 공격했으나 패전하여 박수경·배언이 전사했으며, 사졸의 전사자가 5백여 명에 달하였다. 왜적은 드디어 함양을 도륙하였으며 또 남원산성南原山城을 공격하였으나 함락시키지 못하고 퇴각하여 운봉현雲峰縣을 불놓고 인월역印月驛에서 주둔하면서 "장차 장차 광주의 금성金城에서 말을 먹이고 북으로 올라갈 것이다."라고 호언장담하였으므로 전국이 크세 놀랐다.

태조 이성계는 들에 널린 시체들을 보고 측은하여 밤잠을 이루지 못하였다. 변안열 등과 함께 남원에 도착하니 배극렴 등이 길로 나와 배알하였다. 태조 이성계가 하루 동안 말을 휴식시키고 다음날 전투하려 하니 모든 장수들이 말하기를, "적들이 험한 지형에 의거하고 있으니 그들이 나오기를 기다려서 싸우는 것이 좋겠습니다."라고 하였으나, 태조가 강개에 넘쳐 말하기를 "군사를 동원하여 놓으니 북받치는 적개심은 적을 만나지 못할까 염려되었는데 지금 적과 마주쳤는데 치지 않을 수 있겠는가?"라고 하고 드디어 여러 장수들의 부서를 정하고 이른 새벽에 결전을 맹세한 다음 동쪽으로 운봉을 넘기 시작하였다. 왜적과 수십 리 거리에 있는 황산荒山에 이르러 정산봉鼎山峯에 오를 때 태조 이성계가 길 오른쪽의 험한 오솔길이 있음을 보고 말하기를, "적이 반드시 이 길로 나와서 아군의 배후를 습격할 것이니 내가 이곳으로 가야겠다."라고 하였다. 그리고 다른 장수들은 모두 다 평탄한 길로 진격하였는데 바라보니 적세가 매우 정예하였으므로 싸우지 않고 퇴군하였다.

그때 날이 이미 기울었는데 태조는 이미 험한 지형에 들어서 있었다. 과연 적의 정예한 기병奇兵이 돌격하여 나타났다. 태조는 대우전大羽箭을 쏘고 계속해서 유엽전柳葉箭 50여 발 쏘았는데 모두 다 적의 면상에 명중하여 활시위 소리와 함께 넘어졌다. 그리고 전후 세 번 적과 싸워서 역전 끝에 섬멸했는데 그 장소가 진흙탕이어서 적과 아군이 모두 빠져서 서로 겹쳐 넘어졌으나 나와 보니 죽은 자는 모두 적병이요 아군은 한 명도 부상을 당하지 않았다.

적은 산에 의거하여 방어를 튼튼히 하였고 태조는 사졸을 지휘하여 요해 지점들에 의거하면서 휘하의 장수 이대중李大中 등 10여 명으로 도전케 하고 태조가 쳐 올라가니 적이 사력을 다하여 돌격하여 나왔으므로 아군은 북으로 달려갔다. 이때 태조는 돌아보면서 장병들에게 말하기를 "꽉 재갈을 틀어잡고 말이 넘어지지 않게 하라."고 하였다. 그런 후에 태조는 소라螺를 불도록 하고 대오를 정돈하여 개미처럼 붙어 올라가서 적진으로 돌입하였는데 적장 한 명이 창을 들고 바로 태조의 뒤로 덤벼들어서 사태가 매우 위급하였다. 그때 편장偏將 이두란李豆蘭이 말을 달리며 큰 소리로 "영공令公, 뒤를 보시오."라고 외쳤으며 태조가 미처 보기도 전에 이두란이 활로 쏴서 죽였다.

태조는 말에 화살이 명중되어 쓰러졌으므로 다른 말을 갈아탔다. 또 명중되어 넘어졌으므로 또다시 갈아탔다. 이번에는 날아 온 화살이 태조의 왼쪽 다리에 명중되었으므로 태조는 화살을 뽑고 더욱 씩씩하게 더욱 맹렬하게 싸웠다.

적들이 태조를 몇 겹으로 포위하였으나 그는 몇 명의 기마와 함께 포위망을 돌파하고 나오니 적들이 또다시 태조의 앞으로 돌격하여 왔으므로 태조가 선 자리에서 8명을 죽였더니 그제는 적들이 감히 앞으로 나오지 못했다. 태조는 좌우를 휘동하면서 맹세하여 말하기를 "비겁한 자는 물러가라! 나는 적을 죽이고야 말겠다!"라고 하니, 장사들이 감동되어 용기백배하여 저마다 결사전을 했으나 적들은 심은 나무처럼 버티고 서서 좀처럼 동요하지 않았다.

그때에 나이는 겨우 15~16세 되고 용맹스럽기가 비할 바 없는 적장 한 명이 백마를 타고 창을 휘두르며 돌격하였다. 아기발도阿只拔都라고 부르는데 견고한 갑옷을 입었고 구리 면面을 얼굴에 쓰고 있어서 조금도 활을 쏠 틈이 없었다. 태조가 이두란에게 "내가 적장의 투구 위꼭지를 쏠 터이니 투구가 떨어지면 네가 바로 쏘아라." 하고 말을 달려 나가며 쏘니 바로 그 꼭지에 맞아서 투구 끈이 끊어지며 한편으로 기울어졌다. 이에 적장은 급히 투구를 바로 잡아 썼으나 태조가 다시 쏘아서 투구 꼭지에 명중되어 투구가 드디어 떨어졌다. 그때에 이두란이 쏴서 그를 죽였다.

이렇게 되니 적의 사기가 꺾였고 적의 통곡하는 소리가 마치 수만 마리의 소가 우는 듯하였다. 적들이 말을 버리고 산상으로 올라갔으므로 여러 군이 승리한 기세를 놓치지 않고 말을 달려 올라갈 때 북소리와 고함소리가 대지를 뒤흔들어 사면이 무너져 내려앉는 것 같았다.

드디어 대승리를 거두었는데 냇물이 온통 발갛게 되어 6~7일 동안이나 그 색이 변치 않았다. 노획한 마필이 1천 6백여 필이고 기타 무기는 헤아릴 수 없었다.

지인知印 김국金鞠을 파견하여 승전을 보고했더니 우는 기뻐서 밀직사 인원보印元寶를 보내 궁중 술을 주어서 위로하였다.

처음에 적의 병력은 아군의 10배나 되었는데 패할 때에는 오직 70여 명이 겨우 살아 지리산으로 도망 쳤다. 태조는 말하기를 "천하에 적을 한 놈도 남기지 않고 섬멸한 나라는 없다."라고 하고 더는 적을 추격치 않고 퇴군하여서 크게 군악을 치니 장병들이 모두 다 만세를 불렀다. 다른 장수들이 죄의 추궁을 두려워하여 머리를 땅에 조아리며 피를 흘리니, 태조가 모두 용서해주고 웃으며 여러 장수들에게 말하기를 "적을 치려면 마땅히 이렇게 쳐야 한다!"라고 하였으므로 여러 장수들이 모두 감복하였다.

이번 행군에 군사들이 장막 기둥을 모두 대나무로 바꾸었는데, 태조가 그들에게 말하기를 "대는 나무보다 가볍다. 그러나 민가民家에서 심은 것이다. 그리고 나무는 나의 구물이니 잃지 않고 그대로 가지고 돌아가면 족하다."라고 하였다. 군사들이 감복하여 모두 대나무 기둥을 두고 갔다. 태조는 가는 곳마다 추호도 침범하지 않는 것이 이와 같았다.

동녕東寧 전투에서 태조는 그 장수 처명處明을 생포하여 죽이지 않았더니, 처명은 그 은혜에 감명하여 매양 화살 맞은 흔적을 보고는 흐느껴 울었다. 이번 전투에서는 처명이 그 말 앞에서 역전하여 공훈을 세웠으므로 당시 사람들이 이를 칭찬하였다.

태조가 군대를 개선하니 최영이 백관을 인솔하고 나가서 채붕綵棚을 가설하고 유희를 준비하여 놓고 천수사天壽寺 문전에서 영접하였다. 이때 태조가 먼 곳에서 바라보고 하마下馬하여 빠른 걸음으로 나가서 재배再拜하니 최영도 재배하고 앞으로 나가 태조의 손을 잡고 눈물을 흘리며 말하기를 "공이여, 공이여, 삼한을 재조再造한 것이니, 그대가 아니면 나라가 장차 누구를 믿겠는가?"라고 하니, 태조가 머리를 조아리며 사례하여 말하기를 "삼가 밝으신 공의 지휘를 받들어 요행히 승전하였습니다. 나에게 무슨 공이 있겠소."라고 하였다.

우는 태조 및 변안열에게 각각 금 50냥씩, 왕복명 이하 여러 장수들에게는 은 50냥씩을 상 주었으나 모두 다 사양하면서 말하기를 "장수가 적을 격멸하는 것은 그 직책인데 우리가 어찌 그것을 받겠는가?"라고 하였다.

태조의 위명威名이 더욱 드러났다. 왜적들도 반드시 이{태조의 옛 이름} 만호는 지금 어디 있는가 하고 물었으며 감히 태조의 군대에는 접근하지 못하고 반드시 없는 틈을 노려서 침입하였다.

왜적이 단양군丹陽郡에 침입하니 변안열이 한방언韓邦彦 등과 함께 이를 격파하고 적 80여 명을 죽이고 말 2백여 필을 노획했다. 또 한방언 등과 함께 안동安東에서 왜적을 공격하여 30여 명을 죽이고 말 60필을 노획했다. 원주부원군原州府院君에 봉해지고 이어 판삼사사判三司事로 임명되었다.

공양왕 초기에 김저金佇의 옥사獄事가 일어났을 때, 김저가 변안열·이림·우현보·우인열·왕안덕·우홍수禹洪壽와 함께 여흥왕驪興王을 맞아들일 것을 공모하고 그 내응이 되었다고 증언하였으므로, 낭사郎舍 윤소종·이첨·오사충 등이 헌사憲司에 내려서 법을 바로잡으라고 청하였다. 왕은 이 사건이 사전赦前의 일이므로 다만 파직하기만 하였는데, 다음날 또 상소가 올라왔으므로 한양漢陽으로 귀양 보냈다.

처음에 우가 (폐위되어) 강릉江陵으로 돌아갔을 때 어느 사람을 보고 말하기를, "나를 그르친 자는 변안열이다."라고 말했다. 김저를 문초했으나 복죄하지 않았으므로 칼로 발바닥을 몇 치를 째고 불에 달군 인두로 지지니 묻는 대로 모두 다 복죄해서 드디어 옥사가 성립되었다. 변안열도 그 죄의 연루자로 되었으므로 윤소종 등이 또 규탄하기를 "홍영통洪永通·우현보·왕안덕·우인열·정희계鄭熙啓 등이 사실 변안열과 함께 반역을 도모했으므로 왕씨의 신하와는 불구대천의 원수이다. 바라건대 변안열·홍영통·우현보·우인열·왕안덕 등을 극형에 처하시라."라고 하였으나 왕이 듣지 않았으므로, 윤소종 등이 또 말하기를 "홍영통은 이인임·임견미·염흥방과 작당하여 죄악을 서로 감싸 주었는데 뭇 흉악한 자들은 사형을 당했으나 홍영통 만은 우의 인척이므로 목이 붙어 있다. 우현보는 지위가 상상上相까지 되었으나 간사함으로써 함정에 기울었다. 왕안덕은 남포藍浦의 전투에서 전군이 몰살당해서 나라의 위신을 크게 손상시켰으니 군법으로 보면 마땅히 처참할 자이다. 우인열은 아전[刀筆] 출신으로 권세 있는 자에게 연줄을 얻어 정부에 자리를 차지하고 있으나 이 나라 백성에게 준 공덕功德은 전혀 들어보지 못하였다. 정희계는 염흥방의 사돈 연줄로 불의한 짓을 마음대로 감행했으며 또 우의 처인 최천검崔天儉의 딸로 인해서 요행히 무진년(1388, 우왕 14)의 처단을 면하였다. 이상의 5명은 죄악이 가득차서 반드시 처참해야 할 자들인데 하물며 변안열의 음모에 가담하여 신우를 추대하려 하였으니 이것은 천지간에 용납 못할 죄인 바, 전하도 사은私恩을 베풀어 줄 수는 없습니다. 전하는 대의에 의하여 판단하고 담당 기관에 회부하여 국문치죄하시기 바랍니다."라고 하였으나 윤허하지 않았다. 간관들이 합문閤門 밖에 엎드려 대명待命하면서 한낮까지 물러가지 않았다. 왕은 심덕부 및 우리 태조를 불러서 상의한 후 교지를 내려 이르기를 "변안열은 이미 관직을 삭탈하고 귀양 보냈으며, 홍영통·우현보·정희계 등은 김저의 증언과는 아무런 관련도 없고, 왕안덕은 회군할 때 정책定策을 협력한 공로가 있으며, 우인열은 일찍이 설장수偰長壽와 함께 명나라에 가서 우의 광패狂悖한 정상을 황제에게 보고했으니 김저의 음모에는 가담치 않았을 것이다. 그러므로 다만 그의 관직만을 파면했다."라고 하고, 밀직부사 유용생柳龍生을 가만히 보내서 홍영통 등에게 말하기를 "내가 있으니 경들은 두려워하지 말라."고 하였다.

이날 여우가 수창궁壽昌宮 서문에서 나와서 효사관孝思觀 서쪽 언덕으로 들어갔다. 낭사郞舍가 다시 상소하여 이르기를 "여우는 음물陰物이며 굴에 사는 짐승이니 이는 소인이 권세에 아부하는 상징입니다. 그러므로 서전書傳에 소인들을 제거하기 곤란하다는 것을 논술하면서 이르기를 '흙에 굴을 뚫고 사는 여우는 물을 대어 잡을 수도 없다[穴墉之狐 不可灌也].'라고 하였습니다. 여기서 흙은 권세權勢에 비유한 것이고 여우는 소인에 비유한 것입니다. 이번에 우리들이 합문 밖에 엎드려 소인을 제거할 것을 청했는데 요사한 여우가 이때 나타난 것은 소인들이 아직 모조리 제거되지 못하였다는 상징이며 또 이것은 명백한 하늘의 경고입니다. 옛사람이 말하기를 '의심을 많이 가진 자는 참소만 더욱 초래한다[執狐疑之心者 來讒賊之口].'라고 하였으니, 전하께서는 원컨대 위로는 황천皇天의 경계를 두려워하고 다음으로는 조종祖宗들이 내려 준 위업을 소중히 여겨 변안열 등 6명의 죄를 밝힘으로써 조종에게 사과하면 하늘의 견책을 면할 수 있습니다."라고 하였으나 왕이 듣지 않았다. 대사헌 성석린成石璘이 또 상소하여 변안열을 처참할 것을 청했다.

그때 강도가 성문 밖에서 행인을 겁탈하였는데, 윤소종 등이 왕에게 면대하여 말하기를 "당나라 헌종憲宗 때에 오원제吳元濟가 채주蔡州에서 반란을 일으켰으므로 승상 무원형武元衡과 중승中丞 배도裵道가 토벌할 것을 청하였습니다. 이사도李師道는 번진藩鎭으로서 성세를 서로 의지하며 자객을 보내 무원형을 살해하고 배도의 머리에 부상을 입혔습니다. 이에 뭇 신하들은 오원제를 용서해 주어서 번진들의 마음을 안무해 주자는 의견이었으나 헌종은 듣지 않고 배도를 승상으로 등용해서 마침내 오원제를 평정하고 천하를 안정시켰습니다. 지금 적은 서울 가까이 있고 또 한양에서 강도가 발생한 것은 실로 이자들로 인한 것이니 우려하지 않을 수 없습니다."라고 하고, 또 물러가서 다시 상소하기를 "신 등이 전자에 변안열의 대역大逆에 대하여 5차나 상소하여 치죄할 것을 청했으나 전하는 관대히 용서하여 지금 한양 별장에 안치하여 둠으로써 모든 사람을 실망케 하였습니다. 그의 죄를 밝히어 난적을 징치하시기 바랍니다." 라고 하였다. 왕은 그 상소문을 헌사憲司에 내리면서 말하기를 "귀양지에 가서 다시 국문하지 말고 죽여라."고 하였다.

얼마 지난 후에 교서를 내려 변안열의 회군공回軍功을 수록하였으나, 그후 또 얼마 지나지 않아서 이彝·초初 사건에 관련되어 공신 칭호를 박탈하였다.

왕안덕王安德

왕안덕의 향관鄕貫과 세계世系는 알 수 없다. 공민왕 때에 안우 등을 따라서 출정하여 홍건적을 평정하고 그 공이 2등으로 등록되었으며, 여러 관직을 거쳐 밀직부사密直副使로 승진되었다.

공민왕이 죽었을 때 왕안덕은 신우를 왕위에 세울 것을 발기하여 벼슬이 판밀직사사로 승진되고 문하평리門下評理로 전임되었다. 그때 북원北元에서 사신이 왔으므로 왕안덕이 관반館伴으로 되었는데, 어느 재상이 궁중의 술을 가지고 관館으로 와서 사신에게는 서서 술을 권하고 왕안덕에게는 꿇어앉아서 권하였으므로 사신이 노해서 말하기를 "너희 임금의 술을 가지고 천자의 신하에게는 서서 술을 주고 배신陪臣에게는 꿇어앉아서 주니 이것이 예절禮節인가?"라고 하였다. 당시 임금은 약하고 대신이 용사用事를 하였으므로 사람들이 모두 대신에 아부하였다. 이것이 쌓여 습관으로 되어서 이 지경에 이르렀던 것이다.

외직으로 나가서 양광도 도원수로 되었을 때 왜적이 여미현餘美縣에 침입했으므로 왕안덕이 출격하니 적이 산을 타고 면천沔川으로 달아났다. 왕안덕이 계속 추격하여 적 한 명을 목 베었는데 적이 가야사伽倻寺로 침입했으므로 우가 체복사體覆使 최인철崔仁哲을 파견하여 왕안덕이 왜적을 잡지 못하였음을 책망하였다.

왜적이 강화로부터 양광도 해변 주군州郡을 침공하여 함락되었는데 처음에는 적선이 겨우 22척이었으나 우리나라 전함을 탈취해서 50척에 달하였는데, 이것을 아군으로 오인하고 피하지 않았다가 살상당한 자는 헤아릴 수 없이 많았다.

왜적이 또 경양慶陽을 침략하고 드디어 안성군安城郡으로 침입하였을 때, 왕안덕은 적세를 바라보고 겁이 나서 진공하지 않고 부원수 인해印海와 양천원수陽川元帥 홍인계洪仁桂를 불러서 가천역加川驛까지 후퇴하여 있다가 적이 돌아가는 길목에서 맞받아 싸우려고 하였다. 적이 이것을 알고 다른 길로 퇴군하여 갔다. 왕안덕이 정예한 군사를 인솔하고 적을 공격하였으나 이기지 못하고 제 몸에도 창상을 입었고 정예한 병사도 4명이나 전사하였으므로 왕안덕은 하늘을 부르며 목놓아 울었다. 적의 간첩을 잡아서 심문하니 그 간첩이 말하기를 "우리들은 만약에 양광도 각 고을에 침입하면 최영이 반드시 군사를 거느리고 내려올 것이니 그때에 빈틈을 타서 서울을 곧바로 공격하면 성공할 수 있다고 의논했소."라고 하였다.{이때 동서강의 수비와 방어가 자못 엄밀하였다. 최영이 홍산에서 대첩을 한 후에는 한 번도 멀리 출정하지 않았다. 그러므로 왜적이 끝내 서울을 범할 수는 없었다.}

처음 적이 안성에 들어갔을 때 삼밭에 복병한 후 포로 3~4명을 시켜 밭 두둑에서 들일을 하게 하여 마치 농부처럼 가장케 하는 속임수를 썼다. 그런데 수원부사水原府使 박승직朴承直이 원수가 도착했다는 소식을 듣고 자기도 군사를 거느리고 왔는데, 그 들일하는 자에게 묻기를 "왜적이 물러갔는가? 3원수가 어디 있는가?"라고 하니, 그 자가 대답하여 말하기를 "적은 이미 물러갔으며 3원수는 추격중입니다."라고 하였으므로 박승직이 이것을 곧이듣고 바로 관아로 들어가니 적의 복병이 나타나서 그를 포위했다. 그래서 박승직은 단신으로 포위를 돌파하고 탈주하였으나 다수의 사졸들이 살상되거나 포로가 되었다. 그래서 수원으로부터 양성陽城, 안성에 이르는 사이는 인적을 볼 수 없는 쓸쓸한 곳으로 되었다.

찬성사 양백연楊伯淵, 평리 변안열·임견미를 파견하여 전투를 돕게 했는데 때마침 최인철이 조정으로 돌아가서 거짓말하기를 "내가 왕안덕·홍인계·인해를 독려하여 왜적을 직산현稷山縣에서 공격하여 50여 명을 죽였고 적은 궤주潰走하였습니다."라고 하였다. 신우는 그것을 믿고 최인철에게 내구內廐의 말과 백금을, 왕안덕 등에게도 내구의 말과 의복, 술을 주고 양백연 등을 소환했다.

왜적이 홍주洪州를 도륙 소각했으며 목사 지득청池得淸의 처를 죽이고 판관의 처자를 납치하였다. 왕안덕은 왜적과 노현盧峴에서 싸웠으나 패전하였다. 다음날 또 적이 온수현溫水縣을 습격하고 이산伊山, 영해營海 등을 불 질렀다. 왕안덕이 적과 신교新橋에서 싸웠는데 밤에 적이 사면으로 포위하자 사졸은 놀라서 흩어지고 많은 사상자를 내었다. 적이 또 진포鎭浦로부터 한주韓州에 침입하였을 때는 왕안덕이 장수를 파견하여 조전助戰할 것을 청하였으므로 우가 상산군商山君 김득제金得齊, 밀직부사 목충睦忠, 왕빈王賓을 파견하여 그를 보좌하게 하였다.

왜적이 또 영주寧州, 아주牙州에 침입하자 왕안덕은 홍인계, 인해, 김득제, 목충, 왕빈 등과 함께 아주에서 싸워서 적을 패주시키고 세 명을 포로로 잡았으며 무기와 말 170여 필을 노획하였다. 우가 술을 주어 위로해 주었다. 또 괴주槐州에서 왜적을 쳐서 세 명을 죽였다. 왜적 2백여 기騎가 괴주 장연현長延縣에 침입했으므로 왕안덕은 김사혁金斯革, 도흥都興과 함께 공격하여 세 명을 죽였다.

찬성사가 되었고, 왜적이 고비인古庇仁 지경에 주둔하였으므로 왕안덕은 광주절도사廣州節度使 최운해崔雲海, 양광도 도절제사 이승원李承源과 함께 적을 90리를 추격하여 도둔곶都屯串에서 교전하여 크게 패하였다. 이때 왕안덕은 말에서 떨어지고 겨우 죽음을 면했으나 사졸 중에 죽은 자가 40여 명에 달했다.

공양왕 때에 김저, 변안열의 옥사가 일어나 말이 왕안덕 및 우인열, 우홍수 등과 연루되었다. 대간들이 누차 상소하여 극형에 처할 것을 청했으나 윤허하지 않고 왕안덕을 강원군江原君으로 봉하였다.

어느 날 왕이 헌납 함부림을 불러서 말하기를 "내가 대간과 형조에 왕안덕, 우인열, 우홍수 등에 대하여 논의하지 말라고 명령했는데 너는 아는가?"라고 하니, 함부림이 대답하기를 "신이 알고 있습니다."라고 하였다. 이에 왕은 말하기를 "네가 이미 그것을 알고 있으면 왜 고집스럽게 논죄를 계속 하는가? 내가 비록 덕은 없어도 이미 임금이 되었는데 너희들이 나의 명령에 복종하지 않아도 옳은가."라고 하였으므로, 함부림이 대답하기를 "상벌이 부당하면 대간이 논박하는 것은 그 직책입니다."라고 하였더니, 왕은 말하기를 "너희들이 내 명령에 복종치 않으면 처벌하겠다."라고 하자, 함부림은 이에 대답하기를 "자고로 임금은 간언하는 신하를 처벌하지 않았습니다."라고 하였다.

왕은 계속하여 말하기를 "현릉공민왕 때에 간관으로 처벌당한 자가 많았다."라고 하니, 이에 대답하여 말하기를 "하필 현릉을 본받을 거야 있습니까? 즉위한 초기에는 어질다는 명망도 있어서 현군賢君이란 칭찬도 있었으나 그 후 스스로 성군聖君으로 자인하고 모든 신하들을 멸시하며 비록 말하는 자가 있어도 개의치 않았고 시기하는 마음이 나날로 깊어 가서 대신들과 대간들이 모두 화를 당했으며 간언하는 길이 막혔습니다. 이리 하여 갑인년(1374, 공민왕 23)의 참변을 빚어냈던 것입니다. 그런데 지금 전하가 신민의 추대를 받아 왕업을 다시 계승하니 삼한이 기뻐하며 다시 태조 때의 성세를 보게 되었다고 생각하고 있습니다. 그런데 만약 현릉을 본받는 데 그친다면 어찌 이것이 신민이 바라는 바이겠습니까?"라고 하였다.

또 왕은 말하기를 "우홍수는 공신이고 왕안덕은 회군回軍의 공이 있으며 우인열은 일찍이 명나라에 가서[入朝] 우의 무도함을 천자에게 말하였으니 어찌 우를 맞아서 세우려 하였겠는가?"라고 하니, 이에 대답하여 말하기를 "무진년 회군은 그 권한이 이시중에게 있었으니 왕안덕은 그의 휘하에 있으면서 어찌 감히 반대할 수 있었겠습니까? 또 우인열이 명나라에 간 것은 항거할 수 없는 국가 명령에 의한 것이니 어찌 그만둘 수가 있었겠습니까? 우홍수가 공신으로 된 것은 대간들이 이미 그것은 남발된 것이라고 말하였습니다. 대개 엎치락뒤치락하는 소인들은 이득과 권세가 있는 곳으로 쏠리는 것이니 청컨대 대의에 따라 그들을 처단하십시오."라고 말하니, 왕은 불쾌히 여겼다.

대간이 교장交章(언관이 함께 상소하는 것)으로 상소하여 다시 변안열 일당을 논죄하였다. 왕안덕을 풍주豊州로, 우홍수를 인주仁州로, 원상元庠을 광주光州로 각각 귀양 보내고, 또 이을진李乙珍, 이경도李庚道를 먼 지방으로 귀양 보냈으나 그 다음 달에 그들을 소환하였다. 그러므로 낭사郞舍 허응許應 등이 말하기를 "위왕僞王 신씨辛氏의 도당은 그 죄가 다 동일합니다. 헌사가 근자에 이색을 탄핵해서 고향으로 추방했는데, 왕안덕, 이종학李種學, 이을진, 이경도 등은 아직도 서울에 있습니다. 그들의 관직을 삭탈하고 원지로 귀양 보내기 바랍니다."라고 하였다. 그러나 왕은 왕안덕은 공이 있고 죄상이 아직 드러나지 않았다는 이유로 귀양 보내는 것을 중지하고, 이종학, 이을진, 이경도만을 지방으로 귀양 보냈다. 얼마 지난 후 우를 맞이하여 세우려는 죄가 확정되자, (왕안덕에게는) 지방에서 종편從便하라는 처분을 내렸고 미구에 임의로 거주를 할 것이 허용되었다. 죽은 후 정양貞襄이란 시호를 주었다.

논하기를,

정지는 넉넉하고 도타우며 큰 뜻이 있어서 상서하여 일을 논하였으며, 개연히 바다의 도적을 청소하는 것을 자기의 임무로 생각하였다. 그는 육지 백성들은 배타는 것에 익숙치 못하므로 다만 섬 백성과 응모에 나오는 자를 뽑아서 싸우자고 하였다. 설장수, 조운흘趙云仡의 대책과는 서로 차이가 있다. 박두양朴頭洋, 나현羅峴의 승첩에서는 공로가 여러 장수들 중에서 으뜸이었으니 가히 그 뜻을 이루었다고 하겠다.

변안열은 부령에서의 한 번의 전투에서 왜구를 격파하였고, 왕안덕은 장수가 되어 여러 해 동안 기록할 수 없을 정도의 공로가 있다.

세 사람이 이·초와 김저의 옥사에 연루되어, 저 윤소종, 오사충이 논한 것은 자못 믿을 수가 없다 하더라도, 성석린도 역시 변안열을 죽이라고 청하였으니 그대의 공론은 확고했던 것 같다.

황상黃裳 변광수邊光秀 하을지河乙沚 문달한文達漢 윤가관尹可觀 나세羅世 우인열禹仁烈 최운해崔雲海

황상黃裳

황상은 의창현義昌縣 사람이며 아버지 황석기黃石奇는 회산군檜山君이다. 황상은 충혜왕 때에 호군護軍으로 임명되었으며 공민왕 초기에 밀직부사로 임명되었고 공신 칭호를 받았다. 후에 지추밀원사로 승진하였다. 왕이 일찍이 양부兩府의 신하들을 불러 "내가 들으니 그대들은 모두 매와 개를 기른다 하니 그러한가?"라고 물었다. 시중 염제신廉悌臣이 "저는 본시 그런 것들을 좋아 하지 않으며 또 양부에 그것을 기르는 자가 있다는 말을 듣지 못하였습니다."라고 대답하였다. 그러자 왕은 노해서 "지금 사방에서 병란이 일어나고 민생이 대단히 어려운데 그대들은 어찌 나라를 근심하지 않고 개와 매를 놓아서 함부로 곡식을 짓밟는가?"라고 말하였다. 황상, 경천흥慶千興, 원의元顗는 모두 매와 사냥개를 좋아 하였으므로 부끄러워 낯을 붉혔다. 황상은 두 번 올라가서 판추밀원사로 되었다. 기철奇轍을 처단한 공으로 1등에 등록되었다.

왕이 홍건적을 피하여 남쪽으로 갈 때 황상은 왕을 따라 갔으며 교주·강릉도 도만

護都萬戶가 되어 안우 등과 함께 수도를 수복하였다. 왕을 호종한 공로 및 수도를 수복한 공로로 모두 1등이 되고 참지문하성사參知門下省事로 임명되었으며 추충분의익찬공신推忠奮義翊贊功臣 칭호를 받았다. 이어 찬성사로 승진했다가 파직되어 회성부원군檜城府院君으로 봉해졌다. 원나라에서 홍건적을 평정한 공로에 대해 봉훈대부奉訓大夫 경정감승經正監丞 벼슬을 주었다. 다시 찬성사로 임명되었으며 신우 때에 여러 장군과 함께 누차 왜적을 방어해 공을 세웠다. 황상은 아버지 기일忌日에 원씨元氏와 결혼하였다. 원씨 역시 세가世家의 딸로서 남편이 죽은 후 상기喪期를 마치기 전에 황상에게 출가한 까닭에 헌사에서 탄핵하여 매를 쳐서 먼 곳으로 유배보낼 것을 청하였다. 그러나 왕이 허락하지 않았다.

황상은 활을 잘 쏘기로 세상에 알려졌었다. 원나라 순제順帝가 일찍이 직접 그 팔을 끌어당겨 보았다. 죽은 후에 시호를 공정恭靖이라 하였다. 아들은 황윤서黃允瑞이다.

변광수邊光秀

변광수는 공민왕 때에 병마사로 되었다. 나라에서 전라도 군수 물자의 조운이 왜적에게 저애되어 통할 수 없으므로 동북계의 무사들을 선발하고 교동喬桐, 강화江華, 동서강東西江의 전함 80여 척을 쓸어 모아 변광수와 병마사 이선李善에게 갈라 맡겨 가서 수송을 호위하게 하였다. 대도代島에 이르렀을 때 어떤 내포內浦 백성으로서 적에게 포로 되었던 자가 도망쳐 와서 말하기를 "적이 이작도伊作島에 복병하고 있으니 선불리 가서는 안된다."라고 경고하였다. 그러나 이선은 듣지 않고 북을 치고 함성을 올리며 앞서 나갔다. 적은 병선 2척으로 맞받아 오다가 거짓 퇴각하였다. 변광수 등이 그를 추격하자 어느덧 적선 50여 척이 나타나서 이를 포위하였다. 병마판관 이분손李芬孫, 중랑장 이화상李和尙 등은 선두에서 싸우다가 모두 전사하였으며 여러 함선의 병사들은 이것을 멀리 바라보고 넋을 잃고 바다로 뛰어 들어 죽은 자가 10중 8~9에 달하였다. 변광수와 이선 등이 관망하였을 뿐 싸우지 않고 퇴각하였으므로 병졸이 크게 외쳐 말하기를 "병마사는 어찌 사졸을 버리고 물러가는가. 잠깐 머물러 나라를 위해 적을 격파하기 바란다."라고 하였다. 변광수 등은 끝내 구원하지 않았으며 사졸들은 믿을 바 없어 더욱 사기가 죽어 대패하였다. 오직 부사副使 박성룡朴成龍만은 용감히 싸워 몸에 몇 개의 화살을 맞았으나 그가 탄 배는 간신히 보존되었다. 병마판관兵馬判官 전승원全承遠은 판관判官 김현金鉉, 산원散員 이천생李天生과 함께 결사적으로 대전하였으므로 적이 따라 오면서도 감히 접근하지 못하였다. 그때 적선 2척이 홀연 서쪽으로부터 측면을 공격하므로 사졸이 지탱하지 못해 모두 물로 뛰어 들고 전승원만 혼자 용감히 싸우다가 몇 개의 창을 맞고 역시 물로 뛰어 들어 갔다. 뱃전을 붙잡고 오르지 못하였으므로 전승원이 배에 끌어 올린 후 직접 노를 저어 밤낮 3일이 걸려 남양부南陽府에 도착하게 되었다. 전함이 돌아 온 것은 오직 변광수, 이선 등의 배 20척 뿐이었다. 교동, 강화, 동서강에서는 여기저기서 곡성이 들려왔다. 그러나 변광수 등은 끝내 처벌당하지 않으니 세상 사람들은 이것을 한탄하였다. 후에 신돈이 변광수를 참소해 삼척三陟으로 귀양 보냈다.

하을지河乙沚

하을지는 진주晉州 사람이다. 충혜왕 때에 과거에서 1등으로 급제하였다.

공민왕 때에 강화 만호萬戶로 되었다. 왜적의 배가 동서강東西江에 집결해 양천陽川을 침범하고 드디어 한양부漢陽府에 가서 가옥을 불사르고 백성을 살상 약탈하였다. 왕이 하을지와 한양윤漢陽尹 신렴辛廉을 방어하지 못한 죄로 견책해 다 같이 매를 쳐서 봉졸烽卒로 귀양보냈다.

신우 초기에 전라도 원수 겸 도안무사로 되었다. 하을지는 재물을 탐하고 재주가 없는데 권세 있는 자에게 뇌물을 주어 장군으로 되었으므로 사림士林들이 그를 비루하게 여겼다. 하을지가 왜적의 병선 1척을 노획하자 우가 의복과 술을 주었다. 하을지가 군대를 정원 이상으로 뽑고 또 연호군煙戶軍 및 별군別軍을 모집한 탓으로 생업을 잃은 백성이 자못 많았다. 체복사體覆使 곽선郭璇이 돌아 와서 왕에게 보고해 곧 새로 모집한 두 부대를 해산하고 유영柳濚이 하을지를 대신해 원수로 되자 그가 오기 전에 하을지는 곧 진주晉州 농장으로 돌아갔다. 왜적 20여 척이 이 틈을 타서 나주羅州에 침입해 병선을 불사르고 또 영사營舍와 민가를 불사른 후 함부로 약탈을 감행하였으므로 우가 노해서 하을지를 잡아다 순위부巡衛府에 가두고 곤장 1백 개를 쳐서 하동현河東縣으로 귀양 보냈다가 이어 석방해 계림鷄林 원수로 임명하였다.

이에 앞서서 일본 사람 대내의홍大內義弘이 그 선조가 백제百濟 사람이라고 하며 우리나라가 자기 조국으로 되므로 여러 섬의 왜적이 우리나라 영토를 침범하는 것을 금지하고자 한다고 말하였다. 때마침 우리나라에서 한국주韓國柱를 구주九州로 보내 해적의 금지를 요구하였다. 의홍은 그 부하 박거사朴居士에게 군대 1백 86명을 거느리고 함께 가게 하고 한국주에게 말하기를 "우리 군대로 선봉을 삼고 당신의 나라 군대를 뒤로 따르게 하면 해적 같은 것은 평정할 거리도 되지 않는다."라고 하였다. 이때에 와서 왜적이 계림에 침입하였다. 박거사는 군대를 거느리고 이와 싸웠으나 하을지는 주춤하고 구원하지 않았으므로 박거사 군대가 대패해, 돌아 온 자는 겨우 50여 명이었다.

문달한文達漢

문달한은 평장사平章事 문극겸文克謙의 6세손이다. 신우辛禑 때에 대호군大護軍으로 임명되고 여러 관직을 거쳐 동지밀직사사로 되었으며 공신 칭호를 받았다. 후에 지문하사知門下事로 승진하였다가 평리評理로 전임하였다. 양광경상도 도체찰사都體察使로 되었는데, 우가 명하기를 "임지로 가서 장수들의 근무 상황과 사졸들의 강약을 살피되 머무적거리며 진격하지 않는 자가 있을 경우에 그가 원수면 가두어 나의 명령을 기다릴 것이요, 이외는 모두 직접 처단하라." 하였다. 이때 왜적 1천여 명이 옥주沃州, 보령保寧 등 현을 함락하고 드디어 개태사開泰寺에 들어가서 계룡산鷄龍山을 근거지로 삼았다. 문달한이 왕안덕王安德, 도흥都興과 함께 진공하자 적은 말을 버리고 산으로 올라갔다. 공주목사公州牧使 최유경崔有慶, 판관判官 송자호宋子浩는 적과 구재仇岾에서 싸워 송자호는 패전해 전사하였다. 문달한은 또 왕안덕, 도흥, 김사혁金斯革, 안경安慶, 박수년朴壽年 등과 함께 공주 반룡사盤龍寺에서 싸워 8명을 죽였다.

후에 우가 원중포元中浦에 가는 도중에 어떤 냇가에 이르자 바야흐로 물이 불어 그 깊이를 알 수 없었다. 우가 말을 몰아 뛰어 건너려 하였으므로, 문달한이 갑자기 들어가지 말라고 간하였다. 조금 있다가 어떤 사람이 건너가자, 우가 그것을 바라보고 대노해 말하기를 "저 사람은 날아 건넜는가. 문평리文評理가 나를 속였다."라고 하고, 곧 문달한을 집으로 돌려보내 출입을 금지하고 이어 관직을 박탈하였다. 얼마 후에 최영이 밀직부사 최단崔鄲을 시켜 우에게 아뢰기를 "문달한이 우직해서 전하의 뜻을 거스르고 집안에서 우울하게 지내니 출입을 허락하기 바랍니다."라고 하자, 신우가 그것을 허가하였다. 최영이 정방政房에 있으면서 문달한을 복직시켰다. 우가 문달한의 이름을 보고 말하기를 "전자에 최단이 김실金實을 시켜 문달한을 용서할 것을 청한 바 있었는데 이제 벌써 면죄되었는가?"라고 하고 붓을 들어 그 이름을 그어 버리고 또 최단과 김실을 삭직시키고 그들을 순군巡軍에 가두었다. 얼마 후에 문달한을 평리評理로 등용하고 추충익대보조공신推忠翊戴輔祚功臣 칭호를 주었고 후에 찬성사로 승진하였다. 헌사憲司에서 문달한이 왕의 외척임을 빙자해 마음대로 탐욕을 채운다고 탄핵하였으므로 합포合浦로 귀양보냈는데, 도당都堂에서 가까운 곳에 둘 것을 제의해 철원鐵原으로 옮겼다. 이어서 삼사우사三司右使로 임명되었다.

공양왕이 즉위한 후 대간들이 교장交章하여 "문달한은 이림李琳의 매부로서 중간에서 권세를 부려 마음대로 불의를 행하였습니다. 이림의 족속은 이미 모두 귀양갔는데 문달한만은 의연히 왕의 곁에 남아 있으니 고신告身(관직 임명장)을 거두고 쫓아내기 바랍니다."라고 하였으므로 곧 지방으로 귀양보냈다. 공양왕 4년에 순평군順平君을 봉해진 후 죽었다. 아들은 문계종文繼宗, 문효종文孝宗 두 사람이다.

윤가관尹可觀

윤가관은 해평부원군海平府院君 윤석尹碩의 증손이다. 무략武略이 있었고 말타기와 활쏘기를 잘하였다. 공민왕 만년에 한안韓安, 홍륜洪倫 등에게 여러 왕비와 빈嬪들이 강간당하게 되었을 때 윤가관 역시 왕의 측근에 있었으므로 익비益妃를 간통하도록 명령을 받았다. 그러나 윤가관은 한사코 굳이 거절하자 왕이 대노해 곤장을 쳐서 서인庶人으로 만들었다가 이어 풀어주었다.

신우辛禑 때에 밀직부사密直副使로 되었다. 후에 경상도 부원수로 나갔다. 왜적이 비옥比屋, 의성義城 등 현들에 침입하였는데 적은 많고 아군은 적었으므로 여러 전투에서 불리하였다. 윤가관은 적과 안동安東, 예안禮安 등처에서 교전해 패전하였으며, 그때 오른편 팔에 화살을 맞았다. 이어 그 도의 도순문사都巡問使로 되어 합포合浦를 수비하였을 때 왜적 1백여 명이 함양군咸陽郡에 침입하였으므로 윤가관은 진주목사晉州牧使 박자안朴子安과 함께 그를 공격해 18명을 베고 또 우리나라 사람으로 적에게 포로된 자 20여 명을 탈환하는 동시에 무기를 노획하였다. 이에 앞서 왜적이 모두 축산도丑山島를 거쳐 침입하였으므로 윤가관이 조정에 보고해 이곳에 선졸船卒을 배치하였다. 그 후부터 왜적의 피해가 약간 적어졌다. 이에 병기 중에 폐기한 것을 녹여 농기구를 만들어 둔전屯田을 개간해 군량에 보충하였다. 윤가관은 성격이 청렴해 추호도 부정한 재물을 취하지 않았고 여악女樂을 가까이 하지 않았다. 내직으로 돌아 올 때 말안장과 굴레가 파손되어 삼끈[麻約]{약자約字는 좌전左傳에 나온다.}으로 꿰매었다. 후에 판밀직사로 있다가 죽었다.

나세羅世

나세는 원래 원나라 사람이다. 공민왕 때에 여러 장수들과 함께 홍건적을 격퇴해 그 공로가 2등으로 등록되었다. 후에 여러 관직을 거쳐 판도판서版圖判書를 지냈다. 교동喬桐 만호로 되었을 때에 왜적이 침입하자 그는 도망쳐 돌아 왔으므로 왕이 노해 순위부巡衛府에 가두었다.

신우 초기에 전라도 상원수 겸 도안무사로 되었다. 왜선 50여 척이 침입해 웅연熊淵에 정박하고 적현狄峴을 넘어 부령현扶寧縣을 침범하고 동진교東津橋를 파괴해 아군이 진공하지 못하게 하였다. 나세는 변안열邊安烈, 조사민趙思敏 등과 함께 밤에 다리를 가설하는 한편 일부 병력으로 적을 공격하니 적의 보병, 기병 도합 1천여 명이 행안산幸安山으로 올라갔으므로 아군이 사면으로 공격하자 적의 무리가 궤멸해서 마침내 대파하였다. 이어 판개성부사判開城府事로 되었다. 그때 왜적이 강화에 침입하였다. 나세가 상서하기를 "신은 문장을 잘해서 나라를 빛낼 수 있는 것도 아니요 또한 사대부의 집안에 나서 육식肉食을 하는 축에 들게 된 것도 아닙니다. 항상 생각하고 있는 것은 목숨을 바쳐 충성을 다 함으로써 왕은의 만 분의 일이라도 보답하려 하는 것이니 군사를 거느리고 강화에 들어가서 왜적을 격퇴케 하주시기 바랍니다."라고 하였다. 우가 그 정신을 장하게 여겨 내구마內廐馬 2필을 주고 또 그 휘하들에게 10필을 나눠 주었다. 나세는 조사민, 이원계李元桂, 강영康永, 박수년朴壽年 등과 함께 적을 격퇴하였다. 왜적의 병선 50척이 다시 강화에 침입해 부사府使 김인귀金仁貴를 죽이고 1천여 명을 포로한 후 또 수원水原을 침범하였다. 나세는 원수 양백연楊伯淵과 함께 병선 50척을 거느리고 그를 격퇴하였다. 나세가 강화를 지날 때 어떤 부인 하나가 물가에 숨어서 한 집을 가리켜 말하기를 "적의 간첩이 저기로 들어갔다."고 하므로 나세가 빨리 달려가 그 집을 포위하고 불을 질러 적 29명을 죽였다. 왜선 40척이 신주信州, 옹진瓮津, 문화文化 등 현들을 침범하였으므로 나세는 원수 조인벽趙仁璧, 심덕부沈德符 등과 함께 공격해 수 명을 죽였으나 이기지 못하고 돌아 와서 조정에 보고하기를 "적의 세력이 대단히 강한데다가 아군은 피로하고 약해서 승리하기 어렵다."라고 하였다. 왜적이 또 신주信州, 문화文化, 안악安岳, 봉주鳳州를 침범하였으므로, 나세는 심덕부, 양백익梁伯益, 박보로朴普老 등과 함께 싸웠으나 패전하였다. 나세를 연안군延安君으로 봉하고 해도원수海道元帥로 임명하였다. 왜적이 연안부延安府를 침략하였다. 나세는 김해군金海君 김유金庾와 함께 전함 50여 척을 거느리고 가서 그를 공격하였다. 또 김유와 함께 왜적을 용강현龍岡縣 목곶포大串浦에서 공격해 2척을 노획해 모조리 죽였다. 또 심덕부, 최무선崔茂宣 등과 함께 전함 1백 척을 거느리고 왜적을 추격하여 체포하였다. 이때 왜선 5백 척이 진포鎭浦 어구에 들어 와서 배를 매어 두고 일부 병력으로 수비하면서 상륙해 분산되어서 각 주군州郡으로 들어가 함부로 방화하고 약탈하였다. 시체가 산과 들을 덮었고 곡식을 그 배로 운반하였는데 땅에 흩어진 쌀이 한 자나 되었다. 나세 등이 진포로 가서 최무선이 만든 화포를 사용해 적선을 소각하였다. 연기와 불길이 하늘을 덮었고 배를 지키던 적병은 거의 다 타죽었으며 바다에 뛰어 들어 죽은 자도 역시 많았다. 나세 등이 진무鎭撫를 보내 전승을 보고하니 우가 기뻐해 진무에게 각기 은 50냥을 주었으며 백관이 축하하였다. 나세 등이 돌아오자 나세 등에게 금을 각각 50량씩 하사하고 비장裨將 정룡鄭龍, 윤송尹松, 최칠석崔七夕 등에게도 각기 은 50냥씩 주었다. 후에 문하평리門下評理로 임명되었다. 왜적이 축산도丑山島에 침입하였을 때 우가 나세에게 가서 칠 것을 명령하였다. 나세가 가서 공격하였으나 바로 가지 않아서 우가 노해 광주廣州 옥에 가두었다가 이어 석방하였다.

우인열禹仁烈

우인열은 단양丹陽 사람이다. 공민왕 때에 여러 관직을 거쳐 판선공시사判繕工寺事로 되었고 신우辛禑 때에 응양군 상호군鷹揚軍上護軍으로 임명되었다가 경상도 원수 겸 합포 도순문사合浦都巡問使로 되어 외직으로 나갔다.

왜적이 침입해오자 우인열이 급보하기를 "정찰병의 말에 의하면 '적이 대마도對馬島로부터 바다를 덮고 오는데 돛대가 서로 맞닿았다.'고 한다. 이미 군대를 요해처로 갈라 보내 수비하게 하였으나 그러나 적의 형세가 바야흐로 치열해 수비할 곳은 많은데 한 도의 병력을 갈라서 수비하니 방어력이 대단히 미약하다. 조전원수助戰元帥를 보내기를 바란다."라고 하였다. 이때 강화를 침범한 적이 수도를 위협하므로 그 방비에 여력이 없었으므로 이 급보가 있었으나 어떻게 응할지를 몰랐다.

왜적이 울주蔚州에 침입하였으므로 우인열이 그를 공격하여 9명을 죽였다. 또 밀양密陽에 침입하였으므로 우인열이 그와 싸워 패전해서 전객부령典客副令 최방우崔方雨 등 수 명이 전사하였다. 적은 영산靈山으로 가서 지세가 험한 곳에 근거지를 튼튼히 꾸렸다. 우인열과 부원수 배극렴裵克廉이 진격하였으나 이기지 못하였다. 또 율포栗浦에서 싸워 적의 장수를 죽이고 그 밖에 10여 명을 무찌르고 말 60여 필을 노획하였으나 아군의 사상자도 역시 많았다. 우인열은 싸워서 적의 말과 무기를 노획할 때마다 곧 공을 세운 자들에게 나눠주었으므로 사졸들이 앞을 다투어 결사적으로 싸웠다. 그러나 적이 아군의 배나 되었으므로 대적할 수 없어서 응원군을 청하였다.

우가 우리 태조 및 삼사우사三司右使 김득제金得濟, 지밀직 이임李琳, 밀직부사 유만수柳曼殊를 조전원수助戰元帥로 보냈다. 우인열은 적과 태산신역泰山新驛에서 싸워 적을 물리쳤다. 우인열은 밤에 정예 기병 5백을 보내 적을 사불랑송지沙弗郎松旨에서 공격하였다. 적은 혼란에 빠져 배에 오르기를 다투어 물에 떨어졌고 화살에 맞은 자도 많았다. 우리 태조는 본래 인심을 얻고 있었고 또 그 사졸도 정예병이었으므로 싸워 이기지 못한 적이 없었다. 그러므로 각 고을에서는 가뭄에 구름을 보듯 하였다. 순찰병이 "적선이 섬 사이에서 숨었다 나타났다 하는데 얼마인지 알 수 없다."라고 하였다. 이때 태조의 군대는 아직 도착되지 않아서 인심이 크게 불안하였다. 우인열에게서 급보가 계속 왔으므로 태조는 밤낮으로 급히 달려가다가 지리산 아래에서 적을 만났다. 적 하나가 2백여 보 거리에서 돌아서서 허리를 구부리고 손으로 엉덩이를 치며 무섭지 않다는 시늉을 하면서 모욕하였다. 태조가 편전片箭을 쏘아 한 방에 거꾸러뜨렸다. 이에 적들은 놀라서 사기가 떨어졌으므로 곧 대파하였다. 적들이 낭패해서 산으로 올라가서 절벽을 점거하였는데 그들이 휘두르고 있는 칼날과 창대가 마침 고슴도치와 같아서 관군官軍이 올라갈 수 없었다. 태조가 한 비장裨將에게 군대를 거느리고 공격하게 하였으나 그 비장이 돌아 와 말하기를 "벼랑이 가파롭고 높아서 말이 올라가지 못한다."라고 하였다. 태조가 그를 꾸짖고 공정왕恭靖王에게 부하 용사를 나눠주어 같이 가게 하였더니 공정왕 역시 돌아와 비장과 같은 말을 하였다. 태조가 "그러면 나 자신이 직접 가보아야 하겠다."라고 하면서 부하 장사들에게 말하기를 "내 말이 먼저 올라가거든 너희들이 뒤를 따라야 한다."라고 하고 마침내 서로 말에 채찍질해 달리다가 그 지세를 보고 곧 검을 빼어 칼등으로 말을 때렸다. 이때 마침 해가 중천에 있어서 검이 번개 같이 번뜩였으며 말이 대번에 뛰어 올라 갔다. 이에 군사들은 혹은 밀고 혹은 끌어 잡으며 그 뒤를 따라 갔다. 이에 기세 높이 공격하였으므로 적은 벼랑에 떨어져 죽는 자가 태반이었고 남은 자를 쳐서 섬멸해 버렸다.

얼마 있다가 우인열은 병으로 사직하였다가 또 경상·양광·전라 3도 도체찰사都體察使로 되어 나갔다. 왜적과 싸우다가 화살에 맞고도 용감히 싸워 그를 격파하였다. 사람을 보내 전승을 보고하니 우가 기뻐해 술 및 안마鞍馬를 주었다. 이어 지문하知門下로 되어 경상도 상원수 겸 도순문사로 나갔다. 왜적이 합포에 침입하자 우인열은 적과 싸워 그를 격퇴하였다. 우인열은 화살에 맞았고 아군의 사상자는 80여 명이었다. 우가 또 의복과 술을 주었다. 왜적이 울주蔚州, 청도淸道, 밀양密陽, 자인慈仁, 언양彦陽 등지에 침입하자, 우인열은 배극렴, 하을지, 오언과 함께 울주에서 싸워 적 10명을 죽이고 병선 7척을 나포하였다. 적이 울주에 침입해 전답에서 곡물을 거두어 식량으로 하고 기장機張까지 침입하였으므로 우인열이 군대를 모집해 밤에 동래東萊에서 싸웠고 또 배극렴, 박수경, 오언과 함께 사주泗州에서 왜적을 공격해 그를 대파하고 140여 명을 살상하거나 포로로 하였다. 우가 전리 판서典理判書 정남진鄭南晋을 보내 우인열 등 여러 장군에게 술을 주었다. 이 전투에서 한가물韓加勿이라는 자가 용감히 싸웠으나 진중에서 죽었으므로 도당都堂에서 그 처에게 쌀 15석과 포 150필을 부조하였다. 왜적이 또 반성현班城縣에 침입해 대산碓山 마루에 올라가서 책柵을 세우고 농성하였다. 우인열은 박수경, 오언과 함께 그를 포위 공격해 34명을 참하였다. 우인열은 찬성사상의贊成事商議로 승진되었다. 공양왕이 즉위한 후 김저金佇 사건이 발생하자 이에 연루되었다. 대간臺諫이 상소해 우인열을 극형에 처할 것을 요구하였으나 왕이 듣지 않고 다만 관직을 파면하는데 그쳤으며, 곧이어 우인열을 계림부윤鷄林府尹으로 임명하고 곧 부임할 것을 명령하였다. 우인열이 말하기를 "대간이 교장交章으로 상서해 신을 탄핵하고 있으니 저를 변방으로 귀양보내어 여생을 보전케 하기 바랍니다."라고 하였다. 왕이 말하기를 "만일 스스로 폄출貶黜을 구한다면 이것이야말로 죄이다."라고 하였다. 대간에서 교장하여 논핵하기를 그치지 않아서 마침내 청풍군淸風郡으로 귀양보냈다. 또 윤이尹彛·이초李初 사건의 연루자로서 옥에 갇혔으나 마침내 석방되었다. 이후부터는 본조(이조)로 들어간다.

최운해崔雲海

최운해의 자는 호보浩甫인데 통천군通川郡 사람이다. 아버지 최록崔祿은 호군護軍으로서 중국 고우高郵 전투에서 공을 세웠다. 공민왕이 그의 아버지 공로를 추억해 최운해에게 충용위 산원忠勇衛散員 벼슬을 주었다. 여러 관직을 거쳐 전공총랑典工摠郎이 되었다. 신우 때에 충주忠州 병마사로 되어 외직으로 나가서 왜적 6명을 죽이고 무기를 노획해 바쳤다. 또 순흥順興, 영주榮州 등지의 조전병마사助戰兵馬使 겸 경상도 병선도관영사兵船都管領事로 되어 누차 왜적을 쳐서 번번이 승리하였다. 마침내 순흥부사順興府使로 임명되었는데 말과 비단[綵帛] 및 무기를 주어 파견하였다. 이때 왜적이 객관客館을 점거하고 하루도 노략질 하지 않는 날이 없었다. 최운해는 매일 같이 적과 싸웠다. 우마와 재물을 노획하면 곧 사졸들과 그 고을 백성들에게 나눠 주었으며 또 어떤 장소에서 경내의 사람들을 모아 죽을 쑤어 구제하였으므로 백성들이 굶주려 죽지 않았으며 모두 그를 칭송하였다. 적이 물러가자 전법판서典法判書로 초수超授하였다.

왜적이 원주原州, 충주忠州, 단양丹陽, 제천堤川에 침입하였다. 최운해는 조전도병마사助戰都兵馬使로 되어 누차 싸워 적을 무찌르고 적의 목을 베어 나라에 바쳤다. 왕이 말과 비단을 주고 충주목사忠州牧使로 임명하였다. 왜적이 전라도에 침입하자 최운해는 전주목사全州牧使로 전근하였다. 이어 밀직부사密直副使로 임명되었으며 충근좌명공신忠勤佐命功臣 칭호를 받았다. 또 양광도절제사 겸 판광주목사判廣州牧事로 되어 왜적을 신창新昌에서 격퇴하였다.

최운해의 처 권씨權氏는 성질이 질투가 심하고 포학하였다. 광주廣州에 있을 때 권씨는 투기로 최운해의 얼굴에 상처를 주고 검을 빼어 말을 찌르고 개를 쳐 죽였다. 또 최운해를 추격하여 치려 하자 최운해는 도망하여 면할 수 있었다. 그 후 곧 아내를 버렸으나 아직 이혼되기도 전에 권씨는 영흥군永興君 왕환王環에게 출가하였으므로 문하부門下府에서 헌사憲司에 통지해 그를 국문하게 하였다. 이로부터 이후는 본조(이조)에 들어간다.

논하기를,

황상은 활을 잘 쏘아서 천하에 이름을 날렸고 홍건적을 평정하고 섬 왜적을 방어하는데 모두 공이 있다. 그러나 그의 행적을 추적하면 한결같이 왜 그리 무례한가?

내포의 전투에서 변광수는 관망하고 싸우지 않았고, 박거사가 내원할 때에 하을지는 머뭇거리며 구원하지 않았으니 그 죄는 죽어도 면할 수 없다.

문달한이 장수가 되어 비록 약간 정치에 도움이 된 것은 있지만 마음대로 탐람하였을 뿐이니 왜 그를 취한 것인가.

윤가관 같은 이는 신하의 절개가 있고 관직에 있으면서 청빈하고 검약하였으며 선졸을 두어서 해로를 방어하고 둔전을 열어서 군량을 넉넉하게 하였으니 그 계책은 당시에는 제일이라고 할 것이다.

나세는 스스로 사대부의 후예가 아니라고 하여 항상 죽음으로써 나라에 보답하려고 생각하고 왜적을 격파할 것을 상서하여 강화도와 수원의 왜적을 격파하였다. 그의 지기와 용략은 거의 정지와 같은 부류라고 하겠다.
우인열은 적의 무기와 우마를 획득하면 바로 공이 있는 사졸에게 나누어주었으니 사졸들이 기꺼이 죽음을 무릅썼다.
최운해도 왜적의 재화를 빼앗아서 바로 사졸 및 고을 백성들에게 주었고 죽을 끓여서 기민들을 진휼하여 모두 그를 사모하였으니 모두 칭찬할 만하다.

| 휘찬여사 권34 |

명신 13

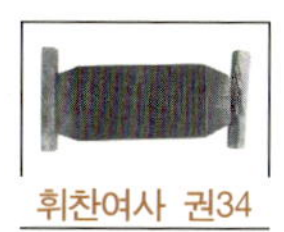

명신名臣 13

이색李穡

이색李穡

이색의 자는 영숙穎叔이니 찬성사 이곡李穀의 아들이다. 나면서부터 총명하고 지혜로움이 보통 사람들과 달라 글을 읽으면 곧 암송하였다. 나이 14세에 성균시成均試에 합격하여 이미 명성이 자자했다. 이곡이 원元나라에서 벼슬하여 중서사 전부中瑞司典簿가 되자 이색은 조관朝官의 아들이라 하여 국자감 생원이 되어 재학한 지 3년 만에 부친 이곡이 고려에서 죽었으므로 원나라로부터 급히 돌아와 상을 치렀다.

공민왕恭愍王 원년(1352)에 복중服中에 상서上書하여 이르기를, "상중에 있는 신하[草土臣][1] 이색이 아룁니다. 신이 필부의 미천함으로 외람되이 감히 아뢰오니 망령된 죄는 마땅히 용서를 받지 못할 것임을 잘 압니다. 그러나 한 방울 물과 한 점의 티끌같이 미세한 것이라도 높은 산과 깊은 바다를 이루는 바탕이 되며, 꼴 베고 나무하는 천한 사람의 말이라도 성인聖人이 취할 바가 있다고 하니, 만약 전하께서 굽어 제 말을 들어주신다면 종묘사직宗廟社稷에 크게 다행한 일이 될 것입니다. 신은 듣건대 '토지의 경계를 바르게 하고 정전[井田]을 고르게 함은 나라를 다스리는 사람의 제일 급선무'[2]라고 하였습니다. 삼가 생각건대 우리 조종祖宗이 처음 만들어 물려준 제도가 400년 말류末流의 폐단이 어찌 전혀 없겠습니까. 그러나 그 가운데 토지 제도[田制]가 더욱 심하여

1 초토신 : 상중에 있는 신하.

2 『맹자孟子』 등문공滕文公(上)에 "經界不正, 井地不鈞."라고 나오는데, 주희의 집주에 "井地, 即井田也."라고 하였다.

경계가 바르지 않아 호강豪强한 자들이 겸병兼併하여 해당 관청에서 비록 공문에 붉은 글씨[公文朱筆]로 토지의 원 주인과 빌린 자를 차례로 적어두어도 만약 갑甲이 힘이 있으면 을乙은 아무런 권리도 행사할 수 없습니다. 그러나 토지를 하사받은 가문은 모두 왕의 신하로서 나라를 위해 힘을 쓴 대가로 받아 경작하는 것으로 저 집이 비록 토지를 잃더라도 다른 집에서 이어 받는 것이니, 이것은 초楚나라 사람이 잃은 활을 같은 초나라 사람이 얻는 것[3]과 같아 오히려 가하다 하겠습니다. 그러나 백성은 오로지 토지만을 하늘로 삼고 있으니 몇 안 되는 밭에서 일 년 내내 부지런히 일해도 부모처자를 부양하기조차 힘든 판에 조租를 거두는 자가 왔는데, 만약 그 밭의 주인이 하나이면 다행이지만 혹 서너 집이나 심지어 일곱 여덟 집이 있는 경우도 있습니다. 만약 그 가문의 권세가 서로 비슷하다면 누가 양보하겠습니까? 이러므로 조세를 바치고 부족하면 남에게 빌려서라도 더 바쳐야하니 백성의 궁곤함은 오로지 이로 말미암는 것입니다. 『시경詩經』에 이르기를 '부자들은 그래도 괜찮지만 외로운 이 사람들이 불쌍하도다!'라고 하지 않았습니까?[4]

전하께서 즉위하신 초에 토지 제도의 개혁을 급선무로 여겨 계속 유지宥旨를 내리셨으나, 저의 어리석은 생각으로 볼 때 물고기를 잡기 위해서는 먼저 그물을 짜야 하는데 그 법을 고치지 아니하면 그 폐를 제거하기 어려우니 바라옵건대 갑인주안甲寅柱案을 토대로 공문서에 표시된 붉은 글씨[公文朱筆]를 참조하여 탈취한 토지는 바로잡고 새로 개간한 토지는 넓이를 측량한 후, 새로 개간한 농토로부터 조세를 거두고 함부로 하사하는 토지를 줄인다면 나라의 수입이 증가할 것이요, 탈취한 토지를 바로 잡아 경작하는 백성들을 편안하게 한다면 사람들이 기뻐할 것입니다. 인심의 열복悅服과 국가 수입의 증가는 나라를 다스리는 군왕君王이 크게 바라는 바이니 전하께서는 무엇을 꺼려서 하지 않으십니까? 혹은 이르기를 '부유한 사람의 밭은 갑자기 빼앗기 어렵고 여

---

3 『공자가어孔子家語』 호생好生에 "楚人失弓 楚人得弓" 즉 초나라 공왕恭王이 활을 잃자 주변 사람들이 그것을 찾으려고 하였으나 왕은 초나라 사람이 얻어 가질 것이니 그만두라고 한 고사에서 나온 말이다.

4 『시경詩經』 소아小雅 정월.

러 해 쌓인 폐단은 단숨에 고치기 어렵다.'고 하지만 이는 무능한 임금[庸君]의 행할 바이고 전하께 바라는 바는 아닙니다.

근년에 왜구가 강역을 침범하여 성상께서 밤낮으로 걱정을 하시니 세신世臣과 원로대신[老德]이 서로 꾀하여 그 대책을 얻었을 것입니다. 그러나 신은 부친상을 당해 바닷가 고을에 머물러 있는 동안 많이 생각해 보았습니다. 지금의 계책은 두 가지에 불과한데, 하나는 육지에서 방어하는 것[陸守]이요, 하나는 바다에서 싸우는 것[海戰]입니다. 수레는 물을 건널 수 없고 배는 육지를 갈 수 없으니 사람의 습성도 이와 같습니다. 북방 사람들[胡貊之人]은 그 성질이 추위를 견디고 남방 사람들[楊粤之人]은 그 성질이 더위를 잘 견딥니다. 평소 아무 일없이 살았던 백성들은 물에 익숙하지 못하기 때문에 배를 타기도 전에 정신이 이미 혼미해져서 한번 풍파를 만나면 왼쪽으로 엎드러지고 오른쪽으로 자빠져 좌작진퇴坐作進退하여 적과 더불어 용맹을 다투고자 한들 어려울 것입니다. 그러므로 신의 생각은 육지에서 지키려면 평소 거주하는 백성들을 징발하여 그 기계를 예리하게 하고 그 요해지에 주둔시켜 군대의 위용을 과시하고 봉수 체계를 잘하여 왜인倭人의 눈을 현혹시켜야 할 것인 즉 이는 안렴사按廉使와 군수郡守가 맡으면 충분할 것이니 도순문사都巡問使가 무슨 소용이겠습니까? 다만 수령守令의 기를 꺾어 욕보이게 하고 백성들이 바치는 물자만 소비할 뿐입니다.

해전海戰의 전술에 있어서는, 신의 생각으로는 우리나라가 삼변이 바다를 끼고 있어 섬에 거주하는 백성이 무려 1백에 달하는데, 그들은 배질하고 헤엄치는 것이 장기長技이며 밭 갈고 누에치는 대신 고기 잡고 소금을 생산하는 것으로 살아가고 있습니다. 요사이 왜적으로 인하여 거처를 떠나 터전을 잃었으니 왜적을 원망하는 마음이 육지에 사는 백성에 비하여 어찌 10배에 그치겠습니까? 전하의 계책을 적은 문서[條畫]를 받들고 말을 달려 강변의 거민들을 불러 모아 모집하여 상을 주겠다고 약속한다면 단번에 수천 명의 무리를 하루아침에 얻을 것이니 그들의 장기를 살려 원한을 품은 자들을 대적하게 한다면 싸움에 이기지 못할 자가 있겠습니까? 하물며 적을 죽여 상을 얻음은 오히려 어염魚鹽의 이익보다 낫지 않겠습니까? 또 추포사追捕使로써 이들을 이끌고 항상 배 위에서 전투에 대비하게 하면 주州·군郡들이 편안해지고 도적을 패배시킬 수 있을 것이니 이상 두 가지는 도적을 막는 주요한 길입니다. 대개 육지만 지키고 바다에서 싸우지 아니하면 적이 우리를 겁쟁이라 하여 그 내침來侵을 헤아릴 수 없을 것이며, 바다에서만 싸우고 육지를 지키지 아니하면 적이 혹시 불의에 나와 그 해가 적지 않을 것입니다. 그러므로 육지에서 방어하는 것은 우리를 굳건히 지키는 전략이며 바다에서 싸우는 것은 적을 제압하는 전략이니 이와 같이 하면 두 가지를 다 얻는 것이 아니겠습니까?

문文과 무武는 어느 한 쪽을 폐지할 수 없는 것이니, 문을 날줄[經]로 하고 무를 씨줄[緯]로 함은 천지의 상도常道입니다. 선왕께서는 이러한 이치를 아시고 관직을 설치할 때 문과무를 다 같이 존숭해 한 번도 불평등하게 대우하지 않으셨습니다. 우리나라는 성군이 계속 왕위에 오르시어 동으로 여진을 평정함으로써 백 년 동안 태평을 누린 결과 백성들이 전쟁을 모르게 되었습니다. 만호부萬戶府는 황조皇朝(원나라)에서 세웠지만 이미 이것은 헛간판 뿐이요 제위諸衛의 직위는 부귀한 자들이 다 차지해 버렸으며 게다가 병력도 없습니다. 지금 옛날에 준하여 비록 무武를 중히 여긴다고 하지만 실제로 무를 쓰는 일은 없습니다. 요사이 왜적 때문에 온 나락 소란해져 백성들이 거의 유랑하고 있으며 또 듣자하니 중원의 백성들도 자못 적의 비린내에 물들여졌다고 합니다. 그러나 하늘이 우리 원나라를 돌보시는 깊은 뜻과 우리 황제가 백성들을 함양하시는 큰 은혜 덕분으로 아직 무사하여 엎어짐에 이르지 않았습니다. 그러나 편안함에 처하여 위태로움을 생각하면 비록 차더라도 넘치지는 않는 것이니 환난을 생각하여 미리 방비하면 어찌 만연蔓延한들 도모하기 어렵겠습니까? 만일에 혹시 당장에 편안한 것만 취하여 머뭇거리다가 하루아침에 위급함이 있으면 장차 어찌 이를 방비하겠습니까? 더구나 우리나라는 동쪽으로는 일본이 있고 북쪽에 여진女眞이 있으며 남쪽으로는 강소성江蘇省과 절강성浙江省의 배가 통하고 있어 다만 중국에 조회하는 길은 서쪽으로 연산燕山(하북성河北省에 있는 산)으로 가는 길뿐입니다. (그래서) 왜적이 오기만 하면 이미 창황하여 어쩔 줄을 모르고 군사를 요청하게 됩니다. 그러니 강소성과 절강성의 적이 배를 타고 오거나 여진 사람이 남쪽으로 그 기병을 몰아오면 쟁기질하던 농민들이 어떻게 조지에 성을 지키는 병졸이 될 수 있겠습니까? 만약 변란이 창졸간에 발생하면 어찌 사직을 지키겠습니까? 늘 생각이 이에 미치면 스스로 한심한 생각을 금할 수 없나이다. 바라건대 무인을 뽑는 과거를 설치하여 제위諸衛의 군사를 충당케 하고 무용武勇을 시험하고 무예를 익히게 하며 관작과 녹봉을 내려 사기를 북돋우십시오. 그리하면 나라에는 정예 병사가 많고 사람들은 등용되기를 즐겨하여 후회하는 일이 없어질 것입니다.

공자의 도는 크고 넓어서 제가 감히 찬양할 바가 아니며, 지금까지도 높이 받드는 문묘[廟]와 학교의 규모도 제가 감히 논할 수는 없는 것입니다. 국가가 안으로 성균관[成均]과 12도徒와 동서학당東西學堂을 세우고 밖으로 주군州郡에 이르기까지 각각 학교가 있어서 규모가 원대하고 그 학칙은 치밀합니다. 조종의 뜻을 살펴보건대 유가의 도를 높이고 소중히 여기는 것이 깊고도 간절함을 알 수 있습니다. 대개 국학國學은 풍속과 교화의 근본이고, 인재는 정치와 교화의 근본이니 이 둘을 잘 북돋우지 못한다면 그 뿌리가 견고하지 못할 우려가 있고 이들을 잘 소통하게 하지 못한다면 그 원천이 맑지 못할 우려가 있습니다. 옛 제왕帝王으로서 아름다운 이름을 떨친 이는 반드시 이에 뜻을 다하였습니다.

전하께서는 태어날 때부터 총명한 자질을 지니셨고 일찍부터 성인의 도를 사모하시어 학교가 퇴폐된 것을 통절히 여기시어 드디어 수리의 명령을 내리셨으니 이는 우리 유도儒道의 다행일 뿐만 아니라 실로 백성들의 복이기도 합니다. 그러나 그 학생들[朋徒]이 해산되고 학교[齋舍]가 무너진 것은 다 이유가 있어 그런 것이니 제가 말씀드리고자 합니다. 옛날의 배우는 사람들은 그 배움을 통해 성인이 되고자 하였으나 오늘날 배우는 자들은 그 배움을 통해 관직과 녹봉을 구하고 있습니다. 시를 외우고 글을 읽으면서도 도를 좋아하는 마음이 아직 깊지도 않은 터에 경쟁에서 이겨 높은 관직을 차지하며 또 문장과 시구를 예쁘게 꾸미는 데만 과하게 신경을 쓰게 되니 참된 공부는 어디에 있겠습니까? 혹 변해 다른 길을 걸은 자들은 자신이 붓을 던져버린 것을 자랑으로 삼고, 어떤 자는 늙어도 이룬 것이 없자 몸을 그르쳤다고 탄식하기도 합니다. 그 가운데 영민하고 걸출해 유가의 종장宗匠이 되고 나라의 주석柱石이 될 사람이 몇이나 되겠습니까? 『시경詩經』에 이르기를, '화락하고 단아한 군자君子여! 어찌 사람을 작홍作

興치 아니하는가.' 하였으니 사람을 작흥시키는 묘법妙法은 바로 군왕의 교화에 있으니 선비[士流]의 폐단이 위에서 다스리는 이가 어찌 그 책임을 피할 수 있겠습니까? 또한 더구나 벼슬에 오르기 위해서는 반드시 급제할 필요가 없으며 과거에 급제하기 위해서는 반드시 국학을 거칠 필요가 없으니 누가 즐거이 지름길을 버리고 돌아가려 하겠습니까? 유림儒林들이 흩어지고 학교가 퇴폐된 것은 바로 이 때문입니다.

신이 엎드려 비옵건대, 밝은 조제條制를 내리시어 밖으로는 향교鄕校와 안으로는 학당學堂에 그 재능을 심사하여 이를 12도徒에 올리고 12도를 또 모두 심사하여 성균관[成均]에 올려서 기한 후 생도들의 덕德과 예藝를 측정한 다음 적합한 자를 예부禮部에 천거하여 합격자는 예에 따라 관직을 주고 불합격자도 또한 관직에 오를 수 있는 품계를 부여하십시오. 현직現職으로 과거科擧를 보려는 자를 제외한 나머지의 경우 국학의 생도가 아닌 자에게는 과거에 응시할 자격을 주지 않는다면, 전에는 불러도 학교에 오지 않던 자들이 이제는 가라 하여도 가지 않을 것이니 전하께서 미처 다 쓸 수 없을 정도로 많은 인재가 배출됨을 보게 될 것입니다.

불교[佛氏]가 중국에서 들어오자 왕공王公·사서士庶가 높이고 이를 섬겨 한漢나라부터 오늘에 이르기까지 날로 새롭고 달로 융성하였습니다. 그러므로 우리 태조太祖께서 나라를 창건하실 즈음에는 불사佛寺와 민가民家가 섞이고 얽히더니 중세 이후로 그 신도가 더욱 번성하여 오교 양종五教兩宗이 이익을 위하는 소굴이 되어 냇가와 산골짜기마다 절이 들어차게 되었습니다. 다만 불교[浮屠]의 무리가 더럽고 추악한 것에 물들었을 뿐 아니라, 나라의 배성들 가운데도 놀고먹는 자들이 많아져서 식자들이 늘 마음 아프게 여기고 있습니다. 부처는 대성인大聖人이지만 좋아하고 미워함이 반드시 사람들과 같으니 이미 죽은 그 망령[佛]이 그 신도信徒들이 이와 같이 추악한 행동을 하는 것을 어찌 부끄러워하지 않겠습니까? 엎드려 바라건대 금지하는 법칙[條禁]을 내리시어 이미 승려가 된 사람들은 도첩度牒을 주고 도첩이 없는 자는 군졸로 삼을 것이며, 새로 창건한 절은 모두 철거하도록 분부하십시오. 새로 창건한 절은 모두 철거케 하되 철거하지 않을 때는 수령에게 벌을 내려 양민들이 모두 승려가 되지 않도록 해야 할 것입니다.

신은 듣건대 전하께서는 부처를 받들어 섬기는 정성이 역대 선조들보다 더욱 돈독하시다고 하는데, 국가의 복을 영원하도록 해달라고 비는 것은 매우 훌륭하고 매우 아름다운 일임에 틀림없습니다. 그러나 신의 어리석은 생각으로는 부처는 지극히 성스럽고 지극히 공정한 분이어서 받들기를 극히 후하게 할지라도 기뻐하지 않고 대우하기를 매우 박하게 할지라도 이로써 노여워하지 않거든, 하물며 그 경전 중에 '보시하여 공덕을 쌓는 것보다 경전의 말씀을 마음에 새기는 것이 낫다.'라는 설법이 있으니, 정사를 돌보시고 쉬시는 여가에 방등方等[5]을 읽으시고 돈법頓法[6]에 마음을 두시는 것은 옳지 못할 이유가 없습니다. 다만 사람들은 윗사람의 행동을 본받는 것이기 때문에 위에서 재물을 낭비하면 사람들도 낭비하게 되는 법이니 미리 삼가 방비해야 할 것입니다. 공자께서 이르기를, '귀신은 공경하되 이를 멀리하라.'고 하였으니 신은 불교에 있어서도 마땅히 이와 같이 대하시를 바라나이다. 저 또한 군왕의 뜻을 거스르면[逆鱗] 반드시 머리가 부서질 것을 압니다만, 다만 잔을 띄울 작은 샘물이 혹시 하늘에까지 넘쳐흐를지도 몰라 만 번 죽을 것을 무릅쓰고 한 마디 말씀을 올리는 것입니다.

신이 또 다시 생각하옵건대, 나라의 흥망성쇠가 인과응보로 이루어지는 것은 필연적인 이치입니다. 우리나라가 두 대에 걸쳐 어린 임금이 등극하고 신하가 정권을 잡아 국가의 기강이 실추되었으니 사람들이 참된 정치를 고대했습니다. 전하께서는 총명관대하고 의지가 굳세시어 나라를 잘 다스릴 자질을 갖추셨으며, 지금이야 말로 극도로 혼란한 때로서 백성들이 올바른 정치를 갈구하고 있는 만큼 나라를 잘 다스릴 기회이기도 합니다. 그러나 애써 현명한 선비를 기용해야하는 데도 아직 그들에게 폐백의 속백束帛이 쌓인 것을 보지 못하였고 마땅히 정치에 대한 의견[聽政]이 급한 데도 아직 정료庭燎가 밝혀진 것을 보지 못했습니다. 이래서야 현사賢士가 어찌 모두 등용될 수 있으며 간사한 자들을 어찌 모두 물리칠 수 있겠습니까? 아직 올바른 정사政事의 행하여짐을 듣지 못하여 공연히 백성들의 바람만 서운하게 하고 있으니 이렇게 하고서야 어찌

5 방등은 대승 경전을 총칭함.
6 돈법은 즉각 깨닫는 돈오를 설법하는 가르침.

다스림이 이루어지기를 바라오리까? 이는 마치 뒷거름을 치면서 앞으로 나아가기를 도모하고 수레를 남쪽으로 향해 놓고 북쪽으로 가려는 것과도 같으니 신은 전하를 위해 매우 부끄러워하나이다. 『역경易經』에 이르기를, '천체의 운행이 건실하니 군자는 스스로 힘써 쉬지 말라[天行健 君子以自强不息]'고 하였으니 마음을 닦는 요점과 다스림을 내는 방도는 이에 지남이 없습니다. 오직 전하께서는 여기에 유념하소서."라고 하였다.

공민왕 2년(1353)에 괴과魁科에 발탁되어 숙옹부승肅雍府丞에 임명되었고, 또 정동성征東省 향시鄕試에 1등으로 합격하여 서장관으로 원나라에 가서 과거에 응시하였다.

이듬해 정시廷試에 응사하여 독권관讀卷官인 참지정사 두병이杜秉彝와 한림승지 구양현歐陽玄이 이색이 지은 대책을 보고 크게 칭찬과 상을 더하고 드디어 제2갑의 제2등으로 뽑아 응봉 한림문자 승사랑 동지제고 겸 국사원 편수관應奉翰林文字承事郎同知制誥國史院編修官에 임명하였다. 얼마 후 환국하니 왕이 전리 정랑 예문 응교典理正郎藝文應敎에 임명하였다

(공민왕) 4년(1255)에 내서 사인內書舍人에 승진하였다가, 또 원나라에 가서 한림원 권경력翰林院權經歷이 되었다.

(공민왕) 5년(1256)에는 모친이 늙었다하여 관직을 버리고 귀국하여 상서하여 '시정8사時政八事'를 올렸는데, 그중의 하나는 정방政房을 혁파하고 이부와 병부의 인사권[銓選] 회복하라는 것이었다. 왕이 가납하여 이색을 이부 시랑 겸 병부 낭중을 삼아 문무관의 인사를 맡게 하였다.

(공민왕) 6년(1257)에 국자 좨주國子祭酒가 되었다가 옮겨 우간의대부가 되었는데, 3년 부모상의 시행을 청하니 왕이 이를 따랐다.

(공민왕) 7년(1258)에 말로써 권귀에 거슬리어 한꺼번에 간관이 모두 좌천되어 이색도 상주尙州의 지방관으로 물러나게 되었으나 왕이 그날 밤에 명하여 이색을 추밀원 부승선 한림학사를 삼고 재상에게 이르기를 "이색은 재덕才德이 출중하여 타인에 비할 바가 아니므로 쓰고 버림이 이와 같이 하지 않으면 인심을 굴복시키지 못할 것이다."고 하고, 이로부터 국가의 기밀을 관장하기를 무릇 7년이나 하였다.

(공민왕) 10년(1361)에 홍건적[紅賊]이 왕경을 함락시켜 왕이 남쪽으로 피난할 때 호종

하여 그 공로로 일등 공신이 되었다.

(공민왕) 12년(1363)에 원나라에서 이색을 정동행중서성 유학 제거儒學提擧에 임명하고 본국에서는 밀직제학 동지춘추관사를 제수하고 단성보리端誠保理 공신호를 하사하였다. 이로부터 국정에 참여하여 비록 휴가 중이라 하여도 큰 정사가 있으면 반드시 나아가 이를 묻게 하였다.

(공민왕) 14년(1265)에 첨서밀직사사가 되었다.

(공민왕) 16년(1367)에 성균관을 중영重營하고 이색을 판개성부사 겸 성균 대사성을 삼았다. 생원生員을 더 늘리고 경술經術을 공부한 김구용金九容, 정몽주鄭夢周, 박상충朴尙衷, 박의중朴宜中, 이숭인李崇仁을 택하여 모두 타관他官으로써 교관敎官을 겸하게 하였다. 이에 앞서서는 성균관 학생이 수십 명에 불과했는데 이색이 다시 학칙[學式]을 개정해 매일 명륜당明倫堂에 앉아 경經을 나누어 수업하고 강의가 끝난 뒤에는 토론을 하며 지루함을 잊게 하니 학생들이 운집하여 더불어 교감을 나누니 정주程朱의 성리학性理學이 비로소 흥기하였다. 그 뒤에 원나라에서 정동행중서성 좌우사 낭중에 임명하였다.

(공민왕) 17년(1368)에 시중 유탁柳濯 등이 상서하여 마암馬岩 영전影殿의 토목 공사에 대해 간언하니, 왕이 크게 노하여 유탁 등을 하옥시키고 이색으로 하여금 국문하게 하였다. 왕은 이 일로 유탁을 처형하고자 이색에게 명하여 백성들을 설유說諭하는 글을 짓게 하였다.

이색이 유탁의 죄명을 물으니 왕이 대답하기를 "오랫동안 수상首相으로 있으면서 불의한 짓을 많이 하여 하늘로 하여금 큰 가뭄을 부른 것이 하나요, 연복사演福寺의 밭을 빼앗은 것이 둘째요, 공주가 죽었는데도 3일 동안 제사를 빠뜨린 것이 셋째요, 그 장례에 격을 낮춰 영화 공주永和公主의 전례대로 한 것이 넷째이니 불충하고 불효함이 무엇이 이보다 크겠는가?" 하거늘, 이색이 말하기를 "이는 모두 이미 일어난 일입니다. 근일에 유탁 등이 영전의 공사를 그치기를 청하였는데 비록 이상 4가지 일로써 죄를 준다 할지라도 나라 사람은 모두 상서 때문이라고 생각할 것입니다. 또한 이 4가지 일은 모두 처형당할 만한 죄가 아니오니 원컨대 다시 생각하옵소서." 하니, 왕이 더욱 노하여 독촉을 매우 급하게 하였다.

이색이 엎드려 아뢰기를 "신이 차라리 죄를 받을지언정 어찌 감히 문서를 만들어 이로써 죄를 엮겠습니까? 또 상서한 일은 유탁 혼자만이 아니라 영도첨의領都僉議도 또한 이를 알고 있습니다."라고 하니, 이때 신돈辛旽이 영도첨의가 되어 바야흐로 왕의 곁에 있다가 부득이 아뢰기를 "저[老夫]도 또한 이를 알고 있었으나 다만 상께서 노하셨기 때문에 감히 아뢰지 못하였을 뿐입니다."라고 하니, 왕이 시중 이춘부李春富에게 명하여 "어보인御寶印을 봉하라." 하니, 이춘부가 엎드려 감히 나아가지 못하였다. 신돈이 아뢰기를 "마땅히 말한 자로 하여금 이를 봉封하게 하소서." 하니, 이에 이색에게 명하였다. 이색이 왕의 노여움이 더할까 두려워하여 이에 이를 봉하고 쓰기를 "신 이색이 삼가 봉합니다."라고 하였다.

왕이 이르기를 "내가 덕이 없어 나의 말을 따르지 않으니 이를 갖고 가서 덕 있는 사람을 구하여 그를 섬기라. 우리 태조인들 당초에 어찌 왕손王孫이었겠는가? 내가 왕위에서 물러나리라." 하고 이에 정비궁定妃宮[7]으로 거처를 옮기고 음식들이기를 허락하지 않았다.

이튿날 신돈이 왕의 노여움을 풀고자 왕께 아뢰어 이색을 하옥시키고 찬성사 이인임李仁任과 지도첨의知都僉議 유연柳淵으로 하여금 신문하여 왕명에 복종하지 않은 죄로써 죄를 삼으니, 이색이 아뢰기를 "신이 벼슬이 없는 선비로부터 일어나 외람되이 임금의 지우知遇를 입어 전공戰功도 없고 이직吏職도 거치지 않고 다만 문필文筆의 조그만 재주로 갑자기 재상에 이르렀으니 임금으로부터 받은 은혜가 깊고 무거워서 보답코자 꾀하였으나 길이 없으매 일찍이 생각하기를 진실로 가히 임금의 덕에 유익한 것이 있으면 목숨을 아끼지 않고 힘써 아뢰어 이로써 만분의 일이라도 보답하려 하였습니다. 오늘날 유 시중柳侍中이 옥에 있고 제가 문사관問事官이 되어 감히 극진히 아뢴 것은 왕께서 마음을 움직이시고 살펴 깨달아서 대신을 함부로 죽이지 않도록 하고자 함이었습니다." 하고 인하여 울면서 이르기를 "저의 울음은 옥관獄官에게 불쌍히 여김을 받기

7 죽성군竹成君 안극인安克仁의 딸 정비 안씨定妃安氏.

위함이 아니요 감히 임금의 귀에 들리게 하는 것도 아니요 또 죽음을 두려워하는 것도 아닙니다. 다만 이로 인하여 주상의 명예가 손상되어 천하 후세에 아름답지 못하게 될까 두려워할 뿐입니다."라고 하였다.

이인임 등이 이를 아뢰자 왕이 드디어 감동하고 깨달아 유탁 등을 석방하고 이색에게 명하기를 "목욕하고 조회朝會하라. 장차 그대와 함께 말하리라." 하거늘 이튿날 이색이 나아가 사죄하니, 왕이 이르기를 "전날의 화냄을 미워하지 말고 마땅히 다시 마음을 다할지어다."라고 하였다.

(공민왕) 18년(1369)에 삼사우사三司右使가 되었다.

(공민왕) 20년(1371)에 정당문학이 되고, 문충보절찬화文忠報節贊化 공신호를 더하였다. 우리 태조(이성계)를 지문하부사에 임명하고, 왕이 근신近臣에게 이르기를 "요사이 물의物議(세상의 여론)가 어떠한가?" 하니, 대답하기를 "모두들 국가가 사람을 얻었다고 합니다."라고 하였다. 왕이 웃으며 말하기를 "문무文武를 모두 제1류 되는 인물을 등용하여 재상을 삼았으니 누가 감히 물의를 일으키리오?"라고 하였다. 왕이 매번 이색과 이인복李仁復을 불러 볼 때마다 주위를 깨끗이 청소하고 향을 피우게 하니 총애 받는 승려 신조神照가 왕에게 아뢰기를 "임금이 신하를 접견하는데 하필 반드시 공경하기를 이와 같이 하나이까?" 하니, 왕이 이르기를 "그대가 어찌 알겠는가? 이 두 분은 도덕이 보통 선비가 아니며 또한 이색의 학문은 껍질[肌膚]을 버리고 알맹이[骨髓]를 얻었으니 비록 중국이라도 비교할 자가 드문지라 어찌 감히 함부로 대하겠는가?" 하였다. 곧 이어 모친상을 당하였으나, 상중에도 기복起復하여 옛 관직 그대로 복무를 하게 하였다.

(공민왕) 22년(1372)에 사직을 하니 한산군韓山君에 봉하였다.

우왕[辛禑] 3년(1377)에 추충보절동덕찬화推忠報節同德贊化 공신호를 더하였다. 우왕이 이색을 사부師傅로 삼았다. 이색이 아버지 이곡李穀의 뜻을 따라 대장경을 완성하니 우왕이 듣고 지신사 노숭盧嵩에게 명하여 향을 내려주게 하였다.

(우왕) 8년(1382)에 판삼사사가 되어 병을 칭탁하고 업무를 보지 않았다. 이듬해 다시 한산군을 봉하고 곧이어 다시 판삼사사에 복직하였다.

(우왕) 10년(1384)에 병으로 사직하니 올려 한산부원군韓山府院君을 봉하였다. 명나라

황제가 장부張溥, 주탁周倬 등을 보내왔는데 장부 등이 국경에 이르러 이색의 안부를 물어오니 우왕이 이색을 판삼사사로 삼아 나아가 고명誥命(황제의 명령서)을 맞이하게 하였다.

(우왕) 11년(1385)에 글을 올려 관직에서 물러나기를 원하자, 우왕이 듣지 않고 검교문하 시중檢校門下侍中을 삼았다.

(우왕) 12년(1286)에 지공거가 되어 구례舊例에 따라 왕을 모시고 화원花園에서 잔치를 하니, 왕이 사부師傅로써 예우하여 친히 손을 잡아 인도하여 맞은편에 앉게 하니 이색이 굳이 사양하였다. 우왕이 몸소 내구內廐의 말을 몰고 와서 이색에게 내려주었다. 이번 과거 시험에 이색이 엄하게 규칙을 세워 20세 미만의 거자擧子에게 시험 응시 자격을 부여하지 않아 판문하부사 조민수曹敏修의 아들이 시험에 합격하지 못하게 되니, 동지공거 염흥방廉興邦이 그를 뽑고자 하여 힘써 이색에게 부탁하였으나 듣지 아니하였다.

(우왕) 13년(1287)에 우왕이 서보통탑西普通塔을 수리하고 이색에게 명하여 기문記文을 짓게 하였다. 그 기문의 대략은 이러하다.

"우리 태조께서 국가를 세우고 왕통을 드리우매 널리 불교를 진흥시켜 자손을 보존하셨으니 이전 제왕帝王들이 가히 미칠 바가 아닙니다. 선왕이 능히 태조의 마음을 체득體得하여 삼보三寶[8]에 귀의하였으며 이제 전하께서 이와 같이 탑을 중수하셨으니 전하의 마음이 위로 태조의 뜻에 합치됨을 또한 가히 알겠습니다. 아아! 주周나라의 역사가 비록 오래되었으나 그 천명은 날로 새롭다 한 것이 또한 오늘날을 두고 한 말이 아니겠나이까?"라고 하니, 식자識者들이 그가 왕에게 아첨하고 망령되이 부처에게 아부하였다고 비난하였다.

하루는 이색이 병을 칭하고 나가지 않으면서 이르기를 "시중 이성림李成林이 비천한 집에서 자라나 재상이 되어서는 전민田民을 넓게 점유하고 한꺼번에 집 3채를 지었으며 좌사左使 염흥방廉興邦도 가렴구주를 일삼고 있으니 나라를 망칠 사람은 반드시 이

8 불보佛寶, 법보法寶, 승보僧寶.

두 사람이다."라고 하였다.

(우왕) 14년(1388)에 우리 태조이성계가 회군回軍(위화도 회군)을 하고, 종실宗室을 택해 왕으로 세우고자 하였다. 그러나 조민수曹敏修는 신창辛昌을 세우고자 하여 이색이 당시의 명유名儒이므로 그의 도움을 받고자 가만히 이색에게 물으니 이색도 또한 신창을 세우고자 하며 말하기를 "전주前主의 아들을 세움이 마땅하다."고 하니 드디어 창왕을 세웠다.

창왕[辛昌]이 이색을 기용하여 문하시중에 임명하고 추충보절동덕찬화보리推忠保節同德贊化輔理의 호號에 말 1필을 하사하니, 왕대비도 또한 환관을 보내어 주과酒果를 보냈다. 공민왕이 죽은 뒤로부터 명나라 황제가 매번 집정 대신을 입조하라고 요구하였으나 모두 두려워 가지 못하더니 이색이 재상이 되자 말하기를 "지금 국가에 틈이 있으니 왕이나 집정 관리가 직접 입조하지 않으면 이로써 변명할 수 없을 터인데, 왕이 어려서 갈 수 없으니 이 늙은 신하가 가겠습니다."라고 하며 자청하여 입조하니, 우리 태조(이성계)가 칭송하기를 "강개慷慨하도다. 이 노인이여!"라고 하였다.

왕과 백성들이 모두 이색이 늙고 병들었으므로 굳이 가지 못하게 하였으나 이색은 이르기를 "신이 포의布衣로 최고의 벼슬자리에 올랐으니 항상 죽음으로써 국은에 보답하고자 하였는데, 이제 죽을 곳을 얻게 되었습니다. 설령 길에서 죽는다하여도 송장이라도 사명使命을 받들어 진실로 나라의 사정을 천자에게 제대로 알릴 수 만 있다면 비록 죽은 몸이라도 사는 것과 같을 것입니다."라고 하였다.

드디어 이색은 이숭인李崇仁·김사안金士安과 더불어 명나라 수도에 가서 새해 인사를 드리고, (고려) 왕이 명나라의 관직을 받아 나라를 다스리도록 하겠다[監國]고 요청하였다. 이색이 우리 태조(이성계)의 위세와 덕망이 날로 성하여 온 나라 사람들의 마음이 그에게 돌아가므로 그가 귀국하기 전에 변란이 생길까 두려워하여 한 아들을 데리고 가기를 청하니 태조가 우리 태종太宗(이방원)을 서장관書狀官으로 데리고 가게 하였다.

명나라 황제가 평소에 이색의 이름을 들었으므로 서너 차례 접견하면서 매우 후하게 예우하였다. 황제가 온화한 말씨로 말하기를 "그대가 원나라 조정에서 한림翰林을 지냈으니 응당 한어漢語(중국어)를 알 것이다."고 하니 이색이 급히 한어로 대답하기를

"친조親朝를 청하나이다."라고 하였다. 황제가 알아듣지 못하여 이르기를 "무슨 말을 하는고?"라고 하니, 예부관禮部官이 이색이 오랫 동안 입조하지 못하여 말을 알아듣기가 어렵다고 하였다. 황제가 웃으며 이르기를 "너의 한어漢語는 꼭 나하추[納哈出]와 같도다."라고 하였다.

귀국할 때에 발해渤海에 이르러 객선客船 2척과 동행하였는데, 반양산半洋山에 이르러 맹렬한 바람[颶風]이 일어나 거의 죽을 번하였다가 살아났다.

이때에 토지 제도가 크게 무너졌는데, 우리 태조(이성계)가 대사헌 조준趙浚과 함께 사전私田을 혁파하고자 하여 도평의사사都評議使司에서 토지 제도에 관한 논의를 꺼내니, 이색이 옛 법을 가볍게 고치는 것이 옳지 못하다고 굳이 주장하여 논의를 보류하고 따르지 않았다. 이색이 우왕을 황려부黃驪府에서 뵙고 얼마 되지 않아 해직을 청하고 이림李琳을 천거하여 자기를 대신케 하였더니, 창왕이 이색을 판문하부사判門下府事에 임명하였다.

이색이 일찍이 홍영통洪永通·이무방李茂芳 등과 더불어 백련회白蓮會를 남신사南神寺에서 열었는데, 불교 신자들이 이색의 말이라고 하면서 더욱 제멋대로 불교 교리를 떠들었다. 또 오래 문형文衡을 맡아서는 아들 이종학李種學으로 하여금 두 번이나 시험을 주관하게 하였다. 이종학은 원래 문필에 능하지 못하였으므로 사림이 아들에게 사정을 두었다고 하며 기롱하였다.

창왕이 장차 친히 입조하고자 하니, 이색이 이르기를 "요동 들판의 추위가 심하니 마땅히 일찌감치 행차하여야 합니다."라고 하더니 이윽고 창왕의 어머니 이씨가 창왕이 나이가 어린 것을 민망히 여겨 도당都堂에 말하여 그 행차를 그치게 하였다. 창왕이 이색과 이림 및 우리 태조에게 명하여 칼 차고 신발[履]을 신고 전殿에 오르게 하였고 찬배贊拜에 이름을 부르지 않게 하며, 각각 은 50냥, 채단彩段 10필, 말 1필을 하사하고, 하교下敎하여 격려하였다. 처음에 이숭인李崇仁이 이색의 부사副使로 경사京師에 갔었는데 이때에 이르러 이숭인이 부당하게 매매買賣한 사건으로 탄핵되어 유배되자 이색이 스스로 편안치 못하여 첩牒(문서)을 올려 관직에서 물러날 것을 청하였다. (그러나) 창왕이 듣지 않고 중관中官(환관)을 시켜 술을 내려 위로하였으나 나오지 않자 창왕이 재촉하여 일을 보게 하고 또 찬성사 우인열禹仁烈에 명하여 집에까지 가서 술을 내려주었으나 이색이 또 전箋(윗사람에게 올리는 문서)을 올려 사양하였으나 창왕이 듣지 않았다. 대개 이색이 일찍이 이숭인의 문장을 아껴서 두 번이나 전을 올려 그를 구하고자 한 것이었다.

이색이 드디어 장단長湍의 별업別業으로 돌아가니, 창왕이 중사中使 이광李匡을 보내어 안부를 묻고 또 지신사 이행李行을 보내어 술을 내려주고 간곡히 설득하여 돌아오기를 청하였으나 이색은 일어나지 않았다.

공양왕이 즉위하니 이색이 장단에서 돌아와 궐에 나아와 축하하였다. 왕이 안으로 불러들이고 용상에서 내려와 기다리다가 이르기를 "평생을 한가히 놀다가 오늘날 이 자리를 얻을 줄 뜻하지 못하였으니 원컨대 경은 나를 도우라."고 하고, 다시 판문하부사判門下府事를 삼았다. 왕이 친히 태묘太廟에 관제를 지내면서 즉위를 고하였는데, 그날 저녁에 해당 관청에서 우왕 어머니의 신주神主를 철거할 것을 아뢰었다.

이에 이색이 이르기를 "이 일은 아직 결말이 어찌 될지 알 수 없으니 우선 그냥 놔두라."고 하니, 좌사의左司議 오사충吳思忠과 문하 사인門下舍人 조박趙璞 등이 상소하여 이르기를 "판문하 이색이 우리 현릉玄陵(공민왕)을 섬겨 유학의 정주로서 재상의 지위에 올랐습니다. 현릉(공민왕)이 후사가 없이 돌아가시자 권신 이인임李仁任이 스스로 권세를 마음대로 하고자 어린 임금을 세우려고 하였고 이색이 그 제안을 도와서 신우를 세웠고 여러 장군이 회군回軍하여 왕씨 세우기를 의논할 즈음에 대장 조민수가 이인임의 친척인 신우의 아들 창[辛昌]을 세워 자신의 간사한 음모를 이어가고자 이색에게 물으니 그도 일찍이 신창에게 마음을 두었는지라 드디어 의론하여 그를 세웠습니다. 그 아들 이종학이 외척에게 이르기를 '여러 신하들이 종실을 세우기로 의논을 모았으나 결국 세자를 왕으로 세운 것은 내 아버지의 힘이다.'라고 하였습니다. 이색이 명나라로부터 돌아오자 이숭인과 김사안金士安 등이 더불어 서로 신우를 여흥驪興에서 만나기를 기약하였는데, 이색이 기약에 앞서 홀로 만났으니 당시 나눈 말이 공적인 것이었는지 사적이었는지를 가히 알지 못하겠습니다. 천자께서 '비록 왕씨王氏를 빌릴지라도 이성異性으로서 왕을 삼는 것은 삼한三韓을 대대로 지켜오는 좋은 계책은 아니다.'라고 하시는 칙명을 내리자 충신과 의사들이 왕씨를 다시 세울 것을 결정함으로써 천자의 명에 따르려 하였는데, 적신賊臣 변안열邊安烈이 기이한 공로를 세워 부귀를 얻으려고 이색과 신우의 장인 이림李琳 및 김저金佇, 정득후鄭得厚 등과 더불어 신우를 맞이함으로써 다시 왕씨를 세우려는 의논을 저지하였습니다.

이미 15년간 몸을 맡겨 신하가 되어 다시 다른 마음이 있을 수 없다고 한다면 어찌 500년간의 왕씨는 저버리고 15년간의 신씨辛氏에게 충성하겠습니까? 이색이 대대로 왕씨에게 벼슬하여 공민왕으로부터 큰 은혜를 받았거늘 이인임에게 붙어서 신우를 세워 왕씨를 끊었고 여러 장군이 상의하여 다시 왕씨를 세우려고 하자 조민수에게 붙어 신우를 내치고 신창을 세웠습니다. 충신과 의사들이 상의하여 다시 왕씨를 회복하려 하니 이번에는 변안열에게 붙어 신창을 내치고 신우를 맞이하려 하였으니 그는 신우와 신창에 있어서도 또한 반칙의 신하가 됩니다. 그러나 이것을 족히 논하지 않더라도 대대로 왕씨의 신하가 되어 적신에게 아부하여 왕씨의 종사를 영영 끊어지게 하였으니 그 죄악은 천지와 종사가 용서하지 못할 것입니다. 아아! 왕망王莽이 한漢나라를 찬탈함이 장우張禹[9]에게서 이룩된 것은 장우가 그 역모에 간여하여 그 힘을 다한 것이 아니요 다만 장우가 유학의 종장으로 평소 사람들로부터 큰 신망을 받았음에도 왕망에게 붙자 왕망은 거리낄 것이 없게 되었으며 나라 사람들도 또한 믿고 따라 왕망에게 붙지 않은 자가 도리어 죄인이 되었습니다. 그러나 능히 스스로 주운朱雲[10]이 장우를 죽이라는 청을 해명하지 못하였고 능히 스스로 후세의 공론을 피하지 못하였거늘 이색은 신우와 신창에게 붙어 나라 사람들을 오도한 죄는 장우보다 더 무겁습니다.

또 이색은 이인임의 신임을 받아 부귀를 누리고 이인임이 그 일당 임견미林堅味, 염흥방廉興邦과 더불어 탐욕을 자행하여 벼슬을 팔고 옥사를 미끼로 뇌물이 공공연히 오가고 토지와 백성[田民]을 빼앗아 점유하여 원망이 쌓이고 죄악이 가득하여 마침내 패망에 이르렀으나 이색은 그 죄에 대해 말하지 않았습니다. 신우의 사부가 되어 누차 상을 받고 젖내 나는 자제까지도 모두 과거에 급제시켜 요직에 배치하고 신우가 함부

9 한나라 성제의 스승으로 안창후로 책봉되었다.(『한서』 권81, 열전 51, 張禹)
10 안창후 장우를 죽일 것을 청하였다가 성제의 노여움을 사 면직되었다.(『한서』 권67, 열전37, 朱雲)

로 포학한 짓을 하여 죄 없는 사람들을 죽이는 것을 보고서도 이색은 그 잘못을 바로 잡지 않았습니다. 신우가 망녕되이 군대를 움직여 장차 상국의 영토를 침범하여 우리 나라에 끝없는 화근의 기틀이 되게 하였으나 이색은 또한 이를 말하지 않았습니다.

국가가 사전私田 때문에 국고가 고갈되어 민생이 피해를 입게 되고 또 사전 때문에 송사가 일어나 풍속이 훼손되므로 이를 개혁하여 토지제도를 바로잡으려고 하였으나 이색이 수상이 되어 안 된다고 고집하여 그 아들 이종학이 사람들에게 말을 퍼뜨려 거실巨家들이 원망하고 비방하는 단초를 열게 하였습니다.

이림李琳은 욕심 많고 용렬한 사람이라 나라 사람들이 다 아는 사실인데, 이색이 또한 외척과 교분을 맺어 자신을 보전하려고 이림을 천거해 자기를 대신하도록 하였습니다. 또 유학의 종장이면서도 부처에 아첨하여 대장경을 간행하니 온 나라 사람들이 이를 모범으로 여겨 다투어 본받아 풍속을 그르쳐 놓고 자제들로 하여금 '나의 아버지 뜻이 아니고 할아버지 이곡李穀의 뜻을 추종하였을 따름이다.'라고 말하게 하였으니, 이는 아버지를 이단에 빠뜨려 구원하지 않는 것과 같습니다.

또 신창을 받들어 명나라에 입조시킴으로써 신우를 맞아 세우려는 계책이 이루어지지 못하자 이숭인이 탄핵받았다는 것을 구실로 장단長端으로 돌아가 사태를 관망하다가 전하가 즉위하시자 공공연하게 와서 판문하判門下의 관직을 받아 백관의 최고자리에 섰으나 끝내 부끄러운 빛이 없었습니다. (이는) 학문을 왜곡하여 세상에 아첨하고 거짓을 꾸며 이름을 낚았으니 청컨대 해당 관청에 명하여 이색 부자와 조민수의 죄를 논하여 후세에 신하로서 불충한 자에 대한 훈계로 삼으소서."라고 하니, 왕이 명하여 이색과 이종학을 파면하고 조민수의 고신告身을 빼앗았다.

오사충吳思忠 등이 다시 상소하여 논핵하니 이색을 장단에, 이종학을 순천順天에 유배하고 규정糾正 전시田時를 보내어 조민수를 창녕昌寧에서 국문하였다. 이때에 전시가 조민수가 신창을 세운 계획이 이색에서 나왔다는 진술을 받으려고 했으나, 조민수가 불복하며 이르기를 "창昌을 세운 죄는 내가 원래 난독으로 한 것이며, 이색은 관여하지 않았다."고 하였다가 여러 날 핍박하니 이에 굴복하였다.

(공양왕) 2년(1390)에 사헌부에서 상소하여 이색과 조민수가 신창을 세우고 또 신우

를 맞이하고자 한 죄 다스리기를 청하였고 간관도 또한 상소하여 이색과 조민수를 헌사에 내려 엄히 국문하여 극형에 처하기를 청하므로, 이에 명하여 이색의 직을 삭탈하고 조민수와 함께 멀리 귀양보내게 하니 좌상시左常侍 윤소종尹紹宗이 이색의 문생門生이므로 서명하지 않았다. 대간이 다시 이색의 죄를 청하거늘 왕이 오사충과 전시 및 집의執義 이고李皐를 보내어 이색을 장단에서 국문케 하고 명하여 말하기를 "이색을 놀라게 하지 말 것이며 만약 불복하거든 마땅히 다시 나의 명을 받으라."고 하더니, 이색이 과연 불복하여 이르기를 "신창辛昌 세우기를 주장한 것은 내가 아는 바 아니다. 만약 내가 망언을 한다면 하늘이 지켜보고 있으니 청컨대 조민수와 대질하도록 해주십시오."라고 하여, 오사충이 전시를 보내어 이를 아뢰니 왕이 명하여 고문을 가하라 하였다.

이때에 전시田時가 돌아와 선지宣旨(왕명)를 선고하고 옥졸로 하여금 곤장棍杖을 잡고 좌우에 서서 하루 종일 밤새도록 핍박하고 또 조민수의 창녕옥昌寧獄에서 진술했던 것들을 제시하니, 이색이 말하기를 "회군하여 왕 세우기를 의론할 즈음에 조민수가 나에게 묻기를 종친과 아들 창 가운데서 누가 적당한가 물었습니다. 이때 조민수는 주장主將으로서 군사를 거느리고 돌아왔고 또 창昌의 외조부 이림과는 족친이 되어 마음을 같이 하였으므로 이색이 감히 어기지 못하였고 또 신우가 왕이 된지 이미 오래이므로 아들 창을 세움이 마땅하다고 생각한 것이지 알아서 왕을 세우라고 앞장서서 권한 일은 없었습니다. 그리고 지난해 명나라에 입조하여 예부禮部에 갔더니 상서尙書 이원명李原明이 말하기를 '너희 나라가 아비를 쫓아내고 자식을 세웠다니 천하에 어찌 이런 이치가 있느냐? 왕과 최영崔瑩이 모두 잡혀 갇혔다 하니 이것을 어찌 의리라 하겠소?'라고 하여, 나는 '최영이 왕을 부추겨 요양遼陽을 침범하려 하자 장군 조민수와 이성계는 옳지 못한 일이라고 여겨 의주義州에서 더 이상 나아가지 않았습니다. 그러나 최영이 자꾸 독촉하는지라 부득이 회군하고 최영을 옥에 가두었더니 왕이 노하여 여러 장군을 죽이려고 했기 때문에 태후가 왕을 폐하여 강화江華에 안치시킨 것입니다. 강화는 개경과 20여 리 떨어진 옛 도읍으로서 명승지라 마음을 조용히 수양하기에 그만한 곳이 없습니다. 또 재위 때와 마찬가지로 재상들이 모시고 있으며 각종 의장과 기물器物이며 아침저녁으로 올리는 음식도 모두 예전과 같으니 쫓아냈다는 말이 어찌 나올 수 있겠습니까?'라고 대답하였습니다. (명나라에서) 돌아옴에 미쳐 시중 이李{태조太祖의 구휘舊諱}에게 이르기를 '이원명의 말은 귀로는 가히 들을지언정 입으로는 가히 말하지 못하겠도다. 여흥驪興은 먼 곳이니 모셔다가 개경 가까이 둔다면 왕을 내쳤다는 말은 듣지 않을 수 있으리라.' 하여 다만 이 말을 했을 뿐이며 진실로 우왕을 맞이해 세운다는 의론은 없었습니다."라고 하니, 오사충 등이 이 진술을 받아가지고 돌아왔다.

이색이 일찍이 사람들에게 말하기를 "옛날 진晋나라 원제元帝[11]가 들어가 대통을 계승하자 치당 호씨致堂胡氏[12]가 생각하기를 '원제의 성姓은 우牛인데 진晋나라의 종통을 억지로 이었다. 이는 동진東晋의 군신이 어찌 이를 인정하고 개혁하려고 하지 않았겠는가? 아마도 호胡와 갈羯 오랑캐가 번갈아 강좌江左를 침입하여 허약해져서 만약 옛 왕업을 의지하지 아니하면 어떻게 능히 인심을 매어둘 수 있겠는가, 버리고 새로 만드는 것은 지극히 어려운 일이니 이 또한 형편을 보아 일을 이루려고 부득이 이렇게 한 것이다.'"라고 하였다. 이색이 신씨를 세움에 있어 감히 이의를 가지지 못한 것은 또한 이 뜻이다.

대간이 다시 이색과 조민수의 죄를 논하였으나 왕이 대답하지 않았다. 번갈아 상소하여 다시 논죄하니 드디어 이색을 함창咸昌으로 옮겼다. 대간이 또 이색과 이림을 논죄하여 왕이 재상과 더불어 논의코자 하니, 지신사 이행李行이 이르기를 "대간의 논죄가 어찌 공신의 뜻이 아닌 것을 알겠는가?"라고 하고 손수 상소 말미에 쓰기를 "지신사 이색을 자기의 좌주로 여기고 있다."라고 부기하고 우대언 조인옥趙仁沃에게 대신 서명케 하였다. 이에 대간이 이행이 자기 좌주의 편을 들어 허물을 덮으려고 한다고

---

11 동진의 초대 황제(『晋書』 권5, 본기, 원제)

12 호인胡寅(1098~1156) : 자字 명중明仲, 학자들이 치당선생致堂先生이라고 불렀다. 시호는 문충文忠. 송宋 건주建州 숭안崇安(지금의 복건福建 무이산시武夷山市)사람. 뒤에 형양衡陽에 옮겨가서 살았다. 호안국胡安國의 조카. 어머니의 명을 받들어 자기 아들처럼 키웠다. 진회秦檜가 정권을 잡자 치사致仕하여 형주衡州로 돌아갔다. 조정朝政을 기롱한다고 하여 신주新州에 유배를 보내려고 하였는데, 회檜가 죽자 복관되었다. 저작에 『논어상설論語詳說』, 『독사관견讀史管見』, 『비연집斐然集』 등이 있다. 정강靖康 초년初年(1126)에 금나라가 남침하였을 때 고종高宗에게 상서하여 당연히 의사義師를 규합하고 갑자기 대위大位를 물러나면 안된다고 하였다.

탄핵하고 또 조인옥은 월권했다고 탄핵하니 왕이 부득이 모두 파면하였다. 이에 우리 태조 및 공신 7인이 상서하여 "대간의 논열論列은 신 등의 알 바가 아닌데 사람들은 이로 말미암아 신 등에게 허물을 돌려서 우禑·창昌의 당黨이 신 등을 미워하여 말을 만들고 비방을 일으키니 신 등은 청컨대 사직하여 비방을 그치게 하여 목숨을 보존하기를 원합니다."라고 하고 드디어 모두 문을 닫고 나오지 않았다.

대사헌 성석린成石璘도 이를 듣고 글을 올려 사직하니 대간들이 더욱 강하게 논죄하였다. 왕은 원래 이색이 난을 꾀하였다는 것을 믿지 않았고 또 우홍수禹洪壽는 부마駙馬 우성범禹成範의 아버지이므로 대간의 탄핵이 그치지 않으므로 이에 노하여 식사를 거부하였다. 대간이 대궐문에 엎드려 명을 청하거늘 왕이 이르기를 "이림과 이색 등은 모두 이미 유배하였으니 다시는 죄를 청하지 말라."고 하였다. 공신들이 일을 보지 않자 왕은 평리評理 배극렴裵克廉에게 명하여 도당都堂에서 대신 일을 보게 하니, 대제학 안종원安宗源, 좌사 권중화權仲和 등이 왕에게 아뢰기를 "도당은 서사庶事가 지극히 번거로워 두 시중 같은 사람이 하루라도 없어서는 아니 되오니 속히 9공신으로 하여금 직무를 보게 하십시오."라고 하자, 왕이 이르기를 "경들이 대신 설득해 보라." 하였다. 이에 대답하기를 "옛날 한 재상이 사직하면 도당은 모두 인사 기록[批目]을 고쳤다 하오니 이제 또한 마땅히 9공신의 비목을 고친 후 나와서 일을 보게 하여야 할 것입니다."라고 하니 왕이 이를 따랐다.

9공신이 궐에 나아와 절을 올리고 사례하자 왕은 그들을 내전에 불러들여 술을 내려 위로하니 이에 나와 일을 보았다. 대간이 왕이 간언을 따르지 않는다고 하며 사직하자 모두 좌천하여 수령을 삼고 이행을 청주淸州로 유배하였다. 왕방王昉과 조반趙胖이 명나라로부터 돌아와 왕께 보고하기를 "예부禮部에서 신 등을 불러 이르기를 '너희 나라 사람에 파평군坡平君 윤이尹彛와 중랑장中郞將 이초李初라는 자가 있어 황제에게 호소하기를 고려 이 시중李侍中이 왕요王瑤를 세워 임금을 삼았는데 왕요는 종실이 아니고 이 시중의 인척입니다. 왕요가 이 시중과 더불어 군사를 일으켜 장차 상국을 침범하려 하므로 재상 이색 등이 옳지 못하다 하니 곧 이색·조민수·이림·변안열·권중화權仲和·장하張夏·이숭인·이종학·권근·이귀생李貴生 등을 잡아 살해하고 우현보禹玄寶·우인열禹仁烈·정지鄭地·김종연金宗衍·윤유린尹有麟·홍인계洪仁桂·진을서陳乙瑞·경보慶補·이인민李仁敏을 잡아 멀리 유배하니 귀양 중에 있는 재상들이 몰래 우리들을 보내어 와서 천자에게 아뢰고 친왕으로 천하의 군사를 일으켜 토벌해줄 것을 요청하게 하였습니다.'라고 말하더라 하고, 이에 윤이와 이초가 기록한 이색과 조민수 등의 이름을 보여주었습니다. 이에 조반이 윤이 등과 대질하여 '본국은 사대事大하기를 성심을 다해 하거늘 어찌 이런 일이 있겠는가?' 하고 윤이에게 묻기를 '너는 작위가 군君까지 봉함을 받았으니 자못 나를 알 것이다.' 하니, 윤이가 놀라는 낯빛을 감추지 못했습니다. 예부관禮部官이 이르기를 '천자께서 명철하시어 이들의 말이 거짓인 것을 아시니 그대는 속히 환국하여 왕과 재상에게 말하여 윤이의 기록 내에 있는 사람들을 잡아 국문하고 와서 보고하라고 합니다."라고 하였다.

이에 대간이 서로 잇달아 상소하여 윤이와 이초의 당黨을 국문하기를 청하였으나 보류하고 회답을 내리지 않았다. 그때 마침 김종연金宗衍이 탈옥하는 바람에 우현보·권중화·경보·장하·홍인계·윤유린을 순군巡軍에 내려 옥에 가두어 갑자기 옥사가 별안간 일어나 대성臺省과 형조刑曹가 합동으로 신문하여 먼저 윤유린을 엄히 국문하자 그 공술에 최공철崔公哲·최칠석崔七夕·조언曹彦·조경趙璥·공의公義·한성韓成·김충金忠·안주安柱·곽선郭璇·정단봉鄭丹鳳·박의룡朴義龍 등이 연루되어 모두 하옥하였다.

일찍이 윤유린의 종제 윤사강尹思康이 본디 행실이 없었는데 일찍이 중이 되었다가 명나라에 들어가 이름을 윤이로 고쳤다. 윤유린의 가신 정부개丁夫介가 조반을 따라 명나라에 가서 알고도 말하지 않았다가 돌아옴에 미쳐 먼저 윤유린의 집에 가서 실상을 말하니 윤유린이 옥중에서 화가 나서 먹지 않고 죽으니 저자에 효수하고 그 집을 적몰하고 정부개를 가두었다.

이색·이림·우인열·이인민·정지·이숭인·권근·이종학·이귀생 등을 청주 옥에 잡아 가두고 문하평리 윤호尹虎, 밀직부사 박경朴經, 우사의 이광李㼅, 형조좌랑 신효창申孝昌과 전시田時를 보내어 양광도 도관찰사楊廣道都觀察使 유순柳珣과 함께 그들을 국문하게 하였다. 윤호 등이 청주에서 모든 죄수를 국문하였으나 모두 불복하였는데 별안간 천둥치고 비가 억수같이 쏟아지면서 앞 내가 갑자기 흘러 넘쳐 성의 남문을 무너뜨리고 바로 북문을 뚫으니 성중의 수심이 한 길이 넘었다. 관사가 표몰되고 민가가 거의 없어지니 옥관이 너무 급하여 나무를 붙잡고 겨우 목숨을 구하였다. 왕이 수재를 이유로 그들을 석방하고 이색을 함창咸昌에 안치하였다가 이윽고 용서하여 편의에 따르도록 하였다.

(공양왕) 3년(1391)에 헌부에서 다시 이색과 이종학의 치죄를 청하였으나 허락하지 않았다. 헌부에서 다시 이색의 죄를 논하니 왕이 마지못해 허락하고 함창으로 유배하였다. 간관이 또 이종학을 논죄하여 원지에 유배하였다가 이윽고 서울 밖에 편의를 따르도록 허락하니 이색이 글을 올려 사례하기를 "신이 재주가 없으나 다행히 전하께서 왕위를 계승하신 좋은 때를 만나 처음 다스리실 때부터 외람되게도 판문하사에 임명되었습니다. 차면 넘친다는 말을 두려워하며 더욱 조심스럽게 처신하였으나 10일이 지나지 못하여 문득 탄핵을 받아 극형에 처하는 상소가 계속 이어진지 3년이 지나도록 더욱 준열하여 가라앉지 않으니 저의 목숨은 조석에 있나이다. 진실로 생명을 아끼는 전하의 하늘같은 덕이 아니었다면 어찌 오늘에 이를 수 있었겠나이까? 신이 왕명을 듣던 날 은계에 감사드릴 일에 급급한 나머지 곧 폄소를 떠나 고개를 넘어 북으로 향하였으나 풍설風雪을 만났고, 충주忠州와 여주驪州 사이에서는 병이 도저 더 이상 다닐 수가 없어 여기에 머물러 바로 대궐로 나아갈 수 없었사옵니다. 엎드려 바라옵건대 신의 쇠약하고 피로한 저를 불쌍히 여기시어 생명을 아끼는 덕을 길이 보여주소서."라고 하였다.

왕이 글을 보고 곧 역전驛傳에 명하여 이색 및 이숭인, 이종학을 불러들였다. 이색이 서울에 돌아와서 우리 태조(이성계)의 사제私第에서 뵈니 태조가 놀라 그를 반가이 상좌上座에 맞이하여 꿇어앉아 술을 올리며 이색에게 서서 마실 것을 청하니, 이색이 사양하지 아니하므로 사람들이 모두 이를 비난하였다. 흠뻑 즐기다가 마치니 왕이 이 말을 듣고 이르기를 "이 두 공은 옛날부터 사이가 좋았도다."고 하였다. 왕이 일찍이 좌우에게 이르기를 "지난 번에 대성臺省과 헌부憲府가 자주 상소를 올려 이색을 죽이기를 청하였으나 나의 생각에는 이색이 일찍이 현릉(공민왕)을 섬겨 일을 말하다가 뜻을 거슬러서 비록 왕의 노여움이 심하였으나 오히려 예로써 대우하였고 또 위조僞朝(우왕과 창왕)를 위해 명나라에 사신으로 갔을 때에 황제가 총애로 후대하였으며 편전에 불러 대우하고 자주 잔치를 베풀어 위로하니 천하 사람들이 사모하였도다. 사람됨이 현릉의 밝은 식견과 황제의 위령威靈으로도 예를 보였는데 하물며 과인 같은 자가 어찌 감히 해치겠는가?"라고 하였다.

며칠 후 이색이 이숭인과 이종학과 함께 궐에 나아가 왕의 은혜에 감사하니 내전으로 불러들여 술을 하사하여 위로하고 명하여 고신을 돌려주게 한 후 다시 한산부원군 영예문춘추관사韓山府院君領藝文春秋館事에 책봉하였다.

정몽주鄭夢周가 죽고 나서 간관 김진양金震陽 등을 국문하니, 공술에 이색과 이종학·이종선李種善에 관련되어서 이종학과 이종선을 외방에 유배하였다. 왕의 사신이 이색에게 이르기를 "경의 두 아들이 조정에 죄를 얻었으니 경도 물러나야 할 것이다. 양강兩江의 밖이 오직 경이 갈 곳입니다."고 하니 이색이 낙담해 말하기를 "신은 전택田宅이 없으니 과연 어디로 돌아가리까?" 하거늘 드디어 금천衿川에 유배 보냈다가 곧 이어 여흥으로 옮겼다.

본조(조선)에 들어와 한산백韓山伯에 봉하였고 죽으니 나이가 69세이다. 장례에 부의를 내려 장례를 치르게 하고 시호를 문정文靖이라 하였다.

이색은 천성이 명민하고 많은 글을 널리 보아 시문을 지을 때 붓을 잡으면 곧 써서 조금도 막힘이 없었다. 힘껏 후학을 분발시켰고 사문斯文(유학)을 일으킴으로써 자기의 임무를 삼으니 학자들이 모두 우러러 사모하였다. 국가의 문한을 맡은 지 수십 년에 자주 중국의 칭송을 받았으며 평생에 말을 급히 하거나 당황하는 얼굴빛을 하지 않았으며 모나게 행동하지도 않았다. 가산을 돌아보지 않아 비록 여러 차례 궁핍에 이르렀으나 괘념치 않았다. 그러나 지조와 절개가 굳세지 못하여 국정에 대한 원대한 의견을 내놓은 것이 없었고 학문이 순수하지 못하고 불교를 숭상하여 세상 사람들의 비난을 받았다. 『목은집牧隱集』 55권이 있어서 세상에 행해지며 아들은 이종덕·이종학·이종선이다. 이종덕은 벼슬이 동지밀직사사同知密直司事에 이르렀고 이종학은 첨서밀직사사簽書密直司事에 이르렀다.

논하기를,

우리나라 문장은 문창후文昌侯 최치원崔致遠이 그 근원을 개척하고 이규보李奎報가 그 흐름을 번창시켰으며 익재益齋 이제현李齊賢에 이르러 글 쓰는 법도를 만들었고 이색李穡에 이르러 집대성되었다. 당시 권근權近과 이첨李詹은 이색의 문장을 논하여 당송 제가인 한유韓愈와 구양수歐陽脩·소식蘇軾의 문장과 더불어 자유자재로 고금을 왕래하였다고 하였다[馳騁].[13] 나라의 문한을 맡아서 수십 년 동안 중국 조정의 학사들로부터 칭찬을 받았다.

젊어서 부친의 상을 당하여서는 상소를 올려 국사를 논하였는데 개연히 희문希文의 풍채가 있었으나, 재상의 자리에 올라서는 나라를 위해 대단한 건의를 한 바가 없다. 만년에 이르러서는 여러 환난을 만나 여러 차례 죽을 뻔하였다. 그러나 충성스럽고 의리 있는 성품은 확연하여 변하지 않아 치당致堂 호인胡寅이 진晉나라 원제元帝의 일을 논한 것을 인용하여 감히 신씨辛氏를 왕으로 세우는 데 이의가 없다고 한 것 역시 이러한 뜻이니 그것이 과연 그러한가?

태조(이성계)가 등극하여 사신을 보내 불러들여 옛 친구의 예로 대우하였는데 중문中門까지 배웅하였다. 장차 여강驪江으로 돌아가려고 배를 탔는데 갑자기 병이 나서 죽었다.

우현보禹玄寶 정몽주鄭夢周 김진양金震陽 서견徐甄 이양중李養中 김주金澍

우현보禹玄寶

우현보의 자는 원공原功이니 단양군丹陽郡 사람이다. 아버지 우길생禹吉生은 적성군赤城君이다. 우현보는 공민왕 때에 급제하여 춘추 검열에 임명되고, 여러 번 승진해 집의가

13 馳騁 : 어떤 영역에서 종횡으로 마음대로 하여 자기의 능력을 발휘하는 재능.

되고 좌사의대부에 제수되었다. 이때 정언 윤소종尹紹宗이 상소를 초하여 장차 김홍경金興慶을 파면하고 김사행金師幸을 참하고 영전影殿 공사를 중지할 것을 청하려고 하니 우현보가 이를 알고 윤소종이 직무를 게을리 한다고 탄핵하여 파직시켰다.

동료 김윤승金允升·서균형徐鈞衡·최적선崔積善·노숭盧嵩 등과 더불어 상소하기를 "일은 변통을 귀히 여기고 말은 때에 절실함을 요하는 것이니, 변통하지 않으면 일을 이루기가 어렵고 때에 절실하지 않으면 말이 많은들 무슨 도움이 되겠습니까? 신 등이 언관에 임명된 후 아직 한 번도 주상의 뜻에 부응하지 못하였으니 감히 충심을 다하여 이로써 성덕의 만분의 일이라도 도움이 될 것을 생각하지 않을 수 있겠습니까? 국가가 경인년(충정왕 2년 : 1350) 이래로 외적이 침략하여 병사들을 계속 동원해 잡았으나 능히 막지 못하였더니 근년 이래로 광포해져서 장수를 살해하고 인민들을 노략하니 연해의 주군州郡은 먼 곳이나 가까운 곳이나 소연騷然해지고 경기京畿지역까지 침범할 정도로 거리낌이 없으니 장래의 걱정을 실로 헤아리기 어렵습니다. 장상將相과 대신들이 예사로 여겨 방어의 방도를 마련하고 있지 않으니 만약 혹 적들이 무리지어 틈을 타서 갑자기 오면 장차 무엇으로 이를 대처하겠습니까? 무릇 미리 전략이 정해져 있으면 유비무환有備無患이나 창졸간에 일이 벌어지면 아무리 지혜로운 자라도 꾀하기 어렵습니다. 원컨대 전하께서는 재상과 모의하고 장수와 도모하시고 조신朝臣에게 계책을 문의하시면 어찌 시행할 만한 방략이 없겠습니까? 일찍 제도[規劃]을 정하여 일의 기회를 잃지 마십시오. 의론하는 자들이 이르기를 '적이 주즙舟楫(배)에 능하니 수전水戰은 안된다. 만약 선박을 건조하면 백성들은 더욱 곤란케 할 것이다.'고 하지만 이는 그렇지 않습니다. 바다의 도적들이 육지에서는 힘을 쓸 수 없다는 것은 불을 보듯 뻔한 사실입니다. 또 적을 물리쳐 횡포를 못하게 하는 것은 당초 백성을 위한 일인데, 백성들에게 끼치는 작은 폐해를 염려하여 나라 전체에 큰 근심을 끼치는 것이 어찌 옳은 일이겠습니까? 지금 동東·서강西江에 모두 방수군防守軍을 두었으나 적이 바다에 떠서 의기양양하게 오면 아군은 해안에서 속수무책으로 바라보고만 있을 따름이니 아무리 정예로운 병사가 백만 명인들 해상에서 어찌하겠습니까? 마땅히 전함을 건조하고 병기를 착실히 준비한 다음 조류를 따라 멀리까지 적을 몰아내 요충을 막아버리면 적이 아무리

물에 익숙한들 어찌 능히 날아 건너오겠습니까? 만약 전세가 유리하게 전개된다면 문득 놈들을 사로잡고 소탕하는 일도 반드시 기대할 수 있을 것입니다. 백성에게 싸움을 가르치지 않는 것은 곧 이들을 버리는 것입니다. 하물며 싸움이란 위태한 일이므로 일승일패가 존망에 관계되는 것이므로 신중히 하지 않을 수 없습니다. 국가가 평소 대비하지 않고 백성들이 전쟁을 알지 못하다가 갑자기 전쟁이 일어나면 우왕좌왕하다가 그때 비로소 백성을 몰아다가 군대[卒伍]에 충당하면 무기를 잡기도 전에 형세를 바라보고 쓰러질 것이니 이렇게 하여 싸운다면 비록 손무孫武나 오기吳起가 장수가 되더라도 역시 할 수 없을 것이니 마땅히 먼저 장수로 하여금 병졸을 모으고 군사를 훈련하되 가르치고 익혀서 사람마다 하여금 귀에는 종과 북소리에 익히고 눈에는 깃발을 익히게 하여 모두 전쟁을 두려운 일로 여기지 않게 하면 비록 강적을 만나더라도 모두가 용감히 싸울 수 있을 것이니 어찌 낭패해서 차서次序를 잃은 자가 생기겠습니까?

군대를 쓰는 도道는 오로지 장수에게 있는 것인데 뛰어난 장수의 재주는 예로부터 어려운 것이니 마땅히 자제들 가운데서 기량과 지식이 있는 자를 택하여 모두 병법을 배우고 무예를 익히게 하며 항상 훈련 상황을 점검하여 정예군으로 훈련시켜 재능이 성취된 다음 등용하면 뛰어난 장수 얻기가 어찌 어려울 것이며 군대를 지휘하면서 군율을 잃을까를 어찌 걱정하겠습니까? 옛날 병서兵書로 사람을 가려 뽑는 과거 시험이 있었던 것은 곧 이러한 뜻이었습니다. 먹는 것은 백성의 하늘이니 소중히 여기지 않을 수 없습니다. 공자께서 병법을 말씀하시면서 먼저 식량이 넉넉해야 한다고 하셨으니, 만약 식량이 부족하면 병사가 비록 많더라도 장차 어찌 쓰겠습니까? 국가에서 군사를 이미 수년 동안 동원해 놓고도 군량을 비축하여 불의의 사태에 대비한 적이 없거늘 하물며 올해는 비가 제 때에 내리지 않아 작황을 가늠하기 어려우니 군량을 넉넉히 비축해야 할 것입니다.

사람이 아래에서 움직이면 천변天變이 위에서 응하는 법이니 하늘과 사람이 상호작용할 때 나타나는 복과 화의 징조를 속일 수 없습니다. 근래에 천문天文이 경계를 보이며 땅[地道]에서 변괴가 일어나는 것이 비일비재하니 어찌 괴이하다 하지 않을 수 있겠나이까? 옛날에 상서로운 징조가 나타났어도 재앙이 생기고 혹은 재앙의 징조에도 도리어 상서로울 수 있었던 것은 군주가 경계를 조심하는데 달려 있을 따름이었습니다. 원컨대 전하께서는 더욱 몸을 닦고 자기를 반성하는 일을 더하여 이로써 천변을 그치게 하옵소서. 전하께서 즉위하신 이래로 정신을 가다듬어 다스림을 도모하시고 여러 차례 덕음德音(임금의 말씀)을 내리시고 조령條令을 반포하셨으니 나라를 걱정하고 백성을 사랑하시는 마음이 지극히 원대하시며 법 또한 모두 구비되었습니다. 그러나 다스림에 효과가 나타나지 않고 교화가 신실하지 않은 것은 다른 이유가 아니라 해당 벼슬에 있는 자가 문서만을 갖추고 과거의 폐단을 답습하기 때문입니다. 원컨대 병신년(공민왕 5년 : 1356) 이후 여러 차례 내린 법령을 다시 챙겨 실무자들에게 빠짐없이 시행하도록 하시면 백성을 편안하게 하는 길은 이 이상 더할 것이 없을 것입니다."라고 하였다. 왕이 이를 도평의사사에게 내렸으나 끝내 행하여지지 않았다.

우왕[辛禑] 초에 밀직대언에 임명하였다가 밀직제학으로 올리고 동지사사 겸 대사헌을 겸하게 하였다. 오래되어 문하찬성사 정방 제조로 자리를 옮겼고 다시 삼사좌사로 바뀌었다가 곧 다시 찬성사로 삼고 순충익대좌리純忠翊戴左理 공신호를 하사받았다. 우리 태조(이성계)가 회군하자 우왕이 참여한 장수들의 직책을 삭탈하고 우현보를 우시중으로 삼았다가 며칠 만에 파면하고 단양부원군丹陽府院君에 책봉하였다.

공양왕이 즉위하여 김저金佇의 옥사가 일어나 죄인들의 진술에 우현보가 연루되니 낭사郎舍에서 극형에 처하라는 상소를 올렸으나 왕은 회보하지 않았다. 다시 상소하여 벌을 내려 법규를 바르게 하고 가산을 적몰하기를 청하였으나 또 윤허하지 않았다. 낭사들이 궐문에 엎드려 하명을 기다리자 왕은 우현보가 김저의 진술과는 상관이 없다는 이유로 다만 관직만을 파면하니 낭사가 다시 상소하여 극형에 처하기를 청했으나 허락하지 않고 곧이어 판삼사사를 삼았다. 윤이尹彝와 이초李初의 옥사에 얽혀 체포되었으나 재이災異(공양왕 2년 6월의 청주 지방의 대홍수)로 말미암아 사면을 받았다. 헌부憲府에서 가볍게 용서할 수 없다고 간언했지만 역시 허락하지 않았다. 대사헌 김사형金士衡 등이 상소하여 윤이와 이초의 옥사에 관계되는 자들은 모두 먼 곳으로 유배되었는데, 오직 우현보 · 권중화 · 장하 · 경보 등만이 서울에 머물러 있으니 죄는 동일한데 벌이 다른 것은 옳지 않다고 하여 모두 방축放逐하기를 청하였으나 왕이 사건의 정상이 밝혀지지 않고 일이 사면하기 전의 것이라는 이유로 허락하지 않았다. 다음 날에 또 청하였으나 모두 답하지 않았다. 이에 김사형이 집의 안경검安景儉·최원崔遠, 장령 허주許周·최긍崔兢, 지평 조용趙庸과 더불어 자기들의 말을 들어주지 않는다고 사직을 청하였다. 그러나 윤허하지 않고 사무를 보게 하니 또 모두 병을 칭탁하고 나오지 않았다. 형조에서 또 상소하여 우현보 등의 유배를 청하므로 왕이 도당都堂에 내리니 도당이 형조와 사헌부의 청에 따를 것을 청하자 왕이 부득이 먼 땅에 유배하였다가 곧이어 편의에 따르도록 허락하였다.

헌사에서 상서하여 이색의 죄를 청하고 우현보에 대해서는 언급하지 않으니 규정糾正 박자량朴子良 등이 서로 비난하였다. 이때 우현보의 아들 우홍득禹洪得이 집의執義가 되어 아문衙門에 갔는데 박자량 등이 뜰에서 맞이하지 않으니 대사헌 김주金湊는 박자량 등이 집의를 맞이하지 않고 또 헌관이 직무를 게을리 한다고 비난하는 것은 아랫사람이 윗사람을 능멸하는 짓이니 벌을 주어야 한다고 요청하였다. 이에 박자량 등을 순군에 가두고 국문하였다. 이에 박자량이 이르기를 "왕씨를 막고 창(창왕)을 왕위에 올리자고 주장한 자는 이색이며, 신우를 맞아다가 왕씨를 왕위에 오르지 못하도록 모의한 자는 우현보입니다. 두 사람의 죄는 동일한 법으로 처단해야하는데 본부(사헌부)가 이색을 논죄하고 우현보는 논죄하지 않은 것은 아들 우홍득이 집의執義의 자리에 있기 때문입니다. 우홍득이 이색의 죄를 논한 것은 이는 곧 그 아버지를 논죄한 것인데, 동렬同列과 함께 그 아버지의 당黨을 논죄하고도 곧 사직하지 않았으니, 이는 그 아버지를 무시한 것입니다. 아버지가 왕씨 끊기를 꾀하였거늘 알고도 간하지 않았으니 이는 왕씨를 무시한 것입니다. 이처럼 무부무군無父無君의 사람을 어찌 맞이하리오. 근자에 성헌省憲과 형조에 명하여 우현보의 죄를 논의하였는데 거기서는 죄가 모호하다는 이유로 가벼운 형벌을 내렸습니다. 그러나 신우를 맞이하기를 꾀하여 왕씨를 끊고 윤이와 이초를 명나라에 보내어 본국을 해치려 했던 것은 가장 큰 죄에 해당합니다. 그런데도 성헌과 형조에서 능히 규탄해 죄를 다스리지 못하고 도리어 가볍게 논죄하였기 때문에 제가 직무를 게을리 했다고 말한 것입니다."라고 하였다.

만호萬戶 유만수柳曼殊가 이르기를 "해당 관청에서 우현보 등의 죄를 논하여 밀봉해 아뢰었는데 그대들이 어떻게 이를 알았는가?" 하니, 박자량이 이르기를 "규정 안승경에게 들었습니다."라고 하여 안승경을 국문하니, 안승경이 이르기를 "이에 앞서 정도전鄭道傳의 집에 가서 '들으니 공이 올린 글이 정확히 사실을 지적했다는데 과연 그러한가?' 하니 정도전이 '그렇다.' 하고 글에 적었던 것을 구체적으로 말했습니다. 제가 그것을 듣고 우홍득을 맞이하지 아니한 것입니다. 또 정도전을 만나 묻기를 '근자에 성헌省憲과 형조가 우와 창, 윤이와 이초의 무리를 논죄하여 모두 밀봉해서 아뢰었는데, 보았는가?' 하니, 정도전이 '너희들이 우와 창, 윤이와 이초의 일당들을 크게 악하다고 여기지만 그 일은 이미 지난 것이다.'라고 하였다. 내가 들은 바는 이것뿐이다." 라고 하였다.

이에 박자량과 안승경을 곤장을 쳐서 수군水軍에 배치하고 우홍득을 고쳐 전교령을 삼았다. 성헌과 형조가 상소하여 탄핵하니 정도전을 봉화현奉化縣에 유배하였다. 대성에서 번갈아 상소하여 우현보의 죄를 논하고 관직을 삭탈하여 멀리 유배 보낼 것을 청하였다. 상소가 두 차례나 올라왔으나 왕은 그의 손자 우성범禹成範이 부마였기 때문에 상소를 모두 보류하고 대간을 불러 이르기를 "우현보의 죄상이 비록 혹시 명백하다 할지라도 내가 반드시 이를 구할 것인데 하물며 죄상이 밝혀지지 않았고 이미 유배를 당하였고 또 사면하기 전에 있었던 일이니 다시는 논죄하지 말라." 하였다.

(그러나) 대간이 물러가서 상소하여 죄 줄 것을 청하였으나 윤허하지 않았다. 지신사 성석용成石瑢과 대언 유정현柳廷顯 등이 이르기를 "일이 국사에 관련된 일이니 들어주지 않을 수 없습니다."라고 하였다. 왕이 고개를 들고 생각하고 대간은 다시 면대하고 요청하므로 왕이 할 수 없이 이를 허락하여 우현보를 철원鐵原으로 유배하였다. 곧이어 그를 사면하고 단산부원군丹山府院君에 봉하였다.

정몽주 피살된 후 간관 김진양金震陽 등을 국문하니 초사招辭가 우현보에 연루되었으나 왕이 우성범의 연고로 놓아두고 묻지 않았다. 도평의사都評議司가 우현보와 그 아들 지밀직 우홍수禹洪壽, 전의 부령 우홍부禹洪富, 판사 우홍강禹洪康, 상호군 우홍득禹洪得, 예조 정랑 우홍명禹洪命 및 종실 남평군南平君 왕화王和, 수연군壽延君 왕규王珪, 영원군寧原君 왕기王琦, 익산군益山君 왕서王敘, 복원군福原君 왕자王諮, 순령군順寧君 왕담王聃, 보령

군保寧君 왕복王福, 문하찬성사 안익安翊, 판개성부사 김남득金南得, 밀직사 최을의崔乙義, 전 청주절제사 왕승귀王承貴, 전 밀직부사 도흥都興, 지신사 안원安瑗, 좌대언 유정현柳廷顯, 우대언 허응許應, 판사 박흥택朴興澤, 전 연안부사 안준安俊, 내부령 신원필申元弼, 병조 총랑 최함崔咸, 환관 강인부姜仁富를 잡아 먼 곳으로 유배하고, 경력 장지화張至和를 시켜 왕에게 아뢰기를 "우현보 등이 누차 범죄에 걸렸으나 지나치게 관대함을 입었는데도 마음을 고쳐먹지 않고 반란을 꾀하였습니다. 일이 급박하였기에 전하께 보고 드리기 전에 우현보 등을 잡아 나누어 멀리 유배보냈습니다. 신 등은 듣건대 난신적자亂臣賊子는 누구나 처벌할 수 있다고 들었기에 감히 먼저 영令을 발하고 후에 아뢰게 되었습니다."고 하였다.

또 상소하기를 "상벌은 군주의 큰 권한이니 상벌이 분명하지 못하면 선악이 혼동되고 기강이 문란해져 나라가 멸망하게 됩니다. 엎드려 보건대 우현보와 우홍수 부자는 본래 간사한 처신으로 아부를 일삼아 관직에 올랐으며 아무 일도 하지 않고 녹봉만 받아갔습니다. 자기 집만을 알고 국가가 있음을 알지 못하여 한번이라도 백성들을 생각해준 일도 없고 한마디도 공도公道를 위해 말한 적이 없습니다. 근래 위조僞朝(우왕, 창왕)에 있어서는 임견미林堅味와 염흥방廉興邦에게 편당하여 널리 뇌물을 받고 민전을 빼앗았는데 무진(우왕 14년 : 1388)의 처벌에도 요행히 처형을 면하였습니다. 우현보는 김저와 정득후鄭得厚의 음모에 가담하였고 우홍수는 신우를 맞아 복위시키려는 모의에 가담했습니다. 누차 탄핵을 받고도 죄를 면할 기회만 보다가 몰래 윤이와 이초를 명나라에 보내 명나라에 호소하여 친왕으로 하여금 중국의 군사를 동원해 줄 것을 요청함으로 본국을 해치려 하였습니다. 이는 실로 영원토록 용서받지 못할 죄입니다. 근년 이래로 대성이 상소하여 죄를 논한 것이 여러 번이었으나 다만 전하의 관대한 은덕 때문에 요행히 용서를 받았으니 진실로 마땅히 행실을 고치고 생각을 바꾸어 성은에 보답할 것이거늘 도리어 이에 지난번 자기를 논죄한 것을 깊이 원한을 품어 정몽주鄭夢周와 당여를 만드는 한편 저기와 친하게 지내는 아첨하는 무리를 끌어들여서 관청에 포진시켰습니다. 또 종친들과 함께 무시로 회동하고 음모를 꾸며서 충성스럽고 훌륭한 신하들을 모함하고 나라를 소란케 하였으니 그 죄는 죽여도 용서하지 못할 것입니다. 신들이 사직에 관계되는 큰일을 앉아서 보고 말하지 않을 수 없으므로 전날의 죄의 괴수 우현보와 아들 우홍수 등 5인과 당여黨與인 남평군 왕화 등 20인을 잡아서 이미 모두 외지로 유배 보냈으나 죄악이 너무 커서 많은 사람들의 마음에 아직 만족하지 못하고 있습니다. 엎드려 바라건대 그 죄를 밝히고 가산을 적몰함으로써 죄악을 처벌하는 나라의 법을 분명히 하소서." 하니, 왕이 우현보를 계림鷄林에 유배하고 나머지는 모든 관직을 삭탈한 후 멀리 유배하였다.

헌부에서 상소하기를 "전하께서 즉위하신 이래로 변고가 서로 잇따르고 조정이 화목하지 않음은 이것이 다름 아니오라 상벌이 밝지 않고 은혜와 의리를 분명히 구분하지 않았기 때문입니다. 우현보는 원래 절의가 없고 세상에 아첨하여 용납함을 얻고 지위가 재상에 이르렀으며, 우홍수는 간사하고 아첨하여 칭찬할만한 것이 하나도 없으나 왕의 외척이라는 이유로 두터운 총애를 받았으니 모두 마땅히 삼가고 근신하여 직분을 다하여 왕실을 도와야 하거늘 이미 변안열邊安烈과 더불어 역모하고 또 정몽주와 함께 반란을 일으키려 하였습니다. 여러 차례 범죄 행위가 드러나 죄가 용서하기 어려움에 처했거늘 전하가 자주 관용을 베푸시는 은덕을 믿고 사직의 안위에 대해서 소홀히 여겨 일찍이 조심하거나 두려워하지도 않고 나날이 더욱 교만해져 충신을 제거하려고 모의하며 오직 보복만 일삼았습니다. 드디어 온 나라 사람들이 서로 의심하고 신하들은 화목하지 못하게 되었으니 전하를 위해 심히 애통해 하지 않을 수 없습니다. 법이란 국가의 대권이니 사사로이 굽히지 못할 것이거늘 이제 도평의사사가 상소하여 논열論列하는데 전하께서 법을 굽혀 너그러이 용서하시니 이로써 뭇사람들의 마음을 실망스럽게 하고 계십니다. 엎드려 바라건대 전하께서는 사직을 생각하시고 단호히 대의에 입각해 죄인들을 공명정대하게 단죄하셔서 영원한 교훈으로 삼게 하십시오."라고 하였다.

낭사도 또한 상소하여 도당에서 아뢴 것을 모두 들어달라고 청하였으나 허락하지 않았다. 이에 헌부에서 다시 상소하기를 "하늘이 성군을 도와 왕실을 회복하고 전하께서도 성심을 다해 나라를 다스리어 태평성대에 이르게 되었으니 이는 삼한의 영원한 행운이라 하겠습니다. 그런데 우현보 부자가 범한 행위는 모두 국체國體에 관계되는 일이라 용서받을 수가 없는 일이지만 전하의 관대한 은혜 덕분에 목숨을 얻고도 도리어 보복의 뜻을 품고 날로 간사한 계략을 방자히 하여 정몽주와 한패가 되고 종친과 결탁하여 은밀히 반란을 도모해 국가에 근심을 끼쳤습니다. 이는 진실로 종묘사직의 죄인이니 황공하오나 전하께서는 사사로이 용서할 수가 없는 것입니다. 가만히 생각컨대 전하께서 즉위하신 이래로 화난禍難이 서로 잇따라 지금까지 풀리지 않은 것은 이 사람 때문이 아닌 것이 없습니다. 박소薄昭는 한나라 문제文帝의 외숙부였으나 한번 법을 어기자 문제가 조금도 용서하지 않고 한나라의 법대로 처리했으며 양귀비楊貴妃는 현종玄宗의 총희寵姬였으나 한번 변란이 일어나자 현종은 사사로이 아끼는 정을 끊고 법대로 처리하여 백성들의 마음을 안정시킨 것은 모두 부득이 했기 때문이오니 원컨대 전하께서는 심사숙고하시어 대의로써 결단을 내리시어 영원히 나라의 재앙의 토대를 끊으소서."라고 하였다.

또한 낭사郞舍 김자수金子粹 등이 말하기를 "우현보가 원한을 얽어 사단을 일으킨 죄는 용서할 수 없는 것인데, 보신輔臣, 헌신憲臣이 글을 올려 단죄를 요청하였으나 전하께서 대의로 처리하지 않고 무리하게 관대한 은전을 베풀어 처리하셨습니다. 그러나 이는 신하를 아끼는 마음이 지나쳐 사태를 무마시키는데 급급한 것이니 간언을 따르는 군주의 미덕에 크게 어긋납니다. 원컨대 밝게 영단을 보이시어 오로지 전날 아뢴 바에 의거하여 처벌하시어 대중의 마음을 명쾌하게 하여주소서."라고 하니, 왕이 명하여 영원히 관직에 오르지 못하도록 하였다.

대간이 다시 글을 올려 단죄를 요청했으나 보류하고 답을 내리지 않으니 합문에 엎드려 힘써 간쟁하였다. 이에 왕은 "우현보 부자의 죄가 비록 무겁지만 나는 본래 사람 죽이는 것을 싫어하므로 차마 죽이지 못하였다. 게다가 내가 이미 대간의 말대로 그들을 멀리 유배 보냈으니 대간들도 마땅히 나의 말을 따르고 더 이상 고집하지 말 것이다."라고 하였다.

대간이 또 "김진양 등의 옥사에 우홍수와 우홍부가 사주했다고 했으니 그 죄를 밝혀 옳게 처리하기를 청합니다."라고 하니 이에 다시 우홍수와 우홍부를 먼 땅에 유배하고 영원히 등용하지 않도록 하였다.

우현보는 본조(조선)에 들어와 단양백丹陽伯에 봉해졌고 죽으니 68세였다. 3일간 조회를 열지 않았고 부의를 내려 제사를 지내게 하고 관청의 비용으로 장례를 치르게 하였다. 시호는 충정忠靖이다.

정몽주鄭夢周

정몽주의 자는 달가達可이며 지주사知奏事 정습명鄭襲明의 후손이다. 어머니 이씨가 임신하여 꿈에 난초 화분을 안았다가 갑자기 떨어뜨려 놀라 깨어난 뒤 낳았으므로 이름을 정몽란鄭夢蘭이라 하였다. 나면서부터 특별히 남달랐으며 어깨 위에 검은 점이 일곱 개가 있는 것이 북두칠성과 같았다. 9세 때 어머니가 낮에 꿈을 꾸었는데 흑룡黑龍이 뜰 가운데 있는 배나무에 올라가므로 놀라 깨어 나가 보니 몽란이었다. 이로 인하여 몽룡夢龍이라고 이름을 고쳤으며 관례冠禮를 하고 나서 지금의 이름으로 고쳤다.

공민왕 9년(1360)에 과거에 응시하여 연달아 삼장三場[14]에서 수석을 하고 드디어 제1등으로 뽑혔다. (공민왕) 11년(1362)에 예문 검열藝文檢閱에 뽑히고, 13년(1364)에 우리 태조(이성계)를 좇아 화주和州에서 삼선三善·삼개三介를 쳤으며 여러 차례 승진하여 전농 시승典農寺丞이 되었다. 이때에 상제喪制가 문란하고 해이하여 사대부가 모두 100일이면 길복吉服을 입었으나 정몽주는 부모상에 홀로 묘에 여막廬幕을 짓고 제사를 극진히 모셨으므로 그 마을에 정표旌表하였다.

(공민왕) 16년(1367)에 예조 정랑으로 성균 박사를 겸하였다. 이때에 경서로서 우리나라에 들어온 것은 오직 『주자집주朱子集註』 뿐이었는데 정몽주가 강론함에 막힘이 없었고, 다른 사람들 보다 생각이 뛰어나므로 듣는 자가 자못 의심하였는데 그 후에 호병문胡炳文의 『사서통四書通』을 얻어 보고 그의 뜻풀이와 합하지 않음이 없으므로 여러 유학자가 더욱 탄복하였다. 이색李穡이 자주 일컫기를 정몽주의 논리는 횡설수설하여도 이치에 합당하지 않음이 없다고 하고 추천하여 '동방 이학理學의 원조'라고 하였다.

14 초장, 중장, 종장을 모두 1등으로 합격함.

(공민왕) 17년(1368)에 성균 사예成均司藝로 옮겼다가 (공민왕) 20년(1371)에 태상 소경太常少卿으로 고치고 바로 성균 사성成均司成에 승진하였다.

(공민왕) 21년(1372)에 서장관書狀官으로 홍사범洪師範을 따라 명나라에 가서 촉蜀 땅을 평정하였음을 축하하고 돌아오다 바다 가운데 허산許山에 이르러 회오리바람을 만나 파선하여 표류하다가 바위섬에 이르러 홍사범은 익사하였으며 살아남은 자는 겨우 10명에 2명이었다. 정몽주는 겨우 죽음을 면하고 살아나 말다래[韉]를 베어 먹기를 13일이나 하였다. 일이 황제에게 알려지니 명나라에서 선박을 갖추어 구하고 후하게 대접한 후에 귀국시켜 주었다.

신우 원년(1374)에 우사의대부에 제배되고 성균 대사성으로 옮겼다. 처음 명나라가 건국되자 정몽주가 조정에 힘껏 청하여 맨 먼저 귀부하였는데, 이때에는 공민왕이 시해당하고 김의金義가 명나라 사신을 살해하여 나라의 인심이 흉흉하여 감히 명나라 조정에 사신을 보낼 엄두를 내지 못하였다. 이에 정몽주가 또 대의로 진술하기를 "요즘의 변고는 마땅히 빨리 자세히 아뢰어서 상국으로 하여금 의혹을 풀어주어야 합니다. 어찌 가히 먼저 의심하여 백성들에게 화를 끼쳐야 되겠습니까?" 하므로 이에 비로소 사신을 보내어 왕의 죽음을 알리고 김의 사건을 변명하였다.

이때에 북원北元이 사신을 통해 조서를 보내오자 권신 이인임李仁任과 지윤池奫이 다시 원나라를 섬기고자 하여 사신을 맞이하려하니 정몽주가 문신 10여 인과 더불어 상서하기를 "천하의 국가를 다스리는 자는 반드시 먼저 원대한 계책을 정해야 합니다. 만일 원대한 계책을 정하지 못하면 사람들이 의심을 하면 백 가지 일의 화근이 됩니다. 생각건대 우리나라가 바다 밖 궁벽한 곳에 있어서 우리 태조가 당나라 말기에 일어나 중국을 예로 섬겼는데 천하에 가장 의로운 군주를 택하여 섬겼던 것뿐이었습니다. 지난 번에 원나라[元氏]가 자초하여 파천하고 명나라가 흥기하여 문득 천하를 차지하니 우리 승하하신 선왕께서 분명히 천명을 알고 표문을 받들어 신하라 칭하였습니다. 이에 황제께서 가상하게 여겨 왕의 작위를 봉하고 서로 왕래한 것이 이제 6년이 되었습니다. 지금 주상이 즉위하신 초기에 적신 김의가 중국 사신을 전송하다가 도중에 제멋대로 죽이고 반란하여 북원北元으로 들어가서 원나라의 서손들과 함께 심왕瀋王

을 즉위시키려는 음모를 꾸몄습니다. 이미 중국 사신[天使]를 죽이고 또 군주를 배반하였으니 죄악이 심합니다. 진실로 마땅히 그 죄상을 밝혀 위로는 천자에게 알리고 아래로는 지방관에게 알려 청하여 쳐서 이를 죽여야 할 것입니다. 그런데도 나라에서는 김의의 죄를 묻지 않을 뿐만 아니라 도리어 재상 김서金湑로 하여금 북방에 조공을 바치게 하였습니다. 오계남吳季南은 국경을 지키는 신하로서 제멋대로 정요위定遼衛의 3인을 죽였고 장자온張子溫 등은 김의와 동행한 자들로 정요위까지 가지도 않고 공공연하게 환국하였으나 나라에서는 내버려두고 불문에 붙였습니다. 이제 북원 사신이 온다고 하자 나라에서는 대신을 국경에 보내어 예로서 영접하기를 의론하자고 하면서 '북방을 격노시키지 않고 군사를 늦추려 함이다.'라고 하니 대개 원씨元氏가 나라를 잃고 멀리 와서 먹을 것을 구하는 것은 한번 배불리 먹어서 잠깐 동안이라도 생명을 연장하려 함이니 명분은 심왕을 들여보낸다 하지만 실상은 자기 이익을 위함입니다. 거절하면 우리의 강한 것을 보여주게 되는 것이요 섬긴다면 도리어 그들의 마음이 교만하게 될 것이니 전쟁을 막는다고 하는 것이 실상은 전쟁을 재촉하는 꼴이 되는 것입니다. 듣건대 그 조서에 우리에게 대역의 죄를 더하고 이어서 용서한다고 하였다 하니 우리는 본래 죄가 없는데 또 무엇을 용서한다는 것입니까? 국가에서 만약 북원 사신을 예로 대하여 보내면 이는 온 나라 신하와 백성이 그 실상은 없는데 스스로 대역의 오명을 뒤집어쓰게 되는 것입니다. 신하된 자로서 차마 할 수 있는 일입니까? 하물며 명나라 조정에서 처음에 김의의 일을 듣고 이미 우리를 의심하였을 것인데 또 원씨와 더불어 서로 통하고 김의의 죄를 묻지 않는다는 것을 들으면 반드시 우리가 사신을 죽여 적에게 준 것이 의심할 것이 없다고 할 것입니다. 만약에 죄를 묻는 전쟁을 일으켜 수륙水陸으로 아울러 나오면 국가에서 장차 무슨 말로써 대답하겠습니까? 작은 적과의 전쟁을 막으려다가 실상은 천하의 군사를 움직이게 하는 셈입니다. 이 이치가 너무 분명하여 사람들이 깨닫기가 쉬운데도 조정에서는 말을 꺼내기 어려운 듯이 하는 것은 그 까닭을 알기가 어렵지 않습니다. 대개 전날에 여러 소인배들의 변란을 일으켰을 때에 당시의 재상이 명나라로부터 힐책을 당할까 두려워하여 실상은 김의와 공모하여 상국과 국교를 끊으려고 함입니다. 사실이 드러나니 안사기安師琦가 스스로 목을 멘 것은 그 때문입니다. 안사기가 이미 죽었으니 마땅히 빨리 계책을 정하여 여러 사람의 분노를 명쾌하게 하여야 할 것인데 지금까지 들리는 것이 하나도 없으니 인심이 흉흉하여 다른 변이 일어날까 두렵습니다. 엎드려 생각건대 전하께서 영단을 내려 원나라의 사신을 잡고 원나라 조서를 거두고 오계남과 장자온 및 김의가 데리고 갔던 자를 모두 결박하여 명나라에 보내면 애매한 죄가 변명하지 않아도 저절로 밝혀질 것입니다. 이에 정요위와 약속하여 군사를 양성하여 시기를 보아 북원정벌을 선포한다면 원나라[元氏]의 남은 무리가 자취를 감추고 멀리 도망할 것이니 국가의 무궁한 복이 될 것입니다."라고 하였으나 지윤과 이인임이 깊이 꺼려서 정몽주를 폄출하여 언양彦陽에 유배하였다가 2년 뒤에야 거주지를 택하여 지내게 할 것을 허락하였다.

이때에 왜구가 창궐하여 바닷가 주군州郡이 소연하여 모두 텅비게 되었다. 국가에서 이를 근심하여 일찍이 나흥유羅興儒를 일본 패가대覇家臺(박다博多)에 보내어 화친을 설득하였다. 그러나 그 주장主將을 감금하는 바람에 나흥유는 거의 굶어 죽게 되었다가 겨우 살아 돌아왔다. (우왕) 3년(1377)에 권신 지윤과 이인임이 지난 번 상소에 원한을 품고 정몽주를 패가대에 가서 빙문聘問에 보답하고 도적을 금해 줄 것을 청하게 하니 사람들이 모두 이를 위태롭게 여겼다. 그러나 정몽주는 조금도 난색을 표하지 않았다. 도착하여 외교상의 이해를 간절히 말하니 주장主將이 감탄하여 대접하기를 매우 후하게 하였다. 일본 승려들이 시를 얻으려고 찾아오면 그 자리에서 바로 지어주니 승려들이 날마다 가마를 메고 모여들어 경치 좋은 곳을 구경하라고 청하였다. 돌아올 때에는 구주절도사九州節度使가 주맹인周孟仁을 함께 보내왔으며 또 포로가 되었던 윤명尹明, 안우세安遇世 등 수백 인을 데리고 돌아왔다. 또 3도島의 침략을 금지하였으므로 왜인이 오랫동안 칭찬하고 사모하여 마지않았다.

뒤에 정몽주의 사망소식을 듣고 탄식하지 않음이 없었고 재승齋僧하여 명복을 비는 자까지 있었다. 정몽주는 왜적이 우리나라 양가良家 자제를 노예로 삼는 것을 불쌍히 여겨서 이에 속전贖錢을 주고서라도 귀환시키려고 힘써 여러 재상들을 설득해 각기 사재 얼마씩을 내게 하고 또 글을 써서 윤명에게 주어 보내니 적의 괴수가 그 글의 내용에 감복해 포로 1백 명을 돌려보냈다. 이때부터 매번 윤명이 가면 반드시 포로들을 데리고 돌아왔다.

(우왕) 4년(1378)에 우산기상시에 임명되고 전공 판서, 예의 판서, 전법 판서, 판도 판서를 역임하였다. 6년에 우리 태조(이성계)를 좇아 운봉雲峰에서 왜구를 치고 돌아와 밀직제학에 임명되었으며 이듬해에 첨서사사簽書司事가 되었다가 (우왕) 10년(1384)에 정당문학에 올랐다. 본국이 명나라와 분쟁이 자주 일어나자 황제가 노하여 장차 우리에게 출병을 하고 세공을 늘리고 5년간의 세공이 약속과 같지 않았다고 하며 사신 홍상재洪尙載, 김보생金寶生, 이자용李子庸 등을 곤장을 치고 먼 곳으로 유배를 보냈다.

이에 이르러 사신을 보내어 성절聖節을 축하하게 되었는데 사람이 모두 가기를 꺼려하였다. 마지막에 밀직부사 진평중陳平仲을 보낼 것을 의논하니 진평중이 노비 수십 명을 임견미에게 뇌물로 주고 드디어 병으로 사퇴하므로 임견미가 곧 정몽주를 천거하였다. 이에 우禑가 불러 직접 말하기를 "근래에 우리나라가 명나라에 힐책을 당함은 모두 대신의 과실이다. 경은 고금에 널리 통하고 또 나의 뜻을 잘 알고 있다. 이제 진평중이 병으로 가지 못하므로 이에 경으로 대신하니 그대의 뜻은 어떠한가." 하니, 대답하기를 "임금과 부친의 명령은 물불이라도 오히려 피하지 않을 것인데 하물며 천자에게 조회하는 일이겠습니까? 그러나 남경南京에 가려면 무릇 8천리인데 발해渤海에서 순풍을 기다리는 것을 빼면 실제로 90일의 일정이니 이제 성절聖節까지의 날짜가 겨우 60일 뿐인데, 순풍을 기다리느라고 열흘을 빼면 남은 날이 겨우 50일뿐이니 이것이 신이 한탄할 뿐입니다."라고 하였다. 왕이 말하기를 "어느 날 출발하면 되겠는가?" 하니, 대답하기를 "어찌 감히 머물러 지체하겠습니까?" 하고 드디어 떠나 밤낮으로 길을 재촉하여 황제의 생일에 맞춰 표문表文을 올렸다.

황제가 표문을 보고 날을 꼽아보더니 "너희 나라 신하들이 필시 변고를 핑계로 오지 않으려고 서로 미루다가 날이 임박하자 그대를 보낸 것이구나. 그대는 지난 번 촉 땅을 평정한 것을 축하하려 왔던 자가 아니냐?" 하므로 정몽주가 그때에 배가 난파하였던 상황을 모두 진술하니 황제가 말하기를 "그러면 응당 중국말[華語]을 알겠구나." 하고 특별히 위로했다. 예부에 명하여 그를 우대해 전송하도록 하고 홍상재 등을 석방하여 돌려보냈다.

(우왕) 11년(1385)에 동지공거가 되어 선비를 뽑았다. (우왕) 12년에 명나라에 가서 관복冠服을 청하고 또 세공을 감면하여 주기를 청하였는데 정몽주의 응답이 상세하고 명확했으므로 5년간 미납된 세공과 증액분의 상당수를 면제받았다. 귀국하자 우왕이 매우 기뻐하여 의대衣襨와 안마를 내려주고 문하평리에 임명하였다. 이듬해에 해직을 청하니 영원군永原君에 봉하였다. 하륜河崙, 염정수廉廷秀, 강회백姜淮伯, 이숭인李崇仁과 더불어 원나라 의복을 혁파하고 명나라 제도를 따를 것을 건의하였다.

(우왕) 14년(1388)에 삼사 좌사에 임명되었다.

신창辛昌 원년(1389)에 예문 대제학이 되었다. 우리 태조(이성계)를 좇아 계책을 정하여 공양왕을 세웠으므로 문하찬성사에 임명되고 익양군 충의군益陽郡忠義君에 봉하였으며 순충논도좌명純忠論道佐命 공신호를 하사하고 하교하기를 "난을 평정해 정도를 회복시킨 사람은 진실로 사직의 충신이요 덕이 있는 자를 존중하고 높여 공이 있는 이에게 보답하는 것은 국가의 법도다. 오직 경은 빼어난 학문과 왕을 보필할 재능을 지니고 과거에서 연달아 장원을 하였으며 부모의 상에는 시묘살이를 하며 효도를 다하였다. 안에서 걸러진 근본이 확고히 심어졌기 때문에 밖으로 나타난 아름다움이 무늬를 이루어 빛나는 도다. 선왕께서 그대를 임용하여 조칙을 쓰는 일[絲綸]을 맡게 하였고 후생後生이 존경하고 흠모하기를 태산과 북두칠성처럼 우러러 보았다. 염락廉洛의 도를 앞장서 부르짖으면서 불교와 도교의 교리를 배척하였다. 경서의 강론은 정밀하여 성현의 오묘한 가르침을 깊이 체득했고, 생도의 훈육에 게으르지 않아 수많은 인재가 문하에서 홍기하였다. 덕망은 이로 말미암아 더욱 높아졌고 명성은 이 때문에 크게 떨쳤도다. 명나라의 건국 초기에 우리나라가 가장 먼저 귀부하면서 가장 적합한 신하를 선발하니 그대를 서장관書狀官에 충용하였도다. 창해滄海를 항해하여 갔다가 회오리 바람을 만나 표류하다가 겨우 죽을 고비를 벗어나 다시 명나라로 돌아가 황제의 환대를 받았다. 공민왕[玄陵]이 돌아가신 뒤에 김의金義가 원나라 땅으로 달아나자 권신들이 여우처럼 잔뜩 의심하는 마음을 가지고 관리들이 사신가는 것을 꺼린다는 핑계를 대면서 명나라에 사신을 보내지 않으려 하니 장차 백성들이 재앙을 받게 되었다. 그때 경이 정도전 등과 함께 힘써 말하기를 '근래에 변고가 서로 잇달음을 어찌 사정을 갖추어 아뢰지 않았으리요. 진실로 천자에게 죄를 얻으면 나라의 복록은 잇기 어렵습니다.'라고 힘써 주장했기 때문에 사신을 보내어 신하로서의 직분을 밝혔다. 생각건대 우리나라가 편안한 것은 경들이 세운 계책 덕분인 것이다. 그 후 원나라 사신이 불순하나 내용의 글을 가지고 왔는데, 당시 교외에서 맞이하려는 의론을 대소가 모두 그럴듯하게 여겼으나 이첨李詹과 전백영全伯英의 무리를 거느리고 불가함을 간절히 말하다가 이인임과 지윤의 무리에게 거슬려 용납되지 못하고 드디어 영남嶺南으로 수 년 동안 귀양살이하고 일 년 넘게 일본을 갔다오게 되었다. 우리나라가 명나라에 오래 사신을 보내려하지 않자 마침내 황제의 엄한 꾸지람을 받게 되니 국가의 운명이 위태로워지고 인심이 흉흉하여 두려워하거늘 (그대가) 산을 넘고 물을 건너 천자를 친히 우러러보고 비로소 입조할 수 있는 길을 열었고 급기야는 세공의 액수를 감면받았다. 예로부터 사대事大의 예禮에 허물이 없어 오늘날까지 백성들을 잘 보호할 수 있었다.

갑인甲寅(공민왕이 죽은 해. 1374)으로부터 기사己巳(공양왕이 즉위한 해. 1389)에 이르기까지 불행히 신우와 신창이 왕위를 도둑질한 일이 있었다. 이에 경은 항상 적인걸狄仁杰[15]과 장간지張柬之[16]가 당나라를 부흥시켰던 것과 같은 충성심을 품고 있었기에 하늘이 그대의 마음에 강림하여 마침내 모든 일이 끝내 이루어지게 되었다. 홍무洪武 22년(1389) 10월에 문하평리 윤승순尹承順 등이 명나라에서 돌아와 황제의 조서를 가지고 왔는데, '고려는 왕위를 이을 후손이 끊겼다. 비록 왕씨라고 가탁하면서 다른 성씨로 왕을 삼았으나 이는 삼한三韓이 대대로 지켜오던 좋은 계책이 아니다.'라고 쓰여 있었다. 이해 11월 15일에 경 등이 계책을 정하여 천자의 명을 펴고 대비의 분부를 받들어 나를 추대하여 정통을 잇게 하니 16년이나 끊어졌던 제사가 이어지게 되었고 천만세千萬世나 계속될 무궁한 기쁨을 연장하게 되었다. 이에 기강을 정돈하여 예악

15 적인걸狄仁杰(630~700) : 당唐대의 걸출한 정치가. 무측천武則天이 정권을 장악하였을 때의 재상. 무측천武則天이 정권을 장악하였을 때에도 권귀權貴를 두려워하지 않은 것으로 유명하다.

16 장간지張柬之(625~706) : 적인걸狄仁杰이 무측천武則天에게 추천하자 무측천이 그를 낙주洛州 사마司馬로 삼았는데 며칠 안 지나서 적인걸이 다시 추천하며 "그는 재상감이지 사마司馬 정도의 인물이 아니다."라고 하였다. 그래서 추관시랑秋官侍郎이 되었다가 재상이 되었다.

禮樂을 닦고 밝혔으며 전법田法을 바르게 하여 쟁송을 그치게 하였다. 쓸모없는 관리는 도태시키고 훌륭한 인물들을 뽑아 썼다. 조정에서 경이 한 일은 요순시대 임금이나 백성의 뜻과 부합했으며 경연에서 건의하는 말은 모두 「이훈伊訓」[17]과 「열명說命」의 말과 같았다. 빼어난 재주는 진실로 중신의 자리[股肱]에 합당하니 큰 공훈을 영원히 잊기 어렵다. 만약 특별한 은덕으로 포상하고 높이지 않는다면 어떻게 후대 사람들을 북돋을 수 있겠는가? 이에 각閣을 세워 얼굴을 그리고 비碑에 새겨 사적을 기록하고 3대 조상들을 추증하고 자손들을 영원히 죄를 용서할 것이다. 토지를 주고 노비를 주노라. 또 백금白金 50냥과 구마廐馬 1필을 하사하노라. 아아! 내가 오직 어렵고 큰 왕업을 이어 잘못을 저지르지 않으려고 늘 생각하니 경은 더욱 성심껏 나를 보좌하여 끝까지 명예를 이어갈지어다."라고 하였다.

왕이 경연經筵에 나오자 정몽주가 진언하기를 "유자儒者의 도道는 모두 날마다 쓰는 평상의 일로서 음식과 남녀는 사람이 같이하는 바이며 거기에 지극한 이치가 있으니 요순의 도가 또한 딴 것이 아닙니다. 움직이고 조용한 것과 말하고 가만히 있는 것에 올바름을 얻으면 곧 이것이 요순의 도이니 처음부터 매우 높고 실행하기가 어려운 것이 아닙니다. 그러나 저 불교의 가르침은 그렇지 않아서 친척과 절연하며 남녀를 끊고 홀로 바위 구멍에 앉아 풀로 짠 옷을 입고 나무열매를 먹으며 공空을 살피고 적멸을 종지宗旨로 삼으니 어찌 세상에 살면서 행할 정상적인 도이겠습니까?"라고 하였다. 이때에 왕이 승려 찬영粲英을 맞아 스승을 삼고자하기 때문에 정몽주가 이러한 강론을 하게 되었다. 그러나 왕은 불교에 깊게 믿어 이를 받아들이지 않았다.

윤이와 이초의 옥사가 일어나자 대간이 이 무리를 논죄하기를 매우 힘쓰므로 정몽주가 4대를 추봉追封한 것을 계기로 사면하기를 청하였다. 그러나 대간이 오히려 논죄를 그치지 않으니 왕이 도당都堂에 내려 논의하게 하였다. 정몽주가 이르기를 "죄상이 명백하지 않으며 이제 또 사면을 거쳤으니 다시 논할 수 없습니다."라고 하자, 형조에

17 상商나라 초기의 대신인 이윤伊尹이 쓴 훈계서. 『상서尙書』의 편명.

서는 정몽주가 윤이와 이초의 일당을 두둔한다고 탄핵하였다. 정몽주가 두 번이나 표문을 올려 사직하려 하였으나 모두 허락하지 않았으며, 오히려 정몽주를 불러 위로하고 이어 벽상삼한삼중대광 수문하시중 익양군 충의백壁上三韓三重大匡守門下侍中益陽郡忠義伯에 봉하였다.

(공양왕) 3년(1391)에 왕이 경연관에게 말하기를 "지금 사람들이 중국의 역사는 알면서 우리나라의 일은 알지 못하니 옳은 것인가?" 하니, 정몽주가 대답하기를 "근래의 역사도 모두 편수하지 못하였으며 선대의 실록도 상세하지 못합니다. 청컨대 편수관編修官을 두어 『통감강목通鑑綱目』에 의하여 편찬하여 살펴보시는데 이용하소서."라고 하니 왕이 이를 가납하여 곧 이색과 이숭인 등에게 명하여 실록을 편찬케 하였으나 결국은 실행되지 못하였다.

성균 박사 김초金貂가 상서하여 불교를 비방하자 왕이 노하여 그를 사형에 처하려고 하자 병조 좌랑 정탁鄭擢이 상소하기를 "가만히 들으니 김초가 이단을 배척하여 극언을 숨기지 않았는데 위로는 선왕의 성전成典을 파괴하였다고 하여 장차 극형에 처하려 하시니 신은 적이 전하를 위하려 애석하게 여기나이다. 『서경書經』에 이르기를, '선왕이 만든 법을 거울삼아 영원히 허물이 없도록 한다.'[18]고 했는데 이른바 선왕의 성헌이라 함은 삼강오상三綱五常입니다. 불교에서 이것을 모두 어겼으니 김초가 선왕의 성헌을 훼손한 것이 아니라 곧 전하가 스스로 훼손하신 것입니다. 원컨대 김초가 융통성 없이 직언한 죄를 용서하소서." 하였다.

(그러나) 대언代言 등이 왕의 노여움이 두려워 감히 아뢰지 못하자, 정몽주가 동료들과 함께 상소하기를 "신뢰는 임금이 지녀야 할 큰 보배이니 나라는 백성에 의해 보전되고 백성은 신뢰에 의해 보존됩니다. 근일에 전하가 교지를 내려 직언을 구하시면서 말하는 자는 죄를 묻지 않겠다고 하셨으므로 이에 사람들이 모두 상소하여 정사의 잘되고 잘못된 것과 민생의 기쁨과 걱정되는 것을 극론하였으니 참으로 이른바 숨김이

18 『상서尙書』 권10 열명說命 하下.

없는 조정이라 하겠습니다. 국자 박사와 원생 등이 이단을 배척하고자 상서하여 말했다가 말투가 공손하지 못하여 임금의 권위를 침해했으므로 조정에 있는 신하들이 두려움을 견디지 못하고 있습니다. 신 등의 생각으로는 불교를 배척하는 것은 유학자가 해야 할 당연한 일이므로 예로부터 군왕들께서는 이를 버려두고 논하지 않았는데 하물며 전하의 관대하신 도량으로써 보잘 것 없는 유생을 너그러이 용납하여 줄만 하오니 빌건대 관대한 은혜를 베풀어 모두 용서하여 나라 사람들에게 신뢰를 보이소서." 하니 왕이 이 말에 따라 김초 등을 용서하였다.

정몽주는 우리 태조(이성계)의 위세와 덕망이 날로 커져 중외 사람들의 마음이 그에게 돌아가는 것을 꺼리고 또 조준趙浚·남은南誾·정도전鄭道傳 등이 추대하려는 모의가 있음을 알고 일찍부터 기회를 타서 도모하고자 하였다. 세자 왕석王奭이 명나라 조정에 알현하고 돌아오자 태조(이성계)가 황주黃州까지 나아가 맞이하고 해주海州에서 사냥하다가 말에서 떨어져 크게 다쳤다. 정몽주가 이 소식을 듣고 기뻐하며 사람을 보내어 대간을 사주하기를 "이성계{태조의 구휘舊諱}가 지금 말에서 떨어져 병이 위독하니 마땅히 먼저 그 우익인 조준 등을 제거한 후에야 도모할 수 있다."고 하고 드디어 조준과 정도전, 남은 및 평소에 이성계에게 마음이 돌아간 5, 6인을 탄핵하여 장차 죽이고 태조에게 미치게 하려 하였다. 태조가 돌아오다 벽란도碧瀾渡에 이르러 장차 유숙하려 하니 태종(이방원)이 달려가서 정몽주가 반드시 우리 집을 해칠 것입니다."라고 아뢰었으나 태조가 대답하지 않았다. 또 아뢰기를 "여기에는 유숙할 수 없습니다." 하니 태조가 허락하지 않았다가 굳이 청한 후에 고통을 억지로 참고 드디어 수레를 타고 밤에 집으로 돌아왔다. 정몽주는 일이 이루어지지 못할까 근심하여 3일간이나 먹지 못하였다. 태종이 형세가 매우 급하니 장차 어찌해야 하는지를 물으니 태조는 "죽고 사는 것은 명이 있으니 다만 마땅히 순순히 받아들일 뿐이다."라고 하였다. 태종은 태조의 아우 이화李和와 사위 이제李濟 등과 함께 휘하의 군사에게 의논하기를 "이씨가 왕실에 충성한 것은 나라 사람이 아는 바인데 이제 정몽주에게 모함되어 악평을 받게 되었으니 후세에 누가 능히 이를 분별하겠는가?"라고 하고 이에 정몽주를 제거할 것을 계획하였다.

태조의 형 이원계李元桂의 사위인 변중량卞仲良이 그 계획을 정몽주에게 누설하니 정몽주가 태조의 집에 가서 사태를 엿보고자 하였으나 태조가 대접하기를 전과 같이 하였다. 태종이 "때를 놓칠 수 없다." 하고 정몽주가 돌아감에 미쳐 조영규趙英珪 등 4, 5인을 보내어 길에서 맞이하여 쳐서 죽였다. 태종이 들어가 아뢰니 태조가 진노하여 병을 참고 일어나 태종에게 말하기를 "너희들이 대신을 함부로 죽였으니 나라 사람이 내가 알지 못하였다고 하겠느냐? 우리 집은 본래 충효로서 들렸거늘 너희들이 감히 불효를 이와 같이 하였느냐?" 하니, 태종이 대답하기를 "정몽주 등이 장차 우리 집을 몰락시키려 하는데 어찌 앉아서 망하기를 기다릴 수 있겠습니까? 이것이 효가 되는 때문입니다. 마땅히 휘하 군사를 불러 뜻밖의 변에 대비하소서." 하였다.

태조가 부득이 황희석黃希碩을 시켜 왕께 아뢰기를 "정몽주 등이 죄인을 비호하고 비밀히 대간을 유인하여 충량한 신하들을 모함하다가 이제 죄를 자복하였습니다. 청컨대 조준과 남은 등을 불러 대간과 더불어 사실을 조사하게 하소서."라고 하였다. 이에 대간을 국문하여 귀양보내고 아울러 잔당들도 유배 보낸 후 정몽주의 머리를 저자에 매달고 "사실이 아닌 일을 꾸며서 대간을 꾀어 대신을 모해하고 나라를 어지럽혔다."라고 썼다. 태조의 휘하 군사들이 또 상소하여 그 집을 적몰하였다.

정몽주는 타고난 자질이 지극히 높고 지혜와 용기가 남달랐으며 충효와 큰 절개가 있었다. 어려서 학문을 좋아하여 게으르지 않았으며 성리性理를 연구하여 깊이 깨달은 바 있었으므로 태조가 평소에 중히 여겨 매번 전쟁에 나갈 때마다 반드시 그를 데리고 갔으며, 여러 번 천거하여 함께 재상이 되었다. 이때 국가에 사고가 많아 기무機務가 번거롭고 많았는데 정몽주는 큰일을 처리하고 큰 의심을 결단하는데 음성과 안색을 움직이지도 않고 좌우에 응답하기를 모두 합당하게 처리하였다.{이때에 세신구가世臣舊家들이 서로 시기하며 배척하여 날마다 구속 사건이 일어나 감옥이 가득 찼다. 무릇 5가지 옥사가 있었는데, 정몽주가 왕에게 아뢰어 성헌省憲과 형조로 하여금 5죄를 논열하게 하여 판결을 내리니 오랫동안 쌓인 판결이 하루아침에 해결되어 이로서 인심이 편안해졌다.}

이때에 풍속이 상례와 제례는 오로지 불교 의식을 따랐는데 정몽주가 비로소 선비와 백성들로 하여금 『주자가례朱子家禮』에 따라 가묘家廟를 세워 조상에게 제사를 지내게 하였다. 또 수령을 임명할 때 참외參外와 이서吏胥를 뒤섞어 뽑으니 수령의 품질品秩이 낮고 인품이 용렬하므로 비로소 참관參官으로 청렴하고 명망이 있는 자를 뽑아 쓰며 그 출척黜陟을 엄하게 하였다. 또 출납에 있어서 도평의사 녹사錄事가 왕의 승인을 받지 않은 백첩白牒(국왕의 수결이나 관인이 없는 문서)으로 금전과 곡식의 출납 업무를 제멋대로 해왔는데, (그가) 처음으로 경력經歷과 도사都事를 두어 출납을 기록하게 하였다. 또 안으로는 오부 학당五部學堂을 세우고 밖으로는 향교를 설치하여 유술儒術을 홍하게 하였다. 그 밖에 의창義倉을 세워 궁핍을 진휼하였으며 수참水站을 베풀어 조운漕運을 편리하게 한 것이 모두 그가 계획한 것이다.

저술한 시문은 호방豪放하고 준결峻潔하며 『포은집圃隱集』이 있어 세상에 행하여졌다. 본조本朝에서 대광보국숭록대부 영의정부사 수문전 대제학 겸 예문춘추관사 익양부원군益陽府院君을 증직하고 문충文忠이라 시호를 내렸다. 아들은 정종성鄭宗誠, 정종본鄭宗本이다.

김진양金震陽

김진양의 자는 자정子靜이며 계림부鷄林府 사람이다. 의협심이 강하며 비범하였다. 어려서 고아가 되었으나 학문에 힘썼다. 공민왕 때 등제하여 예문 검열藝文檢閱에 뽑혀 10년이 되지 않아 중요한 관직을 역임하였다. 나아가 서해도 안렴사가 되어 치적이 있어 문하 사인門下舍人을 거쳐 좌사의左司議로 승진하였다.

공양왕 때에 윤이尹彝와 이초李初의 옥사가 일어나자 김진양이 동료에게 윤이와 이초의 일은 세 살 난 어린아이도 무고인 줄 알고 있다고 말하니, 헌사憲司가 대역죄를 경솔히 말하여 정론을 막았다고 탄핵하여 관직을 삭탈하고 먼 지방으로 유배하고 서용하지 말 것을 청하였으나 왕은 다만 그 관직을 파하였다가 기용하여 우산기상시右散騎常侍를 삼았다.

이어 좌상시가 되어 우상시 이확李擴, 우사의 이래李來, 좌헌납 이감李敢, 우헌납 권홍權弘, 정언 유기柳沂 등과 함께 삼사좌사 조준趙浚, 전 정당문학 정도전鄭道傳, 전 밀직부사 남은南誾, 전 판서 윤소종尹紹宗, 전 판사 남재南在, 청주 목사 조박趙璞 등을 논하기를 "정도전은 미천한 신분에서 몸을 일으켜 높은 자리에 오르게 되자 천한 근본을 생각지 않고 본래의 주인을 제거하려는 음모를 꾸몄습니다. 혼자 그 일을 하기가 어렵게 되자 참언으로 죄를 얽어 많은 사람을 연좌시켰습니다. 조준은 한두 사람의 재상들이 우연히 원한 관계를 맺자 정도전과 마음을 같이하여 서로 변란을 선동하고 권세를 희롱하여 여러 사람을 꾀고 협박하니 이에 관작을 잃을까 걱정하며 세력을 좇아 부침하는 무리와 그 뜻에 영합하여 일을 일으키려는 무리들이 호응하여 일어났으니 그 중에 남은과 남재 등은 변란을 선동하는 우익이 되고, 윤소종과 조박은 말을 만드는 혀[喉舌]가 되어 서로 화답하여 일어나 마구 죄를 조작해 형벌로 벌할 수 없는 사람에게까지 형벌을 가하고 본래 죄가 없는 사람에게 죄를 구하니 여러 사람의 마음이 두려워 떨며 모두 원망하고 탄식하고 있으니 이는 첫째는 천지생물의 화합의 기운을 상하게 하는 것입니다.

둘째는 전하께서 생명을 아끼시는 어진 덕을 손상시키는 것입니다. 경오년(공양왕 2, 1390)에 청주의 대홍수와 신미년(공양왕 3) 도성 큰 거리에 물이 들이닥쳐 뗏목을 타야하는 천재지변이 거듭 일어나고 곡식이 익지 못한 것이 어찌 그들이 불러들인 바가 아니겠습니까? 전하께서 만약 말씀하시기를 조준은 공신이므로 비록 죄가 있어도 마땅히 용서할 것이라 하신다면 신 등은 또 가만히 듣건대 지난해 무진년(우왕 14, 1388) 회군할 때에 개국백(이성계를 뜻함)이 이미 전하를 세우려는 마음을 가졌는데, 조준은 군중軍中에 있지 않았으니 그 의론에 참여하지 않은 것이 명백합니다.

기사년(1389)에 개국백이 전하를 세울 계책이 이미 정하여졌는데 조준은 이를 물리치고 다른 사람을 말하였으나 개국백이 허락하지 않았기 때문에 전하께서 즉위할 수 있었습니다. 이를 가지고 논한다면 조준은 처음 의론하는 날에 참여하지 않았으며 후에는 이미 결정된 계책을 저지시키고자 하였으니 이런데도 전하의 공신이라고 하는 것이 옳겠습니까? 조준이 만약 말하기를 '나는 일씩이 그런 말은 한 적이 없었다.'고 하면 다만 좌우의 여러 재상이 들었을 뿐만 아니라 하늘은 높지만 낮은 데의 것을 들어 환하게 알고 있으니 가히 두렵습니다. 어찌 능히 속일 수 있겠습니까? 지극하도다, 개국백의 충성이여! 위조僞朝가 명나라를 치려는 거조를 막아서 이 백성을 살리기를 저와 같이 하였고 조준이 다른 이를 세우려 하는 계책을 거부하고 전하를 세웠음이 이와 같으니 지극한 충성은 가히 해와 달을 꿰뚫었다고 하겠습니다. 저번에 만 리를 행군하여 명나라와 싸웠다면 이 백성의 의식衣食이 지금처럼 태평성대에 함포고복含哺鼓腹할 수 있었겠습니까? 하물며 천자가 특히 사신을 보내어 내탕의 진귀한 물건을 내려주고 세자를 총애하여 제후들의 위에 서열을 정해준 것이 가능했겠습니까? 조준과 같은 자는 그 하는 말로 마음을 알 수 있으니, 공신이 될 수 없을 뿐만 아니라 사실은 크게 불충한 신하인 것입니다. 요행으로 권세 있는 연줄을 타서 도리어 공신의 이름을 얻고 공신의 반열에 참가하여 얼굴을 그려 빛나게 전한 것이 큰 공신과 다름이 없으며 품계를 뛰어 관직을 받은 것이 진짜 공신보다도 10배나 되니 영화가 이보다 큰 것이 없습니다. 일찍이 개과천선하여 죄를 가릴 생각은 하지 않고 오히려 다시 몰래 우익이 되고, 혀[喉舌]가 되는 무리들과 함께 때도 없이 모여서 모의하니 어찌 쓸데없이 그러하겠습니까?

가만히 생각건대 혹 그가 도모하는 것을 이루지 못한다면 또 불충한 의론이 있을 것이니 일찍이 이를 처치하여 그 세력이 더 번성하지 못하게 해야 할 것입니다. 또 신 등이 듣건대 조준이 전하 앞에서는 울고 슬퍼하는 시늉을 하여 겉으로는 착한 사람이 된 모양을 보이고 있으나 속으로는 죄를 용서받고자 하는 계획이오니 이것은 거짓으로 뉘우치는 것입니다. 전하는 천성이 정직하시어 사실로 여기시지만 신은 그것을 몹시 한탄합니다. 조준이 한창 간계를 부릴 초기에 하늘이 그 마음을 이끌어서 과거의 잘못을 깨닫고 이와 같이 뉘우치게 했다면 그 뉘우침은 참된 것일 수 있습니다. 그러나 그가 지금에 와서는 악한 짓을 같이 하고 난리를 치던 무리의 기세가 거의 꺾이었으나 여러 사람이 노여움과 시기함이 극도에 달하였으니 어찌 그가 이와 같이 하지 않고서야 그렇게 하는 것이니 거짓 뉘우침이 아니고 무엇이겠습니까? 만약 훗날에 다행히 다시 기회를 타서 세력을 얻으면 그들이 변고를 일으키는 것은 이전보다 심할 것이 분명하오니 삼가 바라건대 전하는 믿지 마시고 일찍이 도모함이 좋을 것입니다. 또 신 등이 듣건대 남은이 일찍이 아뢰기를 전하께서는 속으로는 욕심이 많으면서도 겉으로는 인의를 베푼다고 하였으니 이 말이 웬 말입니까? 또한 남은은 국가에 별로 특별한 공도 없이 갑자기 재상이 되어 전하의 은혜가 크다 할 것입니다. 그런 그가 조준과 정도전의 뜻에 영합하여 일찍이 은혜에 감동하고 만족할 줄 아는 마음이 없고 감히 경멸하고 모욕하는 불경스런 말을 하였으니 이는 전하의 뜻을 격동케 하고 그 욕심을 채우려 함입니다. 그 맘씨가 이처럼 간악하니 진실로 가히 두렵습니다. 대개 이들은 죄가 오직 같은데 전하께서 만약 고식적으로 결단하지 않으면 하늘이 노하고 사람이 원망할 뿐만 아니라 돌이키지 못할 후회가 있을까 두렵습니다. 신 등은 본시 고의로 남을 해치고자 하는 자가 아니옵니다. 어찌 감히 저들이 사사로이 원수를 갚지 못하여 마음을 괴롭히고 근심하는 것을 본받으려 하겠습니까? 다만 공정한 의리가 이와 같고 일의 형세가 이와 같기 때문에 감히 청하지 않을 수 없습니다. 이 말이 꾸며낸 것이라면 황천皇天의 상제가 실로 먼저 저희들을 죽일 것이니 어찌 두려워하지 않겠습니까? 엎드려 바라옵건대 전하는 조준·남은·남재·윤소종·조박 등의 직첩과 공신의 녹권을 회수하고 그 죄를 국문하여 형벌을 밝게 다스리고 정도전은 유배가 있는 곳에서 처형하시어 뒷사람들의 경계로 삼으소서."라고 하였다.

상소가 올라갔으나 보류하여 답을 내리지 않았다.

김진양의 상소에 비록 태조(이성계)를 높였으나 실상은 장차 이를 위태하게 하려 함이었다. 김진양 등이 헌사憲司에 이첩하여 아전과 병졸들을 풀어 조준과 남은의 집을 지키게 하니 조준은 독서하기를 그치지 아니하고 말하기를 "나는 사직을 위할 뿐이니 또 무엇을 근심하겠는가."라고 하였다.

다음날 김진양 등이 대궐 뜰에 엎드려 다시 청하므로 왕이 시중 심덕부沈德符와 정몽주를 불러 의론하니 드디어 아뢴 바에 따라 조준은 먼 지방으로 유배하고 남은과 윤소종·남재·조박의 관직을 삭탈하고 또한 먼 지방에 유배하였다. 정도전은 유배 중에 있었으나 지신사 이첨李詹이 잊어버리고 기록하지 않았으므로 김진양 등이 아뢴 대로 사람을 봉화奉化로 보내어 정도전을 잡아서 보주甫州(오늘날의 경상북도 예천군)에 가두었다. 사헌부 대사헌 강회백姜淮伯, 집의 정희鄭熙, 장령 김무金畝·서견徐甄, 지평 이작李作·이신李申이 또 상소하여 조준 등에게 죄줄 것을 청하고 아울러 탄핵하여 이르기를 "판전교시사判典校寺事 오사충吳思忠의 죄는 윤소종과 같으니 함께 문초하여 다스리기를 바랍니다."라고 하므로 명하여 관직을 삭탈하고 멀리 유배하였다.

김진양 등이 또 말하기를 "옛 사람이 말하기를 '풀을 베고 뿌리를 제거하지 않으면 필경에는 다시 나고, 악을 제거하고 근원을 제거하지 않으면 그 악이 자라난다.'고 하였습니다. 조준과 정도전은 악의 뿌리요 남은·윤소종·남재·조박은 그 뿌리가 자라 무성하게 퍼진 자들입니다. 전날에 신 등이 글을 올려 처형할 것을 청하였으나 오직 정도전만 특별히 처형하라고 명하시고 나머지 사람은 다만 외방으로 폄출되었으니 죄는 같은데 벌은 다릅니다. 청컨대 조준 등을 모두 극형에 처하소서."라고 하니, 왕이 몹시 놀라며 말하기를 "나는 당초 정도전을 베라고 한 말이 없었다." 하면서 명하여 정도전은 광주光州로, 조준은 이산泥山으로 옮겨 유배하고, 남은, 남재, 조박, 윤소종, 오사충은 모두 수원水原으로 모아 순위부 천호 김구련金龜聯과 형조 정랑 이반李蟠 및 양광도 관찰사 강은姜隱을 보내어 함께 국문토록 하였으나 행하지 못하였다. 우리 태조(이성계)가 해주에서 병을 얻어 수레를 타고 밤에 집으로 돌아오니, 정몽주·이색·우현보 등은 조준과 남은을 탄핵하여 극형에 처하면 조박, 윤소종, 오사충의 무리는 족히 제재할 필요가 없다고 하면서 비밀리에 대간을 꾀어 연일 번갈아 글을 오려 대궐에 엎드려 간쟁하면서 조준과 정도전 등을 죽일 것을 청하니 왕이 명하여 먼저 남은 등 몇 사람을 국문한 후 그 진술에 조준과 정도전이 관련되어 있다면 그 뒤에 이들을 국문하게 하였다.

정몽주鄭夢周가 죽자 우리 태종(이방원)이 태조(이성계)의 동생 이화李和와 더불어 의논하여 공정왕(정종)을 시켜 아뢰기를 "만약 정몽주의 당을 국문하지 않으시면 신 등을 죄주기를 청합니다." 하니, 왕이 부득이 대간을 순군옥에 내리고 또 말하기를 "외지로 유배함이 가할 것이니 반드시 국문할 것은 없다."고 하였으나, 다음날 양부兩府가 궐에 나아가 국문하기를 청하니 판삼사사 배극렴裴克廉과 문하평리 김주金湊에게 명하여 순군 제조 김사형金士衡 등과 함께 죄를 다스리게 하였다. 대간이 말하기를 "문하부門下府의 이첩에 의거하여 할 뿐이지 우리들의 본뜻은 아니다."라고 하니, 김진양이 말하기를 "정몽주·이색·우현보가 이숭인李崇仁·이종학李種學·조호趙瑚를 시켜서 신들에게 이르기를 '판문하 이李{태조의 옛 이름}가 공을 믿고 함부로 천단하는데 지금 말에서 떨어져 병이 위독하니 마땅히 먼저 우익인 조준 등을 제거한 뒤에야 도모할 수 있다.'고 하였다."라고 하였다.

이에 이숭인·조호·이종학과 그 아우 이종선李種善, 정몽주의 아우 예조 판서 정과鄭過, 사재령 정도鄭蹈 및 그 일당 정우鄭寓와 이당李堂을 국문하니 모두 자복하였다. 이에 조준을 돌아오게 하고 오사충·남재·조박을 모두 복직시키고 정도전·남은·윤소종은 용서하고 김진양·이확李擴·이래李來·이감李敢·권홍權弘·정희鄭熙·김무金畝·서견徐甄·이작李作·이신李申·이숭인·조호·이종학·이종선·정우·정과·정도·이당을 먼 곳에 유배하였다. 율문律文을 상고한 법관이 김진양 등의 죄는 참형에 해당한다고 하니, 태조가 말하기를 "내가 죽이기를 좋아하지 않은지 오래이다. 김진양 등은 정몽주의 사주를 받았을 뿐이니 어찌 함부로 형벌을 쓸 수 있겠는가?"라고 하였다. 법관이 말하기를 "그렇다면 곤장을 치소서." 하니, 태조가 말하기를 "이미 그들을 용서하였으니 어찌 곤장을 칠 필요가 있겠는가." 하므로 김진양은 이로 말미암아 면함을 얻었다. 우현보의 손자 우성범禹成範과 강회백姜淮伯의 아우 강회계姜淮季는 모두 왕의 사랑하는 사위이므로 우현보의 당과 강회백은 모두 연좌되지 않았으며 유기柳沂 또한 병으로 면하였다. 또 이첨李詹 및 대언 이사영李士穎은 외지로 유배하였다.

태조의 휘하 유만수柳曼殊·윤호尹虎·황희석黃希碩 등이 상서하여 정몽주의 집을 적몰하고 그 당을 아울러 다스리기를 청하니 왕이 이를 좇아 김진양·이확·이숭인·조호·이종학·이종선의 고신을 빼앗았다. 대간이 번갈아 글을 올리기를 "김진양의 무리가 혼단을 만들고 사단을 일으켜 화란을 이룬 것은 그 모의가 하루에 한 것이 아니며 그 일당이 한 사람이 아닌데 이제 또 머뭇거리고 고식적으로 방치하여 묻지 않는다면 여러 사람의 의심이 풀릴 수 없으며 여러 사람의 마음이 편할 수 없어 변고와 간사한 일이 장차 그치지 않을까 걱정됩니다. 원컨대 전하께서는 순군만호부를 시켜 김진양 등의 죄상을 조사하여 경중에 따라 죄를 밝혀서 화란의 단초를 근질하소서."라고 하였다. 그러나 왕은 다시 국문하지 말고 다만 전날의 옥사獄辭에 의거하여 경중을 가려서 아뢰게 하였다. 이에 김진양에게 곤장 100대를 더하고 먼 곳으로 유배하라고 하였더니 곧 죽었다.

서견徐甄

서견은 이천利川사람이다. 과거에 합격하여 공양왕 4년(1392) 여름에 장령이 되어 성헌省憲과 함께 조준趙浚·정도전鄭道傳 등을 죽일 것을 청하였으나 정몽주가 죽자 그의 당여라 하여 원지로 유배되었다. (조선 건국의) 혁명 후에는 금천향衿川鄕에 은둔하여 살았다. 고려 왕조의 일을 기억하며 슬퍼하며 지은 시에 이르기를 "천년의 신도神都가 저멀리 아득하네[千載神都隔渺茫] 충성스럽고 어진 신하들 어진 왕을 도왔지[忠良濟濟左明王] 삼국 통일한 공로는 어디에 있는가[統三爲一功安在] 전 왕조 오래지 못한 것을 한할 뿐이네[却恨前朝業不長]."라고 하니 대간들이 벌을 내리자고 하였으나, 태종은 낯빛을 바꾸며 이르기를 "서견은 고려의 신하로서 고국을 잊지 않고 있으니 이는 백이伯夷와 숙제叔齊 같이 지조 있는 사람인데 어찌 죄를 주겠는가?"라고 하였다.{『대동운옥大東韻玉』에도 역시 나온다. 『용재총화慵齋叢話』에서 원사原史를 채록하였다.}

이양중李養中

이양중은 광주廣州 사람이다. 고려 말에 벼슬하여 형조 좌참의가 되었다. (조선 건국) 혁명의 초를 당하여 절개를 지켜 벼슬하지 않고 물러나 촌에 살면서 국가의 부름에 부응하지 않았다. 태종이 즉위하여 옛 친구[龍潛]라는 이유로 한성윤漢城尹에 임명하였으나 역시 받지 않았다. 태종이 일찍이 광주廣州를 행차함에 불러 보았더니 이양중이 야복野服을 입고 가야금을 손에 쥐고 술을 드리니 임금이 매우 기뻐하였으나 끝내 그의 뜻을 빼앗지 않고 다만 그 아들에게 벼슬을 주어 장려하였다.{『대동운옥大東韻玉』에서 뽑다}

김주金澍

김주는 선산善山 사람이다. 시중 김선궁金宣弓의 후손이며 판서 김원노金元老의 아들이다. 공양왕 때에 예의 판서禮儀判書로서 황조皇朝(명나라)에 하절사賀節使로 나갔다가 압록강鴨綠江에 이르러 우리 왕조[조선]가 개국했다는 소리를 듣고 부인에게 글을 써서 이르기를{부인은 문화류씨文化柳氏 사우司雨의 딸이다.} "충신은 두 임금을 섬기지 않으며 열녀는 두 지아비를 바꾸지 않는 법이니 내가 지금 국경을 넘어가도 몸 둘 곳이 없소. 부인이 임신 중에 있으니 만일 아들을 낳는다면 이름을 양수楊燧라 하고 딸을 낳으면 명덕命德이라 이름을 하시오."라고 하였다. 그리고 조복과 신발과 홀笏을 보내며 이르기를 "부인이 죽은 후에 이것으로 합장하여 우리 부부의 묘로 하고 내가 중국으로 돌아간 날을 나의 기일로 삼으시오. 장례 후에 지문誌文과 묘갈墓碣은 쓰지 마시오."라고 하였다. 중국으로 되돌아가 형초荊楚(지금의 호북성湖北省)에서 살았다고 한다.

그 자손이 서로 전하여 12월 22일을 그의 기일로 삼았으니, 이 날은 강가에서 그의 편지를 보낸 날이다. 부인이 해산을 하여 아들을 낳아 이름을 '양보楊普'라 하였는데, 수燧를 고쳐 보普로 한 것이다. 김양보는 과거에 등제하여 관직이 선위사宣慰使에 이르렀다.{김양보의 손자는 김지경金之慶이고 대사헌이다. 김지경의 아들은 김응기金應箕로 좌의정이다. 증손, 현손 등 여러 후손들이 모두 현달한 자가 많았다. 선생의 묘에는 아직도 묘표석이 없는데 그의 유명遺命에 따른 것이다. 선생은 선산의 신곡리新谷里 농암籠巖에 묻혀 있기에 고향 사람들이 이를 추모하여 농암 선생이라고 하였다. 아! 선생이 순국하신 절개는 족히 우주를 진동시키고 빛내기에 충분하네. 그 가령家令(가규家規. 묘지석을 하지 말라는 유명)이 갑작스러운 것이라 할지라도 오히려 정성껏 따랐다. 세상에 알려지지 않은 것은 이 때문이라고 하고 그래서 사람들이 모른다고 한다. 『농암선생전籠巖先生傳』에 나온다.}

논하기를,

고려 태조가 폭군을 죽여 반정을 하였으니 탕왕과 무왕에 비하여 부끄러울 것이 없다. 그러나 오히려 여러 훈신들에게 이르기를 "내가 공늘과 더불어 백성을 구하는 데 뜻을 간절히 두었으나 끝내 신하로서의 절개는 지키지 못하였으니 이것을 공으로 여긴다면 어찌 덕에 부끄러움이 없겠는가?"라고 하였다. 아! 이 한 마디는 족히 절개와 의리를 배양시키는 근본이 되겠다.

오백 년간 국가가 일이 많았고 임금은 약하고 신하가 강하니 변고가 온갖 곳에서 나왔다. 그러나 한 줄기의 사론士論은 실처럼 끊어지지 않아서 장차 거의 망할 즈음에 사대부는 오히려 명분과 의리로서 서로 높일 줄을 알았으니, 이때에 이색李穡과 정몽주鄭夢周의 도덕과 풍열風烈은 한 시대의 우두머리가 되었고 김진양金震陽·서견徐甄·길재吉再·김주金澍들이 일어나 이들을 도왔으니 역시 풍도가 높고 절개가 완전하여 청사靑史와 짝할 만큼 아름답다고 하겠다.

또 나머지 우현보·이숭인·성석린·강회백·설장수·이종학·조호趙瑚·정과鄭過·정우鄭寓·이당李堂·이첨李詹·정희鄭熙·김무金畝·이작李作·이신李申·이확李擴·이래李來·이감李敢·권홍權弘·유기柳沂·최운사崔云嗣·이번李蕃·권훈權壎·이무李茂·이빈李彬·김이金履·안로생安魯生·최관崔關·김첨金瞻·이행李行·안준安俊·안익安翊 등과 같은 사람은 모두 한 때의 뛰어난 사람들로 정몽주와 마음을 같이 하여 왕씨를 일으켜 세우려고 충성과 힘을 다하였다. 오사충吳思忠이나 윤소종尹紹宗과 같은 무리들처럼 나라를 팔아먹은 사람들과 비교한다면 어찌 하늘과 땅의 차이가 아니겠는가!

바야흐로 정학正學(유학)이 이른바 흥하느냐 폐하느냐 하는 때를 만나 능히 의리를 보존한 여러 군자들이 있었다. 혁명하여 조선을 건국한 후에 혹 절개를 완전히 보존하지는 못했어도 사굴謝朏[19]이 베개를 끌어다 드러누운 것이나 왕지王志[20]가 나뭇잎을 가져다 먹은 것처럼 역사에서 아름다운 일로 여길 만하고 당일의 처세가 연검淵儉이나 운약雲約보다 현명하다고 할 수 있으니 누가 그렇지 않다고 할 수 있겠는가? 그러니 여러 군자들이 처세한 것의 정당함은 후세에 부끄럽지 않다고 할 수 있고 또한 정몽주의 충의 대절이 그들을 교화하고 격려한 것이라고 하겠다. 왕염오王炎午[21]가 문천상

---

19 사굴謝朏 : 자字는 경충敬冲, 진군陳郡 양하인陽夏人. 할아비는 홍미弘微로 송宋 태상경太常卿, 아비는 장庄으로 우광록대부右光祿大夫를 지냈는데 모두 전대에 유명하였다. 굴朏은 어려서부터 총민하여 아버지가 그를 크게 여기고 항상 좌우에 두었다. 나이 10세에 능히 글을 지었다.

20 왕지王志(460~513) : 자는 차도次道. 할아비는 담수曇首로 송宋 좌광록대부左光祿大夫, 예녕문후豫寧文侯이고 아비는 승건僧虔으로 제齊 사공司空, 간목공簡穆公이다.

文天祥[22]을 3천 년에 한 사람이라고 칭찬한 것을 정몽주에게도 칭찬할 수 있을 것이니 진실로 말을 잘한다고 하겠다.

21 왕염오王炎午(1252~1324) : 초명初名은 응매應梅, 자字는 정옹鼎翁, 별호別號는 매변梅邊. 강서江西 안복安福 주호舟湖 사람. 순우淳佑 년간에 태학상사생太學上舍生이 되었다가 임안臨安이 함락되지 문천상文天祥을 알현하고 가산을 다 기울여 근왕병의 군량을 댔다. 문천상이 포로가 되자 특별히 제문을 짓게 하여 죽음을 독려하였다. 원나라가 되자 두문불출하고 시문에 전력을 기울였다. 이름을 염오炎午로 바꾸고 그의 저서를 『오문고吾汶稿』라고 하여 다른 왕대에는 벼슬하지 않겠다는 뜻을 보였다. 『남송서南宋書』, 『신원사新元史』에 전기傳記가 있다.

22 문천상文天祥(1236~1283) : 남송南宋의 민족 영웅. 초명初名은 운손云孫, 자字는 천상天祥. 문천상文天祥은 충렬忠烈로 후세에 유명하다. 포로로 있는 동안에 원 세조世祖가 고관후록高官厚祿으로 항복하기를 권했으나 문천상은 죽기로 굴복하지 않고 조용히 의리를 지켜서 평생의 사적이 후세의 칭찬하는 바가 되었다. 육수부陸秀夫, 장세걸張世杰과 함께 "송말삼걸宋末三杰"로 칭해진다.

| 휘찬여사 권35 |

명신 14

휘찬여사 권35

명신名臣 14

심덕부沈德符 박위朴葳 성석린成石璘 설장수偰長壽 지용기池湧奇

심덕부沈德符

심덕부는 자가 득지得之이고 영해부寧海府 청부현青鳧縣 사람이다. 아버지 심룡沈龍은 이조 정랑吏曹正郎을 지냈다. 심덕부는 충숙왕 말년에 음직으로 사온 직장동정司醞直長同正에 임명되었다. 공민왕대에 여러 차례 자리를 옮겨 판위위시사判衛尉寺事가 되었다. 신우 초에 우상시右常侍에 임명되었다가 예의禮儀 판서로 승진하였고 밀직부사에 임명되었다. 서해도 원수로 나갔고 지밀직사사로 승진하였으며 추성협찬推誠協贊 공신호를 받았다.

지문하사에 전보되었다가 다시 서해도 원수가 되었다. 나세羅世 등과 함께 진포鎭浦에서 왜구를 격파하고 승전 보고를 올리자 신우가 후하게 상을 내려주었다. 오래 있다가 찬성사에 임명되었다. 당시는 명나라 수도에 사신을 보내 매년 공물을 바쳤는데 심덕부에게 평양부에서 우리나라 산물을 검사하도록 하고 사사로이 금이나 은을 가져가는 것을 금지하게 하였다. 압물押物 우견禹堅이 금령을 범했으므로 심덕부는 그의 목을 베어 본보기로 삼아 경계하였다.

또 동북면 상원수로 나갔는데 북청北青, 함주咸州의 경계인 요외평要外平에서 왜적을 만나 선봉 50명의 목을 베었다. 왜적이 또 단주端州에 침입하자 심덕부가 싸웠으나 패하였다. 왜적이 배 150척을 거느리고 또 함주, 홍원洪原, 북청, 합란북哈蘭北 등지에 침입하여 백성들을 죽이거나 사로잡아 남은 백성이 없을 정도였다. 심덕부가 지밀직 홍징洪徵, 밀직부사 안주安柱, 청주青州 상만호 황희석黃希碩, 대호군 정승가鄭承可 등과 함께 홍원의 대문령大門嶺 북쪽에서 적과 싸웠다. 여러 장수가 모두 패하여 먼저 달아났으나 오직 심덕부만은 혼자서 적진으로 돌진하였다가 창에 찔려 말에서 떨어졌다. 그의 부하인 유가랑합劉訶郎哈이 달려 들어가며 화살을 쏘아 적 3명을 죽이고 적의 말을 빼앗어 심덕부에게 주자 이리저리 싸우며 적진을 빠져나왔다. 이때 심덕부의 부대도 크게 패하여 왜적의 기세가 더욱 성하였다. 우리 태조께서 가서 왜적을 공격하겠다고 청하여 모두 사로잡았다.

신우가 요동을 공격할 때 심덕부는 서경 도원수로서 갔다가 우리 태조를 따라 회군하였다. 신창이 즉위하자 판삼사사에 임명하였다. 우리 태조께서 심덕부, 지용기, 정몽주, 설장수, 성석린, 조준趙浚, 박위, 정도전鄭道傳 등과 의논하기를 "우와 창은 본래 왕씨가 아니니 종묘 제사를 받들 수 없다. 더욱이 천자의 명령도 있으니 마땅히 가짜 왕씨를 폐하고 진짜 왕씨를 세워야 한다." 하였다. 정비定妃(공민왕의 비 안씨)의 교서를 받들어 신창을 강화도로 내쫓고 정창부원군定昌府院君 왕요王瑤를 맞아 세우니 이가 공양왕이었다.

공양왕이 즉위한 날 저녁에 왕의 사위 강회계姜淮季의 아버지 강시姜蓍가 궁중에 들어가 왕에게 아뢰기를 "여러 장수와 재상들이 전하를 세운 것은 단지 자신들의 화를 모면하려는 것이지 왕씨를 위한 것이 아닙니다. 전하께서는 부디 저들을 가까이 하거나 믿지 말고 자신을 보전할 길을 생각하십시오." 하였다. 왕의 사위 우성범禹成範이 이 말을 듣고 그 어머니 윤씨에게 이야기하였다. 윤씨의 사촌 오빠 윤소종尹紹宗은 이 이야기를 듣자 그것을 9공신九功臣들에게 알렸다. 9공신들이 왕에게 말하기를 "전하께서 막 즉위하자마자 거짓으로 헐뜯는 말이 갑자기 들어온 데 대하여 신들은 몹시 두려워 마지않습니다. 전하께서 헐뜯는 말을 믿으신다면 즉시 신들을 처벌하십시오. 만약 신들이 거짓 왕씨를 몰아내고 다시 왕씨를 즉위시켜 종사에 공이 있다고 생각하시면 헐뜯는 말을 한 사람을 처벌하여 상하에 틈이 없게 하십시오." 하였다. 왕이 가까운 신하들을 돌아보며 묵묵히 있었고 9공신은 한참 동안 엎드리고 있다가 나왔다. 얼마 되지 않아 심덕부에게 충근양절협찬좌명忠勤亮節協贊佐命 공신호를 주고 벽상삼한삼중대광壁上三韓三重大匡 문하시중門下侍中 판도평의사사判都評議司事에 임명하였다. 청성군 충의백青城郡忠義伯으로 봉하고 중흥공신녹권中興功臣錄券을 주었다.

왕이 장차 장단長湍에 행행하여 전함戰艦을 보려할 때 간관들이 상소하여 그만두라고 간하였다. 왕이 심덕부에게 사람을 보내 묻기를 "오늘 거둥을 어떻게 할까?" 하니 심덕부가 대답하기를 "임금의 동정을 간관이 정지시킬 수 없습니다."라고 하였다. 왕이 뜻을 정하고 가려 하니 대간들이 그래도 물러가지 않았고 성석린이 직접 들어가 아뢰기를 "간관의 말을 거절해서는 안 됩니다." 하니 왕이 마지못해 따랐다. 또 교시를 내려 회군한 공에 대해 녹훈하고 토지를 하사하였다.

서경 천호西京千戶 윤구택尹龜澤이 우리 태조께 보고하기를 "김종연金宗衍이 심덕부, 지용기 등과 모의하여 장차 당신을 해치려 하고 있다." 하였다. 판선공사判繕工事 조유趙裕가 또 말하기를 "심 시중이 밀직부사 조언曹彦, 곽선郭璇, 전 판서 김조부金兆府, 위충魏种, 장익張翼 등에게 저(조유)와 함께 휘하 병사들을 시켜 당신을 해치려 하고 있습니다." 하였다. 우리 태조께서 이 말을 심덕부에게 넌지시 알렸다. 조유는 심덕부의 조카뻘이 되는 자이다. 심덕부가 노하여 조유를 옥에 가두었다. 이 말은 김종연 전金宗衍傳에 실려 있다.

태조께서 왕에게 말하기를 "신과 심덕부는 한 마음으로 나라를 받들었고 본래부터 서로 시기하는 마음이 없으니 조유가 말한 일은 반드시 허망한 것입니다. 국문하지 마셔서 저희 두 신하로 하여금 끝까지 보전할 수 있게 하여 주시기 바랍니다." 하였다. 왕이 그를 석방하려 하니 심덕부가 소식을 듣고 깜짝 놀라 울면서 왕에게 청하기를 "조유의 말에 신이 연루되어 있는데 만약 지금 이를 불문에 붙이신다면 신이 그 모의에 참여하지 않은 것을 어떻게 가릴 수 있겠습니까? 조유와 대질신문하게 하여 주십시오." 하였다. 왕이 심덕부를 들어오라 불렀으나 심덕부는 돌아보지도 않고 나가 걸어서 순군옥에 가서 자신을 가둬달라고 청하였다. 왕이 지신사 민개閔開를 시켜 심덕부를 부르니 심덕부는 이에 왕에게 나아가 사례하였다. 왕이 조유를 석방하라고 명령하니 헌부가 상소하여 조유와 윤구택을 대질시킬 것을 요청하였다. 그리하여 왕은 평리評理 박위에게 명령하여 대간들과 같이 신문하여 죄를 다스리게 하였다. 처음에 조유가 불복하니 박위는 윤구택을 먼저 고문하려 하였다. 집의 유정현柳廷顯이 말하기를 "고발한 자를 먼저 국문하는 것은 무슨 법인가." 하였다. 박위가 낯빛이 달라지며 잠자코 있다가 이에 곧 조유를 고문하며 신문하니 조유가 자복하였다. 조유를 교형絞刑에 처하고 그 가산을 몰수하였다.

사헌부가 또 심덕부를 탄핵하고 조언, 곽선, 김조부, 위충, 장익 등을 옥에 가두었다가 모두 장 100대를 치고 먼 곳에 유배 보냈다. 심덕부를 파직시키고 또 지용기 등을 유배 보냈다. 대간들이 번갈아 상소하기를 "심덕부는 나라의 수상이 되어 조유, 김조부 등 간악한 무리들에게 병권을 담당하게 하여 화의 싹을 키우고는 조유의 죄를 감추려고 경망하게 스스로 옥에 가서 사람들의 비웃음을 샀습니다. 또 전하의 명령[判旨]을 따르지 않고 며칠 동안 병력을 끼고 보내지 않았으니 신하의 예의가 없습니다. 지금 그 휘하에 있던 자들은 모두 이미 벌을 받았는데 심덕부 만은 여전히 도읍에 있으니 사람들이 서로 의심하고 꺼려 그로 인한 화를 어떨지 예측할 수 없습니다. 전하께서 심덕부를 먼 곳에 유배 보내 나라 사람들의 의심을 끊고 화란의 싹을 막아 버리시기 바랍니다. 날마다 대궐문에 엎드려 청하니 이에 심덕부를 토산에 유배 보냈다.

이듬해 다시 청성군 충의백으로 봉하고 거듭 시중에 임명하였는데{어떤 이는 말하기를 '심덕부가 실제로 조준에게 붙었으므로 대간이 그 병권을 박탈하였고 오래지 않아 복직되었다'고 한다.} 심덕부가 세자를 따라 연경에 가게 되었다. 간관이 심덕부가 죄를 짓고 오래 되지 않았다 하여 그만두게 할 것을 상소하였으나 왕이 듣지 않고 안사공신安社功臣 호를 더해주었다.

그 후에 심덕부는 수시중 배극렴 등과 각 도의 관찰사를 없애고 안렴사를 복구하며 절제사節制使·경력經歷·도사都事를 없애고 장무掌務·녹사錄事를 복구하며 새로 정한 감무監務, 각 역의 역승驛丞, 각 도의 유학 교수관, 자섬저화고資贍楮貨庫, 인물추변도감人物推辨都監, 동서체운소東西遞運所의 수참水站 및 호구戶口의 성적成籍, 우마의 낙인烙印, 각 주·군의 향鄕·사社·이里 등의 장長에 관한 법령 등을 폐지할 것, 또 각 관청[司]에서 아뢰어 결재 받을 것이 있으면 도당에 직접 보고하게 하고 6조에 예속시키지 말 것을 상소하였다. 오래지 않아 사직하였다가 판문하부사로 고쳐졌다. 이 이후의 일은 본조本朝(조선)로 넘어온다.

박위朴葳

박위는 밀양密陽 사람이다. 처음에 우달적于達赤(왕의 근시·숙위)으로 등용되었다. 신우 때에 김해金海 부사가 되어 황산강黃山江에서 왜구를 공격하여 29명을 죽였고 그 밖에 강에 투신하여 죽은 자도 많았다. 오래지 않아 왜적이 선박 50척을 가지고 김해군 남포南浦에 와서는 뒤에 오는 적에게 방을 써 놓기를 "우리는 빠른 바람을 타고 황산강을 거슬러 올라가서 바로 밀성密城을 치겠다." 하였다. 박위는 정찰해서 이것을 알고 강 양쪽에 복병을 두고 병선 30척으로써 기다렸다. 뒤에 온 왜적이 방을 보고 한 척이 먼저 강 어구에 들어오자 복병이 일어났으며 박위도 돌진하여 길을 막고 공격하였다. 적들은 어쩔 줄 몰라 하며 자살하기도 하고 물에 투신하기도 하여 거의 다 죽었다. 그때 강주江州 원수 배극렴도 왜적과 싸웠는데 적의 괴수 패가만호覇家萬戶가 쇠투구를 쓰고 손발까지 모두 갑옷을 두르고는 좌우에 보병을 거느리고 말을 달려 전진해 왔다. 말이 진창에서 갑자기 멈추자 아군이 맞서 공격하여 그를 죽였다. 승전보가 올라가자 왕은 박위와 배극렴에게 매우 후하게 상을 내렸다.

그 후에 박위는 경상도 순문사가 되어 왜적 14명을 죽였다. 신우가 요동을 공격할 때 박위는 원수로 갔는데 우리 태조를 따라 회군하였다. 다시 경상도 도순문사가 되어 안동 원수 최단崔鄲과 함께 상주尙州 중모현中牟縣에서 왜적을 격파하니 활과 화살, 비단이 주어졌다. 또 고령현에서 왜적을 공격하여 35명의 목을 베었다. 오래지 않아 전함 100척을 거느리고 대마도對馬島를 공격하여 왜선 300척과 가까운 해안의 집을 다 태워버렸다. 원수 김종연金宗衍, 최칠석崔七夕, 박자안朴子安 등이 계속 와서 본국에서 포로로 잡혀간 남녀 100명을 찾아 돌아왔다.

신창이 교서를 내려 권장하기를 "우리나라는 평안한 지 오래되어 전쟁에 대한 대비가 조금 해이해져 섬나라 왜적들이 멋대로 침략하는 지경에 이르렀다. 오늘날까지 40년이나 우리 세 방면 변방[三陲]를 요란하게 하였으나 나라에서는 오직 지키는 데만 힘쓰고 장수들은 오히려 가서 정벌하는 것을 막는다. 경이 분발하여 정의를 가지고 헤아릴 수 없는 큰 파도를 넘어 개미소굴 같은 근거지를 소탕하고 집과 함선을 모두 불사르고 포로된 백성들을 고향에 돌아오게 하였다. 이는 나라의 수치를 씻은 것이며 백성들의 원수를 갚은 것이라 할 수 있다. 승전보가 처음 오자 내 마음이 기뻐 이제 문하평리 서균형徐鈞衡을 보내 옷과 안장 갖춘 말, 은덩이 등의 물품을 하사한다." 하였다. 박위가 전문箋文을 올려 사례하였다. 사람들이 박위는 다만 집과 선박을 불살랐을 뿐 실제 포로를 얻은 것은 없다고 하였다. 오래지 않아 도절제사로 옮겨서 왜선 1척을 나포하고 32명의 목을 베었다.

후에 박위는 우리 태조께서 임금의 옹립을 도모하는 것을 따라 공양왕을 세웠다. 박위는 지문하부사에 임명되었고 충의군忠義君에 봉해졌으며 공신 녹권과 구마廐馬 1필, 백금 50냥, 비단 5단端을 받았다. 교서에 이르기를 "경은 너그럽고 큰 도량과 활달한 자질로 때를 만나 재주를 펴고 자신을 매우 바쁘고 번거로운 일에 몸을 맡겼다. 일을 처리의 민첩함과 윗사람을 지키는 충성은 공민왕께서도 칭찬하셨다. 네 번 수령이 되고 세 번 남쪽을 진무하여 왜구를 단속하고 백성을 평안하게 하여 훌륭한 공적이 있었다. 재주는 경감耿弇, 가복賈復[1]의 무리보다 뛰어났고 용맹은 관우關羽, 장비張飛의 위에 있다. 고을에 성을 쌓으니 금성탕지金城湯池의 효험이 있었고 그 배에 칼을 대자 바닷길에 사변이 사라졌다. 저 대마도 전역은 신사년辛巳의 정벌(1281년 여몽연합군의 일본 공격)보다 빛났다. 명나라 황제[天子]께서 다른 성씨를 세워 왕을 삼은 것을 책망하시니 경과 수문하시중 이아무개{태조의 옛날 휘자諱字이다.}가 대의를 앞서 주창하고 과인을 추대하여 나라의 기초를 안정되게 하고 군신의 분의를 정하였다. 그대의 큰 공적을 가상히 여겨 잊지 않겠다. 선대를 추증하고 아울러 후손의 죄를 용서해주는 은전을 더한다. 토지를 하사하며 노비도 곁들이겠다. 경은 이 특별한 은전을 받고 더욱 충성하라." 하였다.

김종연의 옥사가 일어나자 그 진술에 박위도 연루되었으므로 풍주豊州로 유배보냈다. 오래지 않아 회군한 공을 녹훈하여 녹권 및 토지를 주었다. 이 이후는 본조로 넘어온다.

---

1 경감과 가복은 후한 광무제 때의 유명한 장수이다.

성석린成石璘

성석린은 자가 자수自修이고 창녕현昌寧縣 사람이다. 아버지 성여완成汝完은 창녕부원군이다. 성석린은 공민왕 대에 과거에 급제하고 사관史館에 보임되었다. 여러 차례 자리를 옮겨 전의 주부典醫注簿가 되었다. 왕이 그를 보고 인재라고 여겨 차자방箚子房(인사를 담당한 정방의 후신) 필도적必闍赤를 삼도록 명하였다. 전리 좌랑과 전교 부령典校副令을 역임하였다. 왕이 말하기를 "성석린이 글씨를 잘 쓰고 사물에 정통하다." 하고 지인知印으로 승진시켰으며 전리 총랑으로 옮겼다. 성석린이 신돈에게 아부하지 않자 신돈이 미워하여 왕에게 참소하여 해주 목사로 나갔다. 왕이 다시 불러들여 성균관 사성을 삼고 밀직 대언으로 발탁하였으며 지신사로 승진시켰다.

신우 초에 밀직제학에 임명되었을 때 왜적이 대거 쳐들어와 승천부昇天府까지 들어왔다. 성석린이 조전 원수助戰元首로 원수 양백연楊伯淵에게 예속되었다. 장차 싸우려 하니 여러 장수들이 퇴각하여 다리를 건너려 하였다. 성석린이 말하기를 "만일 다리를 건너면 사람들의 마음이 흔들릴 것이니 어떻게 힘써 싸울 수 있겠는가. 다리를 등지고 싸우는 것이 더 좋다." 하였다. 여러 장수들이 그 말을 따랐고 사람들이 모두 죽을 각오를 하고 싸우니 과역 적이 패하였다. 성석린은 수성좌리공신輸誠佐理功臣 호를 받고 동지밀직사사同知密直司事로 승진하였다. 양백연의 옥사가 일어났을 때 진술에 성석린도 연루되어 장 107대를 맞고 함안咸安의 수졸戍卒로 유배되었다가 사면을 받고 서울 밖 편리한 곳에 살게 되었다[從便]. 성석린을 창원군昌原君으로 봉하고 단성익조좌리端誠翊助佐理 공신호를 주었으며 정당문학에 임명하였다.

양광도 도관찰사로 나갔을 때 마침 기근이 들었다. 성석린이 각 고을에 의창義倉을 설치할 것을 청하니 왕이 따랐으며 아울러 각 도에서 모두 의창을 설치하게 하였다. 다시 개경으로 불려와 문하 평리로 임명되었으며 우리 태조께서 임금의 옹립을 도모하는 것에 참여하여 공양왕을 세웠다. 얼마 후에 사헌부 대사헌을 겸임하였는데 동료들과 함께 상소하기를 "가짜 임금(신우)이 임명한 관작이 우리 조정의 그것과 섞여서는 안 되니 모두 거두고 삭탈하시기를 청합니다. 군공軍功으로 한꺼번에 임명된 자들은 이조와 병조에서 그 진위를 조사하고 상서사尙瑞司에 이첩하게 하여 다시 임명하기를 기다려 비로소 관직에 종사하게[帶銜] 하십시오. 비록 평소 명망을 받아 많은 사람들이 믿고 복종하는 자라도 또한 대성臺省에서 조사하여 보고하게 한 후 다시 임명하십시오. 덮어놓고 함부로 하는 자가 있으면 엄히 규명하여 다스리시되 모두 거짓으로 속인 죄로 처리하십시오." 하였다. 왕이 이 말의 처리를 곤란하게 생각하여 도당에서 논의하도록 내려 보냈다.

성선린이 또 상소하기를 "대간의 직책은 간쟁을 전담하니 궁궐에 가까이 있어야 하나 오늘날은 멀리 떨어져 있어서 일이 크든 작든 반드시 상소하여 아뢰어야 합니다. 이렇게 하니 번거로울 뿐 아니라 소회를 모두 아뢰지도 못합니다. 전하께서 즉위한 초기이니 눈과 귀를 열어두는 것이 더욱 마땅한데 어찌 깊은 궁궐에서 안일하게 계셔서 중흥의 대업을 저버릴 수 있겠습니까. 지금부터는 아뢸 만한 일이 있으면 대면하여 아뢸 수 있게 하고 그 중 큰 일은 상소로만 아뢰게 하십시오." 하였다. 왕이 이 말을 따랐다.

성석린에게 중흥공신녹권中興功臣錄券을 주고 창성군 충의군昌城郡忠義君으로 봉하며 교서를 내려 그 덕을 칭찬하기를 "경은 정직하고 성실한 자질과 의분이 넘치는 뜻으로 일찍이 유학[鄒魯]의 서적에 통달하였고 멀리 종요鍾繇[2]와 왕희지王羲之[3]의 필법을 이었다. 공민왕[玄陵]의 깊은 관심을 받아 크게 등용되었을 것이나 역적 신돈이 몹시 꺼려서 마침내 좌천되었다. 세상에 아첨하여 자기 몸을 편하게 하려 하지 않고 오직 천명天命을 깨달아 자신의 운명을 즐기면서 이에 순응하였다. 일찍이 헌사의 추천을 받았으나 곧 관찰사로 나갔다. 나는 잠저에 있을 때부터 그대의 뛰어난 인덕을 다 알고 있었다. 신우가 왕위를 도적질하여 차지하니 그 독이 백성들에게 미쳤고 또 상국上國(명나라)에 죄를 지었다. 수문하시중 이{태조의 옛 휘자이다.}가 대의를 앞서 주창하자 경이 도와 책략을 결정하고 과인을 추대하였다. 뛰어난 공적이 더욱 빛나니 그 가상한 것을 포상하지 않으면 후세에 권하고 격려할 수 있겠는가. 이에 비석을 세워 덕을 기록하고 공

2 삼국시대 위魏나라의 서예가로 해서에 뛰어났다.
3 왕희지(303~361)는 진晉나라의 서예가로 서성書聖이라 일컬어진다.

신각을 세워 초상화를 그리며 토지를 주고 아울러 노비도 주며 후손들은 충의忠義의 호를 이어고 길이 죄를 용서받는 은혜를 누리게 하라. 아울러 백금 50냥, 구마廐馬 1필을 하사하니 경은 이 특별한 은혜를 받고 나의 지극한 회포를 살펴 알라.” 하였다. 단성보절찬화端誠保節贊化 공신호를 주고 삼사 좌사三司左使로 옮겼다.

환관의 녹봉을 깎을 것을 청하자 왕이 단지 월봉月俸만 없앴다. 오래지 않아 병을 이유로 사직하였으나 왕이 윤허하지 않았다. 정조공신定祚功臣 호를 더해 주었다. 예문관 대제학으로 옮겼다가 문하찬성사에 임명하였다. 이색李穡·우현보禹玄寶의 무리라 하여 아우 성석용成石瑢과 함께 지방으로 유배 보냈다. 이 이후는 본조로 넘어온다.

설장수偰長壽

설장수의 자는 천민天民이고 설손偰遜의 아들이다.

설손은 회골回鶻(위구르) 사람인데 대대로 설련하偰輦河에 살아 설偰을 성으로 삼았다. 고조 악린첩목이嶽璘帖穆爾가 원나라에 귀부歸附하여 대대로 원나라에서 벼슬살이 하였다. 아버지 철독哲篤은 관직이 강서행성江西行省 우승右丞에 이르렀다. 설손은 원나라 순제順帝 때 진사에 합격되어 한림 응봉문자翰林應奉文字, 선정원 단사관宣政院斷事官을 역임하고 단본당 전자端本堂正字에 선발되어 황태자에게 경서를 가르쳤다. 승상 합마哈麻에게 미움을 받아 단주單州의 지방관으로 나갔다. 아버지 상을 치르느라 대녕大寧에 살고 있었는데 홍건적이 대녕으로 들이닥치자 공민왕 7년(1358)에 전쟁을 피해 고려로 왔다. 공민왕이 원나라에 있을 때 단본당에서 황태자를 모셨으므로 설손과는 이전부터 교분이 있었다. 이 때문에 매우 후하게 대우해 집을 주고 고창백高昌伯으로 봉하였다가 부원후富原侯로 고쳐 봉하고 부원의 토지를 하사하였다. 공민왕 9년(1360)에 죽었다.

설장수는 경순부慶順府 사인舍人으로 아버지 상을 치르고 있었는데, 왕은 그가 색목인色目人(외국인)이라 하여 특별히 상복을 벗고 과거에 응시하도록 하였다. 마침내 과거에 급제하여 여러 차례 승진하여 관직이 판전농시사判典農寺事가 되었다. 상서하기를 “신은 본래 객지에 머무는 천하고 어리석은 자로 세상에 조금도 도움이 되지 않는데도 분에 넘치는 깊은 사랑을 받았습니다. 일찍이 진양晉陽의 수령으로 1년 동안 있어서 백성들에게 끼치는 폐해를 잘 알고 있습니다. 그 중에서 왜구를 막는 것이 가장 긴급한 일입니다. 적선이 출몰하는 것은 일정한 때가 없으니 백성들의 안위를 아침저녁으로 헤아릴 수 없습니다. 바다를 접한 곳을 방어한다고 하지만 이름만 있고 실전에는 도움이 되지 않습니다. 이는 대개 지키는 병사들이 모두 오합지졸이어서 평소 엄하게 훈련을 하지도 않고 무기, 갑옷, 투구가 튼튼하지도 날카롭지도 못합니다. 안전을 지킬 보루를 만들지 않고 초가집에 나무 울타리로 겨우 비바람이나 가릴 따름입니다. 따라서 왜적이 오면 소문만 듣고도 흩어져 달아납니다. 비록 염파廉頗와 이목李牧[4]을 장수로 삼더라도 호령할 수 없을 것입니다. 방어하는 곳이 멀리 떨어진 곳은 5·60리나 되고 가까운 곳도 2·30리나 됩니다. 적이 이 사이로 침략해 들어옵니다. 해변의 고을과 마을의 백성은 혹은 떨어져서 혹은 빽빽하게 사방에 흩어져 사는데 저 적들은 많으면 천 명이나 백 명씩 무리를 짓고 적으면 열 명이나 다섯 명으로 대오를 지어 요망한 꾀와 속임수는 말로 다하기 어렵습니다. 밝은 대낮에는 그들이 오는 모양을 보고 수가 많고 적은 것을 살펴 경비할 수 있습니다. 어두운 밤에는 멀리 살피고 망을 보기 어려우므로 왕왕 우리가 예상하지 않았을 때 출격하여 제멋대로 날뜁니다. 그들은 수가 많으면 허장성세하여 서쪽으로 가는 척 하고는 동쪽으로 가고 우리 병력이 나뉘는 것을 기다려 몰래 습격하여 때로는 방어하는 곳을 피하여 백성들이 사는 곳으로 바로 가기도 하고 때로는 백성들을 그냥 두고 방어하는 곳을 먼저 습격하기도 합니다. 수가 적으면 미리 간첩을 보내 부귀한 집을 정탐해 두었다가 몰래 약탈해 가는데 가까운 곳의 관병이 이를 알고 추격하여도 적은 이미 가득 싣고 멀리 달아났습니다. 이에 남정男丁들을 더 징발하니 백성들은 이미 난리를 겪은 뒤이고 도적은 이미 떠났습니다. 남정들을 다시 돌려보내면 백성들이 가자마자 도적이 다시 옵니다. 이 때문에 백성들은 쉴 틈이 없고 병력은 쓸 기회가 없습니다.

만약 들판을 깨끗이 비우는 정책을 시행한다면 그 폐단은 더욱 깊습니다. 대개 바

4 중국 전국시대 조趙나라의 이름난 장수들로 명장의 대명사로 쓰인다.

다와 가까운 땅은 매우 기름져서 백성들이 그 땅을 편하게 여기니 본 의도는 백성을 이롭게 하려는 것이지만 도리어 해롭게 합니다. 또 내륙 깊은 곳에는 토지도 한정되어 있는데다 그곳에 토착한 백성들이 의지해 살고 있습니다. 만약 그들에게 나그네 된 호구들을 부양하게 하면 그들도 쇠락할 것입니다. 이렇게 되면 옮겨진 백성들은 원망을 품고 떠돌게 되고 내륙 깊숙한 곳의 백성들도 재앙을 입어 생업을 잃게 됩니다. 이것은 신이 평소 안타까워하고 가슴 아파 한 것입니다.

보堡로 들어가 소개疏開하라는 명령은 처음에는 일식一息 정도 떨어진 곳에만 적용했는데 오늘날 적이 온 곳에는 왕왕 6·70리를 넘기도 합니다. 이렇게 하면 비록 100리라 하더라도 도움이 되지 않습니다. 신의 어리석은 생각으로는 바다 가까운 곳 100리 사이에 이미 이주한 백성과 현재 있는 백성들을 사방 30리 혹은 50리의 기름져 경작하기 좋은 땅 중에서 지형이 평탄하고 땔나무와 물이 있는 곳을 골라 그 호수戶數의 다소를 헤아려 성을 쌓되 2·300집을 한도로 관원을 두고 살게 하며 집과 담장을 서로 붙게 짓는다면 그 무리를 간신히 수용할 수 있을 것입니다. 살림집 외에는 곡식을 저장할 곳만 두고 채마밭은 모두 성 밖에다 지급합니다. 성을 높이 하고 참호는 깊게 하며 성 위에 망루를 설치하고 성문에는 해자 위에 걸치는 다리[釣橋]를 설치합니다. 그 외의 방어에 쓰는 기구들은 적절히 배치합니다. 성벽과 참호 사이에는 품品 자 모양의 작은 구덩이를 많이 파고 녹각책鹿角柵을 세워 왕래를 막습니다. 야간의 통행을 엄격히 금지하고[嚴更鼓] 봉화烽火를 신중히 다루게 합니다.

농지를 갈고 김맬 때는 먼 곳이라도 20여 리에 불과하여 새벽에 나갔다 해질 무렵에 돌아오기에 어려움이 없을 것입니다. 곡식이 익으면 베는 대로 바로 운반하고 늦추지 말아야 합니다. 적이 온다면 젊고 튼튼한 이들은 성에 올라가고 노인과 약한 이들은 먹을 것을 공급하며 구역을 나누어 항거하여 지키려는 의지를 견고하게 해야 합니다. 봉화를 올려 이웃의 구원병을 부르고 이웃 성에 위급한 사태가 있으면 정예 기병을 골라 보냅니다. 이웃 성의 위급한 상황을 알고도 서로 가서 구원하지 않는 자는 동할하는 관리에게 죄를 물어야 합니다.

대개 적들은 왕래할 때에 조수潮水를 의지하니 성을 공격하고 땅을 차지하여 장구한 계책을 도모하는 것이 아니라 다만 약탈하는 데만 마음이 있을 뿐입니다. 따라서 이미 소득이 없으면 형세상 반드시 물러나 돌아갑니다. 이때 틈을 타 습격하고 여러 방법으로 의혹하게 하여 그 용맹한 것을 뽐낼 수 없게 하고 그 무리 많은 것이 쓸데없게 해야 합니다. 약탈해도 얻는 것이 없고 공격해도 되지 않으며 앞으로 나가면 앞뒤로 공격을 받을 수 있고 물러나면 선두와 후미가 끊어질까 염려할 것입니다. 우리는 편안히 있으면서 피로한 저들을 기다리니 싸우지 않고도 상대방의 병력을 굴복시킬 수 있습니다. 이로써 도적을 제압하고 백성은 쉴 수 있을 것입니다. 만약 이전의 폐습을 그대로 따라 단지 이름만 있는 방어처를 설치하는 것은 이른바 예의를 갖추면서 불타는 사람을 구한다 하고 가만히 있으면서 물에 빠진 사람을 건진다 하는 것입니다. 이렇게 되면 일에 닥쳐서 도움도 되지 않고 남에게 모욕만 받습니다.

양강兩江은 개경과 가까이 있으며 양천陽川은 공물과 세곡이 모이는 곳이니 배려하지 않을 수 없습니다.

신이 말씀드린 것이 실제 행하기 어려운 듯하나 신이 헤아리기는 처음에는 어렵겠지만 후에는 용이할 것입니다." 하였다. 왕이 도당에 내려 보내 의논하게 하였으나 끝내 실행되지 않았다.

신우 때에 지밀직사에 임명되었고 다시 정당문학으로 옮겼다. 신우가 왕위를 양보한 표문을 가지고 명나라 수도에 갔다. 우리 태조께서 임금을 바꾸기로 결정하고 공양왕을 세울 때 설장수도 모의에 참여하였다. 왕은 중흥공신녹권中興功臣錄券을 주고 충의군忠義君으로 봉하였으며 교서를 내려 칭찬하고 장려하기를 "전에 거짓 군주 신우가 흉악하고 미친 것처럼 사나워 인륜을 무너뜨렸으며 함부로 군대를 일으켜 몰래 중국을 침범하려 하였다. 다행히 위로는 선왕들의 영이 인도해주심과 아래로는 충성스런 신하들이 격분에 힘입어 의리를 앞세워 회군할 수 있었다. 이때 민심이 불안하고 두려워하였으며 국론이 나뉘어 어지러웠는데 경이 명나라 조정에 들어가 황제를 뵙고 상황을 자세히 밝혀 아뢰었다. 천자께서 가상히 여기고 간곡한 훈계를 주셨다. 이에 경이는 위태로운 나라를 회복할 마음을 품고서 상황이 변하기를 기다렸다. 마침내 시중 이{태조의 옛 휘자} 등과 위로는 천자의 명을 받들고 아래로는 백성들의 마음을 따라 과

인을 추대하고 다른 성의 왕을 제거하니 구묘九廟에 모신 신주들이 의탁할 곳이 있게 되고 삼한의 백성들이 길이 의지할 곳을 얻게 되었다. 이제 담당 관청에 명하여 삼대를 추증追贈하고 자손의 죄를 길이 용서해주며 공신각을 세워 초상화를 걸게 하고 비석을 세워 공적을 기록하게 한다. 노비와 토지를 하사하고 또 은덩어리와 말을 준다." 하였다. 찬성사로 승진시키고 정란공신定亂功臣 호를 주었다. 판삼사사로 자리를 옮겼을 때 사헌부에서 설장수가 정몽주에게 붙었다고 탄핵하여 파직하였다. 사헌부에서 다시 상소하여 설장수를 제명하고 멀리 유배 보낼 것을 청하니 왕이 어쩔 수 없어 따랐다. 이 이후는 본조로 넘어온다.

지용기|池湧奇

지용기는 충주忠州 사람이다. 공민왕 대에 여러 관직을 거쳐 삼사 우윤三司右尹이 되었다. 신우 초에 예의 판서로 자리를 옮겼다가 밀직부사로 임명되었으며 동지사사로 승진하였다. 수성분의輸誠奮義 공신호를 받았다. 전라도 도순문사로 나갔을 때 왜적이 장흥부長興府에 침입하자 지용기가 탁사청卓思淸을 보내 회령현會寧縣에서 싸워 적 9명을 사로잡고 죽였다. 지밀직사사로 옮겼다가 또 전라도 원수가 되었다. 신우는 지용기가 왜적을 방어하지 못했다고 책망하고 도진무都鎭撫를 장杖을 쳤다.

오래지 않아 밀직사사로 승진하였다가 파직되었고 다시 양광전라경상도 조전 원수가 되었다. 왜구가 반남현潘南縣을 침범하자 지용기는 원수 이을진李乙珍과 함께 나가 싸워 적을 물리쳤는데 배 1척을 불사르고 9명의 목을 베었다. 적 가운데에는 물에 뛰어들어 죽은 자도 많았다. 후에 문하 평리로 전라도 도원수가 되었다. 오래지 않아 전라도 도순문사로 바뀠는데 왜적을 공격하여 8명의 목을 베어 바쳤다. 또 응령역應嶺驛에서 왜적을 맞아 힘써 싸우다가 화살을 맞았다.

우리 태조께서 새 임금의 옹립을 도모하는 것을 좇아서 공양왕을 세웠다. 문하찬성사로 발탁하였고 중흥공신녹권을 주었으며 충의군忠義君으로 봉했다. 조금 있다가 판삼사사에 임명하였는데 윤이尹彝·이초李初의 옥사[5]가 일어나자 헌사에서 지용기를 김종연金宗衍의 무리라고 탄핵하여 삼척三陟으로 유배 보냈다.

정읍井邑 백성 왕중명王仲明의 아들 왕익부王益富는 지용기의 처족妻族으로 지용기 집에 출입하였으며 스스로 충선왕忠宣王의 서증손庶曾孫이라고 말하였다. 정양군定陽君 왕우王瑀가 이것을 알고 고발해 체포하였다. 대사헌 김사형金士衡 등이 말하기를 "지용기는 공신의 반열에 참여하였으니 충성을 다해 왕을 보좌하는 것이 마땅합니다. 그런데 도리어 처의 재종형제 되는 왕익부를 충선왕의 증손자라 하여 집안에서 몰래 부양하였습니다. 불충한 것이 막심합니다. 전하께서는 왕익부의 일족을 멸하고 지용기의 직첩 및 공신 녹권을 회수해 그 죄를 밝히시기 바랍니다."라고 하였다. 이에 사평부司平府에 가두고 국문하여 왕익부와 아우 왕득부王得富 및 그 친족 13인을 목매어 죽였다. 왕의 총애를 받는 승려 신조神照가 평소 지용기와 친했는데 왕에게 몰래 아뢰기를 "왕을 도와 즉위케 한 공은 오로지 지용기에게 있습니다."라고 하였다. 왕은 이 말을 믿고 힘껏 지용기를 편들어 다만 고신告身(관직 임명장)과 공신 녹권만 회수하게 하였다. 낭사郎舍 진의귀陳義貴 등이 또 말하기를 "지용기는 본래 변변치 못한 출신으로 은총과 대우가 이미 극진하였는데도 도리어 간악한 마음을 먹고 몰래 김종연의 반역 모의에 내통하였습니다. 충렬왕의 천첩의 후손을 일러 종손宗孫이라 하여 장차 그를 의지하여 분수에 넘치는 일을 넘보려 하였습니다. 그 생각과 행실이 다 드러났는데도 지금 단지 직첩만 회수하였습니다. 대의로 형법을 밝혀 주십시오." 하였다.

왕이 말하기를 "지용기가 비록 간사하고 불충하나 그러나 이미 선왕들의 어진御眞 앞에서 길이 죄를 용서할 것을 맹세하였으니 차마 죽일 수 없다." 하였다. 진의귀 등이 또 상소하여 극렬하게 주장하였고 헌사에서 또 말하기를 "지용기는 왕씨의 남은 자손을 몰래 집안에 숨겨 두고 정성껏 부양하며 떠받들었습니다. 중흥中興 초기에 벌써 해서는 안 될 말을 하였고 전하가 즉위한 후에도 먼저 자수하지 않았습니다. 어찌 그가 기회를 타서 몰래 임금으로 추대하여 반역을 꾀하는 모의를 하게 될 것을 알겠습니까." 하였다. 왕이 정몽주, 조준을 불러 의논한 후 장 100대를 친 다음 먼 지방으로

5 공양왕 때 윤이와 이초가 명에 가서 공양왕은 종실이 아니라 이성계의 인척이라는 등의 말을 하며 고려의 토벌을 요청한 일 때문에 일어난 옥사이다.

유배 보내고 가산을 몰수하였다. 공양왕 4년(1392)에 지방에서 편한 곳을 택해 살 수 있게 허락하였다. 오래지 않아 유배 살던 곳에서 죽었다. 아들은 지유용池有容이다.

논하기를,

중흥 8공신 중 정몽주, 성석린, 설장수는 유학의 종장宗匠으로 이름난 이들이었는데 왕실王室에 충성을 다 바쳤고 조준, 정도전도 유신儒臣이지만 기미를 보고 변화를 살펴 왕의 교체를 몰래 논의하였다. 심덕부, 박위, 지용기는 문음이나 무과로 진출해서 명예와 절조를 자랑하지 않을 것이지만 스스로 고려 왕실의 구신으로 자처하며 감히 하루아침에 배반하지 않고 그 사이에서 미적거리다가 마침내 윤소종 등이 옥사를 일으켜 없는 죄를 꾸며 얽히게 되었다. 만약 심덕부 등에게 한마디나마 조준, 정도전에게 붙게 하였다면 반드시 이렇게 되지는 않았을 것이다. 그러나 태조께서 여러 사람들을 대우한 것은 지극하다 할 것이다. 윤구택이 반역을 고발하자 태조께서 드러내지 않고 심덕부에게 알려주어 스스로 처신할 도리를 다하게 하셔서 박위, 지용기가 끝내 죽임을 당하지 않을 수 있었다.

김진양이 태조를 해치려 모의한 것은 일의 자취가 지극히 명백하다. 또 말하기를 "윤이, 이초의 옥사는 어린아이라도 그것이 무고인 것을 아니 그 죄가 박위, 지용기보다 무겁다." 하였다. 측근들이 죽이려 하자 태조께서 이르시기를 "김진양은 정몽주의 지시를 받았을 뿐이니 무슨 죄가 있겠는가." 하시고, 장을 치자고 청하니 말씀하시기를 "이미 관대하게 하였으니 무슨 장을 칠 일이 있는가." 하셨다. 크도다 성인의 말씀이여. 이를 통해 당시의 여러 옥사가 모두 대간의 손에서 나왔으나 태조께서 관대하게 용서하신 것을 알 수 있다.

태조의 위엄과 덕망이 나라 사람들 사이에 넘쳐서 마음이 돌아온 지 오래였다. 요동을 공격하려 군대를 일으키자 태조께서 울며 두세 번 간했지만 신우와 최영이 듣지 않았으니 회군의 거사가 어찌 부득이 한 데서 나온 것이 아니겠는가. 송나라의 태조[藝祖]가 진교陳橋에서 회군하여 왕위를 받았는데,[6] 태조께서는 이미 거짓 왕씨를 몰아내고 왕씨를 찾아 즉위시켰으니 그 모범은 송나라 태조보다 탁월하였다. 아! 진교역에서 추대하는 모의는 석수신石守信[7]과 같은 무신에게서 나왔고 범질范質,[8] 왕부王溥[9] 무리 같은 이는 참여하지 않았다. 조준, 정도전은 당대의 유신으로 왕위를 바꾸는 논의에 몰래 관계하였으니 범질, 왕부에게 죄인일 뿐 아니라 박위, 지용기에게도 부끄럽지 않은가?

김종연金宗衍 이림李琳 조민수曺敏修

김종연金宗衍

김종연의 아버지인 밀직부사 김정金精은 신돈을 죽이려고 모의한 일이 누설되어 신돈에게 죽임을 당했다. 김종연은 도망쳐 숨어 있다가 신돈이 사형 당하자 나왔다. 신우 때에 여러 차례 원수가 되어 왜적을 공격하여 공로가 있었다. 공양왕 대에 왕방王昉, 조반趙胖이 명나라 서울에서 돌아와 윤이, 이초의 옥사가 일어났다. 나라에서 처음에 조반의 말을 듣고 관계된 사람들을 국문하려 하였으나 미심쩍은 부분도 있어 결정하지 못하였다. 지용기가 김종연과 친하였는데 몰래 말하기를 "공의 이름이 윤이, 이초의 글 속에 들어 있으니 공이 위험합니다." 하니 김종연이 두려워 밤중에 도망쳤다. 이에 경내를 대대적으로 수색하여 봉주鳳州의 산속에서 붙잡아 순군 옥巡軍獄에 가두었다. 대성臺省, 형조에서 국문하였으나 자복하지 않았다.

---

6 송나라 태조가 진교역陳橋驛에서 군사를 돌려 주周나라 공제恭帝에게서 양위하는 형식으로 나라를 차지한 것을 이른다.

7 석수신石守信(928~984) : 북송北宋의 장령將令. 5대代 후주後周 때에 송태조 조광윤趙匡胤과 의사형제義社兄弟를 맺었다.

8 범질范質(911~964)은 5대代 후주後周와 북송北宋 초의 대신. 후량後梁, 후당後唐, 후진後晋, 후한後漢, 후주後周, 북송北宋 6왕조를 거치고 5왕조에서 관직을 가졌으며 두 왕조에서 재상이 되었다.

9 왕부(922~982)는 5대에서 북송 초기의 정치가이자 역사가.

이튿날 저녁에 김종연이 뒷간 구멍으로 빠져나와 그 아들 백균伯鈞, 맹균孟鈞, 중균仲鈞 및 종 몇 명을 데리고 달아났다. 사흘 동안이나 성 안을 대대적으로 수색하였으나 잡지 못하자 옥을 엄하게 경비하지 못했다 하여 당직 영사令士를 목 베고 진무鎭撫 이사영李士穎 등을 옥에 가두었다.

서경 천호千戶인 윤구택이 천호 양백지楊百之와 술을 마셨는데 술이 취하자 말하기를 "그대는 재상이 될 생각이 없는가." 하니 양백지가 답하기를 "누가 그런 마음이 없겠는가. 다만 되기가 어려울 따름이지." 하였다. 윤구택이 말하기를 "김종연이 조유趙裕와 함께 모의하여 이 시중(이성계)을 해치려 하니 그대가 정병을 모아 우리와 한마음이 된다면 재상 직은 얻을 수 있다. 심 시중도 이 모의를 알고 있다." 하였다. 양백지는 겉으로는 윤구택에게 승낙하는 체하였으나 모의가 누설될까 두려워하였다. 남경南京에 와서 우리 태조께 알리기 "김종연이 도망쳐 서경에 이르러 우리와 군사를 일으켜 시중을 해칠 모의를 하기로 약속하였습니다. 김종연이 이미 몰래 개경에 들어와 시중 심덕부, 판삼사사 지용기, 판자혜부判慈惠府 정희계鄭熙啓, 평리 박위朴葳, 밀직 윤사덕尹師德, 부윤 이빈李彬, 나주 절제羅州節制 이무李茂, 전주 절제 진을서陳乙瑞, 강릉 절제 이옥李沃, 전밀직 진원서陳原瑞 및 이중화李仲和 등과 난을 일으킬 것을 모의하였습니다. 조유가 또 저에게 이르기를 '심 시중이 그 진무 조언曹彦, 김조부金兆府, 곽선郭璇, 위중魏种, 장익張翼과 나에게 휘하의 병력을 동원해 이 시중을 공격하게 하려 한다.' 하였습니다." 하였다.

태조께서 그 말을 심덕부에게 알려주었다. 심덕부는 태조와 의논한 후 조유를 옥에 가두고 천호 정을방鄭乙邦을 개경에 보내 김종연의 처와 장인 송호산宋壺山을 순군옥에 가두었다. 아울러 인척인 박천상朴天祥, 박가흥朴可興을 잡아서 국문하였다. 김종연의 처가 울며 말하기를 "설사 제가 남편이 있는 곳을 안다하더라도 어찌 차마 말하겠습니까. 하물며 저는 모르는데 어쩌겠습니까." 하였다. 박가흥을 고문하자 이에 자복하기를 "애초에 김종연은 안협安峽에 있는 인가에 숨어 있었는데 군사를 동원하여 포위하자 석굴로 도망쳐 들어갔습니다. 다시 석굴을 포위하자 김종연이 칼을 뽑아 한 병졸을 치고 포위를 뚫고 달아났습니다. 평양에 이르러 전 판사 권충權忠의 집에 숨었는데 권충의 아들인 진사 권격權格과 서로 잘 지냈습니다."라고 하였다. 이에 권격을 체포하여 고문하며 김종연이 있는 곳과 같이 모의한 자를 물었다. 권격이 지용기, 정희계, 박위, 윤사덕, 이빈 등을 지목하였다.

헌부에서 상소하여 지용기 등을 극형에 처할 것을 청하였으나 왕은 이것을 믿지 않아 궁궐에 보류해 두고 내려보내지 않았다. 대간이 날마다 합문에 엎드려 논박하여 청하자 이에 지용기를 삼척三陟으로, 박위를 풍주豊州로, 정희계를 안변安邊으로, 윤사덕을 회양淮陽으로 이빈을 안협으로 유배 보냈다. 대간이 또 말하기를 "지용기 등은 이미 유배되었는데 다만 이무, 진을서, 진원서, 이옥 등도 권격과 연루되어 죄가 지용기 등과 같으나 아직 죄를 받지 않았습니다. 그들의 죄도 모두 바르게 하시기를 바랍니다." 하였다. 왕이 이무, 진을서, 이옥은 공적이 있으며 또 김종연이 아직 달아나기 전에 이미 지방 관직에 임명되어 그 정상이 의심스럽다고 하여 진원서는 홍덕興德으로 유배 보내는 데 그쳤다. 조유를 교형에 처하였고 심덕부 및 조언 등을 유배 보냈다. 이와 관련된 말은 심덕부전에 있다.

순군 진무 임순례任純禮를 서해西海로 보내 김종연을 체포하게 하였는데 수색이 매우 급박하여 김종연이 지나간 곳에서 고문하고 구금한 자가 수백 명이었다. 서로 다른 사람을 끌어 대어 서울과 지방이 모두 떠들썩하였다. 김종연이 주리고 곤궁하여 곡주谷州의 숲속에 숨어 있다가 한 사람을 보고는 말하기를 "내가 굶어 죽을 지경이니 나를 구해 주십시오." 하였다. 그 사람이 답하기를 "여기에 있으면 내가 죽을 끓여서 오겠소." 하고는 마침내 관청에 신고하니 엄습하여 체포하였다.

설장수, 조준과 대간에게 국문하게 하니 도망쳐서 숨는 동안 지나며 머물렀던 곳이 권격이 말한 것과 같았다. 또 반란을 모의한 일을 국문하자 김종연은 주리고 지쳐서 말을 하지 못하였다. 옥관이 힐책하기를 "지금 이 신문은 임금님의 명령인데 어찌 대답하지 않는가?" 하니 김종연이 목구멍에서 작은 소리를 내어 답하기를 "나는 차마 죽을 수 없었고 또 야박한 운수가 모여 이 지경까지 왔을 뿐이지 실로 모의한 일도 없다." 하였다. 또 묻기를 "권격, 이천용이 너의 모의를 이미 말했는데 어찌하여 숨기느냐?" 하자 김종연이 답하기를 "권격, 이천용과 공모해서 무슨 일을 이룰 수 있겠는가?

내가 본래 모의하지 않았다는 것은 이것으로도 알 수 있다.” 하였다. 김종연이 매우 굶주려 고문을 할 수 없어서 죽을 마시게 하고 따뜻한 방에 넣었더니 곧 죽었다. 임순례가 도중에 먹이지도 않았고 하루 밤낮으로 300리나 달려 주리고 지치게 하여 죽게 한 것이 아닌가 하고 사람들이 모두 의심하였다. 임순례를 탄핵하고 김종연의 사지를 찢어 각 도에 돌렸다. 권충, 권격, 이천용, 정보鄭甫, 박원실朴原實 등을 참형에 처하고 박가홍, 이중화, 김식金軾을 먼 지방에 유배 보냈다.

윤구택의 공을 평가하여 판서운관사에 임명하였으나 낭사들이 여러 달 동안 그 임명장[告身]에 서명하지 않았다. 이에 식목 녹사式目錄事가 낭사들이 김종연을 편들어 음모를 비호한다고 탄핵하여 그들의 죄를 다스리라고 청하였다. 도당에서도 또 상소하여 청하자 이에 상시常侍 진의귀陳義貴·정습인鄭習仁, 사의司議 이황李滉·권담權湛, 사인舍人 우홍부禹洪富, 헌납 송우宋愚·맹사성孟思誠, 정언 윤규尹珪·윤수尹須를 순군 옥에다 가두고 국문한 후 모두 지방에 유배 보냈다. 다만 권담은 논의를 처음 제기하였다고 하여 고신을 모두 삭탈하였다.

이림李琳

이림은 고성현固城縣 사람으로 그의 아버지 이교李嶠는 감찰대부監察大夫 벼슬을 지냈다. 이림은 공민왕 대에 여러 차례 자리를 옮겨 밀직부사가 되었다. 신우 때에 판사사로 승진하였다. 신우가 이림의 딸을 맞아들여 근비謹妃로 책봉하고 이림을 철성부원군鐵城府院君으로, 이림의 어머니 이씨를 삼한국 대부인三韓國大夫人으로, 이림의 처 홍씨를 변한국 대부인卞韓國大夫人으로 봉하였다.

이림은 불교를 좋아하여 일찍이 사불산四佛山(경북 문경 소재)에 가려 하였으나 신우가 임금의 장인은 가벼이 나갈 수 없다고 하여 말렸다. 화장사華藏寺 승려 각연覺然이 득도했다고 자칭하고 비록 고관들이라도 미혹하게 하였다. 헌사가 각연을 국문하자 평소 그를 존경하고 믿던 이들이 모두 안타까워하였다. 이림은 더욱 애통해하며 문밖에 서서 크게 소리 질렀다.

신창 때에 문하 시중에 임명되었고 칼을 차고 신발을 신은 채 전상殿上에 오르도록 하였으며 왕을 알현하는 절차에서 이름을 부르지 않게 하였다. 이림이 관직에서 벗어나기를 청하였으나 들어주지 않았다. 공양왕이 즉위하고 김저金佇, 변안열邊安烈의 옥사가 일어나자 그 말에 이림 및 그 아들 이귀생李貴生이 연루되었으므로 먼 지방에 유배 보냈다. 집의 남재南在 등을 보내 사실을 심문하게 하였다. 간관 윤소종 등이 상소하기를 "지금 경상관찰사 김주金湊, 집의 남재, 판사 손흥종孫興宗, 헌납 함부림咸傅霖 등이 함께 이귀생을 국문한 조서를 보니 지난해 10월 우인열禹仁烈이 먼저 변인렬의 집에 도착했고 이귀생은 아버지 이림을 따라 뒤이어 도착했는데, 변안열이 이림에게 이르기를 '이을진李乙珍, 이경도李慶道, 곽충보郭忠輔 등을 시켜 시중 이{태조의 옛 휘자}를 해친 후에 우인열이 왕안덕王安德, 우홍수禹洪壽 등과 함께 여흥驪興에 가서 신우를 맞아올 계획이 이미 작정되었다.' 하니 우인열이 말없이 미소를 지었다 합니다. 그 정상이 마땅히 신문해야 할 것입니다. 이귀생의 말은 명백하여 신 등이 전에 아뢴 김저의 말과 한 입에서 나온 것 같습니다. 우인열, 왕안덕, 우홍수 등이 변안열에게 붙어 신우를 세워 우리 왕씨가 끊어지게 하려 한 죄는 천지간에 용납할 수 없고 선왕들도 용서하지 않을 것이며 왕씨의 신하들에게는 불구대천의 원수입니다. 전하께서 이미 변안열에게 사사로이 하지 않으시고 처형하셨는데 우인열 등 세 사람은 아직도 처형하지 않으셨으니 두 마음을 품은 이들로 인한 화가 매우 두렵습니다. 우인열, 왕안덕, 우홍수에게 형법을 바르게 적용하여 하늘에 계신 선왕들의 영을 위로하고 만세의 난적의 무리를 징계하시기 바랍니다." 하였다. 소가 올라오자 궁중에 보류해두고 내려보내지 않았다.

대간이 번갈아 상소하기를 "명나라 황제의 훈유하신 것을 보니 '고려의 신하된 자들 중에는 충신과 역적이 섞여 있으니 왕씨를 가탁하여 다른 성을 왕으로 삼은 것도 삼한이 대대로 지켜갈 좋은 계략은 아니다.' 하였습니다. 이것은 황제가 거룩하고 명철하게 살펴 외국의 일이라도 속마음을 들여다보는 것처럼 알아 천하 사람들이 만 리를 내다본다고 칭찬하는 바이니 믿을 만합니다. 그가 제후의 대가 끊어진 것을 이어주려고 하는 의리도 지극합니다.

지금 시중 이{태조 옛 휘자}가 평소 충의를 품고 늘 거짓 조정에 대해 걱정하며 마음을 썩였으나 감히 입 밖으로 내지 못하였습니다. 신우가 요동을 공격하는 전역을 일으키자 최영이 주관하였는데 이{태조의 옛 휘자}가 힘써 저지하였으나 이루지 못하고 행군하여 압록강에 이르러 회군하여 신우를 물러나게 하고 최영을 내쫓았습니다. 종친을 세울 것을 의논하였으나 주장主將인 조민수는 이인임, 이림의 친척으로서 이색에게 상의하여 신우의 아들 창을 즉위시키니 이{태조의 옛 휘자}는 충성스러운 마음은 더욱 절실해졌습니다. 명나라 황제의 훈유의 말을 보자 서슴없이 반정할 뜻을 갖게 되고 목숨을 건 계획을 세워 대의를 주창하고 대책을 확정하여 전하를 받들어 정통을 회복하였으니 종묘에서 다시 제사지낼[血食] 수 있게 되었습니다. 신들이 생각하기에 이 사람이 바로 천자가 말한 충신입니다.

이인임은 정권을 오로지 하고 총애를 굳히려 하여 신돈의 아들을 공민왕의 궁인이 낳은 아들이라 속여 즉위시키고 그 집안 아우인 이림의 딸을 시집보냈습니다. 그 후에 조민수, 이색이 함께 아들 창을 즉위시켰습니다. 변안열, 이림, 이귀생, 정지鄭地, 우인열, 왕안덕, 우홍수, 원상元庠 등은 또 시중 이{태조의 옛 휘자}를 해쳐서 우리 왕씨의 제사를 끊으려 모의하였습니다. 다행히 종묘 사직의 영험에 힘입어 흉악한 모의가 성공하지 못하였습니다. 만약 변안열의 계책이 실행되었다면 어찌 오직 시중 이{태조의 옛 휘자}만 화를 면하지 못하였겠습니까. 왕씨 종친도 역시 남은 무리가 없을 것이며 전하의 대사도 사라졌을 것입니다. 신들이 생각하기에 이들이 천자가 말한 역적입니다.

비록 변안열은 처형되었지만 나머지 무리가 아직 처형되지 않았기에 신들이 상소하여 죄 주기를 청하였습니다. 그런데 전하께서는 윤허하지 않으실 뿐만 아니라 도리어 이들을 칭찬하고 장려하셨습니다. 다시 글을 올렸지만 또 처리하지 않으셨습니다. 충성과 역적이 뒤섞이는 것은 중흥하는 초기의 정치에 흠이 됩니다. 옛날이나 지금이나 임금이 우유부단하여 화란을 불러들인 예가 매우 많으니 신들이 크게 전하를 위하여 안타까워합니다. 신들이 말하는 것은 단지 사직을 위한 것인데 전하께서 소중히 여기시는 것은 무엇인지 아직 모르겠습니다. 전하께서 이 무리들을 용서하신다면 삼한의 사람들이 인척의 사사로움을 가지고 전하를 엿볼까 두렵습니다. 또 천자가 말한 충신과 역적이 뒤섞이는 것이 지난날과 같을까 두렵습니다. 엎드려 바라기는 전하께서 공의로 결단하셔서 이림, 이귀생, 정지, 우인열, 왕안덕, 우홍수, 원상, 이을진, 이경도 등에게 그 죄에 대해 바로 다스리신다면 충신과 역적이 나뉘고 조정은 맑아지고 난신적자는 경계해야 함을 알게 될 것입니다." 하였으나 왕이 답하지 않았다.

대간이 다시 상소하기를 "법은 천하 고금을 통해 사람들이 함께 하는 것으로 한 사람이 사사로이 할 수 있는 것이 아닙니다. 이 때문에 잘 다스리고자 하는 임금은 죄가 있으면 비록 지친이라도 반드시 벌을 주었으며, 공이 있으면 비록 원수라도 반드시 상을 주었습니다. 관숙管叔은 성왕成王의 숙부였으나 주공周公을 위해하려 하니 처형을 당하였고 한나라 상관안上官安은 소제昭帝의 장인이었지만 곽광霍光을 해칠 모의를 하다가 멸족을 당하였습니다. 이는 모두 공적인 것을 가지고 사적인 것을 없애고 나라를 위해 집안을 돌보지 않는 것입니다. 만약 주공과 곽광이 성왕과 소제의 의심을 받았다면 주나라와 한나라의 왕업이 오래 계속될 것을 기약할 수 없었을 것입니다.

당나라의 장간지張柬之 등 다섯 사람은 사직에 충의를 다한 신하였습니다. 중종中宗이 그들이 추대하는 데 힘입어 들어가 정통을 이었으나 무삼사武三思의 반역한 죄상을 훤히 알면서도 사사로운 정에 끌려 우유부단하다가 끝내 충의로운 공신들이 모두 그 목숨을 보전하지 못하게 하였습니다. 오래지 않아 자신도 여기서 벗어나지 못하였으니 사적인 것으로 공적인 것을 멸하고 집안만 알고 나라를 모른 것입니다. 천년 후에도 중종의 우유부단한 것을 안타까워하고 다섯 왕의 계책이 실패한 것을 한스러워 합니다.

우리 공민왕의 초기 정치가 훌륭했던 것을 전하께서 친히 보셨습니다. 그러나 그 말년에 충직한 신하를 멀리하고 간사한 자들을 가까이 하셨으며 상벌이 마땅하지 않았습니다. 마침내 공신이 하나도 보전되지 못했고 끝내 16년 동안 다른 성이 왕이 되는 화를 불러들였습니다.

지금 천자가 강직하고 명석하며 과단성 있게 상벌을 공정하게 하여 천하를 하나로 통일할 수 있었습니다. 그러나 한 역승驛丞 때문에 친왕의 머리카락을 모두 뽑아서 천하에 사과하였습니다. 천자의 존귀함으로도 그 아들을 용서할 수 없었던 것입니다. 진실로 법은 한 사람이 사사로이 할 수 있는 것이 아닙니다.

무진년(1388, 우왕 14)에 회군하고 나서 여러 장수들이 왕씨를 즉위시킬 것을 의논하였으나 조민수가 주장으로 여러 사람의 논의를 막고 이색, 이림과 상의하여 창을 즉위시켰습니다. 이색은 조민수, 이림과 함께 모의하여 창을 즉위시키고는 또 우를 맞아들일 것을 모의하였습니다. 이 두 사람은 대대로 왕씨의 신하들이었고 또 대장과 대유大儒가 되어 대의를 앞서 주창하여 부흥을 도모해야 마땅한데도 도리어 여러 사람의 논의를 막고 다른 성을 세웠으니 그들이 선왕에게 죄인이 된 것은 매우 분명합니다.

권근은 천자의 왕씨를 복위하라는 자문咨文을 가지고 오면서 중간에서 사사로이 열어보고 밀지를 미리 알고는 도당에 부치지 않고 이림에게 먼저 보였습니다. 그가 천자를 속이고 왕씨를 배반하였으며 다른 성에게 붙어 반란을 모의하였으니 선왕에게 죄를 지은 것이 또한 큽니다.

이림, 이귀생, 이을진, 정지, 우인열, 이경도, 왕안덕, 우홍수, 원상 등은 변안열과 함께 사직을 위하는 대신을 해치고 신우를 맞으려 하였습니다. 대개 대신을 죽이려 모의한 자도 용서할 수 없는데 하물며 다른 성을 옹립하여 우리 대대 선왕의 영혼들이 제사를 받을 수 없게 한 자이겠습니까. 만약 역모가 뜻대로 되었다면 전하께서 어떻게 중흥의 업을 이루실 수 있으며 조종께서는 어떻게 효성스런 자손의 제사를 받으실 수 있겠습니까. 그런즉 이 역적의 무리들은 대대 선왕의 자손이 같은 하늘 아래 살 수 있는 자들이 아니며 왕씨의 신하된 자들이 삼한 땅 위에서 함께 서 있을 수 있는 자들이 아닙니다. 전하께서는 삼한의 사직을 위하여 염려하고 만대 후손을 위하여 계획하셔서 단연코 대의로 그 죄를 밝히시기 바랍니다." 하였다.

왕이 우리 태조 및 심덕부를 불러 말하기를 "대간이 논박하는 조민수와 권근은 이미 죄를 주었으니 마땅히 경들이 대간을 타일러서 다시 논집하지 않게 하라." 하였다. 마침내 이림을 철원鐵原으로, 이색을 함창咸昌으로, 정지를 횡천橫川으로, 이귀생을 고성固城으로 옮기고 우인열을 청풍에 유배 보냈으며 이을진, 이경도는 곤장을 쳤다. 왕안덕, 우홍수는 공로가 있고 원상은 단지 변안열의 말을 들었을 뿐이라 하여 모두 용서하였다.

대간이 다시 청하기를 "죄 중에 반역보다 더 큰 것이 없으니 천하 만대에 용서할 수 없는 것입니다. 변안열은 몰래 반역을 도모하여 대신을 죽이고 신우를 맞아들임으로써 자기가 야욕을 다하려 하였습니다. 신들이 상소하여 그 일당을 국문할 것을 요청하니 전하께서 신효창申孝昌, 박위생朴爲生에게 이을진을 취조하게 하셨습니다. 이을진이 이르기를 '이림, 이귀생, 정지, 이경도, 원상이 실제로 모의에 참여하였다.' 하므로 다시 대성, 순군에 국문하게 하셨습니다. 이귀생이 이림의 역모한 상황을 분명히 말하였으므로 이림을 신문하니 또한 이귀생의 말과 같았으나 전하께서는 모두 용서하셨습니다.

또 어떤 자는 도리어 칭찬하고, 어떤 자는 단지 장만 쳤으며, 멀리 유배 보낸 자를 가까운 고을로 옮기기도 하고 관작을 삭탈하고 가까운 지경에 두기도 하였으며 관작을 삭탈하지 않은 자도 있습니다. 역적의 무리에게 벌을 준 것이 같지 않아 이와 같이 형정의 공정함이 크게 손상되었습니다. 따라서 장차 기강이 느슨해지고 아첨하고 참소하는 일이 날로 성해지면 흉악한 역도들이 뜻을 얻어 간쟁하는 신하는 입을 닫고 충성스럽고 어진 신하는 뜻대로 되지 않음을 원망할 것입니다. 이렇게 되면 어지럽고 위태로운 때가 곧 이르러 나라를 중흥하는 대업은 와해될 것입니다.

이림, 이귀생이 역적의 괴수 변안열과 함께 몰래 반역을 꾀한 실상이 이미 드러났고 우인열이 이림, 이귀생과 함께 변안열의 집에 가서 함께 모의한 정황도 명백합니다. 변안열이 우인열, 왕안덕, 우홍수에게 신우를 맞아 오게 하려 하였습니다. 사람이 참으로 많은데도 반드시 세 사람에게 신우를 맞아오게 하였으니 그들이 음모에 참여한 것은 틀림이 없습니다. 우인열은 본래 절개 있는 행실이 없는 자로서 이인임에게 아부하여, 왕안덕은 군공 있는 사람의 연줄로 장수와 정승이 되었는데 전하께서는 도리어 이 두 사람에게 공로가 있다 하여 관작과 상을 더하시는 것은 무엇 때문입니까?

우홍수는 신우 때에 기밀 업무를 담당하였는데 청렴하지 않다는 비난이 꽤 있었지만 오직 다만 가문의 덕으로 재빨리 재상에 오를 수 있었고 이을진, 이경도는 미련하고 어리석어 아는 것이 없으며 군졸로 진출하여 군공이 있다고 함부로 칭하여 관작과 녹봉을 훔쳤습니다. 이들이 이제 모두 역적 괴수의 심복이 되어 자객刺客 대열의 맨 앞에 섰으니 어찌 장만 치고 말 수 있겠습니까? 권근은 명나라 조정의 자문을 사사로

이 열어보고는 역적 무리에게 먼저 보여주었으니 그 죄는 처형을 면할 수 없습니다. 조민수는 주장의 권한을 가지고 많은 사람의 논의를 막고 다른 성을 세웠습니다. 이색은 당대 유학의 종장으로 왕씨를 다시 세우려는 의논을 기쁘게 따라야 함에도 도리어 이를 막았습니다. 이들은 모두 왕씨 조종祖宗의 죄인들입니다. 정지와 원상이 음모에 가담한 실상은 이을진이 이미 분명히 말하였는데 어찌 그것을 분간하지 않고 갑자기 내버려 둘 수 있습니까? 전하께서 자손만대에 이어갈 계책을 깊이 생각하시어 그들의 죄를 바르게 처결함으로써 삼한 신민의 바람에 부응하시기 바랍니다." 하였다.

왕이 이림, 이귀생, 조민수, 이색, 우인열, 정지, 권근, 이을진, 이경도, 왕안덕, 우홍수, 원상 등을 지방에 유배 보내라고 명하였다. 간관들이 다시 상소하여 힘껏 간하였으나 왕은 듣지 않았다. 대간이 다시 번갈아 상소하기를 "지난 번에 변안열은 사전私田을 혁파한 것에 대해 분을 품고 있다가 명나라 예부禮部의 자문이 오자 그는 왕씨를 모두 없애고 신씨를 공고히 할 마음을 먹고 이에 이림, 우인열, 왕안덕, 우홍수, 이귀생 등과 함께 몰래 반역을 모의하였습니다. 이을진, 이경도를 자객을 삼아 충량한 신하를 살해하여 국가를 어지럽힐 것을 꾀하였으니 만일 그 계획이 실행되었다면 왕씨의 중흥을 바랄 수 있었겠습니까. 지금 도리어 역적 무리에게 관직을 더해 주고 총애가 남다르시니 이는 만세의 반역의 무리를 권하는 것입니다.

시중 이(태조의 옛 휘자)는 장수와 재상의 재주를 겸비하였고 마음이 사직에 있으며 이웃의 적은 그 위엄을 두려워하고 중국에서는 그 이름을 흠모하니 나라의 존망이 실로 이 사람에게 달려 있습니다. 만약 이 사람이 아니었다면 전하께서는 어떻게 중흥의 대업을 이룰 수 있었겠습니까. 태조 이하 31대의 선왕의 영혼은 어떻게 전하의 효성스런 제사를 받을 있었겠습니까. 지금 역적 무리를 제거하지 않아 점차 그 뜻대로 된다면 신들은 사직의 충신들이 반드시 당나라 왕실의 5왕이 역적 무리의 중상에서 벗어나지 못한 것처럼 될까 두렵습니다. 어찌 하여 전하께서는 인척이라는 이유로 법을 굽혀 용서하십니까. 형법을 바로 잡아 후세를 경계하실 것을 간청합니다." 하였으나 듣지 않았다.

대간이 다시 상소하기를 "대역의 죄는 천지간에 용납될 수 없고 인륜이 용서하지 않는 바이므로 공자께서 『춘추』를 지어 난신을 처형하고 역적을 토벌함에 반드시 아직 드러나지 않은 남을 해치려는 마음을 먼저 다스렸습니다. 하물며 이미 드러난 대역의 범죄이겠습니까. 전하께서는 이미 태조의 신성한 후손이시니 변안열의 무리는 전하의 대대의 원수입니다. 나라 사람들이 그 죄를 분명히 아는데도 전하께서 용서하시면 전하도 선왕들의 죄인이 됩니다. 어찌 하여 인척이라는 이유로 남을 헐뜯는 말을 듣고는 믿어 이 역적의 무리를 용서하셔서 마침내 안에서는 간사한 무리들이 뜻을 이루게 하고 밖에서는 충성스럽고 의로운 신하들이 와해되게 하십니까. 대개 반역을 꾀하는 자들은 먼저 한편이 되는 무리가 번성한 후에야 악한 짓을 감행하는데 전하께서는 변안열이 한편이 되는 무리가 없이 혼자 모의했다고 여기시는지 모르겠습니다. 엎드려 바라기는 전하께서 은정을 끊고 법을 밝히셔서 이림 등을 형법대로 처리하십시오." 하였으나 또 윤허하지 않았다.

윤이尹彝, 이초李初의 옥사가 일어나자 왕이 이림을 청주에 구금하였다가 이내 수재로 인하여 석방하였다. 헌사가 다시 가벼이 용서할 수 없다 아뢰었으나 왕이 듣지 않고 오래지 않아 이림 및 이귀생을 용서하였다. 낭사 허응許應 등이 상소하기를 "전하께서 즉위한 초기에 이림, 강인유姜仁裕, 왕흥王興, 신아申雅 등이 일찍이 가짜 왕씨의 조정에 있으면서 왕이 총애하는 여자에게 기대 법을 훼손하고 기강을 어지럽혔다고 모두 유배 보내셨습니다. 그러나 오래지 않아 용서하는 은혜를 입어 개경에 모였으니 징계하는 바가 없었습니다. 헌사에 내려 먼 지방으로 내치시기를 청합니다." 하자 왕이 따랐다. 이림을 충주로, 강인유를 풍주豊州로, 왕흥을 청주로, 신아를 전주로 유배 보냈다. 이림이 유배된 곳에서 병으로 죽었다. 그의 아들은 이귀생과 이무생李茂生이 있었다.

조민수曺敏修

조민수는 창녕현昌寧縣 사람이다. 공민왕 때에 순주順州 수령으로 나갔는데 홍건적이 침입하자 조민수가 여러 장수들과 함께 공격하여 패주시켜 2등으로 녹훈되었다. 여러 차례 자리를 옮겨 전리 판서가 되었고 동지밀직사로 승진하였으며 충근보리공신忠勤輔理功臣의 호를 받았다.

신우 초에 경상도 도순문사가 되었을 때 왜적이 김해金海에 침입하여 멋대로 목숨을 빼앗고 약탈하였으며 관청과 성문을 불살랐다. 조민수가 적과 싸워 패하였고 또 대구大丘에서도 싸워 역시 패배하였으며 안집安集, 노처중盧處中이 전사하였고 사졸 중에 죽은 자도 매우 많았다. 왜적의 배 수십 척이 김해에서 황산강黃山江을 거슬러 올라 밀성密城을 침범하려 하니 조민수가 이들을 맞아 공격하여 적 수십 명을 죽였다. 신우가 중사中使를 보내 의복과 술과 말을 하사하였다. 왜적이 또 진주晉州에 침입하자 조민수가 청수역淸水驛에서 싸워서 적 13명의 목을 베어 바쳤다.

지문하부사知門下府事로 승진하여 서북면 도체찰사가 되었을 때 정요위定遼衛[10] 도사都事 고가노高家奴가 나하추[納哈出]이 북원北元과 함께 여러 차례 우리나라에 사신을 보내 관계를 좋게 했다는 말을 듣고 병졸 200여 명을 보내 압록강을 건너 와서 행상하며 우리 나라를 몰래 살펴보게 하였다. 조민수가 말하기를 "천자의 뜻으로 사사로이 장사하는 것을 금했다고 들었는데 너희들은 어찌하여 명령을 어기고 우리 강토를 시끄럽게 하는가." 하자 그 병졸들이 압록강을 건너서 돌아갔다.

평리로 자리를 옮겼다가 수시중에 임명되자 글을 올려 사퇴할 것을 청하였지만 신우가 들어주지 않았다. 조민수가 여러 재상들과 함께 건의하기를 "군국軍國의 경비經費가 넉넉하지 않으니 모든 사급전賜給田, 구분전口分田, 사사전寺社田의 전조田租를 모두 국가에서 징수하여 경비經費에 보충하십시오." 하였으나 신우가 따르지 않았다. 조민수는 파직되었고 창성부원군昌城府院君에 임명되었다. 오래지 않아 판문하부사가 되었다.

신우가 요동을 공격할 때 조민수는 좌군도통사가 되었는데 그때의 일은 신우 전傳에 실려 있다. 우리 태조께서 회군할 때 조민수와 함께 왕씨를 다시 세울 것을 의논하였는데 조민수도 역시 옳다고 하였다. 신우가 폐위되자 태조께서는 왕씨를 골라 즉위시키려 하였지만 조민수는 이인임의 옛날 은혜를 기억하여 이림의 딸인 근비謹妃의 아들 창을 즉위시키는 것을 도왔다. 이림은 이인임의 외사촌 동생이었다. 그러면서 여러 장

10 명나라가 요양에 설치한 지방 행정기구이다.

수들이 자기 뜻을 어길까 염려하여 한산군韓山君 이색이 당시의 이름난 유학자이므로 그 말을 빙자하려고 비밀리에 이색에게 물었다. 이색도 창을 즉위시키려 하였으므로 이에 말하기를 "마땅히 전왕의 아들을 세워야 한다." 하였다.

태조께서 조민수에게 이르시기를 "회군할 때 정한 논의는 어찌할 것인가." 하니 조민수가 낯빛이 변하며 답하기를 "원자를 즉위시키로 한산군이 이미 결정하였으니 어찌 어길 수 있겠는가." 하였다. 마침내 창을 즉위시켰다. 조민수가 신창에게 이인임, 이숭인李崇仁 등을 부를 것을 요청하였는데 그때 이인임은 이미 죽었다. 신창이 조민수를 양광전라경상서해교주도 도통사로 삼고 충근양절선위동덕안사공신忠勤良節宣威同德安社功臣 호를 주었다.

임견미林堅味, 염흥방廉興邦이 처형되었을 때 조민수는 화가 자기에게도 미칠까 두려워 일찍이 빼앗았던 백성들의 토지[民田]를 모두 그 주인에게 돌려주었다. 이때에 이르러 점점 다시 빼앗아 자기 탐욕을 마음껏 채웠다. 또 사전私田을 혁파하려는 논의를 막아 이인임이 한 일을 따라하였다. 조준이 상소하여 탄핵하니 조민수를 창녕昌寧으로 유배 보냈다. 아울러 그 진무 남성리南成理를 공주公州로, 허연許珚을 봉주鳳州로 유배 보냈다. 신창이 좌대언 권근을 보내 조민수에게 술을 하사하면서 말하기를 "경이 비록 죄가 있다고 하나 공로가 그것을 덮을 수 있으니 유배 보내서는 안 된다. 다만 즉위한 초기여서 간신의 말을 듣지 않을 수 없을 따름이다." 하였다. 신창이 생일을 맞아 죄를 사면하고 조민수가 고향에 가도록 풀어주었다.

공양왕이 즉위하자 간관 오사충吳思忠, 조박趙璞 등이 상소하기를 "여러 장수들이 회군하여 왕씨를 즉위시키기로 의논하였을 때 조민수는 이인임의 인척으로 창을 즉위시키려고 이색에게 계책을 묻고 마침내 의논을 결정하여 창을 즉위시켰습니다. 담당 관청에 내려 죄를 다스리시기를 청합니다." 하였다. 왕이 삭탈관작 하도록 명하고 다시 사헌 규정糾正 전시田時를 보내 국문하게 하였다.

낭사 윤소종 등이 글을 올렸는데 대략 이르기를 "조민수는 적신 이인임에게 붙어 지위가 재상에 되어서는 탐욕과 포악을 멋대로 하여 풍속을 크게 무너뜨렸습니다. 또 주장으로서 왕씨를 즉위시키려는 논의를 막고 창을 즉위시켜 우리 종묘의 제사를 끊으려 하였습니다. 권근은 천자의 편지를 마음대로 열어 보고 신씨의 무리로 붙어 그것을 이림에게 먼저 보여주었습니다. 이 두 사람의 역모는 천지간에 용납할 수 없고 조종도 용서하지 않을 것입니다. 이들을 담당 관원에게 내려 법대로 바르게 다스리시기를 청합니다." 하였다. 왕은 조민수에게 회군한 큰 공이 있으니 중죄로 다스려서는 안 된다가 하여 먼 지방에 유배 보내는 데 그쳤으며 권근도 장을 치고 유배 보냈다.

헌사에서 상소하여 조민수와 이색이 신창을 즉위를 논의하고 또 신우를 다시 맞아들이려 한 죄를 다스릴 것을 청하였다. 간관이 다시 상소하여 극형에 처할 것을 청하자 이색의 관작을 삭탈하고 조민수와 함께 모두 변경 지방으로 배소를 옮기게 하였다. 대간이 다시 논박하여 아뢰었으나 왕은 답하지 않았다. 또 대간이 번갈아 상소하니 왕이 우리 태조와 심덕부에게 명하기를 "조민수에게 이미 죄를 더했으니 경들은 마땅히 대간을 타일러 다시는 고집부리며 논박하지 않게 하시오." 하였다. 왕이 회군한 공을 기록하면서 녹훈하면서 교서를 내려 칭찬하고 권장하며 공신 호를 주었다. 대간이 상소하기를 "조민수가 많은 사람의 논의를 막고 다른 성을 왕으로 세웠으니 이는 왕씨 조종의 죄인입니다. 그 죄를 바르게 다스리실 것을 청합니다." 하였으나 왕은 윤허하지 않았다.

오래지 않아 조민수가 창녕현에서 죽었다. 성헌省憲, 형조에서 아뢰기를 "조민수가 왕씨를 막고 신창을 세웠으니 그 죄는 죽여도 용납할 수 없는데 다행히 형벌로 죽는 것을 면하여 타고난 수명대로 다 살 수 있었고 그 가산도 보전하였습니다. 이 때문에 후세에 교훈을 보여줄 수 없으며 온 나라가 실망하여 원망합니다." 하였다. 왕이 정몽주, 배극렴 등을 불러 성헌, 형조와 함께 다시 의논하게 하여 조민수의 가산을 몰수하였다.

조민수의 아들 조취귀曺取貴는 일찍이 신돈의 사랑을 받았는데 김흥경金興慶이 왕에게 참소하자 왕이 양릉陽陵(신종의 능)을 참배할 때 조취귀가 거둥을 모시고 따르지[扈從] 않았다 하여 장을 쳐서 죽였다.

논찬, 결락됨.

강회백姜淮白 문익점文益漸 조운흘趙云仡 김주金湊 왕강王康

강회백姜淮白

강회백은 진주晉州 사람으로 그의 아버지 강시姜蓍는 문하찬성사를 지냈다. 강회백은 신우 초에 과거에 급제하였다. 여러 차례 자리를 옮겨 성균 좨주成均祭酒가 되었고 밀직제학, 부사, 첨서사사簽書司使를 역임하였으며 추충협보공신推忠協輔功臣 호를 받았다. 공양왕이 즉위하고 강회백, 조준, 서균형徐鈞衡, 이지李至를 세자사世子師로 삼았는데 강회백은 연소하고 학식이 없다 하여 굳이 사직하였다.

판밀직사사로 승진하였고 이조판서를 겸하였다. 강회백이 상소하기를 "길흉은 밖으로부터 오는 것이 아니며 화복은 오직 사람이 스스로 불러들이는 것이니 어찌 불교에 기대고 술수術數를 믿음으로써 복리를 바랄 이치가 있겠습니까? 부처의 도는 마음을 깨끗이 하고 욕심을 적게 하는 것으로 근본을 삼으니 만일 백성의 힘을 다 없애면서 불상을 만들고 탑을 쌓는다면 도리어 부처에게 죄를 얻어 그로 인해 재앙이 따라 올 것입니다. 근일 연복사演福寺를 짓는 역사 때문에 백성들 중에서 파산하거나 생업을 잃은 자들이 있으니 이것은 어진 정치를 망치는 큰 단서가 됩니다.

천시天時와 지리地理는 인화人和보다 못하고 다스려짐과 어지러움이 교체하는 것은 자연의 이치이니 어찌 지기가 쇠퇴하고 왕성한 것이 있으며 그에 따라 국운이 성하고 쇠하겠습니까. 개국 이래 400여 년 동안 일찍이 언제 3경京을 돌아다니며 머물렀고 36개 나라의 조회를 받았습니까. 신우가 도참설을 믿어 남경으로 도읍을 옮겼지만 어느 나라가 한강漢江에서 조회하였는지 모르겠습니다. 재이가 나타나는 것은 실로 하늘이 임금을 어질게 사랑하는 것이니 임금은 두려움으로 자신을 돌아보고 수행하여 날마다 하루를 삼가고, 몸을 단속하여 아껴서 사용해야 합니다. 때에 맞게 백성을 부리고 세금을 적게 거둔다면 위로는 하늘의 책망에 답하고 아래로는 백성들의 마음을 위로하게 되니 어찌 반드시 한양으로 도읍을 옮기려고 농민들을 공사의 사역으로 내몰아야 하겠습니까. 물자를 거두고 인력을 징발하며 농사에서 갈고 거둘 때를 놓치게 하여 나라의 근본을 흔들고 화기를 손상해야 하겠습니까.

잔치를 즐기는 것과 사치는 어진 마음을 깎아 해치는 도끼입니다. 지금 전하께서 궁중에 새 정자를 짓고 화초를 심어 편히 즐기는 곳을 만드셨습니다. 신은 이로부터 사치하는 마음이 생겨날까 두렵습니다. 또 어용의 옷을 창고로 하여금 매매하여 바치게 하는데 그 비단 1필 값이 때로는 몇 곱절이 되니 이익을 노리는 무리들이 앉아서 큰 이익을 취하고 있습니다. 창고 노예에게 비단 짜는 것을 익히게 하여 궁궐에서 필요한 것을 공급하게 하시기를 청합니다." 하니 왕이 받아들였다.

강회백이 교주강릉도도관찰출척사交州江陵道都觀察黜陟使로 나갔다가 다시 개경으로 불려와 정당문학 겸 대사헌에 임명되었다. 동료들과 함께 아뢰기를 "아래에서 사람의 일이 어그러지면 위로 하늘의 변이가 나타나는 법입니다. 지금 별이 길을 잃고 개기일식이 있으며 또 농사철을 당해 갈고 파종할 때에 추위와 얼음이 풀리지 않아 기후가 한겨울 같습니다. 이는 반드시 불러들인 원인이 있을 것이 근심하지 않을 수 없습니다. 전하께서는 두려움으로 반성하고 수행하셔서 정사와 형벌을 밝히시고 하늘의 경계에 조심하심으로써 천심에 보답하시기 바랍니다. 그와 함께 서울과 지방의 긴급하지 않은 토목 공사는 모두 정지하고 그만두도록 명하셔서 원망하는 정서를 누그러뜨리시기 바랍니다." 하니 왕이 따랐다.

간관 김진양金震陽 등이 정몽주의 지시를 받아 조준, 정도전 등의 죄를 탄핵하였는데 강회백도 대관을 거느리고 상소하여 조준 등을 탄핵하였다. 정몽주가 죽자 김진양 등이 모두 장을 맞고 유배되었으나 강회백은 왕의 사위인 강회계姜淮季의 형이어서 연좌되지 않았다. 강회백이 마침내 병을 핑계로 사직하였다.

좌상시 김자수金子粹 등이 상소하기를 "강회백 등이 무고한 사람의 죄를 얽어서 꾸며 전하를 귀를 속였으므로 전하께서는 한두 명의 대신에게 엄히 조사하여 죄의 실상을 알아내게 명하셨습니다. 그 결과 김진양, 정희鄭熙 등 10인이 모두 그 죄를 자복하고 먼 지방으로 유배되었습니다. 그런데 유독 강회백과 유기柳沂만은 간신히 모면하고 집에 있으니 마치 그 논의에 참여하지 않은 자들 같습니다. 죄는 같은데 벌은 달라졌으니 전하께서 대의로 결단하셔서 강회백과 유기의 직을 삭탈하고 먼 지방에 유배 보냄으로써 나라의 법을 바로잡으시기 바랍니다." 하였다. 왕이 어쩔 수 없이 따라 강회백을 진양晉陽으로 유배 보냈다. 강회백은 본조에 들어와 동북면도순문사가 되었고 46세에 죽었다. 그의 아들은 강종덕姜宗德, 강우덕姜友德, 강진덕姜進德, 강석덕姜碩德, 강순덕姜順德이 있었다.

문익점文益漸

문익점은 진주 강성현江城縣 사람이다. 공민왕대에 과거에 급제하여 여러 차례 올라 정언正言이 되었다. 원나라에 사신으로 갔다가 그대로 머물러서는 덕흥군에게 붙었다. 덕흥군이 패하자 돌아오면서 목화 씨를 얻어 가지고 와서 자기의 장인인 정천익鄭天益에게 부탁하여 그것을 심었다. 처음에는 기르는 기술이 없어서 단지 한 줄기만 살았는데 삼 년 만에 크게 불어났다. 목화 씨를 빼는 씨아[取子車]와 실을 뽑는 물레[繅絲車]는 다 정천익이 처음 만들었다.

신창이 즉위하자 문익점은 좌사의 시학左司議侍學으로서 글을 올려 학문을 하는 도리를 서술하였다. 그때 간관 이준李竴 등이 글을 올려 사전私田을 다시 복구해서는 안 된다고 간쟁하였다. 문익점은 이색, 이림, 우현보禹玄寶 등에게 붙어 병을 핑계 대고 물러나 서명하지 않고는 이튿날 곧바로 서연에 나갔다. 대사헌 조준이 탄핵하기를 "문익점은 본래 드러나지 않은 선비로 변방 진주에서 직접 농사 짓던 사람입니다. 전하께서 어질다고 불러 간대부諫大夫로 임명하시고 옆에다 두어 자문에 도움을 주도록 했으니 마땅히 충직한 말을 다 올리고 다스릴 방도를 두루 늘어놓아 뛰어난 정치가 되도록 도와야 합니다. 그러나 날마다 경연에서 모실 때는 아첨하고 비위나 맞추면서도 충직한 척 꾸밉니다. 명령을 좇아 따르기만 하여 간쟁하는 절조가 없으며 손을 모으고 몸을 굽혀 '네, 네' 하며 따릅니다. 지난 번 같은 기관의 낭관인 오사충吳思忠, 이서李舒는 각각 상소하여 작금의 일에 대해 있는 말을 다했으나 문익점은 받고 있는 녹봉을 잃어버릴까 염려하여 끝내 한마디도 하지 않았습니다. 동료들이 연명하여 토지제도에 대해 극론하였으나 문익점은 권세 있는 자들에게 아부하여 병을 핑계로 출근하지 않아 그 논의에 참여하지 않음으로써 많은 사람들의 비방을 피하려 하고는 스스로 훌륭한 계책이라고 하였습니다. 이것은 위로는 전하께서 사람을 잘 아시는 명철함에 누를 끼치고 아래로는 선비들이 기대하는 마음을 배반한 것이니 마땅히 관작을 삭탈하고 고향을 돌아가도록 내쫓아서 언관의 책임이 있는 자들의 경계로 삼아야 합니다." 하였다. 이에 파직하였다.

그의 아들에 문중용文中庸, 문중성文中誠, 문중실文中實, 문중진文中晉, 문중계文中啓가 있었다.

조운흘趙云仡

조운흘은 한양부 풍양현豊壤縣 사람이다. 공민왕 6년(1357)에 과거에 급제하여 안동 서기書記로 임명되고 여러 차례 자리를 옮겨 합문 사인閤門舍人이 되었다. 공민왕 10년(1361)에 형부 원외랑에 임명되어 홍건적의 난에 왕이 남쪽을 갈 때 따라가서 녹공錄功할 때 2등이 되었다. 이듬해 국자 직강으로 자리를 옮겼고 전라·서해·양광의 3도의 안렴사가 되었다. 그가 전라도에 있을 때 평리評理 염지범廉之范의 첩의 형이 그 무리들과 함께 태산 사람 김언룡金彦龍의 말을 훔쳤다. 조운흘이 조사하자 다 자백하였으므로 포를 징수하고 그 주모자를 죽였다. 그 후에 김윤관金允琯이 조운흘 대신 임명되어서는 염지범의 말을 듣고 도리어 김언룡에게서 포 500필을 징수하여 돌려주었다. 그리고는 아전에게 소송 문건을 가지고 김언룡 및 도둑을 압송하여 법사에 가서 재판받게 하였다. 도둑이 중도에 소송 문건을 훔쳐서 달아나 염지범의 집에 가서 숨었다. 김언룡이 뒤따라가서 잡아서는 헌사에 고발하였다. 헌사에서 염지범이 도둑을 비호했다고 탄핵하자 염지범은 도망쳤다. 김윤관에게 장을 치고 관안官案에서 이름을 삭제하였다.

공민왕 23년(1374)에 전법 총랑으로 사직하고 상주尙州 노음산露陰山 아래에 살면서 스스로 석간서하옹石磵棲霞翁이라 호를 정하고는 미친 척하여 스스로 자취를 나타내지 않았다. 출입할 때는 반드시 소를 타고 다녔으며 기우도찬석간가騎牛圖贊石磵歌를 지어 자신의 뜻을 보였다. 자은사慈恩寺의 승려 종림宗林과 가르침을 넘어 사귀어 초연히 속세를 벗어날 뜻을 품었다.

신우 3년(1377)에 다시 좌간의대부에 임명되어 동료들과 함께 상소하기를 "예로부터 임금 중에 학문을 통하지 않고 천하, 국가를 능히 잘 다스린 이는 없었습니다. 학문을 하는 요체는 다름 아니라 독서로 이치를 궁구하며 뜻을 성실히 하고 마음을 바르게 가지는 것뿐입니다. 이 때문에 선왕께서 강관講官, 시학侍學을 두고 그들에게 도학道學을 밝히 강구하여 바른 것을 기르게 하셨으니 배려가 깊습니다. 근래에 서연의 강학이 열리기도 하고 그치기도 합니다. 신은 전하를 위해 애석하게 여깁니다. 선왕의 남기신 교훈을 받들어 다시 서연을 설치하여 정직한 선비들을 날마다 가까이에 두고 정무를 돌보시는 여가에 경서와 사서를 강습하여 바르고 착한 도리를 듣기를 즐겨하며 덕성을 함양하여 지극한 도리에 다다르시기 바랍니다." 하였다. 다시 판전교시사로 자리를 옮겼다.

신우 6년(1380)에 물러나겠다고 청하고 광주廣州 고원강촌古垣江村에 살면서 판교板橋·사평沙平 두 원院을 다시 지어 원주院主라 자칭하였다. 낡은 옷에 짚신을 신고 일하는 무리들과 같이 일을 하니 지나가던 사람이 그가 높은 관직에 있던 사람인 것을 알지 못하였다.

신우 14년(1388)에 다시 전리 판서가 되었다가 밀직 제학으로 옮겼다. 그때에 안렴사의 관질이 낮아 직무를 다할 수 없으므로 양부兩府에서 위엄과 덕망이 있는 자를 선발하여 도관찰출척사로 삼아 교서와 부월鈇鉞을 주어 보내자는 의논이 있었다. 조운흘이 서해도도관찰사가 되어 떠나려 할 때에 글을 올리기를 "신이 들으니 향기 좋은 미끼가 있는 곳에 반드시 큰 물고기가 있고, 큰 상이 있는 곳에 반드시 어진 장수가 있다 합니다. 또 실속 없는 은혜를 주고 실제 복을 받는다는 말이 있는데 이 말은 지극히 맞습니다. 무릇 나라를 다스리는 자는 집집마다 공급하며 사람마다 넉넉하게 하고 안팎으로 근심이 없을 때라도 오히려 위급할 때를 생각해야 합니다. 하물며 우리나라는 물길로는 왜와 가깝고 뭍으로는 오랑캐의 땅과 붙어 있으니 염려하지 않을 수 없습니다. 나라의 경계가 서해로부터 양광도까지, 전라도부터 경상도까지 이어져 바닷길이 2,000여 리에 달합니다. 바다 가운데에 사람이 살만한 섬 중에 대청大青·소청小青·교동喬桐·강화江華·진도珍島·절영絶影·남해南海·거제巨濟 등 큰 섬도 20개이고 작은 섬들은 헤아릴 수 없습니다. 이 섬들은 모두 기름진 땅에 생선이나 소금으로 인한 이익이 많은데 지금 오늘날 버려져서 도움이 되지 않으니 탄식할 만합니다. 5군의 장수와 8도의 군관들에게 호부虎符(군대 동원 표식), 금패金牌를 통할하게 하여 그 천호千戶, 백호白虎에게 그 패면牌面을 주고 그와 함께 크고 작은 바다의 섬들을 식읍食邑으로 삼아 자손들에게 전하게 한다면 자신이 부귀하게 될 뿐 아니라 자손들의 의식이 넉넉해질 것입니다. 이렇게 되면 누가 각자 전투에 나가려 하지 않겠습니까. 사람들이 각자 전투에 나가려고만 하면 전함도 스스로 준비하며 군량도 스스로 가지고 가서 유격병이 되어 적이 생각지도 않았을 때 나가 공격하면 적은 감히 엿보지 못할 것입니다. 백성들의 살림이 넉넉해져 집에서 나오는 연기를 서로 볼 수 있을 정도로 호구수가 늘어나고, 백성들이 생선이나 소금의 이익을 얻으니 나라에는 조운해야 하는 근심이 없어질 것입니다. 이리하여 선왕들이 물려준 토지를 오늘날 온전히 회복할 수 있을 것입니다. 대신들에게 자문하고 의논하여 시행하시기 바랍니다." 하였다. 신우가 그 글을 도당에 내렸다.

조운흘은 고을을 다스를 때 기강을 정돈하고 진작하였으며 강한 자를 누르고 약한 자를 도와주었다. 법을 범하는 자가 있으면 조금도 용서하지 않아 지역이 잘 다스려졌다. 신창 원년(1389)에 첨서밀직사사로 개경에 불려갔고 곧이어 동지로 승진하였다. 공양왕 2년(1390)에 계림부윤으로 나갔다.

본조에 들어와 강릉부사로 임명되었다가 오래지 않아 병으로 사직하고 광주 별장에 돌아갔는데 검교檢校 정당문학으로 임명되었다. 검교는 이전대로 녹봉을 받았는데 조운흘은 사양하고 받지 않았다.

조운흘은 사람됨이 기이하고 예스러운 것에 뜻을 두었으며 흥취가 있었고 매우 뛰어났다. 자기 뜻에 따라 그대로 행하고 그때그때 변하는 것을 좋아하지 않았다. 죽으려 할 때에 묘지墓誌를 스스로 짓기를 "조운흘은 본래 풍양 사람으로 고려 태조의 신하 평장사 조맹趙孟의 30대손이다. 공민왕대에 흥안군興安君 이인복李仁復의 문하로 과거에 급제하여 서울과 지방의 관직을 역임하였다. 5개 고을의 수령을 맡았고 4개 도의 관찰사를 지냈다. 비록 큰 명성과 업적은 없었지만 또한 오점을 남기지도 않았다. 나이 73세에 병으로 광주 고원성에서 죽었다. 자식은 없었다. 해와 달을 구슬로 삼고 청풍명월을 제물로 삼아서 양주楊州 아차산峩嵯山 남쪽 마가야摩訶耶에 장사지냈다. 공자는 행단 위에서 석가모니는 사라쌍수 아래에서! 고금의 성현 중에 어찌 유독 생존하는 자가 있는가. 아아, 인생사 끝이로다." 하였다.

김주金湊

김주는 낙안군樂安郡 사람이다. 과거에 급제하고 공민왕대에 성균 직강으로 승진하였다. 간관 정추鄭樞 등이 상서하여 신돈을 논박하니 왕이 노하여 옥에 가두고 국문하게 하였다. 그들에 진술에 김주도 연루되어 장을 맞고 고향으로 유배되었다. 오래지 않아 용서를 받고 편한 대로 살도록 허락받았다. 비서감 승에 임명되었다.

신우 때에 사헌 집의에 임명되었고 여러 차례 자리를 옮겨 지신사가 되었고 밀직제학으로 승진하였다. 공양왕 초에 문하 평리 겸 대사헌으로 승진하여 동료들과 함께 상서하기를 "맹자는 '천시天時는 지리만 못하다. 3리쯤 되는 작은 내성과 7리쯤 되는 외곽을 포위하여 공격하다 보면 반드시 천시를 얻을 때도 있을 것인데 그러나 이기지 못하는 것은 천시가 지리만 못하기 때문이다.' 하였습니다. 저쪽은 수가 많고 우리는 적은데 평탄하고 빈 들에서 싸우면 승패와 존망이 순식간에 결판날 것입니다. 만약 성벽을 단단히 하고 굳게 지킨다면 비록 사방으로 포위하여 여러 날 지속해도 함락할 수 없을 것입니다. 경인년 이래로 왜놈들이 지방의 중심에 침범하고 백성들을 약탈하였으나 고을에 성과 요새가 없어서 굳게 지키기 어려웠습니다. 그러니 왜적이 온다는 소문만 듣고도 흩어져 달아나 적으로 하여금 무인지경에 들어가는 것 같게 하여 40년 동안 백성들의 근심거리가 되었습니다. 성과 요새를 쌓고 난 이후 왜구가 침략할 수 없어 백성들은 포로로 잡혀가는 것을 면하였으니 이는 눈앞에 보이는 분명한 효과입니다. 대개 사람의 몸에서 가슴과 배가 중요하고 팔다리는 그 다음입니다. 이것을 나라로 말하면 도성은 배와 가슴이며 고을은 팔다리입니다. 팔다리가 비록 완전하여도 배와 가슴이 허약하면 병에 걸려 하루도 넘길 수 없습니다. 지금 고을에는 성곽이 있으나 도성은 무너졌으니 이는 사직을 위한 먼 장래를 생각하는 계책이 아닙니다. 농사가 한가한 틈에 모든 도의 장정을 모아 다시 내성의 옛 터를 더 넓혀 성을 수축하시기 바랍니다." 하였다. 왕이 받아들였다.

다시 상소하기를 "지난 번 성을 수축하는 계책을 아뢰자 즉시 윤허하셨습니다. 그러나 나성羅城(외성)의 옛터를 따라 쌓으니 너무 좁아 헛되이 수고만 하고 도움이 되지 않습니다. 만일 하루 아침에 뜻밖의 변을 만나게 되면 개경의 백성들이 모일 곳이 없으니 반드시 사방으로 흩어질 것입니다. 담당 관청에 옛 터보다 넓히도록 명하시기 바랍니다. 이제 여러 고을의 백성들이 전하께서 성을 수축하게 하신 명령을 듣고는 나라에서 주는 곡식을 받으려고 개경에 온 자들 또한 많은데 이들을 돌려보내려는 논의가 있다고 들었습니다. 이는 백성들에게 믿음을 잃는 것입니다. 기한 안에 수축하도록 담당 관청을 독려하시고 중앙과 지방의 토목공사를 정지시켜 그 일을 온전히 하시기 바랍니다." 하였다. 왕은 공사가 크다고 하여 후년을 기다려서 하라고 명하였다.

또 아뢰기를 "세자가 명나라 조정에 갈 때 모시고 가는 사람들은 올바른 사람들을 써야 마땅합니다. 사복부정 변벌개邊伐介는 가짜 왕씨 조정에서 불의한 짓을 많이 하여 두 번이나 쫓겨나 유배되었습니다. 중흥한 이후에 몸이 온전한 것으로도 족한데 또 내승관內乘官이 되어 세자가 명 조정에 들어가려 하였습니다. 고신을 삭탈하여 그 죄를 바르게 하시기를 청합니다." 하였다. 왕이 내승직을 삭탈하도록 명하였다.

왕강王康

왕강은 종실宗室 중의 방계이다. 공민왕 20년(1371)에 과거에 응시하여 회시會試에 합격하였는데 왕강은 무리들 중에서 가장 어렸다. 왕이 불러서 보고 이르기를 "판관 조숭례曹崇禮, 진사 민안인閔安仁 같은 노성한 유생들도 오히려 급제하지 못하였는데 하물며 이처럼 어린 사람이랴. 반드시 남의 손을 빌렸을 것이다." 하고는 회시 대책의 문제를 쓰게 하였는데 재대로 해내지 못하였다. 왕이 노하여 전시殿試에 나가는 것을 정지시키고 이제부터 아직 15세가 되지 않은 자에게는 과거에 나갈 수 없게 하라고 명하였다. 켰다. 여러 달 지나 복시覆試에서 동진사同進士를 내렸다. 성균 직학에 보임되었고 여러 차례 승진하여 강녕부 승江寧府丞이 되었다.

신우가 즉위하여 전리 총랑에 임명하였다가 성균 좨주로 올렸다. 오래지 않아 서북면안무사가 되어 여러 고을의 떠도는 백성들을 모아 안정시켰다. 공양왕대에 판전농시사에 임명되었다가 양광·전라·경상도수군체찰사 겸방어염철사兼防禦鹽鐵使로 나갔다. 오래지 않아 예조 판서로 자리를 옮겼다.

밀직부사로 승진하여 양광·전라·경상도수군도체찰사가 되어 염철鹽鐵·조전漕轉·영전營田·선성繕城의 일을 겸임하였다. 왕이 내린 교서에 이르기를 "나라가 중간에 불운을 만나 가짜 임금은 어둡고 음난하며 권세를 부리는 신하들은 탐욕을 부리고 난폭하니 기강이 크게 무너졌다. 게다가 왜적이 침입하여 제멋대로 날뛰고 고을은 궁핍해져 조운이 제대로 통하지 않아 나라의 창고는 텅 비게 되었다. 어지러운 세상을 평정한 후 재능 있는 사람들을 얻어 오래된 폐단을 혁신하려 생각하였는데 도당의 신하들이 경을 추천하였다. 이에 바닷길을 맡겼더니 몇 해 되지 않아 과연 성과를 내었다. 병사들을 선발하여 훈련시키니 바다의 오랑캐는 멀리 숨었고 양식을 조운하니 나라의 쓸 것이 다 고갈되지 않았다. 내가 그대의 공을 가상히 여겨 이제 3도도체찰사의 직을 맡겨 수륙의 일을 총괄하게 한다. 군인과 아전 중에 공이 있는 자는 명단을 갖추어 보고하면 내가 장차 발탁해 쓰겠다. 봉익대부奉翊大夫(고려시대 문산계 종2품) 이상은 죄를 줄 것을 신청하고 3품 이하는 경이 혼자서 결단하라." 하였다. 왕강이 여러 차례 3도의 군수품과 세공을 조운하니 도당이 반드시 잔치를 베풀어 위로하였다.

왕강은 나라를 이롭게 하는 것을 자신의 임무로 여겨 어업과 제염의 이익을 늘리는 데 힘써서 돈과 재물의 수입이 매우 많으니 나라에서 이에 힘입었다. 왕강이 해안 지방을 수탈하였으므로 백성들이 많이 원망하였다. 그리하여 당시에 왕강을 일러 '함부로 거두는 신하[聚斂之臣]'라 일렀다.

왕강이 의견을 드리기를 "양광도의 태안泰安과 서주瑞州의 경계에 있는 탄포炭浦는 남쪽으로부터 흘러서 흥인교興仁橋에 이르기까지 180여 리이고, 창포倉浦는 북쪽으로부터 흘러 부제성蕁堤城 아래까지 70리입니다. 두 포 사이에 옛날에 개천을 팠는데 깊이 판 곳은 10여 리이고 아직 파지 않은 곳은 7리에 불과합니다. 만약 다 파서 바닷물이 흘러 통하게 한다면 매년 조운하는 배들이 안흥량安興梁의 400여 리의 험한 곳을 건너지 않아도 됩니다. 7월에 공사를 시작하여 8월에 마칠 것을 청합니다." 하였다. 이에 장정들을 징발하여 파게 하였는데 물밑에 돌이 있고 바닷물의 조류가 왔다갔다 하여 파는 대로 다시 메워졌으므로 공사를 하기가 쉽지 않아 끝내 일이 완성되지 않았다. 왕강은 일찍이 전 목사 여칭呂稱을 천거하여 부사로 삼고 장차 자신의 임무를 대신하게 하려 하니 사람들이 유안劉晏과 동류라고 지목하였다.

논하기를,

강회백이 상서하여 한양으로 천도하려는 것을 간하였고 재변이 일어나는 것 때문에 토목 공사를 중지시킬 것을 간청하니 공양왕이 모두 받아들였다. 또 조준·정도전이 한 무리가 되어 붙은 일을 탄핵하였으니 자신을 돌보지 않고 나라를 위해 목숨을 내어놓은 자가 아니면 능히 그렇게 할 수 있겠는가?

문익점은 이색·우현보에게 붙어 사전을 개혁하려는 글에 서명하지 않아 조준에게 탄핵을 받고 파직되었으니 사류士類라 이를 수 있을까. 애석하다. 일찍이 덕흥군 사건 때 절의를 잃었으니 어찌 족히 취할 것이 있겠는가?

조운흘은 사람됨이 옛 것을 좋아하고 하는 일이 매우 뛰어나게 훌륭하였다. 본조에 들어와 경주[東京]에서 들어오자 강릉에 임명하였으나 사양하지 않았다. 다시 조정에 들어와서는 정당 문학의 녹봉을 사양하였으니 그 뜻이 잘았다. 세상에 전하기를 '조운흘이 등용과 추출이 나뉠 때에 눈이 보이지 않는다 칭탁하고 여러 해 동안 관직에 나가지 않았다' 한다. 『고려사』에서 미친 것처럼 하여 자신을 나타내지 않고 초연하여 세속에서 벗어날 생각을 했다는 것은 믿을 만하고 빈말이 아니다.

김주는 이미 이색을 논핵하는 데 참여하고 또 정도전과 여러 사람을 논핵하여 배척하였으나 지금 그의 행적을 자세히 알 수 없다.

왕강은 나라를 이롭게 하는 것을 자신의 임무로 여겼으나 과거를 평가하는 나는 취하지 않는다.

| 휘찬여사 권36 |

명신 15

명신名臣 15

조준趙浚 정도전鄭道傳

조준趙浚

조준의 자는 명중明仲이고, 시중 조인규趙仁規의 증손이다. 어릴 때부터 기개가 대범하여 큰 뜻을 품었다. 공민왕恭愍王이 수덕궁壽德宮에 있으면서 멀리 바라보니, 조준이 책을 끼고 궁궐 앞을 지나가고 있었다. 불러 보고 기특하게 여겨 그의 가계[家世]를 묻고는 명하여 보마배 지유寶馬陪指諭에 예속시켰다.

어머니 오씨吳氏가 일찍이 새로 과거에 급제한 사람들이 행차[行喝]하는 것을 보고 한탄하여 말하기를 "내가 아들이 비록 많으나 과거에 급제한 자가 없으니 무슨 소용이 있는가?"라고 하였다. 조준이 이 말을 듣고 꿇어앉아 울면서 하늘을 가리키며 맹세하였다. 이때부터 부지런히 공부하여 마침내 과거에 급제하였다.

신우辛禑 초에 통례문 부사通禮門副使로서 외직으로 나가 강원도 안렴사按廉使가 되어서는 위엄과 은혜를 병행하였다. 여러 차례 승진하여 전법판서典法判書가 되었다. 이때 왜구가 많이 몰려와서 경상도가 함락되어 적의 소굴이 되어버렸고, 주州와 군郡들은 소란하였으며, 주민들은 모두 산골짜기로 도망쳐 들어갔다. 장수들이 왜구를 소홀히 여겨 싸우지 않으므로 왜적의 기세가 날로 성해졌다. 도통사都統使 최영崔瑩이 조준을 천거하여 체복사體覆使로 임명하였다. 조준이 이르러서는 도순문사都巡問使 이거인李居仁을 소환하여 그가 머뭇거리며 진격하지 않은 죄를 열거하고, 병마사兵馬使 유익환兪益桓을 베어 죽였다. 이거인과 여러 장수들이 매우 두려워하며 말하기를 "차라리 적에게 죽을지언정 조준의 위엄을 거슬리지 말자."라고 하였다. 모두 힘껏 싸워 승리를 거두니, 경상도 지역이 이에 힘입어 편안하였다. 조준은 또 도당都堂에 글을 올려 효자와 열녀로 적에게 죽은 자들에게 정표旌表하도록 하였다.

밀직제학密直提學으로 발탁되었다. 신우가 조준을 불러 말하기를 "양광도와 경상도에서 왜적이 크게 기세를 부리는데, 원수元帥와 도순문사가 나약하고 겁이 많아서 싸우지를 않는다. 경기 가서 군기軍機를 맡아 보라."고 하였다. 조준이 아뢰기를 "신의 어머니가 나이 80이 넘은데다 숙환[沈痾]을 앓고 계십니다. 청컨대 다른 사람을 파견하소서."라고 하니, 신우가 말하기를 "경은 정직하여 사심이 없고, 또한 위신과 덕망을 갖추고 있어 경을 대신할 만한 사람이 없다."라고 하였다. 조준이 아뢰기를 "전하께서 만약 신에게 두 도를 전적으로 통제하도록 명하시고 그 장수들로 머뭇거리거나 패배한 자들을 신의 처치대로 따르신다면 삼가 명령을 받들겠습니다. 그렇지 않으면 원수나 도순문사의 지위가 신의 위에 있으니, 어찌 신을 두려워하여 사지에 나아가고자 하겠습니까?"라고 하였다. 여러 장수의 족당族黨들이 그를 꺼리어서 신우에게 아뢰어 이를 중지시켰다.

신우는 주색에 빠져 정사를 돌보지 아니하고 권간權姦들이 조준이 강직한 것을 꺼려하였으므로 조준은 두문불출하면서 4년 동안 경사經史로서 스스로의 즐거움을 삼았다. 최영이 임견미林堅味와 염흥방廉興邦을 죽였을 때에 조준은 어머니의 상중喪中에 있었는데, 기복起復시켜 첨서밀직사사簽書密直司事로 임명하였다. (그러나) 조준은 사양하고 벼슬에 나아가지 않았다.

조준은 일찍이 왕씨의 후사가 끊어진 것을 통분히 여겨 윤소종尹紹宗·허금許錦·조인옥趙仁沃·유원정柳爰廷·정지鄭地·백군녕白君寧과 더불어 우정을 맺고 비밀리에 맹세하여 왕씨를 부흥시킬 뜻을 갖고 있었다. 우리 태조[이성계]가 조준의 그릇과 국량이 비범한 것을 보고 그와 함께 일을 의논한 다음 크게 기뻐하며 마치 옛 친구처럼 대하였다. 회군回軍(위화도회군)함에 이르러 그를 천거하여 지밀직사사知密直司事 겸 대사헌大司憲으로 임명하였고, 일의 크고 작은 것을 가리지 않고 모두 그와 의논하였다. 조준 또한 나라를 다스리고 백성을 구제하는 것을 자기의 소임으로 자임하면서 알면서 말하지 않는 것이 없었다.

이보다 앞서 전제田制가 크게 문란하였으므로 우리 태조는 조준·정도전鄭道傳과 더불어 사전私田을 개혁할 것을 의논하였다. 조준은 동료들과 함께 신창辛昌에게 상소하여 이를 강력하게 논하였는데, 그 내용은 식화지食貨志에 실려 있다. 구가舊家와 세족世族들이 서로 비방하고 중상하였으나 (조준은) 주장을 더욱 굳게 견지하였다. 도당都堂에서 그 가부를 의논하는데, 시중侍中 이색李穡은 말하기를 "옛 법을 경솔하게 고치는 것은 옳지 않다."라고 하였고, 이림李琳・우현보禹玄寶・변안열邊安烈 및 권근權近・유백유柳伯濡는 이색의 의견을 따랐다. 정도전과 윤소종은 조준의 의견에 따랐으나, 정몽주鄭夢周는 양쪽 사이에서 어름어름하고 있었다. 또한 백관으로 하여금 의논케 하였던바 의논에 참가한 사람은 53명으로 개혁하고자 하는 자는 18, 9명이었다. 개혁하려고 하지 않는 자는 모두 거실巨室의 자제들이었다. 태조(이성계)는 마침내 조준의 의견을 채용하여 전제를 개혁하였다. 개혁한지 얼마 안 되어 세신 거실世臣巨室들이 유언비어를 퍼뜨리면서 종전대로 회복시키고자 하였다. 조준이 또 상소하여 이를 논하고, 간관諫官 오사충吳思忠・이서李舒・이준李竴 등도 회복시키는 것은 옳지 않다고 하며, 상서하여 굳게 간쟁하므로 (신창이) 이를 따랐다.

조준이 또 동료들을 인솔하여 시무時務에 대해 조목조목 진술하였다. 아뢰기를 "생각하건대, 우리 태조 왕건王建께서 개국하던 처음에 벼슬을 설치하고 직책을 나누어 재상을 두어서 6부六部를 통솔하고, 감監・시寺・창倉・고庫를 두어서 6부를 뒷받침하게 했으니 대단히 좋은 제도였습니다. 법이 오래되니 폐단이 생겨, 인사를 담당[典理]하는 자가 인물을 선발할 줄을 몰라서 유품流品이 남발되었으며, 군부軍簿를 맡은 자가 군대의 정원을 알지 못하여 무비武備가 해이해졌습니다. 호구가 늘어나고 줄어드는 것, 전곡錢穀의 많고 적음, 옥송獄訟에 질서가 없는 것, 도적이 다스려지지 않는 것에 이르러서도 판도사版圖司와 전법사典法司의 관리들이 어떻게 할지를 전혀 알지 못합니다. 예의사禮儀司는 예禮에 대하여, 전공사典工司는 공장에 대하여 과연 능히 각각 그 직책을 수행했습니까? 대개 6부는 백관의 근본이며 정사가 나오는 곳입니다. 근본이 어지러우면서 말단이 다스려진 것은 그 예가 있지 않습니다. 이에 백료百僚와 여러 부서가 해체되어 흩어지고 계통이 없어져 여러 가지 일에 힘쓰지 않아 이름만 있고 실상은 없어졌습니다. 비록 임금과 재상이 근심하고 부지런하더라도 정사가 잘 되어 성과를 올리는 것 또한 기대하기 어렵습니다. 신 등은 바라건대 6전六典의 일은 6부에 귀속시키고, 각사各司는 6부에 나누어 소속시키소서. 재신宰臣은 시중侍中으로부터 이하가 차례로 판사사判司事, 밀직密直이 되고, 또 그 다음으로 겸판서兼判書가 되어 위에서 법의 기율을 잡게 하소서. 봉익奉翊을 6부 판서로 삼아서 모든 낭관郎官 및 소속 유사有司들을 거느리게 하여 각각 그 직책을 가지고 밑에서 명령을 실행하게 하소서. 큰 일은 6부의 낭관이 담당하고, 작은 일은 여섯 색장色掌이 담당하여 제때에 위의 명령을 받들어 공문을 발송[行移]하게 하소서. 이렇게 한다면 간략함으로 번다함을 제어하고, 지위 낮은 자가 높은 사람의 명을 받들어 상하가 서로 연결되고, 크고 작은 것이 서로 계통이 잡힐 것입니다. 마치 그물을 들면 그물코가 펴지고 옷깃을 잡으면 옷이 바로잡히는 것과 같아져서 임금과 재상은 위에서 편안하지만 모든 관리들은 아래에서 분주하여 교령敎令(교화와 명령)이 쉽게 행해지고 정사가 쉽게 이루어질 것입니다.

임금의 직책은 재상을 선발하는[論相] 것뿐이며, 재상의 직책은 군자를 등용하고 소인을 물리쳐서 백관을 바르게 하는 것뿐입니다. 재상에 그 적임자를 얻으면 천하가 다스려지게 되니 하물며 한 나라의 정치야 말할 것이 있겠습니까? 우리나라의 제도에 중서中書에 있어서 영令, 시중侍中, 평장平章, 참정參政(참지정사), 정당政堂(정당문학)이라는 다섯 가지는 하늘의 다섯 별[五星]을 본뜬 것이며, 추밀樞密의 일곱 관직은 하늘의 북두칠성을 본뜬 것입니다. 재신宰臣과 추밀이 합좌合坐하는 것은 원나라를 섬기던 초기에 시작되었는데, 근대에 이르러서는 도당都堂에 앉아서 국정에 참여하는 자가 6, 70명에 이르게 되었습니다. 관직의 남설濫設은 옛날에는 없던 일입니다. 원컨대 이제부터는 도道를 논하여 나라를 경륜經綸하고, 음양陰陽을 섭리燮理하며, 자기 몸을 바르게 하여 백관을 바르게 할 만한 사람이 아니거나, 청백하고 충직하며, 악한 자를 미워하고 어진 이를 좋아하며, 나라를 위하여 자기 자신은 돌보지 않는 사람이 아니거나, 전쟁에서 승리하고 공격하여 취하며, 용맹이 삼군三軍의 으뜸이 되고, 위엄이 다른 나라에까지 가해질 만한 사람이 아니라면 양부兩府에 들어오는 것을 허락하지 마소서.

한나라의 광무제光武帝는 천하의 광대한 영토와 사해四海의 풍부한 재부를 갖고 있으면서도 관리의 수를 줄여 10명을 둘 곳에 1명을 두어서 중흥中興의 다스림을 이루었습니다. 모든 급하지 않은 관원과 잡되고 쓸데없는 이속들을 모두 도태시킴으로서 조종祖宗께서 하늘을 대신하여 벼슬을 설치한 성헌成憲을 회복하여 거룩한 조정의 유신維新하는 교화教化를 보여주소서.

6시六寺와 7감七監에는 본래 판사判事가 없었습니다, 근래에 또 통헌通憲과 봉익奉翊의 품계들이 직접 일을 보지 않아 관직은 비워놓고 직무는 폐한 채 녹봉만 축내고 있습니다. 원컨대 이제부터는 통헌과 봉익의 품계에 오른 자로서 만일 재간이 있는 자가 있으면 그 계급을 내려서 직책을 직접 수행하게 하고, 새로 제수하는 자에게는 봉익과 통헌의 품계를 허락하지 마소서.

『춘추春秋』에 이르기를 '천자가 잉숙仍叔의 아들을 시켜 예방하여 왔다.'라고 써있습니다. 대개 공자孔子께서 주周나라에서 부형父兄의 연고로서 그 어리고 약한 자제들에게 관직을 주어 녹봉을 허비하고 관직[天工]을 유명무실하게 한 것을 슬퍼한 것입니다. 우리나라 문종文宗이 38년간 다스리면서 태평성대를 이룬 것은 그 등용한 사람들이 모두 노성老成한 인물들이었기 때문입니다. 원컨대, 이제부터는 공경公卿과 사대부의 어린 자제들은 동반東班 9품 이상의 벼슬에 임명하는 것을 허락하지 마시고, 만약 속여서 제수받는 자가 있으면 그 부형에게 죄를 주소서.

규정糾正은 직책이 백관을 감찰하여 왕의 귀와 눈이 되고, 모든 제사와 조회朝會로부터 전곡錢穀의 출납에 이르기까지 모두 다 감독하고 검사하는 것이니, 품계는 낮아도 책임은 막중합니다. 원컨대 이제부터는 대간臺諫으로 하여금 천거하게 하여 그 직책에 제수하되, 그 품계를 정언正言의 다음으로 올려서 기강紀綱을 떨치게 하소서.

수령은 백성을 가까이하는 직책이니 중요시하지 않으면 안 됩니다. 서울과 지방에서 관직을 역임하여 명성과 공적이 있는 자가 아니면 제수하지 마시고, 사냥이나, 잔치하는 일들은 일체 엄금하소서.

감무監務와 현령縣令은 직책이 또한 백성을 가까이 하는 것입니다. 근세에는 여러 가지 경로를 통해 벼슬을 얻기 때문에 사람들이 그 벼슬하는 것을 부끄러워합니다. 이에 부리府吏와 서리胥吏와 같은 자들을 채용하여 백성에게 해독을 끼치게 있습니다. 원컨대 이제부터는 대간과 6조가 천거한 재간 있는 자들을 파견할 것이며, 품계를 참관參官

으로 올려서 그 책임을 중하게 하소서.

사복司僕은 왕의 수레에 쓰는 말들을 관리하는 것으로, 주周나라에서 백경伯冏[1]이 맡아 보던 직무입니다. 임금의 좌우에 가까이 있으므로 그 인선人選이 가장 중요합니다. 근래에 별도로 내승內乘을 설치하여 내수內竪(환관)의 무리들이 그 직책을 독차지하고 있습니다. 근일에 횡포가 더욱 심해져서 마초馬草를 거두어들일 때에는 온갖 방법으로 빼앗고, 성에 수송하여 들일 때에는 농우農牛가 창瘡이 나서 쓰러져버립니다. 경기京畿의 현縣들이 잔파殘破되고, 그 해독이 여러 군郡들에 번져 나가니, 한 주州에서는 곡초穀草 값이 거의 베[布] 9백 필에 이를 정도입니다. 구사驅史라고 이름붙인 자들이 천 명, 백 명에 이르며, 공적公籍에 붙이지도 않고 사사로이 농장農庄에 두어 노예같이 부려먹고 있습니다. 백성에게 해독을 끼치고 나라를 병들게 하는 것이 이보다 심한 것이 없습니다. 원컨대 이제부터는 상승尙乘을 사복시司僕寺에 예속시키고 내수들로 제수하지 마소서. 경기 안에 있는 마초와 볏짚은 말 수를 계산하여 수량을 정하고 월별로 나누어 공급하게 하고, 매 한 번마다 수의獸醫 5명과 구사 30명을 두고 나머지는 모두 파하여 부병府兵을 예속시키소서.

무릇 도감都監은 일이 있으면 설치하고, 일이 없으면 파하는 것이 관례입니다. 조성도감造成都監은 당초에 궁궐을 짓기 위하여 두었는데, 뒤에 선공繕工의 직책을 이곳으로 귀속시켜서 온 나라의 목재木材와 철의 수요를 관리하게 하였습니다. (그런데) 역마를 번거롭게 하고 백성의 재물을 긁어모으면서 나무 1그루를 끌어오는 데에 소 10마리를 죽게 하고, 한 화로에서 쇠를 제련해내는데 열 집의 농가가 폐농하고 있으며, 1단의 삼[麻]과 1단의 칡[葛]을 구하는 데에 10필의 베[布]를 쓰고 있습니다. 백성들에게 취할 때에는 가죽을 벗기고 골수를 빼듯이 하면서 그것을 사사로이 쓸 때에는 진흙과 모래 쓰듯 하고 있습니다. 원컨대 조성도감을 혁파하여 선공시繕工寺에 예속시키소서. 아울러 방어화통도감防禦火熥都監도 혁파하소서. 청렴하고 공정한 사람을 신중히 선발하여

1 주周나라 목왕穆王 때 태복정太僕正으로 여마 목축輿馬牧畜의 일을 관장하였다.

그 관직에 제수하소서.

호곶壺串 궁궐의 재목과 기와, 죄를 입어 적몰된 집, 양강兩江의 재목 및 여러 기와 굽는 가마의 기와들은 여러 건설[營造]에 공급될 것입니다. 모든 나무를 베고 기와를 굽는 역사를 또한 3년 동안 중지하여 민력民力을 쉬게 하소서.

도성都城은 근본이 되는 땅이며, 풍화風化가 먼저 시작되는 곳으로, 그 백성들은 왕실을 호위할 뿐입니다. 근래에 교양敎養이 제대로 되지 못하여 간사하고 속이는 것이 습속이 되었으며, 역역力役이 번거롭고 무거워서 날로 피폐해갑니다. 원컨대 도총도감都摠都監을 혁파하여 5부五部를 개성부에 귀속시키고, 각 리里마다 노인 가운데에 학식이 있는 자를 택하여 사장社長으로 삼아서 당서黨序[2]의 법에 의하여 자제들을 교육하게 하소서.

천인 및 공장과 상인의 자제들은 각각 그 업에 종사하게 함으로써 거리와 골목에서 떼를 지어 장난하는 경박한 풍습이 자라나지 못하게 하고, 어기는 자는 사장社長과 부형을 죄주소서.

도관都官·궁사宮司·창고의 노비와 근일에 참형을 당하거나 유배에 처해진 자들이 갖고 있던 조상 전래의 노비 및 새로 얻은 노비는 변정도감辨正都監으로 하여금 모두 인구를 계산하게 하여 호적을 만들게 하되 누락됨이 없게 하소서. 토목이나 영선營繕의 역사, 빈객賓客이나 부처[佛神]에 대한 공양供養이 있을 때에는 모두 사역을 시키고, 방리坊里의 여러 가지 역사는 모두 면제하여 그 생활을 편안케 하여 왕실을 호위하게 하소서.

형벌에 정해진 법이 없어서 서울과 지방의 관사官司가 형벌의 결정[出入]을 자기 생각대로 하고 있습니다. 지금 전교典校의 관리들은 모두 문학을 아는 신하들로서 다른 관장하는 일이 없습니다. 원컨대 형서刑書를 산정刪定하는 일을 위임하여 만세에 혜택을 주게 하소서. 또 서울과 지방의 관사가 서로 접대하는 예절과 문서를 주고받는 격식

2 5백 호를 1당黨으로 묶어서 거기에 한 서序, 곧 학교를 세우는 방법.

또한 산정하게 하여 이를 반포하여 행하소서.

옛날에는 풍속이 순후하여 속이거나 거짓된 일이 생기지 않아서 백관의 사첩謝牒을 당후관堂後官이 서명하였습니다. (그런데) 세태가 날로 나빠져서 간사와 거짓이 날로 번성하므로 근래에 상장군上將軍 이하는 군부사軍簿司로 하여금 날인하게 하고, 봉익奉翊 이하는 전리사典理司에서 날인을 하게 하는데, 이는 사기와 위조를 막기 위한 것입니다. 지금 도평의사都評議使에서 서울과 지방의 관사에 이문移文하는 것은 모두 전곡錢穀의 출납, 인명의 생사와 상벌, 호령을 발하는 것 등의 일로 관계되는 바가 지극히 중대합니다. 그런데 녹사錄事 한 명으로 하여금 서명하게 하니 일을 융통성 있게 하고 간사함을 막는 도리가 아닙니다. 원컨대 조정에서 직첩에 날인하는 예[印朝謝之例]에 따라서 모든 도당都堂의 문첩에는 반드시 도장을 찍게 하소서.

옛날에는 백성이 나이 16세가 되면 정부丁夫가 되어 비로소 나라의 역사에 복역하고, 60세가 되면 늙은이로서 부역을 면하게 하였습니다. 주州와 군郡에서 매년 인구를 조사하고 호적을 작성하여 안렴사에게 바치고, 안렴사는 호부戶部로 바쳤으므로 조정에서 군사를 징집하고 역군을 동원하는 것이 손바닥을 들여다보는 것처럼 쉬웠습니다. 근래에 이 법이 한 번 무너지니, 수령은 그 고을의 호구를 알지 못하고 안렴사는 한 도道의 호구를 알지 못합니다. 군사를 징집하고 역군을 동원할 때에 향리鄕吏가 속이고 숨겨주면서 뇌물을 받아먹으니, 부유하고 건장한 자는 면제되고 가난하고 약한 자들이 징발되므로, 가난하고 약한 집이 그 괴로움을 견디지 못하여 도망을 하면 부유하고 건장한 집이 대신 그 괴로움을 당하게 되어 그 집 역시 빈약해져서 도망쳐 버립니다. 징발을 맡은 자는 향리가 속이고 은폐한 것을 분하게 여겨, 혹독한 형벌을 가하여 귀를 베고 코를 베는 등 못하는 짓이 없으니, 향리 또한 그 괴로움을 견디지 못하여 도망쳐 버립니다. 향리와 백성이 사방으로 도망쳐 흩어지고, 주州와 군郡이 텅 비게 된 것은 호구를 작성하지 않아서 온 화입니다. 원컨대 지금 양전量田할 때를 당하여 그 경작하는 토지를 살펴 토지의 많고 적은 것으로써 호戶를 상·중·하 세 등급으로 매기고, 양민과 천인을 나누어 호적을 작성하게 하여 수령은 안렴사에게 바치고 안렴사는 판도版圖에 바치게 하소서. (그리하면) 조정에서 모든 군사 징집과 역사 동원할 때에 근거로 삼을 것이 있게 되어 제때에 징발하여 보낼 수 있을 것입니다. 수령과 안렴사로서 만약에 어기는 자가 있으면 곧 법으로 다스리소서.

제도諸道의 어염魚鹽과 목축牧畜의 번성은 국가에 없어서는 안 될 일입니다. 우리 태조[神聖大王 王建] 초기에 먼저 수군水軍을 조련하여 친히 누선樓船을 타고 금성錦城(지금의 전라남도 나주)에 내려가서 점령하니, 여러 섬의 수입이 모두 국가에 속하게 되어 그 재력을 밑천으로 하여 마침내 삼한을 통일하였습니다. 우리나라는 압록강 이남은 대저 모두 산이고 비옥한 토지는 바다와 인접하여 있습니다. 비옥한 들판 수천 리가 왜적에게 함몰되어 하늘 끝까지 갈대숲으로 덮여 있습니다. 국가가 이미 어염과 목축의 이익을 잃고, 또 비옥한 들판과 좋은 전토의 수입을 잃어버렸습니다. 원컨대 한漢나라에서 백성을 모집하여 변방을 충실하게 하여 흉노匈奴를 막은 옛 일을 채용하여 도망한 고을의 황무지를 개간하는 자에게는 20년을 기한하여 그 토지에 전세田稅를 받지 말고, 그 백성은 부역시키지 말며, 오로지 수군만호부水軍萬戶府에 예속시켜 성보城堡를 수축하고, 노약자들을 불러 모으며, 먼 곳까지 척후斥候를 두고 봉화烽火를 신중히 하며, 평소에 일이 없을 때에는 농사를 짓고 고기를 잡고 소금을 굽고 철을 제련하여 먹고 살도록 하며, 때때로 배를 만들어서 왜구가 이르면 들을 비우고 성 안으로 들어가게 하고, 수군으로 하여금 격퇴시키게 하소서. 합포合浦로부터 의주義州에 이르기까지 모두 이렇게 하면 몇 해가 되지 않아서 뿔뿔이 흩어져 도망갔던 백성들이 모두 고향으로 돌아오게 되어 변경의 주州·군郡들은 충실하게 되고, 여러 섬들도 점차로 충실하게 될 것입니다. 전함이 많아지고 수군이 숙련되면 해적이 달아나게 되어 변경의 군郡들이 편안해지고, 조전漕轉이 용이해지게 되어 창고가 채워질 것입니다. 수군만호와 각도의 원수元帥로서 능히 둔전屯田을 설치하고 전함을 수리하며, 인심을 결속하고 호령을 시행하며, 왜적을 섬멸하여 변경을 안정시킨 자에게는 섬의 토지를 내려주어서 대대로 그 수입을 받아 자손에게 전하게 하소서. 하나의 성보를 잃고 하나의 주와 군을 망친 자는 군법軍法으로 처단하여 가볍게 용서하지 않음으로써 상려하는 바와 징벌하는 바를 보여주소서."라고 하였다. 신창은 그 글을 도당에 내렸다.

또 상서하여 시무時務에 대해 진술하기를 "옛날에 나라를 다스리는 자는 반드시 먼저 기강을 세웠습니다. 나라에 기강이 있는 것은 인체에 혈맥이 있는 것과 같습니다. 몸에 혈맥이 없으면 기운이 통하지 않게 됩니다. 나라에 기강이 없으면 법령이 행해지지 않게 됩니다. 법령이 행해지지 않으면 나라가 그 나라라고 할 수 없게 됩니다. 전하께서는 즉위하자 크게 언로言路를 열어 상신相臣과 헌신憲臣이 각각 시무를 진달했습니다. 그러나 묵은 폐단은 겨우 고쳐졌으나 새로운 법이 시행되지 않으니, 원망이 일어나고 기강이 문란해져 마치 병이 혈맥으로부터 골수에 미치는 것과 같아서 비록 편작扁鵲(중국 전국시대의 명의名醫)이 있더라도 끝내 다스리기 어렵습니다. 원컨대 이제부터는 판부判付한 법제를 판板에 새겨 시행토록 하여 금석같이 굳게 해서 사시四時처럼 믿을 수 있게 하소서. 감히 법을 범하거나 금령에 저촉되는 자가 있으면 일체 헌사에 위임하여 다스리게 하소서.

삼가 침원서寢園署의 예문禮文을 상고해보니, 모든 제사에 참여하는 자는 4일 동안 술을 마시지 않고 훈채葷菜를 먹지 않았으니, 이것을 산재散齋라고 합니다. 혹은 본사本司에 거처하고 혹은 상서성尙書省에 있으면서 재계齋戒하고 단정히 앉아 3일 동안 정성과 공경을 지극히 하였으니, 이것을 치재致齋라고 합니다. 지금은 그렇지 않아서, 여러 집사자執事者가 산재로부터 치재하는 날에 이르기까지 각각 자기 집에 있으면서 혹은 부녀자를 가까이 하기고 합니다. 또 예문을 익히지 않기 때문에, 강신降神, 헌작獻爵, 등척登陟, 찬알贊謁, 진설陳設, 철찬撤饌이 모두 법도에 부합하지 않으니, 매우 불경스러운 일입니다. 전하의 근본에 보답하고 먼 조상을 추모하는 뜻에 어떻다 하겠습니까. 원컨대 이제부터는 모든 제사에 참여하는 자는 산재하는 4일 동안 그 집에 있으면 규정糾正으로 하여금 감찰하게 하고, 정순正順 이하는 녹사錄事로 하여금 살피게 하소서. 치재하는 3일 동안은 공청公廳에 모여서 예문을 익히고 정성과 공경을 지극히 하게 하소서. 이를 위반하는 자는 불경죄로 논하소서.

사대부로서 조정에 벼슬하는 자는 이미 몸을 바쳐 임금을 섬기는 것이니, 벼슬에 종사하면서는 제 직책을 부지런히 하는 것이 진실로 그 본분입니다. 지금은 그렇지 않아서, 현관顯官의 직책을 맡고 있는 자가 근친覲親과 성묘省墓를 칭탁하여 구전口傳 허락을 받고서는 곧바로 고향으로 돌아가서 오래도록 머무르며 관직을 비우고 직무를 폐하니,

임금을 섬기면서 자기 몸을 바치는 도리가 아닙니다. 원컨대 이제부터는 부모가 죽어서 분상奔喪하는 일 이외에는 관문關門 밖에 나가는 것을 허락하지 마소서. 부득이한 일이 있는 자는 반드시 사직한 후에 가도록 하고, 이를 위반하는 자는 엄하게 다스리소서.

주현州縣의 아전으로 서울에 있으면서 그 고을의 일을 맡아 보는 자들을 기인其人이라고 합니다. 법이 오래되면 폐단이 생기는 것이어서 각처에 나누어 예속되어서는 노예처럼 부림을 당하니, 그 괴로움을 견디지 못해서 도망가는 자까지 있습니다. 이때 해당 관청[主司]에서 경저주인京邸主人을 독촉하여 날마다 속포贖布를 징수하는데, 한 사람에 한 필입니다. (경주인이) 다른 사람에게서 빌려내고 능히 갚지 못하면 곧바로 주현으로 내려가서 곱절로 독촉하여 징수하는데 횡포를 부리며 약탈을 하니, 주州와 군郡이 피폐해지는 것도 혹은 여기에서 말미암을 것입니다. 지난번 선공시繕工寺에서 날마다 기인의 속포를 징수하여 항목도 없는 지출에 충당하고 있었으니, 지극히 어질지 못한 일입니다. 이미 그 임무에 능히 감당하여 그 주州의 일에 이바지하지 못하고 있으며, 또 능히 기인의 힘을 이용하여 국역國役에 이바지하지도 못하고 있는데, 한갓 백성의 고혈만 착취하여 진흙이나 모래처럼 사용함으로써 나라의 근본을 갉아먹고 있습니다. 이는 전하께서 백성을 근심하는 마음과는 대단히 어긋난 것입니다. 원컨대 이제부터는 기인을 일체 혁파하여 그들로 하여금 향리로 돌아가게 하소서. 각전各殿의 역사는 근일에 혁파한 창고의 노비로 대신하고, 각사各司에서 역사役事하는 자들도 또한 변정도감辨正都監에 소속된 노비로 충당하소서. 사설司設·막사幕士·주선注選 따위도 또한 모두 혁파하여 민생을 편안하게 하소서."라고 하였다.

얼마 후에 지문하부사知門下府事로 되었으나 그대로 대사헌을 겸하였다. 추충여절좌명공신推忠勵節佐命功臣의 칭호를 내려주었다. 우리 태조[이성계]를 따라 정책定策하여 공양왕恭讓王을 세웠다. 동료들과 함께 상소하여 아뢰기를 "상벌은 나라의 큰 권한입니다. 공이 있는데 상을 주지 않으면 사람을 권장할 수가 없고, 죄가 있는데 처벌하지 않으면 사람을 징계할 수가 없습니다. 조상의 유업을 지키는 임금[守文之主]도 오히려 그러한데, 하물며 전하께서는 중흥中興의 정치를 시작하시는 임금이십니다. 우리나라는 태조가 삼국을 통일한 이래 자자손손이 계승하여 오다가 공민왕[玄陵]에 이르러 불행히 후사가 끊어졌습니다. 조종祖宗의 어렵고 중대한 사업이 신씨辛氏에게 돌아가서 국통國統이 단절되고 왕씨의 종묘宗廟가 혈식血食을 받지 못한 것이 16년이나 되었습니다. (그리하여) 백성들이 아래에서 원망하고 신명께서 위에서 노하고 있었습니다. 수시중守侍中 이李{태조의 구휘舊諱}가 만 번 죽을 위험을 무릅쓰고 그 충성과 의리를 다하여 한두 대신과 더불어 대책大策을 정하고 전하를 추대하여 대통을 잇게 하고 선조[前烈]을 능히 계승하게 하였습니다. 삼강三綱과 구주九疇(천하를 다스리는 법)가 이미 무너졌다가 다시 펼쳐지고, 천명과 인심이 이미 떠났다가 다시 머물게 되었으니, 비록 진평陳平과 주발周勃이 유씨劉氏의 한漢나라를 안정시킨 것이나 장간지張柬之와 적인걸狄仁傑이 당나라를 회복시킨 것이라 하더라도 어찌 능히 이보다 더하겠습니까? 실로 마땅히 특별한 예우를 더해주어야 하겠습니다. 검을 차고 신을 신은 채로 궁전에 오르게 하고, 찬배贊拜할 때에 자기 이름을 부르지 않으며, 땅을 떼서 봉하여 주고, 자손 10대에 이르기까지 죄가 있어도 용서해 주며, 누각을 세워 도형圖形(초상을 그려놓음)하게 하여 큰 공로에 보답한다면 이후에 착한 일을 하려는 자들이 권장하는 바를 알게 될 것입니다.

노국대장공주魯國大長公主는 공민왕의 왕비입니다. 그런데 가짜 왕후인 한씨韓氏가 왕비로 되어서는 종묘를 더럽히고 있으니, 마땅히 빨리 (신주를) 철거해야 합니다. 또한 한씨의 의릉懿陵과 신우와 신창의 태장胎藏 또한 마땅히 파내어 없애버림으로써 신명과 사람들의 분노를 풀어주어야 합니다. (공민왕의) 비들인 근비謹妃·의비懿妃·숙비淑妃·헌비憲妃·안비安妃·영비寧妃·정비靖妃·현비賢妃·선비善妃의 여러 비들과 여러 옹주翁主들은 귀천을 막론하고 한때의 총애만으로 모두 작위의 책봉을 받고 인장印章을 받았으며, 내탕고의 진귀한 보물들도 수없이 받았습니다. 원컨대 해당 관청에 명하시어 그 인장을 회수하고 그 재물 보화도 거두어들여 내부內府로 환속시키소서. 그 가운데 공사公私 간에 천예였던 자들은 자는 각기 본래의 역役으로 환속시키소서. 여러 비와 옹주의 부모 형제들로서 참람하게 추성樞省에 들어왔거나 혹은 부원군府院君이 되었거나 국대부인國大夫人·옹주翁主·택주宅主로 책봉된 자들 또한 마땅히 그 작첩爵

牒을 회수하소서. 그 가운데 세력을 믿고 나쁜 짓을 한 자는 먼 곳으로 귀양보내소서. 이렇게 하면 이후에 나쁜 짓을 하려는 자들이 징계하는 바를 알게 될 것입니다. 진실로 상벌이 밝지 못하면 기강이 서지 못하고 선한 도리를 부흥시킬 수가 없습니다."라고 하였다. 왕이 모두 윤허하였다.

또 상소하여 아뢰기를 "우리나라는 조선朝鮮(고조선)의 말엽에 70여 개 나라로 분리되었다가 합쳐서 삼한三韓으로 되었는데, 창과 칼이 번뜩이며 전쟁이 계속되었습니다. 백성들의 간장이 녹아내려 땅에 흐르는 것이 양한兩漢(전한·후한), 3국三國, 6조六朝, 수隋, 당唐을 거쳐 5대五代에 이르기까지 종식되지 않았습니다. 우리 태조[왕건]께서 천명을 받고 일어나서 백성을 구하셨는데, 몸소 갑옷을 입고 투구를 쓰고 비바람을 무릅쓰고 남쪽으로 북쪽으로 군사를 끌고 다니면서 정벌하여 비로소 통일을 이루시어 지금에 이르기까지 5백 년을 내려왔습니다. 그 사이에 신씨辛氏가 나라를 도적질하여 종묘의 제사가 끊어졌습니다. 전하께서 새로 31대代에 중단되었던 국통國統을 계승하시니 삼한의 백성들이 몹시 기뻐하면서 눈을 씻으며 전하의 중흥中興의 다스림을 기대하고 있습니다. 전하의 한 몸에 황천 상제皇天上帝의 권명眷命, 태조와 열성조의 부탁, 산천 귀신들의 의탁, 만백성의 운명이 달려 있습니다. 지극히 숭고한 모습은 만 길보다 더 깊고, 짊어진 부담의 어려움은 태산보다도 더 무겁습니다. 원컨대 전하께서는 위로는 황천皇天의 굽어보심을 두려워하고, 아래로는 억조 백성이 우러러봄을 두려워하여, 한 사람을 상 주더라도 상제上帝의 착한 자를 복 주는 마음에 합하지 않을까 두려워하고, 한 사람을 벌주더라도 상제의 음란한 자를 죄주는 뜻에 합하지 않을까 두려워하여, 여러 사람이 기뻐한 후에야 상을 주고, 여러 사람이 버린 후에야 형벌을 내리소서.

'헌 바지라도 반드시 감추며, 한 번의 웃음이라도 반드시 아낀다[弊袴必藏 一笑必惜].'라고 하였습니다. 자문咨問을 부지런히 하여 그 총명을 넓히고, 학문을 좋아하여 그 덕업을 높이며, 많은 신하를 예로써 대하고, 모후母后를 효도로써 받들며, 간사한 사람을 제거할 때에는 의심하지 말고, 영을 내리면 반드시 행하소서. 궁궐에 거처할 때에는 우리 백성에게 비바람을 막아줄 집이 없다는 것을 생각하고, 진수성찬을 드실 때에는 우리 백성에게는 거친 음식도 넉넉하지 못하다는 것을 생각하소서. 검소함을 숭상하고 사치를 경계하며, 재용을 절약하고 백성을 사랑하소서.

직언直言을 좋아하고 아부를 싫어하며, 군자를 가까이하고 소인은 멀리하소서. 남김없이 말하고 숨기지 않으며, 안색을 엄숙하게 하여 조정에 서서 간쟁하는데 조금도 회피함이 없으며, 나라가 있는 것만 알고 자기 집을 모르는 사람이 군자입니다. 전하께서 그들을 가까이하고 믿으시면 요순堯舜의 다스림도 앉아서 이루게 되고, 태조의 사업을 계승하여 일으킬 수 있습니다. 인아姻婭는 반드시 승진시키려 하고, 은원恩怨는 반드시 갚고자 하며, 아첨만을 행하여 부귀를 도모하며, 자기 집만 알아서 나라가 있다는 것을 모르는 자는 소인입니다. 주상께서 기뻐하여 그들을 등용하신다면 걸주桀紂의 멸망을 서서 기다리게 될 것이고, 태조의 공렬이 금방 무너질 것입니다.

2제二帝(요임금과 순임금)와 3왕三王(하夏·상商·주周)도 학문으로 말미암지 않음이 없으니, 정일집중精一執中은 요임금과 순임금의 학문이며, 건중건극建中建極(중도中道와 대도大道를 설정하는 것)은 탕湯임금과 무왕武王의 학문입니다.

원컨대 전하께서는 경사經史에 정통하고 심술心術이 올바른 큰 선비[鴻儒]를 택하여 하루 걸러 입직入直하게 하여 경사를 토론하고 치도治道를 토론하여 넓고 밝은[緝熙光明] 학문을 이루소서.

또한 사관史官에게 명하여 번갈아 곁에서 모시게 하여 좌사左史는 말을, 우사右史는 사실을 모두 기록하게 하여 만세에 전하게 하소서. 또 세자를 위하여 서연書筵을 열고 당대의 대유大儒를 사부師傅로 임명하고 경의에 밝고 행실이 닦인 선비를 요좌僚佐(보좌관)로 임명하여 아침저녁으로 같이 있으면서 경전經典을 강론하고 밝혀서 근본을 바로잡고 근원을 맑게 하는[端本澄源] 학문을 밝히도록 하소서.

환관은 국초부터 충렬왕[慶陵] 때에 이르기까지 관직에 참여하지 못하였습니다. 근래에 궁중에서 명을 전달하는 직임으로 치국의 도를 논하며 나라를 경영하는 반열에 참여하게 되었는데, 이는 조정을 존중하는 바가 아닙니다. 원컨대 이제부터는 환관의 제수는 충렬왕 때의 제도를 따라서 조정 관료[朝官]에 임명하는 것을 허락하지 마소서.

학교는 풍속과 교화의 근원이니, 국가의 치란과 정치의 득실이 여기에서 말미암지 않은 것이 없습니다. 근래에 전쟁이 일어남으로써 학교가 폐지되었거나 해이하여 무성한 풀밭이 되었습니다. 향원鄕愿(촌락의 토호)으로서 선비라는 명분[儒名]을 내세우며 군역軍役을 피하는 자들이 5, 6월 사이에 어린 아이들을 모아 당唐·송宋의 절구를 읽고, 50일이 되면 파하고서 이를 여름 공부[夏課]라고 하는데, 수령들도 이것을 예사로 보고는 일찍이 주의를 기울이지 않습니다. 이렇게 하고도 경의에 밝고 행실이 닦인 선비를 얻어서 국가의 성대한 다스림에 도움을 받고자 한들 그 가히 되겠습니까? 원컨대 이제부터는 근실하고 민첩하여 학식이 넓은 자를 교수관教授官으로 삼아 5도에 각각 한 사람씩 나누어 보내어 군·현을 두루 다니게 하고, 그 마필馬匹과 접대는 모두 향교에 위임하여 이를 주관하도록 하소서. 또한 주·군에 한가로이 있으면서 유학을 본업으로 하는 사람들은 본군本郡의 교도教導로 삼으소서. 자제들로 하여금 항상 사서오경을 공부하게 하고 사장詞章은 읽지 못하게 하고, 교수관이 한 도道를 순시하면서 과정을 엄격하게 세우고, 몸소 어려운 문제를 논의하여 그 통하고 통하지 못한 것을 상고하여 이름을 올려 명부에 써서 인도하고 권장하여 진실한 인재가 되게 하소서. 인재를 많이 배출하여 효과를 거둔 자는 순서에 따르지 말고[不次] 뽑아 쓸 것이며, 효과를 거두지 못한 자는 논벌論罰하소서.

우리나라 가묘家廟의 법이 오랫동안 폐해졌는데, 지금은 서울로부터 군·현에 이르기까지 모든 집이 있는 자는 반드시 신사神祠를 세우고 이를 위호衛護라고 부르는데, 이는 가묘의 유법遺法입니다. 원컨대 이제부터는 일체 『주자가례朱子家禮』를 채용하여 대부大夫 이상은 3세三世까지 제사를 지내고, 6품 이상은 2세까지 제사를 지내며, 7품 이하로부터 서인庶人에 이르기까지는 그 부모만 제사지내도록 하소서. (이에) 깨끗한 방 한 칸을 가려서 각기 하나의 감실龕室을 만들어 그 신주를 간수토록 하소서.

전傳(『중용中庸』)에 이르기를 '성의로 대우하고 녹을 후하게 주는 것은 사士를 권장함이다.'라고 하였습니다. 그러므로 옛날에는 위로는 공경公卿으로부터 아래로는 서리胥吏에 이르기까지 봉록을 후하게 주시 않음이 없었으므로 조정에서 벼슬하는 모든 사람들이 일찍이 사사로운 이익을 도모하는 데에 뜻을 두지 않고 오로지 공무公務에만 마음을 쏟았던 것입니다. 권세 있는 자들이 (토지를) 겸병한 이후로 조세租稅는 날로 줄

어들고 녹질祿秩은 해마다 축소되니, 선왕先王이 제정한 봉록의 숫자는 한갓 형식적으로 되었을 뿐입니다. 마땅히 해당 관리로 하여금 옛 제도를 참작하여 그 녹질을 풍족하게 한다면 사士가 항심恒心이 있게 되고 염치가 가히 일어나게 될 것입니다.

경기京畿의 8현은 요역이 매우 번다합니다. 그러나 정관正官이 통제하는 바도 아니고, 관찰사가 다스리는 바도 아닙니다. 또 수령이 교화를 펴는 일도 없기 때문에, 과렴科斂이 고르지 못하고 부역에 제한이 없어서 백성들은 생활을 꾸려나갈 수 없어도 하소연할 곳조차 없습니다. 원컨대 이제부터는 각도의 예에 따라서 현縣에 5, 6품의 관리를 두고 개성부開城府로 하여금 공적을 상고하여 무능한 사람은 깎아내리고 유능한 사람은 승진시키는 법을 밝히게 하소서.

군대[兵]라는 것은 백성의 운명을 좌우하며 나라의 큰 정사이니, 왕실을 호위하고 화란을 없애기 위한 것입니다. 우리나라의 5군五軍 42도부都府는 대개 한漢나라의 남북군南北軍과 당唐나라의 부위병府衛兵에 해당됩니다. 요遼나라와 금金나라가 양계兩界에서 국경을 접하고 있는데, (요나라가) 진제晉帝를 세워 그 나라 백성을 다스리면서 호시탐탐 천하를 노리면서 우리나라에 화친을 구했으나 우리 태조께서 이를 거절하였습니다. 금나라가 요나라와 송나라의 세 황제를 사로잡아 위세를 천하[四海]에 떨치면서도 감히 옆에 있는 우리나라를 엿보지 못하고 지금까지 이르게 된 것은 조종祖宗의 군정軍政에서 그 율령律令이 훌륭하였기 때문입니다. 근세에 병제兵制가 크게 무너져서 전쟁을 한 지 30여 년이 되도록 군정의 계통이 없었습니다. 전술이 없는 장수로서 훈련받지 못한 백성을 거느리고 싸우게 되니, 멀리 바라보고 놀라서 싸우지도 않고 달아나서 천 리에 해골들이 널려 있습니다. 조그만 왜놈들이 나라의 걱정이 되었으니, 가히 통탄하지 않을 수 있겠습니까? 원컨대 이제부터는 한산閑散 4품 이상을 3군에 소속시켜 군에 장좌將佐로서 두고, 5품 이하는 부위府衛에 소속시켜 군부사軍簿司에서 통제하게 하여 상하가 서로 연계되고 계통이 서로 연결되어 군정이 한곳에서 나오고, 여러 사람의 마음이 한곳으로 통일되게 하소서. 그런 연후에 군령軍令을 거듭 밝히고 사졸士卒을 훈련한다면, 백만의 군사도 마치 몸이 팔을 쓰고 팔이 손가락을 쓰는 것처럼 쉬울 것이니, 어디를 지키더라도 견고하지 않겠으며 어디를 공격하더라도 빼앗지 못하겠습니까?

근세에 간신들이 정치를 문란하게 하여 장수가 될 만한 인재가 아닌데도 중방重房에 늘어서있고, 온갖 전쟁에서 수고한 자는 겨우 첨설직添設職에 임명하였습니다. 상벌에 규정이 없으니 군사들이 해이해져서 이르는 곳마다 공적이 없습니다. 원컨대 이제부터는 견고한 적진을 깨뜨리고 적을 함락시킨 공로, 장수의 목을 베고 깃발을 빼앗은 용맹, 수많은 전쟁에서 수고한 공적이 있는 자로서 공로가 큰 자는 상호군上護軍으로, 그 다음은 호군護軍·중랑장中郞將으로부터 별장別將·산원散員에 이르기까지 모두 적절히 임명하여 적을 격파한 공로를 장려한다면, 사람들은 모두 그 상관을 친애하여 그를 위해서 죽을 것입니다. 또 근일에 의병義兵을 일으켜 어지러운 세상을 평정할 때에 군에 종사한 자에게도 역시 관직과 상을 주어서 후세 사람을 권장하소서.

근래에 역호驛戶가 피폐해져서 모든 포마鋪馬(역말)·전체傳遞·지로知路·지로指路의 부역을 주·군에서 대신 맡게 되니, 그 고통이 심해서 백성들이 흩어져서 도망하는 데까지 이르게 되었습니다. 주·군으로 하여금 다시 생업을 힘쓰게 하려면 마땅히 역호驛戶를 우선으로 돌보아야 합니다. 국가에서 비록 정역별감程驛別監을 두어 여러 역驛을 안집安集하도록 하였으나, 한 사람이 능히 혼자 다스릴 수 없었습니다. (이에) 역마다 사속私屬을 두어 이목耳目으로 삼았으나 도당都堂에서 파견한 사람이 아니므로, 사람마다 이를 업신여기기 때문에 능히 안집하지 못하고 있습니다. 원컨대 이제부터는 역마다 5, 6품의 역승驛丞을 한 사람씩 두고 그 보거保擧[3]는 수령의 예에 따르도록 하고, 또 반인半印을 주어 보내소서.

상평창常平倉과 의창義倉의 법은 흉년을 구제하는 좋은 계책입니다. 경수창耿壽昌(한 선제漢宣帝 때의 대사농大司農)의 의창에 대한 상주와 장손평長孫平(수 문제隋文帝 때의 탁지상서度支尙書)의 사창社倉에 대한 건의는 그 법이 대체로 주관周官 위인委人(주周나라 때 전곡錢穀을 맡아보던 관원)의 직책에서 나온 것으로 국가를 가진 자는 마땅히 제일 먼저 해야 될 일입

3 재주와 학식 또는 공적이 뛰어난 자를 그 상관上官이나 지방관이 보증을 서면서 추천하는 것.

니다. 지난해 여름에는 군사를 일으키고 게다가 왜구까지 침범하여 농사짓는 시기를 어기게 되었으며, 금년에는 또 수재를 입어 동남방의 주·군이 쓸쓸히 헐벗게 되었으니, 흉년을 구제하는 계책을 생각하지 않을 수 없습니다. 국가에서 이미 사전私田을 개혁하여 이르는 곳마다 모두 축적이 있으니, 원컨대 이제부터는 군·현에 모두 상평창을 두고 풍년에는 거두어들이고 흉년에는 나누어주는 법을 일체 근일에 도평의사사에서 아뢴 바에 의해서 행하소서. 가만히 듣건대, 양광도楊廣道에서는 이미 상평창을 설치했다고 합니다. 마땅히 제도諸道로 하여금 이에 의거하여 시행하게 하고, 수령 가운데에 법대로 하지 않는 자는 처벌하소서.

먹는 것은 백성에게 제일 중요하며, 곡식은 소[牛]의 힘을 빌려야 합니다. 그러므로 우리나라에는 금살도감禁殺都監이 있으니, 이는 농사를 소중하게 여기고 민생을 넉넉하게 하려는 것입니다. 달단韃靼과 화척禾尺은 소를 잡는 것으로써 농사를 짓는 것에 대신하는데, 서북면西北面이 더욱 심하여 주·군의 각 참站마다 모두 소를 잡아서 손님을 대접하여도 이를 금하지 않습니다. 마땅히 금살도감 및 주·군의 수령들로 하여금 금령을 널리 알리고 시행하게 하소서. 법을 위반하는 자를 붙잡아서 관청에 고발하는 자가 있으면 금령을 범한 자[本人]의 가산을 상으로 주고, 금령을 범한 자는 살인죄로 논하소서.

군사가 왜놈들과 싸워서 빼앗은 마필馬匹과 무기들 및 백성들이 적을 죽이고 빼앗은 모든 물건들을 그곳의 군정軍政 및 민정民政 관원이 경내에 통첩하여 마치 도적처럼 국문하고는 모두 서울로 실어 보내어 후한 상賞을 바라고 있습니다. 임금을 속이고 백성에게 해독을 끼침이 이보다 심한 것이 없습니다. 이 때문에 군사들이 뿔뿔이 흩어져서 적의 기세가 더욱 창궐하니 매우 그릇된 계책입니다. 원컨대 이제부터는 제도諸道의 장수 가운데에 적을 격파한 자는 머리만 베어 바치게 하소서. 군사와 백성들이 빼앗은 왜적의 물건은 추국推鞫하지 말도록 하고, 영전令典을 명시하여 두면 사람들이 그 이익을 즐거워하여 싸움에 용감할 것입니다. 이를 범한 자는 서울이면 헌사憲司가, 지방이면 관찰사가 불렴不廉(청렴하지 않음)으로 논죄하소서.

재상은 임금의 보좌이니, 더불어 천위天位를 함께 누리고 천공天工을 대행하는 사람입니다. 불행히 죄가 있으면 이를 폐하여도 되며, 이를 물리쳐도 되고, 이를 사사賜死하여도 됩니다. 이에 하리下吏들을 시켜 포승으로 몸을 결박하고 칼을 씌우며 머리를 베어 달고 몸뚱이를 드러내어 내버려두고 장사지내지 못하게 하는 것은 심한 일입니다. 한漢나라 문제文帝 때에 가의賈誼가 상소하여 아뢰기를 '체형體刑을 대부大夫 이상에게는 미치지 않아야 합니다.'라고 하니, 문제가 이를 깊이 가납嘉納하였습니다. 이로부터 대신에게 죄가 있으면 모두 죽음을 내리기는 하나 형벌과 모욕을 가하지 않고, 예禮로써 아랫사람을 대우하여 한나라 4백 년의 예속禮俗을 이루었습니다. 원컨대 이제부터는 양부兩府의 대신들에게는 비록 죽을 죄가 있더라도 그 대역부도大逆不道 외에는 한나라 문제의 옛일을 본받아 현륙顯戮[4]을 가하지 말아서 국가에서 대신들을 존중하는 훌륭한 제도[盛典]를 이루소서.

『서경書經』에 이르기를 '벌罰은 후사後嗣에게 미치지 않는다.'라고 하였으며, 전傳(『맹자』)에는 이르기를 '죄는 처자妻子에게까지 미치지 않는다.'라고 하였습니다. 그러므로 순임금은 곤鯀을 죽이고도 그 아들 우禹를 재상으로 삼았으며, 무왕武王은 주紂를 죽이고도 그 아들 무경武庚을 봉작하였으니, 이는 천지가 만물을 생육하는 마음입니다. 근세에 이르러 사람 죽이기를 밥 먹듯이 하고 남의 일족을 다 죽이고도 오히려 그 후사가 남아 있을까 두려워하니 어질지 못함이 매우 심합니다. 원컨대 이제부터는 모든 죄가 있는 자는 3대의 거룩한 임금들의 제도를 본받아 처자가 연좌連坐되는 일이 없게 함으로써 거룩한 우리 조정의 인자한 정치[不忍之政]를 보여주소서.

모든 송사와 모든 삼갈 일에 문왕文王은 감히 이것에 간여하려 하지 않았습니다. 이것이 주周나라가 다스림을 이루게 한 것입니다. 진평陳平이 전곡錢穀의 숫자를 알지 못하자, 군자君子는 말하기를 '재상의 체통을 아는 사람이다.'라고 했으니, 그가 관리들의 직무를 침해하지 않았기 때문입니다. 우리나라의 제도는 도당都堂이 백규百揆(백관)를 통솔하고 호령을 반포하며, 헌사憲司가 백관을 살피고 풍속을 규찰하고, 전법도관典法都官

4 죄인을 죽여서 그 시체를 여러 사람들에게 보이던 일.

이 시시비비를 가려서 옥사와 소송을 판결하는 것이 그들의 직책입니다. 근래에 요행을 바라고 이익을 탐하는 무리들이 도당을 속이고 우롱하여 소송 문서[訟牒]가 산처럼 쌓여 있습니다. 행이行移(문서) 수발하는 사이에 고식적이고 구차스러운데다 그 번다함은 이루 다 말할 수 없으니, 관직을 설치하고 직책을 나누게 한 본뜻이 아닙니다. 원컨대 이제부터는 송사하는 자로 하여금 각기 해당 관청에 소송하게 하고, 그들이 임금[大內]이나 도당에 곧바로 주달하는 것은 일체 금지하여 임금을 높이시고 도당을 엄하게 하소서.

모든 공사公私간의 이식[滋息]은 본전이 1냥이면 이자도 1냥일 뿐입니다. 근래에 재물을 늘리는 무리들이 오직 이익에만 눈이 팔려 본전 1냥의 이자가 혹은 10배까지 이르기도 합니다. 빌려 쓴 무리들이 처자식을 팔아도 끝내 능히 상환하지 못하는 까닭에 국가에서 이미 금령禁令이 있었습니다. 지금 공판도감供辦都監의 보미寶米는 이식이 끝이 없어서 빌린 사람으로 하여금 집을 잃고 생업까지 잃게 하고 있으니, 국가에서 백성을 구휼하는 뜻이 아닙니다. 원컨대 이제부터는 본전 1냥에 이자 1냥을 받고 더 이상 취하지 못하게 하소서.

서울과 지방의 모든 관리가 제목除目[5]이 이미 내려오고도 여러 날이 지나도록 즉시 근무지에 도착[上官]하여 부임하지 않으므로, 공무의 지연을 초래하고 그 문서와 전곡錢穀이 모두 간사한 아전들에게 은닉되도록 하고 있습니다. 이것은 참으로 큰 폐단이며 또한 신하가 성심으로 임금을 섬기는 도리가 아닙니다. 원컨대 이제부터는 대성臺省과 정조政曹의 관리 외에 그 경관京官의 모든 원리員吏들은 임명[下批]이 내린 후에 경관은 3일로 한정하고, 외관外官은 10일로 한정하여 대궐에 나아가서 사은하고 곧바로 상관上官으로 가서 부임하게 하소서. 권지행사權知行事라고 일컫는 가운데 신관新官과 구관舊官이 서로 마주 대하여 문서와 전곡을 명백하게 계약서로 만들어서 손수 서로 교부하여 고과考課에 증빙하도록 하고, 인사한 다음에 곧바로 정식 관직이 되게 하소서. 법대로

5 관직에 제수된 사람들의 명단이 기록된 목록.

하지 않는 자가 있으면 서울에서는 헌사憲司가, 지방에서는 관찰사가 법에 의하여 엄중히 처벌하게 하소서.

근년 이래로 기강이 점점 해이해져 주·현의 향리가 혹은 군공軍功을 세웠다고 하면서 외람되이 관직을 받기도 하고, 혹은 잡과雜科를 빙자하여 본역本役을 피하려고 꾀하기도 하며, 혹은 권세가와 결탁하여 참람하게 관질官秩을 올리는 자도 있는데, 그것을 이루 다 기록할 수 없을 정도로 많아서 주·군이 텅 비고 8도가 피폐해졌습니다. 원컨대 이제부터는 비록 3정丁에 한 아들로써 3, 4대代에 걸쳐 향리의 역을 면하였더라도 확실한 문건[文契]이 없는 자, 군공으로 향리의 역을 면했으나 특별한 공적을 세우지 않고 공패功牌를 받은 자, 잡과이기는 하나 성균관의 전교典校·전법典法·전의典醫 출신이 아닌 자, 첨설직添設職의 봉익奉翊과 진차眞差 3품 이하는 강제로 본역本役에 종사하도록 하여 주·군을 충실하게 하소서. 또한 지금 이후부터는 주·군의 향리에게 명경과와 잡과 출신이라도 역을 면하지 못하게 하고 이를 일정한 법식으로 삼으소서."라고 하였다.

왕이 즉위하기 전에 널리 토지를 소유하고 있었으므로 일찍이 사전私田 개혁을 싫어하였는데 이때에 와서 이것을 회복시키려 하므로 조준이 또다시 상서하여 이를 간쟁하였다.

조준이 헌사憲司에 있으면서 일들의 시시비비와 이해득실을 논한 글이 전후 수만언言에 달하였는데 모두 당시의 병폐들을 절실히 지적하여 정치가 일신되었다. 사전을 개혁하여 우리나라를 소생시킬 것, 관찰사를 파견하도록 건의하여 장수와 수령들을 출척黜陟시켜서 백성은 편안히 살게 하고 도적들은 자취를 감추게 할 것, 백관들이 (시정의) 득실을 진술하게 할 것, 대리臺吏들로 하여금 분경奔競을 금지하게 할 것, 쓸데없는 관리들을 감원시킬 것, 학교를 진흥시킬 것, 가묘家廟를 세우며 화장火葬을 금지할 것, 봉록을 넉넉하게 주며 규전圭田을 지급하여 줄 것, 양부兩府에는 3과三科에 급제하지 않은 자를 임명하지 말 것, 백관들을 모두 6조에 소속시킬 것, 대부에게는 체형을 가하지 말 것, 공상工商에게서 고신告身을 회수할 것, 어사御史의 품계를 높일 것, 관館과 역驛에 승丞을 설치할 것, 환관을 조정 관료[朝臣]로 참여하지 못하게 할 것, 공로가 있지 않으면 군君으로 책봉하지 말 것, 어린 자제들에게 관직을 제수하지 말 것, 제도諸道에서 원수元帥의 수를 줄일 것, 8현에 수령을 둘 것, 복시覆試에 법률을 정할 것, 정구丁口를 호적으로 정리할 것, 상평창常平倉을 설치할 것, 군리軍吏가 실직[眞職]을 받게 할 것, 수군에게 섬의 전토를 식읍으로 줄 것, 사선私膳·사서私書·잡사雜使들을 파견하지 말 것, 떳떳한 형벌[常刑]을 갖추게 하고 죄가 처자에 미치지 않게 할 것, 소송이 직접 (임금과 도당에) 진달되지 않도록 할 것, 감무監務는 모두 참관參官으로 파견할 것, 수령은 오로지 자기 군郡의 일만 다스리게 할 것 등으로, 총 35개의 조목에 달하는데 모두 조준이 건의한 바이다.

얼마 후에 찬성사贊成事로 승진하였다가 판예조사判禮曹事로 되었다. 정몽주鄭夢周가 일찍이 왕에게 비밀리에 아뢰기를 "정책定策(공양왕을 왕으로 정한 일)하던 날에 조준은 전하를 세우려 하지 않았습니다."라고 하였다. 조준이 대사헌大司憲으로 있으면서 우현보禹玄寶를 논죄하기에 이르자, 우씨 일당이 모두 그를 미워하였고 왕도 우씨를 감싸주었다. 이로 말미암아 (왕은) 조준을 싫어하였다.

이때 중국에 사신으로 간 사람들이 대부분 예우를 받지 못하였다. 그리하여 조준을 파견하여 성절聖節을 축하하게 하였다. 왕은 그가 돌아왔다는 소식을 듣고는 말하기를 "내가 또 조준의 얼굴을 보게 되었구나."라고 하였다. 얼마 후에 판상서시사判尙瑞寺事로 임명하였는데, 대개 그를 멀리하려는 것이었다. 충근여절좌명정조공신忠勤勵節佐命定祚功臣의 칭호를 더해주고 삼사좌사三司左使로 승진시켰다. 김진양金震陽에게 탄핵을 받아 수원水原 옥사에 갇혀 있다가 소환되어 다시 찬성사로 임명되었다. 얼마 후에 판삼사사判三司事로 되었다. 이 이후로는 본조本朝(조선)로 들어왔다.

정도전鄭道傳

정도전의 자는 종지宗之이고 검교밀직제학檢校密直提學 정운경鄭云敬의 아들이다. 공민왕恭愍王 때에 과거에 급제하여 충주 사록忠州司錄으로 임명되었다. 여러 차례 승진하여 통례문 지후通禮門祗侯로 되었다. 부모상을 당하여 묘 옆에 여막을 짓고 3년상을 마쳤다. 소환되어 태상박사太常博士에 제수되었는데, 왕이 몸소 종묘에서 제사지낼 때에 정도전에게 명하여 그림대로 악기를 제작하도록 하였다. 예의정랑禮儀正郎과 예문응교藝文應敎를 역임하면서 문학으로 칭송을 들었으며 왕이 매우 총애하였다.

신우辛禑 초에 북원北元의 사신이 오자 이인임李仁任과 지윤池奫은 그를 맞이하려고 하였다. 정도전은 김구용金九容·이숭인李崇仁·권근權近과 함께 도당에 상서하여 맞이하는 것은 옳지 않다고 하였다. 이인임과 경복흥慶復興이 그 글을 물리치고 접수하지 않고는 정도전에게 명하여 북원 사신을 영접하도록 하였다. 정도전은 경복흥의 집에 이르러 말하기를 "나는 마땅히 사신의 머리를 베어 가지고 오겠다. 그렇지 않으면 명나라에 묶어 보내겠다."라고 하니, 경복흥이 노하여 말하기를 "이와 같다면 반역자 김의金義와 무엇이 다른가?"라고 하였다. 정도전이 이해득실을 갖추어 진술하였는데 언사가 자못 불손하였다. 또 태후太后에게 아뢰기를 "(북원 사신을) 맞이하는 것은 옳지 않습니다."라고 하니, 경복흥이 더욱 노해서 이인임과 더불어 정사를 보지 않았다. 이에 정도전을 회진현會津縣으로 귀양보냈다. 대성臺省과 시종관侍從官들이 전송하러 동쪽 교외에 이르니, 염흥방廉興邦이 배상도裴尙度를 보내 말하기를 "내가 이미 시중侍中에게 말하여 노여움이 조금 풀렸다. 아직 며칠만 더 기다리라."라고 하였다. 정도전은 막 술을 마시고 있었는데, 분연히 말하기를 "정도전의 주장이나 시중의 분노는 각각 자기의 소견을 고집하는 것이며 모두 나라를 위한 것이다. 지금 임금의 명령이 있는데 어찌 공의 말 때문에 중지하겠는가?"라고 하고는 드디어 말에 올라 떠나갔다. 재상들이 이 소식을 듣고는 아직도 깨닫지 못하였다고 여겨서 사람을 보내 곤장을 치려고 하였는데, 마침 석기釋器의 난이 일어나서 중지되었다.

얼마 후에 용서를 받아 마음대로 편하게 거주하게 하니, 삼각산三角山 밑에 초가를 짓고 글을 강의하므로 학자들이 그를 많이 따랐다. 항상 후진을 가르치고 이단異端을 배척하는 것을 자기의 사명으로 삼았다. 다시 등용되어 전의부령典儀副令으로 임명되었다. 성균좨주成均祭酒로 승진되자 지방에 나갈 것을 청하여 남양부南陽府의 수령으로 나갔다. 우리 태조(이성계)가 그를 추천하므로 소환되어 성균대사성成均大司成으로 임명되어서는 여러 차례 계책을 건의하였다.

신창辛昌이 왕위에 오르자 서연시독書筵侍讀으로 되었고, 얼마 지나지 않아 밀직부사

密直副使로 발탁되었다. 우리 태조를 추종하여 정책定策하여 공양왕을 세우니, 충의군忠義君으로 봉해지고, 추충논도좌명공신推忠論道佐命功臣의 호를 받았으며, 삼사우사三司右使로 임명되었다.

공민왕이 경연經筵에 나와서 정도전에게 말하기를 "지금 위조僞朝의 첨설직添設職을 폐지하고자 하는데, 그 방법을 어떻게 해야겠는가?"라고 하니, 대답하기를 "옛날에 사람을 쓰는 법이 네 가지가 있었으니, 문학文學·무과武科·이과吏科·문음門蔭이었습니다. 이 네 과로 사람을 선발하는데 해당되면 그를 등용하고 해당되지 않으면 버렸으니, 그 누가 원망이 있겠습니까?"라고 하였다. 또 묻기를 "관질이 높은 자는 어떻게 처리할 것인가?"라고 하니, 대답하기를 "옛날에 송宋나라 때에는 산관散官을 위하여 대단관大丹館과 복원궁福源宮을 설치하고 혹은 제조提調로 임명하기도 하고 혹은 제거提擧로 임명하기도 했습니다. 지금도 이를 본받아 별도로 궁성숙위부宮城宿衛府를 두고, 지위가 밀직密直과 봉익奉翊에 있는 자들을 제조궁성숙위사로 삼고, 3, 4품의 관직은 제거궁성숙위사로 삼으소서. 그렇게 하면 정사가 그 마땅함을 얻어 체통이 엄해질 것입니다."라고 하였다. 또 묻기를 "지방에 있는 자는 어떻게 처리할 것인가?"라고 하니, 대답하기를 "서울에 있는 자를 이와 같이 처리하면 지방에 있는 자들이 다투어 와서 왕실을 호위할 것입니다. 그런 후에 관질의 높고 낮음을 따져 혹은 제조로 삼고 혹은 제거로 삼으소서."라고 하였다. 왕이 그 말에 따라 궁성숙위부宮城宿衛府를 설치하였다.

정도전이 또 아뢰기를 "당나라의 용인用人하는 법에는 다섯 개의 조목이 있습니다. 첫째는 교양敎養이라고 하니, 그 재능과 덕성을 완성시키는 것입니다. 둘째는 선거選擧라고 하니, 그 우수한 자를 선발하는 것입니다. 셋째는 전주銓注라고 하니 그 직임에 적당하게 하는 것입니다. 넷째는 고과考課라고 하니 그 공로와 과오를 밝히는 것입니다. 다섯째는 출척黜陟이니, 그 징계와 권장하는 바를 보여주는 것입니다. 조목들 안에 또 각각의 조목이 있습니다. 경사經史를 널리 배우는 것, 법령에 두루 밝히 아는 것, 활쏘기와 말 타기를 연습하는 것의 이 가지는 교양의 조목입니다. 문학文學·재간才幹·무예武藝·문음門蔭의 네 가지는 선거의 조목입니다. 덕성과 명망 및 지식과 도량을 갖춘 자를 재상[相]으로 임명하고, 지혜와 병략 및 위엄과 용맹을 갖춘 자를 장수[將]

로 임명하며, 감히 말하면서 숨기지 않는 자를 대간臺諫으로 임명하고, 명백하게 살피고 공평하고 너그러운 자를 형관刑官으로 임명하며, 산수에 정통[通習]한 자는 전곡錢穀을 주관하게 하고, 교묘한 사고로 정밀하고 명민한 자는 공장工匠을 주관하게 하는 이 여섯 가지는 전주銓注의 조목입니다. 공公만 알고 사私는 잊어버려서 그 직임에 부지런한 것을 공功으로 하고, 공물公物로써 개인의 배를 채우며 관을 비우고 직임을 폐하는 것을 과過라고 하니, 이 두 가지는 고과考課의 조목입니다. 직질職秩을 올려주고 녹봉을 더해주는 것이 척陟이고, 관직을 깎아내리고 귀양 보내거나 좌천시키는 것이 출黜이니, 이 두 가지는 출척黜陟의 조목입니다. 우리나라에서 용인用人하는 제도가 크게 무너져서 교양敎養하려고 하면 사도師道가 밝지 못하고, 선거選擧하려고 하면 사사로운 것으로 공公을 가로막으며, 전주銓注하려고 하면 어진 자와 어리석은 자가 같이 섞여서 승진하고, 고과考課하려고 하면 청알請謁이 번다하게 성행하며, 출척黜陟하려고 하면 뇌물이 공공연히 행해집니다. 이 다섯 가지가 모두 없어졌으니 어디서 인재를 얻을 수 있겠습니까? 최근에 5도에 출척사黜陟使를 나누어 파견하였으나, 이는 근본을 다스리지 않고 말초를 가지런히 하는 것입니다."라고 하였다. 왕은 깊이 그렇게 여기고, 경연검토관經筵檢討官 한상경韓尙敬에게 명하여 그 말을 기록하여 올리도록 하였다.

금성이 달을 가로지르니[金星貫月], 왕이 정도전에게 말하기를 "장차 무슨 재앙이 있겠는가?"라고 하니, 정도전이 아뢰기를 "허물은 중국에 있으며 우리 조정에는 관계가 없습니다."라고 하였다. 당시 사람들이 이를 비난하였다.

헌부憲府에서 검토관檢討官 신원필申元弼이 세자世子의 명령을 사칭했다고 탄핵하니, 왕이 그 관직을 파면하였다. 조금 후에 말한 자를 괘씸하게 여겨 죄를 주려고 하였다. 정도전이 아뢰기를 "신원필은 곧 전하께서 왕위에 오르시기 전의 옛 친구이니, 만약 그 죄를 용서한다면 의논하는 자들이 반드시 일컫기를 '전하의 기쁨과 노여움이 사심에서 나온다.'라고 할 것입니다. 이는 처음 정치를 시작할 때의 아름다운 일이 아닙니다."라고 하므로, 왕의 노여움이 조금 풀렸다.

정당문학政堂文學 동판도평의사사同判都評議司事 겸 성균대사성成均大司成으로 제배하였다. 왕이 명하여 적경원중흥비積慶園中興碑의 글을 지으라 하고, 의복 한 벌과 내구마內

廐馬 한 필을 내려주었다. 5군五軍을 3군도총제부三軍都摠制府로 하고, 정도전을 우군총제사右軍摠制使로 삼았다.

왕이 하교하여 구언求言하니, 정도전이 상소하여 아뢰기를 "신이 엎드려 교서를 읽으니, 위로는 천문의 이변을 삼가고 아래로는 신서臣庶의 직언을 구하면서 여덟 가지 일로써 스스로를 책망하였습니다. 신은 이를 두 번 세 번 읽고는 감탄함을 금할 수 없었습니다. 전하께서 하늘의 견고譴告를 자기의 과오로 돌리고 언로를 넓혀 그 과실을 듣고자 하시니, 비록 옛날의 명철한 임금이더라도 이보다 혹 더하지는 않을 것입니다. 신이 재상의 자리에 있으면서 전하를 바로잡거나 도운 바가 없어서 군부君父에게 근심을 끼쳐서 이렇게 간절한 교지를 내리는 데까지 이르게 하였으니, 신은 실로 부끄럽습니다.

일찍이 생각하건대, 임금은 원수元首가 되고 신하는 고굉股肱이 되니, 이를 사람의 몸에 비유하면 실로 하나의 몸입니다. 그러므로 임금이 선창하면 신하가 화답하고, 신하가 말하면 임금이 듣는데, 혹은 '옳다.'라고도 하고 혹은 '옳지 않다.'라고도 하면서 다스림을 이루기를 기약할 뿐입니다. 그렇기 때문에 하늘의 견고는 신하로부터 초래되는 것입니다. 옛날에는 재이災異가 있으면 삼공三公이 책면策免[6]되고, 대신으로 있는 자들도 직위를 사양하여 재앙을 물리치려 했으니, 청하건대 신의 관직을 파면하여 재이를 그치게 하소서.

그러나 생각하건대, 옛날의 대신들이 물러가기를 청할 때에는 반드시 경계할 바를 아뢰는 말이 있었습니다. 하물며 지금 교서를 받들게 되었으니, 어찌 감히 한 가지 아는 바를 다하여 만분의 일이라도 채택에 대비하지 않겠습니까!

삼가 교서를 읽으니, 이르기를 '덕이 닦아지지 않아서 상제의 마음에 부합되지 못하는가? 정령政令에 잘못됨이 있어서 여러 사람의 기대에 부합되지 못하는가?'라고 하였습니다. 신의 어리석은 생각으로는 덕德이란 것은 득得이니 마음에 얻는 것이며, 정政이란

6 임금의 인사 명령[辭令]에 의하여 파면하는 것.

것은 정正이니 그 몸을 바르게 하는 것입니다. 그런데 이른바 덕이란 것은 천품을 부여받는 처음부터 얻는 자가 있고, 수양한 후에야 얻어지는 자도 있습니다. 전하께서 도량이 크고 너그러우며 천성이 인자한 것은 천품을 부여받는 처음부터 얻어서 그러한 것입니다. 전하께서는 평소에 일찍이 글을 읽어서 성현이 이룩한 법을 상고한 적이 없고, 일찍이 일을 처리하여 당세의 통무通務를 아는 바가 없으니, 어찌 감히 덕이 반드시 닦아지고 정사에 잘못된 것이 없다고 보장하겠습니까? 한漢나라 성제成帝는 조회에 임하여 침착하고 말이 적어서 임금의 도량이 있었으나, 한나라 왕실이 망하는 것을 막는 데에는 도움이 되지 못하였으며, 양梁나라 무제武帝는 사형하는 곳에 임하여 눈물을 흘리며 먹지 않았으므로 인자하다는 평판이 있었으나, 강남江南의 난을 구원하지는 못하였습니다. 한갓 타고난 자질의 아름다움은 있었으나 덕정德政을 닦음이 없었기 때문입니다. 삼가 바라건대, 전하께서는 천품이 선하다고 하여 스스로 믿지 말고, 수양하면서 지극하지 못한 것으로 경계를 삼는다면, 덕이 닦아지고 정사가 거행될 것입니다.

삼가 교서를 읽으니, 이르기를 '임용된 사람이 혹시 사사로운 정에 따라 이루어졌는가? 상벌의 도리가 정도에 어긋남이 있는가?'라고 하였습니다. 신의 어리석은 생각으로는 임용되는 사람이 공적인 데에서 나왔는지 사사로운 데에서 나왔는지는 전하께서 스스로 알 뿐이고, 신이 어찌 이를 알 수 있겠습니까. 그러나 제목除目(관직에 제수된 자들의 명단을 수록한 목록)이 내려오자, 바깥사람들이 지목하여 평판하기를 '아무개는 옛 친구이고, 아무개는 외척이다.'라고 합니다. 바깥의 평판이 이와 같으니, 신은 사사로운 정에 따른 것이 섞였음을 염려합니다. 상이란 것은 공이 있는 자를 권면하는 것이고, 형벌이란 것은 죄가 있는 자를 징계하는 것입니다. 상을 '천명天命'이라고 하고 형벌을 '천토天討'라고 하는 것은 하늘이 상을 주고 형벌을 내리는 권한을 임금에게 맡겼으니, 임금이 된 이는 하늘을 대신하여 이를 행할 뿐이라고 말하는 것입니다. 상을 주고 형벌하는 것이 비록 임금에게서 나온다고 하지만 진실로 임금이 사사로이 이를 주기도 하고 안 주기도 할 수는 없는 것입니다. 전하께서 왕위에 오른 이후로 상을 받고 형벌을 받은 사람 가운데에는 일은 같은데도 받은 데에는 다른 것이 있습니다. 김저金佇의 말은 한 가지인데, 극형에 안치된 자도 있고 발탁하여 등용된 자도 있습니다. 김종연金宗衍이 옥에 있다가 도망한 것은 한 가지인데, 지키는 관리로서 한 사람은 죽이고 한 사람은 임용하였습니다. 도망 중에 있으면서 난을 모의한 것은 한 가지인데, 모의를 같이 하고 은닉시켜준 사람으로 어떤 이는 살고 어떤 이는 죽었습니다. 신의 어리석은 생각으로는 알지 못하겠습니다. 형벌을 받아 죽은 자가 죄가 있었다면, 발탁되어 등용되고 살아가는 자는 홀로 무슨 요행입니까? 발탁되어 등용되고 살아가는 자가 죄가 없다면 형벌을 받아 죽은 자는 홀로 무슨 죄가 있는 것입니까?

우禑와 창昌이 우리 왕씨王氏의 왕위를 도적질했으니 실로 조종의 죄인이며 왕씨의 자손과 신민들의 공동의 원수입니다. 그 일족과 인척 및 당여黨與에게 형벌을 가하여 사형에 처하지 않는다면, 먼 변방으로 내쫓은 연후에야 사람과 신령의 마음에 흡족하게 될 것입니다. 옛날에 무재인武才人(측천무후)이 고종高宗의 왕후로서 그 아들인 중종中宗의 제위帝位를 빼앗았는데, 오왕五王[7]이 거의擧義하여 무씨를 물리치고 다시 중종을 세웠습니다. 무씨는 어머니이고, 중종은 아들인데, 어머니라는 육친으로서도 아들의 제위를 빼앗은 것입니다. 호씨胡氏[8]는 오히려 비판하기를 '오왕이 능히 대의로써 결단하여 그 죄를 주벌하고 그 종족을 멸하지 못했다.'라고 하였습니다. 하물며 우와 창은 왕씨에게 무씨와 같은 육친 관계도 없으면서 무씨와 같은 죄만 있으니, 일족과 인척 및 그 당여가 어찌 무씨의 종족에 해당되겠습니까? 지난번에 대간臺諫에서 상언上言하여 이들을 외방으로 축출하니, 비록 능히 천벌을 명백히 하지는 못했지만 조금이라도 조종과 신민의 분노를 풀어주었습니다. 그런데 몇 개월이 지나지 않아서 모두 전하의 은총으로 소환되어서는 서울에 모여들어 마음대로 출입하고 있습니다. 지금 비록 간관의 말로 그 몇 사람을 내쫓았는데, 전하께서 마지못하여 그 말을 따르면서 오래도록 주저하고 아까워하는 뜻이 있었습니다. 이 일이 과연 무슨 의리인지 알지 못하겠습니다.

---

7 당唐나라 측천무후를 물리치고 중종中宗을 세워 당나라 왕실을 회복한 다섯 공신.

8 중국 송宋 나라 사람. 이름은 안국安國이며, 자는 강후康候이다. 『춘추전春秋傳』 및 『통감거요通鑑擧要』 등의 저술이 있다.

여러 장수들이 회군回軍하여 왕씨를 세우기를 의논하였으니, 이는 하늘이 내리던 화를 멈추고[悔禍] 조종祖宗이 가만히 도와서 왕씨를 부흥시키는 기회였습니다. 그 의논을 저지시키고 마침내 아들 창昌을 세워 왕씨로 하여금 부흥하지 못하게 한 자도 있었고, 신우辛禑를 맞이하여 영원히 왕씨를 끊으려고 모의한 자도 있었는데, 그들은 난적亂賊(신우와 신창)의 무리들이니 왕법王法에 용납할 수 없는 바입니다. 전하께서 이미 그 생명을 보전하여주고 그들을 먼 지방에 안치하였으나 이는 그래도 괜찮습니다. 지금 모두 불러 집으로 돌려보내고 위로하며 편안하게 해주니, 그들의 죄가 무함당하였다는 것과 마찬가지입니다. 그들이 왕씨를 저해하고 거짓 창昌을 세운 것은 여러 장수들이 다 함께 아는 바입니다. 친히 스스로 자복하여서 명백하게 증거가 있습니다. 그들이 신우를 맞이하여 왕씨를 끊으려고 한 것은 김저金佇와 정득후鄭得厚가 전에 말하였고, 이임李琳·이귀생李貴生이 후에 공초供招로 자복하였으므로 증거가 매우 명백합니다. 이러한데도 이를 무함이라고 한다면 천하 어디에 처단할 난신 적자가 있겠습니까?

청컨대, 중종中宗과 무삼사武三思의 일로써 이를 밝히겠습니다. 무씨 무리 가운데에 가장 권세를 부린 자자 무삼사입니다. 중종은 어머니의 친조카였으므로 주토誅討를 가하지 않고 매우 후하게 대우했습니다. 지금에 와서 이를 본다면 오왕이 이미 무씨의 아들을 세워 황제로 삼았기 때문에 무삼사가 도마 위의 고기가 되는 것을 면했던 것입니다. 그러므로 오왕은 다만 중종에게만 공로가 있을 뿐 아니라 삼사에게도 또한 천지를 재조再造하는 은혜가 있습니다. 그런데 저 무삼사는 일찍이 이를 생각하지 않고 스스로 그 죄가 세상에 용서를 받지 못할까 의심하여 밤낮으로 오왕을 참소하여 아뢰기를 '권세가 중하고 공을 믿고 있다.'라고 하여, 중종의 마음을 미혹시켰습니다. 중종은 무삼사가 자기를 사랑한다고 여겨 가까이하고, 오왕은 권세가 중하다고 여겨 꺼리니, 오왕은 날로 소원해지고 무삼사는 날로 친밀해져서 마침내는 오왕이 주륙을 당하고 중종도 시해를 당하게 되었습니다. 설사 중종이 계책을 그르쳤다고 하더라도 능히 공신을 보전하지 못했다고 하는 데 불과할 따름인데, 어찌 친히 무삼사의 손에 시해당할 줄 알았겠습니까?

하늘과 사람의 사이는 빈틈없이 매우 밀접하여 길흉과 재상災祥(재앙과 상서)이 각기 그 유類로서 응하게 됩니다. 지금 안으로는 백관이 직책을 맡고 서민은 생업에 안심하고 있으며, 밖으로는 중국과 화목하여 교통하고 섬오랑캐[島夷]가 두려워하여 굴복하고 있으니, 난리가 어디서 발생하겠습니까? 참소하는 사람이 아래에서 서로 일을 꾸미면 우환의 표상이 하늘에 나타나게 되는데, 객성客星이 자미성紫微星을 범했으니 신은 무삼사 같은 자가 전하의 곁에 있을까 두려우며, 화요火曜가 여귀輿鬼에 들어갔으니 신은 무삼사의 화가 끝내 있지나 않을까 염려합니다. 신 등은 비록 오왕이 당한 해를 당하더라도 근심할 것이 없으나, 왕씨의 이미 이루어진 왕업을 위하여 애석하게 여기는 바입니다. 만약 이런 일이 없을 것을 보장한다고 말한다면, 이 말을 하는 사람은 거짓된 것입니다. 저 중종의 마음도 어찌 보장하고 있지 않았겠습니까? (그러나) 결국에는 후세 사람들의 웃음거리가 되고 말았던 것입니다. 신은 후세 사람들이 지금을 비웃는 것이 지금 사람이 옛날을 비웃는 것과 같이 될까 염려합니다.

엎드려 교서를 읽으니, 이르기를 '민폐를 다 제거하지 않고 재용財用이 함부로 낭비되는 것이 있는가? 아랫사람의 사정이 다 상달되지 못하고 원통하고 억울한 일이 풀리지 못한 것이 있는가? 뛰어난 재주를 가진 인재로 천거되지 않은 사람이 누구인가? 참소하고 아첨하는 무리로 물러가지 않은 자는 누구인가?'라고 하였습니다. 신이 듣건대, 삼사三司의 회계에서 부처에게 쓰이는 비용이 많은 부분을 차지한다고 합니다. 재용이 함부로 낭비되는 것으로 이와 같은 것이 없습니다. 그러나 부처의 폐해는 옛날부터 분변하기 어렵습니다. 그 무리들은 말하기를 '이것은 좋은 일이며 선한 일이다. 우리에게 귀의하면 나라가 부하게 되고 백성이 오래 살게 된다.'라고 하니, 임금인 이는 이 말을 듣고는 기뻐하여 그 재력을 다하여 부처에게 아첨하여 섬깁니다. 어떤 사람이 이를 지적하면, 생각하기를 '내가 부처를 섬기는데 저들이 이를 비난하니, 나는 선하며 저들은 악하고, 나는 도를 닦는 사람이고 저들은 마귀이다. 내가 부처를 섬기는 것은 나라를 부하게 하고 백성을 오래 살게 하기 위함이며, 내 자신을 위한 것이 아니다.'라고 합니다. 이러한 말을 견지하면서 그 마음을 굳게 하므로 다른 사람의 말이 들어갈 수 없습니다.

전하께서 왕위에 오른 이후로 도량道場은 궁궐에 높이 솟아있고, 법석法席은 불우佛宇

에서 항상 베풀어지고 있습니다. 도전道殿의 초제醮祭는 시도 때도 없이 행해지며, 무당의 제사는 번독煩瀆합니다. 이를 전하께서는 선한 일이라고 여기시나 그것이 사실 선하지 않은 일이라는 것을 알지 못합니다. 나라를 부하게 한다고 여기시나 나라가 실은 궁핍해지는 것을 알지 못합니다. 백성을 오래 살게 한다고 여기시나 백성이 실은 빈궁해진다는 것을 알지 못합니다. 비록 이를 말하는 사람이 있더라도 모두 채납하지 않으면서 스스로는 간언을 거절했다고 여기지 않으십니다. 이는 신이 말한 바처럼 착한 일을 하고 복을 받으며 오래 살게 된다는 설을 먼저 받아들였기 때문입니다.

옛날에 양梁나라 무제武帝는 천자[萬乘]의 존엄을 굽히고 세 번이나 몸을 바쳐 절의 종[奴]이 되고, 강남江南의 재력을 다 쓰면서 불탑을 크게 일으켰습니다. 그 마음에 어찌 이익이 되지 않는다고 여기면서 이를 구차스럽게 했겠습니까? 필부匹夫(후경侯景)가 난을 일으키자, 자신은 감금되는 욕을 당하고 자손들은 보전되지 못하였으며 나라도 따라서 망하고 말았습니다. 불교에서 이른바 '착한 일을 닦아 복을 얻는다.'는 것은 과연 어디에 있습니까? 이것은 오히려 옛날의 일입니다.

현릉玄陵(공민왕)은 불교를 숭상하여 친히 승려에게 제자의 예를 고집하였습니다. 궁중의 백고좌百高座와 연복사演福寺의 문수회文殊會를 베풀지 않은 해가 없었고, 운암雲菴의 단청[金碧]은 산골짜기에 휘황찬란하였으며, 영전影殿의 용마루와 처마는 하늘에 높이 솟아올랐습니다. 재물이 다 없어지고 힘이 다하여 원망과 비방이 일어났는데도 모두 돌봐주지 않았습니다. 부처를 섬김이 가히 지극하다고 말할 수 있는데, 결국에 복을 얻지 못했으니, 어찌 밝은 귀감이 되지 않겠습니까? 주周나라 말기에 신이 유신有莘땅에 내려오니, 태사太史 과過가 말하기를 '나라가 장차 흥하려면 사람의 말을 듣고, 나라가 장차 망하려면 신의 말을 듣는다.'라고 하였는데, 주나라가 과연 망했습니다. 이것으로 보아 말한다면, 부처를 섬기고 신을 섬기는 것은 이익은 없고 해로움만 있다는 것을 가히 알 수 있습니다. 엎드려 바라건대, 전하께서는 담당 관리에게 거듭 명하시어 사전祀典에 기재된 것을 제외하고 모든 음란하고 괴이하며 아첨하고 번독한 일을 일체 모두 금단하게 하소서 이렇게 하면 재용이 절약되어 함부로 허비되는 일이 없습니다.

전하께서 왕위에 오르신 이래로 사람들이 혹시 죄를 범하더라도 불문에 붙인 자도 있고 방면한 자도 있어서 원통하고 억울함을 풀지 못한 자가 없는 듯합니다. 그러나 사면은 간사한 이들에게는 행운이며, 선량한 백성에게는 적賊입니다. 그러므로 자주 사면하는 것은 곧 원통하고 억울함이 있는 바입니다. 요즈음 대간臺諫이 종사宗社의 큰 계책으로 상서하여 논집論執하다가 모두 쫓겨났습니다. 신은 원통하고 억울함을 풀지 못한 것과 뛰어난 인재가 천거되지 않는 것은 바로 이때라고 생각합니다. 참소하고 아첨하는 사람들은 그 종적이 괴이하고 비밀스러우며 말이 은밀하여 헤아리기가 어렵습니다. 대저 임금에게 허물이 있으면 분명하게 간쟁하고, 사람에게 죄가 있으면 마주 대하여 힐난하며, 드높아 서로 합하지 않으며, 똑바로 독립의 자세를 취하여 다른 사람의 의논을 두려워하지 않는 것은 바른 선비입니다. 그 종적을 숨기면서 다른 사람이 아는 것을 두려워하고, 여러 사람이 있는 곳에서는 말하지 않고 (임금과) 독대獨對하여 고자질을 하는 자는 참소하고 아첨하는 사람입니다. 전하께서 밖으로는 사대부와 안으로는 소신小臣과 환관들에게서 신의 말을 가지고 시험하여 이를 관찰하신다면, 참소하고 아첨하는 정상을 알게 될 것입니다. 비록 지극히 어리석더라도 모두 자기를 사랑할 줄 압니다. 처자를 위한 계책에 이르러서는 누군들 이러한 마음이 없겠습니까? 옛날 한漢나라 성제成帝 때에 일식이 있었는데, 간관[言者]들은 모두 외척들이 세도를 쓰는 상징이라고 말하였으나, 성제는 이를 의심하여 장우張禹에게 물었습니다. 장우는 몸이 늙고 자손들은 미약하였기 때문에 외척들에게 화를 당할까 두려워하여 그 연고를 분명히 말하지 않았습니다. 그리하여 끝내 왕망王莽으로 하여금 한나라 왕실을 찬탈하게 하였습니다. 곡영谷永의 무리들은 직접 성제를 공격하면서는 조금도 기탄하는 바가 없었으나, 왕씨가 권세를 부리는 데에 이르러서는 무서워서 기피하고 말하지 않았습니다. 한나라 왕실이 결국 멸망한 것은 역시 처자를 위한 계책만 세우느라 한나라 왕실까지 돌볼 겨를이 없었기 때문입니다.

신이 비록 광망狂妄하지만 미치광이에 이르지는 않았으니, 감히 스스로를 돌보지 않겠습니까? 신은 한 몸으로서 여러 사람의 원망 속에서 외로이 서 있습니다. 말을 하면 화가 이르게 되는 것을 모르는 바가 아닙니다. 전하께서 숨기지 말라고 하며 물으시니, 신은 감히 간절하고 곧은 말로써 대답하지 않을 수 없습니다. 이것이 신이 차라리 화를 얻을 지라도 제 몸을 돌보지 않고 통절히 말하며 숨기지 않는 까닭입니다. 삼가 바라건대, 전하께서 정신을 여기에 두시어 이 말을 채택하여, 신이 제 몸을 잊고 공公을 위하여 헌신하는 뜻을 밝혀주신다면, 만 번 죽더라도 유감이 없겠습니다."라고 하였다. 인하여 사직을 구하는 전문箋文을 올렸으나 윤허하지 않았다.

당시에 글을 올린 자가 매우 많았으나 정도전의 대책을 첫째로 삼고 왕이 매번 칭찬하였다. 그러나 말을 다하면서 거리끼지 않았기 때문에 왕의 비위를 거슬렀다. 또한 무삼사를 우현보禹賢寶 일당에 비유하였는데, 우현보의 손자 우성범禹成範이 왕의 사위였기 때문에 왕이 정도전을 좋아하지 않았으며, 우현보 및 이색李穡의 무리 또한 정도전을 싫어하였다.

정도전이 또 도당都堂에 글을 올려 이색과 우현보를 죽일 것을 청하였다. 그 글에 이르기를 "춘추시대春秋時代에 진晋나라의 조천趙穿이 임금을 시해하니, 직사관直史官 동호董狐가 기록하기를 '조순趙盾이 그 임금을 시해하였다.'라고 하였다. 조순이 말하기를 '임금을 시해한 자는 내가 아니다.'라고 하니, 동호가 말하기를 '그대가 정경正卿이 되어 가지고 망명해서는 국경을 넘지 못하였고, 돌아와서는 역적을 처 죽이지 못하였으니, 임금을 시해한 자가 그대가 아니고 누구인가?'라고 하였다. 공자孔子가 말하기를 '동호는 훌륭한 사관士官이다. 조순은 어진 대부大夫였으나 법을 위하여 악명을 받은 것이다.'라고 하였습니다. 무릇 조순이 정경으로서 임금을 시해한 역적을 토벌하지 않았으므로 임금을 시해하였다는 악명을 씻지 못하였습니다. 이런 뒤에 역적을 토벌하는 의리가 엄중하여져서 난적의 무리가 천하에서 용납할 수 없게 되었습니다. 그렇기 때문에 '사람의 군부君父가 되어서 춘추의 대의에 통하지 않으면 반드시 악惡의 수괴首魁라는 이름을 뒤집어쓰게 되고, 신하된 자로서 춘추의 대의에 통하지 않으면 반드시 찬시簒弑의 죄에 빠지게 된다.'라고 한 것은 이를 가리켜 말하는 것이다. 내가 비록 재주가 없는데도 재상의 말석에 있으면서 국가의 정사에 참여하고 있으니, 감히 훌륭한 사관史官의 비난을 갖고 스스로를 반성하지 않겠는가!

만약 말하기를 '이른바 죄인 중에는 유종儒宗도 있고 왕실과 혼인을 맺은 자도 있으니, 그 법을 의논하기에 어려움이 있다.'라고 한다면, 옛날에 임연林衍이 원종元宗을 폐하고 왕의 동모제인 창淐을 세웠는데, 임연이 먼저 그 계책을 정한 이후에 시중侍中 이장용李藏用에게 알리자, 이장용은 어찌할 바를 몰라서 다만 '예! 예!'라고 하였을 뿐이었다. 후에 원종이 다시 왕위에 앉게 되자 이장용의 지위가 재상[上相]으로 있으면서 능히 그 음모를 중지시키지 못하고 그 난을 금하지 못하였다는 이유로 쫓아내어 서인庶人으로 만들었다. 지금 이색의 유종儒宗으로 되었으니, 이장용과 더불어 어떻다고 하겠는가? 앞장서 간사한 계책을 부르짖어 왕씨를 가로막고 아들인 창昌을 세운 자는 이장용이 단지 임연의 음모에 동의를 했을 뿐이었던 것과 더불어 누가 낫다고 보는가?

호씨胡氏는 이르기를 '옛날에 문강文姜은 노魯나라 환공桓公을 시해하는 데에 참여하였고, 애강哀姜은 두 임금을 시해하는 데에 참여하였다. 공자[聖人]는 준례로 손遜이라고 써서 마치 그들이 가서 돌아오지 않는 것과 같이 한 것은 깊이 단절하고자 하였기 때문이다. 그것은 은애恩愛는 가벼우나 의리義理는 중하다는 것을 밝힌 것이다.'라고 하였다. 무릇 환공을 시해한 자는 양공襄公이고, 두 임금을 시해한 자는 경보慶父이므로 문강과 애강은 죄가 없는 것처럼 의심할 수 있다. 공자는 두 부인이 참여하여 들었던 까닭에 깊이 단절하고 그들을 이처럼 통렬히 주토誅討한 것이다. 무릇 왕위 계승자는 부인이 낳은 아들이다. 아들과 어머니의 사적인 은혜로서도 군신 간의 대의大義를 폐하지 않았는데, 하물며 그 아래에 있는 자들은 어떻다 하겠는가!

어떤 사람은 말하기를 '이색의 말에 따르면, 「신우가 비록 신돈辛旽의 자식이라 할지라도 공민왕[玄陵]이 자기의 아들이라고 일컬으면서 강녕대군江寧大君으로 봉하였고, 또한 중국 황제의 고명誥命을 받아 임금으로 되었다. 또한 이미 그의 신하가 되었는데 그를 몰아내는 것은 크게 옳지 않다.'라고 하는데, 그 말이 옳지 아니한가?"라고도 한다. 그렇다면 말하기를 '왕위는 태조의 왕위이고, 사직社稷도 태조의 사직이니, 공민왕이 진실로 그것을 사사로이 할 수는 없다.'라고 하겠다. 옛날에 연燕나라의 자지子之가 자쾌子噲에게서 연나라를 선위받았다. 어떤 사람이 맹자孟子에게 묻기를 「연나라를 가히 징벌해야 합니까?」라고 하니, 맹자는 대답하기를 「토벌해야 한다. 자쾌는 남에게 연나라를 양여할 수 없으며, 자지도 자쾌에게서 연나라를 받을 수 없다.」라고 하였다.

성현聖賢의 마음은 토지와 백성은 선군先君에게서 받은 것이니, 당시의 임금이[時君] 사사로이 남에게 줄 수 없다고 여긴 것이다. 또한 주周나라 혜왕惠王이 총애로 인하여 세자世子를 바꾸니, 제齊나라 환공桓公은 제후諸侯를 거느리고 수지首止에서 왕세자와 모여서 그 지위를 바로잡게 하였다. 이때에 적자嫡子와 서자庶子의 구분은 비록 달랐으나, 그들이 혜왕의 아들인 것은 한 가지이다. 그러나 천왕의 존귀함으로도 사사로이 사랑하는 아들에게 주지 못하였던 것이다. 제후의 낮은 지위로서도 여러 제후들을 거느리고 천자의 명령에 항거하였는데, 공자[성인]께서는 이를 의롭게 여겼다. 그러나 세자가 아버지의 명령을 거역한 것이나 환공이 임금의 명령에 저항하였다고 비난하는 소리는 듣지 못하였으니, 진실로 천하의 의리가 크기 때문이다. 공민왕이 어찌 태조의 왕위와 태조의 백성을 사사로이 역적 신돈의 아들에게 줄 수 있단 말인가?

또한 중국 황제의 고명도 한때 권신權臣이 공민왕의 아들이라고 속여서 받은 것이다. 후에 중국 황제의 명령이 있으니, 이르기를 '고려의 왕위는 후사가 끊어져서 비록 왕씨를 빌려서 이성異姓이 왕노릇을 하고 있으나, 역시 삼한을 대대로 지켜 내려가는 좋은 계책은 아니다.'라고 하였다. 또한 이르기를 '과연 어질고 지혜로운 배신陪臣이 있어서 임금과 신하의 자리를 정한다면'이라고 하였으니, 앞선 고명의 잘못을 중국 황제 역시 알고 이를 다시 밝힌 것이다. 어찌 감히 고명으로 구실로 삼을 수 있단 말인가!

'신하로 되었다'는 말도 변명할 바가 있다. 『강목綱目』에서는 앞에 '심이기審食其가 황제의 태부太傅로 되고, 주발周勃과 진평陳平이 승상으로 되었다.'라고 쓰고는 뒤에 '한漢나라 대신들이 아들 홍弘을 죽이고 대왕代王 항恒을 영립하여 황제의 자리에 즉위시켰다.'라고 썼다. 그 글에 황제라고 쓰고 승상이라고 쓴 것은 신하가 되었다는 말이 아니겠는가! 대신이라고 쓰고 아들 홍을 죽였다고 쓴 것은 역적을 죽였다는 말이 아니고 무엇이겠는가! 이것뿐만이 아니다. 무재인武才人(측천무후)이 황제를 자칭한 것이 이미 오래인데, 적인걸狄仁傑이 장간지張柬之를 천거하여 재상을 삼았다. 장간지는 무재인을 폐위시키고 중종中宗을 영립하였다. 천거되어 재상으로 된 자라면 어찌 신하가 된 것이 아니겠는가! 무재인을 폐한 것은 또한 그녀가 역적이기 때문에 주토한 것이다. 그러나 백세를 두고 내려오면서 주발과 진평이 유씨劉氏의 한나라를 편안하게 하고, 장간지가 당나라를 다시 회복한 공로가 있다고 칭송은 할지언정 몇 사람이 신하로 되었다가 옛 임금을 폐하였다고 나무라는 말은 듣지 못하였다.

이색과 우현보는 비록 인의仁義는 족하지 않으나 모두 독서하여 전고에 통달한 선비들이니, 어찌 이 말을 듣지 못하였겠는가! 미혹된 것에 사로잡혀 깨닫지 못하고 사특한 말을 제창하여 많은 사람들의 귀를 현혹시키고 있음을 여기에서 가히 볼 수 있다. 선왕先王의 법은 말을 꾸며내어서 많은 사람들을 현혹시키는 자는 마땅히 죽이게 되어 있다. 하물며 감히 사특한 말을 제창하여 난적의 죄를 구제해주려는 자는 어떻다 하겠는가!

어떤 사람은 말하기를 '그들이 신우를 맞이하려고 모의한 것은 바로 아들 신창이 왕위에 있을 때였다. 비록 신우를 맞이하지 않았더라도 왕씨가 어찌 부흥할 수 있었겠는가? 신우를 맞이하여 왕씨의 대를 끊으려 하였다고 말하는 것은 죄를 들씌우려는 말이다.'라고 한다. 이때를 당하여 충신忠臣과 의사義士들은 중국 황제의 명을 받들어 이성異姓을 축출하여 왕씨를 부흥시킬 것을 의논하고 있었는데, 거짓된 신씨辛氏 일당이 예부禮部의 자문을 먼저 받아보고 황제의 명이 있음과 충신들의 의결이 있음을 알고도 아들 신창이 유약하여 그 아비를 영입하여 그 사사로운 일을 이루고자 도모하였으니, 이것이 신우를 맞이하여 왕씨의 대를 끊으려고 모의한 것이 아니겠는가!

어떤 사람은 말하기를 '이색과 우현보는 그대에게 항렬에서 선배가 되며, 사문斯文의 구의舊誼(지난날에 사이좋게 지내던 정)와 옛 친구로서의 정이 있는데 그대가 이와 같이 극력 공격하는 것은 너무 각박하지 아니한가?'라고 한다. 옛날에 소식蘇軾은 주문공朱文公(주자朱子)의 선배였으나 주자는 소식이 감히 이단異端의 설을 내세워 예악禮樂을 없애고 명교名教를 파괴하니 깊이 질책하고 비난하면서 조금도 사정을 봐주지 않았다. 이에 말하기를 '감히 옛 사람을 공격하여 비난하는 것이 아니다. 성탕成湯이 말하기를 「나는 상제上帝를 두려워하므로 감히 바로잡지 않을 수 없다.」라고 하였는데, 나 역시 상제를 두려워하는 까닭에 감히 비난하지 않을 수 없다.'라고 하였다. 대저 소식의 죄가 이단의 설을 내세우며 예법禮法을 멸하기에 이르자, 주자의 어질고 너그러운 덕으로서도 그를 공격하면서 성탕이 걸桀을 죽인 말까지 아울러 인용하기에 이른 것이다. 하물며 이성異姓과 한 무리가 되어 왕씨를 저해한 자는 조종祖宗의 죄인이며 명교名教의 원흉이다. 어찌 선배라는 이유로 용서해 주겠는가!"라고 하였다.

전문箋文을 올려 사직하며 아뢰기를 "신이 받은 비방을 가히 다 진술하기 어려우니, 청컨대 전하께서 명백히 아는 것으로 말씀을 드리겠나이다. 전하께서 신을 삼군도총제부三軍都摠制府의 우군총제사右軍摠制使로 임명하였을 때에 신이 면대하여 청하기를 '여러 장군들이 군사들을 사적으로 예속키는 것이 그 유래가 오래되었습니다. 하루아침에 이것을 개혁하면 구가 세족舊家世族들은 병역도 없으면서 전답의 소출을 얻어온 것이 오래되었는데 하루아침에 이름이 군적軍籍에 오르고 병역이 자신에게 부과될 것이니, 신이 생각건대 크고 작은 원망이 신에게 돌아올 것입니다.'라고 하였습니다. 그때 전하께서는 이르기를 '장수將帥의 개혁은 헌사憲司에서 말한 것이고, 삼군三軍 설치는 나의 마음으로 결단한 것이니, 경이 어찌 간여하였으리오? 이러한 비방이 없을 것이라고 보장한다.'라고 하였습니다. 신이 다시 아뢰기를 '신이 만약 비방을 받게 되면 반드시 전하의 귀에도 들어갈 것이니, 전하께서도 신이 실상도 없으면서 (비방을) 받는다는 것을 알 것입니다.'라고 하였습니다. 그 비방이라는 것이 모두 이러한 따위이므로, 신에 대한 다른 비방 역시 명백합니다. 어찌 다행히 적중하였다고 하지 않겠습니까? 신이 임명된 후에 과연 비방하는 자가 있어서 말하기를 '정도전이 중국으로부터 돌아와서는 삼군부三軍府를 갑자기 설치하였다. 이것은 오군五軍과 도독都督의 법을 본받아서 그렇게 한 것이다. 구가와 세족들은 이제부터 모두 다 천역賤役에 복무하게 될 것이다.'라고 하였습니다. 만 명의 입에서 같은 말이 나오니, 확고하여 깨뜨릴 수 없는 것으로 되었습니다. 호구를 조사하여 호적을 작성하는 것은 도당의 신료들이 건의하고 전하가 윤허한 것입니다. 그 일은 신이 중국에 있을 때에 제기되었습니다. 맹인과 무당[巫師]의 아들을 쇄환하여 악공樂工으로 충원시키는 것은 전의시典儀寺에서 전하의 명령을 받들어 시행한 것입니다. 호적이 없고 남의 이름을 쓰는 자들이 호적이 자기에게 불편한 것을 원망하면서 말하기를 '정도전이 한 짓이다.'라고 합니다. 맹인과 무당들은 이러한 건의가 신에게서 나왔다고 생각하여 저를 저주하고 있습니다.

사전私田 개혁을 의논할 때에 신은 처음에 아뢰기를 '모두 국가[公家]에 귀속시켜 국용國用을 넉넉하게 하고 군량軍糧을 충족케 하여 관리[士夫]에게 녹봉을 주고 군역軍役에 복무하는 자들에게 공급하여 위아래에서 결핍의 우려가 없게 하소서.'라고 하였는데, 이는 신의 뜻입니다. 그런데 뜻이 결국 실현되지 못했으므로 얼마 후에 전하에게 청하여 제조관提調官을 그만둔 것이 오래되었습니다. 그런데 토지를 나누는 것이 공평하지 않자 그 원망이 모두 신에게 돌아왔습니다. 그러나 이것은 작은 일입니다. 전하께서도 잘 아시는 바이지만 신은 변명을 못하고 있습니다. 하물며 일이 크고 원망이 깊은 것은 비록 신이 아는 바가 아닌데도 신은 어찌 스스로 모면하겠습니까? 신이 최원崔源을 파견할 때에 죽었더라면 안으로는 선왕先君(공민왕)의 사망을 바로잡았을 것이며, 중국에 대해서는 황제를 속이지 않았을 것입니다. 서명하는 일을 승낙하지 않았을 때에 죽었으면 족히 거짓 신씨가 공민왕의 아들이 아님을 밝힐 수 있었을 것입니다. 북원北元 사신[胡使]을 맞이하지 않는 데에서 죽었더라면 위로는 임금의 오명을 벗겨주었을 것이며, 아래로는 온 나라 신민들이 시해에 참여하는 죄를 모면케 하였을 것입니다. 신의 몸은 비록 죽었더라도 죽지 않은 그 무엇이 남았을 터이니 어찌 영광이 아니겠습니까! 만약 대저 참소와 비방에 빠진다면 위로는 임금이 능히 공신을 보전하지 못하였다는 허물을 남겨줄 것이고, 아래로는 능히 명철하게 몸을 보전하지 못하였다는 기롱을 초래할 것이므로 신은 매우 두렵습니다. 원컨대 전하께서는 신의 현직을 해임하여 남은 생을 보전케 하여 주소서." 라고 하였다. 간관들이 아뢰기를 "정도전의 공로는 사직에 있습니다. 전문을 올려 사직하였는데도 며칠이 지나도록 대답을 주지 않으니, 공신 대우가 이와 같이 박한 것은 옳지 않습니다."라고 하였다. 이에 다시 정당문학政堂文學으로 임명하였다.

대성臺省이 번갈아 글을 올려 우현보를 처벌할 것을 청하였으나 왕은 듣지 않고, 사람을 시켜 우리 태조에게 대성의 논주論奏를 막아달라고 청하였다. 태조가 탄식하며 말하기를 "왕은 어찌 나에게 대성을 지휘하라고 하는가?"라고 하였다. 이때 왕은 태조가 공로가 높고 인심을 얻고 있음을 꺼렸다. 구가 세족들은 사전 개혁을 원망하여 다방면으로 무고하고 헐뜯었다. 신우와 신창의 무리는 왕실과 인척 관계를 맺고 있었으므로 아침저녁으로 참소하였다. 왕은 참소하는 말을 믿어 밤낮으로 측근들과 더불어 비밀리에 태조를 제거하려고 도모하였다. 태조이성계는 참소의 곤경에 빠지자 정도전과 남은南誾 및 조인옥趙仁沃 등에게 말하기를 "내가 경들과 더불어 왕실을 위하여 전력하고 있는데 참소하는 말이 여러 차례 일어나니 아마도 결국에는 용납되지 못할 것 같다. 나는 마땅히 동쪽으로 돌아가서 이것을 피하겠다. 먼저 집안사람들에게 짐을 싸서 떠나도록 하겠다."라고 하였다. 정도전이 말하기를 "공의 한 몸은 종사宗社와 백성들이 관계되는 바이다. 어찌 가히 거취를 경솔히 할 수 있겠는가? 머무르면서 왕실을 도와 어진 사람을 추천하고 간사한 자들을 물리쳐서 기강을 진작시키는 것만 못하다. 이와 같이 하면 왕도 깨닫게 될 것이며 참소도 스스로 없어질 것이다. 지금 만약 한 구석에 물러가서 있으면 저 참소하는 자들은 반드시 다른 마음을 먹고 있다고 무고할 것이니, 그 화야말로 헤아리기 어렵다."라고 하였다. 태조(이성계)는 말하기를 "옛날에 자방子房(장량張良)이 적송자赤松子(선인仙人)를 따라갔으나 고조高祖는 이것을 허물하지 않았다. 나의 마음은 다른 뜻이 없으니, 왕이 어찌 나를 죄 주겠는가?"라고 하였다. 서로 더불어 논의하며 결정하지 못하고 있는데, 도진무都鎭撫 황희석黃希碩이 가신家臣 김지경金之景을 통하여 부인 강씨康氏에게 말하기를 "정도전과 남은 등이 공에게 동쪽으로 돌아가도록 권하고 있어서 일이 장차 잘못되려 합니다. 이 몇 사람을 제거하는 것이 좋겠습니다."라고 하였다. 강씨가 이 말을 믿고 태종太宗(이방원)에게 알리기를 "정도전과 남은 등은 모두 보전해줄 수 없다."라고 하므로, 대답하기를 "공께서는 참소에 시달려 떠나가려는 의지를 가지고 있습니다. 정도전과 남은 등이 힘껏 이해관계를 말하면서 그 행차를 저지하고 있습니다."라고 하였다. 이에 김지경을 책망하면서 말하기를 "몇 사람은 공과 더불어 즐거움과 슬픔을 같이 하는 자들이다. 너는 더 이상 말하지 말라."라고 하였다.

왕이 정도전을 불렀는데, 정도전은 병을 핑계하고 나아가지 않았다. 대언代言 안원安瑗을 보내어 간절히 타이르니 그제야 이르렀다. 왕이 이색과 우현보의 죄를 물으니, 정도전이 상소한 뜻과 같이 대답했는데, 말이 폭포처럼 거침이 없었다. 왕이 이르기를 "이색은 죄상은 조금 드러났지만, 우현보의 죄는 아직 명백하지 않다."라고 하니, 정도전이 아뢰기를 "이색의 죄는 이미 드러났으니, 마땅히 극형에 처하여 불충한 자들에게 (경계를) 보여야 될 것이며, 우현보 같은 자는 죄상이 아직 명백하지 않기 때문에 대간이 번갈아 글을 올려 먼 지방으로 귀양보내기를 청한 것입니다. 신 또한 마땅히 선인과 악인은 따로 있게 해야 한다고 생각합니다."라고 하였다. 왕이 이르기를 "이색과 우현보의 일은 정지시킨 지가 이미 오래인데 지금도 항소抗疏하는 자가 있으니, 반드시 경의 상소에 따라 하는 것이다. 경이 요즈음 과인을 보지 않는 것도 또한 이 일 때문이다."라고 하니, 정도전이 아뢰기를 "군신의 의리와 정의는 부자지간과 같습니다. 비유하건대, 아버지가 아들의 불효한 것을 꾸짖고도 그 이튿날 또 사랑하기를 그전과 같이 하는 것은 천리天理는 가릴 수 없기 때문입니다. 전하께서 지금은 비록 신을 나무라지만 후에 만약 진심으로 신을 임용한다면 감히 분발하여 힘쓰지 않겠습니까? 지금 농사철을 당하여 하늘에서 오래도록 비가 오지 않는데, 전하께서 신을 불러 면대하여 의논하니, 하늘이 이에 비를 내린 것입니다. 예전에는 장마가 져서 벼가 무성하지 않았는데 전하께서 신을 불러 정사를 의논하자 장마가 곧 그쳤습니다. 전하께서는 어떻게 생각하십니까? 만약 간사한 무리들이 교지를 거짓으로 꾸며서 신을 죄주더라도 신은 청컨대 면대하여 아뢴 후에야 죄를 받겠습니다."라고 하였다. 왕이 기뻐하지 않았다.

헌사憲司에서 규정糾正 박자량朴子良 등이 집의執義 우홍득禹洪得을 맞이하지 않았다고 탄핵하여 이들을 하옥시키고 국문하였다. 공초가 정도전에게 연루되어 외직으로 나가 평양 부윤平壤府尹이 되었다. 성헌省憲과 형조에서 글을 올려 정도전이 몰래 규정을 유인하여 대간을 비방한 것을 논핵하여 극형에 처하기를 청하였다. 왕이 공신이라는 이유로 용서해주자, 다시 논핵하기를 "정도전이 외람되이 공신의 반열에 있으면서, 속으로는 간악한 마음을 품고, 겉으로는 충직한 척하여 국정을 더럽혔으니, 청컨대 죄를 가하소서."라고 하였다. 왕이 그의 본향인 봉화현奉化縣으로 돌려보냈다.

대성臺省에서 번갈아 글을 올려 아뢰기를 "정도전은 가풍家風이 바르지 못하고 파계派系가 명확하지 않은데 참람하게 높은 관지를 받아 조정을 어지럽게 하였습니다. 청컨대 고신告身과 공신 녹권功臣錄券을 회수하고 그 죄를 밝게 다스려주소서."라고 하였다. 왕은 다만 직첩과 녹권을 회수하고 나주羅州로 옮겨 귀양보냈다.

대사헌大司憲 김주金湊 등이 상소하여 정도전의 아들 전농정典農正 정진鄭津과 종부부령宗簿副令 정담鄭澹을 논핵하므로 그들을 폐하여 서인庶人으로 삼았다. 얼마 후에 정도전의 죄를 경감하여 봉화현으로 옮겼다.

정몽주鄭夢周가 간관 김진양金震陽 등을 사주하여 상소하여 아뢰기를 "정도전은 미천한 신분으로서 몸을 일으켜 당사堂司에 자리를 차지하였습니다. 미천한 근본을 덮고자 본주本主를 제거하려고 하는데, 홀로 일을 할 수 없으므로 처비萋斐[9]의 죄를 짜내어 많은 사람을 연좌시켰습니다. 청컨대 귀양간 곳에서 처형하여 뒷사람에게 징계를 보이소서."라고 하였다. 처음에 우현보의 족속인 김전金戩이 일찍이 승려가 되었는데, 종의 처와 간통하여 딸 하나를 낳았다. (그 딸을) 선비인 우연禹延에게 시집보냈는데 딸을 낳았다. (그 딸이) 정운경鄭云敬에게 시집가서 정도전을 낳은 까닭에 이런 말이 나왔다.

후에 정몽주가 피살되자 소환되었다. 쌀과 콩 1백 석을 내려주고, 그의 아들들에게 고신을 돌려주었으며, 다시 충의군忠義君으로 봉하였다. 이때 이후로는 본조本朝(조선)로 들어왔다.

논하기를,

조준과 정도전은 모두 대대로 벼슬[世祿]한 가문의 신하들로서 왕씨를 섬겨 벼슬이 재보宰輔에까지 이르렀다. 천명이 돌아가는 곳을 알아서 비밀리에 추대할 것을 모의하였다. 비록 장영덕張永德[10]과 같은 선견지명은 있었지만, 남의 신하된 자로서 두 마음을 품지 않는 자들은 아닌 것이다.

조준이 건의한 35개의 일은 모두 시의時宜에 절실하여 지금까지도 이를 따르고 있다. 정도전은 옛날의 용인用人하는 법을 인용하여 가짜 왕씨(우왕과 창왕)의 첨설직을 혁파하고 총제부摠制府를 설치하여 체통을 엄격하게 하였으니 그 재주는 족히 칭송할 만하다. 그러나 이색李穡은 충성스럽고 어진 이로서 고려 왕조의 교목喬木과 같은 신하인데, 정도전이 그를 꼭 죽이려고 하여 도리어 왕씨를 배반한 죄를 덮어씌워서 왕에게 상서하고도 또 도당에 상서하는 것을 그치지 않았으니, 심하도다! 정직하지 않은 것으로 죄를 잰다면 정도전은 조준보다 훨씬 더 심하다고 하겠다.

---

9 남의 조그마한 과실을 모아 큰 죄로 분식粉飾하는 참소를 말함.

10 중국 후주後周의 부마로서, 송 태조宋太祖 조광윤의 인물됨을 알아보고 힘을 다해 따랐다.

| 휘찬여사 권37 |

명신 16

명신名臣 16

남은南誾 이두란李豆蘭 윤소종尹紹宗 {윤회종尹會宗} 오사충吳思忠 김사형金士衡 김자수金子粹

남은南誾

남은은 의령현宜寧縣 사람이다. 그는 성질이 호매하여 스스로 단속함이 없으며 어려서부터 기이한 계책을 좋아하였었다. 신우 때에 사직단직社稷壇直으로 배치되었었다. 그때 왜구의 기세가 치열하였고 삼척군三陟郡은 성이 작고 위태로워서 국가에서 수비하기 곤란하였는데 남은은 자원하여 그 고을 수령[知郡事]으로 갔다. 부임한 후 적이 갑자기 왔으므로 남은은 기마병 10여 명을 인솔한 다음 성문을 열고 나가 돌격하니 적들이 패배해 달아났다. 왕이 그를 불러다 사복정司僕正으로 임명하였다. 신우가 요동을 공격할 때 그는 태조를 따라 위화도威化島까지 가서 조인옥趙仁沃 등과 함께 회군할 의견을 내었고 또 (태조를 왕으로) 추대할 것을 몰래 모의하였으나 태조의 태도가 엄숙하고 조심하기 때문에 감히 발언하지 못하고 있다가 돌아온 후 몰래 태종에게 아뢴즉 태종은 아예 그런 말을 하지 말라고 당부하였다. 삼사우윤三司右尹, 감문위상호군監門衛上護軍에 전임되었다가 공양왕 때에 응양군상호군鷹揚軍上護軍 겸 군부판서軍簿判書로 임명하고 회군의 공을 기록하고 토지와 녹권을 주었으며 개성윤開城尹으로 옮겼다. 밀직부사에 전임되어 왕에게 글을 올리기를 "간하는 말을 좇기를 흐르는 물같이 하는 것은 임금이 가져야 할 덕이요 어려운 일을 임금에게 권하는 것은 임금을 공경하는 신하의 직책입니다. 옛날 은殷나라 고종高宗은 부열傅說에게 명하기를 '조석으로 가르쳐줌으로써 나의 덕을 보좌하라[朝夕納誨 以輔台德].'고 하였고, 부열은 왕에게 대답하기를 '나무는 먹줄繩을 따르면 바르게 되고 임금은 간하는 말을 좇으면 영명해진다[惟木從繩則直 后從諫

則聖].'고 하였습니다. 옛적의 군신은 상호 면려함이 이와 같았는데 후세의 임금들이 어찌 그것을 교훈으로 삼지 않겠습니까? 근자에 전하는 정전正殿에 좌정하여 백관들에게 하늘이 주는 경고와 여덟 가지 일의 폐해에 대하여 자책하고 하교下敎하여 구언求言을 하셨으므로, 바른 말로 극진히 간하는 자가 한두 사람이 아니나 전하는 어물거리고 단행하지 못하니 저희들 생각에는 전하는 내심에는 욕심이 많고 표면으로만 인의仁義를 쓰려는 듯합니다. 옛적에 가의賈誼는 (한나라 문제文帝에게) 글을 올리기를 '통곡할 만한 일이 하나요, 눈물을 흘릴 만한 일이 둘이요, 한심스러울 일이 셋이다.'라고 하였습니다. 문제 때와 같이 나라의 안팎이 안온하고 기강이 정비된 때에도 가의는 이렇게 말하였는데 하물며 오늘을 당하여 말할 일이 많은 때이겠습니까. 신은 전하의 무거운 은혜를 입고 후한 녹봉을 받고 있으면서 생각한 것이 있어도 말하지 않으면 이는 충성치 못한 일입니다. 그러므로 모든 사악한 자들이 몰래 중상하리라는 것을 피하지 않고 몇 마디 말하려 합니다. 갑인년(1374, 공민왕 23) 이래로 충신과 의사들은 항상 가짜 성僞姓에 대하여 부심하고 있으면서도 감히 발언하지 못하고 있었는데 신우의 미친 행동이 날로 심해가다가 마침내 무진년(1388, 우왕 14)에 요동을 치는 데까지 이르렀습니다. 이때 여러 장수들이 대의를 내세우고 회군하여 신우를 물리치고 최영을 쫓아낸 후 종실의 어진 이를 세울 것을 의논하니, 주장 조민수는 만세의 대법을 돌아보지 않고 힘껏 중의를 가로 막으면서 한 사람의 큰 학자와 의논한 다음 신우의 아들 창을 세우게 되니, 충신과 의사들의 분노는 더욱 심각해졌습니다. 마침 윤승순尹承順과 권근權近이 가지고 온 성지聖旨(명태조의 조칙)에는 '고려에서는 내부가 일이 많고 배신陪臣들 중에는 충신과 역적이 뒤섞였으며 비록 이성異姓을 왕씨로 가장하여 왕을 삼았으나 역시 삼한을 대대로 지켜갈 훌륭한 계책이 아니다.'라고 하였습니다. 이에 9공신들은 분연히 난국을 정돈하여 국사를 바로잡을 뜻을 품고 목숨을 바칠 결의 밑에 대의에 입각하여 큰 방책을 정하고 전하를 추대하여 공민왕의 후계자로 삼음으로써 왕씨의 제사를 받들게 하였으니 이는 실로 선왕들의 영혼이 그렇게 인도해준 것입니다. 역적 변안열邊安烈은 권근이 사사로이 문서를 뜯어봄으로 하여 밀지密旨을 미리 알고 외척들과 결탁하여 도리어 우를 맞아들이고 영원히 왕씨의 대를 끊으려함으로써 망한 나라를 보존하고 끊어진 세대를 이어주려는 성천자聖天子(명태조)의 호의가 수행되지 못하게 하려고 시도하였습니다. 그가 이처럼 역적을 도모한데 대해서는 실로 김저金佇와 정득후鄭得厚가 명언한 바이며, 관리들과 나라 사람들이 다 같이 들은 일이므로 간관들이 교장交章하여 논집論執하였습니다. 그런데 변안열은 처형되었으나 그 여당은 형벌을 모면하고 있으므로 나라 사람들은 모두 실망하고 있습니다. 만일 변안열의 계획이 수행되었더라면 전하의 대업은 실패로 되었을 것입니다. 김종연金宗衍은 몰래 악당들을 뭉쳐 나쁜 자들끼리 서로 도와 불측한 일을 꾀하였으며 윤이尹彝, 이초李初를 시켜 중국에 유언을 퍼뜨리는 한편 친왕으로 하여금 천하 군사를 동원할 것을 요청한 결과 마침내 성천자께서 우리나라를 의심하게 되었으니 죄가 이보다 더 큰 것은 없습니다. 사신 왕방王昉, 조반趙胖이 돌아온 후 증거가 명백하게 되었는데 왜 그대로 방치하고 문죄하지 않습니까? 사신 정도전鄭道傳, 한상질韓尙質 등이 받은 선유성지宣諭聖旨(명태조의 말)에는 '고려는 적지 않은 지방이니 거기에는 현명한 사람도 있고 우매한 사람도 있을 것이다. 견식이 협소한 데로부터 저런 소인을 오게 했다.'라고 하였으니 이로써 그들이 불측한 일을 꾀한 형적이 분명해졌으며 음모를 시작한 무리로 나타난 것이니 응당 담당 기관에 명령하여 그 죄상을 추궁하여 국법을 명시한 다음 천자에게도 알리는 것이 옳습니다. 그런데 죄는 같은데 벌은 달라서 어떤 자는 베이고 어떤 자는 용서하는 것은 무슨 까닭입니까? 전자에 만일 김종연 일당의 계획이 감행되고 천자도 만리 밖의 일을 밝히 보지 못하였더라면 삼한 백성은 남은 사람이 없어졌을 것입니다. 조유趙裕의 말은 동일한 데 어떤 자는 멀리 추방하고 또 어떤 자는 근처에 귀양보내며 혹은 매를 친 것도 있고 목을 베인 것도 있으며 심지어는 도로 불러들여 위로하고 안착시키기까지 하였으니 이는 무슨 생각입니까? 지난 번에 조유 일당의 계획이 만일 감행되었더라면 충의로운 공신들은 생명을 보전하지 못했을 것입니다.

무진년 회군할 때에 지용기池湧奇는 말하기를 '친왕의 자손이 있다.'라고 하였는 바, 그 말은 과연 왕익부王益富에 대한 사건에서 증명되었습니다. 그러므로 지용기가 왕익부를 옹호하여 몰래 꾀한 형적은 매우 명백한데, 전하는 왕익부를 죽이고 그 족속까지 적몰하면서 지용기를 살려 그 머리를 보전해둔 것은 아주 형벌 적용에서 공정성을 잃은 것입니다. 만일 왕익부가 죽은 것이 죄가 있었기 때문이라 한다면 지용기가 산 것은 무슨 요행이며 지용기가 산 것이 죄가 없었기 때문이라면 왕익부의 족속은 무슨 죄입니까? 지난 날 만일 지용기의 계획이 감행되었더라면 전하께서 국가를 향유하는 일도 반드시 보장되지 못했을 것입니다. 대역 불충한 무리는 천지가 용납하지 않는 바이며 삼한의 신하들에게는 불공대천의 원수인데 전하께서 어찌 그에게 사정을 볼 수 있겠습니까? 관숙管叔은 성왕成王의 숙부였으나 그는 장차 주공周公을 해치려고 하다가 사형을 당했고, 상관안上官安은 소제昭帝의 외숙이었으나 곽광霍光을 모해한 죄로 멸족을 당했습니다. 설사 주공과 곽광이 성왕이나 소제에게 의심을 받았더라면 주·한 두 나라가 장구하게 계속되었을 수 없을 것입니다. 전하께서는 국법을 생각지 않고 고식적인 인자심에 끌린 결과로 대간들은 그들을 논핵論劾하다가 도리어 배척과 축출을 당하고 모든 사악한 자들은 자신이 보전될 뿐만 아니라 도리어 신임을 받고 있으니 이는 불충과 불의를 후인에게 장려하는 것으로 되며 조종祖宗 500년의 사직을 망각한 처사입니다. 이것이 전하를 돌보아주는 하늘의 뜻에 대하여 어떻게 되며, 왕씨를 다시 세우려 한 천자의 호의에 대하여 어떻게 되며, 조종에서 전하를 도우려는 생각은 어떻게 되며, 다 같이 찬동하여 전하를 추대한 신하들과 백성들의 마음에 대하여 어떻게 됩니까.

저는 삼한 사람들이 인척간이라는 이유를 가지고 전하의 사심을 엿볼 수 있으리라고 걱정합니다. 저의 말이 공정하다고 생각한다면 변안열, 김종연, 조유 등의 무리들과 지용기 등에 대하여 즉시로 헌사憲司에 내려서 명확히 단죄하고 전국에 포고함으로써 사람과 귀신의 분노를 풀고 난신적자의 무리를 징계하는 것이 옳을 것입니다. 좋아하는 것과 싫어하는 것은 한 때에 나오는 것이지만 옳고 그른 것은 만세에 통하는 것이니 신이 어찌 하루 아침의 짧은 목숨을 아끼고 만세불멸의 국법을 돌보지 않겠습니까. 신이 이렇게 극언하고 숨기지 않는 것은 차라리 전하께 득죄할지언정 선왕들 앞에 죄를 짓지 않을 것을 원하기 때문입니다.

그리고 또 생각건대 군자君子는 양명陽明한 부류이기 때문에 뜻이 크고 넓어 굽은 바가 없으니 만일 이를 등용하면 그 국가를 광명하고 융성하게 만들므로 모든 신하와 조정에서 화목하고 만물이 들판에서 화목하게 지내서 마침내 소소簫韶(옳은 정치와 평화로운 세상을 상징하는 음악)를 아홉 번 연주하니 봉황鳳凰이 와서 춤추는 데까지 이르고, 소인小人은 음흉한 부류이므로 맹종맹동하고 옳고 그른 것을 혼란하게 하니 만일 이를 등용하면 그 나라를 암흑 속에 몰아넣어 일식, 월식이 생기고 샘물이 들끓으며 산과 골짜기가 자리를 바꾸고 철 아닌 서리가 내리게 되는 것은 필연한 이치입니다. 생각건대 전하가 군자를 친근히 하여 정치의 득실과 고금의 치란에 대하여 그들과 문답하며 조용히 담화하면서 고상한 품성을 기르며 그들의 말에 빠짐없이 귀를 기울이고 모든 일을 들어 의논하시며 비법인 언사를 하지 말고 비례인 행동을 하지 말 것입니다. 그리고 환관을 가까이 하지 말고 소인을 멀리 하며 이단을 배척하며 천리를 보존하고 인욕을 없게 한다면 통치와 교화를 함께 갱신할 수 있으며 천심天心에 보답할 수 있을 것입니다. 그리하여 천재가 소멸되고 지리가 안정되며 상벌이 공정하고 예악이 발흥되어 음양이 고르고 풍우가 때에 맞으며 천명이 더욱 새로워지고 인심이 더욱 단합되며 이웃 나라가 더욱 앙모하게 될 것이니 전하는 깊이 생각하시고 깊이 고려하시기 바랍니다."라고 하였다.

정도전이 죄를 짓고 나주羅州로 유배될 때에 남은은 애썼으나 그를 구원하지 못하였으며 또한 왕에게 상서한 후로부터 원망이 사방에서 일어나고 왕도 그를 꺼리었으므로 그는 병을 칭탁하고 자퇴하자 간관 김진양金震陽 등이 그를 탄핵하니, (왕이 그의) 관직을 삭탈하고 먼 곳에 귀양보냈다가 이내 불러서 동지밀직사사로 임명하였다. 이때에 우시중 배극렴裵克廉 등이 왕대비의 말씀에 의하여 장차 왕을 퇴위시키려 하여 일을 이미 작정하고 우리 태조에게 고한즉, 태조가 노하여 말하기를 '그를 퇴위시키고 장차 누구를 세우려는가?'라고 하니, 남은이 대답하기를 '우리들이 반드시 현명한 임금을 얻을 터이니 걱정하지 말라.'고 하였다. 마침내 왕을 퇴위시키게 되어, 왕이 장차 나가려 할 때 남은이 무릎을 꿇고 말하기를 "우현보禹玄寶 부자가 신우를 맞을 것을 함께 꾀하였으며, 또한 김종연과 작당하여 사직을 위태롭게 하려 했으므로, 이에 대신과 성헌省憲(6성과 헌사)이 왕실의 앞날을 생각하고 우현보 부자를 단죄할 것을 요청하였지만 전하는 그들이 전하와 인척간이라는 이유로써 어물거리고 결단하지 못하였으니 이는 전하가 일찍이 500년 삼한의 유업이 우씨의 살고 죽는데 달렸음을 알지 못한 것입니다. 옛날 상商나라 임금 태갑太甲이 욕심 많고 방종하여 예법을 파괴하므로 이윤伊尹이 그를 동궁桐宮에 내보냈고 그 후 태갑이 허물을 고치고 옳은 길로 나가자 이윤이 그를 맞아다 다시 성탕成湯의 유업을 계승하게 하였습니다. 오늘 전하께서 만일 허물을 고치고 옳은 방향으로 나간다면 오래지 않아서 왕위에 돌아올 것입니다."라고 하니, 왕이 말하기를 "나는 본래부터 그대들의 임금이 되기를 원하지 않았으나 모든 신하들이 강권하여 나를 세웠다. 또 나는 불민하여 일의 기미를 잘 모르니 어찌 모든 아랫사람들의 마음에 거스르는 것이 없었겠느냐?"라 하고, 이어 눈물을 흘리면서 말하기를 "우씨는 나에게 원수로 되었다."고 한 다음 드디어 나갔다. 이때로부터 이후의 사적은 본조(조선)로 넘어간다.

이두란李豆蘭

첫 이름은 두란첩목아豆蘭帖木兒인데 여진 금패金牌 천호千戶 아라불화阿羅不花의 아들이다. 세전하는 관직을 이어 천호가 되었다. 공민왕 때에 이두란은 그의 백호百戶 보개甫介를 보내 100호를 거느리고 와서 고려에 귀화하였으며 이어 북청주北青州에 거주하였다. 이두란은 태조를 섬겨 그 휘하에 속하였고 신우 때에 요심遼瀋 지방의 초적草賊 40여 기騎가 단주端州를 침략하자 이두란은 단주 상만호 육려陸麗, 청주青州 상만호 황희석黃希碩 등과 함께 서주위西州衛 해양海陽 등지까지 추격해 가서 그들의 괴수 6명을 베이니 나머지 적들은 모두 도망하였다.

호발도胡拔都가 단주에 내침하니 단주 부만호副萬戶 금동불화金同不花가 그와 내통하여 재물로써 매수한 까닭에 후에 사로잡힌 것처럼 가장하였다. 그리하여 육려, 황희석 등이 여러 번 싸웠으나 번번이 패배하였다. 이때 이두란은 모친이 사망하였기에 청주에 있었던 바, 태조가 사람을 보내 그를 불러 말하기를 "나라일이 급하므로 그대가 복을 입고 집에 있을 수 없으니 상복을 벗고 나를 따르라."고 하니, 이두란은 곧 상복을 벗은 다음 엎드려 울면서 하늘에 고하고 활과 화살을 차고 그를 따라서 떠났다. 길주평吉州坪에서 호발도와 만났으며 이두란이 선봉이 되어 그와 싸웠으나 크게 패배해 돌아 왔다. 태조가 이어 도착하니 호발도는 두꺼운 갑옷 세 벌을 입고 또 붉은 모포 옷紅

褐衣을 껴입은 다음 검정 암말을 타고 가로로 진을 치고 기다리고 있었다. 내심으로 태조를 경시하여 사졸들을 남겨두고 검을 빼어들고 단신으로 달려나왔다. 태조 역시 단신으로 검을 빼어 들고 달려나가 검을 휘둘러 서로 쳤으나 양편 검이 모두 언뜻 지나가고 맞히지 못하였다. 그러던 중 호발도가 미처 말을 다잡지 못할 때 태조가 갑자기 말을 돌려 세우면서 활을 당겨 그의 등을 쏘았으나 갑옷이 두꺼워서 화살이 깊이 들어가지 않으므로 곧 다시 그 말을 쏘아 관통시키니 말이 거꾸러지고 사람이 떨어졌다. 태조가 다시 쏘려할 때 그 휘하들이 대거 와서 함께 그를 구원하였고 아군도 왔다. 태조가 군사를 놓아 마구 무찌르니 호발도가 간신히 몸을 빼서 도망했다.

얼마 있다가 예의 판서禮儀判書로 임명되어 다시 태조를 따라 함주咸州 토아동兎兒洞에 가서 왜적을 크게 무찌르고, 그 공로로 선력좌명공신宣力佐命功臣 칭호를 받고 밀직부사로 임명되었다. 요동을 칠 때에는 태조를 따라 갔다가 회군해 오자 이내 상의동지밀직사사商議同知密直司事가 되었다. 신창이 왕위에 오르자 그를 지사사知司事로 임명했으며 공양왕이 즉위한 후 그를 회군 공에 기록한 다음 녹권과 토지를 하사하고 밀직사에 승진시켰다. 장사길張思吉과 함께 왜적을 서해도西海道에서 친 다음 판도평의사사사判都評議使司事에 승진되었다.

윤소종尹紹宗

자는 헌숙憲淑이요, 찬성사로 치사致仕한 윤택尹澤의 손자이다. 공민왕 때에 과거에서 장원으로 급제하여 사관史官으로 되고 여러 관직을 거쳐 정언正言으로 임명되었다. 시사時事에 대하여 상소할 글을 초하여 이르기를 "하늘은 백성을 살리기는 하나 그 백성들로 하여금 각자의 살아갈 길을 마련해 주지는 못합니다. 그러므로 반드시 성인聖人으로 하여금 그 임금으로 되어서 하늘을 대신하여 백성을 다스리게 합니다. 때문에 그 지위를 천위天位라 하고 그 백성을 천민天民이라 합니다. 그리고 관직을 설치 분장시키는 것은 하늘의 직사職事 즉 천공天工을 대행하는 것입니다. 우리나라의 제도에 중서성中書省에 영令, 시중侍中, 평장平章, 참정參政, 정당政堂의 다섯이 있는데 이것은 하늘의 다섯 별을 본뜬 것이며 추밀樞密은 하늘의 북두北斗이고 백관에 이르기까지 모두 그렇지 않는 것이 없습니다. 비록 낮은 낭관郎官이라도 모두 다 하늘의 여러 별에 상응하기 때문에 명기名器와 관작官爵은 임금의 사유물이 아니라 하늘이 마련한 것이며 임금이 하늘을 대신하여 설치한 것입니다. 그러므로 임금은 명기를 자기의 사유물로 하고 되는 대로 막 주어서는 안 되며 신하도 자기의 재능과 덕행을 헤아리지 않고 감히 그 자리에 있을 것이 아닙니다.

중니仲尼(공자)가 말하기를 '명기는 임금에 의하여 관리되는 것이며 다른 사람에게 대신 시킬 수 없다.'라고 하였습니다. 정치가 그릇되면 나라도 뒤따라서 망합니다. 이것은 명기가 가벼워지면 조정이 존엄을 잃고 왕실의 위신이 낮아질 것이며 상하를 분변치 못하고 따라서 사직이 위태해질 것입니다. 그렇기에 우리 선왕들은 유능한 자가 아니면 직위에 두지 않았으며 죄가 있으면 반드시 죽이고 공이 없으면 상을 주지 않았습니다. 때문에 미욱하고 불초한 자들은 벼슬자리에 있지 못하였고 백관이 다 올바르게 되었습니다.

충렬왕[慶陵]이 원나라에 들어갔었을 때에 중관中官(환관) 이대순李大順이 원나라 세조의 총애를 받고 있었는데 그가 자기 형을 별장別將으로 임명해 줄 것을 청하였더니, 경릉이 말하기를 '그대의 형은 오위五尉인데 산원散員을 넘어서 별장으로 임명하는 것은 선왕이 정해 놓은 법에 위반된다.'라고 하였습니다. 이에 이대순은 세조에게 '우리 왕에게 이야기해 주기 바랍니다.'라고 말하니, 세조는 말하기를 '사람에게 벼슬을 주는 데는 법과 제도가 있고 나라에는 임금이 있는데 내가 어찌 간섭하겠는가. 너 자신이 청해 보아라.'고 하였습니다. 이렇듯 우리 선왕들이 명기를 중시하였던 것은 옛날에도 없었던 것입니다.

신축, 계묘 이래 국가의 비용이 부족해서 벼슬과 작위를 가지고 공로에 대하여 상을 주는 물건으로 만들었는데 소인小人들이 함부로 군공軍功을 가칭하던가 연줄을 밟아서 뇌물을 씀으로써 등급을 초월하여 임관되었습니다. 이러한 길이 한번 열리자 오늘에 이르러서는 장사치, 장인바치며 공사公私의 노예들도 모두 다 벼슬을 얻어 하게 되어서, 양 대가리에 개 꼬리 격으로 서울과 지방에 포열해 있으므로 명기는 천시되고 천공天工(관직)은 더럽혀지고 있습니다. 이리하여 사람마다 조정의 관작을 쓰레기처럼 보면서 모두 다 허리를 굽혀서 주우려 하고 있으며 심지어는 '중랑장中郎將이 소 밑을 쓸고 보니 봉익奉翊이 한 마리 값이로구나.' 하는 속담까지 있게 되었습니다. 이것은 명기가 너무나 천하여졌기 때문입니다. 여기에서부터 오위五尉가 산원散員이 되고 산원이 중랑장이 되어도 기뻐하지 않습니다. 평시에 이러하니 만약 위급한 사변이 있으면 그때 전하는 또 무엇으로써 상을 주어 공을 세우도록 장려하겠습니까. 바라건대 앞으로 군공과 재능, 그리고 덕행이 없으면 비록 총애를 받는 측근자라도 함부로 벼슬을 주지 않음으로써 장인바치와 장사치들로 하여금 각각 그 직업에 안착케 하고 천하 사람들이 조정을 더럽히지 않게 하면 상하는 구별이 있고 조정은 존엄이 있고 왕실은 존귀하게 될 것입니다.

신이 듣건대, 제갈공명諸葛孔明은 말하기를 '어진 신하를 가까이하고 소인을 멀리한 것이 선한先漢(서한)이 융성한 원인이고 소인을 가까이하고 어진 신하를 멀리한 것이 후한後漢(동한)이 쇠퇴하고 망한 원인이다.'라고 하였습니다. 옛날부터 지금까지 치란治亂과 흥망의 분기점은 오로지 임금이 가까이하고 신용하는 사람을 제대로 얻었는가에 달려 있습니다. 전하는 천하가 소란하고 나라에 재난이 있는 이때를 당하여 깊이 구중九重의 궁궐에 계시면서 때로는 한 달 동안이나 정사를 보지 않고 철없는 아이들과 소인의 무리들을 가까이하며 재상과 원로들과는 드물게 접촉하고 계십니다. 그런데 저 철부지 아이들과 소인들은 다만 임금의 비위를 맞추어 주고 눈치만 볼 줄 알 따름입니다. 전하는 그들의 유순함을 좋아하여 날마다 그들과 친하게 지내니 어찌 전하의 성덕聖德에 커다란 손실이 되지 않겠습니까.

궁궐은 엄숙한 곳으로서 잡류雜流들이 엿볼 수 있는 데가 아닙니다. 그런데 지금은 뭇소인들이 마음대로 출입하여 대궐이 엄숙하지 못합니다. 대궐이 엄숙하지 못하니 전하가 어찌 절대적인 존엄성을 가질 수 있겠습니까. 대언代言 김흥경金興慶은 배운 것이 없고 일자무식이어서 '예예' 할 줄만 알 뿐, 선악을 가려서 임금에게 조언을 드릴 수 있는 인재가 아닙니다. 전하는 그가 약빠르고 아첨 잘하는 것을 좋아하여 교명敎命을 출납시키고 사대부를 진퇴시키는 등, 나라의 모든 일이 다 먼저 김흥경에게 알린 다음에야 전하의 귀에 들어가게 됩니다. 한쪽의 말만 들으면 간사함이 생기고 한 사람에게만 일을 맡기면 반란이 일어난다고 합니다. 어찌 앞으로 이사李斯, 조고趙高의 화가 없으리라고 할 수 있겠습니까.

엎드려 보건대 3월 초하룻날에 일식이 있었습니다. 근년에 역적 신돈이 세도를 썼을 때 7월에 일식이 있었는데 7월은 삼음三陰의 달이면서도 신돈의 반란 음모가 있었습니다. 지금 3월은 오양五陽의 달인데 양陽은 아주 성하고 일음一陰만 남아 있는데도 대양大陽을 이길 수 있으니 이것은 작은 변고가 아닙니다. 신하 중에 반드시 임금을 속이고 유혹하는 자가 있습니다. 전하는 천변天變을 두렵게 생각하고 김흥경의 권한을 거두어서 그를 국정에 참여시키지 말며 대궐 안에 있는 악당들을 내쫓아 버리기 바랍니다. 또 전하는 궁중에만 깊이 계시지 말며 아침 늦도록 잠을 자지 말며 한 사람에게만 일을 맡기지 말며 날마다 재상과 원로, 그리고 충직한 인사들과 접촉하여 힘써서 선왕의 인정仁政을 실시하면 사직을 위하여 복이 될 것입니다.

신이 듣건대 '천민天民을 애육하는 자는 흥하고 천민을 잔해하는 자는 망한다.'라고 하였습니다. 때문에 임금이 천명을 받고 천위天位에 오르면 반드시 위로 천심天心에 순응하여 천민을 애육하기를 마치 부모가 자식을 애육하듯 해야만 인심이 붙고 천명이 공고해집니다. 태조는 태봉泰封의 궁예弓裔가 사치와 학정을 제 마음대로 하고 있을 때에 천명을 받들고 죄악의 무리를 토벌하여 뭇 흉포한 자들을 제거하고 민생을 애양하였습니다. 의복은 겨우 추위와 더위를 막는 정도였고 궁실은 비와 바람을 가리는 데 만족하였습니다. 그리고 지극히 인자한 마음과 두터운 혜택으로 나라의 근본인 백성의 힘을 양성하였는데, 역대 임금이 서로 이어 내려오면서 검약儉約에 의하여 백성을 기르는 것을 마음으로 삼았습니다. 경령전景靈殿, 효사관孝思觀, 현릉顯陵, 의릉毅陵 등이 그 구조와 규모가 검박하고 작게 하여 사치하고 화려하지 않게 하였으니 이것들은 다 자손들로서 본 받아야 할 것입니다. 전하는 즉위하여 지금까지 23년인데 나라가 걸어온 길에 곤란이 많았습니다. 역적 신돈이 정권을 잡았을 때 다른 생각을 품고 전하의 총명을 가리고 미혹하게 하여 드디어 전하께서 인희전仁熙殿의 공사를 일으키게 하여 백성의 골수를 빼내듯 하며 백성의 기름을 베어내듯 합니다. 목재의 운반, 철재의 제련 그리고 소비되는 비용은 매일 만금으로 계산되며 일을 맡아보는 아전들은 맹호보다도 포악하여 독촉하고 꾸짖는 호령 소리는 비바람 치듯 몰아댑니다. 온 나라 백성들은 부역에 시달려 어디에서나 농사는 철을 잃고 늙은이와 어린 것들이 양육을 받지 못하고, 부모처자가 서로 보존하지 못하고, 국가 창고에는 반 달의 저축도 없고, 백성에게는 열흘 먹을 양식이 없고, 5도道와 양계兩界에 여러 해를 두고 저축해 둔 군수용 물자를 모두 다 이 공사에 공급했는데도 또 부족합니다. 이리하여 온 나라가 아우성치며 원망을 역적 신돈에게 집중시켰던 것입니다. 그 6년 동안에는 큰 수재 큰 한재가 있었으며 백만 생령이 끓는 물속에 있는 것 같았으나 신돈의 포악이 무서워 감히 입 밖에 말을 내지 못하고 머리를 숙이고 손을 드리우고 하늘과 땅에 호소하여 말하기를 '이 공사는 모두 다 역적 신돈과 중관中官 광대廣大가 아부하여 하는 것이다.'라고 하였습니다. 그런데 신돈이 이미 처단되었어도 공사는 아직 끝이 나지 않으니, 또한 이것을 원망하여 말하기를 '이 공사는 비록 신돈이 발기한 것이지만 실상은 광대가 자기의 부귀를 공고히 하려고 극력 추기고 있다.'라고 합니다. 온 나라 백성들이 광대를 역적 신돈보다 더 원망합니다.

국가는 경인년 이래 동에서 왜적을 방어하고 병신년 이후에 북에서 달단韃靼을 방어하고 있으며 기해, 신축의 전쟁에서 우리 백성이 태반이나 사망하였으며 그 후 3년이 채 못되어 또 계묘란이 있어서 사망자가 신축의 배나 되었습니다. 그리하여 기해년부터 지금까지 15년간에 수재와 한재가 계속되어 굶어 죽은 시체가 서로 연속되어 있습니다. 이리하여 살아남은 백성은 겨우 10분의 1입니다. 또 전라와 경상의 2도에서는 해마다 큰 흉년이 들었으며 금년은 우심합니다. 3월에 큰 추위가 있었고 4월에 비가 오지 않아서 보리는 이삭이 나오지 않았으며 종자가 땅 속에 들어가지 않았으니 우리 백성이 장차 무엇으로써 살아 나가겠습니까. 백성은 임금의 하늘이요 먹는 것은 백성의 하늘이라고 합니다. 백성은 먹을 것이 없으면 죽을 것이니 임금은 백성이 없으면 어떻게 나라를 지키겠습니까? 지금 서울 창고는 텅 비어 있으며 양계와 5도도 또 기근이 났으니 불행히 신축, 계묘의 난리가 또 있으면 무엇으로써 군량을 마련하겠습니까? 백성은 토목 공사에 시달리고 부역과 세금에 시달리어 그 원한이 하늘에 사무치고 있으니 갑자기는 그것을 풀어 줄 수 없습니다. 그러니 위급한 일이 있다 하더라도 누가 다시 전하를 위하여 목숨을 바치겠습니까?

아, 경령전景靈殿은 태조의 아버지의 별묘別廟이며 효사관孝思觀은 태조의 초상화를 모신 곳입니다. 그리고 현릉顯陵과 의릉毅陵은 태조와 그 아버지의 분묘입니다. 그런데도 그 규모와 구조는 인희전仁熙殿과 정릉正陵에 비하면 백분의 일도 안 됩니다. 우리 동방을 천하에서 예의의 나라라고 부르는데 자손과 왕비의 사당과 무덤이 오히려 조상의 그것을 능가하니 천하 후세에서 이것을 무엇이라 하겠습니까? 전하는 왜 한 왕비 때문에 천하 후대의 조소를 받겠습니까? 뿐만 아니라 흉사를 예견하고 미리 준비하는 것은 예법이 아닌데 광대는 이런 공사를 일으킴으로써 자기에 대한 총애를 공고히 하려는 목적으로 전하를 위하여 미리 석실石室을 구축하고 있습니다. 듣는 사람들은 이것을 개탄하면서 크게 상서롭지 못한 일로 여기고 있으면서도 차마 말하지 못합니다. 지금 재이災異가 계속 일어나고 있으며 백성이 굶주리고 있으니 임금이 화초나 관상할 때가 아닙니다. 그런데 광대는 화원을 만들어 전하의 덕을 훼손함으로써 민심을 이산시키고 있으니 그 죄는 마땅히 사형에 처해야 할 것입니다. 전하는 광대의 죄를 밝혀 서울 거리에서 목을 베일 것이며 능전陵殿과 석실石室의 공사를 중지시키며 화원을 부수어서 하늘의 분노를 풀고 백성의 원망을 종식시켜야 할 것입니다."라고 하였다.

이 상소가 올라가기 전에 헌납獻納 김윤승金允升이 이것을 알고 사의司議 우현보禹玄寶와 함께 윤소종이 수개월 동안 휴가를 내고 직무를 비웠다고 하여 파직시켰다.

신우 초년에 전교시승典校寺丞으로 임명되고 성균사예成均司藝로 옮겼다가 전의부령典儀副令, 예문 응교藝文應教 등을 역임하였다.

윤소종은 살림살이를 돌보지 않았으므로 집안이 매우 가난하였는 바, 지신사知申事 이존성李存性이 우에게 말하여 쌀 10섬을 주었다. 그리고 전교부령典校副令으로 옮겼다. 우리 태조가 회군하였을 때, 윤소종은 군영에 가서 정지鄭地를 통하여 면회를 청하고, 곽광전霍光傳을 품안에서 꺼내어 바쳤다. 그 뜻은 왕씨를 다시 세우라는 것이었다.

신창이 왕위에 오르자, 전교령典校令으로 승진되어 동료들과 함께 아뢰기를 "우리나라 옛 제도로는 환구圜丘, 종묘宗廟, 사직社稷, 산릉山陵, 진전眞殿, 신사神祠에 대한 제향祭享 때의 축문祝文과 도전道殿, 불우佛宇에 대한 사소詞疏는 본 전교시의 관리 1명으로써 매달 윤번으로 재齋를 깨끗이 하고 정서해서 올리게 합니다. 그러면 임금은 목욕재개하고 친히 이것에 서명하는[親押] 바, 하늘과 땅 그리고 종묘와 사직에 대해서는 반드시 몸소 제사를 지내야 하며, 불우, 도전, 신사에 대하여서는 혹 대신에게 명령하여 대리로 하게[攝行] 합니다. 그런데 근년에는 기도하는 횟수가 너무 많아져서 정자正字 같은 낮은 관직에 있는 사람으로 하여금 대신 서명하도록[代押] 하고 있습니다. 이러한 전례가 일단 열리게 되자 지금은 사철 대향大享 때만은 친히 서명하나 그 나머지는 모두 다 대리로 서명시킵니다. 이것은 정성과 경건한 뜻을 표시하여야 할 본의에 크게 어긋나고 있습니다. 이제부터는 조상의 옛 제도를 준수하여 축문祝文, 사소詞疏에는 반드시 목욕재계하고 친히 서명할 것이며 원구, 사직, 종묘, 적전籍田의 대향大享은 모두 다 반드시 몸소 지내며 초하루와 보름의 전奠과 온갖 기도는 대신을 선택하여 대행케 하면서 정전正殿에 나와서 축문과 사소詞疏를 친히 주시기 바랍니다."라고 하였다. 창은 이에 따랐다.

그는 또 아뢰기를 "전하는 친히 제사할 데 대한 신 등의 청을 이미 윤허하였는데, 이번에 종묘 대향大享에서 대신으로 대위大尉에 충당시켰으니 이것은 전하가 친히 제사하지 않으려는 것입니다. 예문이 준비되지 않고 제물이 구비되지 않았다고 하더라도 뚜렷한 성의만 있다면 시내와 늪가에 돋은 풀도 신명 앞에 올릴 수 있거늘 어찌 글이 준비되지 않고 물품이 구비되지 않았다는 이유로 그 정성마저 버릴 것입니까? 또한 권서국사權署國事이기 때문에 감히 제사를 주관하지 못한다는데, 순舜이 선양禪讓을 받고 우禹가 천명을 받은 것이 모두 다 섭정攝政이었는데도 백관을 거느리고 문조신종文祖神宗의 사당에 몸소 갔습니다. 순과 우는 천하의 큰 성인이기 때문에 만세의 제왕이 그들을 본받아야 할 터인데 전하는 본받지 않으니 우리들은 전하를 위하여 애석하게 여기는 바입니다."라고 하였다. 창은 이 글을 도당에 내려서 논의하게 하였다.

그는 곧 우사의대부右司儀大夫로 임명되어 이인임의 죄를 격렬히 논단하였으며, 또 동사同舍 허응許應, 민개閔開 등과 함께 다시 이인임의 죄를 상소하여 논하였으나 날이 저물어서 그 글을 올리지 못하였다. 바로 그때 등에 창瘡이 나서 휴가를 받았던 바, 허응許應 등이 그 글을 올리지 않았다. 윤소종은 대사성大司成으로 옮겨서 서연書筵에 나가서 그 전에 쓴 그 상소문을 올렸다. 이인임 일당은 그를 미워하여 심지어는 그를 죽이려는 자까지 있었다. 이 일은 이인임의 전기에 기재되어 있다.

윤소종이 서연에서 상서하기를 "주역周易에 쓰기를 '몽매한 자라도 스스로 정도正道로써 수양하면 성인으로 되는 효과를 거두게 된다.'고 하였습니다. 선천적으로 타고난 성질은 본시 선善이며 악惡이 없습니다. 그러므로 사람은 처음에 요, 순과 조금도 다름이 없습니다. 옛날의 성스러운 임금들은 본래 태교胎教를 받으며, 포대기[襁褓]에 싸여서는 '보保'가 있어서 그의 몸을 보살펴 줌으로써 생활을 적절하게 조절하여 두려워하며 삼가는 마음을 가지도록 합니다. 다음으로 '부傅'가 있어서 덕德과 의義로써 교도하며 육체의 욕망을 조절하고 옳지 않은 것을 듣거나 보지 않게 막습니다. 특히 단정한 사람을 선발하여 그와 출입하고 생활하게 함으로써 반드시 바른 일만 보고 반드시 옳은 말만 듣도록 합니다. 이리하여 외계의 유혹이 들어갈 틈이 없으므로 순수한 천성이 마음속에서 자라날 수 있었으며 조금이라도 교양을 받는 환경이 맑은 물과 거침없는 대기처럼 깨끗하였으므로 모두가 다 요, 순으로 될 수 있습니다. 제가 보건대 전하는 논어論語의 강의를 받기 시작하여 이미 13개월이 되었는데 매일 새로 아는 것이 많아야 3~4자 밖에 안 됩니다. 그런데 혹시 힘든 곳이 있다 하여도 전하는 영민한 천부의 재질을 가지고 있으므로 배워 나가면 안 될 것이 없습니다. 그러나 그렇게 안 되는 것은 전하가 잠깐 서연에 참석하였다가는 곧 안으로 들어가서 가까이 총애하는 자들 사이에 휩쓸려 들어가니 말하자면 마음이 외계의 사물에 얽매어 책에 있지 않기 때문입니다. 그리고 근일에 와서는 공부에 태만한 형적이 바깥에 나타나고 있습니다. 스승[師傅]이 물러가기도 전에 그리고 훈음訓音도 알지 못한 채 글을 읽다가 갑자기 일어서면서 조금 있다가 식사 때가 지났다고 하고는 안으로 들어가 버리고 맙니다. 이렇게 하여서야 전하의 학문이 어떻게 밝아지겠습니까?

상왕上王은 즉위 초에는 총명하고 향학심이 있었는데 간신들이 왕위를 찬탈할 음모를 가지고 경연經筵을 폐지함으로써 상왕을 그르치고 하마터면 종묘와 사직까지 전복시킬 번하였습니다. 전하의 즉위 초에 대신들은 전왕 때의 일을 교훈으로 삼아 무엇보다도 먼저 경연을 개설하여 전하에게 공부를 권함으로써 전하가 요, 순과 같은 성인이 되기를 기대하였던 것입니다. 만약 공부를 게을리 하는 일이 있으면 종묘는 어떻게 하며 만백성은 어떻게 하겠습니까?

옛날에는 여덟 살에 소학小學에 들어가고 열 살에 집을 떠나서 스승 밑에 있었습니다. 또 옛날에 노魯 나라 양공襄公은 겨우 여섯 살 때에 나와서 천하 제후諸侯의 회동會同에 나갔습니다. 그는 어찌 식사를 반드시 깊은 궁중에서만 하였겠습니까? 옛날에 정자程子가 강관講官으로 있으면서 임금에게 글을 올려 말하기를 '임금이 하루 동안에 내시와 궁녀들을 접근하는 시간이 적고 어진 사대부들을 접촉하는 시간이 많으면 자연히 기질이 변화되고 유덕한 인물로 완성된다.'라고 하였습니다. 바라건대 전하는 매일 아침 어머니에게 문안을 드린 다음에는 편전便殿에 나와 식사하고, 강관講官과 관각館閣학사學士들로 하여금 항상 측근에 있으면서 자유스럽게 이야기를 주고받으면서 사물의 도리에 대하여 황혼이 되도록, 밤이 되도록 설명하게 하십시오. 천명天命이 오가는 데 대하여, 인심을 얻고 잃는 데 대하여, 농사의 가지가지 고생에 대하여, 정벌과 수비에 종사하는 사졸의 노고에 대하여, 나라 정치가 잘되고 잘못되는 원인에 대하여, 나라가 흥하고 망한 역사에 대하여, 고금의 예악禮樂에 대하여, 인물이 현명한가 않은가에 대하여 전하 앞에서 날마다 진술하게 하면 전하가 장구한 기간에 들은 것이 쌓여서 자연히 사리에 통달하게 될 것이요 또 그것이 습성으로 되어서 요, 순과 동일한 품덕의 소유자로 될 것입니다. 이것을 늘 깊은 궁중에 있으면서 계집과 내시들의 악습에 감염되어 현명한 자질이 변화하여 몽매하게 되는 것과 비교하면 그 이득이 참으로 크지 않습니까?

임금의 곁에서 총애를 받는 자들의 무례한 행동은 실로 전하의 덕성德性을 수양하는 데 해를 주며 어진 사대부들의 지도하는 영향은 임금의 덕성을 길러 주는 비와 이슬입니다. 궁녀 내시들에 대하여서도 정자程子가 경연에서 임금에게 아뢴 말 채용하여 모두 40~50세 이상의 후덕하고 정중한 사람들을 뽑아서 곁에 있게 하고 나이 젊은 자들은 곁에 오지 못하게 함으로써 그들이 임금을 나쁜 길로 유인하는 근원을 막을 것입니다. 또 의복과 사용하는 기물들에 대하여서는 주紂의 상아 젓가락과 옥 술잔을 경계로 삼으며 우禹가 좋은 의복을 싫어한 것을 본받아서 사치하고 화려한 물품들이 전하 앞에 올라오지 못하고 천박하고 속된 말이 전하의 귀에 들어오지 못하게 할 것입니다. 지금의 영서연領書筵과 지서연知書筵은 옛날의 태사太師, 태부太傅요, 시독侍讀은 옛날의 소사小師, 소부小傅입니다. 바라건대 앞으로는 정전正殿에서 강의를 받을 때에는 지서연이 들어오면 반드시 일어나서 자리를 비껴앉아서 강의를 받으며 그가 물러갈 때에도 일어서야 합니다. 또한 시독侍讀이 들어오고 나갈 때에도 자리를 비끼며 낯빛을 단정케 하여 스승을 존중하는 뜻을 표시하여야 할 것입니다. 이것이 이른바 탕湯이 이윤伊尹에게서 먼저 배우기에 힘쓰고 그 다음에 신하로 삼았으므로 쉽사리 천하에 왕이 되었다는 것이며 환공桓公이 관중管中에게서 먼저 배우기를 힘쓰고 다음에 신하로 삼았으므로 쉽사리 패권을 잡았다는 그것입니다. 전하의 덕성을 배양함에 있어서 이것이 제일 먼저 하여야 할 것입니다. 전하는 위로는 태조가 물려 준 5백 년간의 왕업을 생각하고 아래로는 삼한의 온 백성이 전하에 걸고 있는 기대를 생각하여 저의 이 간절한 말을 나무라지 말고 채납하여 수신修身하고 반성함으로써 영원히 지속될 태평 세상을 열어 놓기 바랍니다."라고 하였다. 시독 정도전이 이것을 보고 말하기를 "의논이 아주 적절하며 참으로 임금을 권고하는 풍모가 있다."라고 하였다.

공양왕이 즉위하자 대사헌 조준의 추천에 의하여 좌상시左常侍 경연강독관經筵講讀官으로 임명되었다. 조준이 일찍이 윤소종에게서 배웠기 때문에 오랜 정분을 가지고 있었으며 임금에게 올리는 글[章疏]들은 모두 다 윤소종이 글을 작성하였다. 이에 앞서서 윤소종이 이숭인李崇仁의 재능이 높은 것을 시기하고 또 이색이 이숭인만을 칭찬해 주고 자기를 칭찬해 주지 않은 것을 싫어하였으므로, 영흥군永興君 사건이 일어나자 윤소종은 조준에게 이숭인을 중상하여 죽이려고 하였다. 윤소종은 동료들과 함께 변안열을 죽일 것을 청하여 글을 여섯 번 올려서 임금이 들어주었다. 왕이 정관정요貞觀政要를 보고자 하여 정몽주를 시켜 그것을 강의케 하였는데, 윤소종이 말하기를 "전하는 중흥의 임금으로서 2제 3왕二帝三王을 본받아야 하며 당唐 태종太宗은 취할 바가 못 됩니다. 바라건대 대학연의大學衍義의 강의를 들어 옛 제왕帝王의 정치의 길을 밝혀야 할 것입니다."라고 하였다. 왕이 그렇게 생각하였다.

이에 앞서서 우를 강릉江陵에 옮겼을 때에 평리評理 윤호尹虎, 유만수柳曼殊, 밀직密直

우홍수禹洪壽, 유광우兪光祐 등이 압송하였고, 창을 폐한 날에 상의商議 최원지崔元沚, 밀직 유용생柳龍生 등이 궁문을 지켰으며, 판자혜부사判慈惠府事 정희계鄭熙啓, 자혜부윤慈惠府尹 이李(방원){공정왕恭靖王의 옛 이름}, 밀직 김인찬金仁贊, 지 신사知申事 이행李行 등이 국보國寶(옥새)를 지켜 전하였고, 밀직사 강회백姜淮伯, 지밀직知密直 윤사덕尹師德 등이 부고府庫를 봉하였다. 왕이 이들의 공로를 평정하고 윤호 등을 공신으로 삼았다. 윤소종이 말하기를 "상벌은 나라의 최대 권한이니 함부로 내릴 것이 아닙니다. 우리 태조는 40년간 정벌하였는데도 공신이라고 부르는 자가 6명이었습니다. 김락金樂, 김철金哲은 태조 대신에 죽었으나 그래도 6공신의 대열에 들지 못하였습니다. 지금 전하는 이미 화영백和寧伯 등 9명에 대하여 종묘에 고하고 상을 주었습니다. 윤호 등의 공로는 사람들이 들어본 적 없는 것이니 이것을 삭탈하기 바랍니다."라고 하였으나, 왕이 듣지 않았다. 다시 상소하여 다투었으나 왕이 끝내 따르지 않았다.

왕이 이조 총랑吏曹摠郞 이황李滉을 보내 조계종曹溪宗의 중 찬영粲英을 맞이해다가 스승으로 삼으려고 하였으므로 윤소종은 겸 대사헌兼大司憲 성석린 등과 궁중의 문 앞에 엎드려서 간하였다. 성석린이 말하기를 "불교는 청정적멸淸淨寂滅을 주지主旨로 삼고 있으니 나라에 도움이 되지 못합니다. 옛날에 성탕成湯은 이윤伊尹을 스승으로 삼고 문왕文王은 태공太公을 스승으로 삼아서 상商나라와 주周나라의 태평성세를 이룩하였으며 불교도를 스승으로 삼았다는 것을 아직 들어 보지 못하였습니다."라고 하였다. 그리고 윤소종은 말하기를 "전하가 스승을 구하려면 원로元老 대신들이 있는데 하필 중을 쓰십니까?"라고 하였다.

드디어 물러가서 교장交章하여 쟁론하기를 "삼강오상三綱五常은 천하와 나라의 대본大本이며 요, 순, 3대三代는 오랫동안 임금으로 있으면서 정치의 극치에 이르렀는데 그것이 이 상도常道에 의거하였기 때문입니다. 그러나 한漢나라 명제明帝가 부처를 숭배한 이후로는 난리와 멸망이 계속되었습니다. 양梁나라 임금은 부처에게 너무나 미혹되어 종묘에서는 희생犧牲 대신에 면麵을 썼으며 채색 비단에는 새와 짐승의 무늬를 금하였습니다. 그러나 드디어 후경侯景의 반란을 초래하여 대성臺城에서 굶어 죽었습니다. 또 당唐나라 헌종憲宗이 불골佛骨을 궁중에 맞아들이자, 형부시랑刑部侍郎 한유韓愈는 극력 반대하여 불교가 중국에 들어온 후로는 그것을 더욱 독실히 섬길수록 나라의 존속 기간이 더욱 짧아졌다는 견해를 말하였으나 헌종은 이것을 듣지 않았으며 얼마 후에 비명에 죽었습니다.

우리 태조는 오래된 폐해에 의하여 심각한 교훈을 받고 후대의 군신이 함부로 사찰을 짓는 것을 금하였습니다. 이에 훈계를 지어서 '의당 신라가 불교 행사를 많이 하여 망하게 된 것이다.'라고 하였습니다. 성스러운 조상께서 이렇게 황당한 짓의 뿌리를 뽑아 버린 것은 후대의 임금들이 이 뜻을 계승하여 줄 것을 아주 간절히 기대하였기 때문입니다. 그런데 저희들이 듣는 바에 의하면 전하가 조개종의 중 찬영을 대궐에 맞아들여 왕사王師로 높이 받들려 한다고 하니, 신들은 전하를 위하여 애석히 여기는 바입니다. 삼대의 제왕들은 도를 논하여 나라를 경영하고 음양을 조화할 줄 아는 사람을 스승으로 삼았습니다. 때문에 탕湯은 이윤伊尹을 스승으로 삼고 하夏나라를 쳐서 백성을 구제하여 6백 년간을 존속한 상商나라를 세웠으며, 무왕武王은 대공大公(태공)을 스승으로 삼아 높이 난 매처럼 주紂를 죽여 8백 년간을 존속한 주周나라를 세웠습니다.

반대로 요씨姚氏 후진後秦은 외국 중[胡僧] 구마라습鳩摩羅什을 스승으로 삼았다가 얼마 안 가서 망하였으며, 또 원나라에서는 티벳의 중[蕃僧] 파라발제婆羅跋蹄를 스승으로 삼아서 그 말엽에 가서는 존엄한 천자로서 마치 종처럼 지공指空을 섬기면서 수복壽福을 빌었으나 결국은 응창應昌의 패배를 초래하였습니다. 불교의 교리에는 애비도 없고 임금도 없습니다. 요씨 후진과 전원前元은 북방 오랑캐[五胡北狄]의 풍속을 지키고 제왕帝王의 정치를 본받지 않았으므로 삼강오상三綱五常을 훼손하여 하늘의 죄를 받아 멸망을 재촉하였습니다. 지금 전하는 앞으로 중흥 사업을 이룩하고 자손을 위하여 법과 모범을 남김으로써 그것이 영원토록 준수되게 하여야 할 터인데, 지금 북방 오랑캐[胡狄]의 실패한 길을 다시 따라 불교도를 스승으로 삼으려 하십니다. 한 나라의 가진 이는 정치에서나 또는 다른 사업에서나 그것을 결정하여 놓으면 그 이름에 따라 실효를 따져야 합니다. 소위 스승으로 섬긴다는 것은 그의 도를 본받는다는 것입니다. 불교는 남의 신하로서 또 아들로서 임금과 아버지를 배반하고 도망쳐 산속에 들어가서 적멸寂滅을 즐거움으로 삼으니 만약 그의 법을 본받는다면 반드시 온 나라의 백성을 중으로 만들며 구묘九廟의 제사를 끊어야 명실상부하게 됩니다. 바라건대 전하는 임금과 아버지를 무시하는 자를 스승으로 삼지 말고 요堯, 순舜, 공孔, 맹孟의 도를 받들어 삼한의 태평의 위업을 이룩하기 바랍니다."라고 하였다. 이 상소가 올라가니 왕은 마지못해서 따랐다. 찬영이 숭인문崇仁門에 도착하니 대성臺省에서 아전을 파견하여 쫓았으므로 그는 들어가지 못하고 돌아갔다.

왕은 대성에서 임금과 면대하여 일을 고하는 법을 폐지하였으므로 윤소종은 동료들과 함께 상소하기를 "요, 순은 사방 제후들의 네 우두머리[四岳]들과 의논하고 사방의 문을 열어젖히고 항상 하정下情이 혹 울적하게 상달되지 못할까 우려하여 '내가 (도리에) 어긋난 일이 있거든 그대는 (의義로써 나를) 보필하라.'고 하였으며 또한 '그대도 정당한 말을 하라.'고 하였습니다. 3대의 성왕은 모두 이 길을 밟아 꼴베는 아이들에게도 문의하였으며 공인工人들도 자기 기예技藝 일의 수행을 통하여 간언하여 상하가 번갈아가며 받들었습니다. 주나라가 쇠퇴하게 되자 비방하는 사람을 감시자를 두어서 제지하였으므로 결국 문왕文王과 무왕武王의 천하를 멸망시켰습니다. 진秦나라는 충성스러운 간언을 요언妖言이라 하여 금지하였으므로 천하를 얻은 후에 2대만에 망하였습니다. 한나라로부터 원나라까지의 기간에 언론의 길이 트이면 나라가 다스려지고 편안하였으며 언론의 길이 막히면 나라가 어지러워져서 망하였습니다. 우리나라에서 이성異姓이 나라를 찬탈한 이래 대간이 입을 다물게 되어 심지어는 무진년에 요동遼東 정벌의 거사가 있었을 때에도 누구 하나 말하는 자가 없었습니다. 이것은 전하가 친히 본 바입니다.

전하가 즉위한 이래 5일에 한 번씩 조회에 나와서 대간으로 하여금 면전에서 현행 정치의 잘잘못을 직접 고하게 하니 온 나라가 기뻐하면서 태평을 기대하고 있었습니다. 그런데 지금 대간에게 다시는 면전에서 직접 일을 고하지 못하게 명령하니 어찌 중흥 사업에서 커다란 결함으로 되지 않겠습니까. 말 한마디로 나라를 잃는다는 것은 바로 이것을 가리키는 것입니다. 바라건대 전하는 다시 명령을 내리어 대간으로 하여금 면전에서 일을 고하게 하며 기타 관리들에게도 각각 자기 직무에 대하여 의견을 제출하도록 함으로써 총명을 넓혀서 정치의 극치에 도달하도록 하기 바랍니다."라고 하였다.

그는 또 상소하여 말하기를 "대간은 임금의 이목이니 잠시 동안이라도 측근에서 떠나면 안 됩니다. 얼마 전에 신우 부자의 사건이 대체에 관계되었으므로 전하가 대간에게 나가서 그 상황을 조사케 하였습니다. 이것은 종묘와 사직이 중요하므로 취한 일시적인 임시 조치였습니다. 그런데 이것이 계기로 되어 대간을 지방에 파견함으로써 전하의 이목의 역할을 못하게 하니 이것은 결코 중흥 사업에서의 좋은 법으로 되지 못합니다. 앞으로는 대성臺省을 지방에 파견하여 비법 행위를 단속 규탄하는 일을 위임하지 않도록 하기 바랍니다."라고 하니 왕이 그에 따랐다.

왕이 장단長湍으로 가려하였을 때 윤소종은 성석린 등과 함께 상소하여 말하기를 "전傳에 쓰기를 '임금의 거동은 반드시 기록해야 하며 기록해서 법으로 삼지 않으면 후손들을 무엇을 보겠는가?'라고 하였습니다. 엎드려 듣건대, 전하가 장단에 가서 병선을 사열하려 한다고 합니다. 이것은 참으로 태평 중에 있으면서 위태함을 잊지 않는 뜻입니다. 그러나 이성異姓이 나라를 찬탈한 후에 유람과 사냥으로 백성에게 해독을 끼쳤으며 그 나쁜 소문이 중국에까지 알려졌습니다. 지금 하늘의 도움이 있어서 옛 제도를 복구시키고 있으니 응당 사냥을 삼가야 할 것인데 왜 즉위 초기에 좋은 정치를 실시하지 않고 또다시 가짜 조정의 전복된 길을 밟으려 하십니까? 지금 봄 농사일이 바야흐로 한창인데 전하가 행차하면 수많은 인마가 동원될 것이며 도중에서의 공급을 위한 비용과 폐단은 형언할 수 없을 것입니다. 만약 그 완급을 말한다면 교외에 나가서 하늘에 제사하는 것, 능침陵寢에 참배하는 것, 적전籍田에 가서 친경親耕하는 것, 문묘文廟에 참배하는 것이 먼저 하여야 할 일들입니다. 전하는 우선 이 거동을 정지하셔서 온 나라 사람의 의혹을 풀어 주기 바랍니다."라고 하였으나, 왕이 들어주지 않았다.

그는 또 상소하여 말하기를 "제가 보건대 선왕들의 제도에서 일체 법을 위반한 자에게는 토지를 주지 않았으므로 사대부의 행실을 연마시켰습니다. 이성이 나라를 찬탈한 이래 간악하고 흉포한 놈들이 전횡하면서 벼슬을 팔아먹고 뇌물에 따라 형옥刑獄을 좌우함으로써 선왕들의 법을 모조리 파괴하였습니다. 그리고 사대부들은 스스로 토지와 노비들에 대한 문건을 작성하고, 간악하고 흉포한 놈들에게 뇌물을 주어서 벼슬을 얻어 함으로써 예의염치의 풍속을 더럽히고 있습니다. 전하는 중흥의 정치를 하면서 사전私田을 개혁하여 백성의 생활을 안정시키고 규전圭田을 관리에게 주어 그들을 우대하고 있는 바, 그 뜻이 아주 훌륭한 것입니다. 지금 반정反正 초기에 의당 절의節義를 숭상하고 탐오와 부정을 징계하여 선비들의 기풍을 일신시켜야 하겠습니다. 변정 도감辨正都監에게 명령하여 여러 사람들이 뇌물로 준 전민田民과 팔아먹은 고신告身을 회수함으로써 풍속을 정화淨化하기 바랍니다."라고 하였다. 왕은 이 상소문을 보류하여 두고 처리하지 않았다.

윤소종이 예의판서禮儀判書로 옮기고 나머지 대간들도 다른 벼슬로 이동하였다. 이것은 그들이 끝없이 탄핵하였기 때문이다.

윤소종은 한번 상호군 송문중宋文中에게 말하기를 "지금 이시중(이성계)이 어진 사람을 등용하지 못하고 나쁜 사람을 물리치지 못한다. 만약 일단 나쁜 사람의 꾀에 빠지면 후회한들 무슨 소용이 있겠는가?"라고 하였다. 심덕부 등이 이것을 듣고 왕에게 고하니, 왕은 노하여 윤소종을 처벌하려 하였으므로, 우리 태조가 청하기를 "조정 신하들 중에서 바른말을 하는 사람은 윤소종 뿐입니다. 그를 처벌하면 안됩니다."라고 말하였고, 대언 이사위李士渭도 "윤소종이 누차 글을 올렸는데 모두 다 들어주지 않았습니다. 지금 갑자기 처벌하면 바깥 의논이 반드시 전하가 강직한 신하를 싫어한다고 할 것입니다."라고 하였다. 왕은 말하기를 "내가 이미 윤소종에게 높은 벼슬을 주었는데 사람들이 어찌 그렇게 말할 수 있겠는가? 이시중은 사직에 공로가 있는데 윤소종 등이 감히 그를 모욕하니 어찌 처벌하지 않을 수 있겠는가?"라고 하였다. 드디어 윤소종을 금주錦州에 귀양 보냈다.

이에 앞서서 윤소종이 동서 최을의崔乙義와 사이에 노비로 인한 시비가 생겨서 해결하지 못하여 신우의 총애를 받던 반복해潘福海에게 청탁하여 승소하였다. 윤소종이 상시常侍로 임명된 후에 사람을 공격하기 좋아하였으므로 왕은 이것을 대단히 싫어하여 매번 그가 반복해에게 청탁한 일을 들어서 비난하여 오더니 이번에 그는 귀양 가게 되었다. 후에 회군공回軍功에 수록되어 전답을 받았으며 그의 죄를 용서받았다. 정몽주의 지시 하에 간관들이 왕에게 상소하여 그를 규탄하였으므로 파직되어 먼 곳에 귀양

갔다가 정몽주가 피살되자 용서를 받았다. 본조이조에 들어와서 병조전서兵曹典書, 수문전학사修文殿學士, 동지춘추관사同知春秋館事로 있다가 죽었다. 그의 아들은 윤회尹淮이다.

윤회종尹會宗

윤소종의 아우 회종會宗은 신우 때에 과거에 급제하고 누차 승진하여 벼슬이 사재부령司宰副令에 이르렀다. 공양왕이 즉위하자 글을 상소하여 말하기를 "공민왕이 돌아가신 후[玄陵上賓之後]에 권신權臣 이인임 등이 역적 신돈의 아들 우로 우리 왕씨의 뒤를 이어서 구묘九廟의 제사가 16년이나 끊어졌으나 다행히 하늘의 도움을 얻어 왕실이 망하였다가 다시 일어났습니다. 전하는 응당 깊이 생각하고 명철하게 판단하여 신우 부자를 종묘에 고하고 서울 시가에서 그들의 목을 베어야 하겠습니다. 그렇게 하여야만 구묘의 신령을 위로하고 신민들의 바람에 답하는 것이며 또한 화근을 없앨 수 있습니다.

왕망王莽이 왕위를 찬탈하였을 때 천하가 한漢나라를 사모하였습니다. 이때 장안長安에 성제成帝의 아들 자여子輿라고 자칭한 자가 있었던바 왕망이 이를 죽였습니다. 한단邯鄲의 점쟁이 왕랑王郎이 진짜 자여라고 거짓말하면서 황제로 자칭하고 나서니 온 천하가 호응하였으나 광무제光武帝는 이것을 이겨서 그의 목을 베고 한나라 제실帝室을 부흥시켰습니다. 조조曹操가 한나라 4백 년의 천하를 훔치고 그의 아들 조비曹丕가 황제로 되어 연호를 고치고 중국의 중심 지역[中夏]을 할거하였습니다. 이때 제갈량諸葛亮이 소열昭烈(류비劉備)을 도와 한나라의 부흥을 도모하였는데, 그의 말에 '한나라와 역적과는 양립兩立할 수 없다. 삼군을 거느리고 북으로 가서 중원中原을 평정함으로써 간악하고 흉포한 무리들을 없애 버리고 한나라를 부흥시켜야 한다.'라고 하였습니다. 그의 뜻은 장차 조비의 목을 매어 끌고 가서 고조高祖와 광무제光武帝의 태묘에 고하고 죽이려는 것이었습니다. 그렇게 해야만 천하에 대하여 사례하는 것이었습니다.

또 당나라의 측천무후則天武后가 중종中宗을 폐하고 자기가 황제의 자리에 앉아 국호를 주周라고 하였으며 나라를 무씨武氏에게 전하려 하였습니다. 장간지張柬之 등이 군사를 일으켜 중종을 복위시키고 장이지張易之, 장창종張昌宗을 죽였으며, 측천무후를 상양궁上陽宮에 옮기고 국호를 다시 당이라고 회복하였습니다. 후대의 군자君子는 장간지 등이 대의에 입각하여 비상한 사변에 대처함으로써 당나라 왕실의 죄인을 죽이지 못한 것을 비난하면서 '무후를 태묘太廟에 끌고 가서 그의 죄를 열거하고 폐하여 서민庶民으로 만든 다음 죽게 하고 그의 일족을 모조리 죽였더라면, 그리고 중종이 이에 간여할 수 없었다면 하늘에 있는 신령을 위로하고 신민臣民의 분노를 풀어 줄 수 있었을 것이요, 천지의 상경常經이 세워졌을 것이다.'라고 하였습니다. 이 말은 매우 절실하고 명철한 것입니다.

저 신우 부자는 16년간 왕위를 훔쳐 가졌으며 그 인척들은 커다란 세력을 가지고 서울과 지방에 퍼져 있습니다. 만일 간악하고 흉포한 도당들이 그를 추대하여 나서면 아마도 후회해도 미치지 못할 것이며 전하의 위업은 수포로 될 것입니다. 주공周公과 관숙管叔은 지친至親입니다. 그러나 천하를 위하여 그를 죽였습니다. 측천은 중종의 어머니입니다. 그런데도 군자君子는 측천을 죽이지 않은 것을 비난하고 있습니다. 하물며 지금 그 역적들의 자손은 관숙이나 측천과 같은 육친 관계가 있는 것도 아니며 또한 지금 이미 반정反正하였는데 왜 녹봉을 주어서 살리고 죽이지 않음으로써 온갖 나쁜 생각이 싹트게 하십니까? 천하의 온갖 사변은 항상 소홀한 데서 발생하여 마지막에 가서는 걷잡을 수 없게 됩니다. 이 점은 전하의 사직의 대계가 어찌 깊이 염려할 바로 되지 않겠습니까? 지금 조정에 있는 신하들로서 누가 이것을 말하려 하지 않겠습니까? 그러나 말하지 않는 것은 자기의 말이 실행되지 않고 후회하게 될 것을 두려워하기 때문입니다. 경전經傳에 이르기를 '임금이 비밀을 지키지 않으면 신하를 잃고, 신하가 비밀을 지키지 않으면 자기 몸을 버리며, 예견되는 일에 대하여 비밀을 지키지 못하면 그 성취를 방해한다.'라고 하였습니다. 전하는 대신들과 궁중에서 모의하여 우 부자의 일을 태묘에 고하고 죽인 다음에 서울과 지방에 이것을 선포함으로써 다시는 왕실을 어지럽게 하지 말고 왕통을 만세토록 전하시기를 바랍니다."라고 하였다. 왕이 이를 따랐다.

윤희종이 우, 창을 신하로서 그를 섬긴 바가 있고 또한 직책이 언관言官이 아닌데 상서하여 사람을 처단할 것을 청하였으므로 사람들의 물의가 있었다.

형조총랑刑曹摠郎으로 옮겼다. 그는 또 상소하여 말하기를 "국가의 운명을 길게 하는 방도는 임금이 덕을 닦고 좋은 일을 많이 하여 나라의 근본을 공고히 하는 이외에 다른 길이 없습니다. 어찌 수도 지세地勢의 왕기旺氣를 믿겠습니까? 상商나라 반경盤庚이 경耿을 떠난 것은 황하 범람의 재해가 있었기 때문이며, 주周나라 태왕太王이 빈邠을 떠난 것은 적狄 종족의 침범을 받았기 때문이며, 주나라 평왕平王이 동쪽으로 서울을 옮긴 것은 견융犬戎의 침략을 받았기 때문입니다. 지금 이러한 일들이 없는데 서울을 한양에 옮기려고 하니 민심이 놀라서 모두 다 유언비어에 동요되고 있습니다. 이것은 전하가 강물이 빨갛게 되어 끓고 태백성이 대낮에 나타났다는 이유로 참위讖緯(앞날의 길흉화복의 조짐)의 옳지 않은 말을 믿고 자리를 옮겨서 피하려 하기 때문입니다. 전하가 만약 재난을 없어지게 하려면 정전正殿을 피하고 식찬을 감소하면서 대단히 조심하고 자신을 책망하는 교서를 내려서 정직한 의견을 구함으로써 정치와 형벌을 밝게 하고 만백성을 사랑하는 것 뿐입니다. 가짜 조정의 신우가 간사한 신하들의 말에 미혹되어 한양에 옮기니, 탐관오리들은 제 마음대로 가렴주구 하여 양광도 한 도 전체가 소란하였습니다. 지금 만약 옮겨 가려면 궁실을 수축하여야 하며 필요한 물품을 장만하고 저축을 하여야 하므로 집집마다에서 추렴하여 모아야 할 것입니다. 그리고 시종할 모든 기관과 숙위할 모든 신하 등 서울 전체가 몽땅 옮겨 가야 할 것인데, 아침저녁의 양식이 계속 공급되지 못할 것이며, 바람과 서리, 비와 이슬을 가려 줄 집이 없을 것이니, 객지에서의 고생을 형언할 수 있겠습니까? 하물며 지금 농작물들이 들에 덮여 있는데 수많은 인마가 움직이면 밟혀서 남는 것이 하나 없을 것이고 한양의 하급 관리와 백성들은 자기의 집을 잃고 산골짜기로 들어가서 가시덤불을 헤치고 잡초를 베서 쓸 것이며 추경秋耕, 추수秋收의 때를 놓치게 될 것입니다. 신은 백성이 받는 재난이 신우 때보다 더 우심할 것을 두려워합니다.

또 전하는 불교의 말에 미혹되어 연복사演福寺를 다시 수축하면서 그 부근의 민가들을 모조리 헐어 버리고 있습니다. 신은 이 점에 있어서 전하를 위하여 찬성할 수 없습니다. 지금 서울을 옮기는 것을 그만두며 부처를 물리쳐서 일반의 기대에 부합시키기 바랍니다.

옛날에 진晉나라 혜제惠帝 때에 피비雨血가 내리고 태백성이 대낮에 나타난 후 태자와 왕후가 피살되고 그 후부터 종실들이 서로 살륙하여 천하가 크게 어지러워졌으며 결국은 회제懷帝, 민제愍帝 두 황제가 유총劉聰에게 잡혀가고, 이적夷狄이 수백 년 동안 중국을 소란케 하였습니다. 또 당나라 고조高祖 때에 대낮에 태백성이 나타나서 하늘을 가로지르자 진왕秦王이 태자와 제왕齊王 원길元吉을 죽였습니다. 당나라 태종太宗 말기에 태백성이 누차 대낮에 나타난 후 측천이 중종中宗을 폐하고 자기가 황제의 자리에 들어앉아 당나라를 없애고 국호를 주周라고 하고 당나라의 종실宗室들을 많이 학살하여 사직이 하마터면 망할 번하였습니다. 하늘이 내린 경고가 어찌 우연한 것이라고 말할 수 있겠습니까? 지금 봄과 여름이 교체하는 시기인데, 태백성이 누차 대낮에 나타났고, 이번에 또 한 달 남짓 낮에 나타나서 하늘을 가로지르고 있습니다. 이것은 하늘이 엄중하게 전하에게 경고하여 주는 것이 지극한 것입니다. 그런데 전하는 화초를 궁중에 늘어놓고 날마다 그것을 감상하고 있으며 또한 한양에 놀러 가려고 하는데, 신에게는 전하의 경건하고 두려워하는 마음이 아직 부족한 것 같이 생각됩니다. 원컨대 요, 순, 삼왕의 마음을 자기의 마음으로 삼고, 주공, 공자의 길을 자기의 길로 삼아서, 사악한 의논에 유혹되지 않고 실덕實德에 힘을 쓰면 하늘의 마음을 돌릴 수 있고 나라의 기초가 공고히 될 것입니다."라고 하였다.

오사충吳思忠

첫 이름은 사정思正이며 그의 선대는 영일현迎日縣 사람이었는데 후에 영원진寧遠鎭에 옮겼다. 그는 과거에 급제한 후 누차 옮겨서 감찰, 규정監察糾正으로부터 헌납, 집의獻納執義를 지냈다. 신창 때에 사의대부司議大夫로 임명되었었는데, 그는 상소를 하여 사전私田의 폐단을 논하였는데, 왕이 그에 따랐다. 또한 동료들과 함께 글을 올려 말하기를 "종전에 여러 간신들이 권세를 잡고 있으면서 자기 당파를 끌어들이어 사람을 채용하고 해직시키는 것이, 꿋꿋하고 충성한 인사는 세상 형편에 암매하다고 하면서 배척하여 내쫓았고, 탐오하고 사특하고 아첨하는 자는 어질고 재능이 있다고 하면서 높이 등용하였습니다. 또한 언론의 길을 꽉 막아서 임금의 귀와 눈을 가렸으므로 나라가 극도로 쇠약하였습니다. 이때 다행히 천지, 종묘, 사직의 신령의 덕분에 여러 흉포한 자들이 처단되고 조정 내외가 깨끗이 되었습니다.

전하가 처음 대보大寶에 즉위하자 널리 어질고 유능한 사람들을 찾아 모아 백관으로 임명하였으며, 말길을 넓게 열고 초부樵夫의 말이라도 들어 채택하였습니다. 그리고 예악禮樂 제도를 위한 조치들과 시국과 백성을 구제하기 위한 방책으로 말하면, 대성臺省이 교장交章하여 글을 올렸으며, 전하는 그것을 채택하여 실시하였습니다. 그러나 법령은 제정되었어도 백성은 그 효과를 보지 못하고 있습니다. 사전私田을 개혁하고 경계를 정확히 하자는 논의는 거실巨室(명문거족)이 크게 싫어하는 바이며, 뜻있는 선비와 그들의 꿋꿋한 말은 사특한 무리들이 몹시 싫어하는 바입니다. 그리고 모두들 유언비어를 산포하여 모든 사람의 귀를 현혹시킴으로써 온 나라를 불안하게 만들고 있으니, 이것은 바로 반란을 선동하는 시초입니다. 하물며 천재가 누차 나타나며 별의 운행이 제 길을 잃고 상강霜降 이후에도 우레가 멎지 않고 입동立冬 이후에도 짙은 안개가 끼고 있으니 이것은 음양 두 기가 조화되지 않는 표징입니다. 신들의 생각에 의하면 전하는 응당 하늘의 경고를 조심해야 하며 학문을 좋아하고 신하의 간諫하는 말을 따름으로써 위에서 수신 반성하며, 여러 신하들은 각각 자기 직무에 근면하고 감히 태만하지 않음으로써 아래에서 조심하여야 할 것입니다. 이렇게 해야만 천재가 사라질 것이며 사람의 장난도 일어나지 않아서 무궁한 왕업을 보존할 수 있을 것입니다. 그런데 지금 대신들은 매번 풍악을 써서 연회를 차려서 그 비용이 만금萬金으로 계산되니 실로 하늘에 대하여 경건하며 백성을 위하여 근실하고 재해를 걱정하며 천변을 근심하는 도리가 아닙니다. 앞으로는 중국의 사신을 맞이하고 전송하며 공로 있는 장수를 위로하는 이외에는 서울과 지방에서 공사를 막론하고 큰 연회를 베풀고 풍악을 쓰는 것을 엄격하게 금지함으로써 하늘의 경고를 조심하며 나라의 비용을 절약하여 백성의 생활을 유족하게 하기 바랍니다."라고 하였다. 신창이 이를 받아들였다.

공양왕 초에 사인舍人 조박趙璞 등과 함께 상소하여 이색李穡 및 조민수曹敏修의 죄를 격렬하게 논하였다. 또 말하기를 "이인임이 신우를 옹립한 죄도 전하가 친히 본 바입니다. 이 사건을 헌사憲司에 위임하여 참관斬棺 저택瀦宅하여 그들의 죄를 성토하기 바랍니다."라고 하였다. 또 말하기를 "삼사우사三司右使 김속명金續命이 그 어머니를 분변하지 못한다는 말을 하였기 때문에 쫓겨나 죽었습니다. 공산부원군公山府院君 이자송李子松은 신우가 군사를 일으킨 것을 간하다가 살육 당하였습니다. 담당 관서에 명하여 그들의 묘에 제사를 지내고 그들의 자손에게 녹을 주어 충직한 영혼들을 위로하기 바랍니다."라고 하였다.

왕의 명령으로 이색 부자를 파면하고 조민수를 서인으로 떨어뜨렸다.

또 조박 등과 함께 상소하여 말하기를 "지금 전하는 위로는 천자의 명을 받았고 아래로는 신민들의 희망에 순응하여 난亂의 뿌리를 뽑고 반정反正하여 이미 끊어졌던 우리 선왕들의 계통을 잇고 신우 부자를 폐하여 서인으로 만들었습니다. 이것은 명분名分을 바로잡고 백성의 뜻을 안정시켜 만대의 태평성세를 열어 놓을 시기입니다. 옛날에 위衛나라 임금이 공자를 맞이하여 나라의 정사를 보게 하니, 공자는 먼저 명분名分을 바로잡으라고 하면서 '명분이 바르지 못하면 백성은 손발을 어디에 둘지 모른다.'라고 하였습니다. 또 한漢나라의 여후呂后가 궁첩宮妾의 자식 홍弘을 가져다가 혜제惠帝의 후계자로 삼았는데, 태위太尉 주발周勃은 홍이 혜제의 아들이 아니므로 그를 죽이고 대왕代王을 맞이하여 세움으로써 백성의 뜻을 안정시키고 4백 년의 태평 세상의 기초를 닦았습니다.

당나라 측천후則天后는 자기 아들인 중종中宗을 내쫓고 이성異姓인 무삼사武三思를 태자로 세우려고 하였습니다. 승상 장간지張柬之가 측천의 일당을 죽이고 중종을 다시 세웠습니다. 군자君子는 이것을 평론하여 말하기를 '측천이 당나라 종묘의 죄인이 된 이상 중종도 그 어머니에게 사정을 둘 수 없다. 장간지 등이 중종을 세운 이상 측천을 사형에 처하고 중종은 대의大義에 입각하여 그 의논에 간여하지 않았더라면 조상의 분노를 풀어 줄 수 있었을 것이며 천지간의 떳떳한 기강紀綱이 확립되었을 것이다.'라고 하였습니다. 이것도 역시 공자가 말한 정명正名의 뜻입니다.

지금 한두 대신이 전하를 추대하여 공민왕의 뒤를 잇게 함으로써 신우가 공민왕의 아들이 아니라는 것을 확정하고 전국에 선포하였으므로 삼한의 백성이 서로 말하기를 '내 생전에 다시 태조의 후손을 보게 되었다.'라고 말들 합니다. 지나간 때의 홍륜洪倫의 난의 원인과 신우 어머니 반야般若의 말과 죽음은 전하도 잘 아는 것이며 천자께서도 이미 알고 있는 일인데 유독 이색만 듣지도 알지도 못한 일이겠습니까? 그는 이인임이 신씨를 세울 때에 말 한 마디도 없었으며 조민수가 창을 세울 때는 앞장서서 계책을 정하였으며 금년에 또다시 신우를 세우려고 하였습니다. 그의 죄에 대하여서는 전번에 올린 글에는 다 쓰지 못하였습니다. 지금 전하가 이미 정통正統을 계승하였는데도 이종학 만은 사람들 앞에서 공공연히 말하기를 '현릉(공민왕)은 우를 강녕군江寧君으로 봉하고 부府를 세워 주었다. 또한 천자도 우에게 작위를 명하였는데 이{태조의 옛 이름}는 어떠한 사람이기에 감히 현릉의 명령을 위반하고 우리 여흥왕驪興王을 폐하는가?'라고 하였습니다. 지금 전하가 우 부자의 죄를 바로잡아서 태묘太廟에 고하고 인민의 뜻을 정착시키지 않으면, 또 이색 부자가 우, 창에게 붙은 죄를 바로잡아서 뭇소인들의 음모를 끊어버리지 않는다면, 전하 역시 하루도 임금자리에 편안히 앉을 수 없을 것입니다. 또한 어떤 자들은 말하기를 '신씨辛氏 부자는 천자가 아는 바이므로 그 양해를 얻지 않고 그 죄를 처벌하여서는 안 된다.'라고 하나 이것은 대단히 잘못된 의견입니다. 천자는 이미 우리나라 신하들이 이성을 가짜 임금으로 삼은 것을 책망하였는데 어찌 또 다른 말이 있겠습니까? 또 혹시 상국(명)은 신우를 살려 두려 할는지도 모르나, 그렇다 해서 전하도 살려 두고 백성의 뜻을 안착시키지 않아도 좋겠습니까? 춘추春秋의 법으로는 난신적자亂臣賊子는 사람마다 죽일 수 있으니 먼저 집행하고 후에 알려도 좋습니다. 언제 그의 양해를 얻을 때까지 기다리겠습니까?

이인임이 신씨를 추대한 죄는 태조와 그 후 여러 임금의 신령이 다 함께 죽일 죄인데 어찌 저희들의 청을 듣지 않습니까? 이런 죄인을 죽이지 않으면 후손 만대에 난신적자가 덤빌 문을 열어 주는 것으로 됩니다. 마땅히 담당 관리에게 명령하여 그 시체를 베고 그 집은 방죽을 만들며 재산을 몰수해야 할 것입니다.

이색, 이종학 부자는 정직停職시키고 산관散官에 속하게만 하는데 그쳤으니 어찌 천추만대의 역적을 징계하는 것이 되겠습니까. 마땅히 담당 기관에 넘겨서 그 죄를 밝혀야 합니다.

이숭인李崇仁, 하륜河崙은 종전에는 이인임의 심복이었으며 후에는 이색의 간계에 따라서 신창의 조현朝見를 독촉하였고, 신우를 세워 여러 선왕들의 제사를 영원히 끊으려

하였습니다. 그 죄는 죽음을 모면하지 못합니다. 역시 담당 기관으로 하여금 논죄하기 바랍니다.

또한 이종학은 신창을 세운 것이 자기 아버지의 공로라고 환관 이분李芬에게 말하였고, 이분은 이것을 이림李琳의 딸에게 말하였습니다. 이분은 이림에게 붙어서 간악한 계책을 실현시키려고 하였으니, 이분을 담당 기관에 넘겨서 그 정상을 심문하여 그 죄를 바로잡기 바랍니다.

권근權近은 몰래 중국 황제의 편지를 뜯어보고, 먼저 이림에게 보이고 그 다음에 이색에게 보였습니다. 그의 마음이 왕씨에게 있지 않는 것이 뚜렷합니다. 후에 이숭인李崇仁의 일을 핑계로 글을 올렸다가 탄핵을 받았는데 그 중간의 일들은 알 수가 없습니다. 전하는 그를 먼 곳에 귀양 보내고 그의 죄를 묻지 않았으니 무엇으로 후대의 충성치 못한 신하를 징계하겠습니까?

전 한양윤前漢陽尹 문달한文達漢은 이림의 인척으로서 중간에서 용사를 하여 불의를 마음대로 행하였습니다. 이림의 족속들을 이미 모두 다 귀양 보냈는데 문달한만 서울에 두고 있으니, 그의 직첩을 회수하고 지방에 쫓아내기 바랍니다."라고 하였다.

이에 이인임의 집을 방죽으로 만들고 이색의 부자, 이숭인, 하륜, 이분, 문달한 등을 귀양 보냈다.

그는 또 상소하여 말하기를 "본래 환관의 직분은 궁궐 안에서 소제하는 것이고 바깥일에 참여하지 못하였습니다. 그런데 진秦나라에 이르러 옛날의 제도를 파괴하고 조고趙高를 중거부령中車府令으로 임명하였다가 이세二世가 그의 손에 죽었으며 서한西漢에 홍공弘恭을 중서령中書令으로 임명하였더니 충성스럽고 선량한 사람들을 살륙하였으므로 왕망王莽이 한나라를 찬탈하였고, 조절曹節 등이 용사를 하여 동한東漢이 망하였습니다. 당나라에서는 구사량仇士良을 중위中尉로 임명하였더니 임금을 폐위廢位하였습니다. 그리고 송宋나라에서는 동관童貫을 장수로 삼았더니 두 황제가 여진女眞의 포로로 되었으며, 원나라에서는 원사院使들이 용사를 하더니 결국 천하를 잃어버렸습니다. 이것이 고금의 교훈입니다. 우리 선왕들의 제도는 환관들에게는 벼슬이 없으며, 문종文宗 때로 말하면 세상에서는 태평세월이라고 하여 실로 우리나라의 현명한 임금이었었는데 시중하는 내시가 10여 명에 불과하였으며 게다가 봉록도 받은 일이 없었습니다. 충렬왕 때에도 내시에게 벼슬을 주지 않았는데 현릉(공민왕) 때에 이르러 내시들로 하여금 양부兩府에 참여하고 호위의 대열에 들어가게 하였던 바, 결국 최만생崔萬生의 변을 초래하였습니다. 이것 역시 전하가 친히 본 바입니다. 전하가 즉위하자 또다시 내시부內侍府를 세워 3품의 벼슬을 주었습니다. 이것은 전하가 중흥中興의 임금으로서 또다시 망국의 전철을 밟는 것입니다. 앞으로는 궁중에서 시중하는 내시들에게는 다만 의식만 주고 내시부를 폐지하기 바랍니다."라고 하였다. 왕이 듣지 않았다.

그는 성균대사성成均大司成으로 옮겼는데, 이것은 그가 끝없이 규탄하니 그의 언관의 직을 박탈한 것이었다. 얼마 후에 판전교시사判典校寺事로 임명되었다. 간관은 정몽주의 사주 하에 조준, 윤소종 등을 극형에 처할 것을 청하였다. 이리하여 헌부에서는 오사충의 죄를 규탄하여 그의 죄가 윤소종과 같다고 하면서 함께 심문하여 다스리자고 청하였다. 왕이 (오사충을) 삭직시키고 먼 곳에 귀양 보내라고 명령하였다. 정몽주가 죽은 후에 소환되어 좌상시左常侍로 전임되었다. 그 후부터는 본조(이조)에 들어왔다.

김사형金士衡

밀직부사 김천金蕆의 아들이고 상락후上洛侯 김영후金永煦의 손자이다. 사형은 음직으로 앵계관鶯溪館에 임명되었다가 여러 번 옮겨서 감찰규정이 되었다. 공민왕 때에 고공산랑考功散郎이 되었는데 직랑直郎 유경원劉慶元과 더불어 왕에게 말하기를 "안렴사按廉와 수령들의 직무는 공부貢賦를 제대로 내게 하는 것인데 근래에 와서 많은 주와 현들에서 공납을 바치지 않아 어떤 고을들에서는 심지어 3,4년이나 바치지 않은 데도 있으니 법에 따라서 시행하기를 바랍니다."라고 하니, 이에 따랐다.

신우 3년에 집의執義로 되어 조준趙浚, 안익安翊, 김주金湊, 최숭겸崔崇謙 등과 함께 대간臺諫의 직책에 있었는데, 당시 사람들이 적임자라고들 칭찬하였다.

그 후 여러 관직들을 지나 개성윤開城尹으로 임명되고 공신의 칭호를 받았다. 국가에서 사전私田을 개혁할 것을 논의하고 안렴사를 도관찰사都觀察使로 고쳤는데, 김사형은 교주강릉도도관찰사交州江陵道都觀察使가 되어 그의 공명, 위혜로운 정치는 많은 칭찬을 받았다. 그 다음해에는 지밀직사사 동지경연사同知經筵事로 임명되었다.

공양왕이 일찍이 경연에 나왔을 때 서경書經 무일無逸 편을 강의하게 되었는데, 김사형이 말하기를 "대개 탐욕하고 안일을 주로 하는 자는 운명이 짧고 그렇지 않은 자는 길다 하나니 이것은 본래 이치가 그러한 것입니다. 천자의 일신은 천하의 안녕함과 위태함을 좌우하는 것이며 제후의 일신은 그 한 나라의 운명이 좌우되는 것입니다. 그러므로 인민의 위에 있는 자는 응당 마음을 공경하게 가지고 규범을 해이시키는 안일을 경계하여야 합니다. 대개 안일함이 없으면 백성이 평안히 살 수 있게 되므로 조상들이 숨은 원조를 주고 하늘이 역시 그를 도와주는 것이나 탐욕 안일하면 백성이 평안히 살지 못하므로 조상들의 혼령이 노하게 되며 하늘이 또한 그를 도와주지 않는 것이니 이것이 나라를 오래 통치하느냐 못하느냐 하는 것이 갈라지는 원인이 되는 바입니다." 라고 하였다.

그 후 지문하부사 겸 사헌부대사헌으로 되었는데, 왕이 장차 한양漢陽(서울)으로 수도를 옮기려고 하였다. 그는 동료들과 함께 임금에게 글을 올리기를 "비위를 규탄하는 것은 신들의 직무입니다. 그런데 지금 천지의 자연 현상이 여러 번 변괴를 나타내어 견책의 뜻을 표시하는 것은 정치와 교화가 잘 되지 않고 혹 공정한 처사가 결여되어서 상하가 뜻을 잘 통하지 못하며 백성들이 생업에 안착되지 못하고 있기 때문입니다. 전하는 더욱더 두려워하고 반성하며 성심과 신의로 아랫사람들을 통어하고 간언을 받아들이며 충직한 자를 등용하고 이 백성들을 사랑하고 은혜를 베풀어 줌으로써 천변지이들의 발생을 막아야 할 것입니다. 그런데 서운관書雲觀의 상주上奏에 의하여 한양으로 수도를 옮기려고 하니, 신들이 보건대 양광도楊廣道의 여러 고을의 백성들이 토목공사의 동원으로 고통을 받고 가을걷이도 제때에 하지 못하고 있으며 한양 사람들은 모두 자기 집들을 빼앗기고 노인들과 어린이들이 추위와 굶주림에 시달리고 산과 들에 노숙하거나 떠돌아다니다가 넘어져 죽고 있습니다. 시위侍衛를 맡은 여러 관원들, 각 도의 군관들 및 각 영領의 위졸衛卒들도 역시 객지에서 어려움을 겪으면서 장차 얼고 굶주릴 염려가 있습니다. 전하는 참위讖緯(풍수지리설)를 깊이 믿고 백성들의 피폐함을 구휼하여 주지 않으니 하늘이 견책하는 것을 어떻게 하겠습니까? 옛적에 어진 임금들은 백성들을 화락하게 하는 것을 하늘에 축원하고 국가의 운명을 길이 보존하는 근본 방법으로 삼았습니다. 한양 천도와 관련한 행행을 중지하여 나라의 근본인 백성들을 안정시키기를 바랍니다."라고 하였으나, 왕이 그 의견을 받아들이지 아니 하였다.

또 상소하기를 "윤이尹彝, 이초李初의 무리들이 이미 모두 먼 곳으로 귀양 갔는데, 우현보禹玄寶·권중화權仲和·장하張夏·경보慶補 등은 아직도 수도에 남아 있으니, 죄는 같은데 처벌은 다르게는 말아야 합니다. 그러므로 그들을 모두 쫓아 버리기를 바랍니다."라고 하였으나, 왕은 그들의 정상情狀이 아직 명백하지 않으며 또 사건이 사전赦前에 있다 하여 허락하지 않았다. 그가 또다시 요청하였으나 대답하지 않았다.

이에 김사형과 집의 안경검安景儉·최원崔遠, 장령 허주許周·최극崔兢, 지평 조용趙庸 등이 사직할 것을 요청하였으나 왕이 허락지 아니 하고 계속 직무를 보게 하였다. 그들은 또 모두 병을 칭탁하고 나오지 않았다.

형조刑曹의 관원들이 또 글을 올려 우현보 등을 귀양 보내자고 요청하였더니, 왕이 그 상소문을 도평의사사에 내려보냈다. 도평의사사에서는 사헌부와 형조의 요청을 따르는 것이 좋겠다고 말하였는데, 다만 찬성사 정몽주鄭夢周만은 "윤이, 이초의 무리들의 죄는 본래 명백하지 않고 또 사유赦宥를 거친 후이니 다시 논할 수 없다."고 하였다.

왕이 하는 수 없이 우현보·권중화·장하 등을 유배하고 김사형 등에게 직무를 보라고 명령하였다. 김사형 등이 형조의 관원들을 사주하여 정몽주가 윤이, 이초의 무리들의 편을 들어서 담당 관청의 관리들을 모해한다고 탄핵하게 하였으며, 형조판서 안경공安景恭, 성석인成石珚 등이 정몽주를 탄핵하다가 모두 좌천을 당하였고, 이근李懃·이정보李廷補를 그 대신으로 임명하였다. 이근 등이 또 정몽주를 탄핵하고, 또 좌상시左常侍 정우鄭寓, 좌사의左司議 최운사崔云嗣 등이 정몽주에게 붙어서 윤이, 이초의 무리들을 논하지 않았음을 탄핵하였더니, 헌납 이반李蟠, 정언 권훈權壎 등이 "탄핵은 형조에서 할 일이 아니다."라고 왕에게 말하였다. 이근·이정보가 낭사郎舍들을 탄핵하고 또 정몽주가 대신들을 모해하려 한다고 탄핵하면서 그를 국문할 것을 요청하였다. 그런데 결국 이근 등의 관직을 파면시키게 되었다.

이반 등이 또 장령 최긍崔兢은 자기 직권을 넘어서 간관들이 할 일을 한 형조에 대하여 규탄하지 않았음을 공격하자, 사헌부에서는 간성諫省이란 풍헌風憲을 맡은 관원들이 할 일이 아니라고 해서 이반 등을 다시 탄핵하였다.

이반 등은 또 도리어 안경검安景儉·최원崔遠·허주許周·조용趙庸 등을 탄핵하니 사헌부와 형조의 관원들이 이 때문에 나오지 않아서 청사들이 텅 비게 되었다.

김사형은 당시 마침 병이 들어서 말미를 받고 쉬던 중이었다. 그러나 이 소식을 들은 그는 병을 무릅쓰고 가마를 타고 나와서 일을 보았으며, 왕에게 글을 올려 이반, 권훈이 간관이 되어 정몽주에게 아부하여 윤이, 이초의 무리들을 논하지는 않고 헌사憲司(사헌부)와 법관法官(형조)을 탄핵하는 데에 집중한 것은 아주 자기 일에 충직하지 못한 짓이라고 규탄하고 그들의 죄를 다스릴 것을 요청하였다. 이리하여 정우鄭寓, 최운사崔云嗣, 이반, 이근이 모두 파직 당하였다.

얼마 있다가 삼사좌사 동판도평의사사사同判都評議使司事로 임명되었는데, 그 후의 사실은 본조本朝(조선 왕조)로 들어간다.

김자수金子粹

자는 순중純仲이요 계림부鷄林府 사람이다. 공민왕 말년에 괴과魁科(과거 시험의 장원)로 급제하여 덕령부 주부德寧府主簿로 임명되었으며, 신우 초년에 정언正言이 되었다. 그때 경상도도순문사 조민수曹敏修가 밀성密城에서 왜적을 쳐서 수십 명을 죽였으므로 신우가 의복, 술 및 말을 주었더니 조민수가 전문箋文을 올려 감사하였다. 이때 신우가 김자수에게 명령하여 회답 교서를 작성케 하였던 바, 김자수는 이것을 거절하면서 말하기를 "조민수가 한 도의 군대를 통솔하고 김해金海, 대구大丘의 싸움에서 비겁한 짓을 하여 패배함으로써 많은 병사들을 죽였습니다. 밀성에서 세운 작은 공로는 그가 범한 죄를 가리지 못하니, 감히 명령을 따를 수 없습니다."라고 하였다. 신우가 노하여 김자수를 순위부巡衛府에 가두고, 지윤池奫과 대사헌 하윤원河允源을 시켜 그를 국문케 하였던 바, 지윤 등은 그에게 왕명을 거역한 죄를 씌우려 하였나. 김사수는 말하기를 "선왕이 간관을 둔 것은 임금의 과실을 바로잡기 위한 것입니다. 옛날부터 임금의 말이 옳지 않으면 간관이 간쟁을 하는 것입니다. 여러분께서는 국가에서 간관을 둔 뜻을 살피시기 바랍니다."라고 하였다. 지윤이 대노하여 장형杖刑을 가하고 귀양 보내려 하면서 도당에서 의논하니, 여러 재상들은 그를 두려워하여 감히 말을 꺼내지 못하였으나, 밀직부사 이보림李寶林이 말하기를 "김자수는 하찮은 선비라고 하더라도 그 직책은 간관이다. 또한 왕명을 거역하였다고 하는 것은 마치 사람을 동쪽에 두었다가 마음대로 서쪽에 옮겼다가 하는 것과 같다. 김자수의 죄는 아마 이것으로 논할 수 없을 것 같다."라고 하였다. 도당에서 이 말이 옳다고 인정하면서 귀양만 보내자고 청하니, 신우가 말하기를 "순위부에서 벌써 그의 죄를 의논하였는데 지금 또 경감시킬 수 있는가?"라고 하면서 들어주지 않았다. 우사右使 김속명金續命이 궁중에 들어가서 태후에게 말하기를 "신은 무관이므로 일을 잘 모르나 문관들은 모두 다 간관이 임금의 뜻을 거슬러도 처벌하지 않는 것은 언론의 길을 열어 주기 위한 것이라고 말합니다. 지금 김자수의 죄가 작으니 중하게 처벌할 것이 아닙니다."라고 하였다. 태후는 우에게 말하기를 "나는 늙어서 많은 일을 경험해 보았는데, 간관에게 장형을 가하여 모욕하였다는 것을 아직 들어보지 못하였다. 만약 사람들이 다 입을 다물면 나라일은 날로 잘못될 것이다."라고 하였다. 이에 장형은 그만두고 (전라도) 돌산수졸突山戍卒로 귀양 보냈다. 지윤 등은 김자수가 반드시 낭사郎舍와 의논하였을 것이라고 생각하여 또 간의대부諫議大夫 정우鄭寓를 (경상도) 죽림수졸竹林戍卒로 귀양 보냈다. 1년을 지나서 거주의 자유[從便]를 허락하였다.

오래 있다가 전교부령典校副令으로 임명되고 누차 옮겨서 판사재시사判司宰寺事로 되었다가 공양왕 때에 성균대사성成均大司成, 세자좌보덕世子左輔德으로 임명되었다. 그는 상서하여 말하기를 "삼가 교서를 읽었습니다. 천문에서 변괴變怪가 나타났음으로 하여 자기를 심각히 책망하면서 바른 말을 들으려고 하니 삼가 저의 망령된 말을 조목조목 써서 올립니다. 전하는 그 숨은 미덕美德이 세상에 뚜렷이 알려지고 인심이 귀의하여 추대를 받아서 이성異姓의 화를 숙청하고 선조의 위업을 광복하였습니다. 이것은 모두 다 공민왕 대비大妃의 명령을 받들고 실행한 것인 바, 그것의 중심이 되어서 왕의 옹립을 결정한 공로로 인하여 실로 전하가 왕위에 오르게 되었으며 삼한이 의탁할 바를 가지게 되었습니다. 때문에 즉위하자 곧 왕대비王大妃로 봉하여 그 지위와 칭호를 규정하고 책보冊寶를 올렸으니, 이것은 아주 성대한 의식이었습니다. 전하가 그분을 섬기는 예절이 친생 어머니보다 더 두터워야 할 것인데 지난해 남쪽으로 갔을 때부터 오늘에 이르기까지 국대비國大妃의 궁전에 대하여서는 그 궁전에 여러 번 친히 갔으며 봉양도 지극하였으나 왕대비의 궁전에는 한 번도 가보시지 않았습니다. 이것은 낳아서 길러 준 은혜만 알고 종묘를 계승한 중책을 홀시하는 것이니 어찌 옳다고 하겠습니까. 전傳에 이르기를 '그 집을 계승하면 그 아들로 된다.'라고 하였습니다. 이것은 고금을 통한 대의大義입니다. 왕대비를 만세의 뒤에 상례에 정성을 다할 것은 물론이지만, 살아있는 동안의 섬기는 예절도 어찌 정성을 다하지 않을 수 있겠습니까? 앞으로는 세시歲時(설 명절)와 복납伏臘(여름의 복날과 겨울의 납일)에 반드시 먼저 왕대비의 궁전에 가서 문안을 드리고 그 다음에 국대비의 궁전에 감으로써 대의를 밝혀야 할 것입니다.

또한 근일에 봉숭도감封崇都監을 두어 왕세자를 봉하려고 하는데 저는 의혹을 가지지 않을 수 없습니다. 전하도 아직 선명宣命을 받지 못하였는데 세자가 먼저 책보冊寶의 예를 받게 되는 것이 옳겠습니까? 전傳에 이르기를 '비록 아들이 성인과 같다[齊聖]고 하더라도 아버지보다 먼저 봉록을 받지 않는다.'라고 하였습니다. 이것은 선후를 문란케 하면 안 된다는 것입니다. 전하가 몸소 황제의 명을 받은 다음에 서서히 의논하여 실시하여도 늦지 않습니다. 하물며 지금 중국 조정의 사신이 와서 좋은 말 만 필을 징발하고 있어서 백관들이 명을 따르기에 분주한 데, 이런 때에 무리하게 봉숭封崇의 의식을 거행하려는 것은 아마도 여론에 맞지 않을 것입니다.

당나라 한유韓愈가 헌종憲宗에게 말하기를 '황제黃帝, 요, 순으로부터 삼대에 이르기까지 임금들은 모두 다 장수하였고 백성들은 안락하였습니다. 그 당시에는 불교가 없었습니다. 한나라 영평永平 연간부터 불교가 비로소 전파되었으며 그 후에 난리와 멸망이 연이어 있어서 왕조의 운명이 길지 못하였다. 송宋, 제齊, 양梁, 진陳, 원위元魏로 내려오면서 점점 부처를 독신하였으나 그 왕조들의 연대는 더욱더 짧아졌다.'라고 하였습니다. 이것은 한유의 억설이 아니고 역사를 고찰하면 명백하게 볼 수 있습니다. 그런데 전하는 즉위 직후에 연복사演福寺의 탑을 수리하고 확대하면서 민가 30~40호를 철거시켰고 지금 또 부도浮屠를 대대적으로 일으키면서 빈번히 토목 공사를 진행하고 있습니다. 지금 농사일이 분주한데 교주交州 온 도에서는 나무를 찍고 또 수송하느라고 사람들과 가축들이 극도로 쇠약해져도 조금도 돌보아 주지 않습니다. 그리고서 언어질지 말지 하는 명복冥福을 구하려다가 현세現世의 생령生靈에게 커다란 화를 끼치고 있는데, 백성의 부모로서 어찌 이렇게 할 수 있겠습니까? 지금 명령을 내려 그 공사들을 중지시킴으로써 백성을 고역으로부터 풀어 주기 바랍니다. 전하가 즉위한 이래 태묘와 여러 능침陵寢에 대한 수리와 영선이 있었다는 것을 듣지 못하였습니다. 그러면서 급히 탑을 세우고 있는 것은 근본에 대하여 보답하고 조상을 추모하는 성의가 오히려 복을 구하고 생활을 편리하게 하자는 생각보다 못하다는 것을 말합니다. 이것이 어찌 전하의 훌륭한 덕德에서 한 결함이 아니겠습니까?

옛날에 송宋나라 경공景公이 임금다운 말을 했더니 형혹성熒惑星(화성火星)이 멀리 물러섰으며 성왕成王이 무근거한 참소에 미혹되니 뇌성벽력이 진동하여 이것을 일깨워 주었습니다. 이것으로 보아 임금의 한 가지 좋은 마음도 천심天心을 감동시킬 수 있고, 한 가지 실수로 인하여 천재天災를 초래할 수 있습니다. 전하는 항상 조심하여 상제上帝와 마주 대하고 계신 것처럼 할 것이니, 비록 조용히 혼자 계실 때라도 언제나 상제가 자기 앞에 있는 것 같이 하며 그럴 때마다 더욱 그 사려思慮의 동기에 대하여 근신하여야 할 것입니다. 그리고 듣고 보고 말하고 하는 행동에 있어서는 반드시 예에 따라서 하며 일상생활[出入起居]에서 반드시 경건하여야 합니다. 또 나아가서는 일을 처리함에 있어서 사욕私慾에 사로잡히지 않아야 하며 고식책姑息策에 흐르지 않아야 합니다. 이렇게 되면 이 경건한 마음이 능히 천심을 감동시켜서 변이變異는 사라지고 교화는 발전하여 나라가 융성하여질 것입니다. 하필 불교를 숭상하고 탑과 절을 대대적으로 지어야만 국운이 길이 연장되어 나가겠습니까? 하물며 신라가 불교 행사를 많이 하다가 망하게 되었다는 태조[神聖]의 교훈이 있는데 그것을 위반할 수 있겠습니까?

불교의 말도 믿을 수 없는데 더구나 기괴하고 황당무계한 무당들의 말을 어찌 믿겠습니까? 나라에 무당巫堂을 설립하는 것이 벌써 불경不經스러운 데 소위 별기은別祈恩이라는 곳이 10여 개소나 되고, 사철의 제사와 그리고 무시로 있는 별제別祭 등 1년간 낭비를 이루 다 열거할 수 없습니다. 제사 때에는 비록 금주령이 엄격하나 여러 무당들이 떼를 지어 다니면서 나라의 행사라고 핑계하므로 담당 관리들도 이것을 감히 힐책하지 못합니다. 따라서 큰 거리에서 태연히 술을 마시며 북을 치고 피리를 불고 노래하고 춤추는 등 못하는 짓이 없으니 풍속이 아름답지 못한 것이 매우 심합니다. 유관 기관에 명령하여 사전祀典에 기재된 제사를 제외하고 모든 잡신의 제사[淫祀]는 일체 금지하며, 여러 무당들의 궁중 출입을 엄금하여 요망妖妄을 근절하여 풍속을 바로잡기 바랍니다.

요즘에 교서를 내려 간절하게 직언直言을 구하였습니다. 그런데 신은 대성臺省에서 시사時事에 대하여 말한 사람들이 갑자기 전하의 분노를 사서 그 현직에서 해임되든가 지방에 내쫓기든가 강등되는 것을 보았습니다. 신이 아마도 전하가 직언을 구하는 교서는 비록 간절하나 간하는 말을 거절하는 생각이 아직 남아 있지나 않은가 생각합니다. 바라건대 전일에 낙직落職된 신하들을 모두 일일이 등용하며 그들이 말한 일을 모두 모두 시행함으로써 장래를 위하여 권장한다면 뜻 있는 선비로서 누가 전하를 위하여 모든 말을 다하지 않겠습니까?"라고 하였다.

성균 생원成均生員 박초朴礎 등이 글을 올려 말하기를, "삼가 생각하건대, 우리나라는 태조 창업 이래 귀한 자손들[金枝玉葉]이 대대로 계승하여 내려와 지금 거의 5백 년이 되었습니다. 중간에 불행히 비운否運을 만나 이성異姓의 화를 입었습니다. 우리 전하가 신성한 자질로써 천명과 인심에 순응하여 무력을 쓰지 않고 그 흉포한 자를 제거하고 군사력을 쓰지 않고 대명大命을 받아서 종묘와 사직을 회복하였습니다. 등극한 초기에 삼한의 억조창생은 무한히 기뻐하고 눈을 씻으면서 서로 태평세월을 바랬습니다. 이것이 바로 옛 왕업을 중흥中興하여 안락한 세상을 이룩할 시기입니다. 신들은 좋은 때를 맞이하고 주학胄學(성균관) 학생의 대열에 있으면서 나라의 봉록을 축내고 있으니 전하의 은혜를 분수 넘치게 입고 있습니다. 이에 발분하여 요, 순 같은 임금과 백성을 지향하고 이단異端을 배격할 뜻을 가진지 오래되었습니다. 그러나 뜻을 행하지 못하고 말을 전달할 수가 없어서, 울분한 생각을 가슴에 품고 자기들끼리 의논하고 몰래 한탄하였습니다. 만약 우리의 말이 전하의 귀에 들어가서 전하의 마음을 깨닫게 할 수 있다면, 요언妖言의 죄를 당하여도 후회하지 않을 것입니다. 하물며 이번에 전하가 교서를 내려서 언론의 길을 널리 열어 놓고 목마른 듯이 직언直言을 구하는 이 마당에 신들이 어찌 감히 입을 다물고 평생의 뜻을 저버릴 수 있겠습니까? 엎드려 생각하건대 전하는 더욱 더 대단히 관대하게 바른말을 용납하여 전하의 시대에 직언直言으로 인하여 죽임을 당한 자가 없도록 하면, 이것은 참으로 나라를 위하여 다행일 것입니다. 신들은 가만히 듣건대, 천지가 있어야 만물이 있고, 만물이 있어야 남녀가 있고, 남녀가 있어야 부부가 있고, 부부가 있어야 부자가 있고, 부자가 있어야 군신君臣이 있고, 군신이 있어야 상하가 있고, 상하가 있어야 예의를 쓸 데가 있습니다. 이것은 천하에 통하는 달도達道이며 언제나 정당한 상경常經으로서, 잠시도 이에서 벗어날 수 없습니다. 만약 이것을 버리고 실행하지 않는다면 천지 사이에 용납되지 못할 것이며 해와 달의 빛을 받지 못할 것이요 뭇귀신이 덤벼들어 죽일 것이며 천하 만세의 공론이 다 같이 공격할 것입니다.

저 부처라는 자는 어떠한 사람인가? 적자嫡子로서 자기의 아버지를 배반하여 부자의 육친 관계를 끊었으며 한 개의 필부匹夫로서 천자에게 반항하여 군신의 의리를 짓밟았고 남녀의 생활을 옳은 길이 아니라 하며 남자는 밭 갈고 여자는 베 짜서 생활을 영위하는 것을 옳지 않다고 하면서 자자손손 이어 내려가는 길을 끊고 의식의 원천을 막으려 하였으며 그 도道로써 천하를 대치하려 하였습니다. 과연 이렇게 한다면 백 년 후에는 인류가 멸종될 것입니다. 위에서는 천체가 운행하고 아래에서는 땅이 떠받쳐 주는 그 사이에서 번식해 나가는 것은 풀과 나무, 날짐승과 길짐승, 물고기, 자라, 용과 뱀 등뿐일 것입니다. 그 삼강오륜의 길이 어찌 그 사이에 있을 수 있겠습니까? 그런데 부처는 본래 오랑캐이며 중국과는 언어가 같지 않고 의복 제도도 딴 판입니다. 입에서는 선왕先王의 법을 말하지 않고 몸에는 선왕의 의복을 입지 않고, 부부, 부자, 군신의 윤리를 모르며 또 그들은 소위 삼도三途의 설을 날조하고 육도六道의 설을 조작하여 전파시킴으로써, 우매한 자들이 맹목적으로 공덕功德을 구하면서 나라의 금령을 무서워하지 않고 나라의 법을 가볍게 무시하도록 합니다. 임금의 권한을 훔치고 조화의 힘을 마음대로 하여 사람들을 이목을 호도합니다. 온 세상을 더러운 시궁창에 빠뜨려 넣어 사람을 취생몽사醉生夢死하여 깨닫지 못하도록 합니다. 이렇게 되어서 궁전과 누각을 지어서 섬기고, 흙이나 나무, 동, 철로 형상을 만들어 장식하며, 양민良民 남녀를 데려다가 머리를 깎아서 그 속에서 살게 하는 바, 비록 걸桀의 선궁璇宮의 상랑象廊, 주紂의 경궁傾宮의 녹대鹿臺, 초楚나라 영왕靈王의 장화궁章華宮, 진시황秦始皇의 아방궁阿房宮도 이것보다 더할 것이 없습니다. 이것이 어찌 백성의 재물로써 이루어진 것이 아니겠습니까?

아! 비통합니다. 이것을 누가 바로잡아 놓겠습니까? 틀림없이 윗사람이 자기의 덕행을 닦고 아랫사람을 교양하여 예禮와 의義를 밝혀 줌으로써 일반 백성들이 천리天理가 어디에 있는가를 알게 한 다음에야 바로잡을 수 있을 것입니다.

우리 동방은 신라 말엽부터 불교를 받들게 되어 심지어는 촌락에 이르기까지 탑과 절이 즐비하게 일어섰으며, 불교의 설이 물결처럼 사방에 퍼져서 사람들의 귀에 익고 골수에까지 스며들어서 의리로써 깨닫게 할 수 없었으며 말로써 변별해 줄 수 없었습니다. 오직 우리 태조가 삼한을 통일한 초기에 오랫동안 내려 온 해독에서 심각한 교훈을 찾고 후대 임금과 신하들이 사사로이 원찰을 세우지 못하도록 하였습니다. 이에 태사太師 최응崔凝이 불교의 금지를 청하였으나 태조는 신라 말엽에 불교가 성행하여 사람마다 생사와 화복이 모두 부처에 의한 것이라고 생각하고 있으므로, 삼한이 갓 통일되어 인심이 아직 안정되어 있지 않는데, 갑자기 불교를 없애면 반드시 인심을 놀라게 할 것이라고 생각하고 훈요訓要의 글을 지어 이르기를 '신라가 불교의 행사를 많이 해서 망했으니 이것을 교훈으로 삼아라.'고 하였습니다. 그런즉 태조가 후대에게 남긴 교훈은 심각하고 절실한 것입니다. 그런데 역대의 임금과 신하들은 태조가 남긴 뜻을 체득하지 못하고 어물어물하면서 암자를 짓고 탑을 세웠습니다. 이런 일이 대대로 있었으며 지금에 와서 그 폐단이 아주 심하니 인심과 세상 도덕에 관심을 가지는 자가 어찌 마음 아파하지 않겠습니까. 전傳에 이르기를 '농부 하나라도 밭갈이하지 않으면 혹 굶주리는 자가 있고, 여자 하나라도 누에를 치지 않으면 혹 헐벗는 자가 있게 된다.'라고 하였습니다. 그런데 저 불교의 무리들은 밭갈이하지 않고도 잘 먹고 누에를 치지 않고도 잘 입고 하면서 편안히 먹고사는 자가 몇 천 백만이 되는지 알 수 없으며, 이 때문에 헐벗고 굶주리는 자가 또 얼마나 되는지 알 수 없습니다. 저들이 비록 바람을 마시고 이슬을 먹고 나무에 둥지를 틀어 놓고 들에서 산다 하더라도 나라 임금은 이것을 배척하여야 할 터인데, 하물며 화려한 집에 거처하고 맛좋은 음식을 먹고 아무

일도 하지 않고 임금과 부모에게 합장合掌하는 놈들을 어찌 하루라도 천지간에 용납해 둘 수 있습니까? 참으로 불구대천의 원수입니다.

그런데 어쩐 일인지 영명한 자질을 가진 전하가 불교와 참위의 설에 미혹되어 남경南京으로 천도하여 갔을 때, 존귀한 임금의 몸으로서 친히 회암사檜巖寺에 이르러 아비도 없고 임금도 없는 불교를 창도倡道하여 불충불효의 풍속을 조성시킴으로써 우리의 삼강오상三綱五常의 법도를 파괴하였습니다. 신들은 전하의 거룩한 중흥 사업을 위하여 애석하게 여기는 바입니다. 그리고 생신에 전하는 응당 백관을 거느리고 대비大妃에게 헌수獻壽를 드리어 전하가 효孝로써 나라를 다스리는 그 훌륭한 중흥의 덕화를 삼한의 신하들과 백성에게 보여 주어야 할 것입니다. 그런데 이것을 하지 않고 도리어 오랑캐의 종교를 신봉하면서 구구하게 중에게 절을 하고 부처를 공양함으로써 신하와 백성들의 중흥에 대한 기대를 꺾어버리니, 이래도 되겠습니까? 백성의 노력을 다하게 하고 백성의 원망을 사게 되는 연복사演福寺의 탑묘塔廟 공사와 같은 데 이르러서는 온 나라가 떠들썩하며 사민士民들이 실망하고 있습니다. 신들은 건설에 쓰는 목재는 귀신이 운반해 주는지 사용하는 재물은 하늘에서 떨어지고 땅에서 솟아 나오는지 알 수 없으나, 어두운 저승의 복을 구하려다가 도리어 밝은 세상에서 우환을 남기고 있습니다. 신들의 생각으로는 일단 다시 전란이 일어나고 자연 재해가 연거푸 생기면 중들이 무기를 쓸 수 없으며 탑과 절들로써 굶주림을 구제할 수 없다고 생각합니다.

옛날에 후주後周는 불상들을 부셔서 무기를 만들고 제齊나라는 탑과 절간을 숭상하고 형정刑政에는 해이하였는데, 하루아침에 이 두 나라가 전쟁을 하게 되자 후주는 흥하고 제나라는 망하였습니다. 그런즉 불교가 인간 세상에서 화도 주지 못하고 복도 주지 못한다는 것을 알 수 있습니다. 엎드려 생각하건대, 전하는 요, 순, 삼대가 융성한 원인에서 본을 받고, 제齊, 진陳, 소씨蕭氏의 양梁나라가 망한 원인에서 교훈을 찾으며, 위로 태조가 물려준 뜻을 계승하고 아래로 우리 유교의 소망에 맞도록 하시면서, 저 중들을 강제로 자기 고향으로 돌려보내어 사람마다 병역과 부역을 시키고, 그들의 거처를 민가로 만들어서 호구를 증가시키며, 불교의 책들을 불살라 영원히 근본을 근절시키며, 절간에 준 전답은 군자감軍資監에서 관리하여 군량을 넉넉하게 하며, 절에 속한 노비들은 도관都官이 장악하고 각 사司와 각 관官에 나누어 주며, 그 동상銅像과 동기銅器들은 군기시軍器寺에 귀속시켜 무기를 제조하며, 그들이 쓰던 그릇들은 예빈시禮賓寺에 소속시키어 각 사司와 각 관官에 나누어 주도록 할 것입니다. 그런 다음에 예의와 도덕으로 교양하면 몇 해를 지나지 않아서 백성의 뜻이 안정되어 교화가 행해지고 창고가 차서 국용國用이 원활하게 될 것입니다. 이렇게 되면 지금까지 임금과 애비를 배반하고 인륜을 파괴하고 천리天理를 거역하던 자들이 오랫동안 감염되었던 더러운 습성을 없애 버리고 자기가 타고난 양심을 나타내게 되어 부자와 군신의 윤리를 알게 될 것이며, 남편은 남편답고 아내는 아내다운 길을 알게 될 것이며, 남자는 밭갈이하고 여자는 길쌈하여 각자가 제 생활을 꾸림으로써 함포고복含哺鼓腹(유족한 생활)을 하면서 저마다 즐거움을 누릴 것입니다. 이렇게 하여 거둔 성과는 삼대와 견줄 수 있으며 한나라와 당나라를 능가할 것입니다.

그런데 지금 간신[佞臣] 김전金典은 불초한 자질과 보잘것없는 식견을 가지고 임금의 비위만 맞추면서 시비를 전도하여 애비도 없고 임금도 없는 불교를 일으켜 세움으로써 고금 성현의 길을 폐하려고 합니다. 그는 태조의 건국이 모두 다 부처의 힘을 입은 것으로 생각하고 있으며 불교를 배격하는 자를 가리켜 태조에게 대한 죄인이라고 합니다. 신성한 태조의 공덕은 천명과 인심에 순응하였고 요순과 같은 심덕으로 탕湯, 무武를 본받았습니다. 그러므로 삼한의 인민이 그의 위엄을 벽력같이 무서워하고 그의 덕행을 부모와 같이 사모하였습니다. 비록 원위元魏(후위後魏)와 같이 국내의 중들을 하나 남기지 않고 죽이고, 후주後周의 세종世宗처럼 불상들을 모조리 녹여 돈을 만들었다 하더라도, 저 불교도들이 어찌 태조로 하여금 삼한을 통일하는 위업을 이루지 못하게 할 수 있었겠습니까?

우리나라에는 경인(충정왕2, 1350), 계사년(공민왕2, 1353) 이전에는 학문에 조예가 깊은 학자라든지 이름난 선비들이 중국보다 많아서 당나라에서는 우리나라를 군자의 나라라고 하였으며 송나라에서는 문물과 예악의 나라라고 하여, 우리나라 사신들이 하마下馬하는 곳을 '소중화지관小中華之館'이라고 하였습니다. 경인, 계사 이후에 난리에 죽지 않으면 산림 속으로 피해 갔기 때문에 훌륭한 유학자나 명사가 백 사람 중에서 살아남은 사람이 한두 사람도 안 되었습니다. 이때 저 불교도들이 비로소 사특한 말을 제창하여 위로는 여러 신하들을 기만하고 아래로는 무식한 백성들을 속이면서, 태조의 9세九世 초상을 그려서 말하기를 '태조의 전신前身인 아무개가 아무 원주院主가 되었으며, 아무개가 아무 탑을 쌓았으며 무슨 불경을 만들었으며, 심지어 아무개가 아무 절간의 소[牛]이며, 아무개에 이르러 왕위에 오르게 되었으며, 또한 사후에 지금 아무 보살이 되었다.'라고 합니다. 그들은 이것을 책으로 만들어 인쇄한 다음, 그 원판을 깊은 산에 보관하여 앞으로 만대를 속이려고 하였습니다. 공민왕은 이것을 보고 아주 존경하고 믿었습니다. 그리하여 내불당內佛堂의 법석法席, 연복사演福寺의 문수회文殊會, 강경講經(불경 강의), 반승飯僧(중들에게 음식 공급) 등을 행하였으며, 천승千乘의 존엄한 임금으로서 무릎을 굽혀 중놈을 스승으로 삼고 친히 제자로서의 예절을 하였으나, 갑인년(1374, 공민왕 23)에 가서 종래 부처를 섬긴 복을 받지 못하였습니다.

신들은 태조 9세상九世像이라는 것이 석가釋迦, 달마達摩가 우리나라에서 부활하여 천당의 불찰에서 친히 태조를 보고 이 초상화를 그렸는지는 알지 못하나, 태조의 전신이 소로 되고 원주院主로 되었을 때에 어느 중이 보았습니까? 이 사특한 말은 위를 기만하여 태조가 소牛였다고 합니다. 이것이 어찌 태조의 자손으로서 차마 들을 수 있겠습니까?

아아! 정학正學이 밝지 않고 인심도 바로잡지 않으며 덕도 닦지 않고 복만 구하면서, 바른 도는 모르고 괴상한 것만 들으려고 하니, 어찌 통탄할 일이 아니겠습니까! 맹자가 양자楊子와 묵자墨子의 설을 배격하고 공자를 존숭한 이후, 한나라의 동자董子(동중서), 당나라의 한자韓子(한유), 송나라의 정자程子와 주자朱子가 모두 다 이 도를 옹호하고 이단異端을 배격하여 천하 만대의 군자가 되었고, 왕안석王安石과 장천각張天覺 등은 불교를 제창하여 풍속을 바꿈으로써 천하 만대의 소인이 되었습니다. 전하께서 만약 왕안석, 장천각이 좋아하는 중들을 따라 삼한의 백성들은 나라와 집을 포기하고 왕위를 버리고 산으로 들어가 불법을 구한다면 김전의 말을 받아들여도 좋습니다. 만약 동자, 한자, 정자, 주자의 학문을 따라서 인심을 바로잡고 인륜을 밝혀서 백성들의 좀같은 적을 제거하여 요순 삼다의 치세를 일으켜 중홍의 위업을 빛낸다면 저 김전이란 자를 서울 거리에서 목을 매어 삼한 만대에 중홍 군주가 사특한 말에 미혹되지 않는다는 것을 보여 주는 것이 좋습니다.

전하는 김전을 나라에 충성을 다하는 신하라고 하면 우, 창 부자가 우리 태조 이하 31대 선왕의 제사를 끊으려 하였을 때에 저 김전이라는 자가 왕실을 부흥시킬 수 있는 대책을 세웠습니까? 겸대사성兼大司成 정도전은 하늘과 사람의 성명性命에 대한 원천을 밝혔으며 공자, 맹자, 정자, 주자의 학문을 창도하고 불교의 뿌리 깊은 허망한 말을 배격하였습니다. 그리하여 삼한의 오랜 미혹을 깨뜨리고 이단을 배척하여 그 사악한 말을 종식시키며 천리天理를 천명함으로써 인심을 바로잡고 있습니다. 우리 동방에서 진정한 유학자는 이 한 사람뿐입니다. 이것은 하늘이 전하에게 고요皐陶, 이윤伊尹, 부열傅說 같은 보필할 인물을 주어 중흥한 오늘에 요, 순, 삼대의 훌륭한 정치를 이룩하게 하려는 것입니다.

전하는 정도전의 불교 배척하는 계책을 가지고 그를 선왕들에 대한 죄인으로 여기십니까? 김전의 불교를 숭상하는 설을 가지고 그를 전하의 충신으로 여기십니까? 신들은 역시 감히 알 수가 없습니다. 그러나 전하가 정도전의 올바른 학문을 의심하고 김전의 허황한 말을 믿는다면 어찌 천하의 웃음거리가 되지 않으며 만대의 조소를 받지 않겠습니까. 이 점에 대하여서는 신들이 감히 단언할 수 있습니다.

다스리는 기본은 인심을 바로잡는 것 이외에 또 무엇이 있겠습니까? 대개 인심의 경향이 바르지 않으면 기본이 망합니다. 말초의 일에 구구하게 매달려도 이것은 모두 구차한 것일 뿐입니다. 원천이 깨끗하지 못하고 맑게 흐르는 법이 없으며 근본이 견고하지 못하고 가지가 무성한 법이 없습니다. 때문에 신들은 이단을 배격하는 것만이 인심을 바로잡는 기본 수단이라고 인정합니다.

엎드려 생각건대 전하가 만기萬幾(萬機)의 여가를 타서 특히 주의를 돌려 거행한다면 비단 오늘날의 행복이 될 뿐만 아니라 영원히 만세에 찬양이 있을 것입니다. 만약 전하가 신들의 말을 우활한 것으로 여기지 않고 채납해 주신다면, 신들은 다시 전하를 위하여 통치의 한 방도를 진술하겠습니다."라고 하였다. 상소가 올라가자 왕은 대노하였다.

이에 앞서서 사예司藝 유백순柳伯淳은 박초 등이 임금에게 상소하려는 것을 알고 여러 학생들을 불러서 말리면서 말하기를 "천하는 넓은데 비록 이단이 있다 할지라도 우리 도道에 무슨 방해가 있겠는가."라고 하니, 생원生員 윤향尹向이 말하기를 "천하에 어찌 두 갈래의 길이 있겠는가."라고 하였다. 유백순이 말하기를 "여러 학생들의 뜻은 장하다. 그러나 글을 올려도 왕이 들어줄 리가 없으니 정치에 무슨 도움이 되겠는가."라고 하니, 윤향은 "맹자가 말하기를 '우리 임금은 할 수 없다고 말하는 것을 적賊이라 한다.'라고 하였습니다. 우리들이 재주가 없지만 어찌 성현의 격언을 위배하여 임금에 대한 적賊이란 소리를 듣겠는가."라고 하였다. 유백순이 마침내 금하지 못하였다. 다만 박초朴礎, 윤향尹向 및 한고韓臯, 허지許遲, 김권金綣, 이자찬李子撰 등 15명만이 글을 올리고 기타 사람들은 따르지 않았다.

유백순은 이에 지신사 성석용成石瑢에게 부탁하여 그 상소문을 기각하라고 하였다. 박초 등이 이것을 알고 서로 의논하여 강의를 받지 않으려고 하였으므로 김자수 등은 그들의 무례한 짓을 미워하였다. 박사博士 김초金貂 · 김조金祖, 학정學正 정포鄭包, 학록學錄 황희黃喜 등은 생원 서복례徐復禮가 상소문에 서명하지 않았다는 이유로 그 죄를 성토하고 내쫓았다[鳴鼓黜之]. 김자수 등은 또한 김초 등이 장관長官(대사성)에게 알리지 않고 제 마음대로 생원을 내쫓은 것에 노하여 김초 등의 종들을 구속하고 서복례를 불러 다시 성균관에 들어오게 하였다. 이에 김자수가 관아에 나올 때에 김초 등이 뜰에 내려와 마중하지 않았다.

김자수는 임금에게 전문箋文을 올려 사직을 하였다. 대략에 이르기를, "저는 보잘것 없는 사람으로서 식견이 천박하여 쓸모가 없으면서 일찍이 분수에 넘치게 언관言官으로 있다가 곧 먼 변방에 쫓겨났으며 잠시 동안 군수郡守로 있었으나 갑자기 옥에 갇히게 되었습니다. 일에 부딪칠 때마다 꿋꿋하게만 처리하여 나갔던 바, 이것이 도리어 과오와 화를 초래하였습니다. 전하의 덕으로 갑자기 귀하게 되어 등급을 초월하여 대사성에 임명되니 영광과 행운이 분수를 넘었습니다. 또 좌보덕左輔德을 겸임하면서 소위 시위소찬尸位素餐(하는 일 없이 녹봉만 먹는 것)으로 자리만 차지하고 있으니 마땅히 사직하여 어진 자에게 자리를 내주어야 하겠는데 하물며 자기의 부하에게서 모욕을 당하니 어찌 내심으로 부끄럽지 않겠습니까? 군자는 기미를 아는 것을 귀하게 생각하니 소신이 멈출 줄을 아는 것에 안분安分하려 하오니, 이것을 허가하여 저의 어리석은 회포가 실현되도록 하기 바랍니다."라고 하였다. 허락하지 않고 김초 등을 순군에 가두어 두었다가 곧 석방하였다.

얼마 후에 판전교시사判典校寺事로 임명되고 또 좌상시左常侍로 옮겼다. 그는 자기 동료들과 함께 임금에게 상소하여 말하기를 "연전에 중국 조정에서 파견한 환관 10명은 모두 다 우리나라 사람이었는데 요행히 벼슬자리나 얻으려는 자들이 혹은 창기娼妓에 의탁하거나 친척의 연분으로 청탁하여 벼슬을 달라고 하였으므로 전하는 방편상 이것들을 모두 다 일일이 들어 주었던 바, 실직實職과 첨설添設을 합하여 백여 자리였습니다. 이것은 관작을 함부로 준 것과 염치가 극단적으로 상실된 것이 이에 이르렀습니다. 담당 기관에 회부하여 그 직을 모두 다 박탈함으로써 장래를 경계하기 바랍니다. 또 삼사三司의 관원 수는 15명에 달하는데 녹패祿牌의 서명 외에는 다른 일이 없습니다. 앞으로 서울과 지방의 재산의 출납은 먼저 도평의사사都評議使司에 보고하고, 사사使司가 삼사에 공문을 보내어 세밀하게 회계를 검토하고 수입을 보아서 지출을 하면 재정을 절약할 수 있을 것이며 또한 자리만 차지하는 관리가 있다는 비난을 받지 않을 것입니다."라고 하였다. 왕이 이에 따랐다. 얼마 후에 형조판서로 임명되었다. 이때로부터 이후는 본조(조선)에 들어왔다.

논하기를,

송나라 태조가 진교陳橋의 변란[1]에 일이 이미 급박하였는데, 조보趙普[2]가 오히려 환히 알고 비유하여 거절하였다. 군자가 마음을 쓰는 것이 마땅히 이래야 한다. 남은, 조인옥이 위화도에서 회군할 때에 처음으로 의논하여 추대하였으나 너무 갑작스럽지 않은가? 남은이 윤이, 이초의 옥사를 논할 때에 정도전의 말과 마치 한 사람에서 나온 것처럼

---

1 송나라 태조가 진교眞橋에서 회군하여 양위를 받은 정변.

2 조보(922~992) : 북송 초기의 정치가. 송태조 조광윤趙匡胤에게 황포黃袍를 입히는데 참여하였다.

같았으니 그 사정을 알 수 있다. 이두란은 풍패豊沛(영흥)의 친구로서 나가고 물러나는 의리가 다른 사람과 조금 차이가 있다.

윤소종이 이숭인의 재주를 질투하고 이색이 자신을 알아주지 않는다고 하여 이숭인을 모함하여 해를 입히고는 그래도 감히 드러내서 이색을 죽이라고 말하지는 않았는데 오사충이라는 자는 감히 대놓고 이색 부자가 만세의 간사한 역적이라고 하면서 반드시 죽이려고 하였다. 아! 심하다. 바야흐로 이때에 이색 및 정몽주는 왕실에 충성을 다하여 한 때의 충의로운 선비들이 추대하여 종장으로 모셨다. 몰래 조준과 정도전에 붙은 자들에 대해서 맑은 의론에서는 수치스럽게 생각하였는데, 유독 대사헌 김사형, 집의 안경검·최원, 장령 허주·최긍, 지평 조용, 판서 안경공·성석인·이근·이정보 등이 정몽주를 탄핵하여 명분과 의리가 땅에 떨어졌다. 천 년 뒤에라도 수치스러울 것이다.

김자수는 출처出處(관직에 나가고 물러나는 것)를 자세히 알 수 없다. 그러나 강회백을 엮어서 무고에 빠트리고 또 우현보를 논핵하여 흔단을 만들어 냈으니 거의 김사형과 같은 부류인가보다.

| 휘찬여사 권38 |

의열전 유학전 탁행전 행인전 양리전

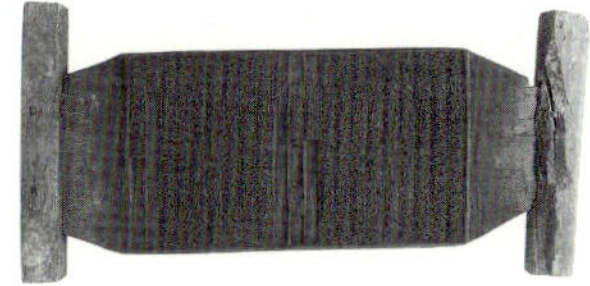

휘찬여사 권38

의열전義烈傳

오호라, 선비의 절의는 난세를 만난 연후에 보인다는 것이니 어찌 슬프지 않은가! 고려 현종 초에 거란의 침략이 있었고 인종 이후에는 왕실의 침체가 많았다.

대개 고려 왕조 권흉權兇의 화는 이자겸에서 시작되었고 정중부에서 극도에 달하였으며 최충헌 4대가 국권을 잡게 되자 그 화가 혹독하였다. 이자겸의 변란에 대신과 시종 가운데 절개를 지키고 죽은 자가 있었고 그 나머지도 그들에 붙지 않은 자가 오히려 많았다. 역대 왕대에 선비를 길러낸 유풍이 오히려 남아 있었다. 정중부의 난에서는 어질고 어리석은 자나 지위 고하를 막론하고 모든 문문을 쓴 자들은 모두 죽임을 당하였으니 온 조정이 그 때문에 하루아침에 텅 비게 되었다. 그 사이에 아마도 인仁을 이루고 의를 취한 선비가 있을 것이나 옥석이 다 타버려 고하를 구분하기 어려웠다. 최충헌이 정권을 잡은 전후로 하여서는 살해된 조사朝士(벼슬하는 선비)가 무려 7, 80명이며 끝내 그들에게 붙지 않은 자들은 후에 살해되었다. 무릇 최충헌에게 피해를 입은 자는 모두 이름과 절개가 있는 선비들이었다. 이 이후로는 연약하게 아부하는 것이 풍속을 이루어 한 때의 똑똑한 사람이나 걸출한 선비들도 최충헌 부자의 집에서 길러지지[煦嫗][1] 않은 자가 없었고 스스로 능히 발탁된 자는 거의 없었다. 이에 명분과 절개가 무너진 것이 극에 달하였다.

충렬왕과 충선왕 이래 안으로는 역수逆豎(반역하는 환관)의 난리가 끊어지지 않았고 밖으로는 심왕瀋王의 변란이 이어서 일어났다. 이에 역순逆順을 밝히 알아서 두 마음을 가지지 않은 신하들이 없지 않았지만 그 본말을 더듬어보면 완전한 절개를 가진 사람

1 후구煦嫗 : 후후煦姁라고도 쓴다. 무육撫育, 애무愛撫, 장양長養의 의미.

은 거의 없었다. 그러니 국가 치란과 안위가 실제 선비들의 명분과 절개에 관련된다. 그들이 서로 도와 함께 융성하게 하기도 하고 망하게 하기도 하니, 나라를 다스리는 자들은 살피지 않을 수 없다고 하겠다.

구사舊史에서는 「충의전忠義傳」이 있었으나 수록된 내용이 자세하지 않았다. 지금 바로 더 취록하여 바로잡는다. 그러나 절의로 죽는 것[死節]과 일로 죽는 것[死事]은 마땅히 구별이 있어야 한다. 왕이 통한스럽게 생각하는 사람을 자기의 적으로 생각하여 토벌하기 위하여[敵王所愾][2] 용감하게 전진한다든가 혹 내외의 직임을 받아서 그 직책에서 죽을 것을 생각한다든가[思死其職] 혹 불행히 적에게 함락되어 의리상 자기가 모욕을 당할 수 없는 것[義不辱己]과 같은 것은 비록 그 처한 경우가 같지 않으나 모두 충의의 선비이다. 어명을 받들고 국경을 넘어 의리를 살펴 죽음에 나아가는 것과 갑자기 어려움을 만나 억지로 죽음을 면하려고 치욕을 당하기도 하는 것은 또 그 다음일 것이다.

모두 역사가의 범례에 따라서 그 등급을 정하였다. 그러나 또한 그들이 만난 시대와 처한 일이 혹 특별하다면, 의리도 따라서 높고 낮게 될 것이다. 그들이 강개하여 몸을 바치고 의리에 뛰어들고도 후회하지 않는다면 그들 사이에 무슨 차별이 있겠는가? 이에 의열전義烈傳을 짓는다.

양규楊規 홍권洪灌 김진金縝 김보당金甫當 정의鄭顗 정문감鄭文鑑 김장수金長壽

양규楊規

목종 때 관리로 여러 차례 승진하여 형부 낭중이 되었다.

---

2 적왕소개敵王所愾 : 천자가 통한스럽게 생각하는 사람을 자기의 적인敵人으로 생각하여 토벌하는 것. 『左傳』 文公 4년 “諸侯敵王所愾, 而獻其功.” 楊伯峻 注에 “王之所恨怒者, 諸侯亦以之爲仇敵而伐之.”라 함.

현종 원년(1010)에 거란 임금[遼主]이 군사를 거느리고 와서 강조康兆를 치고 흥화진興化鎭{의주 남쪽 55리에 있다.}을 포위하였다. 양규가 도순검사都巡檢使가 되어 진사鎭使 정성鄭成과 부사副使 이수화李守和, 판관 장호張顥와 함께 성문을 닫고 굳게 지키니 거란 군주가 통주성通州城 밖에서 추수하는 남자와 부녀를 잡아 비단옷을 주고 종이로 싼 화살 한 개를 주어 진에 보내 양규에게 항복을 권유하게 하였다. 그 글에 이르기를 "너희들은 빨리 장수를 잡아 내 앞에 보내라. 그리하면 회군하겠다. 협박을 당해 따른 자들은 모두 용서해 줄 것이다. 짐의 마음에 품은 것을 깨달아 후회가 없도록 하라."고 하였다.

이수화 등이 표表를 올리기를 "하늘을 이고 땅을 밟고 사는 모든 사람들[戴天履地者]은 마땅히 간흉을 제거할 것이오, 아비를 의지하고 임금을 섬기는 자는 모름지기 절조를 굳게 할 것입니다. 만일 이 도리를 어기면 반드시 그 앙화殃禍를 받을 것이니 엎드려 빌건대 굽어 백성들의 마음을 살펴 폐하의 밝은 지략을 돌려주십시오."라고 하였다.

거란 임금이 이것을 보고 칙서勅書를 내리기를 "짐은 다섯 선대 성군을 이어 온 천하를 다스리고 있는데, 충성스럽게 순종하면 반드시 표창할 것이고, 간악하게 반역을 하면 반드시 정벌하여 죽였다. 너희 나라 강조康兆가 왕을 시해하여 도를 어기었으므로 문죄하고자 군사를 이끌고 왔으나 근래 짐이 윤음을 보낸 것은 그대들을 잘 달래보려는 나의 뜻을 보인 것이다. 그런데 올린 글을 보니 귀순하겠다는 마음은 전혀 보이지 않도다. 하물며 너희들은 일찍부터 관직에 있었으니 필시 순종과 반역의 차이를 알 것인데 어찌 역적 도당의 음모는 도와주고 죽은 전왕의 억울함은 풀어주지 않으려 하는가?"라고 하였다.

이수화가 다시 답하기를 "신 등은 조서를 받들고 변치 않는 마음[心石]을 개진해 왔습니다. 우리 백성들을 아끼시는 어진 마음을 베풀어 주시기를 바라며 또한 괴로움에 허덕이는 백성들을 품어주는 인자하신 마음을 절실히 기원합니다. 서리를 무릅쓰고 눈에 견디며 더욱 백성의 마음을 안정시키고 뼈가 재가 되며 몸이 가루가 되도록 길이 천년의 성스러운 왕업을 받들 것입니다."라고 하였다.

거란 임금이 표表를 보고 항복하지 않을 것을 알고 이에 포위를 풀고 동쪽으로 대군을 이끌고 통주通州에 주둔하였다.

강조康兆와 이현운李鉉雲, 노전盧戩 등이 싸우다 패하여 포로로 잡혔다. 부사 노정盧頲과 서숭徐崧, 노제盧濟 등은 진영에서 전사하였다. 거란병[遼兵]이 이긴 것을 기화로 수십 리를 추격해 와 3만 명을 참수하고 길게 전진하여 나오니 거란이 거짓으로 강조의 편지를 위조하여 양규에게 항복하라고 설득하였다. 양규는 이를 물리치며 이르기를 "나는 왕명을 받아 왔으니 강조의 명은 받지 않겠다." 하였다. 거란 병이 거란이 노전과 합문사 마수馬壽로 하여금 격문檄文을 가지고 통주에 와서 항복을 권유하자 중랑장 최질崔質과 홍숙洪淑이 이들을 잡고 방어사 이원구李元龜와 최탁崔卓 등을 시켜 문을 닫고 굳게 지켰다.

거란병이 곽주郭州에 들어가니 방어사 조성유趙成裕는 밤에 도망가고, 행영 수제관行營修製官 승리인乘里仁, 대장군 대회덕大懷德, 공부 낭중 이용지李用之, 예부 낭중 간영언簡英彦은 모두 죽자 드디어 성이 함락되었다.

거란이 군병軍兵 6,000여 명을 머물러 지키게 하니 양규가 홍화진으로부터 통주에 이르러 병사를 거두어 밤에 곽주로 들어가 거란의 유둔병留屯兵을 쳐서 모두 참수하고 성 안의 남녀 7,000여 명을 통주로 옮겼다. 이듬해 거란 임금이 물러가자 귀주 별장 김숙흥金叔興이 거란병을 쳐서 10,000여 급을 베고 양규는 거란병을 무로대無老代{소재지는 미상이다}에서 엄격하여 2,000여 급을 베고 또 이수梨樹에서 싸워 추격하여 석령石嶺을 공격하였다. 3일 후에 또 여리참余里站에서 싸워 이기니 이날에는 3번 싸워 다 이기고 다시 그 선봉을 애전艾田에서 맞아 쳐서 거란군을 무찔렀다. 조금 있다가 거란주의 대군이 갑자기 이르니 양규가 김숙홍과 더불어 종일토록 힘써 싸우다가 군사가 다하고 화살이 떨어져서 함께 전사하였다. 거란 병사는 여러 장수들의 기습 공격을 받은 데다가 큰 비로 인해 말과 낙타가 약해지고 무기가 모두 망가져 압록강鴨綠江을 건너 퇴각하니 정성鄭成이 추격하여 강물의 반을 건넌 뒤에 공격하였다. 거란병의 익사한 자가 매우 많고 항복했던 여러 성들이 모두 회복되었다.

양규가 지원병 없는 고군孤軍으로 한 달 사이에 모두 7번 싸워 많은 적들의 목을 베었고, 포로가 된 3만 명을 모두 찾아왔으며 노획한 말과 낙타와 병장기는 이루 셀 수가 없었다. 왕이 그 절의를 가상히 여겨 공부 상서에 추증하고 그 부인 홍씨에게는 은율군군殷栗郡君이라고 봉한 교지를 직접 써서 곡식과 함께 주었다. 아들 양대춘楊帶春은 교서랑을 제수하였다. 김숙홍金叔興에게도 장군을 추증하고 그의 어머니 이씨에게 해마다 곡식을 주게 하였다.

양대춘楊帶春은 지략이 있었다. 정종靖宗 때 벼슬하여 안북대도호부사가 되었으며, 직문하성에 이르러 죽었다.

그 후 문대文大라는 사람이 있었는데 고종 때 사람이다.

고종 18년(1231)에 낭장으로 서창현瑞昌縣 전투에 참여했는데 패하여 몽골병의 포로가 되어 철주성 아래에까지 끌려 왔다. 몽골병이 문대로 하여금 소리쳐 철주 사람들을 설득하게 하기를 "진짜 몽골병이 왔으니 빨리 나와 항복하라."고 하였다. 그러나 문대는 "가짜 몽골병이다. 항복하지 마라!"라고 하니 몽골 군사가 화가 나서 그를 죽이려고 하였다가 다시 소리치게 하였으나 여전히 전과 같이하였으므로 결국 목을 베어 버렸다.

몽골병이 맹공을 하고 성안의 양식이 다 떨어져 수성이 불가능해지고 함락될 지경에 이르자 판관 이희적李希績은 성안의 부녀와 노역자들을 창고에 들여보내 불을 지르고 그 장정들을 이끌고 자결하였다.

같은 시기에 조효립曹孝立이라는 사람도 있었다. 고종 40년(1253)에 문학文學으로 춘주春州에 있었다. 몽골병이 춘주를 여러 겹으로 포위한 후 목책을 이중으로 세우고 참호를 한 길이 넘게 파 놓고 며칠 동안 계속 공격을 가했다. 성 안의 우물과 샘이 마르니 소와 말을 잡아 피를 마셨다. 조효립이 성을 지킬 수 없다고 여기고 그 처와 함께 불에 타 죽었다.

안찰사 박천기朴天器도 결사대를 이끌고 목책을 부수고 포위망을 뚫었다. 그러나 참호에서 한 사람도 탈출하지 못했다.

홍관洪灌

자는 무당無黨이요 당성唐城사람이다. 어려서부터 힘써 필법을 공부하여 글씨를 잘 썼는데 신라의 승려 김생체金生體를 본받았다. 과거에 급제하여 어사 중승과 보문각 학사를 역임하였다.

예종이 일찍이 『편년통재編年通載』를 열람하고 홍관에게 명하여 삼한三韓 이래의 역사책을 찬집하여 바치게 하였다. 또 이궤李軌·허지기許之奇·박승중朴昇中·김부수金富脩·윤해尹諧 등과 함께 음양술에 관한 책을 논변하게 하였다.

인종 때 사공 상서좌복야에 임명되었는데, 인종 4년(1126) 이자겸李資謙의 난을 일으켜 궁궐을 범하였다. 이날 밤에 홍관이 도성都城에서 숙직하다가 탄식하기를 "임금이 욕되면 신하는 죽는 것이니 내가 스스로 편안할 수 있으리오." 하고 서화문西華門에 나아갔다. 문이 닫혀 있자 문을 두드리며 소리치기를 "늙은 신하 관灌이 왔습니다."라고 하니 왕이 들어오게 하였으나 궁궐이 불타 번지니 이자겸이 왕을 핍박하여 연덕궁延德宮으로 들어가게 하였는데 홍관은 늙고 병들어 걸을 수 없었으므로 뒤에 떨어져 서화문 밖에 이르러 척준경拓俊京에게 죽임을 당했다.

이자겸이 패하자 왕은 그의 충정을 생각하여 추성보국공신推誠報國功臣 삼중대광三重大匡 태위太尉 문하시랑 동평장사 상주국門下侍郎同平章事上柱國에 추증하고 충평공忠平公이라 시호를 내렸다.

김진金縝

명주溟州 사람이다. 열심히 공부하여 과거에 합격하여 나가 영광군靈光郡을 맡아 다스렸는데 은혜로운 통치를 하였다. 안무사安撫使 최위崔渭가 청백하여 좀처럼 사람을 칭찬하는 사람이 아니었으나 특별히 김진에 대해서는 훌륭하다고 하였다. 임기가 차서 우보궐右補闕이 되고 곧 다시 청주 목사가 되었다가 내직으로 들어와 비서 소감祕書少監이 되었다.

인종 때 국자 대사성, 어사대부, 좌산기 상시를 역임하고, 동지추밀원사同知樞密院事에 승진하였다. 이자겸李資謙의 난에 김진이 숙직하는 처소處所에 있었는데, 궁궐이 불타는 것을 보며 탄식하기를 "내가 평생에 강직하여 흉적들에게 거슬리는 바가 되니 나가면 반드시 해를 당할 것이니 나는 차라리 스스로 죽겠다." 하고 종자를 시켜 문을 닫고 불에 타 죽으니 나이가 56세였다. 시호는 열직공烈直公이다.

김보당金甫當

담력이 있었다. 명종 3년(1173) 계사년에 동북면{지금의 영흥부永興府이다.} 병마사 간의대부로서 동계東界에서 군사를 일으켜 정중부鄭仲夫와 이의방李義方을 토벌하고 다시 전왕을 세우고자 녹사 이경직李敬直 및 장순석張純錫과 모의하였다. 장순석과 유인준柳寅俊은 남로 병마사로, 배윤재裵允材를 서해도 병마사로 삼아 군사를 일으키게 하니, 동북면 지병마사 한언국韓彦國이 군사를 들어 이에 호응하였다.

장순석과 유인준이 거제巨濟에 이르러 전왕을 모시고 경주에 나와 있었더니, 정중부와 이의방이 소식을 듣고 이의민李義旼과 박존위朴存威로 하여금 군사를 거느려 이를 막게 하니 안북도호부에서 김보당을 잡아 서울로 보내니 이의방이 국문하여 죽였다.

김보당은 죽음에 임하여 거짓으로 고하기를 "무릇 문신 중에 함께 모의하지 않은 이가 누가 있겠습니까?"라고 하였다. 이에 많은 문신들이 주륙되어 거의 다 없어졌다.

정의鄭顗

청주清州 사람이다. 고종 4년(1217)에 정의는 대리臺吏로서 서경 분사西京分司를 맡고 있었다. 그때 거란병이 쳐들어오니 조서詔書를 내려 서경 병마사 최유공崔兪恭과 판관 김성金成 등에게 서경의 병력을 이끌고 5군을 지원하여 적을 막으라고 명하였다. 그런데 이때 최유공이 정사를 돌보지 않으니 백성들이 모두 원망하고 있었다. 최광수崔光秀라는 사람이 있어서 사람들의 마음이 떠나있는 것을 알고 중도에서 반란을 일으켰다. 되돌아 서경을 습격하였는데 최유공은 술에 취해 드러누워 깨지 못하였다. 이에 최광수는 서경성에 웅거하여 자칭 '고구려 흥복 병마사句高麗興復兵馬使'라 하고 막료幕僚의 부서를 정하고 정예를 초모하였으며 북부 지방의 모든 성들에 격문을 돌렸다.

정의는 본래 최광수와 서로 친한 사이였는데 그 행동에 분개하여 비밀리에 최광수를 토벌하고자 하였다. 마침 최광수가 기도하려 신사神祠에 가자 정이는 교위 김억金億, 백유白濡, 필현보畢玄甫 등을 이끌고 도끼를 소매 속에 감추어 가지고 최광수가 있는 절로 가서 이야기하는 척하다가 도끼로 쳐서 죽이고 그 도당 8명도 죽였다. 그외의 사람들은 불문에 붙였다. 이리하여 성 안이 안정되었으므로 왕이 크게 기뻐하여 정에게 섭중랑장攝中郎將 벼슬을 주었다. 여러 벼슬을 거쳐 대장군이 되었다.

(고종) 20년(1233)에 필현보가 서경에 의거하여 반란을 일으켰을 때 대신들이 귀순시키기로 토의하고 정의가 일찍이 현보를 등용한 일이 있다 하여 정의를 추천하여 왕의 선유宣諭를 시급히 전달케 하였다. 정의가 대동강에 당도하자 추종자들이 갑자기 들어가지 말기를 청하였으나 정의가 분연히 말하기를 "왕명을 받고 나왔는데 감히 잠시라도 지체해서야 되겠는가? 죽는 것은 본시 분수에 속한 일이다."라고 하며 드디어 서경에 들어갔다.

필현보는 정의가 온 것을 기뻐하며 정의를 주장主將으로 삼으려는 생각으로 한편으로는 권유하고 다른 한편으로는 위협하였으나 끝내 굴하지 않으니 살해되었다.

정문감鄭文鑑

과거에 급제하여 직학直學이 되었다.

원종 11년(1270)에 삼별초三別抄가 반란을 일으키고 그를 임시로 승선承宣에 임명하여 정사를 처리케 하니, 정문감은 탄식하기를 "역적을 따라 부귀를 누리는 것이 어찌 죽어서 몸을 깨끗이 하는 것만 하리오."라고 하고 물에 몸을 던져 죽었다.

그의 처 변씨邊氏도 문감이 죽는 것을 보고 역시 물에 몸을 던졌다. 변씨는 서해 안찰사 변윤邊胤의 딸이었다.

김장수金長壽

염주鹽州 사람이다. 홍건적이 경성을 함락할 때 김장수는 검교 중랑장으로 집에 있었는데 염주 사람들을 향병鄉兵으로 모집하여 노는 무리[遊手] 1백여 명을 죽이고, 그 방문榜文을 탈취하여 왕이 계신 곳으로 치보馳報하니 그 공로로 상장군에 뛰어오르고 자금어대紫金魚袋를 하사받았다.

적들이 흥왕사興王寺 행궁에 침범하자 김장수는 성으로부터 군사를 거느리고 최영崔瑩과 함께 행궁에 달려갔다. 이때 왕은 태후의 방에 숨어 있었다. 적들이 왕을 급박하게 찾으니 김장수는 문으로 들어가려고 하였다. 여러 재상들이 말하기를 "잘 살펴 본

후에 들어 가야 한다."라고 하였으나 김장수는 크게 소리를 지르며 "적이 그 안에 있는데 무엇을 살펴본다 말이오?"라고 하고는 문을 부수고 검을 빼어 들고 들어가 한 사람을 죽였다.

적과 싸우는 중 적이 그의 이마를 찍어 피가 그의 얼굴을 덮었으나 김장수는 의연히 적과 싸워 수십 인을 죽이니 적들이 조금 물러나 다른 병사들이 방으로 들어갈 수 있었다. 하지만 김장수는 이미 죽은 뒤였으며 이로써 왕은 잡히지 않고 살아날 수 있었다.

논하기를,

구양수歐陽脩가 사절전死節傳을 지었으나 전사자戰死者는 넣지 않았다. 그러나 양규楊規같은 이는 강개하여 나라를 위해서 반드시 죽으리라고 마음먹었으니 정충精忠과 재략이 어찌 장순張巡[3]보다 아래이겠는가? 아마도 전사의 예로 할 수 없을 것이다. 그 공열功烈을 논한다면 양규는 실로 강감찬姜邯贊과 논란할 정도이니, 왜 그러한가? 강감찬은 대군을 통솔하여 대적한 것은 소손녕이었다. 양규가 영솔한 것은 수천을 넘지 않는 군사였고 대군은 강조가 통솔하는 부대였는데 궤멸되었다. 요나라 군주가 스스로 40만을 이끌고 왔는데, 양규가 고군孤軍으로 그들을 대적하다가 꺾여 패하였으나 족히 적의 간담을 떨게 하고 우리나라의 사기를 높였으니 그러므로 논란할 만하다고 한 것이다. 아! 양규는 진정으로 인걸이도다.

3 장순張巡(708~757) : 안사安史의 난 때의 유명한 영웅. 안사의 난 때에 장순은 죽음으로 회양睢陽을 지킬 것을 맹서하였다. 그는 비록 문관이었지만 병법에 정통하여 반군을 여러 차례 격퇴시켰다. 다만 끝내는 중과부적으로 그곳에서 전사하였다. 죽은 후에 '통신삼태자通眞三太子'로 추봉追封되었다.

하공진河拱辰 최균崔均 홍언박洪彦博

하공진河拱辰

진주晉州 사람이다. 성종 때에 압록강 나루 구당사勾當使로 있었으며, 목종 말에는 옮겨 상서좌사 낭중尙書左司郎中이 되었다. 처음에 하공진이 북계에 있을 때 함부로 병사를 동원하여 동여진東女眞을 공격하였다가 패전한 일이 있었는데 이를 숨겼다가 현종이 들어서자 귀양을 갔다. 요나라 군사가 쳐들어오니 왕이 남쪽으로 행행하고 하공진을 소환하여 왕이 있는 행재소로 갔다.

하공진이 양주楊州에서 왕을 알현하고 아뢰기를 "거란이 본래 역적을 정벌한다는 명분으로 출병하였는데 이제 이미 강조康兆를 잡았으니 이때에 사신을 보내 강화를 제의하면 그들은 틀림없이 군사를 돌릴 것입니다."라고 하였다. 이에 왕이 점을 치니 길吉한 괘가 나왔으므로 인하여 하공진과 고영기高英起에게 표문을 받들어 요 진영에 가게 하였다. 하공진이 창화현昌化縣에 이르러 표문[表狀]을 낭장 장민張旻 등에게 주며 먼저 요나라 군영에 가서 전달하게 하며 이르기를 "국왕이 내란으로 강남江南으로 피난을 갔기 때문에 배신陪臣 하공진 등을 보내 청명請命을 합니다." 하였다. 하리下吏가 두려워서 감히 앞으로 가지 못하고 와서 빨리 군사를 철수하라고 요청하였다. 장민이 이미 떠났는데 거란 추격병이 갑자기 이르자 하공진은 그 문서를 진술하였다. 이에 거란군이 강남의 거리는 얼마나 먼지를 물어오니 만 리 밖이라고 답하였더니 추격하던 거란 군대가 되돌아왔다.

이듬해에 하공진 등이 요나라 군영에 가서 철병[班師]할 것을 청하니, 요나라 군주가 철병을 허락하고 대신 하공진 등을 잡아가지고 갔다. 하공진이 억류된 후 내심으론 탈주할 기회만 노리고 외면으론 거란에게 충성하며 성실한 것처럼 보이니 요나라 군주가 매우 아끼며 우대하였다. 하공진은 고영기와 비밀히 모의한 후 요 군주에게 거짓으로 말하기를 "우리나라는 이미 망하였으니 우리들이 군대를 인솔하고 가서 점검하고 돌아오겠습니다."라고 하니 요나라 군주가 막 허락하려고 하였는데 바로 고려왕이 서울로 돌아왔다는 소문이 들려와 계획을 실행할 수가 없게 되었다. (이에) 요 군주가 고영기를 중경中京에, 하공진을 연경燕京에 거주하게 하고 아름다운 처녀를 배필로 정해 주고, 음식[饈餽]을 넉넉하게 하여 그 마음을 안정시키고자 하였다. 그러나 하공진은 반드시 돌아갈 것이라고 맘먹고, 즐거워하지 않았다. 그리고 좋은 말[駿馬]을 많이 사서 길목 곳곳에 두었다가 탈출할 계획을 세웠는데, 어떤 사람이 그 계획을 밀고하였으므로 요 군주가 국문을 하렸다. 이때 하공진이 사실대로 대답하며 "신은 우리 본국에 대하여 두 마음을 품을 수 없으니 만 번 죽을 죄에 해당하지만 살아서 큰 나라[大朝]를 섬기고 싶지는 않습니다."고 하니 요 군주가 의롭게 생각하고 그를 용서하여 주면서 앞으로 변절하고 충성을 다하라고 설득하였다. 하공진의 언사가 더욱 씩씩하고 점점 불손하였으므로 드디어 죽이니, 요나라 사람들이 앞을 다투며 그의 염통과 간을 내서 먹었다. 왕이 이 소식을 듣고 교지를 내려 그의 공을 기록하게 하고 그의 아들에게 벼슬을 내렸다. 문종 6년(1052)에 공신각에 그의 초상을 그려 넣었다.

최균崔均

자는 간유幹儒이며 전주全州 사람이다. 일찍부터 인재라고 소문이 났다. 인종 때에 과거에 급제하고 소부 주부少府主簿가 되었다. 재상 최윤의崔允儀가 왕명을 받아 사관詞官(문관)을 뽑아 예의禮儀를 상정하라고 하였는데, 최균이 우두머리로 뽑혔다. 의종 때에 최윤의가 병이 나자 왕이 중사中使(환관)를 보내 하고 싶은 말이 무엇인지를 물으니 최윤의가 대답하기를 "신이 재주도 없으면서 그냥 장상將相의 지위를 차지하고 있으며 자제들이 모두 화요직華要職에 있으니 국가의 은혜가 망극하고 오로지 감격하여 눈물을 흘릴 뿐입니다. 신이 하고 싶은 말은 오직 최균은 현명한 사람이니 가히 크게 쓸 만합니다." 하였다. 최윤의가 죽자 왕이 그의 말을 생각하여 최균을 합문 지후로 임명하였다.

명종이 즉위하여 그를 호부 원외랑으로 발탁하여 내시內侍에 속하게 하였다가 곧 예부 낭중 겸 태자 문학으로 승직시키고 금자金紫를 하사하였다.

금나라에서 사신을 보내와 전왕의 유고를 질문하니 최균이 접반사接伴使가 되어 응대하였다. 여러 질문에 대하여 차질 없이 대답하였으므로 오해가 풀렸다.

(명종) 4년(1174) 조위총이 서경에서 군사를 일으키자 국왕이 최균을 동북로 도지휘사東北路都指揮使로 임명하여 최균으로 하여금 명을 받게 하였다. 각 고을을 거쳐 등주登州{지금의 안변安邊}와 화주和州{지금의 영흥永興}에 이르러 돌아오는 길에 보룡역寶龍驛{지금의 봉룡역奉龍驛}에 도착하였다.

왕이 이경백李景佰을 보내 최균에게 임시로 예부 시랑의 직을 주고 병마부사로 삼아 병마사와 더불어 서경을 공격하라 하였다. 최균이 명을 듣고 이경백에게 말하기를 "내가 보건대 여러 성들이 모두 조위총과 연결하여 딴 마음을 품고 있으니 만약 적병이 당도하면 그들의 향배를 알 수 없다. 그러나 군왕의 명령이나 죽을 지라도 어찌 피하겠는가?"라고 하고 돌아서 바로 화주和州로 들어갔다.

이날 밤에 조위총의 장수 김박승金朴升과 조관趙冠 등이 화주로 와서 공격하였는데 낭장 이거李琚가 성문을 열고 조위총의 군대를 맞아들였으므로 최균과 병마사 이의李儀, 어사 지인정智仁挺이 모두 함께 적군에게 포로로 되었다. 최균이 그들을 꾸짖기를 "적의 괴수 조위총은 일반 병사에서 일어나 고위직[八座][4]에 이르렀는데도 감히 국가의 은혜를 잊고 의리를 배반하여 군사를 들어 반역하니 천지신인天地神人이 다 같이 격분하는 바이다. 그 멸망은 가히 서서 기다릴 것인데 너희들이 그 흉악한 자와 협조하여 왕의 관리를 구금하니 뒤미처 관군이 오면 너희들은 모두 콩가루가 될 것이다."라고 하였다. 이에 살해당하였다. 이의 및 막료들이 모두 죽었다.

최균은 초서草書와 예서隸書를 잘 썼으며 행정 실무에도 모두 뛰어났으나 크게 등용되지 못하고 희생되었으므로 사람들이 모두들 애석하게 여겼다. 예부 상서에 추증하였다.

아들은 최보순崔甫淳인데 성품이 청렴하고 간결했으며 아버지의 모습을 닮았다. 벼슬은 수태사 문하시랑에 이르렀으며 『명종실록明宗實錄』을 편찬하고 시호는 문정공文定公이다.

---

4 팔좌八座 : 八坐라고도 한다. 전근대 중앙 정부의 8종의 고급 관원. 역대 제도가 달라서 가리키는 것이 같지는 않으나 동한東漢에서는 6조 상서六曹尙書 및 령令, 복사僕射를 팔좌라고 하였다. 삼국시대三國時代의 위魏, 남조南朝의 송宋, 제齊에서는 5조 상서五曹尙書, 2복사사僕射射, 1령令을 팔좌라고 하였다.

홍언박洪彦博

자는 중용仲容으로 홍규洪奎의 손자이며 충평공忠平公 홍관洪灌의 후손이다. 충숙왕 17년(1330)에 과거에 급제하고 충목왕 4년(1348)에 밀직제학密直提學에 임명되었다가, 공민왕 원년(1352)에 찬성사가 되고 공민왕 3년(1354)에는 좌정승으로 남양후南陽侯에 책봉되었다. 공민왕 10년(1361)에 문하시중이 되었는데, 홍건적이 쳐들어오니 이때에 여러 사람들의 의논이 적을 피하려고 하였으나 홍인박은 홀로 가벼이 수도를 버릴 수 없다고 하며 왕을 권하여 백성들과 함께 지킬 것을 권하였다. 그러나 조금 후에 서경이 함락되었다는 소식이 전해지자 왕이 드디어 남쪽으로 피난을 가니 홍언박은 왕을 따라 갔다.

이듬해에 개성이 회복되었는데, 승전한 방책과 전략은 홍언박이 획책한 것이 많았다.

판밀직사 송경宋卿이 홍언박에게 말하기를 "백성들은 당신이 다시 정승되기를 바란지 오랩니다. 그런데 지금 정승이 되었으나 어느 한 가지 일도 대중의 기대에 맞는 것이 없으니 어찌된 일입니까? 지난해 종사의 파천播遷과 몽진蒙塵은 천하의 웃음거리가 되었으니 이는 당신이 미리 대책을 취하지 못한 것입니다. 지금 당신의 아들은 부병府兵을 장악하고 사위는 헌사憲司의 주장으로서 부귀가 이미 극도에 이르렀는데 어찌 나라를 걱정하지 않습니까?"라고 하였다. 홍언박이 이것을 꺼려 송경을 파면시켰다. 그때에 홍언박의 아들 홍사우洪師禹와 홍사범洪師範은 이미 현달하였고 사위 유연柳淵{유연은 청렴하고 깔끔한 성품으로 여러 차례 칭송을 받고, 백성들의 마음을 얻었다.}이 감찰대부로 있었기 때문에 송경이 그렇게 말한 것이다.

그러나 왕은 서울로 돌아갈 생각을 하지 않고 장차 강화도로 들어가려고 하여 태조진전에서 점을 치게 하니 백성들의 인심이 흉흉하였다. 태후 홍씨는 홍언박의 고모인데 홍언박을 직접 책망하여 말하기를 "너는 외척으로 거실巨室의 출신이며 지위는 정승으로서, 이미 과중한 대접을 받고 있다. 지금 왕이 수도를 옮기려고 하여 온 나라 백성들이 모두 좋아 하지 않는데 너는 왜 왕에게 말씀드려 이것을 중지시키지 않는가?"라고 하였다. 홍언박이 사실로써 왕에게 아뢰니 마침 왕의 점괘가 길하지 않았으므로 일이 중지되었다.

(공민왕) 12년(1363)년에 왕이 장차 수도로 돌아오기로 되어 약속 날짜가 지났는데도

출발하지 않았다. 이에 홍언박이 왕에게 가니 흥왕사興王寺에 머물고 있었는데, 김용金鏞이 그 일당을 보내 행궁을 급습하였다. 이에 홍사범洪師範이 사람을 보내 급보하고 피난하게 하였으나 홍언박은 아직 이른 아침이라 이 소식을 듣고도 일어나지 않고 식구를 시켜 죽을 쑤게 하였다. 조금 있다가 적도들이 도착하여 "나와서 황제의 명령을 받으라."고 하였으며, 좌우에서 적들이 이미 문 앞에 와 있으니 빨리 피하라고 하였으나 홍언박은 "내가 적을 보고 그 연고를 묻겠다." 하고 끝내 피하지 않았다. 가족들이 피할 것을 권고하였으나 오히려 듣지 않고 말하기를 "어찌 수상이 되어 죽음을 피하겠는가?"라고 하고는 천천히 의상을 갖춰 입었다. 그리고 문밖에 나아가 "너희들은 곧 도적인데 어찌 황제의 명이라 칭하는가?"라고 말하니, 적들이 홍언박을 쳐죽여 그 피가 집 서까래에까지 뿌려졌다. 그의 나이 55세였다. 흥왕사에 있는 도적들이 이 소식을 듣고 모두 만세를 불렀다. 문정文定이란 시호를 주었다.

홍관洪灌이 이자겸李資謙의 난에 죽은 것으로부터 그 후손의 많은 사람들이 명절名節로 드러났으니 남양 홍씨南陽洪氏는 드디어 우리나라의 명가가 되었다. 중국 남조의 원씨袁氏는 원의袁顗,[5] 원찬袁粲[6]이 모두 절개를 세워서 스스로 말하기를 "절의節義로 서로 전하여 (우리 집안이) 왕씨王氏, 사씨謝氏보다 높다."고 하였는데, 홍씨가 우리나라에서 귀하게 현달하였으면서도 절의를 세운 것은 원씨에 비해 부끄럽지 않다고 하겠다.

논하기를,

최균의 인품은 홍관과 김진보다 못하지 않아 모두 옛 열사의 풍채가 있다. 그러나 의종이 쫓겨나 시해되고 역신들이 난이 일어나자 최균은 힘이 토벌할 수가 없으면 물러나는 것도 괜찮은데 오히려 그들을 위하여 죽음에 이르렀다. 그 죽음이 비록 용감한 것에

5 원의袁顗 : 자字는 경장景章. 송 무제 영초 원년宋武帝永初元年에 나서 명제明帝 태시泰始 2年에 죽음.
6 원찬袁粲(?~477) : 자는 경천景倩.

가깝다고 하겠으나 어찌 족히 칭찬할 수 있을 것인가?

대저 정중부와 이의방은 소위 난신적자亂臣賊子이므로 사람마다 죽여도 되는 자들이다. 요컨대 조위총도 역시 순신純臣(충순독실忠純篤實한 신하)은 아니다. 최균이 이때를 당하여 종사를 중히 생각하고 의종, 명종이 모두 우리 군주였다면 이의방과 조위총도 똑같이 우리의 적이다. 명종은 왕위 찬탈에 뜻이 있지 않았고 이미 왕위에 올랐다면 의리상 배반을 할 수 없는 것이다. 조위총은 왕실의 순신純臣이 아니니 역시 어찌 토벌하지 않겠는가? 조위총을 베어 명종을 안정시키고, 명종을 받들어 이의방을 죽이려는 것이 바로 최균의 마음이었다. 그런데도 지금 그를 절의를 온전히 한 것으로 평가하지 않은 것은 그 뜻이 있는 것이다.

휘찬여사 권38

유학전儒學傳

오호라! 맹자가 죽은 후 천년이 지나도록 진유眞儒가 없도다. 한나라와 당나라 때에 동중서董仲舒와 한유韓愈 두 사람이 그에 해당한다고 하지만 논의를 숭상하는 선비[尙論之士]들은 감히 허용하지 않는다. 대저 중국과 같이 번성한 곳에서도 수천 년 동안 한 사람도 없었는데 하물며 우리나라에 있겠는가?

우리나라에서는 신라 설총이 있어 유자儒者라고 불렀으나 그 언론과 문장이 후세에 보이지 않으니 무엇을 가지고 말을 하겠는가? 중국에 있어서 송나라 때 정부자程夫子 형제가 일어나 맹자의 뒤를 이었다. 우리나라에 있어서는 문종 때였다. 정씨의 학문이 3번 전해져서 주씨가 집성한 여러 학자[諸子]들의 글을 얻게 되어 그 도가 더욱 드러나게 되었다. 우리나라에서는 신종과 희종 때이다. 그러나 정주씨가 살아 있었을 때에는 송나라가 남쪽으로 쫓겨 가서 곤고로울 때여서 천하에 그 도를 높이는 사람은 적었고 시끄럽게 공격을 하는 때였다. 중국이 오히려 이와 같았으니 하물며 우리나라에서 능히 그 학문을 알아 존중하고 사모할 수 있었겠는가?

또 송나라가 남쪽으로 건너간 이래 고려와 송나라는 교류가 단절되어 통하지 못하였으니 이때에는 우리나라에서 정주의 학문이 있음을 듣지 못하였다. 송나라 말기에 덕안德安[7]이 무너지고, 요추姚樞[8]가 유생 조복趙復이라는 사람을 얻어 매우 괴롭지만 죽

7 강서성江西省 북부北部. 지금의 호북湖北 안륙安陸.

8 요추姚樞(1203~1280) : 자는 공무公茂, 호號는 설재雪齋 또는 경재敬齋. 원나라 초기의 중신重臣이자 저명한 리학가理学家. 요추姚樞는 본래 금나라 사람이었는데 자질이 총명하고 뜻이 원대하였고 열심히 학문을 하여 세상에 알려졌다. 1232년에 요추는 양유중楊惟中과 몽골 오고타이 한에 투신하여 중용되었다. 이로부터 그는 몽골 군사를 지휘 남하하여 중국의 전통문화를 보존하였고 특히 정주程朱 이학理學의 회복을 위하여 노력하였다.

지 말 것을 요청하였다. 요추가 드디어 그를 데리고 북쪽(원나라)으로 와서 다시 정주학을 업으로 삼고 그 보따리 속에 정주의 책을 싸가지고 연경에 이르렀다. 허형許衡[9] 등이 이를 배우고 익혀 그 학설이 비로소 북방에 크게 유행하게 되었다.[10]

우리나라에서는 원종 때에 백이정白頤正이 그 아버지 백문절白文節[11]을 따라 연경에 가서 그 책을 얻어가지고 귀국하니 이때부터 우리나라 선비들이 비로소 사장詞章의 학문 외에 소위 성리학性理學이 있는 것을 알게 되었다. 그러나 그 도를 아는 자들은 역시 적었다. 그 책을 존중하고 독실하게 그것을 좋아하는 자를 두 사람 얻었으니, 우탁禹倬과 길재吉再이다. 대강 그렇다고 할 것이다. 이에 유학전儒學傳을 짓는다.

---

9 허형許衡(1209~1281) : 자字는 중평仲平. 학자들이 노재선생魯齋先生이라고 칭하였다. 시호는 문정文正, 위국공魏國公에 봉해졌다. 그는 중국 13세기의 걸출한 사상가, 교육가, 천문학자이다.

10 1235년에 오고타이가 그의 차자次子 활闊로 하여금 남송南宋을 정벌하라고 하였다. 요추姚樞가 명을 받고 양유중楊惟中과 함께 군대를 따라가 유도석의복儒道釋醫卜 등의 학자를 구하였다. 몽골군이 덕안德安(지금의 호북湖北 안륙安陸)을 함락시키고 송유宋儒 조부趙復(자字 인보仁甫, 세칭世稱 강한선생江漢先生)를 포로로 잡았다. 요추姚樞가 처음 조부趙復를 만났을 때에 이 사람의 말이 속되지 않아서 기이하게 생각하여 바로 데리고 함께 생활을 하였다. 조복은 눈앞에 오랑캐 복장을 하고 긴 수염을 한 사람이 있는 것을 보고 비절悲切함을 느껴 자신이 이족 사람의 손에 떨어졌다고 생각하여 살고 싶은 생각이 없었다. 야심夜深하기를 기다려 요추가 깊이 잠든 뒤에 몰래 도망하였다. 요추가 깨어나서 조복이 이미 도주한 것을 알고 바로 말을 달려 추격하여 물가에 이르니 조복이 산발을 하고 맨발로 앙천호곡仰天號哭하며 물속으로 들어가고 있었다. 이에 요추가 조복을 구출하여 붙잡아 데리고 왔다. 조복은 요추의 정성과 "위굴권면委屈勸勉"하는데 감동을 받아 드디어 자신이 강한선생江漢先生이라고 밝히고 요추와 함께 북상北上하기로 하였다. 1238년에 중서령中書令 야률초재耶律楚材의 지지 하에 요추와 양유중이 태극서원太極書院을 정식으로 낙성하고 조복을 선생으로 초청하여 유가儒家의 경의經義를 강해講解하였는데 정주성리학程朱性理學을 강수講修하는데 중점을 두었다. 이로부터 정주성리학이 황하黃河 이북 지구로 광범위하게 전파되었다.

11 백문절白文節(?~1282) : 본관은 남포藍浦, 자는 빈연彬然. 고종 때 문과에 급제하고 중서사인, 사의대부, 이부시랑, 보문각 학사, 국자 좨주, 국학 대사성 등을 지냈다. 1269년(원종 10) 복위한 원종元宗이 원나라에 갈 때, 폐립廢立된 사실을 감추기 위해 전왕이 병으로 물러났다고 거짓 표表를 쓰게 하자 눈물로 간하여 왕을 감동시킴으로써 원나라 황제에게 사실대로 알리게 하였다.

우탁禹倬 길재吉再

우탁禹倬

단산丹山 사람이다. 사람됨이 엄정하고 강직하였으며 경사經史에 통달하였다. 충렬왕 때 과거에 급제하여 영해 사록寧海司錄에 임명되었다. 그 고을에는 팔령八鈴이라는 사당이 있었는데 자못 영험하고 신기하다 하여 군민들이 제사 지내는 것을 매우 번거롭게 하였다. 이에 우탁이 명하여 곧 이것을 파괴하여 바다에 처넣었더니 미신[妖]이 드디어 없어졌다.

감찰 규정監察糾正이 되어 중앙으로 들어오니 마침 충렬왕이 죽고 충선왕이 원나라로부터 돌아왔다. 왕위에 즉위하여 빈전에 제사를 드리고 인하여 김문연金文衍의 집에 행행하여 숙창원비淑昌院妃를 보았다. 숙창원비는 김문연의 여동생이다. 그 후 자주 김문연의 집에 가서 간통을 하니 그 다음날 우탁이 소복을 입고 도끼를 들고 거적자리를 메고 대궐로 들어가 상소문을 들어 과감한 말을 하였으므로 근신近臣이 상서문을 펼쳐놓고 감히 읽지 못하였다. 우탁이 소리를 질러 말하기를 "경들은 근신으로서 임금의 잘못을 바로 잡지 못하고 이와 같은 추악한 일을 저지르게 하였으니 그대는 자기의 죄를 아는가?"라고 하였다.

좌우에 있던 자들이 놀라 떨고 왕은 부끄러운 기색이 있었다. 우탁은 이로 인하여 벼슬을 버리고 복주福州의 예안현禮安縣에 돌아가 있었다. 충숙왕이 그 절의를 가상히 여겨 두 번이나 불러들이고자 하였으나 나가지 않았다.

문도들을 모아 날마다 강론하는 것으로 일을 삼으니 정씨程氏의 역전易學이 처음 들어왔으나 우리나라 사람들이 능히 그 뜻을 아는 자가 없었으나 우탁이 문을 닫고 한 달 남짓 연구한 끝내 뜻을 깨닫고 학자들에게 전수하니 성리의 학문이 비로소 행해지게 되었다.

벼슬은 성균 좨주에 이르렀다. 충혜왕 3년(1342)에 죽으니 나이는 81세였다.

우탁이 죽은 지 200여 년 만에 문순공文純公 이황李滉이 우탁의 옛 집에 가서 사당을 세우고 제사를 지내고 편액하기를 '역동서원易東書院'이라고 하였다. 이황은 글을 써서

기記를 짓기를 "선생의 충의와 큰 절개는 이미 족히 천지를 진동하고 산악을 떨게 할 만합니다. 경학의 밝음과 나아가고 물러남의 올바름은 보통 사람을 뛰어넘으니 후학들의 사범입니다. 가히 백세토록 묘당에 모셔질 만한 사람이 선생이 아니면 누구이겠습니까? 선생의 학문 역시 세속의 누추함을 벗어나 있고 용문龍門의 여운이 발하는 것입니다."라고 하였다. 이때부터 학자들이 모두 그를 (유학의) 종장으로 생각하였다.

길재吉再

길재의 자는 재보再父이며, 선주 해평善州海平 사람이다. 아버지는 길원진吉元進으로 지금주사知錦州事이다. 길재는 사람됨이 영오穎悟했으며 지조가 고결하였다. 어려서부터 책 읽는 것을 좋아하여 책 상자를 짊어지고 스승을 찾아다녔다. 상산 사록商山司錄 박분朴賁에게 나아가 논어와 맹자 등을 배웠다. 길원진이 송도에서 벼슬하면서 따로 노씨盧氏를 아내로 삼으니 길재의 어머니 김씨는 홀로 고향에 살면서 원망을 쌓아갔다. 이에 길재가 어머니에게 부부 인륜의 의리를 설명하니 어머니가 듣고 감격하여 깨닫고 다시는 원망하는 말을 드러내지 않았다.

길재가 장성하여 서울에 가서 아버지를 뵙고 인사를 드렸는데, 노씨가 자애롭게 대하지 않았으나 길재는 예의와 효도를 다하니 노씨가 감동하여 길재를 대하는 것을 자기 자식처럼 하였다. 길재가 이에 양촌陽村 권근權近을 따라 학문을 묻고, 인하여 이색과 정몽주의 문하에서 놀면서 비로소 이학理學의 지극한 이론을 듣게 되었다. 병인년(우왕 12년, 1386)에 등제하여 성균 박사에 보임되고, 무진년(우왕 14년, 1388)에 세상이 크게 변하자[12] 길재는 고려 왕조가 반드시 망할 것으로 여기고 시를 지어 자신의 뜻을 보여 이르기를 "몸은 비록 무리 따르니 다를 바 없지만[身雖從衆無奇特]/ 나의 뜻은 백이·숙제처럼 수양산에서 굶주리네[志則夷齊餓首陽]"라고 하였다.

기사년(공양왕 2년, 1389)에 문하 주서에 제배하고 경오년(공양왕 3년, 1390) 봄에 어머니가

---

12 우왕 14년 이성계의 위화도 회군을 뜻함.

연로하다는 핑계를 대고 사양하여 관직을 버리고 남쪽으로 돌아갔다. 가는 길에 장단에서 이색을 뵙고 자기의 뜻을 아뢰니 이색이 탄식하며 시를 지어 이별을 하였다. 길재가 이미 귀향하였는데도 관직을 제수하였으나 나아가지 않았다. 신미년(공양왕 3년, 1391)에 여흥驪興의 부음訃音(이색의 죽음)을 듣고 방상方喪[13] 3년을 치렀다. 어머니 김씨가 나이가 많지만 병이 없어서 길재가 아침저녁으로 찾아 정성定省(자리를 봐드리고 아침에 인사하는 것)과 자리와 베개 펴드리는 것을 직접 하고 처자식들에게 대신하게 하지 않았다. 아버지가 돌아가시자 소복을 입고 음식을 먹지 않고 곡을 하기를 날을 마치도록 하였으며 모두 주문공 가례에 의거하였다.

본조(조선)에 들어와 태상 박사로 불렀으나 길재는 뜻을 굳건히 하고 나오지 않았다.

처음에 태종이 잠저에 있을 때 함께 입학하여 독서하였는데 길재가 아직 과거에 합격하기 전이라 같은 마을에 살며 서로 따르며 공부하여 정의情義가 매우 돈독하였다. 그래서 태종이 길재를 그리워하여 여러 차례 그를 불렀다. 고을 수령이 서울에 갈 것을 독촉하여 길재가 서울에 올라와 전문을 올려 두 성을 섬기지 않는 의리를 아뢰었다. 임금이 그 절개를 높이 평가하여 도타운 예로 대우하고 돌려보내니 조정의 관료 그의 풍의를 흠탄해하며 모두 시를 지어 주었다.

권근은 글을 지어 그 시문에 서를 하였는데, "고려 오백년 동안 길러내고 교화를 하여 선비의 풍도를 닦은 성과가 선생에 모두 모여 있다. 조선 억 만 년 동안에 강상을 부식하여 신하의 절개의 근본을 밝히는 것이 선생을 그 기본으로 하였으니 명교名敎(유학)에 공이 크다 하겠다."고 하였다.

길재가 물러나와 금오산 아래에 집을 짓고 사니 원근의 학자들이 모두 모여들었다. 식량과 책을 싸들고 와서 경의經義를 질문하니 길재가 그들의 재주를 따라 이끌어주고 토론하느라 지루한 줄을 몰라 매번 한밤중이 되어 자고 닭이 울 때 일어나 의관을 갖춰 입고 사당에 나아가 인사드리고 다음으로는 선성에 배알한 뒤 물러나와 한 방에

13 방상方喪 : 부상례父喪禮에 따라서 군상君喪을 치르는 것을 말함. 여기에서는 스승인 이색의 상에 심상 3년을 치렀다는 의미임.

않아서 종일토록 의젓하게 성리의 학을 강명하였는데, 그 뜻을 해석하여 정밀하게 하니 염락濂洛의 뜻에 맞도록 노력하였다. 그의 말은 반드시 충효를 위주로 하고 이단을 물리치는 것이었으며 그 가르침은 청소하고 응대하는 것으로 시작하여 춤추며 노래 부르는 것까지였고[14] 그들이 등급을 뛰어넘지 못하게 하였다. 배우는 아동들이 모여들어 책 읽는 소리가 주야로 끊이지 않았으니 한 집안이 모두 교화가 되어 밥 짓는 여종도 시를 노래하고 상저인은 정공향鄭公鄕[15]에 비유하였다. 학자들이 존경하여 이르기를 야은 선생冶隱先生이라고 하였다.

나이 57세에 권근權近이 죽었다는 소식을 듣고 심상心喪 3년을 치르고 그 뒤에 박분朴賁이 죽으니 또 심상心喪 3년을 행하였다. 그가 늙을수록 예에 투철함이 이와 같았다. 부근의 승려들도 길재의 효의孝義에 감명을 받아 장발하고 고향으로 돌아가 부모를 모시는 자들이 수십 인에 이르렀다. 이웃에 한 군졸이 있어 멀리 수자리를 나가 있었는데, 그 부인이 가시로 울타리를 만들어 수절을 하였다. 한참 후에 그 군졸이 밤에 돌아오니, 그 처가 문을 닫고 거절하며 이르기를 "해가 저문 밤이라 사물을 구분하기가 어려운데 갑자기 이 문을 연다면 어찌 10년 동안 빗장처럼 지킨 의리가 되겠는가?"라고 하니 길재가 이 말을 듣고 대단하다고 생각하였다. 그의 교화가 사람들에게 미친 것이 이와 같았다.

길재가 나이 67세에 죽으니 의정 남재南在가 영남 안찰사 때에 사당을 세워 그를 제사하였다.

세종 원년(1419)에 사간원 좌사간에 추증되고 만력 중에 지주비砥柱碑를 그 묘 옆에 세웠다. 문충공 유성룡柳成龍이 기문을 써서 이르기를 "길 선생은 고려 말에 벼슬을 하여 장차 그 나라가 망할 것을 알고 높이 구름을 밟았으니 거의 성인에 이르렀다고 하겠다. 과거에 왕씨의 문에서 혜택을 받은 자들이 분주하게 뒷날을 걱정하였으나 선생

14 『소학小學』에서부터 사서삼경四書三經까지라는 뜻. 청소하고 응대하는 절차[灑掃應待之節]는 『소학小學』, 춤추고 노래하는 것[蹈舞詠歌]은 『논어論語』에 나옴.

15 공융孔融(153~208)이 정현鄭玄을 위하여 한 마을을 정공향鄭公鄕이라고 한 데서 비롯됨.

은 두 임금을 섬기지 않는 뜻을 가지고 정색을 하고 외쳤으며 자취를 감추고 문을 닫아걸어 한사코 벼슬을 하지 않았으니 그 뜻이 열사와 같다고 하겠다. 대저 천하의 대란이 오면 천하의 큰 절개가 세워지게 된다. 천하 사람들이 능히 할 수 없는 것을 행하며 금오산의 한 구석에서 홀로 왕씨 갑자를 오래 썼으니, 오호라! 진정한 지주砥柱(황하 중류에 버티고 있는 바윗돌)이도다."라고 하였다.

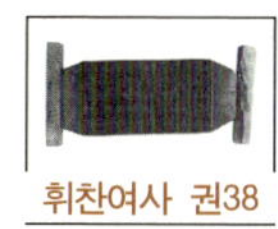

휘찬여사 권38

탁행전卓行傳

오호라! 선비로서 탁행으로 세상에 칭찬받은 사람은 일찍이 없지 않았다. 고려 오백년간에 초야의 선비와 방외方外의 영재는 반드시 남다른 덕과 뛰어난 행동으로 세상에 전해지는 사람이 왜 그렇게 드물고 보기가 힘든 것인가? 아마도 자취가 훼손되고 깊이 은둔하여 스스로 세상과 절연해서 알 수 없게 되어 그런 것인가 아니면 우리나라에는 호사가가 없어서 그러한 일들을 전하려고 하지 않아서 마침내 인멸되어서 그런 것인가?

오호라! 안자顔子와 같은 어진 사람도 공자를 만나지 않았으면 이름이 세상에 알려지지 않았을 것이다. 문사文辭에 있어서 특별난 행동과 거조가 있는 선비가 적지 않으니 대략 보더라도 어찌 가히 헤아릴 수 있겠는가? 대저 범울종范蔚宗[16]이 은일전隱逸傳을 한서에서 전한 뒤로 역사가들이 많이 그것을 본받았다. 대개 고상한 선비를 격려하고 추세를 만들게 하여[激厲頽波] 풍교에 도움이 되는 것이 적지 않다.

예종 때 한두 사람이 은자로 지목되지만 그가 좋은 사람이 아니니 어찌 취하겠는가? 의종, 명종 대에 이르러서 권흉들이 나라를 천단하고 어지럽히는 것이 극에 달하였다. 한때의 사대부들이 그 지위를 편히 여기고 그 녹봉을 먹으며 만족스럽게 생각하여 다시는 염치의 기색이 없었다. 이때를 당하여 과연 초연하게 멀리 떠나서 그 녹봉을 받지 않으면 군자의 출처出處(세상에 나오거나 은둔함)의 도리에 합치하게 되니, 단지

16 범엽范曄(398~445) : 자字는 울종蔚宗, 남조南朝 송宋 순양順陽 사람. 관官이 좌위장군左衛將軍, 태자첨사太了詹事에 이르렀다. 송宋 문제文帝 원가元嘉 9년(432), 범엽이 선성태수宣城太守로 좌천되어 뜻을 이룰 수 없자 여러 역사가의 『후한서後漢書』를 편찬하기 시작하였다. 445년에 모반죄로 피살되기 전까지 10기紀, 80열전만 완성하였다. 원래의 계획은 10지를 쓰려고 하였으나 완성하지 못하였다. 지금 『후한서後漢書』 중의 8지는 남조南朝 량류소梁劉昭가 사마표司馬彪를 따라서 쓴 『속한서續漢書』 중에서 추출하여 보충한 것이다.

은둔한 것만 가지고 평가하지 않더라도 한 사람을 얻을 수 있으니 한유한韓惟漢이 그 사람이다.

고려의 정치와 형벌[政刑]이 해이해서 엄격하지 않고 명분과 의리[名義] 인멸되고 밝지 못하여 적을 따르는 사람도 비난을 받지 않았으며 따르지 않으면 화가 초래되었다. 이때에 충성을 다하고 의리를 붙잡아 적에게 대항하였어도 적들이 감히 해치지 못하였고 일이 안정된 뒤에 그 공로를 인정받지 못하였는데 대개 옛날의 의사義士가 그러하였다. 그러한 사람을 한 사람 얻었으니 바로 홍입공洪立功이다.

대저 효는 여러 가지 행실의 근본이니 왕이 된 사람은 효제를 현창하여 백성들을 격려하면 정사가 그보다 높은 것이 없을 것이다. 역사에서 당연히 얻어 기록해야 하는데, 지금 6명을 얻었으니, 그들은 문충文忠, 최루백崔婁伯, 서릉徐稜, 김천金遷, 황수黃守, 정유鄭愈이다.

부녀자로서 수절한 자에 이르러서는 동사東史에서 반드시 기록하지 않았다. 무릇 선행을 기록하는 것은 왜 그러한가? 장차 다음 세대를 권면하고자 하는 것이다. 우리 동방의 여인들은 훌륭하게 따르고 있으니 왜 권면하는 것을 기다릴 필요가 있겠는가? 한나라 때에 이미 우리나라는 정신貞信하여 음탕하지 않다고 칭찬하였는데, 그 풍속이 편벽되어서 그러한 것이었다. 고려 말에 법제로 하여 3품 이상의 처에게는 수절을 하게 하고 정표旌表를 세우지는 않았다. 그것은 정말 정표를 할 필요가 없기 때문이다. 대개 우리 동방의 사대부의 부녀자는 거의 다시 재혼하지 않는 것이 오랜 습속이 되었다. 풍류가 융성하고 집에 현명한 부인[伯姬]이 있고[17] 사람들이 백주栢舟를 노래하니[18] 난리를 만나서 의에 따르는 것은 정말 당연한 일일 뿐이다. 그것을 행하는 자는 어렵지 않

17 백희伯姬 : 춘추시대의 노魯 선공宣公의 딸, 송공공宋共公의 부인으로 공희共姬, 공백희恭伯姬라고도 한다. 공공共公이 죽은 뒤에 수절을 하였다. 노魯 양공襄公 30년에 송궁宋宮에 실화失火가 있어서 좌우에서 도피하기를 권하였으나 백희伯姬는 "越義而生 不如守義而死"라고 하고 불에 타 죽었다. 뒤에는 현명한 여자의 대칭代稱이 되었다.

18 『시경詩經』 국풍國風 용풍鄘風 중에 '백주柏舟'가 나오는데, 이는 고인古人이 애정을 노래한 것이다. "泛彼柏舟, 在彼河中, 髧彼兩髦, 實難我儀, 之死矢靡他. 母也天只, 不諒人只"라고 했다.

게 여겼고 그 소식을 듣는 것도 이상하게 생각하지 않았다. 하필 권면함을 기다리겠는가? 이에 기록하지 않는 것이다.

한유한韓惟漢 홍입공洪立功 문충文忠 최루백崔婁伯 서릉徐稜 김천金遷 황수黃守 정유鄭愈

한유한韓惟漢

명종 때 사람이다. 대대로 서울에서 살았으나 벼슬길에 나서기를 즐기지 않았다. 한유한은 최충헌이 정권을 독재하고 벼슬을 파는 것을 보고 탄식하기를 "재난이 장차 있을 것이다."라고 하고 이에 처자를 데리고 지리산智異山으로 들어가서 깨끗한 절개를 지키면서 사람들과 교유하지 않았으므로 세상 사람이 그의 지조를 고상히 여겼다. 왕이 그 소식을 듣고 서대비원 녹사西大悲院錄事로 불렀으나 사양하고 취임하지 않았으며 사신을 보내 맞이하게 하였더니 문을 닫고 나오지 않았다. 사신이 문을 열고 들어가 보니 한유한이 벽에다 시를 써놓고 북쪽문을 통해 도망갔다. 이에 깊은 산골에서 이사하여 살며 종신토록 세상에 나오지 않았다. 얼마 후에 과연 거란군의 침략이 있었고 이어 몽골병의 침입이 이어졌다.

홍입공洪立共

인종 때 낭장이다. 이자겸이 군사를 일으켜 궁궐을 침범할 때 홍입공을 차장군借將軍으로 삼아 척준경에 예속하게 하였다. 척준경이 홍입공에게 군사 60여 명으로 거느리고 섶을 지고 동화문東華門에 불을 지르라고 하였더니, 홍입공이 도성 남쪽 길에 이르러 은밀히 군사들에게 말하기를 "나와 너희가 모두 왕의 신하인데, 적신賊臣의 협박에 따라서 궁문에 불을 지르는 것이 의리상 옳겠는가?" 하고 드디어 함께 지고 가던 것을 내려놓고 선의문宣義門으로 가서 구멍으로 들어가 왕에게 나열하여 절하니, 왕이 놀라서 묻기에 홍입공이 앞에 나아가 경과를 아뢰자 왕이 매우 의롭게 생각하였다. 홍입공이 계속 방위를 하면서 왕을 떠나지 않았다. 일이 평정된 후에 그 끝은 어찌 되었는지 알 수가 없다.

문충文忠

모친을 섬김에 지극히 효성스럽게 하였다. 오관산五冠山 영통사靈通寺 동네에서 살았는데 서울에서 30리 떨어져 있는 곳이다. 모친 봉양을 위하여 벼슬살이로 녹祿을 받았는데 아침에 출근하여 저녁에 퇴근하였다. 그의 모친이 늙자 「목계가木鷄歌」를 짓고 이름을 「오관산곡五冠山曲」이라 하였는데 악부樂府에 전해져 연주되고 있다.

최루백崔婁伯

수원부水原府 아전 상저尙翥의 아들이다. 상저가 사냥 갔다가 호랑이에게 물려 죽었다. 그때 최루백의 나이는 15세였는데도 그 범을 잡으려 하였다. 그 모친이 말리니, 최루백이 "아버지의 원수를 어찌 갚지 않을 수 있겠습니까?"라고 하고 바로 도끼를 메고 호랑이의 발자국을 밟아 가니 오랑이는 벌써 배불리 먹고 누워 있었다. 최루백이 바로 앞으로 나서서 꾸짖기를 "네가 내 아버지를 먹었으니 내가 마땅히 너를 잡아먹을 터이다."라고 하니 호랑이는 꼬리를 내리며 엎드렸다. 갑자기 도끼로 내려치고 그 배를 갈라서 호랑이의 고기는 항아리에 담아서 개울 바닥에 묻고 그 부친의 뼈를 모아 장례를 치렀다. 그 곁에 여막을 세워 지켰으며 상이 끝난 후에는 묻었던 호랑이 고기를 꺼내서 다 먹었다.

과거에 급제하여 의종 때에 한림학사翰林學士 벼슬을 하였다.

서릉徐稜

장성長城 사람이다. 고종 때 모친을 봉양하느라고 벼슬을 지내지 않았다. 모친의 목에 종기[疽]가 났는데 의사가 말하기를 "이 병은 산[生] 개구리를 구하면 나을 수 있다."고 하였다. 날씨는 바야흐로 매우 추워서 서릉은 "산 개구리를 얻을 수 없으면 거의 어머님

병환은 못 고치고 말 것인가?" 하며 울기를 그칠 줄 모르니 의원이 "산 개구리는 없어도 다른 약이나마 조제하여 시험해 봅시다."라고 하였다. 장차 나무 아래에서 약을 달이려고 하는데 갑자기 문득 무엇인가 나무 위에서 떨어져 솥 안으로 들어갔는바 그것이 바로 산 개구리였다. 이때 의원이 축하하며 말하기를 "당신의 효성이 신명을 감동시켰으니 이것은 바로 하늘이 하사한 것입니다."라고 하였다. 약을 만들어 전하니 과연 어머니의 질병이 과연 낫게 되었다. 대장군 서희徐曦는 같은 현縣 사람인데 사람마다 매양 이 일을 이야기할 때면 언제나 눈물을 흘렸다.

김천金遷

김천은 명주溟州 아전이다. 고종 말에 몽골병이 침범하였을 때 그 모친과 동생 김덕린金德麟이 포로로 잡혀 갔다. 그때 김천이 나이는 15세였는데 밤낮 울며 지냈다. 모친상을 예법대로 지켰다. 그 후 14년에 어머니의 편지를 받았는데, 그 편지에는 동경에 있다고 써 있었다. 그러나 김천은 본래 가난하기 때문에 남에게 수백 금을 꾸어 어머니를 속환해 오고자 조정에 요청하였으나 나라에서 허락하지를 않았다.

그 후 충렬왕이 원나라로 입조할 무렵에 또 서울에 와서 청하였으나 또한 허락하지 않았다. 김천이 통곡하고 밥도 먹지 않고 스스로 어머니를 구하고자 편지를 써서 다니기를 6년이 되던 해에 같은 고을 중 효연孝緣을 만나 눈물을 흘리며 슬픈 사정하니 효연이 형인 천호千戶 효지孝至에게 데리고 갈 것을 부탁하여 그를 따라서 김천이 동경에 도착하였다. 북주北州 천로채天老寨로 가서 모친과 아우를 방문하여 어머니를 속전하여 귀국길에 올랐다. 그때 중찬中贊 김방경金方慶이 원나라로부터 본국으로 돌아오는 길에 동경에 이르러서 김천의 모자를 불러 보고 칭찬과 감탄을 마지않았으며 원나라 총관부摠管府에 부탁하여 증명서를 교부하며 식사와 숙사를 제공받으면서 귀국하도록 하였다.

돌아왔을 때 김천의 아버지 김종연金宗衍과 김자릉이 모두 나이가 많았는데 여태 살아 있어 부자와 부부가 서로 보고 기뻐하니 당시에 기이한 일이라고 칭찬하였다. 그 후 6년 뒤에는 김덕린을 속신하여 데리고 와서 함께 종신토록 어머니를 모시며 효성을 다 하였다.

황수黃守

평양 사람이다. 충숙왕 때에 평양부의 잡재서 승雜材署丞이 되었다. 그의 부모는 나이 모두 70이 넘었다. 동생 황현黃賢, 황중련黃仲連, 황계련黃季連과 또 자매도 둘이 모두 다 한솥밥을 먹고 사는데 하루 세 때 맛있는 반찬을 장만하여 먼저 부모에게 드리고 물러 나와서 같이 먹는 것을 20여 년 동안 그렇게 하였다. 그 자손들도 이것이 습관이 되어 조금도 게을리 하는 일이 없었다.

찬성贊成 강융姜融이 친히 그 집을 방문하고 눈물을 흘리며 감탄하기를 "우리나라의 사대부 집에 이런 일은 드물다. 어찌 이 성 안에 이 같은 옛날같은 의로운 가문의 기풍이 있을 줄이야 어찌 생각하였겠는가?"라고 하고 부府 사람더러 문서를 갖추어 왕에게 보고하게 하였다. 그 마을의 정려가 높이 서있다.

정유鄭愈

진주晉州 사람으로 지선주사知善州事 정임덕鄭任德의 아들이다.

공민왕 21년(1372)에 아우 정손鄭遜과 함께 아버지를 따라서 하동군河東郡을 수비하고 있었다. 이때 왜적이 밤에 갑자기 침입하였으므로 다 도망쳤다. 정임덕은 병으로 말을 탈 수 없었으므로 정유와 정손이 아버지를 부축하고 달아났다. 적이 추격해서 따라오자 정유가 몸으로 그들을 막고 활을 쏘아 몇 명을 넘어뜨리니 적들이 감히 덤비지 못하였는데 아버지는 죽음을 면하였으나 정손은 끝내 적의 손에 죽었다. 이 일이 조정에 알려져 정유에게 종부시 승宗簿寺丞 벼슬을 주었다.

당시 어떤 형제가 같이 길을 가다가 아우가 황금 두 덩이를 얻어서 그 하나를 형에게 나누어 주었다. 양천강陽川江에 이르러 또한 같이 배를 타고 강을 건너는데 아우가 갑자기 황금을 물속에 던졌다. 형이 이상하게 생각하고 물으니 "평소에 저는 형님을 대단히 사랑하여 왔습니다. 그런데 지금 금을 나누어 가지고는 형님을 꺼리는 마음이 갑자기 싹트니 이것은 상서롭지 못한 일입니다. 그래 이것을 강에 던지고 잊어버리려고 한 것입니다."라고 하였다. 형도 "네 말이 옳다."라고 하고 역시 황금을 물속에 던졌다. 그때 함께 배에 탔던 사람들이 모두 글을 모르는 사람들이라 그 형제의 성명과 주소를 물어 보지 않았다고 한다.

행인전行人傳

『사기史記』에는 행인전行人傳이 없지만 여기에는 행인전을 두었는데 왜 그런가? 대저 사신의 일이 중요하다는 것은 잘 알고 있다. 춘추 때에 열국列國이 사신을 보내 서로 조회朝會한 것을 부자夫子가 모두 기록했다. 또 일찍이 말하기를 "사방에 사신으로 가서 임금의 명을 욕되게 하지 않는 자라야 가히 선비라 할 수 있다."라고 하였으니, 그 은미한 뜻을 가히 알 수 있다. 한당漢唐 이래로 황제가 천하를 지배하고 사방의 만국이 감히 조정과 항례抗禮(대등한 의례)하는 자가 없었으니 봉사奉使하는 신하는 명을 잘 받들고 안무[撫綏][19]하기만 하면 되었다.

그런데 우리나라는 그렇지 않았다. 삼가하며 신중히 하여 제후의 법도를 지켜야 하고 사신을 신중하게 선발하여 하국下國의 성의를 천자에게 잘 전달해야 했다. 열국의 조빙에 비유할 수 있으니 그 체모는 더욱 근엄해야 하지 않겠는가?

중국의 역사서에는 행인에 대한 전기가 없는데 우리나라에는 있으니 저들은 가벼이 여기는 것을 우리는 중히 여기는 것인가? 또한 대저 우리나라는 남북에 모두 적국이 있어서 날마다 군사 훈련을 해야 한다. 그런데 우리나라가 그 사이에 끼어 홀로 한가하게 글로만 통치를 하다가 변경에 비상사태가 생기면 문득 옥백玉帛을 가지고 가서 섬기니 사신의 득실이 우리나라에서는 더욱 중요하다는 것을 알 수 있다. 그러나 봉사奉使의 체제는 전대專對(독립하여 담판 교섭하는 것)를 유능한 것으로 생각하고 염조廉操(청렴한 절조節操)를 고상한 것으로 하는데, 혹은 뇌물을 주어[黷貨] 모욕을 당하기도 하니 나라에 치욕을 초래하는 것[辱國]과 어찌 다르겠는가? 콩을 쪄서[蒸豆] 먹고 향기로운 바람

19 무수撫綏 : 안무安撫, 안정安定. 『書經』 太甲上 : "天監厥德, 用集大命, 撫綏萬方."

[馨風]이 널리 전파되면 본국으로 하여금 은연히 구정九鼎[20]의 중요함을 증가시킨다. 그러므로 성실하게 대답을[敷對] 하였다. 그래서 몽골 황제가 10년의 전쟁을 철회하면서 그 청절淸節함을 높이 평가하였고 명나라에서는 갑자기 천 리나 되는 강역을 돌려주었으니 그것이 누구의 공인가? 이것이 진정한 사행이며 10만의 군사보다 현명한 것이니 어찌 믿지 않겠는가? 지금 정문鄭文 이하 9명의 사신의 전기를 만드니, 오호라 살펴보지 않을 수 있겠는가.

정문鄭文 유응규庾應圭 이순효李純孝 송언기宋彦琦 김수강金守剛 장일張鎰 김유성金有成 김제안金齊顔 박의중朴宜中

정문鄭文

자는 의덕懿德이니 초계草溪 사람이다. 시중 정배걸鄭倍傑의 아들이다. 정배걸의 처 최씨는 어진 아내였으나 자식을 낳지 못하여 친척의 딸을 택하여 첩으로 삼게 하였는데 얼마 후에 정배걸은 죽고 유복자遺腹子로 정문을 낳았다. 정문은 나이가 겨우 열대여섯 되었을 때부터 의젓한 품이 노성한 사람 같았다. 과거 시험에서 "임금은 백성의 하늘이다[君爲民天]."라는 제목으로 부賦를 지었는데 "만약 만물이 시들어 지면 나는 비와 이슬과 같은 혜택을 줄 것이며 만약 세속이 완악하고 흉패하여 지면 나는 뇌성벽력과 같은 위엄을 내릴 것이다."라고 하였다.

문종이 그의 문장을 보고 누누이 칭찬하고 감탄하였다. 급제 후 직한림에 발탁되고, 옮겨 우습유右拾遺가 되었다. 이에 대하여 대간臺諫에서 논박하여 아뢰기를 "정문의 외

20 하夏 왕조 초년에 하왕夏王 대우大禹가 천하를 9주로 나누고 주목州牧으로 하여금 청동을 바치게 하여 9정鼎을 주조하여 거기에 전국 9주의 명산대천名山大川과 기이한 사물을 새겨 넣어 1정鼎이 1주州를 상징하였다. 이렇게 구주九州는 중국의 대명사가 되었고 구정九鼎은 왕권이 지고무상至高無上하고 국가 통일이 완성되었다는 상징이 되었다.

조부는 처인 부곡處仁部曲 출신이므로 간관이 될 수 없다." 하여 드디어 내급사內給事로 고쳐 임명하였다. 벼슬이 정당문학 예부 상서에 이르렀다.

사람됨이 질박하고 말이 적고 근신하게 일에 대처했으며 재산에 관심이 없어 그의 집은 겨우 비바람만 막을 뿐이었다. 10년간 형조를 주관하는 동안에 범죄자의 형을 경솔히 처결한 일이 한 번도 없었다. 일찍이 왕을 수행하여 서경으로 갔을 때 기자箕子의 사당을 세울 것을 건의하였다.

시호는 정간貞簡이며 좌복야에 추증되었다. 일찍이 송나라에 사신으로 나갔을 때에 송에서 준 돈과 비단을 수행한 사람들에게 나누어 주고 나머지는 모두 다 책을 사 가지고 돌아왔으므로 송나라 사람들이 이 일을 칭찬하였다.

유응규庾應圭

자는 빈왕賓王이며 무송茂松 사람이다. 평장사 유필庾弼은 아들이다. 유필은 강직하고 점잖았기 때문에 당시 사람들이 중히 여겼다. 유응규의 사람됨은 조심성이 많고 조리가 있으며 준정峻整한 것이 아버지를 닮았다. 글을 잘 지었으나 두 번이나 과거에 응시하여도 합격하지 못하였다. 내시에 입보되어 벼슬이 참관參官으로 옮겼다.

그는 의견이 분명하고 매사를 처결할 때에는 판단력이 있어서 마치 노숙한 사람 같았다. 고공원외랑考功員外郎에 임명되었는데, 그때는 정중부 등이 의종을 폐위시키고 왕의 동생 익양공翼陽公 왕호王晧을 세웠다. 이가 바로 명종이다. 명종은 그전부터 유응규의 명망을 들었는지라 공부 낭중에 임명하고 표문表文을 가지고 금나라로 가게 하였다. 유응규가 금나라 국경에 들어서니 금나라 군주가 파사로婆娑路에 조칙을 내려 고려 사신을 입국시키지 말고 공문을 보내 (폐위한 진상을) 힐문하라는 지시를 내렸다. 이에 유응규가 답변하기를 "전왕前王이 병이 있어 친동생이 임시로 국정을 맡게 된 것입니다."라고 하였다. 금나라 임금이 말하기를 "왕위를 이양하는 일은 나라의 대사인데 어째서 사전에 요청하지 않았는가?"라고 하였다. 그리고 다시 유사有司에게 더 상세하게 추문하라고 지시하였다.

유응규가 금나라에 도착하니 금나라 군주가 표문을 보고 말하기를 "너의 나라가 비록 작지만 군신 사이의 의리와 형과 아우의 차례는 알 터인데 어째서 형을 폐하고 왕위를 찬탈하였는가? 천자가 토벌을 할 것이니 너는 감히 속이지 말라."고 하였다. 유응규가 대답하기를 "전왕이 불행하게도 병이 있어 부왕父王의 유언을 지켜서 왕위를 그의 아우에게 넘겨 준 것입니다. 작은 나라에서 어찌 감히 천자를 기만하겠는가? 제가 비록 극형을 당하여 죽는다 하더라도 다시 다른 말은 할 것이 없습니다."라고 하였다.

그래도 금나라 군주는 의심이 풀리지 않아서 자기 나라 재상들에게 문의하였다. 승상 양필良弼이 말하기를 "전왕 왕현王晛은 아들이 하나 있어 왕년에 손자를 낳았다고 국서를 보내었는데 거기에 자기가 손자를 본 기쁨을 진술한 일이 있었으니 정말로 병이 있다면 그 아들을 세우지 하필 동생이겠습니까? 그리고 이제 왕현이 사신을 보내지 않고 왕호가 사신을 보냈으니 왕호(명종)의 찬탈이 분명합니다. 어찌 그냥 두고 불문에 부치겠습니까?"라고 하였다.

우승 맹호孟浩가 말하기를 "응당 그 나라 사민士民들에게 물어 보아서 과연 모두 다 새 임금을 추대한다면 즉시 사신을 보내 고려왕으로 책봉해야 합니다."라고 하니, 금나라 군주가 말하기를 "한나라의 임금을 책봉함에 있어서 백성에게 의견을 묻는다는 것은 맹안모극猛安謨克을 임명할 때 부락민에게 문의하는 것과 무엇이 다른가?" 하고 드디어 전왕의 양위를 승인하지 못하겠다는 회답 국서를 유응규에게 주었다.

유응규가 말하기를 "제가 두 가지 국서를 전달하였는데 새 임금의 국서에 대한 회답 조서는 어찌 주지 않습니까? 나라의 사신이란 타국으로 가서 사명을 완수하는 것이 그의 직책인데 내가 이제 사명을 완수하지 못하면 죄가 죽어도 남을 것이니 살아서 본국으로 돌아가는 것보다 차라리 여기서 목숨을 끊어서 천하에 알리게 하겠습니다."라고 하였다. 이어 단식하고 의관을 차리고 뜰에 서서 대궐을 향하여 금나라 임금의 회답을 기다린 지 밤낮 사흘이 지나도록 꼼짝도 않고 먹지도 않았다. 금나라 군주가 소식을 듣고 사람을 보내 음식을 권했으나 먹지 않았으며 수행원이 밤중에 남몰래 미음을 권한즉 유응규가 꾸짖기를 "너도 사람인데 어찌 그런 간사한 짓을 하느냐?"라고 하였다. 단식한 지 닷새가 되어 얼굴은 마르고 기진해서 숨이 끊어질 듯 하여 서 있을 힘도 없어서 자주 쓰러지는 지경에 이르렀다. 금나라 임금도 그의 충성을 불쌍히 여겨 대신을 보내 위안하고 타이르기를 "그대의 나라가 비록 작으나 그대 같은 신하를 두었으므로 문책하려던 문제를 그만둘 것이니 그대는 우선 음식을 먹고 몸을 상하게 하지 말라!"고 하였다. 그러나 유응규는 "살펴주시는 것은 비록 고맙지만 제가 회답 국서를 받지 못하고 어찌 식사를 하겠습니까? 귀 국서를 받는 날이 내가 다시 연명할 때입니다."라고 하고 먹지 않았다.

7일이 되어서 금나라 임금이 더욱 불쌍히 여겨 회답 국서와 아울러 어찬御饌과 비단 등을 후하게 주고 위로하여 돌려보냈다. 돌아오자 그 공으로 태자중사인太子中舍人에 임명되고, 금자金紫를 하사받았으며 그 자손을 등록하였다. 이후 금나라 사람 역시 사신이 올 때마다 반드시 유응규의 안부를 물었다.

김보당金甫當이 난을 일으키니 정중부 등이 문관을 수색하여 경인년 무신난에 살아남은 자들이 거의 다 살해되었다. 한 병사가 재상 윤인첨尹鱗瞻을 결박한 다음 유응규를 결박하려 하였다. 유응규가 소리 쳐 꾸짖으니 감히 가까이 오지 못하였다. 유응규가 여러 장군을 찾아보고 말하기를 "예의가 없는 곳에 국가를 유지하였다는 말을 듣지 못하였다. 뿐만 아니라 또 옛 법에 대부 지위에 있는 사람에게는 형벌을 가하지 않았다. 당신들이 국가를 바로 잡을 큰 뜻이 있다면 먼저 옛 모범을 본받아야 하겠는데 어찌 하졸을 시켜 대신을 결박하여 모욕을 주는가? 하물며 윤인첨은 대장의 지략과 국가 대계를 품고 있는 인물이니만큼 만일 나라의 큰 사변이 있을 때에는 이런 인물이 아니면 누구에게 물어보겠는가? 공들은 잘 생각해 보라."고 하였다.

여러 장군들이 사례하며 말하기를 "당신이 금나라에 가서 말을 잘해 주지 않았던들 오늘이 있었겠는가?"라고 하면서 자리에 깔아 예의를 표하고 윤인첨의 결박도 풀어 주었다.

(명종) 4년(1174)에 조위총趙位寵이 서도西都에서 군사를 일으킬 때 왕은 유응규가 평소 명망이 있는 사람이라 하여 그를 각 성城으로 파견하여 선무하게 하였더니 여러 성들이 점차로 귀순하였다. 이에 공부 시랑工部侍郎으로 올려 주었다. 이듬해에 급사중 사정유史正儒와 함께 서경으로 가서 조위총을 만나보고 군신의 대의大義로써 효유하였는데 말이 강개하였는지라 조위총이 즉석에서 글을 올려 귀순할 것을 청원하였다.

유응규가 서경을 떠날 때에 서경의 비장裨將 이인李仁과 백명白明 등이 전송 나왔는데 유응규의 말안장에 기대서서 수작하는 말버릇이 매우 공손치 않았다. 유응규가 꾸짖기를 "너 같은 졸도들이 어찌 임금이 보낸 사신에게 무례하게 할 수 있는가?"라고 하니 이인 등이 절하며 사죄하였다. 일행이 생양역生陽驛에 도착하였을 때에 사정유가 몸이 피곤하고 또 병이 났으므로 쉬었다 가기를 청하였다. 그러나 유응규는 듣지 않고 말을 몰아 돌아오니 조위총이 과연 날랜 군인을 보내 동선역까지 추격하다가 따르지 못하고 대신에 역의 아전만 죽이고 돌아갔다. 이 해에 죽으니 향년 45세였다.

유응규는 청조淸操함이 있었다. 일찍이 남경의 수령으로 있었는데 물건 하나도 남으로부터 취하지 않았다. 그의 아내가 아이를 낳다가 병을 얻었는데 다만 나물국을 마시거늘 어떤 아전이 비밀리에 꿩 한 마리를 보내니 아내가 말하기를 "가장[家公]이 평생에 남으로부터 무엇을 받지 않았는데 어찌 나의 구복口腹에 관한 일로써 맑은 덕을 더럽히리오." 하니 그 아전이 부끄러워하며 물러갔다.

아들은 5명이 있었다. 유희庾禧와 유세겸庾世謙, 유석庾碩 등인데 모두 높이 현달하였다.

이순효李純孝

한산韓山 사람이다. 부친 이실춘李實椿은 위위경衛尉卿으로 있었다. 이순효는 사람됨이 청백하였다. 일찍이 몽골에 사신으로 갔다가 왔는데 돌아올 때에 단 한 가지 물품도 가져오지 않았으며 행낭行囊이 텅 비었으므로 마을 아낙네나 역졸들까지도 모두 그의 청백한 절조에 탄복하면서, "진짜 관원이다."라고 하였다. 고종 때 여러 벼슬을 거쳐 전라도 순문사가 되었다가 죽었다.

송언기宋彦琦

진주鎭州 사람이다. 부친 송순宋恂은 예절을 잘 아는 사람으로 알려졌으며 벼슬이 시랑평장사에 이르렀다. 비록 퇴직한 후에도 나라의 어떤 예식이 있을 때는 모두 그에게 문의하였었다.

송언기는 젊어서부터 글을 잘 지었다. 고종 때에 과거에 급제하고 금주金州의 수령으로 나가서 정사에 청렴하고 공평하며 옥사를 명찰하게 판결하여 협잡배와 토호[姦豪]들이 자취를 감추었다. 성적이 우수하다 하여 도병마녹사都兵馬錄事로 등용되었다가 얼마 지난 후에 감찰어사監察御史로 되어 우창右倉을 감리하였다. 그때 마침 흉년이 들어서 창고의 쌀을 팔게 되었는데 사겠다고 찾아와서 간청하는 사람이 많았다. 송언기는 공적 입장에서 공평하게 고루 나누어 주니 그때 사람들이 '현명한 어사'라고 칭송하였다.

몽골 기병 2백여 기騎가 수달피를 잡는다는 구실로 가주嘉州, 삭주朔州, 구주龜州, 태주泰州에 침입하였는데 실제는 약탈을 목적으로 하였다. 송언기가 기병 몇 사람을 데리고 가서 타일렀더니 몽골병이 이내 물러갔다. 이때로부터 네 차례나 몽골에 사신으로 가서 강화를 체결하여 7년 동안은 국경이 조금 평온하였다.

벼슬이 여러 번 올라 판 장작감判將作監에 이르렀다. (고종) 33년(1216)에 왕이 다시 그를 강화 사절로 보내려 할 무렵에 송언기가 병이 났다. 재상들이 서로 말하기를 "송공의 병이 낳지 않으면 나라는 장차 어찌 되겠는가?" 하며 걱정하였다. (그러나 그가) 죽으니 나이는 43세였다.

김수강金守剛

모든 사물에 정통하였고 지조가 탁월하였다. 고종 때에 과거에 급제하고 직사관直史館으로 있다가 여러 차례 옮겨 시어사侍御史가 되었다. 그때 강화로 수도를 옮기고 몽골에서 해마다 장수를 보내 침략하면서 서울로 되돌아오라고 독촉하고 있었다. 왕이 김수강을 몽골에 보내 선물을 전하게 하였다. 김수강이 몽골 황제가 있는 화림성和林城으로 좇아가서 철병할 것을 청하였더니 몽골 황제는 고려왕이 육지로 나오지 않은 것을 빙자하여 승낙하지 않았다. 김수강이 아뢰기를 "비유컨대 사냥꾼이 짐승을 몰아 굴로 들어가게 하고 활과 살을 가지고 그 앞에서 지키고 있으면 곤경에 빠진 짐승이 어디로 나올 수 있겠는가? 또 지금 얼고 눈보라 치는 겨울에 땅이 얼어붙게 되면 초목이 어떻게 살 수 있겠는가?"라고 하니 몽골 황제가 이 말을 옳게 여기고 하는 말이 "너 때문에 두 나라는 마땅히 화친을 맺어야 하겠다."라고 하고 서지徐趾를 보내 철병하게 하였다.

그 후에 몽골군이 또 와서 침략하므로 또 김수강을 보냈는데 그때는 몽골 황제가 몸소 송나라를 공격하고 있던 시기였으므로 김수강이 그의 행영行營으로 찾아가서 철병할 것을 간청하였더니 몽골 황제가 또 허락하고 사신을 보내 김수강과 동반하게 하였다.

김수강은 벼슬이 중서 사인中書舍人에 이르러서 죽었다. 크게 쓰임을 받기 전에 죽으니 당시 여론이 애석한 일로 여겼다.

장일張鎰

자는 이지弛之이며 처음 이름은 장민창張敏昌이니 창녕군昌寧郡의 아전이었다. 성품이 온순하고 공손하여 정직하였으며 글을 잘 지었고 관리로서의 재간이 특출하였었다.

고종 때에 과거에 급제하였으나 고향으로 돌아가 15년 동안이나 있다가 승평 판관昇平判官에 임명되었는데 정치의 성적이 우수하다고 알려졌다. 그러나 파직되자 또 전과 같이 은둔하였다. 안찰사 왕해王諧가 그를 추천하여 직사관直史館으로 임명하였고 그후 여러 관직들을 지나 전중시어사殿中侍御史가 되었다.

원종 초에 시랑 김지석金祇錫과 더불어 서로 바꾸어 가면서 전라·충청·경상 3도의 안찰사로 되었는데 사람들이 말하기를 "그의 위엄은 김지석보다 못하지만 결단력은 그보다 낫다."고 하였다.

이후 이부 낭중으로 옮기고, 또 병부·예부의 시랑과 좌간의대부를 역임하였다. 삼별초가 반란을 일으켜 진도珍島에 웅거하고 있을 때 장일이 남쪽 지방에서 민심을 얻었다고 하여 그에게 경상도 수로방호사水路防護使의 벼슬을 주어 인민들을 진정시키고 무마하게 하였다. 장일이 무릇 여덟 번이나 상국(원나라)에 사신으로 가서 임금을 욕되게 하지 않았으므로 판 태부시사判太府侍事가 되었다. 그러나 병이 나서 관직에서 물러날 것을 요청하였으나 왕이 허락하지 않고 "장일은 나랏일에 종사하여 현명하게 처리해 나갔으며 공로가 있으니 아직도 큰일을 할 수가 있다."고 말하고 특별히 뛰어 올려 그에게 첨서추밀원사 한림학사 찬성사의 벼슬을 주었다.

원종 14년(1273)에 전라도 지휘사로 파견되었으며 이듬해에는 동지추밀원사로 옮겼다.

충렬왕이 즉위하여 지첨의부사 보문서 태학사 수국사修國史로 승진시켜서 치사하게 하였다. 얼마 후에 죽으니 나이 70세였다. 시호는 장간章簡이며, 아들은 없다.

김유성金有成

안성현安城縣 사람이다. 아버지 김돈金墩은 관직이 상서좌복야에 이르렀다.

김유성은 나이 15세에 과거에 급제하여 동문원同文院 녹사가 되었다. 원종 때에 원나라 세조世祖가 비서감 조양필趙良弼을 보내 일본을 선무하는데, 우리나라로 하여금 그 길을 인도하게 하였다. 이때 김유성은 서장관으로 임명되어 조양필과 함께 일본에 가서 원나라 황제의 명령을 순종하면 복이 오고 거역하면 화가 닥친다는 것을 타일러 주었더니 일본은 그 명령을 받들고 사신을 보내 원나라에 입조하였다. 김유성은 그 공로로 여러 번 승진하여 감찰어사가 되었다.

충렬왕 때에 원 세조가 다시 첨원僉院 홍군상洪君祥을 보내 일본을 초유하도록 하였는데 왕은 김유성이 말을 잘한다고 하여 태복윤太僕尹으로 승진시켜서 선유사宣諭使로 임명하였다. 당시 서장관이 결원으로 되었으나 사람들이 모두 꾀를 써서 피하려고 하였다. 그런데 곽린郭麟이라는 사람이 있었다. 청주淸州 사람으로서 과거에 장원으로 급제하여 직문한서直文翰署로 임명되었는데 사람됨이 충직하고 글을 잘 알고 잘 지었다. 그가 여러 사람들에게 말하기를 "어려운 일에 부딪쳐도 사양하지 않는 것이 신하가 된 의리가 아닌가? 왜 사양들만 하는지 모르겠다."라고 하였더니 어떤 사람이 이 사실을 재상에게 말하였다. 재상이 기뻐하면서 곧 그를 서장관으로 임명하였으나 그의 장인 최양崔諹이 재상을 만나서 서장관으로 가는 것을 중지해 줄 것을 부탁하려고 하였다. 그러나 분연히 떨쳐 말하기를 "죽는 것은 마찬가진데 나라 일에 죽는 것이 처자의 손에서 죽은 것보다 낫지 않습니까?"라고 하면서 드디어 일본으로 떠나갔다. 일본은 지난번의 정벌에 감정을 상하였으므로 그들을 모두 붙잡아 두고 돌려보내지 아니 하였다.

나라에서는 그들을 불쌍히 여기고 멀리 일본에 가 있는 김유성에게 관직을 주고 해마다 그의 집에 녹봉을 주었는데, 이렇게 하여 관직이 첨의참리에까지 이르렀다. 또 곽린에게도 관직을 주고 또 그가 요청하는 추동楸洞의 토지를 주었다. 이 두 사람의 생사에 대해서 사람들이 듣지 못했다.

김제안金霽顔

자는 중현仲賢으로 양간공良簡公 김방경金方慶의 손이며 상락군上洛君 김앙金昻의 아들이다. 과거에 급제하여 공민왕 13년(1364)에 정언正言이 되었다. 당시에 내수內竪(내시) 한휘韓暉와 이귀수李龜壽의 두 사람이 변방에서 세운 공이 있다 하여 차례를 뛰어 넘어서 첨의평리에 올라 국가의 기밀을 관할하고 왕의 총애와 신임을 두텁게 받고 있었으나 간관諫官이 그들의 임명장에 서명을 하지 않았다. 그런데 두 사람은 김제안이 그렇게 한 것이라고 의심하고 왕에게 참소하기를 "저희들이 나라를 위하여 제 몸을 돌보지 않고 외지에 나가서 풍상을 헤아리지 않고 노력하였는데 김제안은 나이가 어린 자로서 그릇되게 언관의 자리에 앉아 있는 것도 잘못인데 저희들의 임명장에 서명하지 않을뿐더러 무릇 달천㺚川 전역[21]에 공이 있었던 장령과 군사들의 임명장에 서명을 하지 않으니 이것은 왕을 배반할 뜻이 있어서 부장들을 해체시켜 버리려는 것입니다."라고 하였다.

이 말을 듣고 왕이 크게 성을 내어 시중 경천흥慶千興과 첨서밀직 원송수元松壽, 밀직부사 김달상金達祥에게 말하기를 "한휘와 이귀수는 온갖 고초와 어려움을 겪으면서도 나를 위하여 많은 힘을 썼고 그 공로가 크기 때문에 작위를 주어 보답하려고 하였더니 김제안이 그들의 임명장에 서명하려 하지 않는다고 하니 그를 문초하여야 하겠다."고 하였다. 경천흥 등이 대답하기를 "낭사가 많은데 어찌 김제안 한 사람만이 그 책임을 다 지겠습니까?"라고 하였다. 왕이 말하기를 "김제안은 그대들의 일가친척이기 때문에 그대들을 위해서도 내가 그런 말을 한 것이다."라고 하면서 또 원송수를 꾸짖기를 "그대가 관리의 선발을 맡아보면서 김제안을 끌어다가 간관으로 삼았으니 도대체 무슨

21 공민왕을 폐위시키고 고려 왕위를 넘보던 덕흥군의 군대가 침입하였을 때 싸우던 전투.

목적으로 그렇게 하였는가?"라고 하니 원송수가 바닥에 엎드린 채 땀을 흘리면서 대답을 하지 못하였다.

왕이 장차 김제안을 옥에 가두려고 하니 경천흥과 송인적宋仁績과 다투어 말렸으나 왕의 뜻을 막지 못했다. 그러자 김달상金達祥이 앞으로 나아와서 말하기를 "김제안은 간관입니다. 만일 그를 감옥에 가둔다면 후세 사람들이 전하를 어떤 임금이라고 하겠습니까? 그리고 임명장에 제때에 서명하지 않은 것이 무슨 죄로 된단 말입니까?"라고 하였더니 왕이 더욱 노하여 안으로 들어가 버렸다.

다음날 김제안이 병을 핑계대고 관직을 내놓으려고 하니 왕은 중사中使를 파견하여 억지로 나와서 일을 보게 하여 임명장에 서명하게 하고 마침내 김제안을 파면시켰다.

(공민왕) 15년(1366)에 군부좌랑 전록생田祿生을 따라 하남왕河南王 확곽첩목아擴廓帖木兒를 예방하러 갔었는데 연경에까지 이르렀을 때 황태자는 고려왕과 하남왕 간에 관계가 있게 되는 것을 미워하여 그들에게 귀국할 것을 명령하였다. 이때 김제안은 전록생에게 말하기를 "공은 대신이므로 머물러 있을 수 없으나 저는 여기 남아서 반드시 사명을 다하도록 하겠습니다."라고 하였고 그 길로 병이 들었다고 핑계하여 연경에 남아 있었다. 그러면서 그의 형 김제민金齊閔에게 편지를 써 보내기를 "연경이 옛날과 같지는 못하지만 문사들이 살 만한 곳입니다."라고 하였다.

왕이 김제안이 어떤 다른 음모를 가지고 있나 하여 의심하였다. 얼마 안 있어 김제안은 연경으로부터 홀로 말을 타고 하남으로 뛰어가 국서國書를 전달하면서 말하기를 "재상 전녹생은 영지令旨(황태자의 명령)를 받고 귀국하였으나 김제안은 왕의 명령을 전달하지 않을 뿐만 아니라 또 대왕(하남왕)의 명성을 잘 들었던 만큼 만 리를 멀다 하지 않고 여기에 왔습니다."라고 하였다. 또 한편으로 옥촉玉燭을 하사하였다. 왕이 이것은 무엇인가 물으니, 김제안이 말하기를 "이것은 등불을 밝히는 물건으로서 그슬려지면 불이 어두워지나 닦으면 곧 밝아지는 것이니 왕이 덕을 이와 같이 닦기를 바랍니다."라고 하였다. 그리고 눌러 있으면서 하남 왕에게 글을 올리기를 "우리 국왕이 총명하고 인자하면서도 군사에 익어서 앉은 자리에서 백만 명이나 되는 홍건적을 소탕하여 원나라 황실을 편안하게 함에 있어서 천하의 선봉이 되었습니다. 그런데 지금 대왕의 충성과 도의의 소문이 천하에 가득하므로 우리 국왕은 대왕과 동서에서 힘을 합쳐서 외람하게 반란을 일으킨 무리들을 진압하고 황실을 도우려고 합니다."라고 하였더니 하남왕이 대단히 기뻐하여 황제에게 아뢰어 중의대부 중서병부낭중 첨서하남강북등처행추밀원사簽書河南江北等處行樞密院事의 관작을 주게 하였다.

김제안이 본래 유금儒琴을 잘 탔는데 이때 하남왕을 위하여 한 번 타니 왕이 좋아하였다. 얼마 있다가 하남왕이 막객幕客 곽영석郭永錫과 함께 보내 답례 방문케 하였다. 왕이 김제안을 대언으로 삼으려고 하였으나 신돈辛旽은 그가 자기에게 먼저 와서 인사하지 않았다하여 이를 저지하였다. 이에 왕은 그를 내서 사인으로 고쳐 임명하였다가 얼마 후에 전교 부령으로 강직되었다. 이에 대해 김제안이 항상 불만을 품고 있었는데 그 후 전임前任 밀직부사 김정金精 등과 더불어 신돈을 처단할 것을 꾀하다가 사전에 누설되어 순군巡軍에 붙잡혀 장형을 받았으며 신돈이 사람을 시켜 목을 매어 죽였다.

박의중朴宜中

자는 자허子虛이며, 처음 이름은 박실朴實로 밀성密城 사람이다. 아버지 박인기朴仁杞는 판도 총랑이었다. 박의중은 공민왕 때에 장원 급제하여 전의 직장이 되고 누차 옮겼다가 헌납 사예獻納司藝가 되었다. 우왕[辛禑] 때에 문하 사인으로 임명되었다가 좌사의대부로 승진되었는데, 당시 정리鄭釐와 함께 상소하기를 "근래 사헌부에서 올린 몇 가지 일은 참으로 공론에 맞는데 전하께서 받아들이지 않고 계시므로 지금 어리석은 제 의견을 기탄없이 말하려 합니다. 우리나라는 태조께서 왕업을 이룩한 이래 여러 임금이 왕위를 계승해 왔습니다. 전하께서는 자질이 명철하시어 어려서 왕위를 계승하여 지금까지 9년 동안 잘 지켜 왔습니다. 그런데 근년에 왜적의 침입이 날로 치열해져서 깊이 침범해 들어 와 백성들을 살상 약탈하고 방화하여 주・군이 조락해 지고 전야가 황폐되었습니다. 게다가 수재와 한재로 기근이 계속 발생되어 굶어 죽는 사람들이 연달아 있고 창고들이 텅 비었습니다. 그런데 도적들이 일어나서 사사로이 서로 학살하여 백성들이 분산되고 부자가 서로 보전하지 못하니 화란의 극심함이 이보다 더 심한 때가 없었습니다. 하물며 상국에서는 국교를 단절하고 국경에 군대를 주둔시켜 도발할 틈을 엿보고 있습니다. 하물며 천재지변 기타 산짐승과 물고기들까지도 자주 이상한 형상을 나타내어 일종 경고의 징조로 됩니다. 그 결과 온 나라 사람들이 노소 할 것 없이 모두 다 불안한 상태에 놓여 있습니다. 전하께서는 참으로 조심하여 감히 안일하시지 말고 여러 사람들의 의견을 널리 채납하여 치안을 도모하며 변괴를 없애야 할 것입니다. 하루라도 게을리 하거나 한 가지 일이라도 소홀히 해서는 안 될 것인데 더군다나 급하지 않은 일을 하시며 듣고 보기에 유쾌하며 마음에 만족하도록 오락과 유흥에 취해서야 되겠습니까? 옛날 하夏나라 태강왕太康王이 임금의 자리에 있으면서 자기 일을 하지 않고 안일과 오락을 즐겼기에 그의 동생 다섯 사람은 대우大禹의 훈계를 서술하면서 노래를 지어 부르기까지 하였으나 태강은 무도하게 놀다가 드디어 그 자리를 보전하지 못하였습니다. 상商나라의 태갑太甲이 예법을 마음대로 파괴하려고 하므로 이윤伊尹이 훈계하니 태갑은 이것을 경계로 삼아 신용과 도덕을 지켜 상나라의 좋은 임금으로 되었습니다. 태갑과 태강이 차별이 있는 것은 훈계를 지킨 것과 안 지킨 것에 있었습니다. 옛 선비[先儒]들이 말하기를 '이 두 가지 훈계를 자기 자리 옆에 걸어 두든지 기둥에 새겨 두어 마치 옛날의 성현이 자기 앞에 와 있는 것처럼 하면 이것이 나라를 보호하는 철옹성이며 생명을 보전하는 좋은 약으로 될 것이다.'라고 하였습니다. 바라건대 전하께서는 태갑을 본받고 태강을 경계로 삼으며 날마다 이 두 가지 교훈으로써 반성하여 주색과 가무의 오락을 그만 두고 사냥하는 유희를 끊고 성현의 말을 무시하지 말고 충직한 사람들을 배척하지 말며 덕행이 높은 사람을 멀리하지 말고 불량한 사람들과 친하게 지내지 말며 참소를 멀리하고 간諫하는 말을 받아들이며 어진 사람을 등용하고 간사한 사람을 내쫓으며 아침저녁으로 근면하고 아주 조심하고 항상 하늘을 존경하고 백성을 보살피는 것을 자기의 임무로 삼으면 하늘이 임금을 세운 뜻에 보답하고 조상의 중대한 부탁에 감당하며 신하와 백성들의 기대하는 마음을 위로해 줄 수 있으며 나라를 영원히 보전할 수 있을 것입니다."라고 하였는데 왕은 대답하지 않았다.

그는 성균 대사성으로 옮겼다가 밀직제학으로 임명되었다. 중국 명나라에 가서 철령 이북을 반환하여 줄 것을 청하였다. 공민왕 때부터 사신으로 가는 사람들은 금은과 토산물을 많이 가지고 가서 물건을 바꿔왔다. 비록 유식한 사람들이라도 세력 있는 귀족들의 청탁에 마지못해서 가지고 간 개인의 사용 물품이 공헌물의 10분의 9를 차지하니 중국에서는 고려 사람들이 큰 나라를 섬기는 것을 구실로 무역 상 이익을 위하여 온 것이라고 하였다. 임견미와 염흥방이 권세를 부리게 되자 그 폐단이 더욱 심하였다. 그런데 박의중은 한 가지 물건도 가지고 가지 않았다. 요동 진무 서현徐顯이 세포細布를 달라고 하니 박의중은 자루를 털어 보이면서 자기가 입고 있던 모시옷을 벗어 주었다. 서현은 그의 청백함을 감탄하여 예부에 이를 알이니, 명나라 천자가 그를 접견하고 특별히 대우하였다. 서현은 나와서 사람들에게 말하기를 "설偰 재상을 비롯하여 내가 본 고려 사신들이 많았으나 박재상처럼 임금의 대우를 받은 사람이 없었다."라고 하였다. 또 명나라 황제가 예부 관리에게 명하여 회동관에서 박의중에게 연회를 베풀어 주게 하고 앉는 자리를 전 원나라 평장원사의 위에 앉게 하고는 드디어 철령에 위衛를 세울 의논을 그만두었다. 이때에 장자온張子溫이 금의위錦衣衛에서 죽고 그를 따라 간 사람 두 명이 아직 귀국하지 못하고 있었는데, 박의중에게 맡겨서 돌려보냈다.

며칠 후에 요동에서 최영이 군대를 동원하고 있다는 것을 알렸다. 박의중이 요해遼海에 도착하자 수행자들은 요동에서 체포될까 두려워하여 중로에서 모두 다 도망하였으나, 박의중은 혼자 말을 타고 요동까지 와서도 조금도 무서워하는 빛이 없었다.

창왕[辛昌]이 즉위하여 추성보조 공신호를 하사하였다. 공양왕 때에 동지경연同知經筵이 되었다. 하루는 왕이 경연에 나와서 시강관侍講官들에게 말하기를 "나는 나이 많아서 성인의 경서를 읽어도 도움이 되는 게 없다."라고 하였다. 박의중은 말하기를 "옛날에 진평공晋平公이 사광師曠에게 말하기를 '내 나이 이미 77세인데 배우고 싶으나 늙어서 안되겠다.'라고 하니 사광이 대답하기를 '왜 촛불을 켜지 않습니까?'라고 하였습니다. 진평공이 말하기를 '어디 신하로서 자기의 임금을 희롱하는 법이 있는가?'라고 하니 사광이 대답하기를 '제가 감히 어찌 임금을 희롱하겠습니까? 제가 이런 말을 들은 바 있습니다. 즉 소년이 배우기를 좋아 하면 떠오르는 햇빛과 같고 장년이 배우기를 좋아하면 중천에 떠오르는 햇빛과 같으며, 늙어서 배우기를 좋아 하면 촛불 빛과 같다고 하였습니다. 촛불 빛도 암흑 속에서 걷는 것보다 좋지 않습니까!'라고 하였는데 평공은 이 말을 옳다고 하였습니다. 지금 전하께서 아직 젊으니 배우는데 늦지 않습니다."라고 하였다. 왕은 이것을 가상히 여기고 받아들였다.

서운관書雲觀에서 글을 올려 아뢰기를 "『도선밀기道詵密記』에는 지리쇠왕地理衰旺의 말이 있습니다. 마땅히 한양으로 옮겨 송도의 지덕地德을 쉬워야 할 것입니다."라고 하였다. 왕이 박의중에게 묻기를 "그대는 수도를 옮기는 것을 어떻게 생각하는가?"라고 하였다. 박의중은 대답하기를 "저는 옛날 임금이 참위술수讖緯術數로써 자기의 국가를 보전하였다는 것을 듣지 못하였습니다. 더욱이 지금 백성들이 많은 의혹을 품고 있습니다. 즉 중국에서 공문이 오면 반드시 국경에 사건이 발생한 것이라고 하며 첩보를 가지고 달려오는 병사가 있으면 중국의 군대가 곧 올 것이라고 하며 궁궐문 안에 들어오는 것을 금지하면 이것은 반드시 무슨 원인이 있다고 합니다. 민심이 이런데다가 많은 사람들을 동원하여 서울을 옮기면 백성들은 더욱 의혹할 것입니다. 그리고 공급의 비용과 소란스러운 폐단이 헤아릴 수 없을 것입니다. 원컨대 전하께서는 잘 살피시기 바랍니다."라고 하였으나 왕은 듣지 않았다. 얼마 후에 예문관 제학 겸 성균 대사성에 임명되었다. 본조(조선)에 들어 와 검교 참찬의정부사로 있다가 죽었다. 나이는 67세였다. 그는 자질이 명민하고 학문에 조예가 깊었으며 청렴하고 강개하며 편안할 때나 위험에 처해도 시종일관 절개를 지켰다. 문장이 정밀하고 뜻이 깊고 전아典雅하였다.

휘찬여사 권38

양리전良吏傳

고려 태조太祖가 처음 삼한三韓을 평정하였을 때는 초창기였으므로 미처 주와 현의 관리를 두지 못하였다. 성종이 비로소 10도道로 나누고 군현을 정하여 수령을 두었으니 이때부터는 염문사廉問使, 출척사黜陟使 등을 파견했으며 여러 번 농사를 장려하고 조세를 감면하는 조서詔書를 내렸으니 양리良吏가 많이 배출되어야 할 듯하지만 지금 역사 기록에 보이는 것은 오직 왕해王諧 이하 몇 사람뿐이다. 아마도 기록에서 누락되어 전해지지 못한 것인가 보다.

이 몇 사람들은 혹 청렴하고 근신하게 자신을 기율하였거나 혹은 인자하게 백성을 보살펴 모두 사랑을 남겼으니 옛 양리들에 비하여 부끄러울 것이 없다. 이에 「양리전良吏傳」을 짓는다.

왕해王諧 김지석金之碩 최석崔碩 정운경鄭云敬 이보림李寶林

왕해王諧

아버지 왕유王惟는 예빈경禮賓卿이었다. 왕해가 젊었을 때 과거에 급제하여 여러 관직을 거쳐 감찰어사監察御史가 되어 법을 바로 지켜 조금도 흔들림이 없었다. 고종 때에 소부 소감少府少監을 거쳐 경상도 안찰사로 나가서 악을 제거하고 선을 장려하니 그 지역 사람들이 모두 두려워하며 복종하였다.

최이의 아들 중 만종萬宗과 만전萬全이 쌀 50여 만 석을 축적하여 백성들에게 주어 이자를 불리며 부하 중들을 각처로 보내서 혹독하게 부채를 독촉하였으므로 백성들은 가진 것을 다 털어 주고도 세금을 제때 바치지 못하였다. 이에 왕해가 명하기를 "백성들이 아직 세금을 바치기 전에는 개인 빚을 먼저 독촉하는 자는 처벌하라!"고 하였다. 이로부터 두 중의 무리들이 함부로 하지 못하고 조세도 제때에 거둬들이게 되었다.

후에 왕해가 진주 부사晉州副使가 되니 아전들은 그를 두려워하고 백성들은 그를 존경하였다. 동도 유수東都留守로 옮기니 진주 백성들이 울면서 1년만 더 있게 해달라고 청하니, 다시 더 있게 되었다.

왕해는 성격은 침착하고 강직하며 정직했고 청백하였으며 큰 절개를 갖고 있어서 그가 계획한 일은 백성들을 이롭게 하지 않은 것이 없다. 33세에 죽었는데 이 소식을 듣는 사람은 놀라며 "나라의 큰 보배를 잃었다."라며 탄식하였다.

김지석金之碩

그 세계世系를 자세히 알 수 없다. 고종 말에 제주 부사濟州副使로 되었는데 그곳의 관습으로 남자 나이 15세 이상이 되면 세공으로 콩 1섬[斛]을 바치고 또 수백 명의 아전[衙吏]들도 매해 말馬 1필씩 바치면 부사副使와 판관判官이 이것을 나누어 가졌다. 그러므로 제주도의 수령이 되면 가난뱅이도 모두 부자가 되었다. 전에 정기井奇와 이저李著란 두 사람은 이곳의 부사로 있으면서 모두 뇌물을 받은 죄로 파면되었다. 이에 김지석은 제주에 부임하는 날 곧 콩과 말의 공납을 면제시키고 청렴한 아전 10명을 선발하여 관아의 이원吏員으로 쓰니 행정이 물과 같이 맑게 되어 백성들과 아전들이 그를 존경하고 복종하였다.

이에 앞서 경세봉慶世封이 제주 부사로 있으면서 역시 청백하다는 칭송을 받았는데 이때 고을 사람들이 "예전에는 세봉이요 그 후에는 지석이 있다."라고 칭송하였다.

최석崔碩

충렬왕 때 과거에 급제하고 여러 번 승진하여 승평부사昇平府使가 되었다. 임기가 다하여 내직으로 들어가서 비서랑秘書郎이 되었다.

승평 고을에는 옛날부터 부사의 전임 때에는 말 8필을, 수령이면 7필을, 법조法曹이면 6필을 선물로 주고 선물 받는 사람이 골라잡는 관례가 있었다. 그래서 최석이 돌아갈 때에도 고을 사람들이 말을 가지고 와서 고르라고 하니 최석이 웃으며 말하기를 "말은 서울까지 가면 그만이지 골라서 무엇하느냐?"라고 말하였다. 자기 집에 도착하자 그 말을 되돌려 주었으나 고을 사람들은 받지 않았다. 이때 최석이 말하기를 "내가 너희 고을 부사로 있을 때 말이 새끼를 낳아 내가 그 망아지를 데리고 왔으나 이것은 나의 탐욕이었다. 이제 너희들이 받지 않는 것은 아마 나의 탐욕을 알고 겉으로 사양하는 것이 아닌가?"라고 하면서 망아지를 끼워서 주었다. 이때부터 그 폐단이 드디어 근절되었다. 고을 백성들이 송덕비頌德碑를 세우고 '팔마비八馬碑'라고 불렀다.

정운경鄭云敬

봉화현奉化縣 사람이다. 충숙왕 때에 과거에 급제하여 상주 사록尙州司錄에 임명되었다. 그때 용궁 감무龍宮監務가 뇌물을 받았다고 무고하는 자가 있어서 안렴사가 정운경을 보내 국문하게 하였다. 정운경이 용궁에 가서 감무를 보고 묻지도 않고 돌아와서 말하기를 "아전이 탐오한 것은 나쁜 짓이지만 법을 농간할 만한 재주도 있고 사람을 두렵게 할 만한 위엄도 있지 않으면 못하는 일이다. 그런데 현재 그 감무는 늙고 제 구실도 못하는데 누가 그에게 뇌물을 주겠습니까?"라고 하였다. 안렴사가 과연 그것이 무고라는 것을 알고 경탄하여 말하기를 "사록은 참으로 장자長者로다."라고 하였다.

그 고을 출신 환관이 중국 천자의 총애를 받고 천자의 사신으로 와서 무례한 짓을 하려 하니 정운경은 즉시로 벼슬을 버리고 떠났다. 이에 그 환관은 부끄럽고 두려워서 용궁까지 밤을 도와 좇아와서 사죄하였으므로 돌아왔다.

충혜왕 때에 지밀성知密城이 되어 외직으로 나갔다. 그때 그곳 사람으로서 재상宰相 조영휘趙永暉의 포목을 빚진 사람이 있었는데 어향사御香使 안우安祐 편에 공문을 보내 그 빚을 받으려 하였으나 정운경은 이것을 보류하고 집행하지 않았다. 그러자 안우가 말을 달려 김해부金海府에 들어가서 미처 성 밖까지 나와 영접하지 않았다고 트집을 잡아 그 고을 부사를 때렸다. 사정을 살피려고 보낸 밀성 아전이 고을 사람들에게 이 사정을 급히 보고하니 사람들이 모두 불안해하였다. 안우가 도착하자마자 전일에 보낸 공문이 어떻게 되었는지를 물으니 정운경은 말하기를 "밀성 사람에게 포목을 빌려 준 사람은 조모趙某이니 스스로 받을 일이지 당신이 물어볼 바가 아닙니다."라고 하였다. 안우가 노하여 좌우에 있는 사람들을 시켜 정운경을 욕보이고자 하자 정운경이 정색을 하며 "이미 천자의 명령을 예식대로 영접하였는데 무슨 죄로 나를 처벌하려는가? 당신은 천자의 덕음德音을 포고하여 먼 곳 백성에게 혜택을 베푸는 대신에 그런 짓을 하겠는가?"라고 하였다. 안우는 기가 꺾이어 그만두었다.

그 후 복주福州 판관으로 부임하니 고을 아전 권원權援은 지난날 정운경과 함께 향학鄕學에서 글공부한 사람이었다. 이때 그는 술과 안주를 차려 가지고 와서 면회를 청하였다. 정운경은 그를 불러들여 함께 술을 마시면서 말하기를 "지금 그대와 함께 술을 마시는 것은 옛정을 잊지 못해 그런 것이네. 그러나 만약에 내일이라도 그대가 법을 위반하면 아마 이 판관判官이 그대를 용서하지 않을 것이네."라고 하였다.

고을의 어떤 중이 옹천역瓮川驛 길에서 도적에게 맞아서 거의 죽게 되었다. 역리驛吏가 그 사유를 물으니, 중이 말하기를 "내가 포목 몇 필을 가지고 걸어가고 있었는데 그때 길가 밭에서는 거름 주는 사람도 있었고 또 밭갈이하는 사람도 있었소. 갑자기 어떤 사람이 뒤에서 날카로운 소리로 '나는 밭갈이 하는 사람인데 부르는데도 왜 대답이 없느냐?'라고 하였는데 미처 응답도 하기 전에 내려치고 포목을 강탈하여 갔습니다."라고 하였다. 얼마 안 가서 중은 죽었다. 아전들이 밭갈이하던 사람을 잡아다가 고을에 보고하고 그를 문초하여 한 범죄 사건이 되었다. 이때 정운경이 외출하였다가 돌아와서 말하기를 "중을 죽인 사람은 아마도 이 사람이 아닐 것이다."라고 하였다. 목사牧使가 "벌써 자백하였는데!"라고 말하니 그는 "어리석은 백성이 국문의 고통을 견디지 못한데다가 놀란 김에 말을 잘못하였을 따름일 것입니다."라고 하였다. 이에 목사가 정운경에게 다시 심문하게 하였다. 정운경은 즉시 거름 내던 밭주인을 불러들여 "네가 전날 밭에 거름 줄 때 누군가 중에 대하여 말하던 사람이 있었지! 숨기지 말라!"라고 하니 밭주인이 "어떤 사람이 중이 가진 포목은 술값이나 될 것이라고 하였습니다."라고 말하였다. 그 자를 잡아다가 바깥에 두고 그의 처를 데려와 묻기를 "내가 들으니 모월 모일에 너의 남편이 너에게 얼마의 포목을 주었다는데 그것은 어디서 얻은 것이냐?"라고 문초하니 그 처는 "남편이 포목을 나에게 맡기면서 하는 말이 '빌려 갔던 자가 돌려준 것이오.'"라고 대답하였다. 이에 곧 "포목을 빌려갔던 자가 누구냐?"라고 추궁하니 그 남편은 말이 막혀 자백하였다. 목사가 놀라며 물으니 정운경은 "무릇 도둑들은 자취를 감추고 누가 알까봐 겁을 냅니다. 그런데 '나는 밭갈이하는 사람'이라고 하니 이는 속임수입니다."라고 말하였다. 이에 고을사람들이 모두 승복하였다.

충목왕 때에 서운 부정書雲副正으로 있으면서 서장관書狀官에 뽑혀서 하정사로 원나라에 갔다. 당시 기 황후奇皇后는 황제의 총애를 독차지하고 있었으며 환관[中貴][22]에 고려 사람이 많았는데 그들이 와서 음식을 대접하는 품이 거만하였으므로 정운경이 정색하여 "오늘의 접대는 옛 주상主上을 위한 것이다."라고 말하니 환관들이 크게 놀라며 "이 선비가 우리를 깨우쳐 주었다."라고 말하였다.

그 후 양광도와 교주도의 안찰사를 역임하고 전법 총랑典法摠郞으로 옮겼다.

공민왕이 즉위하여 정운경과 좌랑 서호徐浩가 법을 지켜 권세 있고 벼슬 높은 자에게도 굽히지 않는다는 이유로 내전內殿에 불러들여 술을 주었다. 상서尙書 현경언玄慶言이 왕에게 아뢰기를 "임금과 왕비의 양궁의 침전寢殿은 잡인 금지를 지극히 엄하게 하는 법인데 요즘에 외인의 출입에 통제가 없습니다. 궁전의 문을 맡는 것은 환관의 직책인데 지금은 홀적忽赤이 문들을 지키고 그저 폐하의 호위만 하고 있어 지금은 전하의 좌우가 시장 바닥과 같아서 전하께 말씀드리기도 전에 이미 외부에 누설되고 있습니다. 형벌을 장악한 관원을 가까이할 것이 아닌데 정운경과 서호에게 침전에서 술을 주시니 모두 옛 제도에 어그러집니다."라고 하니, 왕이 그 말을 옳게 여겼다.

오래지 않아 다시 전주 목사全州牧使로 갔다. 그때 원나라 사신 노모盧某가 횡포하여 도처에서 수령들을 능욕하였는데 갑자기 말을 달려 이 고을에 들어와서 교영郊迎하지 않았다는 구실로 처벌하려 하였다. 정운경은 예를 따지면서 굴하지 않고 그날로 관직을 버리고 떠나니 고을 부로父老들이 울며 떠들었다. 노가도 부끄럽게 여기면서 굴복

22 중귀中貴 : 중관中官, 환관宦官. 고대에는 황제가 총애하는 근신近臣을 범칭泛稱하기도 하였다.

하고 만류하였으나 그는 듣지 않았다.

그 후 소환되어 병부 시랑에 임명되고 강릉삭방도江陵朔方道를 순무하다가 다시 내직으로 올라 형부를 주관하였다. 어떤 송사訟事가 도당都堂으로부터 내려왔으므로 정운경이 재상에게 "백관을 그 공로에 따라서 등용하면서 유능한 자는 등용하고 무능한 자는 물리치는 것이 재상의 일입니다. 법의 집행으로 말하면 각각 담당 관원들이 있는데 일일이 모두 묘당廟堂이 주관하면 이것은 직권 침범입니다."라고 하였다. 오래지 않아 형부 상서에 임명되고 그 후 검교 밀직제학으로 있으면서 병으로 사직하고 영주榮州로 돌아가서 죽었다.

아들은 정도전鄭道傳·정도존鄭道尊·정도복鄭道復인데 정도전은 독자적으로 전傳이 있다.

이보림李寶林

문충공 이제현의 손자이다. 사람됨이 엄격하고 품행이 방정하였으며 정치적 재능이 있었다. 일찍이 남원 부사로 있을 때 새로 제용재濟用財를 설치하고 경비를 마련하여 백성들에게서 함부로 수탈하는 일이 없었다. 또 경산부京山府 수령으로 있을 때 길을 가다가 어떤 부인의 울음 소리를 듣고 말하기를 "슬퍼하는 울음 소리가 아니고 마치 기뻐하는 것 같다." 하고 그를 잡아다 심문해보니 과연 간부姦夫와 공모하여 남편을 살해한 여자였다.

또 어떤 사람이 "이웃 사람이 자기 소의 혀를 잘랐다."고 고발하였는데 이웃 사람은 불복하였다. 이보림은 그 소의 목이 마르게 하고 마을 사람을 모아 놓은 후 물에 장을 타 놓고 명령하기를 "차례로 소를 끌고 가서 먹이되 소가 먹으려거든 곧 못 먹게 하라!"고 하였다. 마을 사람들이 명령대로 하였는데 피고의 차례가 되자 소가 놀라 달아났다. 그를 심문한즉 과연 자복하기를 "소가 내 곡식을 먹기 때문에 그 혀를 잘랐다."고 하였다.

또 어떤 사람의 말[馬]이 뛰어 가서 남의 보리를 거의 다 먹었다. 보리 임자가 고발하려 하니 말 임자가 말하기를 "나도 보리밭이 있으니 익으면 너에게 주겠으니 고발하지 말라."고 하였으므로 보리 임자는 고발을 하지 않았었다. 여름철이 되어 그 보리의 싹이 다시 돋아 수확할 수 있었다. 말 임자가 말하기를 "네 보리도 자랐으니 주지 못하겠다."라고 하므로 보리 임자가 고발하였다. 이보림이 명령을 내려 말 임자를 앉고 보리 임자는 서라고 한 후에 말하기를 "함께 뛰어 가되 지는 자는 처벌할 것이다."라고 하였다. 말 임자가 따르지 못하고 항의하기를 "저자는 서고 나는 앉았으니 어찌 따를 수 있겠는가?"라고 하였다. 이보림이 말하기를 "보리도 그러하다. 뜯어 먹은 후에 돋아 난 싹이 어찌 같이 여물 수 있겠는가? 너는 말이 뛰어 남의 보리를 먹게 하였으니 첫째 죄요 고발을 하지 않도록 꾀인 것이 둘째 죄며 약속을 어기고 주지 않은 것이 셋째 죄다. 법을 어지럽게 한 백성은 처벌하지 않을 수 없다." 하고 마침내 매를 치고 보리를 고발자에게 변상하게 하였다. 그는 공무를 처리함에 있어서 엄정하기가 이러하였다.

우왕 초에 판안동부사判安東府事로서 공적이 제일이었음으로 발탁되어 대사헌에 임명되었다. 그때 임박林樸이 북원北元에 보내는 공문에 서명하지 않으므로 이보림이 이인임李仁任의 비위를 맞추기 위하여 그를 규탄하여 귀양보냈다. 세상에서 그가 정의감이 없다고 비난하였다.

제주에서 검은 양을 보내 왔다. 그것을 여러 고을에 나눠주어 기르게 하였는데 많이 죽고 새끼를 낳지 못하였으므로 죽은 양의 댓가를 변상시키고 나머지 양을 재상들이 나눠 기르려고 하였다. 이보림이 권중화權仲和와 함께 말하기를 "백성에게 댓가를 변상시키고 우리들이 나눠 가지는 것은 양심에 어떻다고 할까?"라고 하여서 마침내 저지되었다.

벼슬이 정당문학政堂文學에 이르고 계림군雞林君에 봉해졌다. 시호는 문숙文肅이며 아들은 없었다.

| 휘찬여사 열전2 |

영인본

木齋家塾彙纂麗史卷之三十

名臣九

閔宗儒 霽 朴全之 尹宣佐 洪彬 金倫
李兆年 韓宗愈

閔宗儒 平章事令謨玄孫也年甫十一選爲王子始陽府學友十九調清道監務郡多大姓號難治宗儒不受請謁繩之以法以最聞俞千遇見而奇之妻以女忠烈時累遷三司右尹進密直副使授贊成事忠肅六年封福興君八年革異姓封君者宗儒例罷明年王留元未歸權漢功等怨王欲請立瀋王上書中書省逼百官署名人皆畏勢迎合或有詭避者有人持紙諷署名宗儒叱曰臣爲君隱直在其中至如欺罔是可忍邪吾雖老不爲若輩遂却之其人慙而退十一年卒年八十謚忠順天姿莊重明識典故優於吏幹不妄交遊公退便杜門謝客灑掃庭堂淨如也子頔進賢館大提學頔之子曰抃封驪興君抃生霽

霽 字仲晦性清簡不喜華侈好讀書一覽輒記長於史學恭愍王十九年登第選爲春秋檢閱辛禑時判少府寺事禮儀判書辛昌時拜開城尹商議密直司事恭讓元年除藝文館提學禮曹判書霽自少以知禮聞故及陞樞府常兼禮曹惡異端淫祀使工圖僕隷制梃喉犬逐僧巫狀於壁觀之王一日御經筵謂霽曰聞禮曹定服色省減佛事然乎對曰服色欲禁異土之物佛事春秋藏經外當悉罷之王曰不貴異物實是美德若佛事先王所爲予何敢擅罷出爲漢陽府尹

朴全之 竹州人年未弱冠登第歷史翰忠烈五年元詔選衣冠子弟入侍全之與焉與中原名士遊商確古今山川風土如指諸掌旣還除吏兵部侍郎以年少官高上章辭出守安東王愛其才召拜殿中尹忠宣爲世子令侍講多輔導之功及世子受禪置詞林院以全之崔昷吳漢卿李瑱等爲學士掌銓注王常屛左右幸詞林院咨議政理賜酒食或至夜分而罷賜宮燭送至其家累遷密直副使忠烈復位以讒見罷忠宣卽位封延興君忠肅八年守僉議贊成事時瀋王之黨誣王以罪上書都堂逼全之署名全之奮然曰狗奴敢汙我邪乃遣其子瑗聞于王及王還國起全之視事以老固辭乃授政丞致仕卒年七十六謚文匡爲人溫慤遇事剛果方孩時外王父李藏用見曰此兒必克家及長通經史究學術忠宣嘗召入

內廣平江陵二君侍王令各書名以示曰誰享國者全之不敢對王固要之良久避席曰觀兩君筆蹟亞君當璧矣不數月廣平卒江陵爲嗣

尹宣佐字淳叟侍中瓘之七世孫也生而頴異忠烈朝擢魁科直文翰署忠宣初授左正言遷內書舍人按全羅道以剛直聞忠肅卽位拜監察執義與尹莘傑白元恒進講資治通鑑尋以事罷復授執義時瀋王暠得幸英宗誣王以罪欲奪其位患得之徒皆附焉權漢功蔡洪哲等邀閔漬趙玥欲請立暠會百官慈雲寺督署呈省書人爭趨之宣佐獨曰吾不知吾

君之非臣而誣君狗彘不爲噬之而去由是臺諫文翰得不署名事定中書以其書歸之王數其不署者而嘆曰非宣佐在憲司則其他未可知也時王留元五年財用匱乏暠黨知之封府庫以沮輸運宣佐檄察官趙琯督責主者輸運乃行王歸國除民部典書出尹漢陽旣而王及公主如龍山謂左右曰尹尹清儉故使牧民汝曹愼毋撓也忠肅後四年親注守令至雞林尹輟筆愬曰朝臣盈庭無如尹尹卽注之其見信於王類此明年拜藝文館大提學致仕忠宣後四年得微疾整衣冠而卒年七十九性廉簡愼交遊閒居常若對賓惟以經史自娛有質疑者輒引經以對老莊刑名之書靡不研窮故學者多歸之詞翰清麗一時表箋皆出其手

洪彬字文野南陽人其先世居燕彬宿衛內庭積其勞歷松江府判官太常禮儀院經歷忠肅被讒留元彬爲王出死力訟其屈及王復位彬從王東還王念其功留之奏授征東省理問官拜都僉議贊成事忠肅薨遺命彬署征東省事時曹頔作亂脅彬及省官襲王宮頔敗死餘黨皆繫巡軍獨宥彬及省官元聽頔黨詐遣使執忠惠及彬等以歸幽王于刑部械彬

等于獄使中書省樞密院御史臺雜訊之忠惠不能自明事殆矣彬曰頔王之奴奴而欲戕其主王法所不赦彬以先王遺命權行省事事干邦憲者彬實當之王不當坐辭氣慷慨人皆爲彬危之彬曰吾王之子吾不直之何以見先王於地下乎王復位策勳一等封唐城君仍奏彬爲行省郎中後王被執如元彬與德城君奇輈權征東省代言印璫自元疾驅來封內帑馹騎多斃彬謂璫曰君之至國人皆謂復正三韓今但封庫邪奮袂而出託疾不肯視事忠穆嗣位有許政者中原人也誣彬以爲印璫奉王命來彬怫

然曰皇帝使八歲童莅國國安危可知因辭去無人
臣禮引蔡河中爲證事聞中書省遣人來鞫事竟白
彬曰吾不可久於此遂如元爲興國路揔管後還國
恭愍卽位拜右政丞封唐城府院君與洪彦博李公
遂提調政房頃之辭王遣內人起之彬杜門不出宰
樞會其家請之復出視事尋辭而卒年六十六諡康
敬

金倫字無已參理賆之子兢礪之曾孫忠烈時哈丹
來寇國人入江華避之倫外舅許珙爲冢宰令挈家
以先倫年十四指畫如成人一門賴之蔭仕爲辨整

彙纂麗史卷之三十 五

都監有巨室與鄕民爭一女奴子倫閱其籍曰此某
相家與諸子立券者距今若干年矣齒女奴子若孫
以較先後相懸而女奴之名一字微偏必僞也某相
諸子當家置籍一本盍取而考之巨室果詘及監察
侍丞有二人爭家口乙曰先世嘗訟于臺知臺姓許
者按分之甲所得物故無裔乙家幸得蕃息遺火
亾其籍甲幸灾誣乙爲兼幷爾倫默計歲月曰所謂
許知臺必吾家文敬公也命吏撿當時印簿所分名
數俱存以詰甲甲乃詘其精覈多類此嘗從忠烈入
朝忠宣日候于邸從臣退縮倫身兼數任獨居左右

忠烈嘉其志忠宣亦遇以禮忠肅留元五年瀋王暠
得幸于帝羣不逞誘脅國人上言願得瀋王爲主倫
與弟元尹禑獨不署名或私於倫曰違衆自異若後
悔何倫罵曰臣無二心職耳何悔之有尋以都巡問
使鎭合浦卒乘精明號令嚴肅元使致敬焉頔構亂
伏誅訊其黨于巡軍府將嚴究倫曰此輩詿誤於頔
耳何足責邪今若痛施栲掠必謂我枉法取服以欺
朝廷乃弛其刑囚感悅自首獄成驛聞丞相伯顔右
頔黨奏徵忠惠忠惠道召倫倫聞馳赴至則伯顔奏
下倫獄令五府官雜問頔黨多利口倫折以片言辭

彙纂麗史卷之三十 六

理簡直五府官改容目之稱白鬚宰相忠惠東還功
在第一圖形壁上封彦陽君後帝遣使執王以歸倫
時家居聞變痛不及奔問乃與諸宰議所以陳乞朝
廷者咸曰陪臣犯天威恐有大譴前政丞姜融醴泉
君權漢功及李凌幹等皆曰不可倫厲聲曰臣之於
君子之於父當盡恩義耳諸相默然倫又言令之呈
省雖不蒙允然救其主而得罪吾知其必無也一坐
然之令李齊賢草其書國老多不署名竟未就王流
揭陽道薨倫終身忿憤形於言色忠穆初陞左政丞
未幾乞退忠惠久未諡王召倫問之對曰先王不返

徒以親近憸壬斂怨累德今禍首猶在必先正其罪
以明先王無他然後可請遂與李齊賢等上疏曰竊
見康允忠起自賤隸得幸先王姦謟兇淫旣經杖斷
宜畏法以退藏復貪榮而冒進百端逞欲一代肆凶
先王所以詔獄就徵岳陽返葬允忠一賊實是根株
閔渙九人只爲枝葉積釁專歸於上狡謀獨免其身
至使先王存被譴訶歿稽贈謚伏乞轉呈上國加此
賊兩觀之誅雪先王萬世之恥王感悟轉呈于元授
倫改正請謚二表遣之倫謝曰臣桑榆之年七十有
二恐顚躋道路辱明命然喘息尚存臣敢不行將如

彙纂麗史卷之三十 七

元忽得風疾十日不飲水漿令左右扶起具衣冠端
坐而逝謚貞烈喜觀書多識典故有問響應無疑仁
宗姻信故舊疾惡嘉善無擇戚疎愛君憂國不渝夷
險號竹軒子敬直累官至密直忠定初以毁辱王杖
流海島恭愍召拜贊成事封彥陽伯紅賊退倭寇楊
廣京城戒嚴敬直詣王宮見宰樞博奕戲謔還家太
息曰國將亡乎吾嘗中如焦火矣時雖太平宰相不
相戲謔今不恤兵革饑饉耽樂若是欲不亡得乎如
吾父在聞之卽欲死矣
李兆年字元老京山府人父長庚恭儉有威鄉人嚴

憚之兆年短小精悍神采秀發力學能文少懷（一作有）
志節堅確敢言疾惡如仇赴人急如水趨下忠烈二
十年登第累轉爲禮賓內給事出知陝州入爲秘書
郞三十二年從王如元王惟紹宋邦英離間王父子
諸從臣皆懷疑退縮兆年恃無他獨進退惟謹倒遠
竄歸鄉者十三年未嘗出一言自訟其非罪忠肅留
元五年瀋王內懷覬覦左右多反覆兆年與十六士
署一紙欲赴闕以請兆年獨往四千里獻其書忠惠
以世子入元丞相燕帖木兒見而悅之因忠肅辭位
奏錫王命太保伯顔惡燕帖木兒待忠惠不禮忠肅

彙纂麗史卷之三十 八

復位忠惠宿衛于元帖木兒已死伯顔遇忠惠益薄
忠惠與燕帖木兒子弟及回鶻少年輩飮爲謔昵回
骨女感之不上宿衛伯顔益惡之目曰撥皮從臣皆
不敢言兆年進戒曰殿下事天子宜日愼一日何乃
棄禮縱情以速累乎然此非殿下之過殿下長於阿
保之手所共遊者多無賴子孰從而聞正言見正事
乎儒者雖朴拙皆能習經史識廉恥殿下目之爲沙
箇里此何等語邪殿下能遠倭倖親儒雅改行自飭
則可不然天威咫尺其嚴乎王不能堪其言踰墉而
走曹頔之亂忠惠被徵至燕兆年從之伯顔蓄宿憾

使王與頔黨辨兆年慷慨發憤謂李齊賢曰吾欲面訴丞相其意可囘列戟守門莫得其閒幸其出餞城南吾當上書道左碎首馬蹄之下死明吾君子其把筆書吾書夜起沐浴雞鳴將行伯顏適以是日敗書不果上然聞者莫不悚然曰膽大於身李公是已忠惠襲位還國以嚴見憚每入見王聞屐聲曰兆年來矣屏左右整容以俟王一日步自北宮彈雀于松岡兆年徑進跪曰殿下寧忘明夷之時乎今惡少假威略婦女攘財貨民不樂其生恐禍在朝夕此而不恤顧玩細娛乎初王幸商人林信女有寵授信大護軍

高麗史卷之一百十 九

信毆奇輪王右信毀輪家兆年並諫之王盛怒旣而溫言謝遣兆年謝病明日匹馬還終身不出不交人閒事官至政堂文學所歷多聲績忠惠四年卒年七十五諡文烈配享忠惠王廟庭

韓宗愈字師古漢陽人自幼瞻視異常魁顏偉幹望之儼然知爲公輔器其未達也放蕩不羈與一時名士相往還羣飲無虛日醉起垂袖爲舞歌楊花詞號楊花徒忠烈朝年十八擢第入史翰忠肅朝累遷藝文應教時王留元瀋王暠與王相持國人頗惑宗愈慨然爲王訟理乃與兆年等爲書如元獻之王擢爲代言王又爲姦臣所誤謂宗愈曰吾欲表請于元禪位瀋王密以表授宗愈趣令印之宗愈曰國家傳之祖宗豈宜廢嫡以與旁孫乎固諫不得旣退託以墜馬不起與兆年謀諸大臣執姦臣仵之事竟不行曹頔之亂與金倫理其黨獄從忠惠如元俱繫獄事叵測會伯顏死得解王還國拜評理封漢陽君賜鐵券圖形壁上以贊成事王有岳陽之行時忠於王者宗愈及兆年耳忠穆幼沖嗣位宗愈奉帝詔輔政拜右政丞王嘗欲觀李杜詩宗愈曰抽黃對白無補於政王命進之託以無典守者竟不進忠定立權倖用事

高麗史卷之一百十 十

宗愈以府院君退老其鄉恭愍元年與金承澤等入侍書筵王每加優禮復欲相之三年病卒年六十八諡文節性厚重喜談笑樽俎閒和氣油然可愛處事接物皆有餘裕爲文章務去俗氣尤致意於詩別業在漢江楮子島中嘗作詩云十里平湖細雨過一聲長笛隔蘆花却將殷鼎調羹手還把漁竿下晚沙號復齋

論曰君臣無獄君臣獄父子將獄若高麗烈宣肅惠之際君臣父子之獄極矣方忠宣鄙在西蕃瀋王謀奪嫡姦臣權漢功等密附瀋孽將許忠肅而廢之可

謂天下之大變也一國諸臣爲其怵脅或潛懷觀望獨閔宗儒朴全之尹宣佐金倫洪彬李兆年韓宗愈七臣者屹然不動於其間盡忠竭節力排邪議卒能復王位安其宗祏其忠盛矣苟非守死善道疇足與於斯哉及忠惠嗣位瀋黨因曹頔搆亂又訴忠惠而幽之亦天下之大變也時則三臣老矣倫彬兆年宗愈左右忠惠死生以之雪誣伸枉俾得嗣統厥績尤茂焉

李穀 安軸 宗源 輔 王煦 金永旽
金永煦

李穀字仲父韓山人自齠齔舉止異常稍長讀書忘倦早孤事母孝忠肅七年登第拜藝文檢閱後入元擢元朝制科授翰林國史院檢閱與中朝文士交遊講劘所造益深爲文章操筆立成典雅高古不敢以外國人視也言於御史臺請罷求童女代作疏曰古之聖王其治天下也一視而同仁雖人力所至文軌必同而其風土所宜人情所尚則不必變之以爲四方荒徼風俗各異苟使同之中國則情不順而勢不行也高麗本在海外別作一國苟非中國有聖人邈然不與相通以唐太宗之威德再舉伐之無功而還

國朝肇興首先臣服著勳王室世祖皇帝釐降公主賜詔獎諭曰衣冠典禮無墜祖風故其俗至于今而不變方今天下有君臣有民社惟三韓而已爲高麗計者當欽承明詔率乃祖攸行修明政教朝聘以時與國咸休可也而乃使婦寺之流根據中國寔繁有徒怙恩恃寵反撓本國至有冒干內旨爭馳傳遽歲取童女絡繹輦來夫取人之女以媚于上爲己之利此雖高麗自取既稱有旨豈不爲國朝之累乎夫人之生子鞠之育之將以望其反哺也無尊卑之別華夷之間其爲天性一也抑彼風俗寧使男異居女則

不出若秦之贅壻然凡養于父母者有女之尸焉故其生也恩斯勤斯日夜望其長能有以奉養而一朝奪之懷抱之中送之四千里外足一出門終身不返其爲情何如也今高麗婦女在后妃之列配王侯之貴而公卿大臣多出於高麗外甥者此其本國王族及閥閱豪富之家特蒙詔旨或情願自來且有媒聘之禮焉固非常事而好利者援以爲例凡今使其國者皆欲妻妾非但取童女而已側聞高麗之人生女者卽秘之惟慮不密雖比隣不得見每有使臣至自中國便失色相顧曰胡爲乎來哉非取童女者耶非

取妻妾者耶已而軍吏四出家搜戶捕若或匿之則
係累其隣里縛束其親族鞭撻困苦見而後已一遇
使臣國中騷然雖雞犬不得寧焉及其聚而選之妍
醜不同或啖其使臣而飽其欲雖美而舍之舍之而
他求每取一女閱數百家惟使臣之爲聽莫或敢違
何者稱有旨也如此者歲再焉或一焉間歲焉其數
多者至四五十既在其選則父母宗族相聚哭泣日
夜聲不絶及送于國外牽衣頓仆攔道呼號悲痛憤
懣有投井而死者有自縊者有憂愁絶倒者有血泣
喪明者如此之類不可殫記其取妻妾者雖不若此

彙纂麗史卷之三十　十三

逆其情取其怨則無不同也書曰匹夫匹婦不獲自
盡民主罔與成厥功恭惟國朝德化所及萬物咸遂
高麗之人獨有何罪而受此苦乎昔東海有怨婦三
年大旱今高麗有幾怨婦乎比年其國水旱相仍民
之飢莩者甚衆豈非怨嘆能傷和氣乎今以堂堂天
朝豈不足於後庭而必取之外國乎雖承恩朝夕猶
懷父母鄉黨之至情也而乃置之宮掖愆期虛老
時或出而歸之寺人終無孚者十之五六其怨氣傷
和又如何也伏望渙發德音明示條禁絶其後望消
怨致和萬物育焉不勝幸甚帝納之忠惠後二年奉

表如元仍留六年時本國官爵濫奴隸亦得美官穀
中崔江求爲正尹穀聞之寄詩云不好正尹生得錯勝中書死後加前安
訖趙湞死後皆拜中書故云忠穆襲位還國穀寓書
宰相史有晌字下惟吾五百年三韓國之不國久矣風俗
敗毁刑政紊亂民不聊生如在塗炭幸今國王受命
之國民之望之若大旱之望甘澍然國王以春秋之
富謙恭沖默一國之政聽於諸公則其社稷安危人
民利病士君子之進退皆出於諸公即今本國之俗
以有財爲有能有勢爲有加至以朝衣儒冠爲倡優
雜劇之戲直言正論爲閭里狂妄之談宜乎國之不

彙纂麗史卷之三十　十四

國也穀之所以離親戚去鄉國久客於輦轂之下者
正爲此耳比聞諸公所以輔政更化者與前日不甚
相遠名雖尚老而少者實主其柄名雖尚廉而貪者
實執其權既斥惡少而大者不悛其惡既改舊臣而
新者又附其舊似非國王委任之意朝廷聞之得無
不可乎累轉政堂文學封韓山君都僉議贊成事尋
還國忠定立以穀嘗請立恭愍不自安遊關東三年
卒年五十四謚文孝性端嚴剛直人皆敬之所著稼
亭集二十卷行于世

安軸字當之福州興寧人生而穎悟力學工文中第

選補史翰忠肅甲子中元朝制科授遼陽路蓋州判官時忠肅被留于元軸謂同志曰主憂臣辱主辱臣死乃上書訟王無他累遷左司議轉監察大夫皆帶館職表箋詞命多出其手以檢校評理求出牧尚州時母在興寧往來起居以致養焉忠穆立首論相召還尋陞政堂文學贊成事右文館大提學監春秋館事與李齊賢等增修閔漬所撰編年綱目時執事者不喜儒罷封君軸處心公正持家嚴而有法見善則稱之不已見惡則避之不近嘗曰吾平生無可稱四為士師凡民之屈為奴者必理而良之父碩早歿軸

教二弟輔輯俱登第為名卿二弟事之亦如父忠穆戊子卒年六十七諡文貞嘗存撫江陵道有文集曰關東瓦注號謹齋子宗源年十七登第忠穆時選補史翰秩滿當遷同僚沈東老年高位下宗源讓之軸聞而喜曰讓德之先也我讓於人人誰捨我我家有人殆益昌乎後為典法摠郎辛旽擅權士大夫爭附之有執政者曰公一見領相諫官可得也宗源曰宗源性懶趨勢非所能也其人慙反譖于旽出知江陵府有惠政民立生祠以祀之閒居七八年屏跡不出及旽誅起為左司議大夫尋禑即位與右司議柳珣

舍人朴尚眞獻納林孝先正言盧嵩閔由誼上書都堂曰宦者為患前史可見我忠宣王吐蕃之辱忠惠王岳陽之禍皆由伯顏禿古思龍普之所為也至於前日萬生大逆極矣今主上幼冲當親老成以養德性不可復令宦者朝夕狎昵壅蔽聰明以至誤國至於魂殿既有都監敬供朝夕不可復令宦者紛然聚會以基固寵之地惟相國圖之時禑幼政出宰相故宗源等獻書於宰相不見省尋拜大司憲乃上疏言宦官李得芬但以先代微勞位至贊成招權納賄讒毀朝臣中外臣庶莫不切齒幸賴睿斷遠竄于外然

其徒黨尚多濫受官爵虛費祿俸無補國家將來之禍實為可慮請依祖宗舊制擇聰敏者不過十人以備宮內使令餘悉罷黜又與掌令呂克禋尹就持平成石珚等上疏曰近年　明朝譴責我國所需金銀雖罄一國之力不足以充其費蓋緣奉使者不顧大體挾齎私物就彼興販以致中朝愈不直我而輒拒使者辱國莫甚焉宜將物貨差等定數不許於數外輒賚一疋布因擇遣廉公有威者境上搜撿犯者置之極刑家產沒入官其使副亦皆科罪從之崔瑩誅權臣貪汙者以宗源清謹擢門下贊成事恭讓朝封

興寧府院君仕　本朝判門下府事卒爲人端慤風猷恬暢嘗構雙清亭喜接士禮款洽

輔字員之年十九登第選補春秋修撰忠穆元年中元朝制科授遼陽行省照磨省官重其才皆禮貌之爲母老棄官東歸拜右代言轉典法判書恭愍立知其賢授密直提學提調銓選事當夜半王趣輔入將授人官旣而取曆觀曰今日猖鬼也姑止輔卽跪曰王者奉天時不在於此殿下欲行則行猖鬼何害王變色俄拜政堂文學輔感知遇知無不言王以謂闊於事情輔亦乞歸養出爲東京留守六年卒年五十六謚文敬輔性剛直廉潔喜讀漢史爲文章去華取實臨事務存大體未嘗依違顧望

王煦初姓名權載蒙古名脫歡政丞溥子也其兄準受知忠宣王問其兄弟聞載名則喜未及見授郎將俄遷三司判官王在元召之一見遂以爲子賜姓名王煦系屬籍王還國出入常同車由司僕副正轉司憲執義忠肅元年陞爲三重大匡雞林府院君稱王弟時年二十餘忠宣如元奏爲皇太子速古赤爵雞林郡公卽都下買田宅以賜亡年官者伯顏禿古思構忠宣流于吐蕃煦乞以身代帝聞而矜之禿古思

不能害煦從門客數人詣吐蕃道遇使者西去與語使者喜曰吾奉詔迎王有事于諸路公宜先行因給馹騎煦兼行至臨洮見王旣而使者至遂奉忠宣還京師及忠宣薨服衰麻奉柩東還旣葬每朔望私祭陵下至歿身忠肅留元瀋王內懷覬覦詭計百端左右多反覆煦獨以義自將終始無間言自忠宣薨垂二十年未有謚煦如元請謚幷請忠肅謚柄國者莫爲助煦獨任其責所費無筭竟得請忠穆元年丁母憂起爲僉議右政丞溥尚無恙强之再三不獲已視事首以選法歸之典理軍簿舊制官吏祿薄賜京畿田人若干畝謂之祿科權貴奪之幾盡領府尤受其害煦下令復之由是爲權姦所忤而罷之金永煦代之時人觖望明年溥卒踰月帝命煦脫衰入朝又明年煦與左政丞金永旽奉帝旨來告王曰帝問先王失德臣等奏先王初不若是爲小人道之耳其徒尚在不去亦誤今王帝然之敕臣等曰汝其往治太妃聞之泣下賜酒慰謝永旽傳帝密旨曰可復以王煦爲政丞盧頙在側慭赧退而屬疾於是置整治都監以煦及永旽贊成事安軸判密直金光轍爲判事鄭珚金玶等爲屬官分遣量諸道田民兼按廉玶管楊

廣道利川縣吏嘗以公田賂政丞蔡河中理問尹繼
宗科截吏耳徇于道內牒報都監錄事安吉祥懔繼
宗舊恩不以告煦求吮怒批其頰鳴鼓黜之元遣使
賜煦求吮衣酒及鈔董其整治煦等以奇皇后族弟
奇三萬奪人田恣行不法杖之下巡軍獄死行省理
問所收都監官佐郞徐浩校勘田祿生訊問煦與求
吮呈書僉議府曰我等親奉帝命整治本國今行省
理問所以三萬之死歸咎都監囚浩祿生理問河有
源挾私枉問必欲誣服自今不可正治其轉達中書
省旣而煦與求吮欲親奏帝如元理問所累遣人追

之悉囚都監官會帝遣中書省右司都事兀理不花
等賜衣酒于王及煦求吮至洞仙驛遇之乃還不花
以帝命問整治幾何理問所乃釋浩等俄因浩誣服
拘都監官吳璟陳永緖安克仁李元具金成安于獄
元聞三萬死遣工部郞中阿魯刑部郞中王胡劉等
來鞫復遣直省舍人僧家奴杖整治官白文寶等十
數人惟煦安軸以帝命原之光轍元具以病免杖帝
仍降璽書復置整治都監令煦判事時求吮執已見
煦恥與校帝詰之事皆委煦尋領都僉議司事四年
復爲政丞京城大饑楊廣西海尤甚煦發廩賑濟所

活甚衆忠穆薨德寧公主命煦與府院君奇轍攝行
征東省事煦等遣李齊賢如元上表請立嗣王忠定
元年入賀聖節東還至昌義縣以疾卒年五十四爲
人簡嚴莊重魁頎脩幹望之毅然平生不妄言稍讀
書通大義能言先賢事好接賓客雖下士必待之盡
禮再爲相以興利除害爲心及卒盧頙懼整治時究
治已事沮官葬又令沿路諸驛禁置樞正廳驛吏望
樞號泣迎入祭之如父母恭愍元年贈諡錄其子孫
諡正獻後享恭愍廟庭子重貴有宰相器度恭愍初
爲左副代言奇轍伏誅以轍壻流外後拜同知密直

司事忤辛旽見罷時元與本國釁讒者誣重貴等泄
國陰事于元流之未幾召拜監察大夫十八年瑞原
君盧嵩奉北元詔至黃州王遣大將軍宋光美執嵩
鞫其由嵩誣服與重貴李壽林李明等謀行諜遂下
重貴等獄殺之梟首于市人皆惜其無辜辛禑時贊
成事池大淵欲娶重貴妻奇氏數行媒不應一日大淵率
徒詣其第婢僕走報曰願夫人避之奇曰我不可苟
逃婢僕意其從之奇饗大淵以酒大淵自以事得諧遂欲
入室奇捽大淵胡批其頰曰宰相有如此強暴之行邪
寧死從汝乎大淵慙而退奇往告崔瑩曰大淵以妾有華

屋欲有之暴辱於妾公以淸直聞故來告耳乃移居
國人義之子顧嚴道

金永旽上洛公方慶之孫判三司恂之子也永旽小
字邪海忠烈王末登第始除江陵府錄事曹頔之亂
侍從有勞策勳爲一等賜推誠秉義翊贊功臣號封
上洛府院君後忠惠被執于元宰相國老欲上書請
赦王罪議不同永旽曰主辱臣死請之宜急語在金
倫傳至忠穆朝爲左政丞與王煦等判整治都監事
時以奇三萬之死行省理問所因整治官徐浩田祿
生等永旽告王曰殿下何譴責整治官王曰三萬奪

高麗史卷之百十　三十

人田五結何至於死永旽曰三萬怙勢縱恣奚止奪
五結田王召理問河有源問之永旽曰我等親奉帝
命先治元惡浩祿生奚罪乃自繫行省獄王命出之
語在王煦傳四年卒

永煦永旽之弟也忠肅時累遷至三司右尹忠惠以
侍從功賜推誠保節同德翊贊功臣號除三司左使
忠惠被執于元侍從群小百官皆走匿獨永煦衛王
中興忠穆卽位拜贊成事提調政房尋拜右政丞恭
愍時入侍書筵請罷辨整都監王曰予欲聞嘉言設
書筵卿言實非予心遂稱疾入內永煦初封福昌君

後封上洛侯十年卒年七十謚貞簡性嚴毅沈重親
姻故舊有賣之者無不賙給其孫士安士衡年皆踰
冠或謂永煦曰盍爲求官對曰子弟果賢與國家自
用之苟不賢雖得之可保乎聞者皆服子蔵官至
密直副使

論曰忠肅忠惠之際國家多事其時諸臣曉逆順識
去就者不多見也唯閔宗儒等七臣之外又有韓渥
元忠安軸李齊賢及王煦金永旽永煦七臣而已煦
於瀋王之變秉心不貳及拜相首以選法歸之二銓
可謂知宰相之體矣永旽力主呈書求煦衛王中興
視乃祖忠烈抑無忝焉

高麗史卷之百十　三十一

崔瀣　張沆　李晟

崔瀣字彦明雞林人文昌侯致遠之後父伯倫擢魁
科民部議郎瀣幼穎悟九歲能詩旣長登第補成均
館選藝文春秋檢閱以事貶長沙監務忠肅八年應
擧于元中制科授遼陽路蓋州判官還拜藝文應教
累轉成均大司成瀣才奇志高讀書爲文辭不資師
友超然自得不識異端而務合於古人至論異同苟
得其正雖老師爲時所宗者且詰且折確持不變延
祐科擧聞詔乃曰可試所學果中制科壯元宋本稱

其才屢形於詩自是名益著異己者益排之遂放蕩
敢言卒不大用然取友必端詩酒自娛嘗過東萊縣
登海雲臺見合浦萬户張瑄題詩松樹削去之瑄聞
之怒令猛將追之遂潛踰竹嶺而免士林傳笑其恃
才傲物類此平生不理産業自號拙翁後居城南獅
子山下自著猊山隱者傳曰隱者名夏屆或稱下逮
蒼褆其氏也世爲龍伯國人本非覆姓至隱者因夷
音之緩併其名而易之隱者方孩提已似識天理及
就學不滞於一隅纔得旨歸便無卒業其沉而不究
也稍長慨然有志於功名而世莫之許也性懶於伺

候善食酒數爵後喜說人善惡凡從耳而入者口不
解藏故不爲人所愛重輒擧輒斥而去雖親友惜其
欲改或勸或責不能納中年頗自悔然人已待以非
可牢籠入彀而隱者亦不復有意於斯世矣嘗自言
吾所嘗往來者皆善人而其所不與者多欲得衆允
難矣此其所短乃其所以爲長也晩從獅子岬寺僧
借田而耕自號猊山農隱銘座曰爾田爾園三寶重
恩取足奚自爾不可護隱者素不樂浮屠而卒爲其
佃戶蓋諗夙志之爽以自戲云忠惠元年卒年五十
四所著拙藁二卷行于世

張沆爲人廉正有文登第遷司憲大夫忠肅見謟畱
元五年未歸沆奮義忘身侍從有勞以功賜鐵券授
軍簿判書忠惠時拜密直提學封永山君忠穆初除
政堂文學每進講常以敬寢園爲戒嘗致書都堂曰
主上隆師向學樂聞善道而憸邪弄權欺天罔上使
刑政不平害及無辜致傷和氣天降旱灾餓莩載路
不可忍視掩骼胔賑飢乏則和氣可通豐稔可致也
恭愍立以沆邃禮學命修正太廟禮樂器服及卒王
曰今宰相寧有盡心宗廟如張訥齋者乎謚文顯
李晟潭陽人弱冠登第調水原司錄秩滿挈家歸竹

溪村舍日以討墳典爲事後薦補國子博士拜左司
補入直西省作詩見志藥砌清風欺我老竹溪明月誘吾情昨宵已決歸田計雪盡江南匹
馬行翼日棄官歸一時名儒咸會餞之忠宣在燕邸聞
其名招授中書舍人轉拜藝文應敎忠肅元年解官
南歸加民部典書致仕未幾卒年七十五爲人質素
無華自少力學卷不釋手所至學者雲集時人謂之
五經笥

論曰三人者節槩風流俱可尙也已

趙廉 李伯謙 申君平

趙廉淳昌人忠肅朝登第又中元朝制科授遼陽路

揔管還拜典理佐郎論昭穆之制後授左司議大夫時詔使入國誣王以不迎詔鞫兩府甚急兩府皆承㢘與右司議王伯上疏言君臣一體禍福共之且臣爲君隱猶子爲父隱今兩府私軀命遺君父請論如法辭甚剴切王覽其疏義之與伯同拜密直副使由司議入樞府前所無有也

李伯謙平章事公升四世孫也忠烈朝登第累轉右正言忠宣初授執義遷選部典書出牧濟海二州以最聞忠肅五年濟賊魁使用金成等嘯聚兇徒脅星主王子以叛欲討之而難其人賊黨咸曰若得李伯

謙宋英來撫吾豈敢叛乎乃遣伯謙及英招撫之未幾賊平加同知密直司事卒年五十八

申君平平州人登第忠肅朝爲臺官時賂權貴得官者幾百餘有崔璡者嘗匿父喪應舉得第君平皆不署告身政丞姜融贊成蔡河中懷義君崔老星左代言曹莘卿元尹申時用持平尹賢等姦佞用事君平亦皆不署遂見忤罷朝野惜之翼日掌令朴元桂署之人譏其怯後拜御史大夫卒

論曰三人者有言責官守皆可謂得之矣

李齊賢

李齊賢字仲思慶州人政丞瑱之子新羅始祖佐命大臣謁平之後自少嶷然如成人旣知爲文已有作者氣忠烈二十七年年十五登科曰此小技耳討論經籍淹貫精研瑱喜曰天其或者益大吾門乎俄選入藝文春秋館延祐甲寅忠宣留元構萬卷堂姚燧閻復元明善趙孟頫等諸學士咸遊王門齊賢周旋其間學益進諸公稱歎不置丙辰奉使西蜀所至題詠膾炙人口驟陞選部典書忠宣之降香江南也齊賢與權漢功從之王每遇樓臺佳致寄興遣懷曰此間不可無李生也忠宣嘗問齊賢曰太祖時契丹遺

槖駝今繫橋下不與芻豆餓而死槖駝雖不産中國中國亦未嘗不畜之國君有數十頭槖駝其弊不至傷民却之則已何至餓而殺之齊賢對曰刱業垂統之主其見遠其慮深非後世所及也且宋太祖養猪禁中仁宗令放之後得妖人顧無所取血知太祖慮亦及此此亦未爲定論安知太祖養猪之意不有大於取血者邪我太祖之所以爲此將以折戎人之譎計邪抑亦防後世之侈心邪蓋必有微旨此在殿下恭默而思之力行而體之爾又問我國古稱文物侔於中華今其學者皆從釋子以習章句何邪齊賢對

曰昔太祖經綸草昧曰不暇給首興學校作成人材一幸西都遂命秀才廷鶚爲博士教授六部生徒賜綵帛以勸廩祿以養可見用心之切矣光廟之後益修文敎內崇國學外列鄕校里庠黨序絃誦相聞所謂文物侔於中華非過論也不幸毅王季年武人變起玉石俱焚其脫身虎口者逃遯窮山蛻冠帶而蒙伽梨以終餘年若神駿悟生之類是也其後國家稍復文治雖有志學無所學皆從此徒而講習之學者從釋子學其源如此今殿下廣學校謹庠序尊六藝明五教以闡先王之教敢有背眞儒從釋子哉忠宣

嘉納遷知密直司事賜功臣號又以燕吳侍從功奏授高麗王府斷事後復如元柳淸臣吳潛上書都省請立省本國比內地齊賢爲上書都堂曰中庸曰凡爲天下國家有九經所以行之一也繼絶世擧廢國理亂持危厚往薄來所以懷諸侯也說之者曰無後者續已滅者封使上下相安大小相恤天下皆竭其忠力以藩衛王室矣昔齊桓公遷邢而如歸封衛而忘亡所以糾合一匡爲五霸首也霸者猶知務況居域中之大以四海爲家者哉竊惟小邦始祖王氏開國以來凡四百餘年臣服聖朝歲修職貢亦且百餘

年有德於民不爲不深有功於朝廷不爲不厚故得釐降公主世篤甥舅之好而不更舊俗以保其宗祧社稷繫世皇詔旨是賴今聞朝廷擬於小邦立行省比諸路若其果然小邦之功且不論其如世祖詔旨何伏讀年前十一月新降詔條使邪正異途海宇康又以復中統至元之治聖上發此德音實天下四海之福也獨於小邦之事不體世祖詔旨可乎中庸之書聖門所以垂訓後世非空言也觀其所言繼者吾且治之廢者吾且興之亂者治之危者安之也今無故將㝡爾之國四百年業一朝廢絶之使社稷無主

宗祧乏祀以理揣之必不應爾更念小邦地不過千里山林川藪無用之地十分而七稅其地未周於漕運賦其民未支於俸祿於朝廷用度九牛之一毛耳加以地遠民愚言語與上國不同趨舍與中華絶異恐其聞此必生疑懼之心未可以家至戶諭而安之也又與倭賊濱海相望萬一聞之無乃以我爲戒而自以得計邪伏望執事閣下追世祖念功之意記中庸訓世之言國其國人其人使修其政賦而爲之藩籬以奉我無疆之休豈惟三韓之民室家相慶歌詠盛德而已其宗祧社稷之靈將感泣於冥冥之間矣

議遂寢忠宣被譖流吐蕃齊賢與崔誠之獻書元郎
中白竊伏海濱歆芳名高下風爲日久矣思欲覩梧
竹之標聞秋陽之論顧無紹价爲之先容因循歲月
願莫之遂今忽焉披露肝膽以效於前文淺言溢恐
未足以感發尊聽然敝邑於足下爲恭桑之地雖出
幽遷喬泥蟠雲飛家中原仕上國墳墓親戚固在敝
邑於僕等所欲言又焉得以無情哉今聖天子勵精
圖治大丞相才略不世出言聽計從廟無遺筭有一
夫不獲其所一物不得其平必振拔而安措之然後
已而足下以端慤雄浚之質文之以禮樂詩書高冠

博帶優游東閣潤色伊周而彌縫房杜亦可謂得青
雲知己以行其道者矣竊惟敝邑事大以來百有餘
年歲修職貢未嘗少弛往者遼民遺種金山王子者
驅掠中原之民弄兵于海島朝廷遣哈真札剌帥師
討罪天寒雪深甬道不繼軍不得前却幾爲寇徒所
笑我忠憲王命陪臣趙沖金就礪轉餉濟師掎角而
滅之兩國之帥相與約爲兄弟誓萬世無相忘是則
敝邑所以盡力於太祖皇帝時也世祖皇帝南征返
旆將繼大統時有介弟扇變于朔方諸侯憂疑道路
甚梗忠敬王以世子率群臣拜迎梁楚之郊天下於

是觀遠人之悅服知天命之有歸是則敝邑所以盡
忠於世祖皇帝者也忠敬王襲爵東歸忠烈王復以
世子入侍輦轂世祖念其功嘉其義令尚公主以示
殊恩屢頒詔旨毋改舊俗四海之內稱爲美談我老
瀋王即公主子而世祖親甥也自世祖之時以至于
盛代歷事五朝既親且舊但以功成不退變生所忽
毀形易服遠竄吐蕃之地去故國萬餘里顛崖絕險
十步九折層冰積雪四時一色嵐瘴薰蒸盜賊竊發
革船渡河牛籍野宿間關半年方至其域飯麥麨處
土屋辛苦萬狀不可殫記行路聞之尚爲之於邑況

策名委質者哉閶闔阻排雲之呼廊廟絕蟠木之容
雖銜恤而憤泣大聲而疾呼孰聞而孰憐之邪此僕
所以當食忘味已臥復起遑遑栖栖淚盡而血繼者
也蓋柔遠敦族先王之政也以功覆過春秋之法也
足下何不從容爲丞相言之明往日之無他今日之
自艾累世之忠勤不可負國人之思慕不可遏世祖
肺腑之屬又不可以不錄於以入奏覓旒導霈金雞
之澤賜環而東復見天日使聖天子之世無向隅而
泣者則大丞相之德之美益著於遐邇而不忘本之
義善救物之仁天下皆稱頌於足下豈惟敝邑君臣

銘肌鏤骨圖報萬一而已哉又上書丞相拜住曰孟子曰禹稷思天下有溺者如己溺之思天下有飢者如己飢之也天下之溺與飢者非禹手擠之而稷過其喃也何其心斷然自以爲責而不辭歟恭惟丞相執事光輔聖天子不動聲色措天下於泰山之安王燭淸明年穀屢登戴白之叟以爲復覩中統至元之治人之生於此時亦可謂幸矣如此而有一人焉困窮之勢甚於飢溺執事其何以處之往歲我老瀋王遭天震怒措躬無所執事哀而憐之生死骨肉於雷霆之下得從輕典流宥遠方再造之恩有踰父母然

彙纂麗史卷之三十　三十一

其地甚遠且僻語音不通風氣絶異盜賊之不虞飢渴之相逼支體羸瘠頭髮盡白辛苦之態言之可謂流涕語其親則世祖之親甥也語其功則先帝之功臣也又其祖考爰自聖武龍興之際慕義先服世著勤王之效傳所謂猶將十世宥之者也竄謫以來已及四年革心悔過亦已多矣伏惟執事旣嘗力救於始無忘終惠於後申奏黈聰導宣膚渥俾還本國以終天年其爲感幸豈止陷濤瀨者穫坦途轉溝壑者飫美食而已哉若謂時未可也姑徐爲之日延月引而爲賢且有力者所先天下之士將謂執事見事獨

遲小國之人將謂執事爲德不竟竊爲執事惜之旣而帝命量移忠宣于朶思麻之地從拜住所奏也齊賢往謁忠宣驅吟道中忠憤藹然加密直司使賜功臣號轉政堂文學又封金海君忠肅薨曹頔構亂忠惠擊殺之其黨在都者甚衆必欲抵王罪元遣使名王人心疑懼禍且不測齊賢奮不顧曰吾知吾君子而已從之如京師事得辨析功在第一賜鐵券旣還羣小益煽齊賢屛迹不出著櫟翁稗說忠惠被執于元宰相國老會旻天寺議上書請赦王罪齊賢草其書曰高麗國耆老衆官謹齋沐上書于征東省諸公

彙纂麗史卷之三十　三十二

執事朝廷使臣朶赤等欽奉郊天大赦德音前來王京我寶塔實憐王引僚吏備儀仗出延城外入于本省聽詔訖使臣等就執王上馬回去事出倉卒凡在陪臣措躬無所尙復奚言然念王年少不更事直情徑行所以致此原其本意蓋亦無他天日照臨胡可誣也又念小邦始祖王氏開國海隅四百二十六年子孫相繼二十八世歷宋遼金通使往來羈縻而已及我太祖聖武皇帝龍興之際有金山王子者驅掠中原之民圖復亡遼之業勢窮東走陸梁島嶼太祖命哈眞札剌兩府帥討罪天寒雪深餉道不繼我忠

憲王遣趙沖金就礪等助兵與粮一舉破賊於是兩
國同盟萬世子孫無忘今日因分所虜生口爲信今
小邦契丹場是也世世祖文武皇帝觀兵襄陽阿里孛
哥扇變漠北諸侯虞疑各懷去就我忠敬王時爲世
子蒙犯霜露直至汴梁以迎于道世祖望見驚喜曰
高麗荒遠之邦今我北歸繼大統彼世子自來歸我
天贊我也忠敬王旣當國陪臣林惟茂父子不喜內
屬擅廢立阻兵江華世子忠烈王奔告朝廷世祖赫
怒詔王復位乘馹入覲王及世子引兵東還擒戮逆
黨去水而陸一心共職忠烈王之世世祖兩征日本

王遣金方慶等修其戰艦每爲先鋒乃顏之黨哈丹
攻陷水達達女眞之地侵及我疆欲抗天威王出兵
逆擊之隻輪無返者大德末益知禮不花王左右仁
宗皇帝定亂淸宮奉迎武宗皇帝爲一等功臣是則
王氏忠於朝廷也久矣又念世祖皇帝釐降忽篤怯
迷思公主是生益知禮不花王益知禮不花生阿納
忒室利王阿納忒室利生寶塔實里王雖疎且遠其
於世祖實有肺腑之親焉又念皇后奇氏生自小邦
上配至尊誕毓元良爲天下所慶賴朝廷之視小邦
不應與諸蕃同焉又念小邦與日本隔海爲隣我之

蒙福彼則愧其歸化之遲我之獲戾彼則甘其執迷
之陋勢之必然者也昔周執衛侯衎而卒令復位漢
徵梁王武而亦使歸梁有以見王者之大度也況我
朝廷自列聖以來好生之德萬萬過於周漢而今則
親享南郊尊祖配天大禮旣成德音廣布外薄四海
蹈舞歡呼苟有一物不被其仁澤者所宜痛心欽惟
聖天子以宥過無大之仁倘回一念使我寶塔實里
王免罹罪咎游泳恩波且使王氏君臣社稷不替其
名衣冠風俗並仍其制山海愚民獲安舊業則太祖
世祖勤恤小邦之意豈不益明世祖釐降公主生子

若孫以繫遠方之心其規模豈不益遠皇后誕毓元
良天下之慶賴豈不益偉小邦勤王敵愾之志豈不
益堅日本未服之民革其執迷樂於歸化其意豈不
益篤四百二十六年二十八世血食之鬼豈不益感
朝廷宥過無大好生之德豈不益播於天下後世哉
伏惟執事俯察芻言達于天聽後欲署名呈省國老
多不至事竟未就忠穆襲位進判三司事封府院君
上書都堂曰今我國王殿下以古者元子入學之年
承天子明命紹祖宗重業而當前王顚覆之後可不
小心翼翼以敬以愼敬愼之實莫如修德修德之要

莫如鄉學今祭酒田淑蒙已名爲師更擇賢儒二人
與淑蒙講孝經論孟中庸大學以習格物致知誠意
正心之道而選衣冠子弟正直謹厚好學愛禮者十
輩爲侍學左右輔導習與性成德造無覺此當務之
莫急者也君臣義同一體元首股肱不親附可乎今
宰相非宴會不相接非特召不得進此何理乎當請
日坐便殿每與宰相論議政事或可分日進對雖無
事不廢此禮不然則大臣日疎宦寺日親生民休戚
宗社安危恐莫得以上聞也政房之名始權臣之世
非古制也當革政房歸之典理軍簿置考功司標其

高麗史卷之三十　三十五

功過論其才否每年六月十二月受都目考政案用
以黜陟永爲恒規可以絶請謁之徒杜僥倖之門今
若因循不復古制深恐將來梁將祖倫朴仁壽高謙
之輩讒起而黑冊之誚不可遏也鷹坊內乘毒民尤
甚者前已下令革罷後復還延中外失望至使龍普
馳出見責可不愧于心乎德寧寶興等庫凡非古制
者一切釐革庶永不負聖旨勤恤之意刺史守令得
其人則民受其福不得其人則民遭其害官高而降
授偃肆不遵法年邁而求得昏懦不任事或以請謁
起壟畝垂金魚者又不足言也請如古制朝士之未

參者必經監務縣令至于四品例爲牧守而監察使
按廉使必行褒貶爲之賞罰所謂官高者年邁者用
請謁起壟畝者如不得已寧授京官勿與親民之任
行之二十年流亡不復貢賦不足未之有也金銀錦
繡不產我國前輩公卿被服只用素段子若紬布器
皿只用鍮銅甆瓦德陵作一衣問直則重繒而不爲
毅陵嘗責前王灑金之衣揷羽之笠非吾祖舊法有
以見國家四百餘年能保社稷徒以儉德也近來風
俗窮極奢侈生民困而國用匱職此而已請宰相今
後不以錦繡爲服金玉爲器又不使綺服乘馬者擁

高麗史卷之三十　三十六

其後各務儉約諷上而化下風俗可以歸厚也前者
迫徵暴斂之布使合歸於納者然恐官吏夤緣爲姦
細民未蒙實惠故妄分付諸司以充來歲雜貢今其
得免先納借貸之弊行省既有文移當早施行三食
邑既立後百僚俸祿不備夫以一國之主取羣臣養
廉之資以實私藏豈不貽譏後世請聞諸兩宮罷食
邑還屬廣興倉充其俸祿京畿土田除祖業口分餘
皆折給爲科田行近五十年邇者權豪之門奪占略
盡中間屢議釐革輒以危言脅欺上聽卒不能行此
大臣不固執之所致也果能釐革悅者甚衆不悅者

權豪數十輩而已何憚而不果爲哉州郡貢賦之逋
欠者有司百計迫徵十分莫得其一祇是斂怨而已
望下令自至正三年已前逋欠貢賦一切蠲免前此
數年窮民有因暴斂典賣男女請令諸道存撫安撫
使出榜許其來京自告因以官財量給贖還其買者
亦令自首若不自首後有告者不與直勒還父母甚
者治罪後與安軸李穀安震李仁復增修閔漬所撰
編年綱目修忠烈忠宣忠肅三朝實錄恭愍卽位未
至國命齊賢攝政丞權斷征東省事尋拜都僉議政
丞齊賢下理問裴佺及朴守明于行省獄流直城君

盧英瑞于可德島贊成事尹時遇于角山貶贊成事
鄭天起爲濟州牧使知都僉議韓大淳爲機張監務
時王在元國空虛齊賢措置得宜人賴以安嘗於拜
表陛上行禮儀衛與王無異人譏之趙日新挾負
紲之功暴橫驕恣以齊賢居右深忌之齊賢固辭不
允又因墮馬傷足上箋辭王不允加功臣號齊賢又
上三箋牢讓不已遂致仕日新聚羣不逞夜入宮害
所忌縱兵誅殺齊賢以辭位得免日新伏誅起齊賢
爲丞相封雞林府院君敎兩制賦詩以賀奇轍等伏
誅王以轍衣服綵帛賜宦寺及兩府齊賢辭以無功

不受上箋請老仍致仕撰國史於其第史官及三館
皆會焉王嘗命齊賢議定昭穆之次語在禮志王又
以修築京城訪大臣耆老齊賢上言曰三代而上不
可知三代而下立都而無城郭未之聞也我太祖東
征西討削平僭亂統三爲一之後七年而薨用瘡痍
之民起土木之役所不忍也故不城松京非不爲也
勢不可也其後因循至於顯王之初契丹蹂躪京邑
燒毁宮室王蒼黃南狩當初若有城郭之固契丹未
必蹂躪燒毁若是其甚且易也顯王二十年始命王
可道築開京城郭後金山王子引兵而來西海道忠

清道沙平津北無處不至不得入京都餘古車羅大
屯兵黃橋又不能入京都以有城郭也城郭之當修
無知愚皆知之矣若修之則農時不可奪餱粮之資
板築之材不可不備起役之後大衆一聚宮城及城
門必令守備可也紅巾之亂王南幸齊賢謁于尚州
曰若初設險守隘制勝可必恨不早圖也賊若野戰
則我軍必敗但因雨雪乘賊不虞故勝之此賴宗社
山川之祐也十六年卒年八十一謚文忠天資厚重
輔以學問其發於議論措諸事業者俱可觀初齊賢
讀史至則天紀曰那將周餘分續我唐日月後得朱

子綱目自驗其學之正人有片善稱譽惟恐不聞先
輩遺事雖細以爲難及平生未嘗疾言遽色晩年閒
居對客置酒商確古今亹亹不倦崔瀣嘗嘆曰士别
三日刮目相對吾於益齋見之矣齊賢務遵古法不
喜更張曰吾志豈不如古但才不及耳恭愍之寵辛
旽也齊賢白王曰吾嘗一見旽其骨法類古之凶人
必貽後患旽深銜毁之百端以其老不得加害乃謂
王曰儒者稱座主門生布列中外互相干請恣其所
欲如李齊賢門生門下見門生遂爲滿國之盜儒者
之爲害如此及旽之敗王曰益齋先見之明不可及

已自少儕輩不敢斥名必稱益齋及爲宰相人無貴
賤皆稱益齋其見重於世如此然不樂性理之學無
定力空談孔孟心術不端作事未甚合理爲識者所
短後配享恭愍廟所著亂藁十卷行於世齊賢嘗病
國史不備與白文寶李達忠作紀年傳志齊賢起太
祖至肅宗文寶達忠撰睿宗以下文寶僅草睿仁二
朝達忠未就藁南遷時皆散逸唯齊賢太祖紀在三
子瑞種達尊彰路瑞種子寶林

論曰李穡序齊賢之文曰公入中國從姚燧張養浩
遊視易聽新摩勵變化其學造乎正大高明之域歟
而東歸相五朝四爲冢宰東民則幸矣其如斯文何
然東方之士去其鄙陋而稍爾雅公化之也如叔向
子產道雖不行於天下化各被於其國尚奚憾哉今
因穡之言而觀其請還忠宣忠惠諸書文辭有法度
其志悲而其氣不懾有可以感回大邦之聽者信哉
其昌于詞也史譏齊賢處心不端抑其平生行事今
可得以考驗史指何事而云爾邪嗚呼惡足以掩其
鴻美也哉

末齋家塾彙纂麗史卷之三十

木齋家塾彙纂麗史卷之三十一

名臣十

李公遂　柳淑　李仁復

李公遂益州人典書行儉之孫以監察糾正擢魁科
授典儀注簿忠穆朝歷知申事監察大夫有金用謙
者性暴戾因宦者龍藏驟拜代言龍藏姪郭允正亦
藉其勢拜大卿用謙忌之說龍藏罷之奪龍藏所給
資産允正訴監察司劾之八關會王觀樂命用謙入
侍公遂奏用謙被彈不可齒朝列代言等請姑留王
曰寧少一代言必聽公遂恭愍時拜僉議評理進贊

成事授行省都事辭封益山府院君紅寇旣平復拜
贊成事領分司百官留守京都甫經兵亂庶事草創
公遂盡心區畫朝無廢政時補諸陵殿直命留都宰
相薦之多擧親屬公遂獨不擧一人曰國家有命豈
爲宰相子弟邪元將廢王納德興君立之公遂適奉
使如元至西京謁太祖原廟誓曰所不復王位者不
復東公遂奇后內兄也旣至都后及太子遣人郊勞
帝在興慶宮召見后賜饌慰曰卿盡心孝吾母是吾
兄也公遂曰周姜嫄任姒育聖基化及其中衰姜后
待罪宣王以興褒妲呂武覆宗絶祀矣𢡊昭然千載

龜鑑本國於大朝我臣旣結兄弟太子又定甥舅魚
水相得百有餘年今我帝后卽周之任姒三韓之慶
也寡君勤王敵愾爲國樹勳當行賞宗四方以激將
帥柰何逞私憾廢公義乎丙申之禍實我家不戒盛
滿致然耳非王之罪也不知反咎而廢有功之主他
日必爲天下笑願善奏于帝復吾王逐姦臣后感其
言然怒猶未已令公遂奉德興東歸時國人在燕京
者皆受僞官而東公遂獨不肯后及太子強之公遂
曰老臣縱不能以頸血濺德興之轅其忍從邪皇后
不之強尋拜太常禮儀院使辭曰臣生長荒陬不慣

華語不習華禮何敢冒寵取譏況今將帥布列于外
獲功者未賞臣恐天下有以議陛下也不許適大享
宗廟公遂爲太常卿蹈禮不違觀者敬之太子以帝
命召公遂上萬壽山廣寒殿太子問殿額仁智之義
公遂曰愛民之謂仁辨物之謂智帝王用此御世則
可致太平矣指殿前金玉柱曰老人曾見乎曰帝王
發政施仁則居屋雖朽木堅於金石不然金玉不如
朽木也太子彈琵未成曲曰不習忽之矣公遂跪曰
第不忽憂民之心耳琵上一二調忽之何害帝在太
液池舟上太子以公遂言奏帝曰朕固知此老賢汝

外家唯此一人耳一日后問兄轍禍敗所由公遂曰
黷貨聚怨勢激而然耳宦官朴不花密告后曰公遂
但爲其主豈念其親后由是久不召德興至遼陽崔
濡曰李公遂在都其心莫測事或中變悔無及矣重
賂禿魯帖木兒朴不花必欲得公遂以歸公遂知之
謂書狀官林樸曰吾旣無父母位亦極矣豈復有一
毫顧籍意邪當祝髮入山決不從彼也禿魯帖木兒
入奏帝不從本國拜左政丞未幾譯語李得春妄言
德興署公遂爲右政丞乃罷之德興旣敗公遂與洪
淳許綱李子松金琳黃大豆張子溫林樸等爲書納

竹杖中潛遣傔從鄭良宋元衣藍縷爲乞人狀從間
道報崔濡復謀起兵而東願毋謂德興已敗謹備之
本國始知得春妄拜公遂領都僉議賜推忠守義同
德贊化功臣號以旌之會孛羅帖木兒引兵入都黜
丞相代其位與御史大夫禿堅帖木兒平章老的沙
言曰高麗王有功無罪爲小人所陷盍先申理帝降
詔復王位械濡以遣公遂亦辭職東還忠義聞天下
出燕京齊化門令蒼頭吹笛曰天下之樂復有加於
此者乎中途馬困蒼頭以矢買束芻飼之公遂曰何
故奪窮民食乎截綿布償之閭山站無人粟積于野

從者又取飼馬公遂問粟一束直布幾尺如其言書
布兩端置積粟中從者曰人必取去何益曰吾固知
之必如是吾心得安旣還方修國學公遂喜卽解帝
賜金帶助其費辛旽當國忌公遂公遂亦以盛滿自
戒杜門不出未嘗一日坐廟堂行事人頗恨之旽竟
罷公遂封益山府院君十五年卒年五十九王哀悼
命官庀葬事諡文忠公遂精明謹愼一毫不妄取與
臨事剛毅不爲利害動風流閒雅蕭然有山野之趣
置別墅德水縣自稱南村先生幅巾藜杖逍遙自適
早喪母長於姊夫全公義家旣顯事公義如父姊如

母公遂遘疾親屬謂妻金氏曰盍禱于佛金曰公平
生未嘗佞佛安敢背其道以欺邪辛禑二年配享恭
愍廟庭無子
柳淑字純夫瑞州人忠惠後元年(後元年從舊史書也)登第調
安東司錄恭愍以王弟入侍元朝淑從之居四年忠
穆卽位恭愍僚佐多不守節淑獨不變選補春秋修
撰轉三司都事棄官如元忠穆薨耆老百官上書中
書省請立恭愍命將下淑聞母病卽日請歸或止之
淑曰忠臣孝子名異實同本末則有序況事君日長
事親日短萬一不諱悔之何益遂東歸母見淑喜病

郎僉議又如元恭愍即位還國至遼陽拜淑左副代
言陞右代言左司議大夫參典機務然非有召未嘗
詣內爲趙日新所構罷屏居田庄王錄燕邸侍從功
爲一等日新誅淑方居母憂起復爲代言尋判典校
王事皆咨訪淑不欲昵近屢辭以疾一日使官者再
召不至王怒下巡軍歷版圖典理判書樞密院直學
士累陞知院事錄誅奇轍功賜安社功臣鐵券淑謂
諸功臣曰功券即罪案也願相勗保終又曰君子不
黨願諸公同心奉王室無私黨紅賊入黃州勢甚逼
淑曰國所恃者城池與粮餉也今城未完倉無儲將

何以守遂決策南幸進樞密院使翰林學士承旨同
修國史安祐等殺摠兵官鄭世雲曰今既殺摠兵官
矣柳淑居中每出奇謀可畏也盍去之(此說必是金鏞宣動衆聽)
耳淑聞之告于王曰衆怒難犯今諸將忌臣者徒以
在殿下左右耳殿下如逐臣則臣一布衣耳誰復置
齒牙間邪於是出爲東京留守未幾召知都僉議賜
忠勤節義贊化功臣號還評理王以手敎賜嬖人公
州倉米按廉李之春曰命必由兩府而下且兵粮不
可虛以與人不奉命其人訴于王王怒罪且不測淑
固執不可王怒甚曰事皆由卿等邪目淑曰出淑趨

出王復召之淑具以之春語白王且曰殿下怒不已
臣恐後世以爲口實王怒解置不問他日淑謝曰臣
受恩旣久無纖芥之效反以口舌妄觸天威罪在不
赦上賜黃金以慰之曰賞卿之言也淑以盛滿乞骸
骨封瑞寧君興王之變王避于密室聞賊相語曰何
故來遲曰殺洪彥博柳淑故遲旣而諸將入淑隨之
入王曰謂卿已死今見卿疑始釋矣乃拜政堂文學
兼監察大夫策功爲一等策辛丑扈從亦爲一等進
拜僉議贊成事藝文館大提學時辛旽罷淑見王多
猜忌功臣少有全者屢乞退王不許淑告病不朝不

通賓客者數月初旽出入禁闥淑稍郤之及進用作
威福中傷大臣氣焰可畏每招淑淑不往旽滋銜之
且惡淑忠直讒毀百端王稍信之召淑執手嘆曰予
倚卿作股肱何其衰耗乃爾卿其言志無隱惟卿所
欲淑乞退田里許之將相大臣門生故吏咸餞于郊
車騎塞路觀者咨嗟淑賦詩其末聯云不是忠衰誠
意薄大名之下久居難人皆嘉其明哲淑旣去旽益
無所忌後王猶不忘淑稱之不已旽恐淑復用謀害
之陰求淑罪有人爲旽誦淑詩旽譖于王曰淑之乞
退有滋意上知之乎曰何意邪旽曰淑以句踐比上

范蠡自比故其乞退甚懇范蠡爲句踐將伐吳勝之取吳王妃西施載船而去曰鳥喙魚腮食人之相大名之下難以久居淑以上比句踐罪莫大焉王曰何以聞之旽曰淑將行賦詩其一聯云云此其驗也今淑在瑞州近海若效范蠡乘舟而去則必向燕都謀立德興不如早除以絶後患王問諸左右曰淑去時作詩否有舉末聯以對者王愈疑之旽欲殺淑王重違旽意乃命杖之除名籍沒旽遂縊殺于靈光淑之屛居也聞國事異於平日未嘗不涕泗交下及禍作家人以淑平日之言送龍腦又送良馬勸令逃淑曰

君父天也天可逃乎且死生有命固當順受亾將何之就死顔色如平時人皆爲之流涕子實與厚亦皆流竄家人收骨藁葬及旽誅王始知悼甚有旨雪其冤謚文僖召還實厚命以禮葬之辛禑二年配享恭愍廟庭

李仁復字克禮星山君兆年之孫生而狀貌魁偉稍長舉止如老成力學善屬文兆年每撫背曰大吾門者汝乎忠肅朝年十九登第調福州司錄選補春秋供奉忠惠時除起居舍人中元朝制科授大寧路錦州判官東還遷起居注忠穆卽位以仁復中制科有名望四轉爲右副代言進密直提學命進講書筵仁復貌嚴辭氣簡重王每謂左右曰吾見李公不覺竦然累遷三司左使元授征東行省都事恭愍初趙日新作亂中外洶懼王密召仁復曰事已至此何爲則可對曰人臣倡亂固有常刑况今天朝堂堂法令彰明如其猶豫臣恐累及於上王決意誅日新王素重仁復及是對益重之遂拜政堂文學兼監察大夫尋封星山君元授征東省員外郎元下詔赦誅奇氏及犯邊之罪當遣使謝王曰仁復知大體非此人不可遣之平章事李承慶仁復諸父也言於王曰臣以李

仁復爲姦王曰何謂也曰仁復平生所學經濟之術何不一陳於王乎改尚書左僕射御史大夫謂李穡曰予不才長憲臺者再三未嘗振紀綱自念瑣碎不足煩上聽大事又在廟堂不可中撓也轉參知中書政事歷判開城府事僉議評理進贊成事賜端誠佐理功臣號仁復如元時孛羅帖木兒引兵入燕京黜丞相代其位仁復入見孛羅帖木兒屢目之仁復退謂從者曰就之不見所畏其斯人乎王奏授奉議大夫征東行中書省左右司郎中忤辛旽罷封興安府院君尋判三司事王大設文殊會率兩府禮佛唯仁

復與李穡至拜時輒出不拜二十二年以檢校侍中
居父憂在京山王遣判典校寺事林樸弔慰明年疽
發背自度不起具衣冠北面稽顙若辭違之狀臨歿
弟仁任勸念佛曰吾平生不佞佛進藥又却之謂仁
任曰宰相歿官庀葬事國家厚恩顧吾平日未有絲
毫補死且有愧爲我辭焉言訖命加朝服於身而卒
年六十七王悼甚素膳遣使致祭以禮葬之謚文忠
仁復剛直有守聞人善雖小必喜一事失當必怒形
于色然不發於口人謂口吃自言吾性褊急恐失言
以忍爲守爲文章辭嚴義奧操筆點綴極苦敍事賦

物語多譏諷嘗修閔漬編年綱目忠烈忠宣忠肅三
朝實錄及古今金鏡二錄仁復密啓旽非端人他日
必有變請遠之不聽及旽誅王嘆其先見之明仁復
惡弟仁任仁敏之爲人曰敗國亡宗者必二弟也後
果敗其孫存性亦連坐辛禑元年配享忠定廟庭子
向容

論曰玄陵諸大臣老成文翰固不爲少然求其忠義
正直有不可奪之節則李公遂柳淑李仁復三人而
已公遂以死自誓不從僧王義聲播於中華及歸見
忤賊旽杜門避權以終其身可謂明哲矣淑性本忠
直抑辛旽出入禁闥竟爲其誣陷黯黯就戮當時被
殺者非一而淑與金齊顔最賢千載之下每念文信
之冤直欲籲天而無從也仁復正直方嚴有古人之
風當日新構亂決策誅之於辛旽策其凶國於仁任
忖其覆家其忠與智孰尚焉

元松壽 韓脩 李達衷 白文寶

元松壽原州人樞密使善之之子登第補春秋修撰
忠惠御書筵安震言臣等備員兩府未可竟日侍講
宜擇端士以備顧問元松壽閔湜其人也李齊賢等
又進言玉之有瑕者必待良工雕琢然後成其寶器

人君豈皆無失必待良臣啓沃然後能成其聖德宜
令松壽常在左右講劘道義忠穆時拜獻納効贊成
事鄭天起告身未出而直入政房且棄其妻常在倡
家王怒下松壽等鞫之宰相臺諫救解不得竟罷忠
定三年出爲海西道按廉恭愍卽位東還松壽迎謁
于道風儀淸秀進退有度王知其非常人卽擢爲內
書舍人左副代言委以機密日見親信參銓注愼重
名器不少私雖王命不苟從王益敬重見松壽至必
起待之松壽嘗在妻服命出視事松壽奏曰承宣非
獨臣且在服視事無古禮王然之十年避紅賊扈從

南狩賊平策功一等松壽與機務八年常懷憂懼潸
泣乞代王曰卿進如卿者可代乃舉李商以代綱嶸鉉選
時方邊報絡繹上下維持闖之功居多然惟務承迎識者譏之轉政堂文學未幾忤
辛旽罷旽益用事憂憤成疾卒年四十三有宰相器
國人惜之謚文定號梅谿

韓脩字孟雲淸州人中贊康之後贊成事渥之孫年
十五中第善草隸忠定王命為政房必闍赤及遜于
江華脩從之名重一時恭愍王召復為必闍赤累遷
代言典銓選辛旽方幸於王其跡甚祕脩密啓旽非
正人恐致亂願上思之非臣誰敢言王方惑旽拜脩

禮儀判書蓋疏之也及旽敗王曰脩有先見之明禑
立累遷封上黨君判厚德府事甲子卒年五十二人
皆惜之謚文敬號柳巷學識行義為世所重有文集
行於世

李達衷慶州人父蒨登第官至僉議參理封月城君
達衷忠肅朝登第累官成均祭酒恭愍元年拜典理
判書轉監察大夫八年遷戶部尚書八關會有司設
盥洗幕于僕射廳南豎樊限內外達衷與刑部尚書
李挺坐廳上令撤其樊王在儀鳳樓見之大怒命繫
獄左右請止御史臺又劾之挺嘗提調內佛堂特原

之十五年王以達衷名儒擢為密直提學時辛旽方
用事達衷嘗於廣坐謂旽曰人謂相公好酒色旽不
悅未幾見罷旽伏誅作詩刺之云天地生成品彙煩誰干洪造擅寒暄
情淡治藏春塢怒氣陰凝蔽日雲雉屬鷹鸇猶足怪龍魚鼠虎豈容言可憐老木風吹倒蘿蔦離披失所
援騁怪馳妖老野狐邪知有手競張弧威能假虎態蠱潤媚或為男婦女趍黃狗蒼鷹左所忌烏雛白馬
是何辜曾聞汝死必丘首今見城東官道隅旽性畏畋犬惡射獵且縱淫常殺烏雞白馬以助陽道時人
謂旽為老狐精故云後拜雞林府尹上箋辭不允辛禑十一年
以雞林君卒謚文靖性剛直不撓有鑑識嘗為東北
面都巡問使及還我　桓祖餞于野　太祖立　桓
祖後　桓祖行酒達衷立飲　太祖行酒乃跪飲

桓祖怪問之曰此子異人也非公所及因以子孫託
之所著霽亭集行于世其詩文大為李齊賢稱賞子
遵諄孺竑

白文寶字和父稷山縣人忠肅朝登第補春秋檢閱
累遷右常侍恭愍初轉典理判書上書請設十科以
舉士拜密直提學兵火之餘史局所藏史藁實錄僅
餘數篋王在清州遣供奉郭樞移置海印寺文寶時
留都與金希祖議曰今寇亂甫定不可遽移國史駭
人視聽留樞待後命後上疏言事曰國家世守東社
文物禮樂有古遺風不意寇患屢作紅巾陷京乘輿

南狩言之可謂痛心今當喪亂之後民不聊生宜霈寬恩以慰遺黎且天數循環周而復始七百年爲一小元積三千六百年爲一大周元此皇帝王霸理亂興衰之期吾東方自檀君至今已三千六百年乃爲周元之會宜遵堯舜六經之道不行功利禍福之說如是則上天純祐陰陽順時國祚延長願念睿廟置淸讌寶文閣故事講究天人道德之說以明聖學且鄕風皆正則國家可理唐鄕置大中正國初亦置事審今宜大小州郡復置事審糾察非違新羅始崇佛法民喜出家鄕驛之吏悉逃徭賦士夫有一子亦皆

祝髮自今官給度牒始得出家三丁不足者並不聽初王還都權置廟主于彌陁寺設還安都監文寶與平陽伯金敬直主其事稽緩踰月王怒督之對以無典籍可稽遣史官南求伸詣海印史庫取三禮圖杜祐通典至文寶做通典又採寢園老給事朴忠語爲儀制忠不識字多出於臆計辛禑爲大君就學王命文寶及田祿生鄭樞爲師官至政堂文學封稷山君二十三年卒謚忠簡性廉潔正直不惑異端善屬文無子

論曰元松壽溫然玉映萬乘起敬憤嫉賊臣至於成疾而死愛君憂國發於至誠者矣韓脩從君於見廢之日斥姦於祕跡之時士流推其行義人主服其先見者不亦宜乎李達衷議切妖髡直氣凜然白文寶廉潔正直不惑異端斯可尙焉

李嵒 尹澤

李嵒字古雲初名君侅祖尊庇早孤學於其舅白文節善屬文工隷書元宗初登第籍內侍遷國學博士直翰林院累轉吏部侍郎忠烈朝歷尙書右丞司議大夫拜左承旨時金周鼎建議新置必闍赤參機務尊庇正直初不與其議故不在選中左右有言其不

宜斥者卒以爲必闍赤進密直副使歲辛巳征日本尊庇爲慶尙忠淸全羅道都巡問使兵糧戰艦措置得宜民不見擾以判密直司事世子元賓卒世子聞之泣嘆曰尊庇正人何天如是父瑀鐵原君嵒髫齔異凡兒忠宣時年十七登第忠肅愛其才命典符印除祕書校勘累遷都官正郎忠惠受禪擢密直代言兼監察執義忠肅復位以嵒爲忠惠嬖幸杖流海島罷瑀歸田里忠惠卽位授知申事進同知樞密院事轉政堂文學僉議評理王以武人韓用規爲典校副令嵒執不可王不聽忠穆卽位拜贊成事與提學鄭

思度提調政房官者高龍普以銓注不公白王流嵒
于密城思度于光陽旣而免之忠穆薨奉忠定如元
及嗣位命嵒聽斷國務還國命提調政房賜推誠守
義同德贊化功臣號復除贊成事拜左政丞恭愍初
封鐵原君乞骸入淸平山王徵還守門下侍中紅賊
入寇嵒爲西北面都元帥領兵二千行有朴居士者
自言有祕術能罷賊以惑人嵒執送于京旣而以嵒
懦不能軍遣平章事李承慶代之紅賊逼京城從王
南幸賊平錄扈從功爲一等封鐵城府院君賜翊祚
功臣號十三年卒年六十八命有司以禮葬之謚文

貞嵒謹守繩墨居家不問有無以圖書自娛書法妙
一時嘗手寫太甲篇獻王語其子岡曰汝志之吾旣
老矣無官守無言責當以格君心爲務耳辛禑元年
配享忠定廟庭子寅崇蔭岡寅辛禑十年以固城君
卒蔭與諸將平紅賊以功拜上將軍戰没

尹澤字仲德諧之孫也三歲而孤七歲受書輒成誦
諧每見警句泣曰興吾門者其汝乎稍長從姑夫尹
宣佐讀書淹通子史尤長於左氏春秋常誦范文正
先天下之憂而憂後天下之樂而樂以謂大丈夫寧
可碌碌耶忠肅四年登第調京山府司錄入爲校勘

遷檢閱年四十五官纔九品自視宰輔或以爲侮澤
傲然處之不疑後王在燕邸澤單騎上謁王一見器
重因有託孫之語意在恭愍也澤拜謝臣且老矣何
能爲明年駐駕西京澤以檢閱權西京參軍供頓有
制王每嘆曰賢哉回也以貌類回回故云有詔至王
命澤讀之左右曰讀詔自有內外制王曰參軍爲兩
制顧不在吾耶遂命權應教未幾欲擢爲西京府尹
以資淺陞判官或有誣澤不遜者王曰尹生忠必汝
罔也七年拜左副代言掌銓選王欲官其子護軍辨
曰名器至重賢勞猶滯敢私臣子王愈重之轉右代

言王寢疾復以燕邸所語語澤澤跪曰無煩聖慮忠
穆初拜羅州牧王薨民望歸恭愍澤倡議與前密直
李承老等獻書中書省言本國兄弟叔姪相繼之故
少主不堪保釐之狀辭甚剴切忠定銜之及即位貶
光陽監務恭愍初政入密直爲提學尋以開城尹致
仕近臣有議進鄕樂于元澤聞之上疏曰世祖嘗却
之今復進不可王浚納之僧普愚以讖說王曰都漢
陽則三十六國來朝王惑其說築漢陽宮闕澤言妙
淸惑仁廟幾至覆國厥鑑不遠矧今四境有虞訓兵
養士猶懼不給興工勞衆恐傷本根王嘗命寫無逸

篇賜宰相召澤講澤因陳周公輔成王之勞曰願殿下法成王能聽周公之訓嚴恭寅畏王爲動容澤又以眞德秀大學衍義本朝崔承老上成宗書進講時王飱味釋教超然有物外之想澤曰殿下上奉宗廟下保生靈柰何欲效匹夫廢絶倫理之事如聽臣言非孔子之道不可顧加聖意十年加政堂文學致仕賜臣於村庄日夕瞻敬又曰近來饑饉荐至加以師旅民病極矣前構南京之闕今營白岳之宮民何以堪又曰用人爲政之本乞進賢退不肖又曰凡事得

失上意雖灼其然委之大臣未即區處因仍之間其害已成救之莫及王賜酒澤一飲三危神氣自若侍中洪彦博歎曰不謂尹公戇直如此吾所不及也澤雖致仕自以先朝顧託知無不言言或切直王亦優容十二年又加贊成事致仕明年疾作乞歸錦州以山水自娛居七年卒年八十二謚文貞疾篤前子孫而訓之曰吾祖與寒地以清白忠直名一時吾夙夜不克繼志是懼誤爲上知寵祿過望年逾八旬此皆先世之所遺也我死葬毋用浮屠法澤早孤不識父面時祭上冢必哭盡哀於方策見述父子之情未嘗不流涕常佩一囊得異味必盛以獻母嘗遊燕京道見遺金百兩守以待其主主泣謝而去平生布被弊席饔飧或缺晏如也自號栗亭恭愍手寫眞又書栗亭二大字以賜所著有栗亭集行於世子龜生鳳生東明龜生自有傳

論曰李品手寫太甲獻于玄陵乃曰吾老矣無官守言責當以格君心爲務耳眞老臣之言也尹澤因講無逸勸玄陵嚴恭寅畏法周公之訓又以眞德秀大學衍義崔承老上成宗書進講可謂盡輔導之職矣詩曰雖無老成人尚有典刑若品與澤殆謂老成者

非邪

崔宰 宋天逢

崔宰字宰之完山人父得秤廉正自守人敬憚之官至選部典書宰忠肅朝登第累遷中部令出知瑞州事以母憂不赴明年注官有薦宰者王以有父風即除監察持平宰不獲已就職忠惠即位乃褫其職王被執如元凡王所設置悉皆更革立都監以宰爲判官宰嘆曰王之失德非王自爲乃左右逢之耳逢之於前揚之於後吾實恥之稱疾不出忠穆時轉典法正郎出知興州事爲印承旦所忌罷還典客副令

忠定時知襄州有使者降香詒侮存撫使宰曰將反
我矣棄官歸執政喜白王除監察掌令恭愍初陞執
義改尚書右丞後爲尚州牧使王避紅賊南幸駐蹕
于尚宰盡心供辦然不饋遺左右左右短之遂罷起
爲監察大夫尋封完山君移典理判書辛禑三年拜
密直副使商議固辭乞退復封完山君四年卒性剛
直不撓見重於世子思美德成有慶

宋天逢金海人擢魁科歷正言獻納起居郎忠穆時
爲監察掌令劾評理全允臧身爲輔相席寵恣横不
供其職交結饕人潛竊御膳閔祥正許先王于帝以

爲不可君國而允臧黨於祥正罪莫甚焉請加罷黜
允臧譖之出爲草島句當臺官皆辭職諸監察詣闕
請召天逢還政丞王煦救之不得不視事政堂文學
辛孟判密直李公遂力請之改光陽監務恭愍初召
拜監察執義與判典校金君發薦文行之士許應麟
俞思廉尹守常等又掌監試取韓達漢等王召達漢
及最少者五人令賦牧丹詩多不工一人曳素王怒
收其摛責天逢曰考藝不精何至是耶天逢慚無以
對辛禑初拜大司憲與同列上疏曰竊見判崇敬府
事尹忠佐順州郡人濫荷至恩秩同宰相擅權用事

蒙蔽上聰沮遏下情曾在先王之前發忿拔刀手翦
其髮狠戾悖逆無君之心已著又於賓天之後佯稱
耳聾拱手觀變其心叵測徒以姦佞便媚得見任用
請加嚴斥疏奏罷遣忠佐就舍天逢等復疏曰自古
宦者之禍昭然可考在本國伯顔禿古思得幸元朝
誣譖忠宣竄之吐蕃高龍普陰訴忠惠以致岳陽之
禍前日萬生敢行大逆神人所共憤今忠佐不忠不
敬之罪已具前疏固不容誅且擅權受賂汲引庸人
除授官職廣占土田誤國害民今止免官國人缺望
乞收告身籍沒家産鞫問決罪以戒後來命削官收

田諫官亦上疏曰殿下即位之初固宜舍己從人容
受直言以收輿意近者宋天逢等上言請除宦官祿
俸又劾上護軍李美忠典工摠郎徐陵俊盜用内帑
之罪殿下不允自古人主之失拒諫爲大以殿下天
資之美決不如此而此輩欲圖專横甘言諛辭蠱惑
宸衷陷殿下於拒諫之失此臣等夙夜拊心疾首爲
殿下深痛者也宦官尹忠佐憸邪凶險善爲逢迎指
嗾黨與陰弄權柄與金師幸尹祥同惡相濟師幸祥
已皆竄逐而忠佐獨蒙宥恩至受爵命又與狡宦黃
中吉結爲父子蒙蔽聖聰罪不容誅宜從天逢之言

以正忠佐中吉之罪且美忠陵俊當先王時諂事逆臣辛旽金興慶掌內帑恣其出納使倉庫虛耗盜竊不可勝數乞依天逢所申並正其罪禍命中吉美忠陵俊除名不敍臺諫復請下美忠陵俊典法獄美忠行賄權貴移巡軍國人嘆曰二賊賂何人移繫輕獄天逢後拜簽書密直司事封金海君卒年八十一諡文貞

論曰忠惠失德俘繫上國一時諸臣視若秦越獨崔宰以更革爲戚乃曰逢之於前揚之於後吾不忍也稱疾不出則去就審矣當時士大夫知君臣之義者崔宰韓脩而已宋天逢始拜殿中斥允臧之恣橫晩長憲臺極論宦寺之弊得正邦典朝紳爲之吐氣可謂得其言責矣

李存吾　鄭公權

李存吾字順卿慶州人姿相端潔簡重寡言早孤力學忼慨有志節年十餘肄十二徒賦江漲詩云大野皆爲沒高山獨不降識者異之恭愍九年登第調水原書記選補史翰與鄭夢周朴尙衷李崇仁鄭道傳金九容金齊顔相友善講論無虛日大爲人稱賞累授監察糾正十五年拜正言是時辛旽當國用事僭擬不法臺憲無敢言者存吾奮不顧身將論之袖疏藁赴省示同列曰妖髡誤國不可不論諸郞愕然無應者左司議大夫鄭樞存吾姻兄也存吾曰兄不當復爾樞從之乃上疏曰臣等伏値三月十八日於殿內設文殊會領都僉議辛旽不坐宰臣之列敢與殿下並坐間不以尺國人驚駭罔不洶洶夫禮所以辨上下定民志苟無禮焉何以爲君臣何以爲父子何以爲國家乎聖人制禮嚴上下之分思深而慮遠也竊見旽蒙上恩專國政而有無君之心當初領都僉議命下之日法當朝服進謝而半月不出及進闕庭膝不少屈騎入紅門並據御牀公退在家宰相拜庭雖崔沆金仁俊林衍之所爲亦未有如此者也昔爲沙門當置之度外不必責其無禮今爲宰相名位已定而敢毁禮犯分若此原究其由必託以師傅之名然僉升旦高王之師鄭可臣德陵之傅臣等未聞彼二人者敢若此也李資謙仁王之外祖仁王謙讓欲以祖孫之禮相見畏公論而不敢蓋君臣之分素定故也是禮也自有君臣以來亘萬古而不易非旽與殿下之所得私也旽是何人敢自尊若此乎洪範曰惟辟作福惟辟作威惟辟玉食臣而有作福作威王

食必害于家凶于國人用側頗僻民用僭忒是謂臣而僭上之權則有位者皆不安其分小民化之亦踰越其常也旽作福作威又與殿下抗禮是國有兩君也若不早爲之所驕僭益肆則有位者皆不安其分小民將踰越其常可不畏哉宋司馬光曰紀綱不立姦雄生心然則禮不可僭漸不可長若殿下必敬此人而民無災禍則髠其頭緇其服削其官置之寺院而敬之必用此人而國家平康則裁抑其權嚴上下之禮以待之民志定矣國難紓矣且殿下以旽爲賢耶自旽用事以來陰陽失時冬月而雷黃霧四塞彌

旬日黑子夜赤祲天狗墜木有冰清明之後雨雹寒風乾文屢變山禽野獸白日飛走於城中旽之論道燮理功臣之號果合於天地祖宗之意乎臣等職在諫院惜殿下相非其人將取笑於四方見譏於萬世故不得嘿嘿庶免不言之誅乎臣旣言矣敬聽聖裁疏上命代言權仲和讀之讀未半王大怒遽命焚之召樞存吾面責時旽與王對牀存吾目旽叱之曰老髠何得無禮如此旽惶駭不覺下牀王愈怒下巡軍命贊成事李春富密直副使金蘭簽書密直李穡同知密直金達祥鞫之乃謂左右曰予畏存吾怒目也

春富等問存吾曰爾尚乳臭何得自辦必有陰嗾者其無隱曰國家不以童子無知置之言官敢不言以負國家耶時年二十五旽黨必欲殺之穡謂春富曰二人狂妄固可罪矣然我太祖以來五百年間未嘗殺一諫官今因令公殺諫官恐惡聲遠播且小儒之言於大人何損不如白令公勿殺春富等然之得不死貶爲長沙監務國人稱之曰眞正言也退卧公州之石灘旽勢益熾存吾憂憤成疾二十年疾革令左右扶起曰旽尚存乎左右曰然還卧曰旽亡吾乃亡及席未安而卒年三十一歿三月而旽誅王思其忠

贈成均大司成子來年十歲王手書諫臣存吾之子安國下政房擢掌車直長安國來小字也存吾性孝友兄養吾嘗出爲賊所殺存吾訪問累月乃得屍已成骸不可辨存吾曰吾兄手有六指驗之乃歸以葬請于官盡獲其賊

鄭公權初名樞字公權後以字行恭愍初中第補藝文檢閱累遷左司議大夫十五年與正言李存吾極言辛旽誤國之罪王大怒召公權等面詰下巡軍命李春富金蘭李穡金達祥等鞫之問曰誘汝上疏者誰公權曰吾父子祖繼爲諫大夫受國恩厚見上委

政非人社稷將危人必憤恨故在言職不得嘿嘿豈待人言且旽擅威福道路以目孰敢誘邪違祥令跪公權不屈使人捽其髮蹴而跪之問曰雖無誘者必有知之者曰典校令林樸右司議林顯前郡事金湊知之湊侍中金普妻姪也旽嘗譖普罷之春富等意湊爲普嗾公權卽逮湊拷訊旽黨欲因此盡去異已凡有名望者必令公權援引或謂曰若引慶千興元松壽可免於死公權曰身爲諫官義當論國賊死生有命豈可誣人以求免邪顯及右獻納朴晉祿見公權等于獄晉祿曰我輩不人顯愕然曰是何言邪旽

黨聲言上怒未霽公權等必死稽入見王無怒色乃知其妄旽黨必欲殺之稽言於春富得免貶東萊縣令自是宰相臺諫皆附旽言路絶矣二十年召還復除左諫議後以成均大司成授書辛禑禑卽位拜左代言歷簽書密直政堂文學賜輸誠翊祚功臣號常疾權姦用事憤惋不平八年疽發背卒謚文簡性恭儉謹厚居官以正時家廟制廢公權藏祭器別室祭必親滌奠物務蠲潔所著圓齋集行于世子摠拯擢持

論曰天地有純剛至正之氣鍾於人而生養而無害者千百載一有焉在漢曰朱雲在宋曰陳瓘胡銓在東國曰李存吾四人而已方其妖髡當國屠殺忠良擧國惴慄存吾乃能抗疏廷叱使凶逆褫魄至今想見懍懍有生氣譬之折張禹劾蔡京斥秦檜不尤難歟鄭公權以父子繼爲諫官感恩圖報方存吾之袖疏也同僚皆畏避而獨公權從之孔子曰見義不爲無勇也若公權者殆孔子所謂勇者也已

朴尙衷　金九容　田祿生

朴尙衷字誠夫羅州潘南縣人恭愍朝登第累遷禮曹正郞凡享祀禮儀司悉掌之舊無文簿屢致錯誤

尙衷參證古禮序次條貫手寫之以爲祀典後之繼是任者得有所據丁母憂授典校令時士夫服父母喪百日卽除尙衷欲終三年不得遂就職然不食肉終制辛禑初金義殺 朝廷使臣奔北元及義從者來李仁任安師琦待之厚尙衷上疏曰金義殺使之罪當問於從者若嚴鞫一行衛使者則豈有此禍哉聞宰相待其從者甚厚是師琦嗾義殺使其迹已見今若不正其罪社稷之禍自此始矣太后下其疏都堂斬師琦梟首于市仁任等又與宗親耆老百官連名爲書將呈北元中書省獨尙衷與林樸鄭道傳等

以爲先王旣決策事南今不當事北不署名尋判典校寺事北元使來尚衷又上疏請却之曰臣備員侍從有年矣侍從而得言古之制也比來事之可言者不爲少而臣不敢言豈職非諫諍而侵官爲慮乎又豈近名爲嫌而含嘿者乎今者大開言路宰相百執事無不得言者蓋欲聞便民之策也臣愚以爲便民之策多矣而國之大勢有不安則雖欲便民不可得矣當今之勢正所謂厝火於積薪之下而寢其上火未及然謂之安者也有識之士孰不痛心先王初薨未葬 大明使臣猶在境而遽興事北之議使人心眩惑者何人擅殺定遼衛所遣人者何人倡訛言使定遼軍欲迎使臣者適去而不恤者何人先王所命護送使臣者不惟金義而大臣受先王命至安州自還者何人欲以西北軍擊定遼衛者何人裂金義之書以滅口而所謂擅殺人生事者及叛賊毋黨置而不問者何哉義叛逾月而不欲達之朝廷何哉崔源之奉使果皆出於大臣之意乎今又聞北方使人與金義同叛者偕來叛賊而自回其謂已有罪而本國不問乎然則義之叛其必有使之者此乃危急存亡之一大機也事勢如此雖至愚者且知其利害是非

之所在今之言者略不及此畏禍之甚者也以理言則惠迪吉從逆凶以勢言則南強北弱人之所共知者也夫棄信而從逆天下之不義也背強而向弱今日之非計也爲臣子而反先王事大之意至使殺天子之使而奪其馬罪惡孰甚焉而一二臣心懷不忠規賣國以自利欲以其罪惡嫁禍於國家必欲使宗社夷滅生民糜爛而後已可不痛哉事勢至此而殿下不與二三大臣之忠直者早辨而處之則將如宗社何將如生民何且夫趨利避害好生惡死人之同情也臣豈病風者哉今乃自納於不測之誅而敢言者忠憤之至不恤其蹈害況於近名乎況於侵官乎儻殿下曲察臣言有以處之使宗社安生民永賴則臣之一身萬死無恨矣復上疏曰小之事大免於罪責斯可矣今有不免之大罪四以臣之愚尚能知之豈以大臣而不知乎然一有恐見詰之心而不顧義理則凡可以避患者無不爲之故心有所蔽雖有過人之知反不如愚者之見臣請數其罪以陳免之之術可乎委曲從順服事 大明者先王之志也先王晏駕之日遂倡事北之議爲臣子而反君父使殿下得罪於上國其罪一也吳季南之鎭北也擅殺定遼

人造言以駭其聽乃掩護其罪黨惡招禍以危國家其罪二也金義殺使奪進獻馬以叛天下之大惡人人之所願誅者也今義之同叛者來不即究問使其罪延及國家雖至滅宗社殄生民而不恤其罪三也義叛逾月而不肯聞于朝廷又於崔源之行敢違王命使不出境因循累月使大國愈疑其罪四也四罪而有其一足以爲戮況有此四罪而不能罪之欲同受其禍何哉殿下誠能與大臣之忠直者議而辨之則其罪必有所歸矣旣得其罪人則繫囚之使大臣奉表達之　天子以待其察則聰明之下安有不辨

之理乎宗社生民之安危在此一擧一失此機噬臍何及諫官李詹全伯英亦疏論仁任之罪下詹等獄鞫之尙衷辭連逮獄杖流道死年四十四性沈默寡言慷慨有大志博談經史善屬文燕居但觀書言不及産業兼通星命卜人吉凶多中居家孝友莅官勤謹視人不義富貴蔑如也嘗寄詩代言林樸云忠臣義士世相傳宗社生靈五百年那料姦人能賣國坐令逆黨得安眠樸不答專事模稜二十嘗

金九容上洛君昴之子忠烈公方慶之玄孫也字敬之初名齊閔恭愍朝年十六中進士王命賦牧丹詩九容居首王奇之賜職散員登第授德寧府注簿累遷民部議郎兼成均直講勉進後學訓誨不倦雖休沐在家諸生質問者相踵辛禑元年拜三司左尹時北元遣使來曰伯顔帖木兒王背我歸　明故赦爾國弒王之罪李仁任池奫欲迎之九容與李崇仁鄭道傳權近等上書都堂曰若迎此使一國臣民皆陷亂賊之罪他日何面目見玄陵於地下乎慶復興仁任却其書不受諫官李詹全伯英等疏論仁任罪請誅之仁任杖流諫官又以九容崇仁等謀害己竝流之九容竄竹州尋移驪興放跡江湖日以詩酒自娛

扁其所居曰六友堂七年禑召爲左司議大夫乃上書曰今倭寇侵擾四方受敵干戈未息民失其業饑饉流移貢賦軍旅調發無地況變故屢興誠宜恐懼修省以答天心殿下興居無節乘醉馳馬閭巷間若或一蹶恐致毁傷殿下縱自輕奈宗廟社稷何伏望念祖宗艱難之業察皇天譴告之心日接大臣講論治道出入威儀率由舊章不聽明年遷成均大司成尋判典校寺事初義州千戶曹桂龍至遼東都指揮梅義等紿曰我於爾國事每盡心行之爾國何不致謝耶十年以九容爲行禮事奉書兼賫白金百兩細

苧麻布各五十疋以行至遼東摠兵潘敬葉旺與義等曰人臣義無私交何得乃爾遂執歸京師帝命流大理衛行至瀘州永寧縣病卒年四十七後禑追治桂龍誤傳義言流之九容善詞章有惕若齋集行於世子明善明理明允

田祿生字孟耕潭陽人忠惠時登第補濟州司錄入爲典校校勘中征東鄉試祿生嘗爲鼇治官究治權豪忤其意以故沮之未得應舉有姜瓚寶者行不潔爲儕輩所斥不錄禁中題名記祿生與瓚寶有舊恩請同僚錄名同僚不從祿生竟書之恭愍朝授起居

舍人與諫議李穡司諫李寶林鄭樞等上書論鹽鐵別監之弊王召臺諫宰相問利害穡寶林稱疾祿生樞固執前議不變遷殿中侍御史出按全羅道奏曰自有倭寇以來一道置戍多至十八所軍將廩州郡以立威役戍卒以濟私遂使凋弊逃散及寇至更徵州郡兵謂之烟戶軍未見禦寇祗以害民不若罷諸戍令州郡謹烽燧嚴斥候以應變如不得已當審其要害省其戍所則民力舒而軍餉節矣紅賊之亂扈駕南幸錄功爲二等累轉左常侍拜監察大夫王以公主娠彌月赦祿生與掌令李茂芳等擇情不可原者

復囚之前此糾正宋綱與大護軍韓仲寶爭路由是重房憲司有隙至是倖臣尹祥爲上護軍重房嗛前事使祥譖于王王大怒將下祿生獄侍中慶千興諫乃止辛旽密直提學歷大司憲政堂文學官至門下評理賜推忠贊化輔理功臣號辛禑初諫官李詹全伯英請誅李仁任池奫禑下詹伯英獄辭連祿生及朴尚衷杖流俱道死

論曰高麗五百年忠直之士多矣其卓犖尤著者李兆年辨忠惠之書李存吾斥辛旽之疏朴尚衷請却北元之疏非徒知有國而不知有身者其能爾乎忠

義之氣直與天壤俱弊也尚衷旣不署耆老之書鄭夢周李崇仁鄭道傳權近李詹金伯英相繼言之金九容參於崇仁之書田祿生與於伯英之辭夢周崇仁等躓而復起尚衷祿生竟以直道被禍惜哉

李茂芳　鄭習仁　河允源

李茂芳字釋之光陽人忠穆時登第補典校校勘恭愍初出知淳昌郡有求土物於郡者茂方解所佩筆鞘及帶與吏曰朋友私請不可以公物應之以此易所求與之請者愧而去後爲獻納時金鏞執國柄屢求見茂方辭不往鏞曰朝官無不求見我茂方獨不

來吾親往亦不來簡我也轉掌令國制陵隧必使執義署封世謂封陵者多不達及封正陵執義洪原哲惑於拘忌規避之茂方代署惟謹王嘉之曰掌令清白忠直寡人所知達與不達不在我乎原哲懼祝髮避嫌居母憂起復判典校寺事固辭不允遷民部尚書改大司憲陞密直學士王以旱命茂方禱雨于康安殿茂方燃臂以禱尋出爲雞林府尹府大饑及茂方至適歲歉茂方因民不便販魚鹽置義倉以備賑貸崔瑩巡察六道法甚峻守令多貶黜者至雞林境內肅然瑩大喜召判開城府事賜勵節功臣號王以

茂方清寒賜米五十碩茂方以爲大臣不可虛受辭拜政堂文學王每稱政堂國耳忘家不畏權勢雖古人無以過之辛禑立開書筵以茂方爲師恭愍畜鳩在禁中禑常愛玩茂方書旅獒篇進講仍言鳩亦珍禽也願勿畜禑乃命左右去之茂方嘗責侍中慶復興不籍韓方信盧稹家忤意罷封光陽君俄拜門下評理辛昌立拜檢校門下侍中恭讓宴羣臣茂方侍宴年八十一上壽起舞風儀可觀王稱歎賜推忠勵節贊化功臣號入 本朝封光陽府院君卒諡文簡以禮葬之

鄭習仁字顯叔草溪人有志氣使酒敢言恭愍朝登第補成均學官出知榮州將視事吏以故事請詣消灾圖焚香習仁曰人臣不蹈非彝灾何由生若其无妄順受而已命吏撤去州有塔名曰無信習仁曰異哉惡木不息盜泉不飮惡其名也烏有巍然其形爲一邑所瞻視而以無信表之者命刻日夷之用其甎修賓館辛旽聞而怒繫雞林獄閱數月移繫典法困苦之旽必欲置死地廷臣救之得免令就州復構其塔旽誅起知梁州又知密城所至抑豪強禁淫祀辛禑時授典校令日本來聘命習仁報聘日本使佛者

也聞習仁名乃曰斥佛者吾輩所不與請易之不果行習仁居父母憂皆廬墓終制治喪一用朱子家禮恭讓卽位除右散騎常侍王自南京還松都日官涓吉日王以其日不利於妃欲緩其期將由迂路入都習仁與左散騎陳義貴言其不可王不悅謂習仁曰汝非宰相所薦我自用之毋多言習仁囁嚅而退尋以不署尹龜澤告身流于外語在金宗衍傳子悛

河允源晉州人父楫贊成事致仕封晉川君卒子僧元珪火葬諡元正允源忠惠末登第補典校校勘恭愍朝以典理摠郞從諸將克復京城策功爲二等嘗

出按慶尚西海楊廣交州四道牧原尚二州所至有聲績辛旽用事允源不諂附辛禑初擢拜大司憲封晉山君書知非誤斷皇天降罰八字於柱每赴臺必掛之然後視事居母憂廬墓禑下書徵之曰三年行喪雖古今之通制百日即吉因時勢以從宜可移孝以爲忠其抑哀而赴召書未至卒子有宗自宗啓宗

論曰李茂方解佩鞘而應客不枉已於權門其所養可知也鄭習仁素有風節爲旽忌害豈以夷塔而欲殺哉河允源不附權光獨振憲綱其志貞矣若乃喪制之衰弛歎極素冠獨習仁允源廬墓盡制圃隱吉再

之外僅見兩人可嘉也已

金續命 李子松

金續命中贊之淑之孫性清直敢言恭愍初拜監察執義與大夫元顗持平洪元老協心彈糾執法不阿凡拜官者有疵累輒不署告身於是內人宦豎惡之遂皆見罷累遷左副代言王避紅賊南幸續命扈從策功爲二等賜土田臧獲轉監察大夫辭不許王以災異求言續命與獻納黃瑾等上言書云元首明哉股肱良哉庶事康哉元首叢脞哉股肱惰哉萬事墮哉殿下氣稟沈重春秋鼎盛即位日久備諳國事智

出萬全多不信人宦官僧徒雜類之言有時信聽雖大臣議一事出一言必候上旨承順施行以故諂諛成風直言路絕此德政之最失者也地者臣道也今賞罰不明故大小之臣怠弛曠官又因軍功白丁驟拜卿相皂隸濫處朝班臣道淆亂以致地震請自今信賞必罰重惜名器古者選軍給之土田故兵皆足食不憚征役近豪勢兼幷多至一百結曾無一畝露軍伍及今徵發赴敵率皆解體況望敵愾乎請復選軍給田之法左右前後皆正人也君誰與爲不正刑餘陰類殿下日與相狎樂聞鄙俚無稽之言夜分不

寢日中乃興疏遠大臣嘉謀讜議無自而入冬雷地震災孽在茲自今三殿宦者各留十人餘悉汰去正人端士常令侍側治國之道布在經史未聞以佛書致治者也殿下過信佛法羣髡緣此干謁濟私願自今斷絕緇流出入禁闥復開經筵日訪治道常觀聖賢之書勿雜異端之說女謁爲政之大害今針線娘子內寮之女亦有封翁主宅主者僭擬踰分殊失尊卑之體自今除宗室勳舊外勿許封爵已封者請奪之田里戚休在於守令今雖有臺省政曹保擧之令皆徇面情其所薦至有不識字者願自今臨軒引見

核其名實擧非其人必罰擧主傳曰無赦之國其政
必平養稂莠者害嘉穀惠姦宄者賊良民感召水旱
在於數赦願自今毋赦有罪以長姦頑王召臺諫詰
之臺諫面爭益切王怒甚知都僉議柳淑進曰旣求
直言而怒言者可乎王怒爲之少解遷知密直司事
出爲慶尙道都巡問使倭賊三千餘人入寇鎭海縣
續命帥兵急擊之賊倉皇不暇乘舫乃登縣北山斫
木爲鹿角柵守之續命復進擊大破之獻所獲兵仗
王喜遣中使賜衣酒金帶爵戰士有差未幾拜三司
左使賜端誠援義輔理功臣號轉僉議評理後爲大

彙纂麗史卷之三十一　三十七

司憲以論崔瑩罷辛禑立改三司右使時募全羅兵
屯守東江贊成睦仁吉欲以其兵出獵甸諸島捕倭
禑許之續命不可曰募卒遠來疲弊戰艦未完且大
臣不可輕出不聽續命以太后外戚專摠宮中之事
剛直不撓人皆畏忌執政至有欲殺者出爲楊廣慶
尙道都安撫使蓋斥之也太后欲留之召柳實問之
實曰今北有邊警大臣不可出外太后遂遣中使止
之時李仁任池奫林堅味等專權用事貪黷無厭唯
憚續命嘗移病在第廳復興仁任奫問疾續命曰古
制兩府省五樞七而已今一日所除宰樞至五十八

如物議何復興曰不得已爾續命曰今宰樞竊祿尸
位而心不正者無我若也仁任曰公不正誰爲正乎
續命曰予伴食都堂凡署事心非口是心不正誰如
我乎奫仁任滾衙之奫使其妻結禑乳媪出入宮禁
招權納賄續命譏之奫聞而益惡會般若事起兩府
臺諫耆老集興國寺辨之密直權仲和以書從進讓
獨不至續命謂堂吏曰王母未定宜亟辨以解人疑
何用書從爲旣而嘆曰天下未辨其父者容或有之
未辨其母者我未聞也於是仁任等嗾司議許時金
濤等劾之曰爲人臣止於敬天下古今之常典也臣

彙纂麗史卷之三十一　三十八

而不敬罪莫大焉近集議興國寺續命發口不可道
之言不敬孰甚請鞫治疏再上太后力救乃流文義
縣遂罷柳實以朴林宗代之實續命所薦林宗仁任
姻親也續命旣竄太后如失左右手時人惜之十二
年卒謚忠簡恭讓初左常侍尹紹宗等言金續命身
雖已歿忠義感人乞追加褒謚弔祭其墓錄其子孫
以慰忠魂從之

李子松 青陽人恭愍朝拜典法判書德興君之變子
松與洪淳在元帝令高麗人皆從德興之國金添壽
柳仁雨康之衍黃順安福從文益漸奇叔倫等皆附

之唯子松淳黃大豆等牢拒不從久居燕餞粮匱竭終始不貳既還王嘉其節義各賜米豆三十碩授子松密直副使賜端誠補祚功臣號久之出爲東北面存撫使倭寇安邊等地掠婦女奪倉米萬餘石坐罷歸田里辛禑時以三司左使爲巡衛府上萬户祭酒方句竊左尹金鼎暉妾鼎暉欲訴于官句乞哀乃止句反告巡衛府曰鼎暉盜殺内乘馬子松聞之大怒捕鼎暉鞫之少尹韓興壽亦訴鼎暉强姦已妾流鼎暉于外進拜守門下侍中禑遷都漢陽命子松留守子松自松京來謁禑賜酒慰之曰留守舊都庶事繁

劇卿獨處之豈不難乎禑墜馬子松與洪永通言殿下醉輒馳馬臣等心常危懼今果顚蹶致傷願自今端居九重戒遊畋愼酒色毋或輕動禑默然不悅未幾罷封公山府院君崔瑩勸禑攻遼子松詣瑩第力言不可瑩白禑託以黨附林堅味杖百七擬流全羅道内廂尋殺之或云妬妓燕雙飛也子松廉直國人法意復相及聞其死莫不悲之

論曰玄陵諸臣論其竭忠報國則金續命李子松郎其人焉續命以外戚之臣深懷致身之義居臺閣斥論時事公議吐氣及登兩府以方直自勵竟爲姦凶誣枉悒悒以終惜哉子松當僭王之變完節東歸其志潔矣及攻遼之擧危逆極矣人皆策其必敗而擧朝無敢一言獨子松橫身當之忠義凜烈斯二人者可謂不負玄陵之知遇矣噫抱明允而嬰戮懷忠敬而齒劒乃自古悲之矣可勝歎哉

楊伯淵 [illegible]仲宣 金濤

楊伯淵性便捷喜容飾恭愻朝累轉上護軍從崔瑩定興王之亂策功一等驟遷密直副使陞判司事出爲西北面元帥擊倭于宣州斬五十餘級又從我太祖擊東寧府辛禑初拜門下評理時有邊報瀋王

率叛賊金義來伯淵爲安州上元帥與諸將往備之遼瀋草賊吳連李英寶崔奴介等聞國兵悉赴禦倭北境虛率百餘人渡江入寇伯淵捕斬連擒奴介以獻先時鴨綠北屢有賊變國家疑金義引胡兵來至是始知非瀋王兵乃草賊也尋進贊成事提調政房時倭寇充斥以韓邦彦金用輝慶儀爲楊廣全羅慶尚道助戰元帥使伯淵督戰知密直洪仁桂副之民間聞伯淵等來語曰寧逢倭寇勿逢元帥倭賊騎步二千寇晉州伯淵與慶尚道上元帥禹仁烈都巡問使裵克廉邦彦用輝儀仁桂等戰于斑城縣大破之

斬十三級餘黨悉竄山谷遣判事金南貴中郎將全五惇獻捷禑喜賜南貴等白金各五十兩五惇辭以無功不受都堂曰君賜不可辭五惇曰然則旣爲吾物請納都堂時議多之賜伯淵仁烈等金銀紗絹宣醞及還命兩府迎于天壽寺伯淵以功微賞重辭賜金禑不許更命都堂宴慰伯淵特功頗驕李仁任林堅味等惡之嗾憲司劾伯淵潛通妻弟又夜遣騎圍故密直成大庸母家强姦大庸側室守節者遂削職流陜州是夕宦者林甫韓彰矯旨召還使者爲巡綽官所捕瑩白禑曰上護軍全天吉嘗語臣云伯淵謀

害兩侍中欲自爲首相請按治黨與禑命瑩朴普老李元紘張夏梁伯益都興等與臺省典法會巡軍雜治乃下天吉彰甫提學金濤等于獄訊之天吉甫皆服曰伯淵欲自爲左侍中以瑩守侍中成石璘兼大司憲甫爲班主唯濤不服被掠絶復蘇者三及再訊乃曰辭與天吉同復鞫天吉辭連石璘及知門下尹承順判密直金用輝同知密直柳曼殊等卽下四人獄禑謂瑩曰毋以豎人妄語枉害諸相逮伯淵弟仲淵李淵子淵及其親舊密直副使任毅辛康典法判書安得禧金南貴李貴直門下洪琳等鞫之辭連洪仲宣遣版圖判書表德麟典法判書柳蕃殺伯淵仲宣于流所又殺濤李淵彰南貴琳甫梟首于市并籍伯淵仲宣濤彰家沒子女爲奴婢杖石璘承順曼殊毅貴有差配戍辛子淵仲淵康得禧放歸田里天吉斃獄中用輝伯淵之妻兄也嘗與伯淵爭田民有隙瑩以爲必不與謀釋不問瑩之斷此獄刑戮過重時人寃之

洪仲宣初名仲元忠惠朝登第累遷內府副令恭愍初出爲漢陽府尹以釋器黨杖之辛禑初判開城府事轉政堂文學侍中李仁任等請釋宦官流竄者仲

宣謂金續命曰閹寺用事先朝以階禍亂放竄宜矣近者諫官多以直言見斥無召還者今乃先釋此輩何以爲國陞門下贊成事禑開書筵以仲宣權仲和爲師傅仁任林堅味等與仲宣同在政房惡其分權以仲宣爲啓稟使時納哈出率兵向遼東路梗仲宣不卽行諫官徐鈞衡等素與仲宣有怨且希仁任意因劾奏仲宣在先王朝潛懷異志敗露被譴密附辛旽位致宰輔濫蒙殊恩擢爲師傅今擬仲宣等四人爲啓稟使仲宣欲自免乃言曰四人同時入朝則必拘留其半以惑衆聽復議遣二人仲宣不免則又言

曰四人當同往不顧大體以圖自便不忠莫甚乞鞫問遠流不叙乃流宣寧縣楊伯淵之獄起辭連仲宣乃遣版圖判書表德麟典法判書柳藩等殺之籍其家國人寃之仲宣聞德麟等至知不免仰天誓曰予實無罪予死天必動威及死天果大雷電以風邑人異之

金濤字長源延安府人恭愍朝登第補全州司錄五遷爲正言言事罷中洪武四年制科敎授東昌府丘縣丞濤辭以不解華語且親老願還本國 詔許之及還王謂左右曰國人登制科者固罕濤旣登科又

蒙敎授名揚一時使天下知我國有人恨不早知其來而禮迎之因擢右司諫藝文應敎累遷成均司藝王手書金濤長源蘿葍山人八字賜之辛禑時拜右司議承李仁任池奫指劾三司右使金續命流之轉左部代言陞知申事拜密直提學濤嘗附洪仲宣論議人物仁任惡之適濤家奴竊延慶宮舊址礎石臺吏執之仁任嗾臺官劾以不敬鞫之宦官李得芬與濤有故白禑止令免官憲司復請遠配得芬留其狀楊伯淵之獄起濤逮繫被榜掠絶復蘇者三遂誣服殺之梟于市籍其家濤初對獄官曰我死不足惜殺一無辜及受其殃獄官皆惕然知其寃及死門生進士十餘人於門外護屍有李悰者抱屍入川洗其血解衣衣之裹以簟綑其首而懸之再拜而去時人義之

子自知汝知致知學知

論曰楊伯淵爲人雖不足觀其死則甚寃是時伯淵雖有微功權位未盛夫勦剪同列力勢必如崔忠獻而後能也曾謂伯淵能之乎况天吉脅招無害瑩之語特李仁任林堅味恐伯淵分權構揑置獄崔瑩旣老謬妄遂墮其計中耳至於洪仲宣忠直之士不問其情遽倂戮之何異賊吒之矯害柳淑乎寃酷甚矣

金濤始附仁任斥論直臣竟爲仁任擠陷枉死天道好還也哉

木齋家塾彙纂麗史卷之三十二

名臣十一

廉悌臣　柳濯　尹桓

廉悌臣字愷叔小字佛奴中贊承益之孫少孤長于姑夫元平章末吉家泰定帝自晉邸入繼統末吉率悌臣迓駕于和林帝一見奇之命宿衛禁中賊臣御史大夫帖失訴以女弟賜之悌臣曰臣雖無知不願近逆黨帝益重之居數歲乞告省母帝命降香金剛山還授尚衣使尋復請歸授征東省郎中同僚頗弄威福悌臣力爭之多所裁抑田民詞訟悉還攸司忠肅歎曰廉郎中清簡矣左右司請署文移必曰吾郎中署乎有則行無則止元召授翊正司丞後奉使江浙省會計中政院錢貨官吏多行賂求媚悌臣一切却之丞相別哥不花敬重悌臣及入相薦於順帝曰老臣在江浙知廉佛奴清白具以事白帝將用之悌臣以母病力請東歸忠穆朝拜三司右使賜輸誠翊戴功臣號轉都僉議評理進贊成事征東省官以事欲問臺臣時李公遂爲大夫悌臣曰臺綱不當撓李大夫一時之傑其可辱乎事得寢恭愍初拜左政丞賜端誠守義同德輔理功臣號蔡河中在元謀復相

會元南征求勇士河中密說太師脫脫請還國出兵助征仍薦悌臣有勇略悌臣覺之乞退王亦逼脫脫勢以河中爲政丞罷悌臣封曲城府院君與柳濯等赴征將士爭奪人馬行省禁不止民間嗷嗷悌臣羅英傑孫佛永獨不然行至鴨江康允忠謀於衆曰吾輩離親戚左墳墓以就死地何日旋歸欲以精騎五十馳還京城斬始謀發兵者以告悌臣悌臣曰非計也吾君天也天可逃乎忠臣義士豈有反側之言間道疾行旣至都王遣使請還悌臣帝以爲高麗大臣賜宴徽政院遣之王誅奇氏畏大元以悌臣爲西北面都元帥賜貂裘金帶授節鉞曰卿行之後吾不北顧矣其治軍政芻糧爲先城堡次之器械次之拜守門下侍中再三辭不許上疏論軍務曰食爲民天兵藏於農今軍士有事則操兵無事則屯田庶轉餉省而軍食足矣師之強弱在於儲偫今師興有日而輓輸阻脩如選精強分屯要害移其餘卒就食安州等處觀變而動則輓粟之勞減矣戍邊之法以時而代今軍士盛夏北來淹至冬月無衣無褐何以禦寒設使驅而納諸矢石之間豈肯盡力請率以半年相代軍卒遭遝不免行伍人子之情在所不忍請自今

凡遺喪者許人代之如無代者計日給暇後以盛滿辭復起爲右政丞紅賊之亂悌臣馱妻孥財賄車馬甚盛棄母而去臺諫論以不孝拜相逾月不署告身會金鏞誅以鏞姻好罷旣而母歿大斂而葬明年領都僉議司事時辛旽用事惡悌臣不附己譖於王王命子壻諭無絶旽悌臣終不變元刺之役悌臣爲西北面都統使節度諸將師還封曲城伯親圖形賜之復爲門下侍中辛旽金興慶多請謁悌臣抑之興慶有怨言王曰侍中學於中原性高潔非他廷臣比且大臣用心非汝所知也興慶不敢復言辛禑立以悌

臣領三司事尋領門下府事禑喪畢御正殿宰相上壽悌臣首陳爲君難爲臣不易親賢遠佞等語禑爲之改容加賜忠誠守義同德論道輔理功臣號北元遣使拜將作院使悌臣旣老國有大疑必與議盡言無隱位冢宰凡二十九年及疾禑遣中官賜宮醞藥餌悌臣具衣冠受之謂曰公善爲老臣言上所以及老臣者徒以臣嘗左右先君也臣今死矣願上日愼一日惟永終是圖卒年七十九諡忠敬遺命三日而葬子國寶興邦廷秀皆登第興邦自有傳國寶封瑞城君廷秀官至大司憲俱與興邦伏誅

柳濯字春卿高興君淸臣之孫有膽略善武藝早以門蔭入元宿衛還拜監門衛大護軍不數年三轉封高興君元授合浦萬戶忠定朝拜都僉議參理賜推誠亮節翊祚功臣號進贊成事恭愍初出爲全羅道萬戶持軍整肅不擾州縣與士卒同甘苦王下敎褒奬賜衣酒勞之倭寇萬德社殺掠而去濯以輕騎追捕悉還其俘虜濯在鎭寇不復犯召復爲贊成事未幾拜左政丞罷封高興府院君元將南征紅巾賊求勇士蔡河中薦濯及廉悌臣等四十餘人有勇略元遣使召之濯等率兵數千如元從太師脫脫征高郵

賊張士誠頗有功復官制拜門下侍郞同中書門下平章事尋以事流外起封高興侯王避紅賊南幸以濯爲慶尙道都巡問兼兵馬使復拜左政丞錄興王定難功爲一等與評理崔瑩密直副使吳仁澤提調政房瑩仁澤方有寵一日除官濯曰宜先擇臺省瑩率爾曰我擇之厲聲呼吏曰將亐達赤名簿來濯惡其不讓辭色方厲仁澤曰臺省豈可於亐達赤擇之須先擇儒士有名望者二人專恣旁若無人濯辭疾不與會國公主薨王惑浮屠說欲火葬以問濯不可乃止賜推忠秉義同德輔理功臣號濯持重美風度

動止可觀有詔使來驕蹇色傲見宰相不肯與坐及
見瓘禮貌甚恭李稽謂同列曰侍中動容中禮見重
宜矣累乞退不允王營公主影殿于馬巖瓘謂密直
安克仁鄭思道曰馬巖之役非但勞民傷財術家言
築室于玆異姓王矣瓘濫首百官豈可腹非而成君
上之過貽譏後世邪寧死不可不諫克仁等從之上
書曰今歲大旱五穀不登民將無食乞停中外土木
之役王大怒曰是沮吾影殿之役也下瓘思道獄以
克仁定妃父勒歸私第太后使人諭王曰祗以彰君
之過而見宰相之賢也可釋瓘等王不聽即以李春

高麗史卷之一百十一　五

富代瓘爲侍中命李穡鞫以魯國之薨闕祭三日其
葬降用永和公主例瓘曰公主國母也寅亮之初臣
等哀慟罔知所爲遂致闕祭辛丑之亂禮文皆失故
葬禮以臣等所知爲例耳非有他也以聞王怒甚辛
旽出曰侍中必死矣王欲殺瓘命穡製教諭衆文穡對
以瓘無死罪不敢爲辭力爭王大怒下穡獄穡泣曰
臣非畏死恐王以無罪殺大臣耳王皆釋之翼日瓘
等謝王賜酒慰之曰予失於怒辱卿等數日毋怪也
語在穡傳後王又以正陵無臘祭爲瓘所定下獄免
爲庶人籍其家都堂言諸陵皆無臘祭請釋之王怒

解還告身及家財辛旽既誅憲司奏瓘爲首相嘗欲
專占金羅軍民依妹壻也先帖木兒設萬戶府成軍
目靑冊納樞密院公主昇遐之初闕殯奠葬用薄禮
及黨逆賊辛旽賄以奴婢錢財相與結援李伯修告
旽逆謀瓘知而不首乞置典刑以正不敬不忠之罪
王從之太后使宦者沙顏不花請宥之王怒囚沙顏
不花遂縊殺瓘于靑郊年六十一國人有涕泣者時
議以爲王憾瓘諫止影殿之役也後我　太祖夢瓘
祈爵其子濕異之贈瓘特進輔國高興伯諡忠靖授
濕官子雲濕濬

高麗史卷之一百十四　六

尹桓

軍簿判書秀之孫也忠肅時拜護軍忠惠立授
代言忠肅在元復位黨獄起繫桓于巡軍奪告身杖
流海島遂亡入元桓嘗與曹益清執忠惠所狎宋八
郎洪莊等囚巡軍莊挾前憾譖之放桓于漆原忠惠
復位授同知密直元授行省員外郎曹頔之亂侍從
有勞賜輸誠亮節輔理功臣號除贊成事元授行省
郎中王起新宮于三峴欲以奴婢實之命近臣各獻
有姿色一兩婢桓與康允忠孫守卿等不得已皆曰
唯命蔡河中適至王顧桓曰卿等所議可語政丞桓
愧不能言王促之再桓具以告河中曰王雖不命臣

已有意況今有命敢不奉承退謂人曰君上請奴婢於臣儕古豈有是忠定初封漆原府院君王嘗宴群臣桓詰政房提調郭珣以受賂事珣不應桓攘臂毆珣左右止之不得恭愍朝復爲贊成事尋判三司事賜輸忠協義同德翊贊功臣號拜左政丞改門下侍中尋以罪流後召還封漆原侯改封伯桓本武人王命監春秋館事賜玉頂兒玉纓笠末幾罷辛禑三年北元遣使授平章事六年復爲門下侍中十二年卒年八十餘桓美鬚長大風儀秀偉歷事五朝三爲首相家鉅富嘗乞告歸漆原歲大饑人相食斂家財以

賑取貧民貸券悉燒之時方久旱水湧桓田浸及人田大熟慶尙之民稱之不已謚忠孝

論曰 廉悌臣柳濯尹桓皆倖臣之子孫也能自樹立爲一代名臣人之不係世類然矣南征之役庫允忠欲馳還斬始謀者悌臣不許曰忠臣義士豈有反側之言可謂純臣之言也賢公遂而加敬竊吨奸而不附其志貞矣濯諫影殿之役其言曰豈可腹非而成君上之過竟爲旨主憾害君子曰忠矣史譏悌臣以遺親濯不發告者一時彈評果出於公邪桓事五朝三爲首相事業無稱焉

金普 任君輔

金普金海府人忠定朝拜知密直恭愍初轉僉議評理錄燕邸侍從功爲一等賜忠勤亮節匡輔功臣號提調義成德泉倉有倉奴附倉官欲納布受信州租稅普許之吏具牒詣糾正鄭暉請署暉問之吏曰欲省陸運價錢耳暉問信州去京遠近吏給曰七八日程也暉乃署之後覺其欺收牒倉官共疾之他日暉又見庫外別置米五碩詰之吏以羡餘爲解暉意倉官竊用告于臺普由是積不平訴暉於王繫巡軍尋釋之王遂罷義成德泉官及監檢糾正稱内房庫別

設提擧以掌之未幾召臺官諭曰聞卿等以革倉官欲劾金普予將復置勿彈也諸道按廉期滿皆遞有李資者按楊廣道附普請勿遞普白王下旨曰今農月不可煩驛騎但遞江陵道存撫普妻兄金隨新除江陵存撫故也資仍按楊廣普適居母憂時人語曰李資此行爲金相賻喪也金鏞等忌普擅權謀斥之察訪崔淵希鏞意廉問資賄普物多少遣人句取文書繫從吏逼令解去鏞恐普復職誘人上書請行三年喪矯旨下都評議司普因此久不復職旣曰封金寧府院君奇轍等伏誅普以黨與逮捕杖流加羅山

辛旽用事引爲都僉議贊成事尋拜左侍中普屢毁旽於王旽譖普復罷之

任君輔

任君輔豐州人恭愍初拜密直知申事與大護軍卓五十四爭寵罷尋復職進密直副使宦者金伯顔帖木兒詐傳王旨以君輔爲內乘提調事覺杖伯顔帖木兒流君輔于泰安郡又以君輔遲留移配濟州牧子旣而召還奇轍等伏誅追捕其黨君輔祝髮匿三角山捕獲杖于市旽始用事引君輔復拜密直副使遂與金蘭睦仁吉掌庶務于宮中寵幸無比陞知司事賜功臣號又陞判司事君輔雖因旽復相內懷慚

愧白王曰崔瑩李龜壽等皆癸卯定亂功臣將宥十世何罪貶黜且師傅本僧也雖國朝之人豈可使緇髡爲政取笑天下王不聽君輔退謂人曰予以累葉衣冠幸蒙上恩承乏政府使無識賤僧得肆其姦後世其謂我何金普亦屢言於王旽譖普罷相欲斥君輔王曰普與君輔同時復進今復無故盡逐人謂我與卿進退太輕不如緩之自是君輔雖在政府不復與聞國事及鄭樞李存吾以論旽見逐君輔營救旽益嫉之會旽譖睦仁吉竄金州君輔言仁吉舊人不可以小失去旽因譖曰奇田龍之還燕君輔有密言王信之遂竄于驪興子巨敬

論曰商鞅因景監見趙衰以勃鞮用自古而恥之況金普任君輔乃因賊旽而進恥孰甚焉方旽之用事也譖如忠賢如崔瑩慶復興柳淑元松壽等皆已斥逐度其疲懦軟脆不爲己害然後引與同事則普與君輔爲人可知已乃能內懷慚愧思間旽以雪其恥賢於柳濯林樸遠矣若君輔之救李存吾尤可稱焉

林樸 李成瑞 李承老

林樸字元質安東府吉安縣人恭愍九年登第調開城參軍明年紅賊陷京元帥金得培以樸精曉兵法

置幕下與之籌畫南遷時春秋史籍典校祭享儀軌掘地以藏及賊平發之軍卒多慢棄不收樸與柳珣李玖監檢獲全其一二焉十二年以書狀官從李公遂如元時德興君誣奏帝曰高麗王薨於紅賊帝以德興爲王樸與公遂奏曰吾王破紅賊今尚無恙帝令樸奉德興之國樸復奏曰臣等若從僧王無異於婦人之背其夫也帝曰任從汝志德興謂樸曰爾若不從我死且無益除典理摠郞以誘之樸不受曰寧死誓不從德興將東行請詩於樸樸書其扉曰棄本山還似一毫輕投鞭直欲橫江去嗜餅徒勞畫地成得僉舞時誰識破吹竽混處謾求榮莫將繪事迷人滔滔逐末行春

目我礮天然古石砯學士危素見而嘆曰今亦有忠節之士樸還王謂曰德興誘以華秩汝不從吾亦以華秩褒之乃除中書舍人樸疏上正心論相二十條王益重之又除典儀副令王命陳時政得失復上十餘事王嘉納尋陞爲令河南王使郭永錫來樸爲館伴永錫曰嘗聞高麗山水之異尚有箕子之風願觀地圖禮樂官制樸曰欲知我國山水靈異方今上有皇后皇太子豈鍾其秀氣邪永錫拊膝高吟曰遂令天下父母心不重生男重生女左右慚赧十六年爲濟州宣撫使樸至州謂其萬户曰達達牧子喜反側君宜盡心

撫綏勿令生事又謂星主王子曰君輩乃神人之後入新羅爲星主入本朝爲王子服事歷代歷代之待君輩亦甚厚君輩宜各一心服事勿與牧子扇變於是星主王子及軍民皆俯伏曰敢不唯命先是宣撫者率皆貪暴恣其侵漁民甚苦之牧胡因誘以數叛樸行至羅州取水盛瓮而歸雖茶湯不入口民大悅相謂曰聖人來也王官皆如林宣撫我輩何至叛乎然州人或有識其載水者轉成均祭酒上書始分五經四書齋科舉一依中朝搜檢通考之法陞大司成判典校事初成石璘爲劉子房知印不阿附辛旽旽

譖于王以樸代之性好詭異倜儻敢言又喜立名常自言但知奉公未嘗干謁然每夜敝衣徒行出入旽第爲旽畫計蹤跡詭祕旽嘗往平壤樸佩刀從行無愧色每譽旽爲盛德故旽說之及爲知印手執班簿品第高下沮遏親舊外示公道宦官宮妾咸得所欲善伺候王意又揣旽好惡唯務迎合於是眷遇日密權在代言之上慶復興李仁任等深忌其專樸嘗語旽曰公摠國政宜整田民爭訟之冤旽遂白王立推整都監命旽爲提調樸爲使樸多所平決然旽之偏聽者不爲之辨故冤屈頗多二十三年拜代言王薨

翼日樸在殯側露齒笑殯殿都監判官柳爰廷性鯁直敢言嘗侍王講讀大爲器重是日見樸笑責之曰先王嘗稱子爲社稷臣今子忘哀而笑非忠臣也及樸秉政惡而不用然樸喪玄陵素帶三年辛禑初仁任倡議與百官爲書將呈北元中書省樸與朴尚衷鄭道傳不署名大司憲李寶林阿仁任意劾樸廢爲庶人流吉安縣初禮安人附池奫藏禑胎于其縣陞爲郡始擇地安東樸在吉安相其地曰不吉安東人告于朝禮安非吉地爲樸所誤奫由是惡樸奫黨執義金承得知申事金允升謂奫曰林樸不署呈省書

必有迎立瀋王之志是可罪也承得因率臺官上書
曰林樸卜系庸人嘗附逆賊辛旽爲其腹心多行譎
詐及旽伏誅又附金興慶殿下卽位之初乃與朴尚
衷輩結爲黨援陵視都堂違忤衆論請令上書言辭
悖理罪固不細元朝聞叛賊金義之言議立瀋王於
是本朝耆老百官呈省辨明樸陰懷異志獨不署名
請誅之以正典刑允升從中下其書遣體覆孫慶生
鎖致典法杖百流務安中路竄殺之子稼

李成瑞雞林府人忠定朝拜密直副使恭愍卽位陞
同知司事改尚書右僕射王避紅賊南遷命爲楊廣
道都巡問兼兵馬使發兵有功興王之變從崔瑩擊
賊又有功俱策爲一等又錄己亥擊走紅賊功爲一
等陞贊成事尋以罪流于外明年召還後如元賀正
元授大尉監大卿王起正陵以雲菴寺爲願刹給寺
僧米月三十石供給甚至寺僧又詣都堂請餉客之
需宰樞重違其請議給轉輸都監米五十石成瑞在
宮吏奉牒請署成瑞嘆曰我年十三始仕二十九入
宰府今五十一年歷己亥之旱辛丑之賊凶荒亂離
其變極矣未聞倉廩罄竭而俸祿不給今百官頒祿
不給而僧徒恣行所欲請養居僧則與之請食役夫
則與之又給餉客之費以有限之財供無已之求國
焉得不匱予備員宰相不可不言遂不署初成瑞竊
元翰林學士奇田龍妾爲憲司劾免王召憲官還其
劾狀封月城君辛禑五年卒謚恭簡妻朴氏初與辛
旽通配徒役及成瑞卒奔鄭天鳳憲司鞫而竄之竟
不悛恣行無忌

李承老陝州人忠穆朝以密直掌銓注坐受賄貶守
寧海恭愍時知密直司事遷政堂文學以事貶于奉
安王遣中使餞之未幾召還封江陽伯弟云牧與辛
旽比鄰其女有姿色已適高漢雨云牧邀旽于家使

女行酒旽悅而淫焉遂以云牧爲鷹揚上護軍漢雨
大護軍承老復爲政堂文學承老嘗私妻弟生子詐
稱遺棄兒養之承老妻惡事覺汙家聲不形言色者
二十餘年雖親近未之知也監察大夫金漢貴執承
老妻及弟訊之皆服流承老于中牟籍其家以妻弟
爲承老所累免之倭寇喬桐云牧與將軍李蒙古大
追捕坐怯懦不戰繫巡軍云牧詭曰若不殲賊請受
顯戮乃復遣之齎粮四千餘石以行議者料其無成
果未獲一級承老官至典理判書以旽黨伏誅

論曰林樸名士也當紅寇之擾運籌戎幕德興之變

誓死不從疏陳時政之弊參定科舉之法當時物論皆以樸爲賢能使樸遂死則一生眞僞誰得以知之哉李成瑞以妻事旽李承老以黨旽誅錄之姦臣傳宜矣舊史在此今姑從焉

睦仁吉 鄭之祥

睦仁吉泗州人恭愍入元宿衛仁吉以中郎將侍從及王卽位錄功爲一等又錄誅奇轍功爲一等累遷兵部尚書王避紅賊南幸仁吉從行轉知密直司事仁吉素與典法判書李子松有憾子松奉使如元都堂餞之仁吉使酒扼子松吭而罵之監察司劾之仁

吉訴臺官于王典法司再劾之王不聽諫官田祿生等上疏曰仁吉暗險麤暴起自微賤位至宰輔挾功驕恣肆其狂暴陵辱子松憲司劾之曾不知愧欲蓋其愆反訴臺臣是恃殿下之恩而蔽殿下之耳目也殿下豈可以負纖微勞輕左右耳目之司乎非所以示公道也王不得已罷封泗城君僉議監察與法復請乃罷歸田里王遣人賜綵段二疋與王之變衛士皆散無一人侍衛者難定王謂左右曰人謂睦仁吉禹磾爲癡然二人在必不逃難遂召仁吉還故事爲商議者雖與議國政不得署文移一日會議諸將曰商議亦相也同議而不署可乎商議金貴位在仁吉下先署之旣而仁吉至嫌其先已乃不署評理崔瑩怒白王令署之仁吉竟不從其恃寵倨傲如此策己亥平賊辛丑扈從功俱爲一等拜僉議評理仁吉嘗夜徼巡有人走入魯國公主從兄哈剌不花第索之甚急哈剌不花訴于王王怒辛旽恐仁吉白其兄詐乘王怒譖之竄全州後與吳仁澤謀除旽事洩杖流淸州爲官奴籍其家起拜贊成事辛禑時仁吉與李竴李竴爭田有隙欲中傷之及池奫誅仁吉誣構爲奫黨繫巡軍獄尋釋之仁吉嘗在都堂揚言曰倭賊

肆侵掠吾輩在此飽食曾不自愧可謂有人乎仁任怒其言逼已乃遣仁吉擊倭于全羅道六年大司憲禹玄寶等論劾仁吉陰蓄異志削職遠流籍其家尋卒于貶所

鄭之祥河東郡人因其妹往來于元値恭愍入侍隨從有勞及王卽位驟遷至監察持平不諂事理爲全羅道按廉入境遇勢家使輒榜掠徇示諸郡一道寒心楚思不花本國人也入元有寵於順帝其兄徐臣桂爲六宰弟應呂爲上護軍怙勢作威福國人畏之不花降香東來所至縱暴存撫按廉多被詬辱莫敢

違忤至全州之祥迎候恭謹不花待遇甚倨接伴使
洪元哲有求於之祥之祥不聽元哲激怒不花曰之
祥慢天使不花縶縛辱之之祥忿恚大叫紿州吏曰
國家已誅諸奇不復事元命宰相金敬直爲元帥守
鴨江此使者易制耳若等何畏而不我救將見爾州
降爲小縣也邑吏呼噪而入解縛扶出之祥遂率衆
執不花元哲等拘之奪不花所佩金牌馳還京過公
州執應呂以鐵椎撾之數日而死之祥來白王王驚
愕下巡軍命行省員外鄭暉逮捕全州牧崔英起及
邑吏等遣車蒲溫實內醞慰不花還其牌元遣斷事

官買住來鞫之祥會王誅諸奇釋之祥爲巡軍提控
再轉戶部侍郞御史中丞官至判事卒性嚴酷凡戮
死罪必遣之之祥妻寡居潭陽爲倭賊所害辛昌時
子從爲典理佐郞上復讎策自請爲召募別監得兵
百餘人隨朴葳擊對馬島後改渾

論缺

金庾 羅興儒

金庾金海人恭愍朝與諸將平紅賊收復京都錄功
爲二等又策興王定難功爲一等元之立德興也庾
奉使在元國人在元者皆從之庾執節不貳及還拜

密直副使賜推誠翊祚功臣號以旌之累遷知門下
事辛禑時授判開城封金海君轉門下評理乳媼張
氏之獄起庾責崔瑩抗君瑩怒白禑杖流合浦未幾
釋之久之陞贊成事與李子庸洪尚載等奉使如
京師先是我使入朝由遼東輒不達故令庾等航海
而往海道險惡不及期 帝責庾等稽緩且曰向者
汝國殺朕使臣又弑汝君其權臣爲誰嚴加栲問庾
以李仁任對 帝引庾于內誘之曰汝先國王無子
朕所知今王誰出庾不之辨明日本國宦者崔安至
興聖寺紿庾從者段得春曰庾昨奏爾主所出爾何

得諱得春曰庾言妄得春退至鍾山以語譯者鄭連
仁任家奴亦在行中聞之 帝流庾等于大理距天
竺二千餘里明年放還且許通朝聘庾等至禑賜酒
勞之曰卿等奉使 天朝竄于絶域跋涉二萬八千
餘里三年乃得生還予甚憫焉各賜鞍馬仁任奴以
所聞得春語告仁任白禑令贊成事禹玄寶密直姜
淮伯鞫之流庾于淸州連于漢陽人以庾之還多賫
錦綺紗羅不賂仁任由是獲罪而尚載在海被倭寇
囊橐一空故免於禍尋許庾從便十二年復下庾獄
杖流順天府籍其家仁任戒押行吏往還限五日庾

遂死敬天驛

羅興儒 羅州人骨貌輕儇善詼諧頗涉書史屢舉不第開塾舍以訓童蒙恭愍朝補中郎將爲影殿都監判官須鬢皓白督丁夫運石手執旗竿登石上麾而呼之王悅累遷禮儀摠郎以王命監造木蟠龍爲殿門飾遂以技巧稱陞司宰令遷司農少卿撰中原及本國地圖敘開闢以來帝王興廢疆理離合之迹曰好古博雅君子覽之實臆間一天地也遂進于王王見而嘉之興儒能言前代故事王愛幸常目爲老生朝夕在左右或命賦詩嘲謔時賜御膳手調羹予之

興儒輒夸語於人寫所賦詩送史館曰老臣獲紆上知類太公之遇文王賜膳給札同太白之遇玄宗豈無秉周柱史之筆者乎其自飾要名類此憲司劾興儒盜影殿材免其官辛禑初判典客寺事上書請行成日本遂以通信使遣之自辛巳東征日本與我絕好興儒初至疑諜者囚之有良柔者我國僧也見興儒請釋之時興儒年僅六旬紿曰吾今百有五十矣倭人駢闐聚觀至有畫像作讚而貽之者

論曰 金庚於德興之變秉節不貳張媪之獄責瑩抗君可謂審君臣之義矣及 天庭嚴究其辭祕而不傳抱究莫白哀哉羅興儒詼笑不根自況昔人至於親執賤役以媚時君鄙夫情態爾耳何足取哉

鄭世雲 安祐 金得培 李芳實

鄭世雲 光州長澤縣人從恭愍入元宿衛累官大護軍王卽位錄功爲一等與金鏞有寵於王楊廣道按廉金南得咎辱忽赤中郎將鄭谷同僚權石和等訴於王世雲鏞與南得善請王杖流石和于海島又與鏞忌密直副使任君輔有寵譖以詐傳王旨流濟州歷軍簿判書知門下省事錄誅奇轍功爲一等八年紅賊陷西京以世雲爲西北面都巡察使自黃州

還言賊入西京積柴修城無進逼計願勿驚擾以安衆心轉參知政事倭寇楊廣道京城戒嚴令百官從軍諫官詣王宮辭世雲曰諫官從軍古所未聞如國體何命免之十年紅賊陷京城王幸福州世雲以樞密兼鷹揚軍上將軍從行性忠果日夜憂憤以掃賊恢復自任王亦倚信世雲屢請亟下哀痛之教以慰民心遣使督諸道兵討賊王遂以世雲爲摠兵官教曰天下安注意相天下危注意將惟時與勢輕重在人可不慎哉恭惟太祖肇創鴻業列聖相承休養生民逮于寡人狂于宴安軍旅之事廢而不講以致紅

賊侵犯播越西南每念宗社痛楚何堪今分遣諸將
合兵攻賊乃授鄭世雲節鉞往董厥師賞罰用命不
用命其各處軍官軍人敢有故違節制及隔越馳聞
者聽以軍法從事於戲師出以律有國之所當先國
耳忘家爲臣之所當急惟爾士衆體予至懷世雲詣
都堂憤然揚言曰吾甚寒微使吾作相國家宜亂竹
嶺以南居人扈駕者不給粮並從軍此議已定今何
不行紀綱乃爾安能制難謂柳淑曰吾明日出師公
其往簽軍淑曰諸軍已到竹嶺大院世雲曰軍若後
期公亦不得免責淑卽往督之又謂鏞曰今兩相玩

寇如此人孰不效若不殲賊縱竄匿山谷可得以生
可得以國乎侍中李嵒曰今寇賊闌入君臣播遷爲
天下之笑而公首倡大義仗鉞行師王業中興在此
一舉惟公勉之吾君臣日夜望公之凱還也世雲行
擢授中書平章事位二相三宰之間王遣亏達赤權
天祐賜衣酒世雲附奏曰諸將有報獲賊者勿先論
賞臣雖捕獲不敢數馳報以煩驛騎大戰之後具狀
上聞西京人高敬至軍前言府民脫賊者無慮萬人
請遣將鎭撫世雲悅遣禮部尙書李珣往撫之督赴
京城十一年世雲督諸將圍京城自退屯堄率院賊

平遣大將軍金漢貴中郞將金景奉露布詣行在王
喜賜漢貴黃金二十五兩帛二疋景帛二疋卽遣內
詹事李大豆呈賜世雲衣酒太后公主亦賜衣酒尋
爲安祐等所害洪彦博聞其死曰摠兵之出師也言
貌甚傲其及宜矣贈僉議政丞葬以禮追錄扈從及
收復之功俱爲一等
安祐小字拔都耽津縣人金得培尙州人李芳實咸
安縣人祐恭愍元年拜軍簿判書累知樞密院事得
培父祿判典醫得培登第補藝文檢閱累遷典客副
令從恭愍入元宿衛及王卽位授右副代言六年爲

西北面都指揮使尋拜樞密院直學士都巡問使芳
實從忠穆入元侍從有勞及卽位補中郞恭愍三年
轉大護軍宣城達魯花赤魯連祥叛芳實以龍州兵
潛渡江直入連祥家刺殺其父子傳首于京七年祐
爲安州府萬戶金元鳳副之慶千興爲西京府萬戶
得培副之芳實以褊裨行宰樞設祖都門外祐醉臥
日午不起麾下缺望明年冬紅頭賊魁僞平章毛居
敬等衆號四萬渡鴨綠江陷義州殺府使朱永世及
州民千餘人又陷靜麟州殺都指揮使金元鳳遂據
麟州祐率兵進擊賊奔潰追斬三十餘級賊入鐵州

祐將七十餘騎行戰地登山息兵猝值賊帥毛貴揚兵大出將士皆懼失色祐談笑自若便旋盥漱從容跨馬引兵直前阻淸江而陣賊數騎登橋麾矟賈勇兵馬判官丁贊奮劒大呼先登橋斬賊將一人賊稍却祐與芳實將軍李蔭李仁祐等奮擊大破之賊退屯麟靜等州事聞王遣使賜祐金帶宣州支縣民聞賊近皆潰賊遣兵千餘收其穀祐得培領步騎一逐之賊擔負不能走追至賊屯賊盡銳迎擊之祐等敗千戶吳仲興將軍李仁祐死士馬物故者多退屯定州賊遂陷西京又明年芳實遇賊于鐵化斬百餘

級諸軍次生陽驛摠二萬時天寒士卒手足凍皴顚仆甚衆賊知我軍欲戰殺所虜人以萬計積尸如丘我軍進攻西京步兵先入躪死者千餘賊兵死者無慮數千人賊退屯龍岡咸從王以祐爲安州都萬戶芳實爲上萬戶金於珍爲副萬戶祐等進軍咸從賊乘我未陣突擊之我軍敗走賊以精騎躡之祐芳實於珍大將軍李珣等殿以拒之賊不得逼會東北面千戶丁臣桂引兵一千而至與賊殊死戰斬數十級賊追至五十里而止我步兵登山以免其被殺掠者千餘賊四百餘人屯肅州山谷間聞其黨敗於西京

還趣義州中郎將柳瑭郎將金景在義州修城門閘之召州千戶張倫發龍州等處兵擊之賊入保靜州城瑭等進攻殲之我軍又戰于咸從判開城府事辛富將軍李堅死諸軍力戰賊勢窮入柵自保我步兵入柵擊之騎兵環柵亂射殺二萬級擒僞元帥沈剌黃志善賊退保甑山縣芳實以精騎一千追至延州江祐得培於珍亦率精騎繼至賊窘渡江冰陷死者殆數千賊登岸作隊爲抗拒狀我軍疑窮寇死戰斂兵不追是夜賊遁芳實蓐食追之賊徒飢困安鐵數州之間死者相枕芳實追至古宣州以輕騎蹙之殺

數百賊死戰芳實以人馬困憊斂兵而止餘賊三百餘一日一夜至義州渡鴨江而走芳實祐等追不及而還祐等初從鴨綠抵西京又自咸從還至鴨綠凡九戰祐得培與慶千興遣李珣金仁彦告捷王勞諭召還命泥城萬戶金璡守鴨綠夏防祐等上箋賀曰以吾久玩太平之民當彼敢行死拒之賊誠亦難哉淸江安州之役不利雖臣輩之無良西京咸從之戰見功是社稷之有德原野積屍之累萬關津突騎則逾千所欠漏厥兇魁而以爲遺恨然繩木自盡者多則其窘匆問抑夫妻相刎者半則所計已窮疲彼中

心無復東意雖然在賊中便弓馬稍多本朝之人比年間作罪棄黨是宣城之孼如不艾舊惡當更虜將來殿下念臣等久於水草之勞斃於死亡之辱允納凱歸之報明垂召入之言所有邊事悉歸更防顧一方之形容假數年則蘇息糟糠得接於口亦尚幸焉酒肉將求於民不可忍也使華往返宴飲費需除朝夕粥飯外宜一切禁之驛館緣于道塗騶吏出於州縣州驛相去更日而行供給次番盡月而代除安州以南外嘉定隨郭宣鐵龍麟之人宜不出本州以待賓客姑寢其驛館人民不得已而奴辱於虜軍官無

彙纂麗史卷之三十二　二十五

乃何而逃竄於山勢非苟然力不贍爾除諜故外宜先數其慾而第宥之使恩威並行而不悖臣等以今月初吉離軍上赴　天朝謹奉箋以聞師旣旋大饗將士拜祐推忠節義定亂功臣中書平章政事得培輸忠保節定遠功臣政堂文學芳實推誠協輔功臣樞密院副使紅賊七十艘又寇西海道遣芳實邀擊于豐州斬三十餘級賊乘舟遁去王宴羣臣賜芳實玉帶王纓公主曰何不愛至寶輕以與人王曰芳實之功予雖割肌膚以與之尚不能報況此物乎十年紅賊偽平章潘誠沙劉關先生朱元帥以龍鳳紀元

率衆二十萬渡鴨綠江寇朔州泥城祐爲上元帥得培爲都兵馬使芳實爲都指揮使知肅州康呂火民戶而逃賊屯撫州芳實以彼衆我寡按兵不進請移殷順成三州陽巖樹德江東三登祥原五縣民及粟于巴嶺柵從之芳實遣判司農事趙天柱左丞柳繼祖大將軍崔準等擊賊于博州敗之禮部尚書李珣邀擊于泰州斬七級芳實與指揮使金景磾至价州擊斬百五十餘級祐遣趙天柱鄭履張臣補李元桂洪瑄鄭誅等以步騎四百至博州擊斬百餘級芳實又以百騎擊斬二十級于延州祐領諸軍進屯安州

彙纂麗史卷之三十二　二十六

獻捷曰丁贊王安德金仁彥許子麟朴壽年金琦鄭元甫俞之哲邊安烈權長壽趙麟趙仁璧等皆力戰有功乞加賞以作士氣王命祐爲都元帥曰闡外之事將軍制之爾其賞罰用命不用命賊襲安州我軍敗上將軍李蔭趙天柱死賊獲景磾爲其元帥移文曰將兵百十萬而東其速迎降王遣密直提學鄭思道金斗守岊嶺柵賊夜伏兵萬餘於柵旁雞鳴以鐵騎五千攻破柵門我軍大潰祐得培等單騎奔還祐行收兵與摠兵官金鏞等屯金郊驛鏞遣左常侍崔瑩請遣京兵王知事急遂謀避亂使京城婦女老弱

先出城人心洶洶賊鋒至興義驛王及公主將南行鏞祐芳實等馳至以爲京城不可不守瑩尤痛憤大呼曰願上少留募丁壯守宗社宰臣相顧默然駕幸旻天寺遣近臣往通衢大呼招集義兵都人皆散應者纔數人祐等無如之何白王曰臣留此禦賊請王行王遂南幸出崇仁門老幼顚仆子母相棄躪籍滿野哭聲動天地後數日賊陷京城留屯數月殺牛馬張皮爲城灌水成氷人不得緣上屠炙男女或燔孕婦乳食之恣其殘虐王在福州以鄭世雲爲摠兵官督諸軍十一年祐芳實得培黃裳韓方信李餘慶安

遇慶李龜壽崔瑩率兵二十萬屯東郊天壽寺前世雲督令進軍諸將圍京城世雲退屯㒜率院時方雨雪賊弛備餘慶當崇仁門麾下權僖詗之報賊精銳皆聚此出其不意攻之可克翼日昧爽僖率數十騎突入鼓譟奮擊賊衆驚駭諸將乘之四面急擊我
太祖以麾下親兵二千人先登敗之日晡時斬賊魁沙劉關先生等賊徒自相蹈藉僵屍滿城斬首凡一十餘萬獲元帝玉璽二金寶一玉印三金銀銅印金銀器牌面等物諸將咸曰窮寇不可盡也乃開崇仁炭峴二門餘黨破頭潘等十餘萬奔渡鴨綠江而走

賊遂平攻城之日賊雖窮蹙築壘固守諸軍進圍逼之　太祖止路傍家夜半賊開圍而走　太祖馳至東門賊及我軍爭門雜遝不可出有後至賊以槍刺
太祖右耳後勢急　太祖拔劒斫前七八人躍馬踰城馬不跌人皆神之鏞素與世雲爭寵又恐祐得培芳實等成大功爲王所重欲使祐等殺世雲因以爲罪而盡殺之乃矯旨爲書使其姪尚書金琳諭祐等令圖世雲且曰世雲素忌卿等破賊之後必不免禍盍先圖之祐芳實就得培牙帳曰今世雲畏賊不進鏞書如此不可不從得培曰今南平賊豈宜自相

翦滅昔穰苴擅誅莊賈衛青不殺蘇建古今明鑑不可不愼若不獲已執致闕下聽上區處不亦可乎祐芳實乃退夜復來言曰誅世雲君命也我輩成功而不奉命其如後患何得培堅執不可祐等強之於是置酒使人邀世雲既至祐等目壯士於坐擊殺之王聞變遣直門下金璉頒敎令諸將赴行在以安其心旣而判事金賢上將軍洪師禹來獻諸將論世雲書王大悅賜賢金銀布帛又遣知奏事元松壽賜諸將衣酒祐至咸昌縣王擇大臣有計畫者往迎之以備非常乃遣侍中柳濯至跪進酒請元帥立飮祐不

致濯曰今公收復三韓僕敢以爵位爲心一杯之後豈復請立歆邪因泣下明日祐凱還詣行宮上謁鏞令睦仁吉引至中門使門者搥其首祐辭色不變三叩所佩囊大呼曰幸少緩願至上前獻囊書就戮王未及聞乃擊殺之書卽鏞紿祐等殺鄭世雲書也鏞恐琳洩其謀先斬之遂白王曰祐等擅殺主將是不有殿下也罪不可赦王聞祐死其幼子裸立道傍哀之召留禁中問其所歸遣之麾下驚潰王召賜酒食勞之鏞與洪彥博柳濯廉悌臣李嵒稟旨揭榜云祐不忠擅殺世雲祐已伏辜有能捕得培芳實者超三

級錄用分遣大將軍吳仁澤御史中丞鄭之祥萬戶朴椿金庾等捕之是日芳實至龍宮縣王命芳實舅右散騎辛珣按廉成元揆往迎椿至稱有旨芳實下庭跪仁澤拔劍擊之卽仆絶良久復蘇踰垣走椿追殺之得培至基州聞變從數騎逃匿山陽縣先塋側拘得培妻鞫之乃告捕斬之梟首尚州年五十一觀者莫不嗟悼得培門生直翰林鄭夢周請王收屍爲文以祭曰嗚呼皇天我罪伊何嗚呼皇天此何人哉蓋聞福善禍淫者天也賞善罰惡者人也天人雖殊其理則一古人有言曰天定勝人人衆勝天天定勝人果何理也人衆勝天亦何理也往者紅寇闌入乘輿播越國家之命危如懸綫惟公首倡大義遠近響應身出萬死之計克復三韓之業凡今之人食於斯寢於斯伊誰之功歟雖有其罪以功掩之可也罪重於功必使歸服其罪然後誅之可也柰何汗馬未乾凱歌未罷遂使泰山之功轉爲鋒刃之血歟此吾所以泣血而問於天者也吾知其忠魂壯魄千秋萬歲必飮泣於九泉之下嗚呼命也如之何如之何芳實子中文祐子年甫十餘遊市街人爭以物饋之曰今我輩獲安寢食三元帥之功也至有垂涕者

論曰鄭世雲忠憤慷慨以討賊恢復爲己任及受命專征殲蕩勍寇匡復舊都比諸金富軾之復西京趙沖之埽遼孽功烈尤爲雋偉夫何降屈摠戎之重輕卽副將之邀變生不虞功成而身不保惜哉金得培安祐李芳實爲金鏞所紿竟以擅殺受誅人至于今悲之然三人者欲爲專功而妬害之非獨以見紿而發也夫將受命在外君使副將誅之而不降密旨使近臣陰屬謀害則三尺童子知其詐也而三人者顧不知邪方鏞書之至也果皆見紿則遣師禹諭世雲之書何不略及鏞書之意邪是則祐芳實與鏞同謀

審矣而得培則動於素忌卿等之說僶勉而從之非專功妬害而何哉爲得培者當諭祐芳實曰鏞書以逗遛罪世雲然作書時王未聞世雲成功也今世雲功成而誅之則無乃王移怒吾輩而誅之乎云爾則祐芳實豈有不愕眙顧慮也哉計不出此見陷於賊臣之手於祐芳實何誅

金先致 趙暾 金以道

金先致得培之弟以郎將從全羅道都巡問使柳濯擊倭手殺數十人累轉戶部郎中恭愍時從都元帥李嵒禦紅賊至西京賊勢甚盛嵒欲令賊無資粮使

先致焚府庫先致曰若焚府庫賊乏資猝入國中非計也嵒怒責之安祐在傍徐曰先致言是嵒從之賊平錄功爲一等圖形壁上賜土田臧獲選吏部侍郎出按楊廣道宰相欲壞南京宮室移營白岳先致將行奏曰前營南京人畜疲獘今復壞之恐百姓觖望王驚曰予實不知乃宰相自爲耳卽命勿壞紅賊陷京從諸將收復累官密直副使出爲雞林府尹時强盜繫獄連坐者百餘人久未決先致辨理全活甚衆封尚城君賜推誠翊衛功臣號陞同知密直爲全羅道都巡問使辛禑初倭藤經光率其徒來聲言將入寇恐喝之仍索粮朝議分處順天燕岐等處官給資粮尋遣密直副使金世祐諭先致誘殺先致大具酒食欲因餉殺之謀泄經光率其衆浮海而去僅捕殺三人先致懼罪詐稱斬七十餘人事覺編配戍卒前此倭寇州郡不殺人畜自是每入寇婦女嬰孩屠殺無遺全羅楊廣濱海州郡蕭然一空由先致激怒之也後封洛城君退居尚州卒年八十一子鏈銓鈞

趙暾

初名祐雙城摠管暉之孫也世居龍津(在德源府東三十里)未弱冠事忠肅王時吏民逋入女眞洪肯(今洪源或作洪)獻三撒(今北靑)禿魯兀(今端川)海陽(今吉州或作海洋)等地王遣

暾至海陽刷六十餘戶還授監門衛郎將後復至海陽刷百餘戶來王嘉之賜廏馬綾段尋除左右衛護軍王薨暾還龍津初暉以雙城(今永興)等地叛入元恭愍五年欲收復舊地以密直柳仁雨爲東北面兵馬使與江陵存撫使李仁任往擊之仁雨率兵過鐵嶺次登州去雙城二百里留十餘日不進雙城摠管趙小生暾從子也聞變與千戶卓都卿召暾暾至小生擧兵爲拒守計劫暾曰今事急矣叔父仕高麗爲累朝寵待今日叔父南向高麗則雙城之地十二城誰肯從我乃與都卿選腹心驍健者三十人衛暾實拘

之也仁任說仁雨曰暾乃心王室必不與逆豎同叛今以王命諭之必來暾來雙城可傳檄而定也仁雨然之遂以蠟書遺暾暾見書祕之將伺間而動暾少時見雙城人趙都赤英俠深結歡心及是都赤爲小生謀主暾諭都赤曰今兩豎所以拒朝命者以汝爲心腹也汝本高麗人爾祖與吾祖皆自漢陽來今背本國從逆豎獨何心哉棄逆從順去危就安功名富貴此其時也汝其圖之都赤泫然泣下舉手指天曰公活我矣公且先吾從之暾喜與弟天柱挺身馳出至三歧江乘舟已中流追騎百餘及岸而返暾至龍

津謂家人曰從夫人浮海會我于登州率子仁璧仁瓊仁珪仁沃一夜馳二百里黎明詣仁雨營謂仁雨曰二豎勢窮將北走雙城人皆竄山谷今大軍遽至必駭不下清野無食爲公計莫若先遣吾子仁璧招諭仁雨從其言乃使仁璧及知通州張天翮徇雙城雙城人聞其至喜曰趙別將來矣相率來降搞迎官軍曰高麗王眞我主也先是我 桓祖來朝王迎謂曰撫綏頑民不亦勞乎時奇轍潛通雙城叛民煽亂王密令 桓祖謀之至是王聞仁雨逗遛遣兵馬判官丁臣桂諭 桓祖內應 桓祖聞命卽衘枚就行

與仁雨合兵攻破雙城府小生都卿逃入伊板嶺北立石之地於是按地圖收復和登定長預高文宜州及宣德元興寧仁耀德靜邊等鎭蓋咸州以北哈蘭（哈蘭府咸州椰以北未詳）今 洪獻三撤之地本爲我疆自暉等叛沒于元凡九十九年今皆復之臣桂領兵過伊板與女眞戰大捷斬其魁帖木兒傳首于京仁雨之初至也端州以北千數百里靡然南向仁雨貪財殺戮及都赤來見王授護軍賜金符爲東北面千户往撫女眞仁雨忌而殺之天翮隸仁雨麾下濫殺無辜掠牛馬財産奪人妻妾遂沮北人歸附之心暾深以爲恨

暾還王大喜超授禮賓卿賜第于京小生都卿竄女眞境勢窮欲降見都赤降而被害欲見璽書乃降八年王遣暾賫璽書往諭暾至登州浮海行半月至海陽賜璽書小生欲從暾入朝復懷異志衷甲而待暾不敢入乃還紅賊陷西京以知兵馬事隸安祐麾下擊走之九年拜判司農寺事十年轉工部尚書從王南幸王命暾及睦仁吉分領福州兵宿衛行宮十一年出牧海州居母憂踰年起復爲禮儀判書錄平紅賊功爲一等辛禑元年封龍城君五年歸老龍津仁沃欲從行暾止之曰吾家遭時危亂先祀之存僅如

毫髮蒙玄陵眷遇一門獲全父子兄弟皆顯於朝國
恩重矣若等無以老夫爲念致力王室猶在吾側也
明年卒年七十三仁壁屢立戰功官至三司左使仁
沃累遷判典儀寺事我 太祖回軍尹紹宗懷霍光
傳以獻 太祖令仁沃讀而聽之仁沃因極陳復立
王氏之議拜典法判書辛昌立仁沃與同列上疏曰
佛氏之教以淸淨寡欲離世絶俗爲宗非所以治天
下國家之道也近世以來僧徒罔念師教田租奴傭
不以供佛僧而自富其身出入寡女之家賄賂權勢
之門其於淸淨絶俗之教何願自今選有道行者住

諸寺院其田租雇傭令所在官收之載諸公案計僧
徒之數而給之凡僧宿留人家者以姦論充軍籍其
主家亦論罪貴賤婦女雖父母喪毋得詣寺違者以
失節論敢祝婦人髮者加以重罪其爲尼者亦論以
失節州縣吏驛吏及公私奴婢勿許爲僧尼從之遷
密直代言恭讓時錄回軍功賜鐵券土田尋以事罷
起爲吏曹判書

全以道從恭愍入元宿衛及王卽位東還授郎將錄
侍從功爲一等除義成倉使王幸廣明寺飯僧以不
能供億杖罷後以禮部侍郞爲慶尙道賑濟使還奏
曰守令職在牧民苟非其人民必受病先王知其然
守令必用登科士流令監務縣令皆出胥徒侵漁百
端剝割生民敢望勸農桑修政教乎臣廵視義城縣
有舊堤遇旱可灌漑縣令不修築臣奉旨已杖之願
自今凡守令專用士流王然之卒不能用累轉判典
農事王之南幸福州也以道扈從王命以道簽兵于
洪州道尋從諸將收復京城策扈從收復功皆賜錄
券三善三介寇東北面以道爲知兵馬事從都指揮
使韓方信禦之以道將兵六千守忽面忽面山谿險
阻粮運不繼數請退守三關方信恐違朝旨不從三

善三介逼忽面以道望風走時德興兵已據宣州與
東北界隔一嶺若踰嶺則忽面已在賊後故方信不
責奔敗使守三關三善三介又逼三關以道不能守
和州以北皆沒及三善三介退方信復使以道守忽
面以道銜之以道性褊急嘗語人曰三善三介之渡
入主將退次故也吾欲爲國家死守忽面重違主將
節度退守三關爲賊所乘監察司聞之欲按方信罪
王召監察大夫崔宰諭方信無罪事寢

論曰金先致聲望勳業亞於得培功同收復而不與
同禍家在尙之永順至今號爲二帥宅趙暾當小生

構亂挐家南奔變頑梗之族爲忠義之門譬之李顯
忠歸宋事相類其身享榮祿澤及苗裔宜哉全以道
請退守三關及歸咎主將以自解政刑謬矣

卷之三十二　三十七

木齋家塾彙纂麗史卷之三十三

名臣十二

崔瑩

崔瑩平章事惟清五世孫也父元直司憲糾正瑩風姿魁偉膂力過人選補于達赤恭愍元年趙日新作亂瑩與安祐崔源等誅之三年授大護軍從元丞相脫脫南征高郵東師二十七戰瑩功居多泗和州賊八千艘圍淮安城瑩却之是時元政衰諸將玩寇瑩血戰江淮之間名聞中國東還隨印璫破鴨江西八站六年出爲西海平壤體覆使明年倭寇吾叉浦瑩設伏敗之又明年爲西北面兵馬使紅寇入西京瑩與諸將戰于生陽鐵和咸從之間頗有功又明年拜平壤尹置賑濟場勸民耕稼瘞戰死者十一年與安祐李芳實等收復京都錄勳爲一等圖形壁上授典理判書十二年金鏞遣其黨犯興王行宮瑩與禹磾安遇慶金長壽等領兵馳赴擊之賊平又策勳一等賜盡忠奮義佐命功臣號尋陞贊成事十三年崔濡奉德興渡鴨綠江我師不利賊乘勝長驅入據宣州中外洶懼命瑩爲都巡慰使急趣安州節度諸軍瑩承命便促隊而行激諭士衆誓必滅賊道遇亾卒輒

斬以徇軍令始肅遂與諸將分兵擊賊于隨州獺川大破之濡走入遼東元朝械濡送于高麗斬之十四年倭寇喬桐江華以瑩爲都指揮使鎭東江時辛旽權勢日盛密直金蘭以女與旽瑩責之旽譖瑩于王瑩獵高峯縣王遣李珣讓之曰倭入昌陵取世祖眞卿爲都指揮使而不知以金續命代卿而卿猶領其兵田獵無時何也遂罷瑩尹雞林旽誣以瑩與李龜壽交結中官離間上下遣其黨李得林鞫之籍其田民而流之得林之鞫瑩也必欲殺之鄭思道鎭合浦執不可得林訴旽思道亦罷二十年召還復拜贊成事二十二年爲六道都巡察使籍軍户造戰艦黜陟將帥守令有罪者專斷瑩雅不諳朝士賢否故殿最未精號令苛急軍民騷動二十三年授全慶楊廣道巡問使憲司駁之瑩泣訴曰臣赤心徇國而致謗如此乞罷臣職王雖直瑩猶令臺諫都堂薦可代者尋以論瑩罷大司憲金續命加賜瑩宣威定難功臣號高皇帝遣林密等令取濟州馬二千匹以來先是哈赤石迭里必思肖古禿不花觀音保等殺害使臣乍降輒叛至是不肯奉詔旨遂議伐之七月以瑩爲都統使廉興邦爲都兵馬使李希泌邊安烈睦仁吉林

堅味池奫羅世金庾等爲諸道元帥領戰艦三百十
四艘士卒二萬五千六百人討之八月師至羅州瑩
閱兵于榮山與諸將約曰諸道船宜各樹幟檣上以
識之船置頭目官毋亂行船旣發各整伍樵汲以時
旣至同時俱進毋或失次軍士各占信地通烟相報
諸軍動靜聽都統使角聲毋或有違降者勿逆所得
賊魁家産金銀牌印信悉皆輸官得者有賞誓畢曰
不從吾命則有常刑諸將免冠謝行至黔山串西海
戰艦未至者以百計瑩曰風勢不利且欲留待諸將
不聽至普吉泊瑩欲止諸將曰兵機貴速淹留不發

後如有議咎將誰執興邦勸瑩從諸將言曰巳午尚
猶豫未發安烈麾下遽鳴鼓發柁瑩大怒懸檣竿以
徇俄而衆船揚帆齊發瑩不得巳令擧碇放船會西
海船亦至日晚將抵楸子島果風雨大作船艦觸崖
石多破傷者翼日至濟州瑩部署諸將四面分攻石
迭里必思等以三千騎拒戰於明月浦瑩遣牧使朴
允清諭以興兵問罪除賊魁耳星主王子土官軍民
按堵如故遂下岸師逡巡不進乃斬一裨將以徇於
是大軍齊進左右奮擊大破之追北三十里暮還明
月浦沿涯營是日多獲賊馬我師悉騎矣諸將屯漢

拏山下休兵賊魁來挑戰陽敗走將誘致曉星五音
之野以騎兵躡之瑩知其謀令銳卒急追賊魁走入
山南虎島遣裨將鄭龍領輕艦四十艘圍之瑩自率
精兵繼進迭里必思乃出腰斬之及其三子肖古禿
不花觀音保等投崖而死并斬其首獻于京師東道
哈赤石多時萬趙莊忽古孫等猶據城不下瑩與諸
將攻之賊潰走追獲及其餘黨盡殺之得金牌九銀
牌十印信三十馬千匹卒有殺馬食之者瑩即斬以
徇士卒股慄秋毫不犯十月班師王巳薨矣瑩復命
梓宮痛哭失聲辛禑二年倭賊屠連山開泰寺元帥

朴仁桂敗死瑩聞之慨然請行禑以爲老不許瑩曰
蕞爾倭寇肆暴如此由諸將不用命而兵不素練故
也臣雖老願以一死衛王室禑感歎許之瑩不宿而
行時賊以老弱登舟示將還狀潛遣勇銳數百滚入
所過望風無敢當者至鴻山大肆殺掠勢甚盛瑩與
都巡問使崔公哲元帥康永兵馬使朴壽年等趣鴻
山將戰賊先據險隘三面皆絶壁惟一路可通諸將
不敢進瑩身先士卒策馬突進賊披靡有賊從林薄
間射瑩中脣血淋漓神色自若射賊應弦而倒乃拔
所中矢戰益力遂大敗之俘斬殆盡凱還禑命宰樞

郊迓具鹵簿如迎詔禮及入見禑問曰賊衆幾何對曰不多諸將歎曰幸而賊少耳賊若多幾失此老後有自賊中走回者諸將卽問狀曰倭子常言所可畏者惟白首崔萬户耳鴻山之戰崔萬户至則士卒爭先躍馬蹴踏之甚可畏也瑩麾下進鴻山破陣圖禑命李穡製贊三年倭寇江華喬桐先是瑩請於海路設關防備戰艦一百艘以衛京都禑不聽賊倭乘夜入寇窄梁焚戰船五十餘艘海明如晝死者千餘人萬户孫光裕中流矢乘舠船僅免瑩嘗戒光裕曰耀兵窄梁江口愼勿下海是日光裕出窄梁醉卧舟中賊

至而不能省也賊遂入江都萬户金之瑞府使郭彦龍走入摩利山賊大掠虜之瑞妻而去禑遣羅世李元桂康永朴壽年趙思敏等擊賊于江華瑩爲都統使次昇天府以備之賊從江都出寇守安通津童城等縣所過一空乃相語曰無人呵禁誠樂土也瑩與慶復興仁任等次敬天議備禦瑩嘆曰今倭寇跳踉至此元帥擧何顔乎因泫然泣下而石文成顧問歌妓來否觀者歎其憂樂不同之瑞遣人告曰賊以婦女玉帛置之德積島中將復入寇請遣援兵瑩不聽曰汝府有騎兵千餘賊取汝妻曾不奮擊今雖益兵

將安用乎遂謂諸公曰遠道元帥暫失期會尙以軍法從事況在畿甸領巨艦五十不戰而棄走使一府蕭然赤地者乎釋此不誅何以號令且光裕違吾節度阻江安集使妄報賊退使我不及擊皆請禑治之乃下光裕之瑞彦龍于獄從喬桐老弱于内地留壯者治農奪豪右所占私田以充軍需禑從之禑尋宥孫光裕等先是慶尙道元帥金縝聚一道名妓日夜酣飮縝嗜燒酒軍中號曰燒酒徒偏裨少忤其意輒鞭辱之衆忿怨及倭掠合浦衆卻立曰可令燒酒徒擊賊縝單騎走遂敗於是廢縝爲民斬合浦都千户

至是瑩歎曰旣原金縝又活光裕政刑如此何以爲國時以京都濱海倭寇竊發皆欲遷都以避之瑩獨陳徵師圖守之策禑不聽命築宮于鐵原瑩曰移都之擧非特擾民且啓海寇覬覦之心國勢日蹙非計也臣謂太后春秋已高宜奉太后居之鐵原殿下留此以鎭人心第京城太廣雖有十萬兵未易守請築内城以備不虞可也事遂寢四年倭舸大集窄梁入昇天府聲言直犯京師中外大震禑分命諸軍屯東西江列兵衛於宮門以待賊至發坊里兵登城候望以瑩督諸軍軍於海豐營成事楊伯淵副之賊覘知

之以爲得破瑩軍則京城可窺也乃經列屯捨西不與角趣海豐直向中軍瑩曰社稷存亡決此一戰遂與伯淵進擊之賊逐瑩瑩奔我　太祖領精騎直進擊破之瑩見賊披靡還率麾下士擊殲之餘黨夜遁時都內聞瑩敗益洶洶禑欲出避百官裝束累重會于宮門以須捷至京城解嚴賜瑩安社功臣號五年鄭地與倭戰于順天兆陽敗績禑將遣諸將擊之瑩請行曰臣若死於賊恐傷國體然臣不忍坐視生靈之魚肉國之安危在臣一擧臣請率麾下士往征禑從之都堂餞諸帥瑩獨不赴曰近門下府請禁迎餞

豈可以宰相先犯令乎俄而邊報警急禑曰不可重外而輕內瑩不果南五年政堂文學許完密直尹邦晏依禑乳媼張氏譖內宰樞林堅味都吉敷請去之禑命堅味等勒歸私第堅味奔告瑩及復興仁任曰許完欲殺吾二人以及諸公禍將作矣夜完等矯旨召瑩瑩懼與復興仁任等會興國寺大陳甲兵集兩府百官耆老議請鞫張氏禑趣召瑩瑩辭曰今有擧國缺望事上若從衆意臣將入覲禑曰卿被疾累日思一見卿且欲聞缺望事瑩欲入諸大臣止之曰公去則此軍必亂國不靖矣於是兩府臺諫請下張氏

按治禑不聽令瑩罷兵曰予召卿卿擁兵不來卿嘗自謂累代忠臣忠心安在瑩曰臣若赴召兵士必從引兵詣闕則臣罪當誅臣身雖微所係甚大若死於姦人之手國家危矣禑默然密使人語大司憲禹玄寶曰可率百官以退玄寶曰臣雖退百官必不從百官與張氏罪奏太后太后曰豈可以一媼之故令擧國紛紛乎趣張氏出禑不得已送張氏于仁任諭令不殺瑩詣闕謝曰殿下去邪不疑臣民咸喜獨責臣爲不忠臣實缺望禑曰其時急不覺失言評理金庾謂瑩曰以臣抗君無乃不可乎瑩怒白禑流之尋斬

張氏六年以瑩兼海道都統使出屯東西江時瑩有疾醫進藥却之曰吾旣老死生命也安用服藥求活爲也禑錄瑩功賜鐵券玉軸以表異數七年拜守侍中賜田三百結八年有人投匿名書云林堅味廉興邦謀去李仁任崔瑩立定昌君爲王判事金克恭聞而傳之於是鞫克恭誣服斬之籍其家時倭寇累至以戰艦少不得出擊瑩曰吾昔爲都統使作戰艦八百隻欲埽淸海寇不圖李海等冒請先王分領其船卒以敗功孫光裕領江口巨艦一遇倭賊燒毀殆盡今欲改造然方農月不可使民欲令僧徒赴役國家

有急則僧徒何能獨安乎使司宰令李光甫監造戰
艦董役甚急怨咨大興不逾年造巨艦百三十隻分
守要害自是倭寇稍息民反喜之瑩爲將臨陣對敵
意氣安閒矢石交於左右略無懼色軍士却一步者
便斬以徇故大小百戰所向成功未嘗一敗當是時
也威名隱然動於中國使臣張溥周倬等至禑以我
太祖鎭東北面令瑩出屯于郊不使溥等見之瑩
性戇廉潔無私雖其盡忠勞力時有補益然素無學
術事皆斷以己意嗜殺酷刑威福自出而其獨見之
慮禍亹所生至於臣主俱傷宗國傾隕斯其可哀者

彙纂麗史卷之三十三 九

也瑩嘗閱兵於江上怒部伍不整欲斬隊伍長禑曰
都統使無乃已殺乎重則杖之輕則原之可也京城
物價踊貴商賈乘時射利瑩嫉之凡市物先令京市
署定其價識以稅印無印識者將鉤脊筋殺之於是
懸大鉤於市市人震慄事竟不行楊伯淵之獄自瑩
發之用刑甚酷株累日廣波及搢紳悉加拷訊禑謂
瑩曰無以因人妄語枉害諸將瑩不聽提學金濤等
以辭連被殺國人寃之林廉之誅也 太祖遣人白
瑩曰兇黨已除明公宜戢刑布德以順民心瑩不聽
楊廣道按撫使崔有慶捕誅林廉家奴遣人報都堂

瑩以誅殺不盡大怒欲斬其使 太祖固止之瑩斷
獄過嚴果於誅戮百姓畏之然遇歲凶民飢輒廣施
賑濟以活窮民禑畋于西海道知鳳州柳蟠因供頓
多斂民財瑩惡其害民杖之時出祿米以補軍餉其
威福自出多此類也瑩不事産業居第甚陋清約如
寒士雖身都將相久典兵權關節不到世服其清嘗
赴都堂極言諸宰之害遂具禁令押署藏之曰諸公
日後背爾乎禑無道自甚瑩遇事輒諫壽昌宮成瑩
等爲都監禑使宦者李匡宣曰大廈落成何以報卿
瑩曰今倭寇肴食民生困悴喪邦無日矣主上不與

彙纂麗史卷之三十三 十

大臣圖議國政而昵比羣小畋遊無度臣等將安仰
以盡職乎匡入白禑赧然曰謹聞敎矣十一年禑獵
于海州瑩從旌旗帷帟橫亘百里所在供億民不堪
命按廉李須喪馬徒行一道咨訕雷連累朔樂而忘
返瑩入見極陳其弊還至白州欲觀魚于延安大池
瑩立馬前力諫禑乃止禑嘗遊龍壽山乘醉驅馬墜
瑩泣曰忠惠王好色然明宵有程忠肅王好遊然不
違農時今殿下遊戲無度墜馬傷體臣備位宰相不
能匡救何面目見人乎禑慙曰自今改之其盡忠補
益亦此類也瑩毅然以國事自任遂欲內爲社稷之

計然既老悖慮事粗略勝國殘孼逃竄沙漠而　聖
天子一統四海精兵百萬兵力非漢唐比也瑩密通
北元約爲聲援逞其勇力欲與天子抗脅衆興師剛
愎自用不知小國不可以抗中朝智力惡足以敵大
義勢窮兵變禍不旋踵麗祚傾覆瑩實速之此所謂
獨見之慮禑嬖所生也初禑憚瑩正直不往其第嘗
欲納瑩女使人諭意瑩辭曰臣女陋非醮婦所生也
殿下必欲納之老臣削髮入山矣泣而拒之麾下鄭
承可等迎禑意納之封爲寧妃自是屢幸瑩第國有
大事輒與瑩密議先是張方平至遼東不得入而還

潘益淳謂瑩曰今國危矣社稷存亡係公一身盍圖
之瑩歎曰執政嗜利速禍將若之何有人從遼東來
告曰　帝將求處女秀才及宦者各一千都堂憂之
瑩曰如此則興兵擊之可也嘗曰昔唐太宗征本國
本國發僧軍三萬擊破之會　帝以高麗反覆怒詔
鐵嶺迤北元屬開原所管乃割屬遼東瑩集百官議
獻鐵嶺可否皆曰不可獻與諸將相議攻遼及請和
諸大臣皆欲請和禑獨與瑩密議攻遼瑩勸之公山
府院君李子松詣瑩第力言不可瑩輒白禑殺之以
威衆遼東都司報　帝遣千餘兵來至江界立鐵嶺

衛禑泣曰羣臣不聽吾計使至於此遂徵八道兵瑩
閱兵于東郊遼東旗軍持榜文至者令所在殺之禑
託以西獵遂發寧妃及瑩從是時國中屢被倭患八
路騷然連歲饑饉餓莩盈路重以禑淫荒無道政令
悖謬中外囂囂不自保方當農月徵師遠道怨聲載
路禑次鳳州召我　太祖始言攻遼之意　太祖泣
陳其不可反覆力諫禑頗然之夜瑩復入曰願毋納
他議禑次平壤令作浮橋於鴨綠江運林廉家財以
備賞格又發僧徒爲兵以玄麟爲將玄麟嘗佐瑩畫
事於是加瑩八道都統使曹敏修爲左軍都統使

太祖爲右軍都統使領諸元帥發平壤瑩白禑曰大
軍在途若淹旬月大事去矣臣請往督禑曰卿往寡
人亦往瑩曰殿下還都老臣在此指揮諸將禑曰先
王遇害以卿南征也予何敢離卿獨還乎有人自泥
城來告遼兵悉赴征胡城中但有一指揮若大軍至
不戰而下瑩大喜督令進兵師次威化島左右都統
使上書請班師瑩曰都統使可自來奏左右軍復遣
人詣瑩請速許班師瑩殊不爲意我　太祖舉大義
諭諸將回兵三軍踊躍　太祖在途徐行嚴勅三軍
以不敢直逼乘輿之意禑聞變與瑩奔還京諸軍進

屯近郊上書請去瑩禑不聽諸軍入城瑩勢窮走花園不勝憤怒以槊洞刺守門者乃入園花園數百重郭忠輔直入殿中索瑩禑執瑩手泣別瑩再拜而出流于高峯縣宋光美趙珪安沼鄭承可等竄匿悉捕而流之辛昌立鞫瑩及玄麟于廵軍配忠州斬承可等辛執瑩復下廵軍典法判書趙仁沃李濟等上疏曰崔瑩事我玄陵定難興王驅僧北鄙逺奉上王屢却倭寇塲盪羣凶以存社稷功則大矣然闇於大體不顧羣議決策攻遼獲罪　天子幾至覆國所謂功不揜罪者也願殿下念事大畏天之意明正其罪以

告祖宗之靈以解　天子之怒以開三韓萬世之太平郎舍許應等上疏曰瑩誠社稷之臣也然不學無術加以老悖立威脅衆獨斷自用得罪上國流毒生民社稷幾亡前功盡棄臆以瑩之功不幸有此叛逆之罪誠一國所不忍然在天下之議所謂人得以誅之也願斷以大義以謝　天子昌從之遂斬瑩年七十三臨刑辭色不變死之日都人罷市遠近聞之莫不流涕屍在道傍行者下馬

論曰高麗名將當以崔瑩爲第一至今婦人孺子皆知其姓名然爲將無籌略闇於大義卒以殞身覆國惜哉世傳瑩臨刑自若乃曰我有貪欲之心則墓上生草不然草不生矣墓在高陽至今尤赭俗謂之紅墳吁異矣哉

慶復興　安遇慶　吳仁澤　池龍壽

慶復興初名千興清州人父斯萬性質素娶明德太后姪女以故昵侍禁掖與宦寺無異人譏之官至右代言嘗受命醮摩利山塹城聞空中若有呼慶代言不幸短命者再還謂友人曰吾不久於世矣未幾果卒復興性清直累遷監察掌令恭愍初拜軍簿判書歷判樞密院事參知門下政事陞知政事商議時議

築京城復興與鄭世雲柳淑言今四方兵起瘡痍饑饉若築城民將不堪王命罷其役錄誅奇轍功爲一等改參知中書省事御史臺劾黃裳楊伯淵姦判密直辛貴妻康氏復興言康之失節以夫在流不能防閑也自丙申以來流竄者寔繁室家怨曠多失節請皆放還鄉里從之紅賊入寇以復興爲西北面元帥尋爲副元帥率兵千餘屯安州畏賊不敢戰王怒欲論以軍法洪彦博言復興公廉謹篤然不閑將略是用者過也王怒解賊退賜盡忠同德協輔功臣號尋拜平章事守門下侍中錄己亥擊走紅賊辛丑扈從

功俱爲一等崔濡在元譖于帝廢王立德興君發遼
陽省兵納之遣李家奴來收王印章王以復興爲西
北面都元帥屯安州李珣爲都體察使屯泥城禹磾
朴椿爲都兵馬使分屯江界禿魯江等處安遇慶李
龜壽共瑄池龍壽分屯諸州皆受復興節度以密直
副使丁贊爲西北面都安撫使椿聞家奴將至收兵
得卒數千甲士二百餘人生獲二獐詣家奴所告曰
椿萬户之管下也王令椿防倭故到此今有廢立之
言然乎椿將爲我王死也因泣下殺獐餽之家奴嘆
息且有懼心椿又從間道以所領兵送珣屯所令珣

遇家奴亦如之贊遣麾下兵馬使睦忠將兵屯要害
忠乃宰相仁吉從弟也依勢不從贊節度贊不能制
忠怨贊誣構贊與德興通謀議乃棄屯所逼贊營欲
襲殺之贊大懼棄軍奔復興營明其誣王遣使繫致
巡軍召忠對理事無驗憂憤而卒贊性寬博有武藝
時人惜之復興移檄德興從者曰本國父老子弟或
以功名或以朝覲用賓中國久近不同老於旅食豈
無東意道里云遠盜賊蠭起歲月愈深歸計愈踈父
母妻子夜夢晝思言及淚下貌同敬他握粟出卜妄
喜且悲曷月曷日予還歸哉奈何今日自貽伊阻聽

人誦言僞主云從旁招殘賊謬張羽翼野宿風餐靡
所定居懴惆遷延不進則退謀不當謀爲不可爲膽
揣妄料吾事儻濟以是欲見三族圖榮一已令耀里
閭拜埽松楸何異緣木求魚理舟涉山秪自勞苦斃
於狂妄尚我主上至仁以慈欲爾改修存爾三族雖
法吏議刑選軍革田亦堅執不許姑待須臾且如年
前邊將負勇不備紅賊賊逼都城主上自令鰥寡孤
獨無保持者先出遠害毋犯賊鋒及至南幸惠養如
子肆爾三族得保首領又不竆之今猶昔也爾尚不
知委質報德誤從白家之息自納簒逆之罟必使之

夷三族發墳墓潴宅舍沒田口然後已乎豈唯國人
施爾顯戮抑亦社鬼丕降陰誅爾何悖理至於如斯
然而體忠爾心聊以招懷國中之人孰非故舊有位
之士孰非姻親蕫復面目實無異志爾毋胡越爾毋
鬼蜮斬袪輸忠射鉤絡相主上宰臣協謀成言苟能
來者仍其僞授不降一級嗚呼四山雪滿大野風鳴
覆氈車下仰視星斗於斯時也鄉思幾何越鳥南枝
狐貉首丘爾可以人不如禽獸書到爾部不出三日
戒爾徒旅勤爾跋涉如魚得水如鳥歸林嗚呼此厥
不聽與爾永訣珣又移書諭崔濡羅英傑柳仁雨黃

順洪法華等曰本朝自太祖統三以來聖子神孫繼
繼相承迄于今日非王氏不得爲王爾等所共知也
乃何以異姓之子欲立爲王反攻父母之邦邪爾等
離鄉土思親戚苦身焦思千里而從人者無乃欲富
貴其身而顯榮於鄉黨親戚乎今以兵入則爾之三
族無遺類矣雖能得入誰與爲榮且爲人子未免亂
賊之名則何面目立乎天地之間宜各挺身渡江而
來來則罪雪不則誅夷可不愼哉濡奉德興渡鴨綠
江崔瑩安遇慶等諸將擊敗之濡渡江而走復興遣
錄事金南貴獻捷王賜南貴銀一錠遣人賜復興酒

拜左侍中凱還王命有司如迎駕儀令百官宴于國
淸寺南郊慰之賜諸將賊臣田宅貲産辛旽用事復
興雖在相位不得與聞政事爲旽所擠罷封淸原府
院君後與吳仁澤等謀除旽事洩杖流興州沒爲奴
籍其家旽誅召還復拜左侍中提調政房王見弑復
興欲立宗室仁任乃立辛禑禑始開書筵置日稱疾
欲停講復興曰聖賢書雖不讀常在手亦自有益禑
乃講有韓略者口給無才行初爲令使登科以禑外
戚超授官託乳媼宦寺求爲持平禑一日用小帖擬
略臺官金瑄重房韓忠典法下政房瑄忠亦禑外戚

也復興言注授已訖不可更改禑曰有紙墨改之何
難復興言古者外戚不除言官請授他職禑強之復
興力爭終不授復興仁任瑩池奫同注擬奫曰當先
軍功復興曰此則都目宜後軍功久未定時奫仁任
擅權擧國趨附復興廉潔自守知不可救日飲醇酒
爲事及當銓注輒薦賢以抑行賄然梶二人不能行
已意或先出不與都堂將議呈省書復興醉不至瑩
呼堂吏曰可撤禁酒榜首相乃如是邪諸相遂詣復
興第復興赧然曰吾因飲藥而醉未能進也嘗與親
舊夜飲聯句典客令金士霖曰予自外來民之憔悴

莫甚此日豈唱和爲樂時邪復興默然又嘗與瑩率
私兵大獵東郊時方旱蝗識者譏之六年國家聞遼
東欲攻納哈出慮其掠我界遣人覘之還言遼東摠
兵已出師都堂亟會議復興醉又不至仁任林堅味
惡復興淸直訴以嗜酒不視事流淸州又流門下評
理薛師德密直副使表德麟判事鄭龍壽裴吉李乙
卿上護軍薛懷中郞將羅興後等皆復興酒徒也師
德乙卿道死復興卒于貶所諡貞烈辛昌立賜祭曰
嗚呼我先祖恭愍王有周宣中興之志有漢祖知人
之明卽位之初側席求賢旰食圖理擢卿百僚之中

置之憲司引入御寢咨訪達旦濬郎元從莫有知者凡百姓苦樂士大夫忠姦疊聽灼知興利除害進賢退不肖遂能內誅奇轍外殲紅賊文德武烈聞於天下元季東南割據若方國珍張士誠輩皆遣使款獻我先祖中興之烈有光于祖宗卿有力焉迨至癸卯賊臣崔濡夤緣轍黨推奉孽醜請兵元朝侵掠國界我先祖授卿節鉞與崔瑩等擊走以存我社稷功在帶礪賜券圖形及逆旽以左道惑我先祖領僉議事三韓卿大夫望塵趨拜晝夜走謁惟恐不及其門湯沸旽亦歆卿清忠狷介欲屈卿而致之門倚以爲重

屢遣私人通慇懃之意於卿而卿不一進其門旽乃譖卿我先祖方委政於旽難違其言卿於是有明夷之行三韓之人知與不知莫不泣下旽謀旣覺而誅我先祖悔甚卽日召卿復卿左相及我上王嗣位賊臣李仁任秉間專恣鬻官貨獄敗我先祖嚴恭抑畏事大之禮尚賴卿之在朝五六載間社稷粗安而仁任憚卿不能縱其溪壑之欲朝夕側目但以我王母明德妃信卿之深未敢發也及明德昇遐仁任嗾羣兇而逐卿於是仁任窮兇極惡籠山川以爲田認良民以爲隷冤塞覆載醜聞上國遂致天子欲立衛於鐵嶺社稷幾顚而崔瑩奮忠廓清羣兇上王命予小子乃權國事一新庶政予惟汲黯在漢而淮南之謀不得行孔父在宋而華督之惡不敢作卿在上王朝身佩王室安危朝廷輕重卿誠唐之郭汾陽裴晉公儔也嗚呼卿位極人臣無一畝於京甸無斗粟於家瓶簞食水飮敝裘瘦馬求之千載如卿者幾何卿之忠清義烈足以範三韓而聳萬世今遣密直副使柳爰廷往奠卿墓英靈有知歆茲異數諒予至懷求佑我王家子補臻儀

安遇慶 世系履歷未詳恭愍八年從安祐等擊走紅

賊後與祐等收復京都錄功俱一等又討興王賊錄功亦一等元以平紅賊功遣使授奉訓大夫廣文監丞未幾元立德興君爲王納之遇慶以贊成事爲都指揮使屯義州移書婆娑府脫脫禾孫日本國自太祖神聖大王創業垂統正嫡承襲四百餘年元王始事朝廷世祖皇帝命不改土風元王嫡子忠烈王尚公主生忠宣王忠宣王亦尚公主生忠肅王義爲君臣親則甥舅今我國王忠肅王之嫡子入侍天庭十有餘年頗著功績尚公主爲駙馬承正統莅下國事大之禮恪謹一心不幸紅賊橫行天下剗殘天民所

指火烈天威難制越巳亥冬僞名毛平章黃院判等
賊十餘萬闌入東國至于西京我軍大發一埽無餘
又於辛丑年沙劉潘平章關先生等賊三十餘萬瀾
入王京吾王赫怒諸將奮勇盡殲其衆社稷獲安人
民受賜兩度破賊之事旣已具呈中書東民以謂上
國必當厚賞引頸北望豈慮本國人崔濡等挾其仇
怨貝錦誣辭熒惑天聽使我主上至于失職夫崔濡
等事我先王阿諛逢迎陷於不義癸未年間南行不
返則濡實使之也本國人言及於此未嘗不痛哭流
涕今濡等又以筌簧之口掩我大功廢吾王而使本
土無辜之民不遑寧居此本國之罪人也吾王使宰
相李公遂柳仁雨許綱洪淳等賀正謝恩矣賀聖節
又賀千秋矣且啓稟矣濡等互相壅蔽奪其方物表
箋使不得達拘留使价唯己之從且世祖皇帝命不
改土風正嫡承襲其來遠矣濡等冒弄朝廷援立孽
庶改易土風而使世祖皇帝詔旨墜於空虛此天下
之罪人也本國人搥胸切齒曰亂臣賊子人得以誅
之古有常憲如濡者罪不容誅雖刳心腹必無朝廷
之議大小奮愾雷然一辭必擧大兵往討濡等食肉
寢皮然後已物議洶洶不可止遏今以精兵百萬往

討約已定矣大軍一擧馬首指北雖加禁厲人心憤
怒氣焰如火所觸必焚天下無辜恐受其禍本職所
管各部人物卽宜收帶家口早入山寨遠避軍鋒又
區別崔濡等高麗逆黨毋使諸色軍馬濫及於禍有
能捕濡等傳首納款不唯本國釋怒上國亦知濡等
欺天亂法正伏其辜將有厚賞本職參詳卽便施行
初遇慶令兵馬使金之瑞玉天桂分守要害宋芬碩
守義州弓庫門護軍金得和將十餘騎候鴨綠江邊
夜半報賊到楸島遇慶遣人告急於都巡察使李龜
壽都兵馬使洪瑄巡撫使池龍壽時士卒凍餒不能
興黎明賊渡江遇慶將官屬七十餘騎登城望之賊
圍弓庫門遇慶引軍趣之賊已踰城入殺守門卒芬
碩尙未知也遇慶身先士卒與邦天奉咸石柱金得
和玄奴价崔黑驢羅成等七戰却之賊登山覘我軍
寡且無援分步騎爲七隊鼓譟齊進我軍不能支奔
還入門黑驢下馬執槊立門外賊不得逼遲我軍畢
入上馬徐驅而入龜壽瑄龍壽等不意賊奄至各將
十餘騎至我軍屢與戰不利瑄馬蹶爲賊所擒我軍
大敗走保安州賊入據宣州王命贊成事崔瑩爲都
巡慰使又命我　太祖自東北面率精騎一千赴之

泥城都體察使李珣都兵馬使禹磾朴椿等引軍來
會我軍復振賊候騎至定州遇慶將精騎三百掩擊
敗之虜其將宋臣吉剟以徇賊奪氣於是遇慶龜壽
龍壽都兵馬使羅世爲左翼珣磾椿我　太祖爲右
翼瑩爲中軍行至定州　太祖見諸將退北言其怯
懦不力戰諸將忌之時賊已屯隨州之獺川諸將謂
　太祖曰明日之戰君獨當之　太祖知諸將忌之
稍有憂色明日賊分爲三隊　太祖居中手下老將
二人爲左右各當其一隊奮擊之　太祖所乘馬陷
泥濘奮躍而出衆皆驚異　太祖射賊將數人賊乃

潰去二人抜劒亂擊之賊已奔崩唯塵埃蔽空而已
倭屠喬桐京城大震王命遇慶與龍壽珣領三十三
兵馬使分屯東西江昇天府以禦之未幾賜推誠亮
節宣力翊贊功臣號與吳仁澤等謀除辛旽事洩杖
流南原沒爲奴籍其家旽誅復召爲贊成事出爲西
京都萬户與珣往擊五老山城克之虜元樞密院副
使哈剌不花還

吳仁澤恭愍朝從安祐等擊走紅賊錄功爲二等累
遷上將軍又從祐等收復京城又與崔瑩討興王賊
錄功俱一等後判密直司事與密直副使金達祥有

寵於王擅機密號爲內相時國家連年興師帑藏匱
竭德興兵又至有功者皆賞以官仁澤達祥首建議
添設文武官遂典銓注赴征將士皆得超遷人樂從
軍然請謁大盛賄賂公行工匠賤隷無不除授官爵
大濫宰相有勸王南巡避難者王頗然之仁澤曰紅
賊之難南幸而能復者以彼實外賊故人人懷憤雲
合致死而殲之德興非紅賊比所過皆爲其民大駕
一南都城以北誰從殿下者今日之策親征爲上議
遂寢王召瑩柳濯慶千興曰吳仁澤金達祥濫典銓
注遺棄賢良進用親姻不記功勞惟視賄賂工匠之

賤布列中外傷和召灾罔不由此予甚痛之當屛諸
遠方以答天意時仁澤達祥方在都堂遣中使宣旨
流仁澤于淸風達祥于沃州國人大悅仁澤子軍簿
判書英柱三司判官英佐與其母卜於盲人石天祿
曰崔瑩李龜壽何時見斥天祿曰不久矣言洩乃流
英柱于杞溪英佐于川寧并杖流天祿辛旽當國召
拜知都僉議仁澤與千興等謀去旽事洩繫巡軍杖
流尙州又杖流英佐于水原皆沒爲奴後仁澤聞旽
必欲殺已與英佐逃旽遣使楊廣全羅慶尙道捜捕
繫仁澤妻子判事王天桂養仁澤少子旽疑與仁澤

同謀繫延軍拷掠殺之尋獲仁澤杖配思利城烽卒
池龍壽史失世系忠穆朝補顯陵直恭愍時從安祐
等擊走紅賊又與祐等收復京城錄功俱一等授判
典客寺事轉典工判書與安遇慶等却德興兵賜推
誠援義宣力功臣號拜同知密直司事累遷僉議評
理改知門下省事辛禑出爲西北上元帥兼平壤尹初
奇賽因帖木兒仕元爲平章元亡與遼瀋官吏平章
金伯顔等據東寧府憾其父轍誅將欲寇邊王遣龍
壽及西北面副元帥楊伯顔安州上萬戶林堅味與
我 太祖往擊之以侍中李仁任爲都統使屯安州

師至義州令萬戶鄭元庇崔英成金用珍等造浮橋
於鴨綠江可並三四馬我 太祖與堅味先渡諸軍
以次渡士卒爭橋有溺死者凡三日畢濟是夕雷雨
暴作衆皆疑懼兵馬使李玫曰吉兆也諸將問其故
曰龍動必有雷雨今上元帥名龍而渡江之日有雷
雨戰勝之兆也衆心稍安師至螺匠塔去遼城二日
程留輜重賫七日粮以行告諭遼瀋人曰遼瀋是吾
國界民是吾民今擧義兵撫安之如有逃隱山寨者
恐爲各枝軍馬所害卽詣軍前告情使裨將洪仁桂
崔公哲等領輕騎三千進襲彼見我師少易之將戰

大軍繼至城中望見落膽其將處明恃驍勇猶拒戰
太祖使李原景諭之曰殺汝甚易但欲活汝收用
其速降不從原景曰汝不知我將之才汝若不降一
矢洞貫矣猶不降 太祖故射拂其兜牟又使原景
諭之不從 太祖又射其脚處明中箭退走旣而復
來欲戰復使原景諭之曰汝若不降則射汝面處明
遂下馬叩頭而降有一人登城呼曰我輩聞大軍來
皆欲降守將勒令拒戰若力攻城可取也城甚高峻
雜以木石矢下如雨師遂薄城急攻遂拔之賽因帖
木兒遁虜金伯顔是夕退師城東張榜諭納哈出也

先不花等曰奇賽因帖木兒本國微臣昵侍天庭過
蒙殊恩位至一品義同休戚天子蒙塵于外義當左
右先後效死勿去爾乃背恩忘義竄身東寧府以其
父轍伏誅挾讎本國潛圖不軌年前國家遣兵追襲
逃竄不首又不赴行在退保東寧城與平章金伯顔
等結爲心腹松甫里法禿河阿尚介等處團結軍馬
又欲侵害本國罪在不原今擧義兵以問又與金伯
顔等誘脅小民堅壁拒命哨馬前鋒生獲金伯顔外
哈剌波豆德左不花高達魯花赤摠管頭目盡行勦
捕賽因帖木兒輒復逃閃假息其所投各寨卽捕獲

飛報如有隱者鑑在東京又榜金復州等處曰本國
與堯並立周武王封箕子于朝鮮而賜之履西至于
遼河世守疆域元朝一統釐降公主遼瀋地面以爲
湯沐因置分省叔季失德天子蒙塵于外遼瀋頭目
官等聞不赴又不修禮於本國卽與本國罪人奇
賽因帖木兒結爲腹心嘯聚虐民不忠之罪不可逭
也今擧義兵以問賽因帖木兒等據東寧城恃强方
命大兵所至玉石俱焚噬臍何及凡遼河以東本國
疆內之民大小頭目等亟謀來朝共享爵祿如其不
悛鑑在東京翼日師次城西十里是夜有赤氣射營

熾如火日官盧乙俊曰異氣臨營移屯大吉時萬戶
裴彥等擊高家奴于石城未還欲留待以乙俊言班
師初城陷我軍火倉廩殆盡由是軍中乏食諸將請
由直路龍壽不從欲觀兵循海邊還師士卒大飢殺
牛馬而食軍不得成列衆皆尤之遂取徑而還恐有
追兵野宿必令士卒各作溷廁馬廄納哈出果躡後
行二日曰作廁與廄師行整齊不可襲也乃還三日
師至松站鎭撫羅天瑞得穀數百石以餉之師遂以
濟是役也風雪沍寒道途冰滑士馬多物故金伯顏
者其父本國僧也姦通濟院婢生伯顏仕本國爲郞

將入元歷臺省至平章師還至安州伯顏有不遜言
斬之

論曰慶復興廉直謹厚有古大臣風及爲辛旽擠罷
按策吳仁澤等誅誅賊臣功雖未就忠憤凜凜矣旽
旣誅再入相府値池奫李仁任擅權濁亂復興日飮
醇酒不可否事然當銓注輒薦賢以抑行賄奫仁任
不得肆數年之間國家粗安者復興之功也若乃僧
王兵變復興節度諸軍摠領而已朴椿設策餽犒家
奴先懾安遇慶身先士卒力戰有功然崔瑩軍至始
奏捷爾至如吳仁澤沮王南巡籌略甚奇若論其功

不在諸將下是時池龍壽無功及破走奇賽因北鄙
底定功足稱焉

鄭地 邊安烈 王安德

鄭地初名准提羅州人形貌魁偉性寬厚少有大志
好讀書通大義與人解說豁如也出入常以書籍自
隨恭愍二十三年有李禧者上書請習水戰王慨然
曰禧草野之臣尙獻策如此百官衛士中曾無一人
如禧者耶衛士柳爰廷進曰中郞將鄭准提嘗草平
寇策第未獻耳地以連古赤侍殿陛王顧問地卽取
諸囊中以獻王覽之大悅以地爲全羅道安撫使禧

爲楊廣道安撫使兼萬戶崔臣吉朴德茂等亦上書如禧地策以德茂爲京畿追捕副使謂宰相曰今爵禧等卿等勿以爲異冀其成功激人心耳他日無功亦當不赦又授地麾下士八十五人禧麾下士六十七人添設職令密直司給千戶空名牒二十百戶牒二百時地與禧上疏數十條其略以爲瀕陸之民不閑舟楫難以禦倭俱發生長海島及自請水戰者令臣等將之期以五年可清海道若都巡問使則徒費軍餉擾民生乞罷之王召巡察使崔瑩議之瑩初巡察六道造戰艦二千艘欲令諸道軍捕倭民皆厭苦

破家逃散者十之五六至是以地等建白寢其事辛禑三年倭寇順天樂安地以禮儀判書爲順天道兵馬使擊之斬四十餘級四年倭寇靈光光州同福地與都巡問使池湧奇助戰元帥李琳韓邦彥等追及玉果縣賊入彌羅寺我軍圍而火之賊自焚死殆盡獲馬百餘匹是戰地功居多捷至賜地及湧奇銀各五十兩倭入潭陽縣地與湧奇擊走之尋爲全羅道巡問使八年爲海道元帥倭船五十艘入鎭浦地擊走之追至羣山島獲四艘九年又與倭戰大破之禑賜金帶一腰白金五十兩時方春疫癘大興舟師物

故太半死海上者令出陸以葬士卒無不感咽地帥戰艦四十七艘次羅州木浦賊以大船百二十艘犯慶尚道沿海州郡大震合浦元帥柳曼殊告急地即赴之晨夜督行自搖櫂櫂卒益盡力到蟾津賊已至南海觀音浦覘之以爲我軍怯懦適天雨地遣人禱智異山神祠曰國之存亡在此一擧冀相予無作神羞雨果止賊旗幟蔽空劍戟耀海四圍而前地叩頭拜天俄而風利中流擧帆船疾如飛至朴頭洋賊以大船二十艘爲先鋒地進攻先敗之浮屍蔽海又射餘賊應弦輒倒遂大敗之發火砲焚賊船十七艘兵

馬使尹松中箭死地謂將佐曰吾嘗汗馬破賊多矣未有如今日之快也軍器尹房之用奉使日本還道遇倭賊被獲鎖置船底及是戰賊曰若不勝先斬之戰罷賊徒盡殲而之用乃免捷至禑大喜賜宮醞勞之地以病辭未幾知門下府事請造戰艦于諸道以備倭從之尋爲海道都元帥楊廣全羅慶尚江陵道都指揮處置使十年拜門下評理禑遣宦者金實責地曰都統使崔瑩造戰艦備水戰加以火炮其慮周矣卿爲海道元帥比來倭寇侵擾州郡未能埽平罪實在卿地頓首謝十三年地上書自請東征曰近中

國聲言征倭若並我境分泊戰艦則非惟應接爲艱亦恐覘我虛實倭非擧國爲盜其叛民據對馬一岐諸島近我東鄙入寇無時若聲罪大擧先攻諸島覆其巢穴又移書日本盡刷漏賊使之歸順則倭患可以永除中國之兵亦無因而至矣今之水軍皆善水戰非辛巳東征蒙漢兵不習舟楫之比若順時候風而動則易以成功但船久則朽師老則疲且今船卒困於徭賦日思逃散宜乘此機決策蕩平可也十四年遣我 太祖攻遼地以安州道都元帥隷焉遂從 太祖回軍時倭寇三道自夏至秋屠燒州郡將帥

守令莫有禦者以地威名讋倭命爲楊廣全羅慶尚道都指揮使與諸將往擊之倭自咸陽踰雲峯八羅峴至南原地帥都巡問使崔雲海副元帥金宗衍助戰元帥金伯興陳元瑞全州牧使金用鈞楊廣道上元帥都興副元帥李承源等奮擊大破之斬五十八級獲馬六十餘匹賊夜遁地以諸軍無食不能追時人謂非此戰則三道民幾盡矣禑賜宮醞段絹恭讓元年爲楊廣全羅慶尚道節制體察使兼摠招討營田繕城事金佇與邊安烈等謀迎辛禑事覺地以辭連流于外二年遣左獻納咸傅霖鞫地于雞林臺諫抗疏請論以法乃徙橫川臺諫復論駁不已又徙遠地事具安烈傳尹彝李初之獄起地逮繫清州拷訊不服曰 李侍中仗義回軍吾以伊霍故事諷 侍中浚有意爾復何黨若爲與言必誓天辭旨感慨獄官不能取辭地退謂人曰人生會有一死生何足惜但王氏復國而死非其罪是可痛也明日將峻刑鞫之以水災免三年錄回軍功爲二等賜錄券及田五十結臺省刑曹議奏曰地以黨安烈坐罪實爲誣枉遂釋之退居光州別業召判開城未赴病卒年四十五諡景烈

邊安烈瀋陽人元季兵亂從恭愍東來賜籍原州從安祐擊走紅賊錄功二等尋與祐等收復京都錄功爲一等累拜禮儀判書宰樞嘗會宴于郊安烈與林堅味廉興邦等拍戲較勝負拜判密直司事與崔瑩征濟州還改知門下府事轉評理辛禑初出爲楊廣全羅道都指揮使倭寇扶寧登幸安山安烈與羅世趙思敏柳實督兵進攻大破之斬獲甚多禑賜白金一錠鞍馬衣服凱還都堂出天水寺設儺戲迎之進門下贊成事倭賊五百艘入鎭浦口以巨絙相維分兵守之遂登岸散入州郡焚掠羅世沈德符等至鎭

浦用火炮焚其船賊守船者燒溺殆盡賊窮怒益盛盡殺所俘子女所過波血守船賊脫死者趣沃州與登岸賊合焚永同縣殺監務掠黃澗禦侮中牟化寧功城青利等縣入尚州留七日置酒池湯奇麾下裴儉自募往覘賊欲殺之儉曰天下無殺使之國我國諸將領精兵戰必克然盡殲汝等何益宜占居一邑賊曰是給我也汝國誠欲活我豈奪我舟耶飲儉以酒以鐵騎衛送賊掠三歲女兒剖腹淨洗貞米酒祭天張樂羅拜祭畢擲分其米食飲酒三鍾焚其兒槍柄忽折卜者曰留此必敗卽引軍趣善州侵京山府

三道州郡蕭然一空禑以我 太祖爲楊廣全羅慶尚道都巡察使安烈爲體察使副 一云爲都體察使以副之 王福命禹仁烈都吉敷朴林宗洪仁桂林成味及 太祖庶兄元桂爲元帥皆受 太祖節度各賜馬二匹師出至長湍有白虹貫日占者以爲戰勝之兆倭駐沙斤驛元帥裴克廉金明輝池湧奇吳彥鄭地朴修敬裴彥都興河乙沚擊之敗績修敬裴彥死士卒死者五百餘人賊遂屠咸陽攻南原山城不克退焚雲峯縣屯引月驛聲言將穀馬于光之金城北上中外太震 太祖見僵屍相接惻然不能寢與安烈至南原

克廉等來謁于道 太祖休馬一日將以厥明戰諸將咸曰賊負險不若俟其出與戰 太祖慨然曰興師敵愾猶恐不見賊今遇賊不擊可乎乃部署諸將詰朝誓而東踰雲峯距賊數十里至荒山登鼎山峯 太祖見道右險徑曰賊必出此襲我後我當趣之諸將由坦道進望見賊鋒銳甚不戰而却日昃 太祖旣入險賊奇銳果突出 太祖以大羽箭射之繼以柳葉箭五十餘發皆中其面莫不應弦而斃凡三合鏖戰殲之其地泥濘彼我俱陷顚仆及出賊多死我軍不傷一人賊據山自固 太祖指揮士卒分據

要害使麾下李大中等挑之 太祖仰攻賊出死力衝突我軍奔北 太祖顧謂將士曰堅控轡勿使馬蹶使吹螺整兵蟻附而上衝賊陣有賊將引槊直趨 太祖後甚急李豆蘭躍馬大呼曰令公視後 太祖未及顧豆蘭射殪之 太祖馬中矢仆易乘又中仆又易乘飛矢中 太祖左脚 太祖抽矢氣益壯戰益急賊圍 太祖數重 太祖與數騎突圍出賊又衝突 太祖前 太祖立殪八人賊不敢前 太祖麾左右曰怯者退我且死賊將士感厲勇氣百倍人人殊死戰賊植立不動有一賊將年纔十五六驍

勇無比乘白馬舞槊馳突稱阿只拔都被堅甲帶銅面無隙可射 太祖謂豆蘭曰我射兜牟頂子落汝便射之遂躍馬射之中頂子兜牟纓絶而側急整之 太祖復射中兜牟遂落豆蘭乃射殺之於是賊挫氣痛哭聲如萬牛棄馬登山諸軍乘勝馳上鼓譟震地四面崩之遂大破之川流盡赤六七日色不變獲馬一千六百餘匹兵仗無算遣知印金鞠報捷禑喜遣密直使印元寶賜宮醞慰之初賊十倍於我及敗惟七十餘人奔智異山 太祖曰天下未有殲賊之國不追卽還作軍樂軍士皆呼萬歲諸將懼罪叩頭

流血 太祖悉赦之笑謂諸將曰擊賊當如是諸將咸服是行也軍士帳幕桂皆易以竹 太祖曰竹輕於木然民家所植且木吾舊物不失而還足矣軍士敬服皆捨竹 太祖所至一不犯秋毫皆類此東寧之役 太祖獲其將處明不殺處明感恩每見矢痕必嗚咽流涕是戰也處明居馬前力戰立功時人稱之 太祖振旅而還崔瑩率百官設綵戲迎天壽寺門 太祖望見下馬趨再拜瑩亦再拜執 太祖手揮涕曰公乎公乎再造三韓微公國將何恃 太祖頓首謝曰謹奉明公指揮幸而得捷予何功焉禑賜

太祖及安烈金各五十兩福命以下諸將銀各五十兩皆辭曰將帥殺賊職爾臣何敢受 太祖威名益著倭賊必問 李(太祖舊諱)萬戶今在何處不敢近 太祖軍必伺間乃入寇倭寇丹陽郡安烈與韓邦彦等擊破之斬八十餘級獲馬二百餘匹又與邦彦等擊倭于安東斬三十餘級獲馬六十匹封原川府院君尋判三司事恭讓初金佇獄起佇言與安烈李琳禹玄寶禹仁烈王安德禹洪壽共謀迎驪興王爲內應郎舍尹紹宗李詹吳思忠等請下憲司明正典刑王乃以事在赦前但罷其職翼日疏又上流漢陽初禑

歸江陵謂人曰誤我者安烈問佇不服以刀裂足掌數寸許熨以火隨問皆服遂成獄安烈亦坐罪紹宗等又言洪永通禹玄寶王安德禹仁烈鄭熙啓等實與安烈逆謀王氏臣子不共戴天之讎願置安烈永通玄寶仁烈安德等極刑不報紹宗等又言洪永通黨附仁任堅味與邦同惡相濟群兇就戮而永通獨以禑姻戚得保首領禹玄寶位至上相姦邪傾陷王安德藍浦之役全軍覆沒大損國威在軍法所當誅禹仁烈出身刀筆夤緣權勢致位政府功德斯民蓋所未聞鄭熙啓連姻興邦恣爲不義又因禑妻崔天

儉之女辛免戊辰之誅此五人罪惡貫盈在所必誅況與安烈之謀欲戴辛禑是皆天地所不容非殿下所得私也願殿下斷以大義下攸司鞫治不允諫官伏閤待命日中不退王乃召德衍及我 太祖議之下旨曰安烈已削職流之求通玄寶厭磨等於衍辭證並不相干安德當回軍時協謀定策仁烈嘗與偰長壽入朝奏禑狂悖之狀於衍謀必不與焉只罷其職潛遣密直副使柳龍生語求通等曰我在卿等毋恐是日狐出壽昌宮西門走入孝思觀西岡郎舍復上疏曰狐陰類而穴居者也小人附託權勢之象也

故傳論小人之難去曰穴墉之狐不可灌也墉以比權勢狐以比小人今臣等伏閤請去小人而妖狐乃見是小人未盡去之象也天之譴告明矣古人曰執狐疑之心者來讒賊之口願殿下上畏皇天之戒次念祖宗之業正安烈等六人之罪以謝祖宗則天譴可弭矣不聽大司憲成石璘又上疏請誅安烈時有强盜刼人於門外紹宗等面啓曰唐憲宗朝吳元濟以蔡州叛丞相武元衡中丞裴度請討之李師道以藩鎭聲勢相倚故遣賊殺元衡傷度首而去羣臣議赦元濟以安藩鎭憲宗不聽以度爲丞相卒平元濟以安天下今賊近在京城又在漢陽刼盜之發實由此輩不可不慮也退上疏曰臣等前以安烈大逆五上疏請治罪殿下寬宥只令安置漢陽別業國人缺望願明正其罪以懲亂賊王下其疏憲司曰就貶所勿更鞫誅之尋下教錄安烈回軍功尋以辭連彝初削功臣

王安德 鄕貫世系未詳恭愍朝從安祐等平紅賊錄功爲二等累遷密直副使恭愍薨安德倡議立辛禑陞判司事轉門下評理北元使來安德爲館伴有宰相奉宮醞至館立而飮使臣跪飮安德使臣怒曰以

汝君之酒立飮天朝使跪飮陪臣禮乎時君弱大臣用事人皆趨附求合故積習至此出爲楊廣道都元帥倭寇餘美縣安德擊之賊登山趣沔川安德追擊斬一級賊入伽倻寺禑遣體覆使崔仁哲責安德不能捕倭倭自江華攻陷楊廣濱海州郡初賊船僅二十二艘奪我戰艦多至五十艘見者誤以爲我軍不避被殺傷者不可勝計賊又寇慶陽遂入安城郡安德望見賊勢怯懦不進乃召副元帥印海陽川元帥洪仁桂退次加川驛欲邀擊歸路賊知之由他路引去安德率麾卒擊之不克身被創麾卒死者四人安

德號天痛哭擒賊諜訊之諜曰吾等議若侵楊廣諸
州崔瑩必帥師而下於是乘虛直擣京城可圖也時提
東西江守禦稍密瑩自鴻山捷後未嘗遠出故賊終不得犯京云初賊入安城伏兵
麻田使被虜三四人田于隴上若農夫然以紿之水
原府使朴承直聞元帥至亦率兵來問田者曰賊退
否三元帥安在對曰賊旣退三元帥追之矣承直信
之直趨官廨賊伏發圍之承直單騎突圍脫走士卒
多被殺虜自水原至陽城安城蕭然無復人烟遣贊
成事楊伯淵評理邊安烈林堅味助戰會仁哲還朝
安言臣督安德仁桂海擊倭于稷山縣斬五十餘級

賊奔潰禑信之賜仁哲廐馬白金安德等廐馬衣酒
召伯淵等還倭屠燒洪州殺牧使池得淸妻虜判官
妻子安德與戰于廬峴敗績翼日賊又寇溫水縣焚
伊山營海等戰于新橋夜賊圍之士卒驚潰多死賊
又自鎭浦入韓州安德請遣將助戰禑命商山君金
得齊密直副使睦忠王賓副之賊又寇寧州牙州安
德與仁桂海得齊忠賓等戰于牙州走之擒三人獲
兵仗及馬百七十餘匹禑賜酒以慰之又擊倭于槐
州斬三級倭賊二百餘騎寇槐州長延縣安德與金
斯革都興擊之斬三級拜贊成事倭賊屯古庇仁境

安德與廣州節制使崔雲海楊廣道都節制使李承
源追至九十里與戰于都屯弗大敗安德墜馬僅免
士卒死者四十餘人恭讓朝金佇安烈之獄起辭連
安德及禹仁烈禹洪壽等臺諫屢上疏請置極刑不
允封安德爲江原君王召獻納咸傅霖曰予命臺諫
刑曹毋論王安德禹仁烈禹洪壽等汝知否傅霖對
曰臣知之王曰汝已知之何論執不已予雖否德旣
已爲君汝等不從我命可乎對曰賞罰不當則臺諫
論駁固其職也王曰汝等不從我命當罪之對曰自
古人君不罪言者王曰玄陵之世諫官得罪者多矣

對曰玄陵何足法乎卽位之初有仁心仁聞稍稱賢
君厥後頗自爲聖蔑視羣下雖有言者不以爲意猜
忌日滋大臣臺諫皆受其禍言路蔽塞馴致甲寅之
變今殿下膺臣民之推戴紹復大業三韓欣然以爲
復見太祖之世若止以玄陵爲法豈臣民之望乎王
曰洪壽爲功臣安德有回軍之功仁烈嘗入朝奏禑
不道豈欲迎立哉對曰戊辰回軍權在　李侍中安
德在麾下安敢有異議仁烈之入朝迫於國命豈得
已乎洪壽之爲功臣臺諫已言其濫大抵反側小人
權利所在則從之請斷以大義王不悅臺諫交章復

論安烈之黨流安德于豐州洪壽于仁州元庠于光州又流李乙珍李庚道于遠地踰月召還郎舍許應等言僞辛之黨其罪一也憲司近劾李穡竄逐鄕里而王安德李種學李乙珍李庚道等尚在京城請奪職遠流王以安德有功且罪狀未著止流種學乙珍庚道于外未幾定迎禑之罪外方從便尋許任便居住卒謚貞襄

論曰鄭地寬厚有大志上書論事慨然以埽清海寇爲己任其言陸民不閑舟楫但簽島民及就募者以赴戰與僕長壽趙云仡之策相爲出入及朴頭洋羅

峴之捷功冠諸將可謂克酬其志矣邊安烈扶寧一戰得破倭寇王安德爲將數歲無可紀之勞三人者辭連彛初金佇之獄彼尹紹宗吳思忠之論似難取信成石璘亦請誅安烈則一時公議固爾邪

黃裳 邊光秀 河乙沚 文達漢 尹可觀
羅世 禹仁烈 崔雲海

黃裳義昌縣人父石奇檜山君裳忠惠時授護軍恭愍初拜密直副使賜功臣號陞知樞密院事王嘗召兩府曰聞卿等皆畜鷹犬然乎侍中廉悌臣對曰臣素不好且未聞兩府有畜之者王怒曰今四方兵起民生甚艱卿等何不憂國而縱鷹犬蹂禾稼乎裳慶千興元顗皆好鷹犬故懃赧再轉判樞密院事錄誅奇轍功爲一等王避紅賊南幸裳從之爲交州江陵道都萬戶與安祐等收復京都策扈從收復功俱爲一等拜參知門下政事賜推忠奮義翊贊功臣號尋陞贊成事罷封檜城府院君元以平紅賊功授奉訓大夫經正監丞復拜贊成事辛禑時與諸將屢禦倭有勞裳於父忌日娶元氏元氏亦以世家女夫死未期而嫁裳憲司劾之請杖流遠州禑不許裳以善射聞於天下元順帝嘗親引其臂觀之卒謚恭靖子允

瑞

邊光秀恭愍時爲兵馬使國家以全羅軍須漕運阻倭不得通選東北界武士刷喬桐江華東西江戰艦八十餘艘命光秀及兵馬使李善分將往護之至代島有內浦民被擄者竄來告曰賊伏兵伊作島不可輕進善不聽鼓譟先進賊以二艘逆之佯退光秀等追之俄而賊五十餘艘圍之兵馬判官李芬孫中郎將李和尚等先與戰盡爲賊所殺諸船兵望見褫魄投海死者十八九光秀善等觀望不戰而退戰卒大呼曰兵馬使何棄士卒而退邪願小駐爲國破賊光

秀等終不救士卒無所恃氣益沮喪由是大敗唯副使朴成龍力戰身中數矢所乘船僅全兵馬判官全承遠與判官金鉉散員李天生殊死戰追之不敢近賊船二艘忽從西橫擊士卒不能支皆投水獨承遠力戰中數槍亦投水然善泅故得不死登船有一卒中矢亦投水援舷不能上承遠引入船晝夜手櫂三日得到南陽府戰艦還者唯光秀善等船二十艘而已喬桐江華東西江哭聲相聞光秀等竟不坐國人恨之後辛旽譖光秀流三陟

河乙沚晉州人忠惠朝擢第一人及第恭愍時爲江

華萬户倭船集東西江寇陽川遂至漢陽府燒廬舍殺掠人民王責乙沚及漢陽尹辛廉不能禦並杖配烽卒辛禑初爲全羅道元帥兼都安撫使乙沚貪財之才行賂權貴得任閫寄士林鄙之乙沚捕倭一艘禑賜衣酒時乙沚簽軍於定額外又簽烟户軍及別軍民頗失業體覆使郭璇還奏之即罷新簽二軍柳濚代乙沚爲元帥未至乙沚輒歸晉州田庄倭賊二十餘艘乘間來寇羅州焚兵船又燒營舍民户大肆剽掠禑怒命繫致乙沚于巡衛府杖百流河東縣尋釋之起爲雞林元帥初日本大內義弘自謂其先出於百濟以我爲宗國嘗欲禁諸島倭侵擾我疆會本國使韓國柱如九州請禁賊義弘遣麾下朴居士以其兵一百八十六人與之偕謂國柱曰以我軍爲先鋒貴國士繼之海賊不足平也至是倭寇雞林居士率兵與戰乙沚逗遛不救居士軍大敗得脫者纔五十餘人

文達漢平章事克謙六世孫也辛禑時授大護軍累遷同知密直司事賜功臣號進知門下事轉評理出爲楊廣慶尚道都體察使禑命之曰往察將帥勤怠士卒強弱其有逗遛不進者元帥則覊械待命餘皆

直斷時倭賊千餘人陷沃州保寧等縣遂入開泰寺據雞龍山達漢與王安德都興進攻之賊棄馬登山公州牧使崔有慶判官宋子浩與戰于仇岾子浩敗死達漢與安德興金斯革安慶朴壽年等戰于公州盤龍寺斬八級後禑如元中浦至水洑水方漲莫測淺深禑躍馬欲濟達漢諫毋遽入俄有人濟禑望見大怒曰彼能飛渡邪文評理其誑我乎即令達漢歸第禁其出入尋削職久之崔瑩使密直副使崔鄲白禑曰達漢以愚直忤旨在家鬱悒乞許出入禑許之瑩在政房復達漢職禑見達漢名曰曩者鄲使金實

請宥達漢今已得免乎取筆句去又削鄭實職遂下鄭實巡軍尋起達漢評理賜推忠翊戴輔祚功臣號陞贊成事憲司劾達漢憑藉外戚縱肆貪婪流合浦都堂亾置近地移鐵原尋拜三司右使恭讓卽位臺諫交章以爲達漢以李琳妹壻居中用事恣行不義琳之族屬皆已流竄而達漢獨在輦下請收告身斥黜乃流于外四年封順平君卒子繼宗孝宗

尹可觀海平府院君碩之曾孫有武略善騎射恭愍晩年令韓安洪倫等強辱諸妃嬪可觀亦昵侍左右王令通益妃可觀以死固拒王大怒棒之廢爲庶人

尋釋之辛禑時拜密直副使出爲慶尚道副元帥倭寇比屋義城等縣賊衆我寡屢戰不利可觀與戰于安東禮安等處敗績矢集右臂仍爲本道都巡問使鎭合浦倭賊百餘寇咸陽郡可觀與晉州牧使朴子安擊之斬十八級奪本國被擄二十餘人幷獲器仗初倭賊皆由丑山島入寇可觀聞于朝爲置船卒自後倭患稍息銷兵器斲棄者爲農器開屯田以贍軍食性清儉秋毫不取不近聲妓及還鞍勒破以麻約約字出左傳補之後以判密直事卒

羅世本元人也恭愍朝與諸將擊走紅賊錄功爲二等累轉版圖判書爲喬桐萬户倭入寇世逃還王怒命囚巡衛府辛禑初爲全羅道上元帥兼都安撫使倭五十餘艘來泊熊淵踰狄峴寇扶寧縣毁東津橋使我兵不得進世與邊安烈趙思敏等夜築橋分兵擊之賊步騎千餘登幸安山我兵四面攻之賊徒分潰遂大破之尋判開城府事時倭寇江華世上書曰臣非有文章可以華國又非衣冠之後得處肉食之列常思效死以報萬一請提兵入江華擊走倭賊禑壯其志賜内廏馬二匹又與十匹分與麾下世與思敏李元桂康永朴壽年等擊却之倭五十艘復寇江

華殺府使金仁貴虜千餘人又寇水原世與元帥楊伯淵率戰艦五十艘擊走之世過江華境有一婦匿水濤指示一家曰賊諜入彼世疾趨圍而火之殺賊二十九人倭四十艘寇神州瓮津文化等縣世與元帥趙仁璧沈德符等擊之斬數級不克而退報于朝曰賊勢甚強我師疲弱難以制勝倭又寇信州文化安岳鳳州世與德符梁伯益朴普老擊之敗績封延安君爲海道元帥倭寇延安府世與金海君金庾以戰艦五十餘艘往擊之又與庾擊倭于龍岡縣木串浦獲二艘盡殺之又與德符崔茂宣等領戰艦百艘

追捕倭賊時賊五百艘入鎭浦口維舶分兵守之登岸散入州郡恣行焚掠屍蔽山野轉穀于其舶米棄地厚尺世等至鎭浦用茂宣所製火砲焚其船烟焰漲天賊守船者燒死殆盡浮海死者亦衆世等遣鎭撫獻捷禑喜賜鎭撫銀各五十兩百官陳賀及還賜世等金各五十兩裨將鄭龍尹松崔七夕等銀各五十兩後拜門下評理倭寇丑山島禑命世往擊之世不卽行禑怒繫廣州獄尋釋之

禹仁烈丹陽人恭愍朝累遷判繕工寺事辛禑時拜鷹揚軍上護軍出爲慶尚道元帥兼合浦都巡問使

倭入寇仁烈飛報偵卒言賊自對馬島蔽海而來帆檣相望已遣兵分守要害然賊勢方張防戍處多以一道兵分軍而戍勢甚孤弱請遣助戰元帥時江華之賊逼近京都備禦不暇雖得此報無以應之倭寇蔚州仁烈擊之斬九級又寇密陽仁烈與戰敗績典客副令崔方雨等數人死賊至靈山據險自固仁烈及副元帥裴克廉進擊不利又戰于栗浦斬賊將又斬十餘級獲馬六十餘匹我軍死傷亦多仁烈每戰獲賊馬兵仗輒分與有功士卒爭死戰然賊倍於我故不能敵請濟師禑遣我 太祖及三司右使金得齊知密直李琳密直副使柳曼殊爲助戰元帥仁烈與賊戰于太山新驛賊退仁烈夜遣精騎五百擊賊于沙弗郎松旨賊潰爭舟墜水中矢者亦多我 太祖素得人心士卒精銳戰無不克故州郡望若雲霓邏卒言賊船隱見海島不知多少我 太祖行未至人心洶懼仁烈飛報繼至 太祖并日而行遇賊于智異山下相距二百許步有一賊背立負身手叩其臀示無畏以辱之 太祖用片箭射之一矢而倒於是賊驚懼氣奪卽大破之賊衆狼狽登山臨絶崖露刃垂槊如蝟毛官軍不得上 太祖遣裨將率衆攻

之裨將還白巖高峻馬不得上 太祖叱之使 恭靖王分麾下勇士與之偕 恭靖王還白亦如裨將言 太祖曰然則我當親往乃謂麾下士曰我馬先登汝等當隨之遂控馬徐引察其地勢卽拔劍打馬時日方中劍光如電馬一躍而登軍士或推或攀而隨之於是奮擊賊墜崖死者太半擊餘賊殲焉未幾仁烈以病辭又出爲慶尚楊廣全羅三道都體察使與倭戰中矢力戰破之遣人獻捷禑賜酒鞍馬尋知門下出爲慶尚道上元帥兼都巡問使倭寇合浦仁烈與戰却之仁烈中流矢我軍死傷者八十餘人禑

又賜衣酒倭寇蔚州清道密陽慈仁彦陽等地仁烈與克廉河乙沚吳彦戰于蔚州斬十級獲船七艘賊入蔚州刈禾爲粮侵及機張仁烈募兵夜戰于東萊又與克廉朴修敬彦擊倭于泗州大破之殺獲百四十餘人禑遣典理判書鄭南晉賜諸將酒是戰也有韓加勿者力戰沒於陣都堂賻其妻米十五碩布百五十疋倭又寇班城縣登碓山頂樹柵自保仁烈與修敬彦合圍攻之斬三十四級進賛成事商議恭讓即位金佇獄起辭連仁烈臺諫疏論請置極刑王不允免其官尋以仁烈爲雞林府尹命趣之官仁烈曰

臺諫交章劾臣請竄臣一方以保餘生王曰若自求貶黜是實其罪也臺諫交章論劾不已乃流清風郡又辭連彝初繫獄竟釋之自此以後入 本朝

崔雲海字浩甫通川郡人父祿護軍有功於高郵之戰恭愍王追念其功授雲海忠勇衛散員累轉典工摠郎辛禑時出爲忠州兵馬使斬倭六級獲兵仗以獻又爲順興榮州助戰兵馬使兼慶尚道兵船都管領事屢擊倭必捷遂除順興府使賜馬綵帛兵器遣之時倭賊據客館侵掠無虛日雲海日與戰獲牛馬財貨輒與士卒及州民又於二處聚境內人民作粥賑恤民不餓死咸稱慕之賊退超授典法判書倭寇原忠丹陽堤川雲海爲助戰都兵馬使屢戰獲首級以獻賜馬綵帛授忠州牧使倭寇全羅道移全州牧使尋拜密直副使賜忠勤佐命功臣號又爲楊廣道節制使兼判廣州牧使擊倭于新昌走之雲海妻權氏性妬悍在廣州妬傷雲海面拔劒刺馬擊犬斃又追雲海欲擊之雲海走免即去之然猶未絶嫁永興君環門下府牒憲司鞫之自此以後入 本朝

論曰黃裳以善射聞於天下平紅巾禦島倭皆有功然跡其行撿一何無禮也內浦之戰邊光秀觀望不

戰居士之來援也河乙沚逗遛不救罪不容誅矣文達漢爲將雖有小獲轄政則縱肆貪婪而已尚奚取哉若尹可觀有臣子大節居官清約置船卒以防海路開屯田以贍軍食其籌畫風猷當時第一流也羅世自以非衣冠之裔常思效死報國上書請擊倭破走江都水原之賊志氣勇略殆鄭地之流亞歟禹仁烈獲賊兵仗牛馬輒分與有功士卒樂爲致死崔雲海掠倭財貨輒與士卒及州民作粥賑飢人咸慕之俱可稱焉

木齋家塾彙纂麗史卷之三十三

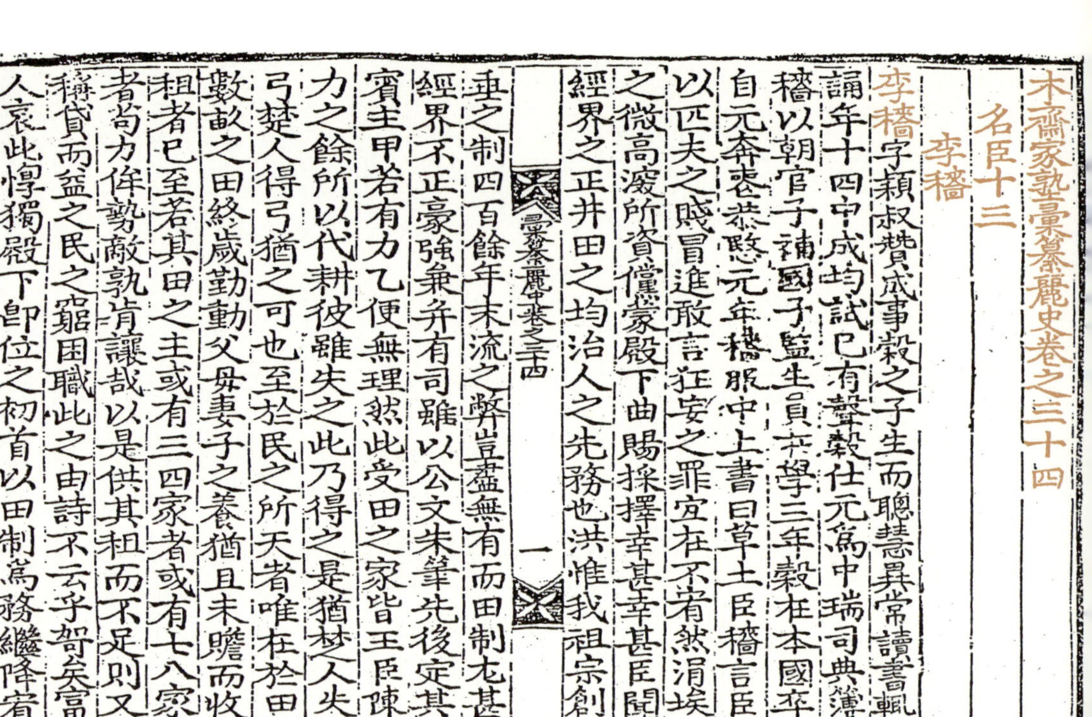

木齋家塾彙纂麗史卷之三十四

名臣十三

李穡

李穡字穎叔贊成事穀之子生而聰慧異常讀書輒誦年十四中成均試已有聲穀仕元爲中瑞司典簿穡以朝官子補國子監生員六學三年穀在本國卒自元奔喪恭愍元年穡服中上書曰草土臣穡言臣以匹夫之賤冒進敢言狂妄之罪宜在不宥然涓埃之微高濬所資儻蒙殿下曲賜採擇幸甚幸甚臣聞經界之正井田之均治人之先務也洪惟我祖宗創

彙纂麗史卷之三十四　一

垂之制四百餘年末流之弊豈盡無有而田制尤甚經界不正豪強兼并有司雖以公文朱筆先後定其賓主甲若有力乙便無理然此受田之家皆王臣陳力之餘所以代耕彼雖失之此乃得之是猶楚人失弓楚人得弓猶之可也至於民之所天者唯在於田數畝之田終歲勤動父母妻子之養猶且未贍而收租者已至若其田之主或有三四家者或有七八家者尚力侔勢敵孰肯讓哉以是供其租而不足則又稱貸而益之民之窮困職此之由詩不云乎哿矣富人哀此惸獨殿下卽位之初首以田制爲務繼降宥

旨愚以爲羨魚不如結網膠柱何能調瑟不更其法難去其弊乞以甲寅柱案爲主參以公文朱筆爭奪者因而正之新墾者從而量之稅新墾之地減濫賜之田則國入增正爭奪之田安耕種之民則人心悅人心之悅國入之增爲理之君所大欲也殿下何憚而不爲或曰富人之田難以亟奪積年之弊難以遽革此則庸君所行非所望於殿下也近年倭寇侵疆貽聖上宵旰之憂世臣老德相與謀猷俱得其要然臣以父憂居濱海之地謀於野者熟矣今之爲計不過有二曰陸守曰海戰車不可濟川舟不可行陸人

彙纂麗史卷之三十四　二

性亦猶是也胡貉之人其性耐寒楊粵之人其性耐暑今夫平居之民不習水故足未蹈船而精神已昏一遇風波則左顚右倒欲其坐作進退當敵賈勇難矣臣以爲陸守則發平居之民利其器械屯其要害盛軍容謹烽火以眩倭人之目則按廉郡守足任之都巡問使何所用之折辱守令糜費供億如是而已海戰之術則臣以爲本國三邊控海島居之民無慮百萬方之泳之是其長技其人又不以耕桑爲事而以漁鹽爲利比因此賊離其居失其利怨敵之心比之陸居豈止十倍馳一騎奉條畫沿江召募必其賞

賞數千之衆一朝可得以其所長之技敵其所忽之人其有不勝者乎況殺敵得賞不猶愈於魚鹽之利乎又以追捕使領之常在船上則州郡得便盜賊可敗矣二者禦寇之要道也蓋陸守而不海戰則彼以我爲怯海戰而不陸守則彼或出其不意故陸守所以固我也海戰所以威彼也如此則不兩得乎文武不可偏廢文經武緯天地之道也先王知其然立官設職崇文重武未嘗擧此而遺彼焉我國家熙洽漸摩加以東漸昇平百年民不知兵萬户之府係皇朝所立旣是虛額諸衛之職爲膏粱所占又且無軍以

今準古雖曰重武而無用武之實矣近以倭賊中外騷然幾不土著又聞中原之民頗染腥膻尚賴皇天眷顧我元今且宴安不至顚沛然居安思危則雖滿不溢思患預防何莫難圖苟或因循一朝有緩急將何備之乎況我國東有日本北有女眞南通江浙之船止有朝天之路西走燕山倭賊之來旣已倉皇失措江浙之賊帆船而來女眞之人南靡其騎則荷耒之民其遽爲干城之卒歟若變起倉卒無以衛社稷每慮及此竊自寒心臣願設武擧之科令充諸衛之士試以武勇而習其藝賜以爵祿而作其氣國足精

兵人樂爲用庶幾無他日噬臍之患矣孔子之道大以遠非臣所能贊揚古今崇奉廟學規模亦非臣之所能悉論國家內立成均十二徒東西學堂外薄州郡亦各有學規模宏遠節目緻密觀祖宗之意所以崇重儒道者深且切矣蓋國學乃風化之源人材是政教之本不有以培之其本未必固不有以濬之其源未必清古之帝王有令名於天下者亦致意於斯耳殿下以生知之資夙慕聖人之道痛學校之廢遂下修葺之令非惟吾儒之幸實生民之福也然其朋徒解散齋舍傾頹有由然矣臣請言之古之學者將

以作聖今之學者將以干祿誦詩讀書嗜道未深而繁華之戰已勝雕章琢句用心大過而誠正之功安在或變而之他誘其投筆或老而無成嘆其誤身其中英邁傑出爲儒之宗匠爲國之柱石者幾何人哉詩云愷悌君子何不作人作人之妙實在王化士流之弊如此則在上之人庸得辭其責乎又況登仕者不必及第及第者不必由國學孰肯棄捷徑而趨歧途哉朋徒解散齋舍傾頹良以此夫臣伏乞明降條制外而鄉校內而學堂考其材而陞諸十二徒十二徒又摠而考之陞之成均限以日月程其德藝貢之

禮部中者依例與官不中者亦給出身之階除在官而求擧者其餘非國學生不得與試則昔之招不來者今則麾不去矣臣將見人才輩出殿下用之不竭矣佛氏入中國王公士庶尊而事之自漢迄今日新月盛肆我太祖化家爲國佛刹民居參伍錯綜中世以降其徒益繁五教兩宗爲利之窟川旁山曲無處非寺不惟浮屠之徒浸以卑陋亦是國家之民多於遊食識者每痛心焉佛大聖人也好惡必與人同安知已逝之靈不恥其徒之如此也臣伏乞明降條禁已爲僧者亦與度牒而無度牒者卽充軍伍新創之寺並令撤去而不撤者卽罪守令庶使良民不盡髡緇臣聞殿下奉事之誠尤篤於列聖其所以祈求國祚者甚盛甚休然以臣之愚竊惟佛者至聖至公奉之極美不以爲喜待之甚薄不以爲怒況其經中分明有說布施功德不及持經聽政之餘怡神之暇注目方等留心頓法無所不可但爲上者人所則效虛費者財所耗竭防微杜漸不可不愼孔子曰敬鬼神而遠之臣願於佛亦宜如此臣亦知逆鱗必至於碎首但恐濫觴或至於滔天故冒萬死不惜一言臣又復思惟盛衰相因理之必然我國家再世幼冲陪臣

執權紀綱失墜人思其治殿下以聰明寬毅可以有爲之資當亂極思治可以有爲之時宜渴於用賢矣未見束帛戔戔宜急於聽政矣未見庭燎晣晣賢能豈盡登庸姦邪豈盡屛退未聞一政之行徒缺百姓之望如此而望其治成是猶却步而圖前南轅而適燕臣甚爲殿下恥之易曰天行健君子以自強不息修心之要出治之方無過於此惟殿下留心焉二年擢魁科授肅雍府丞中征東省鄕試第一名充書狀官如元應擧明年赴廷試讀卷官參知政事杜秉彝翰林承旨歐陽玄見穡對策大加稱賞遂擢第二甲第二名敕授應奉翰林文字承仕郎同知制誥兼國史院編修官尋還國王授典理正郎藝文應教四年陞內書舍人又如元任翰林院權經歷五年以母老棄官東歸上書言時政八事其一罷政房復吏兵部選也王嘉納遂以穡爲吏部侍郎兼兵部郎中以掌文武之選六年試國子祭酒遷右諫議大夫請行三年喪從之七年以言事忤權貴一時諫官皆左遷擬穡尚州其夜命以穡爲樞密院右副承宣翰林學士謂宰相曰李穡才德出衆非他人比用舍不如此無以伏人心自是參掌機密凡七年十年紅賊陷京王

南幸扈從錄功一等十二年元授征東行中書省儒學提舉本國授密直提學同知春秋館事賜端誠保理功臣號自是與國政雖在罷閒有大政則必就問焉十四年簽書密直司事十六年重營成均館以穡判開城府事兼成均大司成增置生員擇經術之士金九容鄭夢周朴尚衷朴宜中李崇仁皆以他官兼教官先是館生不過數十穡更定學式每日坐明倫堂分經授業講畢相與論難忘倦於是學者坌集相與觀感程朱性理之學始興元授征東行中書省左右司郎中十七年侍中柳濯等上書諫馬巖影殿之

役王大怒下濯等獄使穡鞫之王欲以事誅濯命穡制諭衆文穡請濯罪名王曰汝爲首相多行不義致天大旱一也奪演福寺田二也公主之薨三日闕祭三也其葬降用宋和公主之例四也不忠不義孰大於此穡曰此皆旣往事也近日濯等請寢影殿之役雖以四事歸罪國人皆以爲上書之故且此四事皆非可殺之罪願更思之王益怒趣益急穡俯伏曰臣寧得罪安敢爲文以成其罪且上書之事非獨濯領都僉議亦知之矣時辛旽爲領都僉議方在王側不得已乃曰老夫亦知之但以上怒不敢告耳王命侍

中李春富封御寶春富俛伏不敢進旽曰宜令言者封之乃命穡穡恐王益怒乃封之書曰臣穡謹封王曰以予否德不從予言持此去求有德者事之我太祖初豈王孫哉予避位矣乃移御定妃宮不許進膳翼日旽欲解王怒啓王下穡獄使贊成事李仁任知都僉議柳淵訊之坐以不從王命穡曰臣自布衣謬蒙上知不有戰功不經吏職但以文墨小才驟至宰相上恩深重圖報無由嘗謂苟可以有益上德者不惜身命力言之以報萬一今柳侍中在縲絏穡爲問事官而敢盡言者欲王動心省悟不濫殺大臣也因

泣曰穡之泣非爲見恤於獄官非敢望達於上聰又非畏死也但恐因此一失主上之名不美於天下後世也仁任等以聞王遂感悟放濯等命穡曰沐浴而朝予將與之言明日穡進謝王曰毋嫌前怒宜更盡心十八年改三司右使二十年拜政堂文學加文忠保節贊化功臣號我 太祖爲知門下府事王謂近臣曰近日物議何如對曰皆言國家得人王笑曰文武皆用第一流以爲宰相誰敢議之王每召見穡及李仁復必令左右灑掃焚香幸僧神照白王曰君見臣何必致敬如此王曰爾何知此二公道德非庸儒

且穡學問舍肌膚而得骨髓雖中國亦罕比烏敢慢
哉尋丁母憂起復仍舊職二十二年辭免封韓山君
辛禑三年加推忠保節同德贊化功臣號禑以穡爲
師傅穡追父穀志成大藏經禑聞之命知申事盧嵩
降香八年判三司事稱病不視事明年復封韓山君
尋復判三司事十年以病辭進封韓山府院君 帝
遣張溥周倬等來溥等至境問穡安否禑以穡稱爲
判三司事出迎詔命十一年上書乞退禑不聽尋檢
校門下侍中十二年知貢舉以舊例享禑于花園禑
以師傅敬重之親執手引入欲對榻坐穡固辭親牽

彙纂麗史卷之三十四 九

內廏馬賜之是試穡嚴立禁防舉子年未滿二十不
許赴試判門下府事曹敏修子赴試不中同知貢舉
廉興邦欲取之力請於穡穡不聽十三年禑修西普
通塔命穡作記其略曰我太祖創業垂統弘揚佛法
以保子孫者非前世帝王之所可及先王能體太祖
之心歸崇三寶今殿下修塔如此殿下之心上合於
太祖又可知矣嗚呼周雖舊邦其命維新將在於今
日乎識者譏其諂事佞佛 一日穡稱病不出曰侍中
李成林生長綾屋及爲宰相廣占民田一時並起三
第左使廉興邦亦以取斂爲事誤國家者必此二人

也十四年我 太祖回軍欲擇立宗室曹敏修謀立
昌以穡爲時名儒欲藉其言密問於穡穡亦欲立昌
乃曰當立前王之子遂立昌昌起穡拜門下侍中賜
推忠保節同德贊化輔理號賜馬一匹王大妃亦遣
宦官饋酒果自恭愍薨 帝每徵執政大臣入朝皆
畏懼不敢行及穡爲相曰今國家有釁非王及執政
親朝無以辨之王幼不能行是老臣之責也卽自請
入朝我 太祖稱之曰慷慨哉是翁昌及國人皆以
穡老且病固止之穡曰臣以布衣位至極品常欲以
死報之今得死所矣若死道路以屍將命苟得達國

彙纂麗史卷之三十四 十

命於 天子雖死猶生遂與李崇仁金士安如京師
賀正且請王官監國穡以我 太祖威德日盛中外
歸心恐其未還乃有變請一子從行 太祖以我
太宗爲書狀官 帝素聞穡名引見數四禮待甚厚
從容賜語曰汝在元朝爲翰林應解漢語穡乃以漢
語遽對曰請親朝 帝未曉曰說甚麼禮部官傳奏
之穡久不入朝語頗艱澀 帝笑曰汝之漢語正似
納哈出回至渤海與二客船同行及半洋山颶風大
作幾死得免時田制大壞我 太祖與大司憲趙浚
欲革私田都評議使司議田制穡以爲不可輕改舊

法持其議不從穡謁禑于黃驪府未幾乞辭職舉李琳自代昌以穡爲判門下府事穡嘗與洪永通李茂芳等設白蓮會於南神寺佛者以穡藉口益肆其說又久典文衡以其子種學再掌試種學素不能文士林頗譏穡私其子昌將親朝穡曰遼野寒甚宜早行旣而昌母李氏憫昌年幼言於都堂寢其行昌命穡琳及我 太祖劒履上殿贊拜不名各賜銀五十兩綵段十疋馬一匹下教奬諭初崇仁副穡赴京至是崇仁以買賣事被劾流竄穡不自安上牒乞退昌不聽命中官賜酒慰諭猶不出昌趣令視事又命贊成

事禹仁烈賜酒于第穡又上箋辭昌不聽蓋穡嘗愛崇仁文章其再上箋意欲救之也穡遂歸長湍別業昌遣中使李匡存問又遣知申事李行賜酒敦諭請還穡不起恭讓卽位穡自長湍還詣闕賀王召入內下牀而待乃曰平生閒遊不意今日得此願卿輔之復以爲判門下府事王親祼太廟告卽位將事之夕有司請撤禑母神主穡曰此事未保其終姑徐之左司議吳思忠門下舍人趙璞等上疏曰判門下李穡事我玄陵以儒宗位輔相及玄陵薨無嗣權臣李仁任自欲擅權貪立幼主而穡助議立禑諸將回軍議

立王氏之際大將曹敏修以仁任姻親欲立子昌以繼其邪謀問計於穡穡亦嘗以昌爲心遂定議立之其子種學宣言於外戚曰羣臣議立宗室卒立世子吾父之力也穡之回自京師也與李崇仁金士安等相期謁禑於驪興而穡先期獨見其獨見之際所言公歟私歟是未可知也及 天子有命曰雖假王氏以異姓爲之非三韓世守之良謀忠臣義士議復立王氏以遵 天子之命而賊臣邊安烈欲立奇功以要富貴與穡及禑舅李琳及金佇鄭得厚等謀迎辛禑以沮復立王氏之議若以旣十五年委質爲臣不

可復有他心則何負於五百年王氏而忠於十五年辛氏哉穡世仕王氏受恭愍罔極之恩附仁任則立辛禑而絶王氏諸將議立王氏則附敏修黜禑而立昌忠臣義士議復王氏則附安烈黜昌而迎禑其在禑昌亦爲反側之臣矣然此不足論也世世爲王氏之臣諂附賊臣使王氏之宗祀永絶其爲罪惡天地宗社之所不容也嗚呼王莽簒漢成於張禹者非禹與其謀而效其力也但以禹儒宗素有重望而附莽則莽無所忌憚國人亦且信從而不附莽者反爲罪人然不能自解於朱雲之請斬不能自逃於後世之公

論穡附禑昌爲國人倡罪又有重於禑也且穡爲仁
任所重保其富貴而仁任與其黨堅味興邦恣行貪
欲鬻官賣獄賄賂公行奪占田民怨積罪盈卒致敗
亡而穡不言其非爲禑師傅屢受賞賜乳臭子弟咸
擢高科布列要職見禑肆其暴虐殺戮無辜而穡不
正其過見禑妄興師旅將犯上國之境以基東方無
窮之禍而穡又不言之國家以私田瘠公家而害民
生興詞訟而毁風俗議欲革之以正田法穡爲上相
固執不可使種學揚言於人以倡巨室怨謗之端李
琳貪墨國人所知穡欲納交外戚以圖保全薦琳自

代又以儒宗佞佛印成藏經舉國爭效惟恐不及以
誤風俗使子弟言於人曰非吾父意追乃祖志耳是
則陷父於異端而不之恤也又以奉昌朝見迎立辛
禑之計未遂託李崇仁被劾歸于長湍觀望事變及
殿下卽位公然而來受判門下之職立於百官之上
了無怍色曲學阿世飾詐釣名請下攸司論穡父子
及敏修之罪以戒後世爲人臣而不忠者王命罷穡
種學奪敏修告身思忠等復上疏論劾流穡于長湍
種學于順天遣糾正田時鞫敏修于昌寧時欲以敏
修立昌之謀出於穡取辭敏修不服曰立昌之罪予

固獨當穡實無與焉累日逼之乃服二年憲司上疏
請治穡敏修立昌又欲迎禑之罪諫官又上疏請下
穡敏修于憲司嚴加鞫問置之極刑命削穡職與敏
修徙遠地左常侍尹紹宗以穡門生不署名臺諫復
請穡罪王遣思忠時及執義李皐鞫穡于長湍命之
曰無令穡驚動若不服當更稟旨穡果不服曰倡立
辛昌非穡所知穡若妄言上天監臨請與敏修對辨
思忠遣時以聞王命加拷訊時還宣旨使獄卒執杖
立左右竟日通夜逼之且示敏修昌寧獄辭穡曰回
軍議立之際敏修問穡宗親與子昌孰當時敏修以

主將領兵還且與昌外祖李琳爲族同心穡不敢違
以禑立已久當立子昌爲對無首勸擅立之語去年
朝京師到禮部尚書李原明曰汝國逐父立子天下
安有是理王與崔瑩皆被拘囚是何義邪予應之曰
崔瑩教王謀犯遼陽將軍曹敏修與　李太祖舊諱以爲
不可到義州不敢發瑩數趣之不獲已回兵繫瑩獄
於是王怒欲害諸將故太后廢王置于江華去開京
二十餘里舊都勝地怡養性情無如此地且宰相侍
衛儀仗器物朝夕膳奉皆如平昔何故之有及還謂
侍中　李太祖舊諱曰原明之言耳可得聞口不可道驪

興遠地迎置近地可免放君之名但此語而已固無迎立之議思忠等取辭乃還穡嘗語人曰昔晉元帝入繼大統致堂胡氏以爲元帝姓牛而冒續晉宗東晉君臣何以安之而不革也必以胡羯交侵江左微弱若不憑依舊業安能係屬人心含而創造難易絶矣此亦乘勢就事不得已而爲之者也穡於立辛氏不敢有異議者亦此意也臺諫再論穡敏修罪不報交章復論遂移穡于咸昌臺諫又論穡琳王欲與宰相議知申事李行曰臺諫之論安知非功臣意邪手書疏尾曰依申以穡爲座主令右代言趙仁沃代署

彙纂麗史卷之三十四 十五

名臺諫劾行黨附座主專事蒙蔽又劾仁沃侵官王不得已皆罷之我 太祖及功臣七人上書以爲臺諫論列非臣等所知人以此歸咎臣等禑昌之黨疾臣等造言興謗臣等請避位弭謗以保性命遂皆杜門大司憲成石璘聞之亦上書辭職臺諫論執愈堅王素未信李穡謀亂且禹洪壽駙馬成範之父故怒臺諫彈劾不已不進膳臺諫伏閤請命王曰琳穡等皆已流竄勿更論請王以諸功臣不視事命評理裴克廉署事都堂大提學安宗元左使權仲和等白王曰都堂庶事至繁如兩侍中不可一日無也速令九

功臣就職王曰卿等其圖之對曰古者一相辭職都堂皆改批今亦宜改九功臣批令出視事王從之九功臣詣闕拜謝王召入內殿賜酒慰之乃出視事臺諫以言不聽辭皆左遷爲守令流行于清州王昉趙胖還自京師白王曰禮部召臣等曰爾國人有坡平君尹彝中郎將李初者來訴于 帝言高麗 李侍中立王瑤爲主瑤非宗室乃 李侍中姻親也瑤與李侍中謀動兵將犯 上國宰相李穡等以爲不可卽將李穡曹敏修李琳邊安烈權仲和張夏李崇仁李種學權近李貴生等殺害將禹玄寶禹仁烈鄭

彙纂麗史卷之三十四 十六

地金宗衍尹有麟洪仁桂陳乙瑞慶補李仁敏等遠流其在貶宰相潛遣我來告 天子仍請親王動天下兵來討乃出彝初所記穡敏修等姓名以示之胖與彝對辨曰本國事大以誠安有是乎因問彝曰爾位至封君頗知我乎彝愕然失色禮部官曰 天子聖明亦知其誣爾速還國語王及宰相將彝書內人等鞫問來報於是臺諫相繼上疏請鞫彝初之黨留中不下會宗衍逃遂下玄寶仲和補夏仁桂有麟于巡軍大獄遽起令臺省刑曹雜治之先鞫有麟辭連崔公哲崔七夕曹彥趙璞韓成金忠安柱郭琁鄭丹

鳳朴義龍等并下獄初有麟從弟思康素無行嘗為
僧犯贓亾入 上國改名彝有麟家臣丁夫介從胖
赴京師知而不言及還先往有麟家言其狀有麟在
獄憂憤不食而死梟首于市籍其家因夫介建繫穡
琳仁烈仁敏地崇仁近種學貴生等于清州獄遣門
下評理尹虎密直副使朴經右司議李擴刑曹佐郎
申老昌田時與楊廣道觀察使柳珣鞫之虎等至清
州鞫諸囚皆不服忽雷雨大作前川暴漲毀城南門
直衝北門城中水深丈餘漂沒官舍民居殆盡獄官
登黃攀樹木以免王以水灾下教釋之仍安置咸昌

彙纂麗史卷之三十四　十七

尋宥穡許從便三年憲府請復治穡種學不從憲府
復論穡罪王勉從之流于咸昌諫官又論種學流遠
地俄許京外從便穡上書謝曰臣以不才幸遇殿下
入繼正統即於初政叨受判門下事滿溢是懼愈增
兢惕未決旬日遽被彈劾連章累牘請置極刑閱歲
三改益峻不衰臣之性命在於朝夕苟非殿下好生
之德與天同功臣豈能得至今日以沐聖上作解之
澤哉臣聞命之日忍於謝恩即離貶所踰嶺而北蒙
犯風雪忠驪之間宿疾發動致此淹留未得徑造伏
望憐臣衰憊求示好生之德王覽書即命驛召穡及

崇仁種學穡還京謁我 太祖于私第 太祖驚喜
迎之上座跪進酒請穡立飲穡不讓人皆非之極歡
而罷王聞之曰此二公疇昔之情好也王嘗謂左右
曰向者省憲數請誅穡予以為穡嘗事玄陵言事忤
旨雖怒甚猶待以禮又為僞朝奉使 大明 帝寵
待優渥召對便殿賜宴與慰天下想望其為人以玄
陵之睿鑑 皇帝之威靈禮貌如彼況如寡人其敢
害之居數日穡與崇仁種學詣闕謝恩召入內殿賜
酒慰之命還告身復封韓山府院君領藝文春秋館
事及夢周死鞫諫官金震陽辭連穡種學種善流種

彙纂麗史卷之三十四　十八

學種善于外王使謂穡曰卿之二子得罪於朝卿其
去矣兩江之外惟卿所適穡憮然曰臣顧無田宅果
安歸乎遂貶衿川尋從驪興入 本朝封韓山伯卒
年六十九賜祭賻禮葬謚文靖穡天資明敏博覽群
書為詩文操筆即書略無凝滯勉進後學以興起斯
文為已任學者皆仰慕掌國文翰數十年屢見稱中
國平生無疾言遽色不露圭角不治生產雖至屢空
不以為意然志節不固無大建白學問不純崇信佛
法為世所譏有牧隱集五十五卷行于世子種德種
學種善種德官至同知密直司事種學簽書密直司

事

論曰東國文章崔文昌拓其源李奎報暢其流益齋
始循軌法而集成於李穡當時權近李詹論穡之文
與唐宋諸家韓愈歐陽脩蘇軾馳騁上下掌國文翰
數十年中朝學士稱賞之少時居憂上書論國事慨
然有希文之風矣及致位宰輔撫大建白晩節多艱
瀕死者屢矣而忠義之性確然不變嘗引胡致堂論
晉元事自以不敢異議於立辛者亦此意其果爾邪
太祖登極遣使迎致待以故舊之禮送至中門將
歸驪江登舟疾作卒云

禹玄寶 鄭夢周 金震陽 徐甄 李養中
金濤

禹玄寶字原功丹陽郡人父吉生赤城君玄寶恭愍
朝登第補春秋檢閱累遷執義拜左司議大夫時正
言尹紹宗草疏將請去金興慶斬金師幸罷影殿役
玄寶知之託以紹宗曠職劾去之與同僚金允升徐
鈞衡崔積善盧嵩等上疏曰事貴變通言要切時不
通乎變事難有成不切於時多言何補臣等承之言
責未有一言能副聖慮敢不罄竭衷懷思有以補聖
德之萬一國家自庚寅以來倭賊爲寇連兵追捕未

能擒獲近年尤甚殺害將帥擄掠人民沿海州郡遠
近騷然至於再犯京畿無所畏忌將來之患固難測
量將相大臣恬不爲意制禦之方未有成筭如或羣
賊乘間突至將何以處之凡事預定則有備無患倉
卒則智者難謀願殿下謀及宰相謀及將帥謀及朝
臣問以計策豈無方略可施者乎早定規畫毋失事
機議者以爲賊善舟楫不可以水戰若造船艦是重
困吾民是不然水賊不可以陸攻其勢明甚且攘賊
禁暴本欲爲民其可念小弊於民而貽大患於國乎
今東西江並置防守賊汎海揚揚而來我軍臨岸拱

手而已雖精兵百萬其如水何哉宜作舟艦嚴備器
仗順流長驅塞其要衝賊雖善水安能飛渡倘得勢
便擒捷埽蕩亦可必也不教民戰是謂棄之況戰者
危事一勝一負存亡關焉不可不慎國家素無預備
民不知戰一旦有變搶攘顚倒方始驅聚以充卒伍
兵刃未交望風披靡以此而戰雖孫吳爲將亦無能
爲矣宜預簡將帥蒐卒鍊兵教而習之使人人耳熟
金鼓目慣旌旗皆以戰爭不爲驚駭之事則雖遇勁
敵皆能敢勵豈有狼狽失次者乎用力之道專在於
將良將之才自古爲難宜擇子弟有器識者並令學

兵法習武藝常加教閱訓養精銳待其成才而用之
良將獨何難得哉古有兵書取人之科即此意也食
者民天不可不重孔子言兵先言足食食如不足兵
衆焉用國家用兵已多年矣未有蓄積以備不虞況
今雨澤愆期豐歉難知宜廣儲偫以贍軍食人事動
於下天變應於上天人相與之際休咎之徵不可誣
矣邇來乾文示警地道興怪非一而再安得不謂之
異乎古者有以祥而致災以災而反祥者在人主戒
謹與否耳願殿下益加修省以弭天變殿下臨御以
來勵精圖理屢下德音頒示條令其於憂國愛民慮

甚遠也法悉備也然而理效無著教化未孚其故無
他但有司者以爲文具循舊弊耳願取丙申以後屢
降條畫申敕有司舉行無遺便民之道不出乎此王
下都評議使司然竟不行辛禑初授密直代言陞提
學轉同知司事兼大司憲久之拜門下贊成事提調
政房改三司左使尋復爲贊成事賜純忠翊戴佐理
功臣號我　太祖回軍禑削諸將職以玄寶爲右侍
中纔數日而罷封丹陽府院君恭讓即位金佇獄起
辭連玄寶郎舍上疏請置極刑不報復上疏請正典
刑籍沒家產又不允郎舍伏閤待命王以玄寶於佇

辭證不相干只免官郎舍更疏請不聽尋判三司事
逮繫彝初獄以災異得免憲府言不可輕赦又不聽
大司憲金士衡等上疏言罪涉彝初者已皆遠竄唯
禹玄寶權仲和張夏慶補等留在京城不宜罪同罰
異請一切逐之王以情狀未明事在赦前不允翼日
又請皆不報於是士衡與執義安景儉崔達掌令許
周崔兢持平趙庸以言不聽辭職不允令視事又皆
稱疾不出刑曹又上疏請竄玄寶等王下都堂都堂
請從刑憲之請王不得已流于遠地尋宥許從便憲
司上書請李穡罪而不及玄寶糾正朴子良等相與

譏議時玄寶子洪得爲執義赴衙子良等不庭迎大
司憲金湊言子良等不迎執義又譏憲官爲曠職以
下陵長請罪之下子良等巡軍鞫之子良曰沮王氏
議立昌者穡而謀迎禑欲使王氏不立者玄寶也二
人之罪同本府論穡而不論玄寶以其子洪得執義
也洪得論穡即論其父不有其父也其父謀絕王氏
知而不諫不有王氏也是無父無君之人何以迎爲
頃者命省憲刑曹議玄寶等罪乃以罪疑惟輕論夫
謀迎禑以絕王氏從彝初於上國將害本國罪之大
者省憲刑曹不能糾治反從輕論故曰曠職萬戶柳

曼殊曰所司論玄寶等罪密封以罪者等何由知之子良曰聞諸糾正安升慶乃鞫升慶曰前此詣鄭道傳第問曰聞公上書言事甚切然乎道傳曰然具言書中之事予聞之遂不迎洪得又見道傳問曰近者省憲刑曹論禑昌彝初之黨具密封以聞見乎道傳曰若等以禑昌彝初之黨爲大惡然其事已矣吾所聞止此爾於是杖子良升慶配水軍攺洪得爲典校令省憲刑曹上疏劾流道傳于奉化縣臺省交章論玄寶請削職遠流疏再上王以其孫成範爲駙馬故皆留中召臺諫曰玄寶罪狀雖明予必救之況嘗被

流放又在赦前其勿復論臺諫退上疏又請不允知申事成石璘代言柳廷顯等曰事關大體不可不聽王俯而思之臺諫復面請王勉從乃流鐵原尋宥封丹山府院君鄭夢周被殺鞫諫官金震陽等辭連玄寶王以成範故釋不問都評議司執玄寶與其子知密直洪壽典醫副令洪富判事洪康上護軍洪得禮曹正郎洪命及宗室南平君和壽延君珪寧原君琦益山君敍福原君諮順寧君聃保寧君福門下贊成事安翊判開城府事金南得密直使崔乙義前清州節制使王承貴前密直副使都興知申事安瑗左代

言柳廷顯右代言許應判事朴興澤前延安府使安浚內府令申元弼兵曹摠郎崔咸宦官姜仁富流遠地使經歷張至和白王曰玄寶等慶犯蒙宥猶不悛攺乃更謀亂禍機急迫未及上聞已將玄寶等分配亂臣賊子人得以誅之玆敢先發後聞因上疏曰賞罰人主之大柄也賞罰不明則善惡混淆紀綱紊亂而危亡隨之伏見禹玄寶洪壽父子本以邪媚之行依阿取容竊位苟祿但知其家不知有國無一念及於生民無一言及於公道頃在僞朝黨於林廉廣行賄賂占奪民田免於戊辰之誅幸也而玄寶則參於

金佇得厚之謀洪壽則與於迎立辛禑之議屢被彈劾規免己罪陰遣彝初訴於　上國請親王動天下兵謀害本國此實萬世不赦之罪近年以來臺省抗疏論罪者數矣但賴殿下寬慈幸蒙原免誠宜攺行易慮以報聖恩顧乃溪衡向之論己者擬欲報仇朋比夢周援引私昵諂佞之徒布列攸司又與諸宗親無時聚謀誣陷忠良擾亂國家罪不容誅臣等爲社稷大計不可坐視故於前日將罪魁玄寶及其子洪壽等五人黨與南平君和等二十人已皆遜斥于外而罪惡貫盈未厭衆心伏望明正其罪籍沒家產以

明國典王命流玄寶于雞林餘皆削職遠流憲府上疏曰殿下卽位以來變故相仍朝廷不睦此無他賞罰不明恩義不分之致然也禹玄寶素無節義阿世取容位至宰相洪壽姦回諂媚一無可稱寅緣戚里寵待優渥並宜恪謹守職以輔王室旣與安烈逆謀又預夢周陰謀所犯屢著罪在難宥而曾無戒懼日益驕矜謀去忠臣惟事報復遂使中外相疑臣鄭下輯竊爲殿下痛甚法者國家之大柄不可以私撓也今都評議使司上疏論列而殿下屈法寬貸以缺衆心伏望斷以大義明正其罪郞舍亦上疏請一依都

堂所啓皆不報憲府復上疏曰天祐聖神以復王室而殿下勵精圖理幾至昇平實三韓萬世之幸也而禹玄寶父子所犯皆關國體法不當宥賴上寬仁獲全性命乃懷報復之志日肆姦邪之計朋比夢周連結宗親陰圖構亂貽患國家是誠宗社之罪人恐殿下不得而私也竊念殿下卽位以來禍亂相繼迨今不解無非此人之爲也薄昭文帝之親舅也一犯法而文帝不少假貸以存漢法楊妃玄宗之寵姬也一有變而玄宗割愛正法以安衆心蓋不得已也願殿下深思熟慮斷以大義永絶禍階郞舍金子粹等言

禹玄寶構釁生事之罪在所不赦輔臣憲臣上章請罪而殿下不以大義處之務從寬典是愛克厥威流於姑息而大有乖於從諫之美意也願明示威斷一依前奏以快衆心王命永不敍臺諫復交章請罪留中不下伏閤力爭王曰玄寶父子罪雖重予本惡殺不忍加誅且予旣從臺諫之言已遠流矣臺諫宜亦從予言毋强言也臺諫又言震陽等獄辭云洪壽洪富指嗾上疏請明正其罪於是更流洪壽洪富遠地永不敍玄寶入　本朝封丹陽伯卒年六十八輟朝三日賜賻致祭官庀葬事謚忠靖

鄭夢周字達可知奏事襲明之後母李氏有娠夢抱蘭盆忽墮驚寤而生因名夢蘭生而秀異肩上有黑子七列如北斗年至九歲母晝夢黑龍升園中梨樹驚覺出視乃夢蘭也因改夢龍旣冠改今名恭愍九年應擧連魁三場遂擢第一人十一年選補藝文檢閱十三年從我　太祖擊三善三介于和州累遷典農寺丞時喪祭紊弛士大夫皆百日卽吉獨夢周於父母喪廬墓哀禮俱盡命旌表其閭十六年以禮曹正郞兼成均博士時經書至東方者唯朱子集註耳夢周講說發越超出人意聞者頗疑及得胡炳文四

書通無不融合諸儒尤加歎服李穡亟稱之曰夢周論理横説竪説無不當理推為東方理學之祖十七年轉成均司藝二十年改太常少卿俄遷成均司成二十一年以書狀從洪師範如京師賀平蜀還至海中許山遭颶風船敗漂抵巖島師範溺死其得免者纔什二夢周濱死乃生割韂而食者十三日事聞帝具舟楫取還厚加恩恤遣還辛禑元年拜右司議大夫移成均大司成初　皇明肇興夢周力請于朝首先歸附至是恭愍被弑金義殺使國人洶洶不敢通使　朝廷夢周又陳大義以謂邇來變故當早詳奏使　上國釋然無惑豈可先自疑貳構禍生靈於是始遣使告哀且辨釋金義事時北元遣使賜詔權臣李仁任池奫欲復事元議迎其使夢周與文臣十數人上書曰為天下國家者必先定大計大計未定則人心疑貳人心之疑百事之禍也念吾東方僻在海外自我太祖起於唐季禮事中國其事之也視天下之義主而已頃者元氏自取播遷　大明龍興奄有四海我上昇王灼知天命奉表稱臣　皇帝嘉之封以王爵錫貢相望者六年于茲矣今上即位之初賊臣金義因禮送天使中路擅殺叛入北元與元氏

遺孽謀納瀋王既殺天使又背其君惡逆甚矣誠宜正名其罪上告天子下告方伯請討而殺之後已也國家不唯不問金義之罪反使宰相金湑奉貢北方吳季南封疆之臣也擅殺定遼衛三人張子溫等金義一行之人也不達定遼衛公然還國又置而不問今北使之來議遣大臣禮接境上乃曰不欲激怒北方以綏師也夫元氏失國遠來求食冀得一飽以延須臾之命名為納君實自利也絶之則示我之強事之則反驕其志其欲緩師實速之也竊聞其詔加我以大逆之罪因以赦之我本無罪又何赦焉國家若禮待而送之則是舉國臣民無其實而自蒙大逆之名不可使聞於四方為臣子者其可忍乎又況　朝廷初聞金義之事固已疑我矣又聞與元氏相通而不問金義之罪必謂我殺使與敵無疑也若興問罪之師水陸並進國家將何辭以對之其欲緩小敵之師實動天下之兵也此理甚明人所易曉廟堂之上若不能言者其故不難知也蓋以前日羣小之變當時宰執恐被　朝廷責詰實有與金義通謀欲以絶上國安師琦情見自刎是也師琦既死宜速定計以快衆憤而至今未有聞也人情洶洶恐生他變伏惟

殿下斷自宸衷執元使收元詔縛兵李南張子溫并
金義帶行之人送至　京師則曖昧之罪不辨自明
乃約與定遼衛養兵待變聲言向北則元氏遺種斂
迹遠遁而國家之福無窮期矣池李演忌之貶流彥
陽二年許任便居住時倭寇充斥濱海州郡蕭然一
空國家患之嘗遣羅興儒使霸家臺主將拘囚興儒
幾餓死僅得生還三年權臣嗛前事舉夢周報聘于
霸家臺請禁賊人皆危之夢周略無難色及至極陳
古今交隣利害主將敬服館待甚厚倭僧有求詩者
援筆立就緇徒坌集日擔肩輿請觀奇勝及歸與九

州節度使所遣周孟仁偕來且刷還俘尹明安遇世
等數百人且禁三島侵掠倭人久稱慕不已後聞夢
周卒莫不嗟惋至有齋僧薦福者夢周憫倭賊奴我
良家子弟乃謀贖歸力勸諸相各出私貲若干且爲
書授尹明以遣賊魁見書辭懇惻還俘百餘人自是
每明之往必得俘歸四年拜右散騎常侍歷典工禮
儀典法版圖判書六年從我　太祖擊倭雲峯還拜
密直提學明年僉書司事十年拜政堂文學本國與
朝廷多釁　帝怒將加兵于我增定歲貢乃以五歲
貢不如約杖流使臣洪尚載金寶生李子庸等于遠

地至是當遣使賀　聖節人皆憚行規避最後乃擬
遣密直副使陳平仲平仲以贓獲數十口賂林堅味
遂辭疾堅味卽舉夢周禑召面諭曰邇來見責　朝
廷皆大臣過也卿博通今古且悉予意今平仲疾不
能行乃代以卿卿意何如對曰君父之命水火尚不
避況朝天乎然我國去南京凡八千里除候風渤海
實九十日程今去　聖節纔六旬脫候風旬浹則餘
日僅五十此臣恨也禑曰何日就道對曰卽日遂行
晨夜倍道及節日進表　帝覽表晝日曰爾國陪臣
必相託故不肯來日迫乃遣爾也爾得非往者以賀

平蜀來者乎夢周悉陳其時船敗狀　帝曰然則應
解華語特賜慰撫敕禮部優禮以送遂放還尚載等
十一年同知貢舉取士十二年如　京師請冠服又
請蠲免歲貢夢周奏對詳明得除五年貢未納者及
增定歲貢常數及還禑甚喜賜衣帶鞍馬拜門下評
理明年請解職封永原君與河崙廉廷秀姜淮伯李
崇仁建議革胡服襲華制十四年拜三司左使辛昌
元年改爲藝文館大提學從我　太祖定策立恭讓
拜門下贊成事封益陽郡忠義君賜純忠論道佐命
功臣號敎曰撥亂反正誠社稷之忠臣崇德報功實

國家之令典惟卿天人之學王佐之才射策而連捷魁科廬墓而克伸孝志惟根本培植於內者確乎不拔故英粹發越於外者煥乎有文先王任用而俾掌絲綸後生景慕而如仰山斗倡明濂洛之道排斥佛老之言講論惟精涖得聖賢之奧敎誨不倦蔚有人材之興德望由是而益崇聲名以之而大振聖明勃興之伊始國家歸附之最先愼簡臣僚擧充書狀航滄海而乃往因颶風之所漂僅脫萬死以旋歸優荷九重之眷顧迨玄陵賓天之後當金義奔胡之初有權臣執狐疑之心謂庶官憚駿奔之役莫肯遣使於

上國將欲嫁禍於生靈卿與鄭道傳等力言以爲邇來變故之相仍盍具事情而申達苟獲罪於　天子難延禍於邦家故有使价之行以明臣子之分顧東方之寧謐繇卿輩之謀猷厥後胡使之來書辭不順當時郊迓之議大小皆然卒李詹伯英之徒極陳不可忤仁任池奫之輩未得見容竄逐嶺南者數年往還日本者經歲由小邦覲聘之緩致　天朝譴責之嚴國步危疑人心恟懼跋履山川親瞻天日始通王覲之途終減歲貢之額惟自昔罔愆事大之禮肆至今克有保民之休粤自甲寅以至己巳不幸有禍昌

僭竊之禍居常懷狄張興復之忠天實臨於爾心事竟成於有志洪武二十二年十月門下評理尹承順等回自　京師欽奉　聖旨高麗君位絶嗣雖假王氏以異姓爲之亦非三韓世守之良謀是年十一月十五日卿等定策宣　天子之命稟大妃之言推戴寡躬俾承正統續十六年旣絶之祀延千萬世無疆之休於是釐頓紀綱修明禮樂正田法而息爭訟汰冗官而擧賢良廊廟施爲實堯君舜民之志經筵啓沃皆伊訓說命之言奇才允協於股肱威烈難忘於帶礪苟無崇之異數何以勸勵於將來是用立閣

圖形勒碑紀績追贈三代祖考宥及永世子孫錫之上田副以臧獲仍賜白金五十兩廐馬一匹於戲予惟艱大之業思免厥愆卿益輸弼亮之誠以永終譽王御經筵夢周進言曰儒者之道皆日用平常之事飮食男女人所同也至理存焉堯舜之道亦不外此動靜語默之得其正卽是堯舜之道初非甚高難行彼佛氏之敎則不然辭親戚絶男女獨坐巖穴草衣木食觀空寂滅爲尚是豈平常之道時王欲迎僧粲英爲師故夢周講及此然王方惑佛不納彝初獄起臺諫論其黨甚力夢周請因封崇四代大赦臺諫

猶論執不已王下都堂議夢周以爲罪狀不白今又經赦不宜復論刑曹劾夢周右辨初黨夢周再上箋辭皆不允召夢周宴慰之尋拜壁上三韓三重大匡守門下侍中益陽郡忠義伯三年王謂經筵官曰今人知中國故事而不知本朝之事可乎夢周對曰近代史皆不修先代實錄亦不詳悉請置編修官依通鑑綱目修撰以備省覽王納之卽命李穡李崇仁等修實錄不果行成均博士金貂上書毁佛王怒欲抵以罪兵曹佐郞鄭擢上疏曰竊聞金貂排斥異端極言不諱上以其破毁先王成典將置極刑臣竊爲殿

下惜之書曰監于先王成憲其永無愆所謂先王成憲者不過三綱五常而佛氏皆背之非貂毁先王成典乃殿下自毁之也願赦貂狂直之罪代言等畏王怒不敢啓夢周與同列上疏曰信者人君之大寶也國保於民民保於信近日殿下下敎求言曰言之者無罪於是人皆抗疏極論政事之得失民生之休戚眞所謂不諱之朝也有國子博士生員等亦以排斥異端上書陳說言語不謹觸犯天威在朝之臣不勝恐懼臣等以爲斥詆佛氏儒者常事自古君王置而不論況以殿下寬大之量葢爾狂生在所優容乞霈

寬恩一皆原宥示信國人王從之貂等得免夢周忌我 太祖威德日盛中外歸心趙浚南誾鄭道傳等有推戴之謀嘗欲乘機圖之及世子奭朝見而還 太祖出迎黃州遂畋于海州墜馬 體甚不平夢周聞之有喜色遣人嗾臺諫曰 李(太祖舊諱)今墜馬病篤宜先剪羽翼趙浚等然後可圖也遂劾浚道傳誾及素所歸心者五六人將殺之以及 太祖 太祖還至碧瀾渡將宿 太宗馳至告曰夢周必陷我家 太祖不答又告不可留宿於此 太祖不許固請然後力疾肩輿夜還于邸夢周憂不濟事不食已三日

太宗又白勢已急矣將若何 太祖曰死生有命但當順受而已 太宗與 太祖弟和壻李濟等議於麾下士曰李氏之忠王室國人所知今爲夢周所陷加以惡名後世誰能辨之乃謀去夢周 太祖兄元桂之壻卞仲良洩其謀於夢周夢周詣 太祖邸欲觀變 太祖待之如初 太宗曰時不可失及夢周還乃遣趙英珪等四五人要於路擊殺之 太宗入告 太祖震怒謂 太宗曰汝等擅殺大臣國人以我不知乎吾家素以忠孝聞汝等敢爲不孝乃爾 太宗對曰夢周將陷我家豈可坐而待亡此乃所以

爲孝也宜召麾下士備不虞 太祖不得已使黃希
碩白王曰夢周等黨庇罪人陰誘臺諫誣陷忠良今
已伏罪請召浚誾等與臺諫辨明於是鞫臺諫流之
并流其黨梟夢周首于市揭榜曰飾虛誘人謀害大
臣 太祖麾下士又上疏籍其家夢周天分至高豪
邁絶倫有忠孝大節少好學不倦研窮性理深有所
得 太祖素器重每分閫必引與之偕屢加薦擢同
升爲相時國家多故機務浩繁夢周處大事決大疑
不動聲色左酬右答咸適其宜是時世臣舊家互相猜懼詬訐日興逮繫滿獄凡大獄有五夢周啓王令省憲刑曹論列五罪親勘裁斷積年滯獄一朝而決人心賴安時俗

喪祭專尚桑門法夢周始令士庶倣朱子家禮立家
廟奉先祀又以守令雜用參外吏胥秩卑人劣始選
用參官有淸望者嚴其黜陟又以金穀出納都評議
司錄事白牒施行事多猥濫始置經歷都事籍其出
納又內建五部學堂外設鄉校以興儒術其他如立
義倉賑窮乏設水站便漕運皆其畫也所著詩文豪
放峻潔有圃隱集行于世卒時年五十六 本朝贈
大匡輔國崇祿大夫領議政府事修文殿大提學兼
藝文春秋館事益陽府院君謚文忠子宗誠宗本
金震陽字子靜雞林府人性慷慨不羣少孤力學恭

隱朝登第調藝文檢閱不十年歷華要出爲西海
道按廉有聲績由門下舍人陞左司議恭讓時彝初
獄起震陽語同僚曰彝初之事三歲小童亦知其誣
憲司劾以輕論大逆以沮正論請削職遠流王止罷
其職起爲右散騎常侍尋轉左常侍與右常侍李擴
右司議李來左獻納李敢右獻納權弘左正言柳沂
等論三司左使趙浚前政堂文學鄭道傳前密直副
使南誾前判書尹紹宗前判事南在淸州牧使趙璞
等曰鄭道傳起身賤地竊位堂司欲掩賤根謀去本
主無由獨擧織成萋斐之罪連坐衆多之人趙浚於

一二卿相間偶起釁嫌與道傳同心相扇變亂賣弄
權勢誘脅諸人於是患失乾沒之輩希旨生事之徒
響應而作其中南誾南在爲扇亂之羽翼尹紹宗趙
璞爲造言之喉舌唱和而起廣張罪網施刑於不可
刑之人求罪於本無罪之地衆心危懼咸怨咨嗟一
以傷天地生物之和二以傷殿下好生之德歲庚午
淸州大水辛未城市乘桴天災荐至年穀不登豈非
所召殿下若曰浚爲功臣雖有罪當恕臣等竊聞去
年戊辰 開國伯立殿下之心已發於回軍之日而
浚不在軍中其不參其議明矣至己巳 開國伯立

殿下之策已定矣浚則劫之而言他賴　開國伯不許之故殿下得以立焉執此論之浚前不參始議之日後欲沮旣定之策謂之殿下之功臣可乎浚若曰吾嘗無此言不唯左右諸相聞之天高聽卑昭然可畏焉能廋哉至哉　開國伯之忠也遏僞朝猾夏之衆活斯民也拒趙浚立他之謀爲殿下也其忠可謂貫乎日月矣向若行兵萬里挑戰上國則斯民之衣食於斯含哺鼓腹於壽域之中其可得乎況天子特遣使价錫以内帑之珍寵遇世子序於諸侯之上又可得乎若浚也者其言如彼其心可知不惟不得爲

功臣實爲大不忠之臣也肯緣僥倖反得功臣之名齒於功臣之列冩容垂耀與大功臣無異超資受職與眞功臣十倍可謂榮莫大焉曾不思遷善掩罪猶復陰結黨與無時聚謀豈徒然哉竊恐或不遂其所圖而又有不忠之論不如早爲之所無使滋蔓也又臣等聞浚於上前乍泣乍哀外示遷善之狀内要寬罪之計此乃僞悔也殿下天性正直以爲實然臣切恨之浚當姦計方肆之初天誘其衷悟昨非而悔之則其悔也眞矣厥今同惡幾乎盡翅而衆怒羣猜極矣安得不如是而圖免罪乎此實不得已而然也非

僞悔而何哉若他日幸復乘勢其生變有甚於前必矣伏望殿下毋恃而早圖之可也臣等又聞誾嘗陳言曰殿下内多慾而外施仁義此言何謂也且誾於國家別無殊功驟登台府殿下之賜大矣乃希合浚與道傳之意曾無感恩知足之心敢發輕辱不敬之言所以激上意而逞其欲也其用意姦惡如此誠可畏哉蓋此輩流厥罪惟均殿下若因循不斷不唯天怒人怨恐有不可及之後悔也臣等本非故欲害人者也安敢效後輩私讎未報勞心忉忉者爲哉但以公義如此事勢如此故不敢不請也此言如飾皇天

上帝實先誅臣等可不畏哉可不畏哉伏望殿下收浚誾在紹宗璞等職牒功券鞫問其罪明正典刑道傳仍於貶所典刑垂戒後來疏上留中不下震陽之疏雖尊　太祖其實將欲危之也震陽等牒憲司發吏卒守浚誾第浚讀書不輟曰吾爲社稷耳又何憂乎明日震陽等伏閤更請王召侍中沈德符鄭夢周議遂依申流浚遠地削誾紹宗在璞職亦流遠地道傳亦在流中而知申事李詹遺忘不錄震陽等據依申遣人于奉化執道傳囚于甫州司憲府大司憲姜淮伯執義鄭熈掌令金畝徐甄李作李申又上疏請

浚等罪并劾判典校寺事吳思忠罪與紹宗同乞幷
究理命削職遠流震陽等又言古人曰去草不去根
終當復生去惡不去根其惡漸長浚道傳惡之根也
誾紹宗在璞養其根而滋蔓者也昨臣等上章請誅
惟道傳特蒙允許餘止貶外罪同罰異請將浚等並
置極刑王愕然曰我初無誅道傳之語命移流道傳
于光州浚于泥山誾在璞紹宗思忠皆聚水原遣巡
衛府千戶金龜聯刑曹正郎李蟠與楊廣道觀察使
姜隱同鞫未行我 太祖自海州輿疾夜還于邸鄭
夢周李穡禹玄寶等以爲若劾浚誾置極刑則璞紹

彙纂麗史卷之三十四 三十九

宗思忠之輩不足制也陰誘臺諫違日交章伏閤廷
諍請誅浚道傳等王命先鞫誾等諸人辭連浚道傳
然後可並鞫之及夢周死我 太宗與 太祖弟和
議令 恭靖王啓曰若不問夢周之黨請罪臣等王
不得已下臺諫于巡軍且曰流之外可矣不必問也
翼日兩府詣闕請鞫命判三司事裴克廉門下評理
金湊同巡軍提調金士衡等治之臺官曰據門下府
移牒爲之非吾等本意也震陽曰鄭夢周李穡禹玄
寶使李崇仁李種學趙瑚謂臣等曰判門下 李太祖
譖特功專擅今墜馬病篤先翦羽翼趙浚等然後可

圖也於是因崇仁瑚種學與其弟種善夢周弟禮曹
判書過司宰令蹈及其黨鄭寓李堂鞫之皆服乃名
浚還思忠在璞並復職宥道傳誾紹宗流震陽擴來
敢弘熙畝甄作印崇仁瑚種學種善寓過蹈堂于遠
地按律者言震陽等罪當斬 太祖曰予不好殺久
矣震陽等承夢周指嗾耳豈可濫刑曰然則杖之
太祖曰既寬之何杖之有震陽由是得免玄寶孫成
範淮伯弟淮李皆王愛壻故玄寶之黨及淮伯皆不
坐沂亦以病免又流詹及代言李士穎于外 太祖
麾下柳曼殊尹虎黃希碩等上書請籍夢周家並治

彙纂麗史卷之三十四 四十

其黨王從之奪震陽擴崇仁瑚種學種善告身臺諫
交章曰金震陽輩構釁生事以致禍亂者其謀非一
日其黨非一人今又因仍姑息置而不問則臣等恐
羣疑無自而釋衆心無自而安變故之生姦邪之作
將不弭矣願殿下令巡軍萬戶府將震陽等究問情
狀隨其輕重以明其罪以斷厲階王命更勿鞫訊但
據前日獄辭分其輕重以聞於是杖震陽一百徙流
遠地尋卒

徐甄利川人登第恭讓壬申夏爲掌令與省憲交章
請誅浚道傳等及夢周遇害並治其黨甄亦流遠地

革命之後遯居衿川鄉曲慨念前朝之事作詩云千載神都隔渺茫忠良濟濟佐明王統三爲一功安在却恨前朝業不長臺諫欲罪之 太宗變色曰甄爲高麗之臣作詩思之是亦夷齊之流不可罪也 (大東韻玉)

(亦出慵齋叢話間採原史)

李養中 廣州人麗季仕爲刑曹左參議當革命之初抗節不仕遁居村庄不受徵命 太宗卽位以龍潛故人拜漢城尹亦不受 太宗嘗幸廣州召見之養中以野服攜琴獻酒魚 上歡甚竟不能奪其志特官其子以奬之 (大東韻玉)

金澍 善山人侍中宣弓之後判書元老之子恭讓王朝以禮儀判書如 皇朝賀節還到鴨綠江聞我朝開國寄書夫人 (夫人文化柳氏司爾之女也) 曰忠臣不事二君烈女不更二夫吾今渡江卽無所容其身夫人有娠若生男名以楊燧生女名以命德仍送其朝服靴笏曰夫人歿後以此合葬爲我夫婦之墓還向 中朝之日爲我忌日葬後勿用誌文墓碣還入中原居于荊楚云其子孫相傳十二月二十二日爲澍諱日卽江上發書之日也夫人解挽得男命之曰楊普改燧爲普登科官至宣慰使 (楊普之孫之慶大司憲之慶之子應箕左議政曾玄諸孫)

(蹟顯仕者相望其墓道尚闕表石遵其遺命也先生卧居善之新谷里龍巖下鄉人尊慕之稱龍巖先生噫先生徇國之節旣足以震耀於宇宙其家今之出於倉卒者猶以眷眷無聞於世爲言以此人無知者云出龍巖先生傳)

論曰 麗太祖誅暴反正無愧於湯武然猶謂諸勳臣曰予與公等志切救民不克終守臣節以此爲功豈無慙德噫此一言者足爲培養節義之根本矣五百年間國家多事君弱臣強變故百出然一脈士論不絕如綫迨其將亡也士大夫猶知以名義相高時則李穡鄭夢周道德風烈冠冕一代金震陽徐甄吉再金澍之徒起而翼之亦以高風完節儷美靑史餘若

禹玄寶李崇仁成石璘姜淮伯偰長壽李種學趙瑚鄭過鄭寓李堂李詹鄭熙金畝李作李申李擴李來李敢權弘柳沂崔云嗣李蟠權壎李茂李彬金履安魯生崔關金瞻李行安俊安翊等皆以一時勝流與夢周同心謀興王氏盡忠竭力其視吳思忠尹紹宗輩賣國自售豈啻霄壤之隔哉方正學所謂當廢興之際能全於義者諸君子有焉及革命之後或不保全節然謝朏引枕而卧王志掇服樹葉史策美之以爲當日所處賢於淵儉雲約者詎不然歟則諸君子所處之正可以無愧後世而亦由於夢周忠義大節

有以風勵之也王炎午稱文天祥三千年一見可以
稱於夢周者眞知言也哉

木齋家塾彙纂麗史卷之三十四

彙纂麗史卷之三十四　四十三

木齋家塾彙纂麗史卷之三十五

名臣十四

沈德符　朴葳　成石璘　偰長壽　池湧奇

沈德符字得之寧海府青鳧縣人父龍吏曹正郎德符忠肅末蔭補司醞直長同正恭愍朝累遷判衛尉寺事辛禑初除右常侍陞禮儀判書拜密直副使出為西海道元帥進知密直司事賜功臣號轉知門下事復為西海道元帥與羅世等擊倭于鎭浦獻捷禑厚加賞賜久之拜贊成事時遣使如京師獻歲貢命德符檢方物于平壤府禁私挾金銀者押物禹堅犯令斬以徇又出為東北面上元帥遇倭賊于北青咸州之境要外平斬先鋒五十級倭又寇端州德符與戰敗績倭百五十艘又寇咸州洪原北青哈蘭北等處殺虜人民殆盡德符與知密直洪徵密直副使安柱青州上萬户黃希碩大護軍鄭承可等與戰于洪原之大門嶺北諸將皆敗先遁唯德符突陣獨入中槊而墮麾下劉訶郎哈馳入射賊斃三人奪賊馬以授德符轉鬪出陣於是德符軍亦大敗賊勢益熾我　太祖請往擊之盡擒之禑攻遼德符以西京都元帥行從我　太祖回軍辛昌立拜判三司事我

太祖與德符池湧奇鄭夢周偰長壽成石璘趙浚朴葳鄭道傳議曰禑昌本非王氏不可奉宗祀况又有天子之命當廢假立眞奉定妃敎放昌于江華迎立定昌府院君瑤是為恭讓王卽位之夕王壻姜淮季父蓍入謂王曰諸將相立殿下者只欲圖免己禍非為王氏也殿下愼勿親信思所以自保王壻禹成範聞之告其母尹氏尹氏從兄紹宗聞之以告九功臣九功臣言於王曰殿下甫卽位讒言遽入臣等惶懼無已殿下若信讒言卽罪臣等若以臣等黜僞姓復立王氏為有功於宗社請罪讒人使上下無間焉王顧左右默然九功臣俯伏良久而退尋賜忠勤亮節翊贊佐命功臣號拜壁上三韓三重大匡門下侍中判都評議使司事封青城郡忠義伯賜中興功臣錄券王將幸長湍觀戰艦臺諫上疏諫止王遣人問德符曰今日之舉如何對曰人君行止非臺諫所能止也王決意將行臺諫猶不退成石璘直入奏曰臺諫之言不可拒王勉從之又下教録回軍功賜田西京千户尹龜澤告我　太祖曰金宗衍與沈德符池湧奇等謀將害侍中判繕工事趙裕又謂予曰沈侍中令密直副使曹彥郭璇前判書金兆府魏种張翼

與裕等勒麾下兵將害 侍中我 太祖以其言密
告德符裕德符族姪德符怒下裕獄語在宗衍傳
太祖白王曰臣與德符同心奉國本無猜貳趙裕之
事必虛妄請勿鞫令我二臣終始保全王將釋之德
符聞之大驚泣請曰裕辭連於臣今若不問臣之不
與謀何以辨之請與裕對鞫王召德符入德符不顧
而出步至巡軍自請繫獄王命知申事閔開召之德
符乃進謝王命釋裕憲府上疏請將裕龜澤對置王
命許理朴葳同臺諫鞫治裕初不服葳欲先拷龜澤
執義柳廷顯曰先鞫告者何義也葳變色默然乃拷

訊裕服絞殺籍其家憲府劾德符拘彥璇兆府种翼
于獄皆杖百遠流罷德符又流湧奇等臺諫交章曰
德符爲國首相乃令趙裕金兆府等姦兇之輩掌其
兵權以致禍萌欲掩裕罪輕自就獄取笑於人又不
從判旨累日擁兵不放無人臣之禮今麾下叶已服
罪德符尚在國中人相疑忌禍不可測願殿下竄之
遠方以絶國人之疑以杜禍亂之萌連日伏閤固請
乃流德符于兎山明年起封青城郡忠義伯復拜侍
中(或云德符實附於趙浚故臺啓奪其兵權而已未久復職云)從世子如 京師
諫官以德符獲罪未久上疏止之不聽加賜安社功

臣號後與守侍中裵克廉等上疏請罷諸道觀察使
復按廉使罷節制使經歷都事復掌務錄事罷新定
監務諸驛丞諸道儒學教授官資贍楮貨庫人物推
辨都監東西遞運所水站及戶口成籍牛馬烙印州
郡鄕社里長等法又令諸司有受稟事皆直報都堂
勿隷六曹尋辭職改判門下府事自此以後入 本
朝

朴葳密陽人初補亐達赤辛禑時爲金海府使擊倭
于黃山江斬二十九級賊投江死者亦衆尋有倭賊
五十艘至金海南浦楬示後賊曰吾乘風利泝黃山

江直擣密城葳偵知之設伏兩岸勒舟師三十艘以
待之賊見楬一艘先入江口伏發葳亦突至遮擊賊
狼狽自刃投水死殆盡時江州元帥裵克廉亦與倭
戰賊魁霸家萬戶著鐵兜鍪手足皆甲令步卒翼左
右躍馬而前馬旋濘而止我軍迎擊斬之報至褒賞
葳克廉甚厚後爲慶尚道巡問使斬倭十四級禑攻
遼葳以元帥行從我 太祖回軍復爲慶尚道都巡
問使與安東元帥崔鄲擊倭于尚州中牟縣破之賜
弓矢綵段又擊倭于高靈縣斬三十五級尋領戰艦
百艘擊對馬島燒倭船三百艘及傍岸廬舍殆盡元

帥金宗衍崔七夕朴子安等繼至捜本國被虜男女百餘人以還辛昌下教奬諭曰我朝昇平日久武備稍弛肆致島倭恣爲寇掠迄今四紀擾我三陲國家唯務守禦將帥尙稽徂征而卿發憤于懷仗義而往淩不測之鯨波蕩累年之蟻穴室廬船艦盡爲煨燼俘虜人民得還鄕閭足以雪國家之恥足以復臣民之讎捷報初來予心寔喜今遣門下評理徐鈞衡賜卿衣領鞍馬銀錠等物崴上箋謝人以崴但燒廬舍舟楫實無俘獲尋改都節制使捕倭船一艘斬三十二級後從我　太祖定策立恭讓拜知門下府事封忠義君賜功臣錄券及廏馬一匹白金五十兩帛絹五端教曰卿以寬弘之度豁達之資逢時展才委身鞅掌其處事之敏衛上之忠玄陵稱之四爲守令三鎭南服寇戢民安蔚有聲績才超耿賈之儔勇在關張之右城于州而金湯利騐斂其船而海道謐息載惟對馬之役有光辛巳之征　天子責立異姓爲王卿與守門下侍中　李(太祖舊諱)首倡大義推戴寡躬以安邦家之基以定君臣之分嘉乃丕績曰篤不忘追崇祖考仍加世宥錫之土田副以臧獲卿其膺此異數益勵忠誠金宗衍之獄辭連崴流豐州尋錄回軍

彙纂麗史卷之三十五　五

功賜錄券及田自此以後入　本朝

成石璘字自修昌寧縣人父汝完昌寧府院君石璘恭愍朝登第選補史官累遷典醫注簿王見而器之命爲劉子房必闍赤歷典理佐郎典校副令王曰石璘善書且諳練陞爲知印遷典理摠郎不阿附辛旽旽惡之譖于王出爲海州牧使召還爲成均司成擢密直代言陞知申事辛禑初拜密直提學倭賊大至入昇天府石璘爲助戰元帥隷元帥楊伯淵將戰諸將欲退度橋石璘曰若度橋人心貳矣安能力戰不若背橋而戰諸將從之人皆殊死戰賊果敗賜輸誠佐理功臣號進同知司事伯淵之獄起辭連石璘杖百七配咸安戍卒蒙宥從便封昌原君賜端誠翊祚佐理功臣號拜政堂文學出爲楊廣道都觀察使時適饑荒石璘請置州郡義倉從之仍令諸道皆置義倉召拜門下評理從我　太祖定策立恭讓俄兼司憲府大司憲與同僚上疏曰僞主所除官爵不可混於聖朝請皆收奪其以軍功都目除拜者吏兵曹覈其眞僞移牒尙瑞司俟其改授方許帶銜雖素負名望衆所信服者亦令臺省具聞改授其有冒妥者痛行糾理並以詐僞論王難之下都堂議又上疏曰臺

彙纂麗史卷之三十五　六

諫職專諫爭宜近禁中今在疏外事無大小必具疏
聞不唯煩冗懷不能盡達殿下卽位之初尤宜開廣
聰明豈可深居安逸以虧中興之業願自今事有可
言者使得面啓其大者只令疏聞從之賜中興功臣
錄券封昌城郡忠義君下教褒美曰卿端慤之資慷
慨之志早通鄒魯之書遠繼鍾王之筆荷玄陵簡注
之深將爲大用以逆旽忌憚之甚遂致左遷不阿世
而取容唯樂天而知命嘗被憲司之薦乃有觀察之
行予在潛邸悉聞高風辛禑盜據王位旣流毒于生
靈又得罪於上國守門下侍中 李太祖舊諱首倡大義

卿贊佐決策推戴寡躬載惟功烈增光簡冊若不褒
嘉何以勸勵爰命勒碑紀德立閣圖形錫之土田副
以臧獲後昆襲忠義之號永世蒙赦宥之恩仍賜白
金五十兩廐馬一匹卿其膺此異數諒我至懷賜端
誠保節贊化功臣號遷三司左使請減官祿王止
罷月俸尋以病辭不允加賜定祚功臣號轉藝文館
大提學拜門下贊成事以李穡禹玄寶之黨與弟石
瑢流于外自此以後入 本朝
偰長壽字天民遜之子遜回鶻人以世居偰輦河因
以偰爲氏自高祖嶽璘帖穆爾歸于元世仕元父哲

篤官至江西行省右丞遜順帝時中進士歷翰林應
奉文字宣政院斷事官選爲端本堂正字授皇太子
經爲丞相哈麻所忌出守單州居父憂寓居大寧紅
賊逼大寧恭愍七年避兵東來王之在元也侍從皇
太子于端本堂與遜有舊由是待之甚厚賜第封高
昌伯改封富原侯賜田富原九年卒長壽以慶順府
舍人居父憂王以色目人特命脫衰赴試遂登第官
累判典農寺事上書曰臣本羇旅賤愚於世無補謬
荷深仁嘗守晉陽周歲之間頗知民瘼倭寇防戍最
爲緊急竊計賊船出沒無有定時民庶安危朝夕靡

測而沿海防戍雖有其名無益於事蓋鎭戍兵卒悉
皆烏合之衆素無教鍊之嚴器械甲胄未爲堅利又
無營壘以爲保障不過草屋薪籬僅庇風雨而已故
一有寇至則望風奔潰雖使頗牧爲將亦不能號令
也其防戍之處遠者相去五六十里近者不下二三
十里賊可由此入寇而濱海郡縣村落之民或疎或
密四散而居彼賊多則千百成羣少則什伍爲隊妖
謀詭計言所難窮淸明之晝則尚可覘其來蹤驗其
多少以爲警備昏晦之夜則候望難遠故往往出我
不意肆其陸梁多則虛張聲勢指西向東俟我兵勢

互分潛爲襲擣或棄防戍而直趨居民或捨居民而
先襲防戍少則預遣間諜伺其富實之家潛爲剽劫
比官兵得知而追逐賊已飽載而遥遁於是加發男
丁則民已殘而盜已去及其放遣則民纔去而盜復
來故民無得息之時兵無可用之勢至若淸野之策
其弊尤深大抵濱海之地頗多膏腴而小民各懷其
土本欲利之反以害之且深遠之處田亦有限而土
著之民恃以爲生若使養客户則彼亦凋廢由是被
遷之民懷怨而流移深陸之民受殃而失業此臣所
以痛心切齒於平昔者也且入保之令始則限以一

息程途今賊之所至往往過六七十里以是較之雖
百里亦無益也臣愚以爲沿海百里之間刷已徙及
見在之民方三十里或五十里膏腴可耕之地擇形
勢平易有薪水處計户數衆寡築城堡以二三百家
爲率設官守以居之俾接室連墻僅容其衆除屋舍
外止留穀場其園圃俱於城外給之凡城塹高深上
置樓櫓門置釣橋其餘守具隨宜布置城塹之間多
掘品字小坑樹鹿角以遏往來嚴更鼓謹烽烟及耕
耘之時則遠者不過二十餘里晨出暮入往來無難
禾熟則隨刈隨輸毋使稽緩設有賊至則少壯登城

老弱供食分方面以堅拒守之志通烽燧以招隣救
之兵隣城有急擇精騎以赴之其知而不相赴救者
罪及所統之官夫賊之往來恃潮水爲期非欲攻城
略地以謀久長特以寇抄爲心而已旣無所得勢必
還退於是乘釁以襲之多方以誤之使其勇無所施
衆無所用掠則靡獲攻則不能進有腹背受敵之憂
退有首尾衝決之患以我之逸待彼之勞則不戰而
屈人兵盜可制而民可息矣若循習故弊徒設防戍
之虛文則所謂揖讓救焚從容拯溺無益於事取侮
於人也至若兩江京師之脣齒陽川貢賦之會同亦

不可不慮也臣之所言於事似難以臣愚料之始難
而後當易也下都堂議竟不行辛禑時拜知密直事
再轉政堂文學賫禑遜位表如　京師我　太祖定
策立恭讓長壽參謀議王賜中興功臣鐵券封忠義
君下敎褒奬曰迺者僞主辛禑頑兇狂悖傷敗彝倫
妄興師旅潛圖猾夏尙賴祖宗之靈啓迪於上忠義
之臣憤激于下擧義旋師當此之時人情洶懼國論
紛紜卿入覲　天庭敷奏詳明　天子嘉之授以丁
寧之訓卿乃常懷匡復之心以待事機之變乃與侍
中　李(太祖舊諱)等上奏　天子之命下徇臣民之情推

戴冨躬剗除異姓使九廟之主有所依歸三韓之人得以永賴肆命有司追贈三代宥及永世立閣圖形鐫碑紀績錫之奴婢土田又賜銀錠馬匹進贊成事賜定亂功臣號遷判三司事憲府劾附鄭夢周罷之復上疏請除名遠流王不得已從之自此以後入

本朝

池湧奇忠州人恭愍朝累除三司右尹辛禑初轉禮儀判書拜密直副使陞同知司事賜輸誠奮義功臣號出爲全羅道都巡問使倭寇長興府湧奇遣卓思清與戰于會寧縣擒斬九人遷知密直司事又爲全羅道元帥禑責湧奇不能禦倭杖其都鎭撫尋進密直使罷起爲楊廣全羅慶尚道助戰元帥倭寇潘南縣湧奇與元帥李乙珍進戰却之獲一艘焚之斬九級賊投水死者亦多後以門下評理爲全羅道都元帥尋改本道都巡問使擊倭斬八級以獻又與倭戰于應嶺驛力戰中矢從我 太祖定策立恭讓擢門下贊成事賜中興功臣錄券封忠義君俄判三司事彝初之獄起憲司以湧奇爲金宗衍黨劾流三陟片邑民王仲明子益富湧奇妻族也出入湧奇家自謂忠宣王孽曾孫定陽君瑀知之以告捕之大司憲金

士衡等言池湧奇與於功臣之列誠宜盡忠輔佐反以妻之再從兄弟王益富爲忠宣王曾孫陰養於家不忠莫甚願殿下族益富收湧奇告身及功臣錄券明正其罪於是下司平府鞫之絞益富與弟得富及其族十三人幸僧神照素善湧奇密白王曰援立之功專在湧奇王信之右湧奇甚力只收告身功券郎舍陳義貴等又言池湧奇本系庸人寵遇旣極顧乃懷姦挾詐潛通宗衍反逆之謀以忠烈王賤妾之後謂之宗孫將欲倚賴覬覦非分情見事白今只收職牒願斷以大義明正典刑王曰湧奇雖姦詐不忠已於祖眞前盟以宥及永世不忍加誅義貴等復上疏極論憲司又言湧奇以王氏餘孽潛匿家中愛養尊奉中興之初稍有不道之言殿下卽位之後又不首告安知乘時竊發戴以爲君而逞其不軌之謀也王召鄭夢周趙浚議命杖百遠流籍家產四年許外方從便尋卒于貶所子有容

論曰中興八功臣鄭夢周成石璘偰長壽以儒宗盛流效忠王室趙浚鄭道傳亦儒臣也監機識變密議禪代而沈德符朴葳池湧奇由蔭武進不矜名節然自以麗室舊臣不敢一朝背之依違兩間遂爲尹紹

宗等置獄羅織使德符等一言附會於浚道傳則必不至此然 太祖遇諸人可謂至矣尹龜澤之告變也 太祖從容言于德符使盡自處之道歲湧奇終得不死如金震陽誅害 太祖事跡至明且倡言曰彝初之獄三尺童子知其誣也則其罪重於歲湧奇矣左右欲殺之 太祖曰震陽爲夢周指使耳有何罪乎請杖之則曰既已寬之何杖之有大哉 聖人之言也以此知一時諸獄皆出於臺諫之手而 太祖輒寬宥之也 太祖威德既盛國人歸心久矣而攻遼之役 太祖泣諫再三禑瑩不聽則回軍之舉

豈出於得已邪宋藝祖自陳橋回軍便正位號而 太祖既黜僞姓求王氏而立之宏規卓越於藝祖矣噫陳橋推戴之謀出於石守信諸武臣如范質王溥輩不與也浚道傳乃以一時儒臣密預禪代之議不惟范質王溥之罪人抑亦有愧於歲湧奇者歟

金宗衍 李琳 曹敏修

金宗衍父密直副使精謀誅辛旽事洩爲旽所殺宗衍亡匿及旽誅乃出辛禑時屢爲元帥擊倭有勞恭讓朝王昉趙胖回自京師尹彝李初之獄起國家初聞胖言欲鞫之疑未決池湧奇與宗衍善密語曰公之名在彝初書中公其危哉宗衍懼夜逃於是大索境内獲宗衍于鳳州山中繫巡軍臺省刑曹鞫問不服翼日夜宗衍從厠竇出率其子伯鈞孟鈞仲鈞及奴數人而逃大索城中三日不獲以防禁不嚴斬當直令史獄鎭撫李士穎等西京千户尹龜澤與千户楊百之飲酒酒酣語之曰爾得無作宰相意乎百之曰孰無此心但爲之難耳龜澤曰金宗衍與趙裕同謀欲害 李侍中爾若募精兵與吾同心宰相可得也沈侍中亦知此謀矣百之佯應龜澤恐謀洩至南京告我 太祖曰金宗衍逃至西京約與我舉兵謀

害 侍中宗衍已潛入松京與侍中沈德符判三司池湧奇判慈惠府鄭熙啓評理朴葳密直尹師德府尹李彬羅州節制李茂全州節制陳乙瑞江陵節制李沃前密直陳原瑞及李仲和等謀作亂趙裕又謂予曰沈侍中令其鎭撫曹彦金兆府郭璇魏种張翼與裕等勒麾下兵將攻 李侍中 太祖以其言告德符德符與 太祖議下裕獄遣千户鄭乙邦于松京囚宗衍妻及妻父宋壺山于巡軍并收其族朴天祥朴可興鞫之妻泣曰假使我知家公在處何忍言之況我不知乎拷問可興乃服初宗衍匿于安峽人

家發軍圍之逃入石窟中又圍之宗衍拔劒擊一卒突圍而走至平壤匿前判事權忠家與忠子進士格相好至是逮捕格栲掠問宗衍所與同謀者格指湧奇熈啓蔵師德彬等憲府上疏請置湧奇等極刑王不之信留中不下臺諫連日伏閤論請乃流湧奇于三陟蔵豐州熈啓安邊師德淮陽彬安峽臺諫又言湧奇等旣已流竄但李茂陳乙瑞陳原瑞李沃辭連權格罪同湧奇尚不抵罪願并正其罪王以茂乙瑞沃有功且宗衍未逃前已授外任情狀可疑止流原瑞于興德紋裕流德符及彥等語在德符傳遣巡軍

鎭撫任純禮捕宗衍于西海搜索甚急宗衍所過輒加拷掠囚繫者數百人傳相告引中外喧聳宗衍飢窘隱於谷州林莽間見一人曰吾飢將死願救之其人曰在此我將賫粥來遂告官掩捕以來命偰長壽趙浚與臺諫鞫之逃匿經宿處一如格言又鞫謀亂事宗衍飢憊不能言獄官詰曰今日之問君命也何不言也宗衍有微聲在喉中曰我不恐死且以薄祐所鍾至此耳實無謀事又問曰權格李天用已告汝謀何隱也宗衍曰與格天用共謀得成何事我本無謀此亦可知飢甚不可拷問飲之粥入漚室卽死純禮在途不與食一晝夜馳三百里困餒以死人皆疑之劾純禮支解宗衍以徇諸道斬忠格芳春天用鄭南朴原實等流可與仲和軾于遠地論龜澤功除判書雲觀事郎舍數月不署告身式目錄事劾郎舍黨宗衍而庇陰謀請治其罪都堂又上疏請之乃下常侍陳義貴鄭習仁司議李滉權湛舍人禹洪富獻納宋愚孟思誠正言尹珪尹須于巡軍獄鞫之皆流外以湛倡議并收告身

李琳 固城縣人父嶠監察大夫琳恭愍朝累官密直副使辛禑時陞判司事禑納琳女册爲謹妃封琳爲

鐵城府院君琳母李氏爲三韓國大夫人妻洪氏爲卞韓國大夫人琳好佛嘗欲往四佛山禑以國舅不可輕出止之華藏寺僧覺然自稱得道雖達官亦惑之憲司鞫覺然素敬信者皆惜之琳尤痛立門外大叫辛昌時拜門下侍中命劒履上殿贊謁不名琳乞解職不聽恭讓卽位金佇邊安烈之獄起辭連琳及子貴生流遠地遣執義南在等鞫之諫官尹紹宗等上疏曰今見慶尚觀察使金湊執義南在判事孫興宗獻納咸傳霖等同鞫李貴生獄辭云去歲十月禹仁烈先到邊安烈家貴生隨父琳繼至安烈謂琳曰

令李乙珍李庚道郭忠輔等害　侍中　李[太祖舊諱]然後仁烈與王安德禹洪壽等往驪興迎辛禑計已定矣仁烈不言微笑其情固當鞫問貴生之言明白與臣等前奏金佇之言如出一口仁烈安德洪壽等黨於安烈欲立辛禑絶我王氏之罪天地所不容祖宗所不宥而王氏臣子不共戴天之讎也殿下旣不私安烈而誅之仁烈三人尚未就誅反側之禍甚可畏也請將仁烈安德洪壽明正典刑以慰祖宗在天之靈以懲萬世亂賊之黨疏上留中不下　臺諫交章上疏曰伏覩宣諭聖旨高麗國中爲陪臣者忠逆混淆

雖假王氏以異姓爲之亦非三韓世守之良謀此則皇帝聖神明睿所照知外國之事如見肺肝天下之人稱明見萬里者信矣其懷諸侯繼絶世之義亦至矣今侍中　李[太祖舊諱]素蘊忠義常勵心於僞朝而不敢發及辛禑攻遼之舉崔瑩主之侍中　李[太祖舊諱]力沮不得行至鴨江舉義回軍退禑黜瑩而議立宗親主將曹敏修以李仁任李琳之親謀於李穡立禑子昌則　李[太祖舊諱]之忠憤益切矣及見　宣諭之語慨然有反正之志出萬死討倡大義定大策奉殿下而復正統宗廟得以血食臣等以爲此　天子所謂忠

也仁任欲專政固寵詐以辛旽之子爲玄陵宮人所出而立之以其族弟李琳女妻之其後曹敏修李穡共立子昌邊安烈李琳李貴生鄭地禹仁烈王安德禹洪壽元庠等又謀害侍中　李[太祖舊諱]欲絶我王氏之祀辛賴宗社之靈凶謀不遂向使安烈之計得行豈惟侍中　李[太祖舊諱]不得免禍王氏宗親亦無遺類而殿下之大事去矣臣等以爲此　天子所謂逆也安烈雖伏誅餘黨未正鈇鑕故臣等上疏請罪殿下不唯不允反加褒奬書再上而又不下忠逆混淆大爲中興初政之累也古今人主優柔不斷以致禍亂

者甚多臣等大爲殿下惜之臣等所言只爲社稷殿下所重未知何事殿下儻宥此輩恐三韓之人以姻婭之私窺殿下也又恐　天子謂忠逆混淆亦如前日也伏望殿下斷以公義將李琳貴生鄭地仁烈安德洪壽元庠乙珍庚道等明正其罪則忠逆分辨朝廷清明亂臣賊子知所戒矣不報臺諫復疏曰法者天下古今所公共非一人所得以私也是故願理之君有罪雖至親必罰有功雖仇怨必賞管叔成王之叔父也將危周公而見誅上官安昭帝之親舅也以謀霍光而赤族是皆以公滅私爲國不顧家者也假

使周公霍光見疑於成王昭帝則周漢歷年之久亦
未可期唐張柬之等五人忠義社稷之臣也中宗賴
其推戴入紹正統灼知武三思之罪逆而牽於私意
優柔不斷卒使忠義功臣皆不得保其首領尋亦不
自免此以私滅公知有家而不知有國者也千載之
下惜中宗之不斷恨五王之失計也我玄陵初政之
美殿下所親見也及其末年遠忠直近憸邪賞罰失
當遂使功臣無一得全卒致十六年異姓之禍今
天子剛明果斷信賞必罰能一天下而以一驛丞之
故拔盡親王之髮以謝天下　天子之尊而不得赦

彙纂麗史卷之三十五　十九

其子者誠以法者非一人之得私也戊辰回軍之後
諸將議立王氏曹敏修以主將沮衆議謀於李穡李
琳而立昌李穡旣與敏修李琳共謀立昌又謀迎禑
此二人者世爲王氏之臣而又爲大將大儒宜其首
倡大義以圖興復顧乃沮衆議而立異姓則其爲祖
宗之罪人明甚矣權近賫　天子復立王氏咨中路
私拆預知密旨不付都堂先示李琳則其欺　天子
負王氏黨附異姓陰謀不軌得罪於祖宗亦大矣李
琳李貴生李乙珍鄭地禹仁烈李庚道王安德禹洪
壽元庠等與邊安烈謀害社稷大臣以迎辛禑凡謀

殺大臣者尚且不宥況擁立異姓使我列聖之靈求
不血食者乎倘使逆謀得遂則殿下何以成中興之
業祖宗何以享孝孫之祀然則此逆黨者非列聖子
孫所共戴天非王氏臣子所共立於三韓地上者也
願殿下爲三韓社稷慮爲萬世子孫計斷以大義明
正其罪王召我　太祖及沈德符曰臺諫所論敏修
權近旣已罪之卿等宜諭臺諫更勿論執遂徙琳于
鐵原穡于咸昌地于橫川貴生于固城流仁烈于淸
風杖乙珍庚道謂安德洪壽有功庠但聞安烈言皆
原之臺諫復請曰罪莫大於反逆天下萬世所不可

彙纂麗史卷之三十五　二十

赦者也邊安烈潛圖不軌欲殺大臣迎辛禑以逞其
欲臣等上疏請鞫其黨殿下命申孝昌朴爲生鞫李
乙珍云李琳李貴生鄭地李庚道元庠實與其謀又
命臺省巡軍鞫之貴生明言謀逆之狀問李琳則亦
與貴生同而殿下皆宥之或反褒之或止杖之遠竄
者或從近邑或有削爵而置近境者或有不削爵者
等爲逆黨而罰之不同有如是大失刑政之公矣將
見紀綱不振讒佞日盛兇逆得志爭臣杜口忠良觖
望而危亂將至中興之大業瓦解矣琳貴生與逆魁
安烈潛圖不軌其狀已著禹仁烈與琳貴生往安烈

第其同謀之狀明矣安烈欲使仁烈王安德禹洪壽迎辛禑人固多矣而必使三人迎禑則其與謀也必矣仁烈素無節行阿附仁任安德實緣軍功弁至將相殿下反以此二人爲有功而加爵賞何哉洪壽於辛禑時參掌機密頗有不廉之誚惟藉家蔭驟至卿相乙珍庚道頑愚無知拔身行伍濫稱軍功竊取爵祿今皆爲逆魁之腹心首居刺客之列豈可杖之而已乎權近私拆　天朝之咨先示逆黨罪固不容誅矣曹敏修秉主將之權沮衆議立異姓李穡爲世儒宗於復立王氏之議固當悅而從之乃反沮之皆王

氏祖宗之罪人也鄭地元庠與謀之狀乙珍已明言之亦豈可不辨而遽捨之乎願殿下深慮萬世之計明正其罪以副三韓之望命配琳貴生敏修穡仁烈地近乙珍庚道安德洪壽庠等于外諫官再上疏力爭不聽臺諫復交章曰向者邊安烈蓄憤於革私田及至禮部咨文之來欲盡滅王氏以固辛氏乃與李琳禹仁烈王安德禹洪壽李貴生等潛謀不軌以李乙珍李庚道爲刺客欲害忠良以謀亂國家若其計得行則王氏之中興其可望乎今反加逆黨以官職而寵異之是勸萬世大逆不軌之黨也侍中　李太祖舊諱才兼將相心在社稷隣敵畏其威中原慕其名國之存亡實繫是人若非是人殿下何以成中興之大業太祖列聖三十一代在天之靈何以享殿下之孝祀乎今若不去逆黨漸使得志則臣等恐社稷之忠臣必爲唐室之五王未免逆黨之中傷矣奈何殿下以姻婭之故曲法赦之乎乞明正典刑以戒後來不聽臺諫復上疏曰大逆天地之所不容人倫之所不赦故仲尼作春秋而誅亂討賊必先誅未發之禍心況其已著之大逆乎殿下旣爲太祖之神孫則安烈之黨殿下之世讎也國人明知其罪而殿下宥之則

殿下亦祖宗之罪人也奈何以姻婭之故聽信讒言宥此逆黨遂使憸邪之輩得志於內忠義之臣解體於外乎凡謀逆者先植黨與而後敢於爲惡未知殿下以謂安烈無黨與而獨謀乎伏願殿下割恩正法明置琳等典刑又不允彝初獄起繫琳清州尋以水災免憲司又言不可輕赦不聽尋宥琳及貴生郎舍許應等上疏曰殿下卽位之初以李琳姜仁裕王興申雅等嘗在僞朝憑恃女寵毁法亂紀悉皆流竄尋蒙恩宥完聚京都無所懲戒請下憲司屛諸遠方王從之流琳于忠州仁裕豐州興清州雅全州琳病死

貶所子貴生茂生

曹敏修昌寧縣人恭愍時出知順州紅賊入寇敏修與諸將擊走之錄功爲二等累轉典理判書進同知密直司事賜忠勤輔理功臣號辛禑初爲慶尙道都巡問使倭寇金海恣殺掠焚官廨城門敏修與戰敗又戰于大丘亦敗安集盧處中死士卒死者甚衆倭數十艘自金海泝黃山江將寇密城敏修邀擊之斬數十級禑遣中使賜衣酒及馬倭又寇晉州敏修戰于淸水驛斬十三級以獻遷知門下府事爲西北面都體察使定遼衛都事高家奴闊納哈出與北元屢

遣使交好於我遣卒二百餘來渡鴨江行商覘我敏修曰聞有 聖旨禁斷私商汝何犯令擾我疆邪其卒還渡江去轉評理拜守侍中上書乞退禑不聽敏修與諸宰相建議軍國之需不贍凡賜給田及口分田寺社田租幷公收之以補經費禑不從罷封昌城府院君尋判門下府事禑攻遼敏修爲左軍都統使事在禑傳我 太祖於回軍時與敏修議復立王氏敏修亦以爲然及禑廢 太祖欲擇立王氏後敏修念李仁任舊恩將援立李琳女謹妃之子昌琳卽仁任之外弟也恐諸將違己意以韓山君李穡爲時名儒欲藉其言密問於穡穡亦欲立昌乃曰當立前王之子 太祖謂敏修曰其如回軍定議何敏修作色曰元子之立韓山君已定策何可違也遂立昌敏修請于昌召仁任李崇仁等仁任已死矣昌以敏修爲楊廣全羅慶尙西海交州道都統使賜忠勤亮節宣威同德安社功臣號林廉誅敏修恐禍及己所嘗攘奪民田悉還其主至是稍稍復奪肆其貪婪又沮革私田之議踵仁任所爲趙浚上疏劾之流于昌寧幷流其鎭撫南成理于公州許珂于鳳州昌使左代言權近賜敏修酒曰卿雖有罪然功可相掩不宜流竄

但在卽位之初諫臣之言不可不聽耳昌以生日宥罪放敏修歸田里恭讓卽位諫官吳思忠趙璞等上疏以爲諸將回軍議立王氏之際曹敏修以李仁任姻親欲立昌問計於穡遂定議立之請下攸司論罪王命削職復遣司憲糾正田時鞫之郎舍尹紹宗等上書略曰敏修黨於賊臣李仁任位至冢宰縱其貪暴大敗風俗又以主將沮立王氏之議而立昌欲使我宗廟永不血食權近私折 聖旨黨附辛氏先示李琳二人逆謀皆天地所不容祖宗所不赦請下攸司明正典刑王以敏修回軍有大功不宜重論止令

遠配近亦杖流憲司上疏請治敏修稽議立辛昌又欲迎還辛禑之罪諫官復上疏請置極刑削稽職與敏修皆徙邊地臺諫再論奏不報又交章上疏王命我 太祖及沈德符曰敏修旣已加罪卿等宜諭臺諫更不論執王錄回軍功下敎襃奬賜功臣號臺諫上疏以爲曹敏修沮衆議立異姓是乃王氏祖宗之罪人也乞明正其罪不允尋卒于昌寧省憲刑曹言敏修沮王氏而立昌其罪固不容誅幸免刑戮得終天年保全其家無以示後擧國觖望王召鄭夢周裵克廉等同省憲刑曹吏議籍敏修家子取貴嘗爲辛旽所愛金興慶譖于王王謫陽陵取貴不肯駕杖殺之

論缺

姜淮伯　文益漸　趙云仡　金湊　王康

姜淮伯晉州人父著門下贊成事淮伯辛禑初登第累遷成均祭酒歷密直提學副使僉書司事賜推忠協輔功臣號恭讓卽位以淮伯趙浚徐鈞衡李至爲世子師淮伯以年少無學固辭陞判密直司事兼吏曹判書上疏曰吉凶非自外至禍福惟人所召安有憑佛敎信術數以冀福利之理乎佛氏之道淸淨寡欲爲第一義若窮竭民力造佛營塔則反得罪於佛氏而殃禍隨至近日演福之役民有破産失業是乃傷仁政之大端也天時地利不如人和一治一亂自然之理安有地氣衰王而國祚隨之盛衰乎開國以來四百餘年何嘗巡住三京而朝三十六國乎辛禑信圖讖而移都南京未知何國朝於漢江乎災異之出實惟上天仁愛人君正當恐懼修省日愼一日檢身節用時使薄斂則上答天譴下慰民心何必遷都漢陽盡驅農民以供營繕之役科斂徵發使失耕稼之時以搖邦本而傷和氣乎宴安奢侈斲喪良心之斤斧也今殿下於宮中構新亭植花卉以爲宴安之所臣恐侈心自此而生矣且御衣襨令倉庫買賣供進一疋之絹價或倍蓰謀利之徒坐取重利乞令倉庫奴隷習織綾絹以供內用王納之出爲交州江陵道都觀察黜陟使召還拜政堂文學兼大司憲與同列言人事乖於下天變應於上今星失其躔日有食旣又當農月耕播之時寒氷未解候如隆冬必有召致不可不慮願殿下恐懼修省明其政刑恪謹天戒以答天心仍敕京外不急土木之役一皆停罷以弭怨氣王從之諫官金震陽等承鄭夢周指劾趙浚鄭

道傳等罪淮伯亦率臺官上疏論劾浚等及夢周死震陽等皆杖流淮伯以王壻淮季兄得不坐遂稱疾辭職左常侍金子粹等上疏曰姜淮伯等羅織無辜欺罔宸聰而殿下命一二大臣鞫問得情震陽鄭熙等十人皆服厥辜遠竄于外獨淮伯與柳沂苟免在家若不與於其議者罪同罰異願殿下斷以大義削淮伯沂職流遠地以正邦憲王不得已從之流淮伯于晉陽入 本朝爲東北面都巡問使卒年四十六子宗德友德進德碩德順德

文益漸晉州江城縣人恭愍朝登第累遷正言奉使如元因留附德興君及德興敗乃還得木綿種歸屬其舅鄭天益種之初不曉培養之術止一莖活比三年遂大蕃衍其取子車繅絲車皆天益創之辛昌立以左司議侍學上書論爲學之道時諫官李詹等以私田不可復上書爭之益漸附李穡李琳禹玄寶移病不署名翼日徑赴書筵大司憲趙浚劾曰益漸本以遺逸躬耕晉鄙殿下以賢良徵拜諫大夫置之左右以資淸問宜進盡忠言敷陳治道以補聖治而乃日侍經帷依阿苟容以飾忠直之狀承順逢迎而無諫諍之節傴僂束手唯唯諾諾頃者同舍郞吳思忠李舒各自上疏極言時事益漸持祿患失遂無一語及同舍聯名極論田制益漸依阿權勢稱疾不仕不與其議規避衆謗自爲得計上累殿下知人之明下負士林期待之意是宜削其爵位放歸田野以爲有言責者之戒乃罷之子中庸中誠中實中晉中啓

趙云仡漢陽府豐壤縣人恭愍六年登第調安東書記累轉閤門舍人十年授刑部員外郞紅賊之亂從王南幸錄功爲二等明年遷國子直講歷全羅西海楊廣三道按廉使其在全羅評理廉之范妾兄與其黨盜太山人金彦龍馬云仡按驗具服徵布殺爲首

者後金允瑄代云仡聽之范反徵彦龍布五百疋還之令吏將獄辭押彦龍及盜詣法司辨之盜中路竊獄辭亾匿之范家彦龍跡而得之告憲司憲司劾之范庇盜之范逃杖允瑄除官二十三年以典法摠郞辭職居尙州露陰山下自號石磵棲霞翁佯狂自晦出入必騎牛著騎牛圖贊石磵歌以見意與慈恩僧宗林爲方外交超然有世外之想辛禑三年起授左諫議大夫與同列上疏曰自古人君未有不由學而能治天下國家者也爲學之要無他讀書窮理誠意正心而已是以先考聖王置講官侍學使之講明道

學蒙以養正其慮淺矣近來書筵講學或作或輟臣竊爲殿下惜也願奉先考之遺訓復設書筵俾正直之士日近左右萬幾之暇講習經史樂聞善道涵養德性以臻至理再轉判典校寺事六年乞退居廣州古垣江村重營板橋沙平兩院自稱院主敝衣草屨與役徒同其勞過者不知爲達官也十四年復起爲典理判書遷密直提學時議按廉秩卑不能舉職選兩府有威望者爲都觀察黜陟使授教書鈇鉞以遣云佗爲西海道都觀察使將行上書曰臣聞芳餌之下必有巨魚重賞之下必有良將又曰行虛惠而受

實福斯言至矣凡爲國者當家給人足內外無患之時猶且思危況我本朝水近倭島陸連胡地不可不虞國界自西海至楊廣全羅至慶尙海道幾二千餘里有水中可居之洲曰大靑小靑喬桐江華珍島絕影南海巨濟等大島二十小島不可勝數皆有沃壤魚鹽之利今廢而不資爲可嘆已宜使五軍將帥八道軍官各統虎符金牌其千戶百戶授以牌面仍以大小海島爲其食邑傳諸子孫則不惟富貴一身子孫衣食有餘矣誰不各自爲戰乎人各自爲戰則戰艦自備兵粮自賫而爲游兵因出其不意擊之則賊

不敢窺覦民得以富庶烟火相望民獲魚鹽之利國無漕轉之虞祖宗土地復全於今日矣願與大臣咨議施行禑下其書都堂云佗觀察州郡頓綱振紀抑強扶弱有犯法者毫髮不貸部內大治辛昌元年召拜簽書密直司事俄陞同知恭讓二年出爲雞林府尹入 本朝授江陵府使尋以病辭歸于廣州別墅拜檢校政堂文學檢校例受祿云佗辭不受爲人立志奇古跌宕瑰偉徑情直行不肯隨時俯仰將終自述墓誌曰趙云佗本豐壤人高麗太祖臣平章事趙孟三十代孫恭愍代興安君李仁復門下登科歷仕

中外佩印五州觀風四道雖大無聲績亦無塵陋年七十三病終廣州古垣城無後以日月爲珠璣以清風明月爲奠而葬于古楊州峩嵯山南摩訶耶孔子杏壇上釋迦雙樹下古今聖賢豈有獨存者咄咄人生事畢

金湊 樂安郡人登第恭愍朝還成均直講諫官鄭樞等上書論辛旽王怒下獄鞫之辭連湊杖流于鄕尋宥許從便拜祕書監丞辛禑時除司憲執義累轉知申事遷密直提學恭讓初進門下評理兼大司憲與同僚上書曰孟子曰天時不如地利三里之城七里

之郭環而攻之必有得天時者矣然而不勝者是天時不如地利也夫彼衆我寡戰於平原曠野則勝敗存亡在於呼吸若堅壁固守則雖四面圍之曠日持久而不能下庚寅以來倭奴肆虐侵陵都邑剽掠人民郡縣無城堡難以固守望風奔潰使賊如入無人之境以致四十年生民之患自修築城堡之後倭寇不能侵掠生民免於俘獲此目前之明效也夫人之一身腹心爲重而肢體次之以一國言之則都城腹心也郡縣肢體也肢體雖完而腹心苟虛則受病無日矣今郡縣雖有城郭而都城頹圮非所以爲社稷

長遠之計也乞於農隙集諸道丁夫更廣內城舊基修築之王納之復上疏曰頃陳修城之策卽賜兪允然只仍羅城舊基狹隘太甚徒勞無益萬有一朝不虞之變則王畿之民不知所止流移四散必矣願命攸司因舊基廣之今者諸郡民聞殿下修城之令受國廩至京都者亦多竊聞有還救之議是則不信於民也乞督攸司及期修築且停中外土木之役以全其事王以役巨命待後年又言世子朝見之時侍御僕從當用正人司僕副正邊伐介在僞朝多行不義再被竄逐中興之後全軀足矣又求爲內乘官從世子入朝請奪告身明正其罪命削內乘職

王康 宗室疏屬恭愍二十年應擧中會試康於儕輩年最少王召見謂曰判官曹崇禮進士閔安仁老成儒者尙未中第況此少者乎必假手也使寫會試策題不克王怒停殿試命自今年未十五歲者毋得赴試踰數月覆試賜同進士第補成均直學累遷江寧府丞辛禑立授典理摠郞遷成均祭酒尋爲西北面安撫使安集郡縣流離人物恭讓朝拜判典農寺事出爲楊廣全羅慶尙道水軍體察使兼防禦鹽鐵使尋轉禮曹判書陞密直副使兼楊廣全羅慶尙道水

軍都體察使鹽鐵漕轉營田繕城事敎曰國家中遭否運僞主昏淫權臣貪暴紀綱大壞加以倭寇陸梁州郡凋瘵漕轉不通倉庾虛竭撥亂之後思得才能以革舊弊堂臣薦卿以任海道不數年間果有成效簡鍊戎兵而島夷遠遁轉輸粮餉而國用不竭予嘉乃功今委以三道都體察使以摠水陸之事其軍吏有功者具名以聞予將擢用奉翊以上申請科罪三品以下聽卿專斷康屢運三道軍須稅貢都堂必設宴勞之康以利國爲己任務盡魚鹽之利錢貨之入鉅萬計國家賴之康侵牟海道民多怨咨時謂康爲

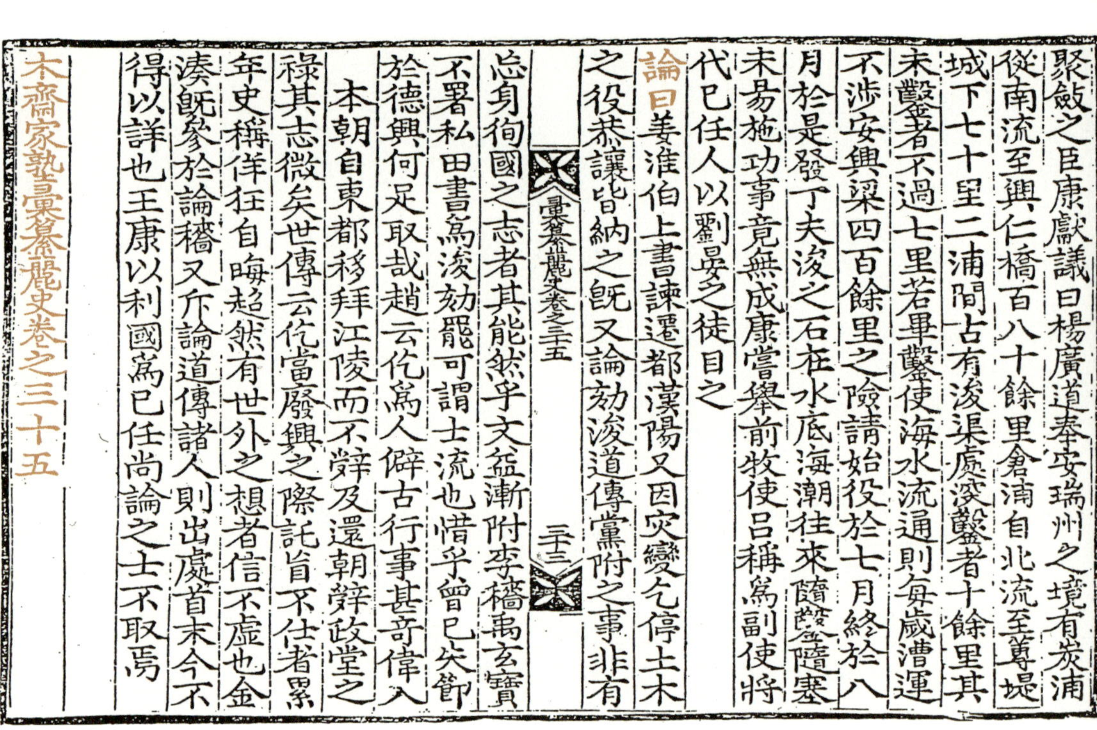

聚斂之臣康獻議曰楊廣道奉安瑞州之境有炭浦從南流至興仁橋百八十餘里倉浦自北流至蔥堤城下七十里二浦間古有浚渠處深鑿者十餘里其未鑿者不過七里若畢鑿使海水流通則每歲漕運不涉安興梁四百餘里之險請始役於七月終於八月於是發丁夫浚之石在水底海潮往來隨鑿隨塞未易施功事竟無成康嘗擧前牧使呂稱爲副使將代已任人以劉晏之徒目之

論曰姜淮伯上書諫遷都漢陽又因災變乞停土木之役恭讓皆納之既又論劾浚道傳黨附之事非有忘身徇國之志者其能然乎文益漸附李穡禹玄寶不署私田書爲浚劾罷可謂士流也惜乎曾已失節於德興何足取哉趙云仡爲人僻古行事甚奇偉入

本朝自東都移拜江陵而不辭及還朝辭政堂之祿其志微矣世傳云仡當廢興之際託旨不仕者累年史稱佯狂自晦超然有世外之想者信不虛也金湊既參於論穡又斥論道傳諸人則出處首末今不得以詳也王康以利國爲已任尚論之士不取焉

木齋家塾彙纂麗史卷之三十六

名臣十五

趙浚　鄭道傳

趙浚字明仲侍中仁規之曾孫自幼倜儻有大志恭愍王在壽德宮望見浚挾書過宮前召見奇之問其家世命屬寶馬陪指諭母吳氏嘗見新及第行喝嘆曰吾子雖多未有登第者何用浚聞之跪泣指天誓自是力學遂登第辛禑初以通禮門副使出按江原道威惠並行累遷典法判書時倭奴充斥慶尚道陷爲賊藪州郡騷然民皆奔竄山谷將帥玩寇不戰賊

勢日盛都統使崔瑩舉浚爲體覆使浚至召都巡問使李居仁數其逗遛之罪斬兵馬使俞益桓居仁及諸將股慄曰寧死敵莫犯趙公威咸力戰告捷一道賴安浚又上書都堂旌表孝子烈女之死賊者擢密直提學禑召浚曰楊廣慶尚道倭賊大熾元帥都巡問使懦怯不戰卿其往察軍機浚曰臣母年踰八十羅沈痾乞遣他人禑曰卿正直無私且有威望無以易卿浚曰殿下若令臣全制兩道其將帥逗遛敗績者聽臣區處則謹奉命不然元帥都巡問使位在臣上豈畏臣就死地乎諸帥族黨忌之白禑止之禑淫

荒無度權姦忌浚亢直浚杜門不出以經史自娛者四年瑩誅林廉浚方居母憂起爲簽書密直司事浚辭不起浚嘗憤王氏絕嗣與尹紹宗許錦趙仁沃柳爰廷鄭摠白君寧結爲友密誓有興復之志我 太祖見浚器宇不凡與論事大悅待之如舊識及回軍擧爲知密直司事兼大司憲事無大小悉咨之浚亦以經濟爲已任知無不言先是田制大壞我 太祖與浚鄭道傳議革私田浚與同列上疏辛昌極論之語在食貨志舊家世族交相謗毀執之愈固都堂議利害侍中李穡以爲不可輕改舊法李琳禹玄寶邊

安烈及權近柳伯濡附穡議道傳紹宗附浚議鄭夢周依違兩間又令百官議議者五十三人欲革者十八九其不欲者皆巨室子弟也 太祖卒用浚議革之未幾世臣巨室動浮言欲復之浚又上疏論之諫官吳思忠李舒李竴等亦以爲不可復上書固爭從之浚又率同列條陳時務曰洪惟我太祖開國之初設官分職置宰相以統六部置監寺倉庫以承六部甚盛制也法久而弊爲典理者不知選擧而流品濫爲軍簿者不典兵額而武備弛至於戶口之盈縮錢穀之多寡獄訟之無章盜賊之不理爲版圖典法者

漫不知爲何事禮儀之禮典工之工果能各擧其職
乎蓋六部百官之本而政事之所出也本亂而末治
者未之有也於是百僚庶司渙散無統不務庶績名
存而實亡雖君相憂勤而政事之修擧其亦難矣臣
等願以六典之事歸之六部以各司分屬乎六部宰
臣自侍中已下以次判司事密直又以次兼判書提
綱於上以奉翊爲六部判書領諸郎及所屬攸司各
以其職聽命於下大事則六部郎小事則六色掌以
時奉承行移如是則簡以制繁卑以聽尊上下相維
大小相統如綱擧而目張領挈而裘順君相優游於

上而百職奔走於下教令易行政事易擧也人主之
職論相而已宰相之職進君子退小人以正百官而
已相得其人則天下理矣況一國之政乎本朝之制
中書則曰令曰侍中曰平章曰參政曰政堂五者法
天之五星也樞密之七則法天之北斗也宰臣樞密
之合坐始於事元之初至于近代坐都堂與國政者
至六七十人官職之濫古未有也願自今非論道經
邦燮理陰陽正己以正百官者非淸白忠直疾惡好
賢國耳忘家者非戰勝攻取勇冠三軍威加殊俗者
不許兩府漢之光武以天下之廣四海之富減損吏

員十置其一以致中興之理凡不急之官雜冗之吏
一皆汰去以復祖宗代天設官之成憲以示風朝維
新之化六寺七監本無判事近來又階通憲奉翊不
親視事曠官廢職坐費天祿願自今陞通憲奉翊之
階者如有材幹者降其階使親其職新授者不許階
奉翊通憲春秋書天王使仍叔之子來聘夫子蓋傷
夫周家以父兄之故官其幼弱之子弟尸天祿而曠
天工也我文廟三十有八年之理蔚有太平之風者
以其所用皆老成之人也願自今公卿士大夫幼弱
子弟不許拜東班九品以上官其有冒受者罪其父

兄糾正職察百官爲人主之耳目凡祭祀朝會以至
錢穀出納悉皆監檢秩卑而責重願自今令臺諫薦
擧以授其職陞其秩於正言之次以振紀綱守令近
民之職不可不重非歷試中外有聲績者不許除授
其田獵宴飮之事一皆痛禁監務縣令職又近民近
世仕出多門人恥爲之乃用府史胥吏以毒于民願
自今以臺諫六曹所擧有才幹者遣之陞階參官以
重其任司僕掌乘輿之馬政周之伯冏之任也親近
左右其選最重近代別立內乘內豎之徒專擅其職
日者縱暴尤甚其收芻藁也劫奪萬端輸轉入城也

農牛瘠仆殘破畿縣毒流諸郡一州穀草價布幾至
九百疋爲驅史至千百人不付公籍私置農庄而役
使之若奴隸然害民病國莫此爲甚願自今以尚乘
屬之司僕寺不許内豎除授畿内芻藁計馬定數分
月而供每一番置獸醫五人驅史三十人餘皆罷之
屬之府兵凡都監有事則置無事則罷例也造成都
監初因宮闕而置後以繕工之職歸之使營一國材
鐵煩驛騎竭民財一木斃十牛一爐廢十農束麻把
葛至費十布取之於民也剝膚搥髓用之於私也如
泥如沙願罷都監屬繕工寺並罷防禦火桶都監愼

揀廉正者官之以壺弗宮闕之材瓦被罪籍沒之居
室兩江之材諸窯之瓦供諸營造凡斫木陶瓦之役
且停三年以休民力都城根本之地風化之所先其
民衛王室而已近來敎養無法姦詐相習力役煩重
日就凋弊願罷都摠都監將五部屬之開城府每一
里擇耆老有學者爲社長依黨庠之法敎養子弟其
賤人及工商子弟各事所業毋使羣戲街巷以長淫
薄之風違者罪社長及父兄其都官宮司倉庫奴婢
及近日誅流人祖業新得奴婢令辨正都監皆計口
成籍毋使遺漏每有土木營繕之役賓客佛神之供

皆以役之其坊里雜役一皆除去以安其生以衛王
室刑無定法内外官司出入由己今典校一官皆文
學之臣無他所掌願委刪定刑書以惠萬世又中外
官司相接之節文書相通之格亦使刪定頒行古者
風淳俗厚詐僞不生百官謝牒堂後官署之世道日
降姦詐日滋近來上將軍已下令軍簿司印之奉翊
已下典理司印之防詐冒也令都評議使移文中外
官司者皆出納錢穀殺生威福發號施令等事所係
至重而使一錄事署名非通變防姦之道也願依印
朝謝之例凡都堂文牒必令印之古者民年十六爲

丁始服國役六十爲老而免役州郡每歲計口籍民
貢于按廉按廉貢于戶部朝廷之徵兵調役如指諸
掌近來此法一毁守令不知其州之戶口按廉不知
一道之戶口當徵兵調役之際而鄉吏欺蔽招納賄
賂富壯免而貧弱行貧弱之戶不堪其苦而逃則富
壯之戶代受其苦亦貧弱而逃矣其任徵發者憤鄉
吏之欺蔽痛加酷刑割耳劓鼻無所不至鄉吏亦不
堪其苦而逃矣鄉吏百姓流亾四散州郡空虛者戶
口不籍之流禍也願令當量田審其所耕之田以田
多寡籍其戶爲上中下又戶分良賤守令貢于按廉

按廉貢于版圖朝廷凡徵兵調役有所憑依及時發
遣而守令按廉如有違者輒繩以理諸道魚鹽畜牧
之蕃國家之不可無者也我神聖之初先治水軍親
駕樓船下錦城而有之諸島之利皆屬國家資其財
力遂一三韓自鴨綠以南大抵皆山肥膏之田在於
濱海沃野數千里陷于倭奴蒹葭際天國家旣失魚
鹽畜牧之利又失沃野良田之入願用漢代募民實
塞下防匈奴故事許於亾邑荒地開墾者限二十年
不稅其田不役其民專屬水軍萬戸府修立城堡屯
聚老弱遠斥候謹烽火居無事則耕耘魚鹽鑄冶而

食以時造船寇至淸野入堡而水軍擊之自合浦以
至義州皆如此則不出數年流亾盡還鄕邑而邊境
州郡旣實諸島漸次而充戰艦多而水軍習海寇遁
而邊郡寧漕轉易而倉廩實矣水軍萬戸諸道元帥
能置屯田修戰艦結人心施號令滅賊安邊者賜之
島田世食其入傳之子孫其失一城堡亾一州郡者
處以軍法毋得輕宥以示勸懲昌下其書都堂又上
書陳時務曰古之爲國者必先立紀綱國之有紀綱
猶身之有血脈也身無血脈氣有所不通國無紀綱
令有所不行法令不行國非其國矣殿下卽位大開

言路相臣憲臣各陳時務然舊弊甫革新法不行怨
讟方興紀綱紊亂病自血脈達于膏肓雖有扁鵲猝
難治也願自今判付法制刋板施行堅如金石信如
四時敢有犯法觸禁者一委憲司治之謹按寢園署
禮文凡與祭者不飮酒不茹葷凡四日是謂散齋或
在於本司或在於尙書省齋明端坐致其誠敬凡三
日是謂致齋今則不然諸執事者自散齋至于致齋
之日各於其家或與婦女狎處且不習禮文故其祼
獻登降贊謁莫徹皆不合度甚不敬也其於殿下報
本追遠之意爲如何哉願自今凡與祭者散齋四日

在於其家則令糾正監之正順巳下令錄事察之致
齋三日則集於公所以習禮文以致誠敬違者以不
敬論士大夫之仕宦于朝者旣已委質從仕克勤乃
職固其分也今則不然顯官任職者託以覲親上冢
冒干口傳便歸鄕曲淹延歲月曠官廢職非事君致
身之義願自今父母奔喪外不許出關外其事有不
獲已者必辭職然後乃行違者痛理州縣之吏在京
都典掌其鄕之事曰其人法久弊生分隷各處役之
如奴隷不堪其苦至有逋亾者主司督京邸主人日
徵贖布人一疋稱貸於人而不能償之直趨州縣倍

數督徵縱暴侵掠州郡凋弊亦或由此頃者繕工寺
日徵其人贖布以供無名之費至不仁也旣不能當
其任以供其州之事又不能用其人之力以供國役
徒剝民膏而用如泥沙斲喪邦本殊失殿下憂民之
心也願自今一切罷去使還鄉里其各殿之役以近
日革罷倉庫奴婢代之各司之役使者亦以辨正都
監所屬奴婢充之司設幕士注選之屬亦皆革罷以
安民生尋知門下府事仍兼大司憲賜推忠勵節佐
命功臣號從我　太祖定策立恭讓與同列上疏曰
賞罰國之大柄也有功而不賞則人無以勸有罪而

不罰則人無以懲守文之主猶然況殿下中興之初
政乎我國家自太祖統三以來聖子神孫繼繼相承
至于玄陵不幸絶嗣祖宗艱大之業歸于辛氏國統
中絶王氏之廟不得血食者十有六年民怨於下神
怒於上守侍中　李太祖穡諱出萬死之計奮其忠義與
一二大臣定大策戴殿下入承大統克紹前烈三綱
九疇旣斁而復敘天命人心旣去而復留雖平勃之
安劉氏張狄之復唐室豈能加於此乎誠宜特加殊
禮賜劒履上殿贊拜不名錫之茅土宥及十世立閣
圖形以報大功則後之爲善者知所勸矣會國大長

公主玄陵之配也而以僞后韓氏爲配以忝宗廟宜
亟撤之且韓氏之懿陵禑昌之胎藏亦宜掘破以雪
神人之憤其妃曰謹曰懿曰淑曰憲曰安曰寧曰靖
曰賢曰善諸妃及諸翁主無論貴賤以一時之寵愛
皆封爵賜印內帑珍寶錫與無筭願令攸司收印章
徵其珍寶以還內府其有係公私之賤者各還本役
諸妃翁主之父母兄弟濫入樞省或至府院君封國
大夫人翁主宅主者亦當收其爵牒其中憑勢逞惡
者流竄遠方則後之爲惡者知所懲矣苟賞罰不明
則紀綱不立而無以興善理矣王皆允之又上疏曰

東方自朝鮮之季離爲七十合爲三韓干戈爛熳而
相尋生民之肝腦塗地者歷兩漢三國六朝隋唐迄
于五代而未息我太祖受命起而拯之躳擐甲冑櫛
風沐雨南征北旆始成一統垂五百年于玆矣間者
僞辛盜國宗廟絶祀殿下新紹三十一代中絶之統
三韓億兆之民懽欣拭目以望殿下中興之理殿下
一身皇天上帝之所眷命太祖列聖之所付託山川
鬼神之所依歸百萬生靈之所寄命崇高之極有甚
於萬仞負荷之艱有萬於泰山願殿下上畏皇天之
監臨下畏億兆之瞻仰賞一人則恐不合於上帝福

善之心罰一人則恐不合於上帝禍淫之鑒衆悅而
後賞衆棄而後刑弊袴必藏一笑必惜勤咨訪以廣
其聰明好學問以崇其德業接羣下以禮奉母后以
孝去邪勿疑令出必行處九重則念吾民不庇於風
雨御八珍則念吾民不足於糟糠崇儉戒奢節用愛
民樂直言而惡面從親君子而遠小人夫極言不諱
面折廷爭無小回互知有社稷不知有其家者君子
也殿下親之信之則堯舜之理可坐而致太祖之業
可繼而興矣姻婭必欲進恩怨必欲報行諂佞以圖
富貴知有其家而不知有社稷者小人也殿下悅而
庸之則桀紂之亾可立而待太祖之烈不旋踵而敗

矣二帝三王莫不由學精一執中堯舜之學建中建
極湯武之學也願殿下擇鴻儒之通經史正心術者
更日入直討論經史商確治道以成緝熙光明之學
且令史官更迭侍側左言右史無不悉書以詔萬世
又爲世子開書筵以當世大儒爲師傅經明行修之
士爲僚佐朝夕與居講明經籍以明端本澄源之學
宦官自國初至慶陵朝不得參官近來以宮中傳命
之任得與論道經邦之列非所以尊朝廷也願自今
宦官除授遵慶陵之制不許拜朝官學校風化之源

國家理亂政治得失莫不由斯近因兵興學校廢弛
鞠爲茂草鄉愿之託儒名避軍役者至五六月間集
童子讀唐宋人絶句至五十日乃罷謂之夏課爲守
令者視之泛然曾不介意如此欲得經明行修之士
以輔國家之盛理其可得乎願自今以勤敏博學者
爲教授官分遣五道各一人周行郡縣其馬匹供億
並委鄉校主之又以州郡閒居業儒者爲本官教導
而令子弟常讀四書五經不許讀詞章而教授官廵
視一道嚴立課程身自論難考其通否登名書籍誘
掖奬勸以成實村其人村衆多有成效者擢以不次
無成效者論罰東方家廟之法文而廢弛今也國都

至于郡縣凡有家者必立神祠謂之衛護是家廟之
遺法也願自今一用朱子家禮大夫已上祭三世六
品已上祭二世七品已下至於庶人止祭其父母擇
淨室一間各爲一龕以藏其神主傳曰忠信重祿所
以勸士也是以古者上自公卿下至胥徒莫不重祿
凡仕於朝者未嘗涉意於營私專心乎公務自豪強
兼幷以來租稅日減祿秩歲縮先王制祿之數徒爲
文具安今有司參酌古制豐其祿秩則士有恒心而
廉恥可興矣京畿八縣徭役甚煩然非正宮之所統

觀察之所理又無守令之宣化故科斂不均賦役無
藝民不聊生無所控告願自今依各道例縣置五品
官使開城府考績以明黜陟兵者民之司命國之大
政所以衛王室而消禍亂也本朝五軍四十二都府
蓋漢之南北軍唐之府衛兵也遼金氏接壤兩界立
晉帝而子之虎視天下求好於我而我太祖絕之虜
遼宋三帝威振四海而莫敢有窺覦至于今者以祖
宗之軍政得其律令也近世兵制大毁用兵三十餘
年軍政無統以無術之將戰不教之民望風奔潰千
里暴骨最爾倭奴爲國之病可不爲痛心哉願自今

開散四品以上屬之三軍軍置將佐五品以下屬之
府衛而統于軍簿使上下相維體統相聯軍政出于
一衆心統于一然後申明軍令訓鍊士卒則百萬之
衆如身之使臂臂之使指何守不固何攻不取哉近
世姦臣亂政材非將帥者布列重房百戰勤勞者方
除添設賞罰無章軍士解體所至無功願自今其有
摧堅陷敵之功斬將搴旗之勇百戰勤勞之效者大
則上護軍次則護軍中郎將以至別將散員皆受眞
差以奬破賊之功則人皆親其上死其長矣且近日
舉義撥亂之時從事于軍者亦加官賞以勸後人近

來驛户凋殘凡鋪馬傳遞知路指路之役州郡代受
其苦以至流亡欲使州郡復業當先恤驛户國家雖
置程驛別監安集諸驛而一人不能獨理每驛置私
屬以爲耳目然非都堂所遣人人得以侵侮不能安
集願自今每驛置五六品丞一人其薦擧如守令例
且給半印常平義倉之法救荒之長策耿壽昌義倉
之奏長孫平社倉之議其法蓋出於周書委人之職
有國家者所當先務也去歲咸夏興師加以倭寇耕
種愆期今年又被水災東南州郡蕭然赤立救荒之
策不可不慮也國家旣革私田所至皆有蓄積願自

今郡縣皆置常平倉其豐凶斂散之法一依近日都
評議使所奏竊聞楊廣道已置常平倉宜令諸道依
此施行守令有不如法者罰之食爲民天穀由牛出
是以本國有禁殺都監所以重農事厚民生也韃靼
禾尺以屠牛代耕食西北面尤甚州郡各站皆宰牛
饋客而莫之禁宜令禁殺都監及州郡守令申行禁
令其有捕獲告官者以本人家產充賞犯者以殺人
論士卒與倭奴戰而所得馬匹器仗與凡民殺賊所
得之物所在軍民官傳牒境內鞫如盜賊悉輸京都
以希重賞罔上毒民莫甚於此故士卒解體賊勢益

張甚非討也願自今諸道將帥破賊者獻馘而已軍民所得倭物勿使推鞫著爲令典則人樂其利而勇於戰矣犯者內而憲司外而觀察使以不廉論宰相人君之貳也所與共天位代天工者不幸有罪廢之可也退之可也賜之死亦可也乃令下吏縲絏枷鎖梟首露體棄而不葬甚矣漢文帝時賈誼上疏謂刑不上大夫帝深納之自是大臣有罪皆賜死無加戮辱以禮遇下以成漢家四百年之禮俗願自今兩府大臣雖有死罪其大逆不道外法文帝故事無加顯戮以成重大臣之盛典書曰罰不及嗣傳曰罪人不

孥故舜殛鯀而相禹武王誅紂而封武庚卽天地生物之心也至於近世殺人如飲食滅人之族猶恐其有後不仁甚矣願自今凡有罪者法三代聖王之制妻子無隨坐以示盛朝不忍之政庶獄庶愼文王罔敢知于玆此成周之致理陳平不知錢穀之數君子謂知宰相體以其不侵官也本朝之制都堂摠百揆頒號令憲司察百官糾風俗典法都官辨曲直決獄訟其職也近者僥倖貪利之徒冒弄都堂訟牒雲委行移之間因循苟且不勝其煩非設官分職之本意也願自今令訟者各詣攸司其直達六內都堂者一

切禁之以尊大內以嚴都堂凡公私滋息一本一利耳比來貸殖之徒惟利是視一本之利或至十倍貸假之徒鬻妻賣子終不能償故國家已有禁令今供辨都監寶米滋息無窮至使貧者喪家失業非國家恤民之意也願自今一本一利毋得剩取凡京外大小官吏除目既下累日不卽上官赴任以致公務稽遲其文書錢穀皆爲奸吏所容匿此則弊之大者而又非臣子誠心事君之道也願自今除臺省政曹官外其京官大小員吏自下批之後京官限三日外官限十日進闕謝恩卽行上官赴任稱權知行事新舊

相對將文書錢穀明立契券手相交付以憑考課謝後卽眞有不如法者京中憲司外方觀察使痛繩以法比年以來紀綱陵夷州縣之吏或稱軍功冒受官職或憑雜科謀避本役或託權勢濫陞官秩者不可勝紀州郡一空八道凋弊願自今雖三丁一子三四代免鄕而無的實文契者軍功免鄕而無特立奇功受功牌者雜科非成均典校典法典醫出身者自添設奉翊眞差三品以下勒令從本以實州郡自今以後州郡吏不許明經雜科出身免役以爲恒式王在潛邸廣植田園嘗惡革私田至是欲復之浚又上書

爭之浚在憲司前後論列累數萬言皆砭切時病弊政一革革私田兩復三韓建議遣使黜陟將帥守令兩民安寇戢令百官陳得失臺吏禁奔競省冗官興學校置家廟禁火葬厚官祿給圭田兩府非登三科者不除百司皆屬六曹大夫無加刑工商收告身陞御史階置館驛丞官者不與朝官非有功不封君弱子弟不授官諸道省元帥八縣置守令覆試定律籍丁口置常平軍吏受眞職水軍食島田私膳私書雜使別遣俱有常刑罪不及孥訟毋直達監務皆遣參官守令專理本郡凡三十五條皆浚所建也尋陞贊

成事判禮曹事嘗密白王曰定策之日浚不欲立殿下及浚爲大司憲論禹玄寶禹氏之黨皆疾之王右禹氏由是惡浚時奉使 朝廷者多不見禮故遣浚賀 聖節王聞其還曰予又見浚面尋判尚瑞蓋疏之也加賜忠勤勵節佐命定社功臣號移三司左使爲金震陽所劾繫水原獄召還復爲贊成事尋判三司事自此以後入 本朝

鄭道傳字宗之檢校密直提學云敬之子恭愍朝登第調忠州司錄累轉通禮門祇候丁憂廬墓終制召授太常博士王親享宗廟命道傳按圖製樂器歷禮儀正郎藝文應教以文學見稱王甚愛之辛禑初北元使來李仁任池奫欲迎之道傳與金九容李崇仁權近上書都堂以爲不可迎仁任慶復興却其書不受令道傳迎元使道傳詣復興第曰我當斬使首以來不爾縛送于 明復興怒曰如此則與叛臣金義何異道傳備陳利害辭頗不遜又白太后以爲不可迎復興益怒與仁任不視事乃流道傳會津縣臺省侍從官送至東郊廉興邦遣裴尙度曰吾已言於侍中怒稍解姑徐待之道傳方飮酒奮然曰道傳之言侍中之怒各執所見皆爲國也今王有命豈以公言

止乎遂上馬去宰相聞之以爲猶不悛欲遣人杖之會有釋器之亂乃止尋宥任便居住結廬三角山下講書學者多從之常以訓後生闢異端爲己任起除典儀副令陞成均祭酒乞郡出守南陽府我 太祖薦之召拜成均大司成屢獻計辛昌立充書筵侍讀未幾擢密直副使從我 太祖定策立恭讓封忠義君賜推忠論道佐命功臣號拜三司右使王御經筵謂道傳曰今欲罷僞朝添設職其銜何由對曰古之用人之法有四曰文學曰武科曰吏科曰門蔭以此四科擧之當則用之否則舍之其誰有怨又問袪高

者處之何如對曰昔宋時爲散官設大丹館福源宮或授提調或授提擧今亦效此別置宮城宿衛府而位密直奉翊者爲提調宮城宿衛事三四品提擧宮城宿衛事然則政得其宜體統嚴矣又問居外者處之何如對曰在京城者處之如此則在外者爭來赴衛王室矣然後以秩高下或爲提調或爲提擧主從之置宮城宿衛府道傳又言唐用人之法條目有五一曰敎養成其才德二曰選擧取其秀出三曰銓注當其職任四曰考課覈其功過五曰黜陟示其懲勸條目中又各有條目博學經史通曉律令肄習射御

三者敎養之條目也文學才幹武藝門蔭四者選擧之條目也有德望識量者爲相有智略威勇者爲將敢言不諱者爲臺諫明察平恕者爲刑官通習算數者主錢穀巧思精敏者主工匠此六者銓注之條目也公耳忘私勤其職任爲功瘝公肥私曠官廢職爲過此二者考課之條目也進職秩加俸祿爲陟削官職竄貶爲黜此二者黜陟之條目也本朝用人之法大毁欲敎養則師道不明欲選擧則以私蔽公欲銓注則賢愚雜進欲考課則請謁煩盛欲黜陟則賄賂公行五者皆廢何從得人乎近分遣五道黜陟使是

不揣其本而齊其末也王瀸然之令經筵檢討官韓尚敬書其言以進金星貫月王謂道傳曰將有何災道傳曰咎在上國不關我朝時議非之憲府劾檢討官申元弼矯世子旨王爲罷其職旣而怒言者欲罪之道傳曰元弼乃殿下潛邸舊臣若宥其罪言者必謂殿下喜怒出於私非初政美事也王怒稍解拜政堂文學同判都評議使司事兼成均大司成王命撰積慶園中興碑賜衣一襲廐馬一匹省五軍爲三軍都摠制府以道傳爲右軍摠制使王下教求言道傳上疏曰臣伏讀教書上以謹天文之變下以求臣庶

之言而以八事自責臣讀之再三不勝感歎殿下以天之譴告引而歸之於己開廣言路冀聞過失雖古之哲王未之或過也臣待罪宰相無所匡輔以貽君父之憂至煩教諭之丁寧臣實赧焉嘗謂君爲元首臣爲股肱比之人身實一體也故君倡則臣和臣言則君聽或曰可或曰不可期於致治而已然則天之譴告由臣所致也古者有災異三公策免爲大臣者亦避位而禳之請免臣職以弭災異然念古之大臣當請退之時必有陳戒之辭況今獲奉教書安敢不效一得仰備採擇之萬一伏讀教書曰涼德未修而

不孚於帝心歟政令有闕而未協於輿望歟臣愚以謂德者得也得於心也政者正也正其身也然所謂德者有得於稟賦之初者有得於修爲之後者殿下大度寬洪天性慈仁得於稟賦之初者然也殿下平日未嘗讀書以考聖賢之成法未嘗處事以知當世之通務安敢保德之必修而政之無闕歟漢成帝臨朝淵默有君人之度無補漢室之亾梁武帝臨死刑涕泣不食有慈仁之聞不救江南之亂徒有天質之美而無德政之修故也伏望殿下毋以稟賦之善自恃而以修爲之未至者爲戒則德修而政擧矣伏讀

敎書曰任用之人或徇於私歟賞罰之道有戾於正歟臣愚以爲任用之人出於公私在殿下自知之耳臣何足知之然除目旣下外人目而議之曰某也故舊也某也外戚也外議如此臣恐徇於私者雜之也賞者勸有功也刑者懲有罪也賞曰天命刑曰天討言天以賞刑之柄付之人君人君者代天而行之耳賞刑雖曰出於人君固非人君所得私而出入之也殿下卽位以來蒙賞受刑之人有事同而施異者金佇之言一也有置于極刑者有加擢用者金宗衍在獄致逃一也其監守官吏一誅一用其在逃謀亂

一也同謀容隱之人或生或死臣愚不知刑誅而死者爲有罪耶則擢用而生者獨何幸歟擢用而生者爲無罪耶則刑誅而死者獨何辜歟禑昌竊我王氏之位實祖宗之罪人而爲王氏子孫臣庶所共讎也其族姻黨與不加刑誅則屛諸四裔而後快於人神之心昔武才人以高宗之后奪其子中宗之位五王擧義退武氏復立中宗武氏母也中宗子也以母之親奪子之位胡氏尚譏五王不能斷大義誅其罪而滅其宗況禑昌之於王氏無武氏之親有武氏之罪則族姻及其黨與寔嘗武氏之宗也頃者臺諫上言

逐之於外縱不能明示天誅庶幾小雪祖宗臣民之憤也曾未數月俱承寵召聚會京城出入無禁今雖以諫官之言放其數人殿下黽俛從之有遲留顧惜之意不知此擧果何義也諸將回軍議立王氏此上天悔禍祖宗陰相王氏復興之機也有沮其議卒立子昌使王氏不復興者有謀迎辛禑永絶王氏者其爲亂賊之黨王法所不容也殿下旣全其生置之遠方可也今皆召還于家慰而安之若以其罪爲誣也其沮王氏而立僞昌者諸將之所共知也親自招服明有辭證其迎辛禑而絶王氏者金佇鄭得厚言之

於前李琳李貴生招承於後辭證甚明此而謂之誣
也天下安有亂臣賊子之可討者也請以中宗三思
之事明之武氏之黨最用事者三思中宗以母之親
姪誅討不加待遇甚厚自今觀之五王旣立武氏之
子爲帝故三思得免其机上之肉則五王不惟有功
於中宗於三思亦有天地再造之恩也彼三思曾不
是思自疑其罪爲世所不與日夜譖五王曰權重恃
功以惑中宗之心中宗以三思爲愛已而親之以五
王爲權重而忌之五王日疎三思日密卒之五王戮
而中宗弑使中宗謬計不過曰不能保全功臣而已

豈知親見弑於三思之手乎天人之際間不容髮吉
凶災祥各以類應今內則百官受職庶民安業外則
上國和通島夷讋服亂何由生讒人交構於下則虞
憂之象著於上客星孛于紫微臣恐三思之在於側
也火曜入于輿鬼臣恐終有三思之禍也臣等雖遭
五王之害無足恤也爲王氏已成之業惜之也若曰
保無此事言之者妄也彼中宗之心豈不爲保也卒
貽後人之笑臣恐後之笑今猶今之笑古也伏讀敎
書曰民弊未盡除而財用妄費歟下情未盡達而寃
抑未伸歟茂異之才未擧者誰歟讒佞之徒未斥者

誰歟臣聞三司會計佛神之用居多焉財用之妄費
者莫斯若也然佛神之害自古難辨也爲其徒者曰
此好事也善事也歸我者國可富也民可壽也爲人
君者聞是說而樂之殫其財力諂事佛神人有言之
者則以爲我事佛而彼非之我善而彼惡也我道而
彼魔也我之事佛神爲富國也爲壽民也非爲我也
持是說以固其心而人之言莫得以入也殿下卽位
以來道場高峙於宮禁法席常設於佛宇道殿之醮
無時巫堂之祀煩瀆此殿下以爲善事而不知其實
非善事以爲富國而不知國實瘠以爲壽民而不知

民實窮雖有言之者擧皆不納不自以爲咈諫是臣
所謂爲善福壽之說先入之也昔梁武帝屈萬乘之
尊三捨身爲寺家奴殫江南之財力大起佛塔其心
豈以爲非利而當爲之也匹夫作亂身遭飄辱子孫
不保而國家隨之佛氏所謂修善得福者果安在哉
此猶異代也玄陵崇尙佛敎親執弟子之禮於髡禿
之人宮中之百高座演福之文殊會無歲無之雲菴
之金碧輝映山谷影殿之棟宇聳于霄漢財殫力竭
怨讟並興而皆不恤事佛可謂至矣卒不獲福豈非
明鑑乎周末神降于有莘太史過曰國家將興聽於

人國家將亡聽於神周果以亡由是言之事佛事神無利而有害可知矣伏望殿下申明有司除祀典所載外凡淫怪諂瀆之舉一皆禁斷則財用節而無所妄費矣殿下卽位以來人或犯罪有不問者有放免者疑若無冤抑之未伸者也然赦者姦人之幸良善之賊也則其數赦乃冤抑之所在也近者臺諫以宗社大計上書論執皆遭放逐臣恐冤抑之未伸茂才之未舉者此其時也至於讒佞之人蹤跡詭祕言語隱密難可得以料也大抵君有過則明爭之人有罪則面折之落落不合矯矯獨立不畏他人之議者正

士也祕其蹤跡惟懼人知在衆不言獨對浸潤者讒佞之人也殿下於外而士大夫內而小臣宦寺試以臣言觀之則讒佞之情得矣人雖至愚皆知自愛至於妻子之計孰無是心昔漢成帝時日有食之言者皆以爲外戚用事之象成帝疑之問於張禹禹以身老而子孫微弱恐得禍於外戚不明言其故卒使王莽移漢鼎谷永輩直攻成帝略無忌憚至於王氏之用事畏避不言漢室卒以亡亦爲妻子計而不暇及漢室也臣雖狂妄不至病風敢不自恤乎臣以一身孤立於羣怨之中非不知言出而禍至殿下以不諱

問臣敢不以切直對此臣所以寧得禍而不恤切言而不諱者也伏望殿下留神採擇以白臣忘身徇公之意萬死無憾仍徵辯發以進不允當時上書者甚衆而道傳對爲第一王每稱之然以盡言不諱忤旨且以武三思比禹玄寶黨玄寶孫成範爲駙馬故王不悅道傳而玄寶及李穡之黨亦惡道傳道傳又上書都堂請誅穡玄寶曰春秋之時晉趙穿弒君直史董狐書曰趙盾弒其君盾曰弒君者非我也史曰子爲正卿亡不越境返不討賊弒君者非子而何孔子曰董狐良史也趙盾良大夫也爲法受惡夫盾以正

卿不討弒君之賊受弒逆之名而不辯然後討賊之義嚴而亂賊之黨無所容於天地之間矣故曰爲人君父而不通於春秋之義必蒙首惡之名爲人臣子而不通於春秋之義必陷於簒弒之罪此之謂也愚雖不才得從宰相之後與聞國政敢不以良史之譏自懼乎若曰所謂罪人有儒宗焉有連婚王室者焉其法有難議者也則昔林衍廢元王立母弟淐衍先定其謀而後告侍中李藏用藏用不知所爲但曰唯唯而已後元王反正以藏用位居上相不能寢其謀禁其亂廢爲庶人今李穡之爲儒宗孰與藏用其首

唱邪謀沮王氏而立子昌者孰與藏用但唯林衍之謀而已胡氏曰昔文姜與弑魯桓哀姜與弑二君聖人例以遜書若其去而不返以深絕之所以著恩輕而義重也夫弑桓者襄公也弑二君者慶父也文姜哀姜疑若無罪焉聖人以二夫人與聞乎故深絕而痛誅之如此夫嗣君夫人所出也不以子母之私恩廢君臣之大義況其下者乎或曰禑之言曰禑雖旽子玄陵稱爲己子封江寧大君又受　天子誥命其爲君成矣又旣已爲臣矣而遜之大不可也此其說不亦是乎則曰王位太祖之位也社稷太祖之社稷

彙纂麗史卷之三十六　二十七

也玄陵固不得以私之也昔燕子之受燕於子噲或曰燕可伐與孟子曰可子噲不得與人燕子之不得受燕於子噲聖賢之心以爲土地人民受之先君者也時君不得私與人也又周惠王以愛易世子齊桓公率諸侯會王世子于首止以定其位當是時嫡庶之分雖殊其爲惠王之子一也且以天王之尊不得私與其愛子以諸侯之卑率諸侯之衆上抗天子之命聖人義之未聞世子拒父命桓公抗君命誠以天下之義大也玄陵豈以太祖之位之民而私與逆旽之子乎又　天子誥命一時權臣以爲玄陵之子歟

而得之也後　天子有命曰高麗君位絕嗣雖假王氏以異姓爲之亦非三韓世守之良謀又曰果有賢智陪臣定君臣之位則前命之誤　天子亦知而申之矣安敢以誥命藉口乎其爲臣之說抑有辨焉綱目前書審食其爲帝太傅周勃陳平爲丞相後書漢大臣等誅子弘迎代王恒卽皇帝位其書曰帝曰丞相者非爲臣之辭乎曰大臣曰誅子弘者非討賊之辭乎不獨此耳武才人稱帝已久狄仁傑薦張柬之爲宰相柬之廢武才人迎立中宗其薦爲宰相者豈非爲臣也廢武才人者亦討其爲賊也百世之下稱

彙纂麗史卷之三十六　二十八

周陳安劉張柬之復唐之功未聞罪數公爲臣而廢舊主也禑與玄寶雖仁義未足皆讀書通古之士豈不聞此說乎其執迷不悟倡爲邪說以惑衆聽於此可見先王之法造言惑衆者在所當誅況敢倡邪說以濟亂賊之罪者乎或曰其謀迎辛禑者正子昌在位之時雖無辛禑之迎王氏安得復興乎其曰迎辛禑而絕王氏以罪加之之辭也當是時忠臣義士奉天子之命議黜異姓以復王氏僞辛之黨先得禮部咨知　天子之有命忠臣之有議謂子昌幼弱謀立其父以濟其私此非謀迎辛禑而絕王氏乎或曰

檜與玄寶於行爲前輩有斯文之雅故舊之情予力攻之如此無乃薄乎昔蘇軾於朱文公爲前輩文公以軾敢爲異論滅禮樂壞名教深訶力詆無少假借乃曰非敢工訶古人成湯曰予畏上帝不敢不正予亦畏上帝故不敢不論夫軾之罪至於立異論滅禮法耳以朱子之仁恕攻之至以成湯誅桀之辭并稱之況黨異姓而沮王氏者祖宗之罪人而名教之賊魁也豈以前輩之故而貸之也上箋辯曰臣之得謗難可悉陳請以殿下之所明知者言之殿下以臣充三軍都摠制府右軍摠制使臣面請曰諸將用軍士

爲私屬其來尚矣一日革之舊家世族無其役而食其田久矣一日名屬軍籍役加於身臣恐大小歸怨於臣也殿下曰將帥之革憲司言之三軍之設斷自予心卿何與焉保無此謗也臣復曰臣若得謗必達於聰聞則殿下亦知臣無其事而得其謗皆此類也而臣之他謗亦明豈非幸之中者乎臣受命後果有謗之者曰道傳回自中原而三軍之府遽設此以五軍都督之法而爲之也舊家世族自此皆服賤役矣萬口一談牢不可破戶口成籍堂臣言之殿下可之其事出於臣在中原之時也刷盲人巫師之子充樂

工與儀寺奉殿下之命而行之者也無籍冒名之徒怨戶籍之不便於己者曰道傳之所爲也盲人巫師以此議爲出於臣而沮之革私田之議臣初以爲皆屬公家厚國用而足兵食祿士夫而廩軍役俾上下無匱乏之憂臣之志也而志竟不行尋請殿下免提調官久矣而分田不均之怨皆歸於臣然此小事也殿下所明知臣不得辨焉況事之大而怨之深者雖非臣之所知臣何自而免也臣死於崔源之遣則內以正先君之終上而不欺於　天子矣死於不肯署名之事則足以明偽辛非玄陵之後矣死於胡使之

却則上以脫君父之惡名下以免一國臣民與弑之罪矣臣身雖死有不死者存豈非榮乎若夫陷於讒謗之口則上以遺君父不能保全功臣之累下以招不能明哲保身之譏臣甚懼焉願殿下解臣見職以保餘生諫官言道傳功在社稷上箋辭職累日不答待功臣不可如此其薄乃復爲政堂文學臺省交章請玄寶罪王不聽使人於我　太祖請禁臺省論奏　太祖嘆曰王曾謂我指揮臺省乎時王忌　太祖功高得衆心舊家世族怨革私田多方誣毁禑昌之黨連姻王室朝夕譖訴王信讒言日夜與左右潛圖

除之 太祖困於讒說謂道傳南誾趙仁沃等曰吾與卿等戮力王室而讒言累騰恐終不得容吾當東歸以避之先令家人趣裝行道傳曰 公之一身宗社生靈之所係豈可輕其去就不如留相王室進賢黜姦以振紀綱如此則王庶幾有悟而讒言自息矣今若退居一隅彼讒者必誣以蓄異心禍且不測矣 太祖曰昔子房從赤松子遊高祖不之罪我心無他王豈罪我相與論議未決都鎭撫黃希碩因家臣金之景白夫人康氏曰道傳誾等勸 公東歸事將非矣不如去此數人康氏信之告于 太宗曰道傳誾等皆不可保對曰 公困於讒說有引去之志道

傳誾等力陳利害以止其行乃責之景曰數人與 公同休戚者也汝勿更言王召道傳道傳辭疾不赴遣代言安瑗敎諭乃至王問穡玄寶罪道傳對如疏意語若懸河王曰穡罪狀稍著玄寶罪猶未白道傳曰穡罪已著宜置極刑以示不忠若玄寶者罪狀未白故臺諫交章請流遠地臣亦以爲宜使淑慝異處王曰穡玄寶事寢之已久今有抗疏者必卿疏爲之階也卿近不見寡人者亦以此也道傳曰君臣之義情同父子譬如父責子不孝而明日又愛之如初者

天理之不掩也殿下今雖責臣後若推誠任臣敢不奮勵今當農月天久不雨殿下召臣面議天乃雨昔霪霖禾穀不茂殿下召臣議政事陰雨霽殿下以爲何如脫有姦黨矯旨罪臣臣請面啓然後伏罪王不悅憲司劾糾正朴子良等不迎執義禹洪得下獄鞫之辭連道傳出爲平壤府尹省憲刑曹上疏劾道傳陰誘糾正非毁臺諫請置極刑王以功臣宥之復論道傳濫居功臣之列內懷姦惡外施忠直染汚國政請加其罪王放歸其鄕奉化縣臺省交章曰道傳家風不正派系未明濫受大職混淆朝廷請收告身及

功臣錄券明正其罪王只收職牒錄券移配羅州大司憲金湊等上疏論其子典農正津宗簿副令澹廢爲庶人尋量移道傳于奉化縣鄭夢周嗾諫官金震陽等上疏曰鄭道傳起身賤地竊位堂司欲掩賤根謀去本主無由獨擧織成萋斐之罪連坐衆多之人請於所典刑垂戒後來初玄寶族人金戩嘗爲僧私其奴妻生一女以嫁士人禹延生女適云敬生道傳故云後夢周死召還賜米豆百石給其子告身復封忠義君自此以後入 本朝

論曰趙浚鄭道傳皆以世祿之家臣事王氏致位宰

輔知天命有歸密謀推戴雖有張永德之先見而非人臣之不二心者矣浚所建三十五事皆切於時宜至今因之道傳引古用人之法以革僞朝添設職立摠制府以嚴體統其才足稱然李穡之忠賢麗室喬木之臣也道傳必欲誅之反加以背王氏之罪旣陳於王矣上書都堂不已甚乎繩以不直則道傳殆有甚於浚爾

木齋家塾彙纂麗史卷之三十六

木齋家塾彙纂麗史卷之三十七

名臣十六

南誾 李豆蘭 尹紹宗會宗 吳思忠 金士衡 金子粹

南誾宜寧縣人性豪邁無檢束自幼好奇計辛禑時
補社稷壇直時倭寇大熾三陟郡城小且危國家難
其守誾自薦知郡事旣到郡賊猝至誾率十餘騎開
門突擊之賊敗走召授司僕正禑攻遼從我 太祖
至威化島與趙仁沃等獻回軍之議且密謀推戴以
太祖嚴謹不敢發言旣還密白 太宗 太宗戒
勿言轉三司右尹監門衛上護軍恭讓朝拜鷹揚
軍上護軍兼軍簿判書錄回軍功賜土田錄券陞開
城尹遷密直副使上書曰從諫如流人君之德責難
於君臣子之恭昔高宗命傳說曰朝夕納誨以輔台
德說復于王曰惟木從繩則直后從諫則聖古之君
臣更相勉勵如此後之人君可不鑑哉近殿下坐正
殿進百官以天之譴告與夫八事之弊自責下教求
言然其直言極諫者非一而優游不斷臣恐內多欲
而外施仁義也昔賈誼上書以爲有痛哭者一流涕
者二長太息者六夫以文帝之時內外晏然紀綱備

舉誼之言尙爾矧當今日可言者多矣臣荷重恩受
厚祿有懷不以上達是不忠也故不避羣邪陰中敢
冒聰聽焉自甲寅以來忠臣義士常腐心於僞姓而
不敢發辛禑之狂妄日熾遂有戊辰攻遼之舉諸將
仗義回軍退辛禑而黜崔瑩議立宗室之賢主將曹
敏修不顧萬歲之法力沮衆議謀於一大儒立禑子
昌則忠臣義士之憤益深切矣及見尹承順權近賫
來 聖旨曰高麗國中多事爲陪臣者忠逆混淆雖
假異姓爲之亦非三韓世守之良謀於是九功臣慨
然有撥亂反正之志出有死無生之計倡大義定大
策而推戴殿下爲恭愍王後以奉王氏之祀此實祖
宗在天之靈有以啓迪之也逆臣邊安烈因權近之
私拆預知密旨黨附外戚反欲迎禑永絶王氏幾使
聖天子存亡繼絶之恩不得行其爲逆謀實金佇
鄭得厚所明言官吏國人所共聞故臺諫交章論執
而安烈伏辜餘黨免於鈇鎖國人靡不觖望向使安
烈之計得行則殿下之大事去矣金宗衍潛結姦黨
同惡相濟以圖不軌令尹彝李初流言 上國請親
王動天下之兵遂啓 聖天子疑我之心罪莫大於
此者而使臣王昉趙胖之還辭證明白何置而不問

乎使臣鄭道傳韓尚質等欽奉 宣諭聖旨曰高麗
有多小地方也有賢的也有惡的自要小見識使邪
小人來則其爲不執之迹明矣始謀之黨見矣誠宜
命有司推鞫其狀明示重典聞于 天子可也而罪
同罰異或誅或免何哉向使宗衍之計得行而 天
子不得明見萬里則三韓之民無遺類矣趙裕之言
一也或遠竄或近流或杖之或誅之或召還慰安之
者是亦何心哉向使趙裕之計遂行則忠義功臣不
得保全矣戊辰回軍之際池湧奇乃曰有親王之子
孫在焉其言果驗於王益富之事也然則湧奇之扶

擁益富而潛圖之迹甚明矣殿下殺益富而赤其族
活湧奇而全其首領殊失用刑之公矣益富之死也
爲有罪則湧奇之生也何幸歟湧奇之生也爲無罪
則益富之族奚罪歟向使湧奇之計得行則殿下之
享國未必保也大逆不忠之黨皇天后土之所不容
三韓臣子所不共戴天之讎也殿下烏得以私之管
叔成王之叔父也將危周公而就戮上官安昭帝之
親舅也以謀霍光而赤族假使周公霍光見疑於成
昭則周漢歷年之久未可期也殿下不以王法爲念
蓋於姑息之仁臺諫論劾而反見斥遂羣邪保全而

反見任用是勸不忠不義於將來也忘祖宗五百年
之社稷也其於皇天眷命殿下之意何其於 天子
復立王氏之意何其於祖宗扶佑殿下之念何其於
臣民共戴殿下之心何臣恐三韓之人以姻婭之故
有以窺殿下之私心也臣之所言公則請將安烈宗
衍趙裕之黨與夫湧奇等即下憲司明正其罪布告
中外以快神人之憤以懲亂賊之徒可也好惡出於
一時是非公於萬世臣何惜一朝之命不顧萬世之
法乎臣之所以極言不諱者寧得罪於殿下冀不獲
罪於祖宗也又念君子陽類磊磊落落無所回互用

之則升其國於明昌而衆臣和於朝萬物和於野簫
韶九成鳳凰來儀小人陰類唯唯諾諾變亂是非用
之則降其國於昏暗而日月薄蝕水泉沸騰山谷易
處霜降不節此必然之理也伏惟殿下親君子訪以
時政得失問以古今理亂從容談笑涵養德性無言
不聽靡事不舉非法不道非禮勿行絶宦官遠小人
斥異端存天理而滅人欲則可以共新於理化可以
仰答於天心天災消地道寧賞罰明禮樂興陰陽和
而風雨時天命益新人心益附鄰國益慕之矣願殿
下深思之熟慮之道傳以罪配羅州間力不能救且

自上書後怨讟寄興王亦忌之故稱疾自免諫官金
震陽等劾論削職流遠地尋召拜同知密直司事時
右侍中裵克廉等奉王大妃教將廢王事旣定乃白
我 太祖 太祖怒曰廢之而將立誰耶誾對曰我
等必得明主願勿憂遂廢王王將出誾跪曰禑玄寶
父子謀迎辛禑又黨於金宗衍欲危社稷於是大臣
省憲以宗社大計請罪玄寶父子上以姻婭之故優
游不斷曾未知五百年三韓之業在禑氏之生死也
昔商王太甲欲敗度縱敗禮伊尹放之桐宮旣而太
甲處仁遷義伊尹迎太甲復紹成湯之業今上若能

遷善改過則不待朝夕而復矣王曰予本不欲君爾
等也而羣臣强立之且予不敏未諳事機豈無忤羣
下之情乎因泣下曰禑氏於我爲讎矣遂行自此以
後入 本朝

李豆蘭初名豆蘭帖木兒女眞金牌千戶阿羅不花
之子襲世職爲千戶恭愍時豆蘭遣其百戶甫介以
一百戶來投仍居北靑州事我 太祖屬麾下辛禑
時遼瀋草賊四十餘騎侵掠端州豆蘭與端州上萬
戶陸麗靑州上萬戶黃希碩等追至西州衛海陽等
處斬渠魁六人餘皆遁胡拔都來寇端州副萬戶金
同不花內應盡以貨財故後陽被執麗希碩等累戰
皆敗時豆蘭丁母憂在靑州 太祖使人召之曰國
家事急不可持私服在家其脫衰從我豆蘭乃脫衰
拜哭告天佩弓箭從行與胡拔都遇於吉州坪豆蘭
爲前鋒大敗而還 太祖尋至胡拔都著厚鎧三重
襲紅褐衣乘黑牝馬橫陣待之意輕 太祖留其士
卒拔劍挺身馳出 太祖亦單騎拔劍馳進揮劍相
擊兩皆閃過不能中胡拔都未及勒馬 太祖急回
騎引弓射其背鎧厚箭不深入卽射其馬洞貫馬倒
而墜 太祖又欲射之其麾下大至共救之我軍亦

至 太祖縱兵大破之胡拔都僅以身遁尋拜禮儀
判書從 太祖大敗倭賊于咸州兎兒洞賜宣力佐
命功臣號拜密直副使攻遼之役從 太祖回軍尋
商議同知密直司事辛昌立授知司事恭讓卽位錄
回軍功賜錄券土田陞密直使與張思吉擊倭于西
海道進判都評議使司事

尹紹宗字憲叔贊成事澤之孫恭愍朝擢魁科選補
史官累轉爲正言草疏陳時事曰皇天生民而不能
使之各得其所必命聖人爲之君以代治之故位曰
天位民曰天民而設官分職則代天工也本朝之制

中書則有令侍中平章參政政堂五者法天之五星也樞密則天之北斗也至於百官莫不皆然雖郎官之微亦皆上應列宿故名器官爵非人君之自有乃天之所有而人君代設之者也人君不可以名器爲已之私有而妄與之而人臣亦不可不量其才德而敢居之也仲尼曰名器君之所司也不可以假人政亡則國從之蓋名器旣輕則朝廷不嚴而王室卑上下不辨而社稷危我祖宗非能則不使在職非賢則不使在位有罪必誅無功不賞是以愚不肖者不得在官而百官正矣慶陵之入朝也中官李大順有寵

於世祖請授其兄別將慶陵曰汝兄伍尉也越散員授別將非祖宗法也大順言於世祖曰願諭我王帝曰官人有法制國有君朕何與焉汝其自請之則我祖宗之重名器古未有也自辛丑癸卯以來國用不足以官爵爲賞功之物於是小人濫冒軍功因緣賄賂不次超授其源一開至于今日商賈工匠公私奴隷皆得爲官羊頭狗尾布列中外褻慢名器汙穢天工人人視朝廷官爵如土芥皆欲俯拾至有中郎將掃牛下奉翊直一疋之諺蓋言名器之甚賤也由是雖以五尉至散員散員爲中郎將亦不喜也平時如

此萬有危急之難殿下復將何物以賞之勸使立功邪願自今非軍功才德則雖近幸者不妄授以官使工匠商賈各安其業毋使賤人汙穢朝廷則上下有辨朝廷有嚴而王室尊矣臣聞諸葛孔明有言曰親賢臣遠小人先漢所以興隆也親小人遠賢臣後漢所以傾頹也自古及今治亂興亡之分決於人主所親信之得失耳殿下當天下危亂國家厄會之時深居九重或一月不聽政親近頑童羣小而罕接宰相耆德彼頑童羣小唯知逢迎上意承順顔色殿下樂其和順日與之親豈不大爲盛德之累乎宮禁嚴肅

非雜類所得以窺也今也羣小出入自恣大內不嚴大內旣不嚴則主上安得以獨尊哉代言金興慶不學墻面唯唯諾諾非獻替啓沃之資也殿下悅其敏給阿順使出納教命進退士大夫一國之事皆先關白興慶然後得達宸聰夫偏聽生姦獨任成亂安知他日不有李斯趙高之禍哉伏見三月朔日有食之近年賊旽用事而七月日食七月者三陰之月也而且有旽不測之謀今三月五陽之月也陽甚盛而一陰獨存能勝大陽此非小變也臣下必有簸惑主上者願殿下畏天變而收興慶之權不使與國政黜羣

小之在內者毋溲居九重毋日晏不起毋獨任一臣
日接宰相耆德忠直之士力行祖宗之仁政則社稷
之福也臣聞養天民者興殘天民者亡是以人主受
天命而立天位則必上順天心以養天民如父母之
愛赤子然後民心附而天命固焉太祖當泰封奢虐
之際奉天討罪誅除羣兇愛養民生衣服取其禦寒
暑宮室期於庇風雨溲仁厚澤涵育元元列祖相承
咸以儉德養民爲心景靈殿孝思觀顯陵二陵其制
度儉小不爲奢麗此皆子孫之所當法也殿下卽位
于今二十有三年國步多艱賊旽用事包藏異心蔽

惑聖聰遂使殿下興仁熙殿之役搥百姓之髓朘百
姓之膏輸材鼓冶供給之費日以萬計辦事之吏暴
於猛虎督責之令疾於風雨中外之民困於力役三
農失時老弱失養而父母妻子不相自保倉廩無半
月之儲百姓無十日之粮五道兩界積年所儲之軍
須俱竭於供給而亦不足矣三韓嗷嗷歸怨賊旽六
年之間大水大旱百萬生靈如在湯火之中而畏旽
之威不敢出諸其口垂頭拱手號訴于天地曰是役
也皆賊旽及中官廣大從臾而爲之也旽旣伏誅役
猶未已民又怨之曰是役也旽雖首倡實廣大欲固

富貴而力贊之民之怨廣大甚於賊旽矣國家自庚
寅以來東禦倭寇丙申以後北禦韃靼己亥辛丑之
戰吾民死亡者太半不三年又有癸卯之亂死亡又
倍於辛丑以至于今十五年間水旱相仍餓莩相望
民之存者僅十之一羅慶二道連歲大饑今年尤甚
三月大寒四月不雨麥不成穗種不入土吾民將何
以生乎民者王之天食者民之天民無食則死王者
無民則誰與守國今京中倉庾空竭兩界五道又饑
饉不幸有辛丑癸卯之變則將何以備軍餉乎百姓
困於土木賦斂冤怨通天不可遽解雖有急難誰復

有爲殿下效死哉嗚呼景靈殿太祖皇考之別廟孝
思觀太祖眞之所在顯陵二陵太祖皇考之墓也而
其制度比之仁熙殿正陵百不及一吾東方號爲禮
義之邦而子孫后妃陵殿反過祖宗天下後世以爲
何如殿下奈何以一后之故取天下後世之笑乎且
預凶事非禮也而廣大欲興事固寵爲殿下預作石
室聞者憤嘆以爲大不祥也而不忍言之今災異荐
臻百姓饑饉又非人主玩花卉之時也而廣大乃作
花園虧損殿下之德而離散民心其罪固可斬也願
殿下正廣大之罪斬于都市罷陵殿石室之役壞花

園以解天怒以弭民怨疏未上獻納金允升知之與司議禹玄寶託以紹宗累月在告曠職劾罷之辛禑初授典校寺丞轉成均司藝改典儀副令藝文應教紹宗不事産業家甚貧知申事李存性白禑賜米十碩移典校副令我 太祖回軍紹宗詣軍前因鄭地求見懷霍光傳以獻其意欲復立王氏辛昌立陞典校令與同僚奏本朝舊制凡圜丘宗廟社稷山陵眞殿神祠祭享祝文道殿佛宇詞疏本寺官一人每月輪直淸齋寫進上齋沐親押天地宗社則必親祀佛宇道殿神祠則或命大臣攝行近以祈禳煩猥或命

正字小臣代押其源一開今唯四時大享親押其餘則皆代押甚違誠敬之義願遵祖宗舊制祝文詞疏齋沐親押圜丘社稷宗廟籍田大享必皆親祀朔望奠及凡祈禳擇大臣攝行御正殿親授祝文詞疏昌從之又奏殿下旣允臣等親祀之請今大享宗廟乃以大臣充大尉是殿下不欲親享也以謂禮文未備奠物未具耶則苟有明信澗溪沼沚之毛可薦於神明豈以文之未備物之未具而並棄其誠也哉以謂權署國事不敢主祀耶則舜之受終禹之受命皆攝政也而率百官親格于文祖神宗之廟舜禹天下之

大聖萬世帝王之所當法也殿下不法之臣等竊爲殿下惜之昌下都堂議俄拜右司議大夫極論李仁任罪又與同舍許應閔開等復疏論仁任日暮不得上會疽發背請告應等竄其書紹宗遷大司成赴書筵以前疏進仁任族黨疾之至有欲殺者語在仁任傳紹宗在書筵上書曰易曰蒙以養正聖功也天命之性本善無惡人與堯舜初無小異古之聖王固稟胎敎及在襁褓有保以保其身體而適起居之宜有畏愼之心有傅以傅之德義而節嗜好之過防聞見之非特選端士與之出入起居所見必正事所聞必

正言外物之誘無自入天性之眞得其養方寸之間受敎之地澄淨無蔽故皆可以爲堯舜矣臣竊見殿下受讀論語今十有三月每日所新知者多不過三四字而已尙或難讀以殿下明睿之資得於天稟其於受學非不能也但由殿下暫御書筵須臾入內狎於近習心繫外物而不在於書故也至於近日怠學之端形於外師傅未退訓音未通輒讀輒起俄稱御膳失時輒入於內聖學何由以明乎上王初立聰明向學而姦臣爲盜國之計卽罷經筵誤我上王幾覆宗社殿下卽位之初大臣以前朝爲戒首開經帷以

勸聖學以堯舜之聖望殿下矣如或怠學則奈宗廟
何奈生靈何古之時八歲而入小學十歲出就外傅
居焉昔魯襄公年纔六歲出從天下諸侯之會同何
嘗御膳必於深宮之中乎昔程子爲講官而上言曰
人主一日之內親寺人宮妾之時少接賢士大夫之
時多則自然氣質變化德器成就願殿下每朝問安
慈闈之後出便殿進御膳命諸講官館閣學士常侍
左右從容宴語開說道理至於日昃至於夜分天命
之去留人心之向背稼穡之艱難征戍之勞苦治亂
之源興亡之迹古今禮樂人物賢否日陳於前則上

聽積久自然通達習與性成堯舜同德比之常在深
宮之中熏染婦寺之邪化聖爲蒙其益豈不甚大哉
便嬖近習之褻慢實害聖德之根荄賢士大夫之薰
陶乃養聖德之雨露凡宮人內臣亦用程子經筵之
奏並選年四十五十已上厚重之人以備左右其年
少者不使進於左右以絶其導上邪私之原凡服御
器用以紂之象箸玉盃爲戒以禹之惡衣服爲法侈
麗之物不進於前淺俗之言不接於聽令領書筵知
書筵古之太師太傅也侍讀古之少師少傅也願自
今正殿受讀之際知書筵進則必爲之起避席受經

退則亦爲之起侍讀進退亦爲之避席改容以致尊
師重傅之意此所謂湯之於伊尹必學焉而後臣之
故不勞而王桓公之於管仲必學焉而後臣之故不
勞而霸者也養成聖德莫急於此願殿下上念太祖
五百年之垂統下念三韓億兆之向望不罪微懇察
納修省以開千萬年之太平侍讀鄭道傳見之曰議
論切至深得告君之體恭讓卽位以大司憲趙浚薦
爲左常侍經筵講讀官浚嘗從紹宗受學故凡有章
疏紹宗皆具藁初紹宗嫉李崇仁才高又忌李穡譽
崇仁而不譽己及求興君獄起紹宗譖崇仁於浚欲

殺之紹宗與同列請誅邊安烈疏六上從之王欲覽
貞觀政要命鄭夢周講之紹宗進曰殿下中興當以
二帝三王爲法唐太宗不足取也請講大學衍義以
闡帝王之治王然之初禑之移江陵也評理尹虎柳
曼殊密直禹洪壽俞光佑等押行廢昌之日商議崔
元沚密直柳龍生守宮門判慈惠府事鄭熙啓慈惠
府尹 李恭靖王諱密直金仁贊知申事李行等守傳
國寶密直使姜淮伯知密直尹師德封府庫王論其
功賜虎等爲功臣紹宗言賞罰國之大柄不可濫也
我太祖征伐四十年稱功臣者止六人金樂金哲代

太祖而死尚不與六功臣之列今殿下旣以　和寧
伯等九人告廟行賞虎等之功人所未聞請削之不
聽復上疏爭之竟不從王遣吏曹摠郞李混迎曹溪
僧粲英爲師紹宗與兼大司憲成石璘等伏閤諫石
璘曰釋氏以淸淨寂滅爲宗無補國家昔成湯師伊
尹文王師太公以致商周太平之治未聞以釋氏爲
師也紹宗曰殿下如欲求師有元老大臣在何用僧
爲遂退交章論奏曰綱常天下國家之大本堯舜三
代享國長久以臻至理由此道也自漢明帝崇佛以
來亂亡相繼至于梁氏惑佛太甚宗廟以麪爲犧牲

綵帛禁織鳥獸之形卒致侯景之亂餓死臺城唐憲
宗迎佛骨于禁中刑部侍郞韓愈極言以爲自佛氏
入中國以來事之愈謹年代尤促憲宗不聽未幾暴
殂我太祖深懲積弊禁後代君臣私作佛刹乃作訓
曰宜鑑新羅多作佛事以至於亡聖祖所以拔誕妄
之源本期後王之繼述者至深切矣臣等竊聞殿下
將迎曹溪僧粲英于大內尊爲王師臣等爲殿下惜
之三代帝王以論道經邦燮理陰陽者爲師故湯師
伊尹伐夏救民以開六百祀之商武王師大公鷹揚
誅紂以開八百年之周姚秦以胡僧鳩摩羅什爲師

不旋踵而亡前元以番僧婆羅跋蹄爲師及其季世
以天子之尊奴事指空冀其福壽卒致應昌之敗佛
之爲敎無父無君姚秦前元以五胡北狄之俗不法
帝王之治以毁綱常得罪於天以速亂亡今殿下中
興方將作法垂範爲聖子神孫億萬世之所遵今乃
復襲胡狄之失乃以胡敎爲師有國家者立政立事
循其名當責其實所謂師者師其道也釋氏以臣子
背君父逃入山林寂滅爲樂若師其法必髡三韓之
民必絶九廟之祀然後稱其名耳願殿下勿以無君
父者爲師尊堯舜孔孟之道以開三韓太平之業疏

上王勉從之英至崇仁門臺省遣吏逐之不得入而
還王罷臺省面啓之法紹宗與同列上疏曰堯舜咨
四岳闢四門尙慮下情或鬱不達乃曰予違汝弼又
曰汝亦昌言三代聖王率由是道咨于芻蕘工執藝
事以諫上下交而爲泰及周之衰謟者使監以止之
遂失文武之天下秦以忠諫者爲妖言而禁之得天
下二世而亡自漢迄元言路開則治且安言路閉則
亂且亡自異姓竊國以來臺諫緘口至於戊辰攻遼
之擧遂無一人言者此殿下所親見也殿下卽位以
來五日一視朝令臺諫面啓時政得失三韓蹈舞想

望太平今者乃令臺諫勿復面啓豈不大爲中興之
累乎一言喪邦此之謂也願殿下更命臺諫面啓其
餘各司亦令各以其職進言以廣聰明以臻至理又
上疏曰臺諫人主之耳目不可頃刻而離左右也日
者以辛禑父子事關大體殿下命臺諫往驗其狀此
所以重宗社一時之權宜也因此遂分遣臺諫於外
以虧殿下耳目之任甚非中興之美法也願自今毋
令臺省出外以委繩糾責難之任從之王將幸長湍
紹宗與石璘等上疏云傳曰君擧必書書而不法後
嗣何觀伏聞殿下將幸長湍閱戰艦此誠安不忘危

高麗史卷之一百十七　十七

之意然自異姓竊國以觀逸遊田毒痡生靈惡聲聞
于上國今賴天佑興復舊物宜以遊田爲戒乃何卽
位之初不修德政復循僞朝之覆轍乎東作方興大
駕之行千乘萬騎道路供億之費弊不可言若論其
緩急則郊天拜陵耕籍田謁文廟在所當先願殿下
姑停此擧以解國人之惑不允又上疏曰竊觀祖宗
之制凡有所犯者不給田以礪士行自異姓竊國以
來姦兇得志賣官鬻獄盡毀祖宗之法士大夫以土
田臧獲自成契券賂姦兇受官職以敗禮義廉恥之
俗殿下中興革私田以安民生給圭田以優仕者意

甚盛也反正之初宜崇節義戒貪邪一新士習請令
辨正都監收諸人所賂田民及所鬻告身以礪風俗
疏留不下遷禮儀判書其餘臺諫亦遷他官以其彈
劾不已也紹宗嘗謂上護軍宋文中曰今　李侍中
不能進君子退小人若一朝墮於小人之計悔何及
哉沈德符等聞之告于王王怒欲罪紹宗我　太祖
請曰廷臣直言者惟紹宗耳不可罪之代言李士渭
亦曰紹宗屢上書皆不聽今遽罪之外議必謂殿下
惡直臣也王曰予旣除紹宗高官人惡得以言哉
李侍中功在社稷紹宗敢辱之其可不罪歟遂放于

高麗史卷之一百十七　十八

錦州初紹宗與友壻崔乙義爭臧獲未決託辛禑嬖
臣潘福海得之及爲常侍喜論駁王甚惡之每擧託
潘事訾之至是見竄後錄回軍功賜田宥其罪諫官
承鄭夢周指論劾削職遠流及夢周死乃宥入　本
朝拜兵曹典書修文殿學士同知春秋館事卒子淮
弟會宗辛禑時登第累官至司宰副令恭讓卽位上
疏曰玄陵上賓之後權臣李仁任等以逆旽之子禑
嗣我王氏九廟絶祀者十有六年幸賴天佑王室旣
亡而復興殿下宜深思明斷以辛禑父子告于祖廟
而斬于都市然後得以慰九廟之靈答臣民之望而

杜禍亂之源矣王莽簒位天下思漢長安中有自稱成帝子子輿者莽殺之邯鄲卜者王郎詐稱眞子輿天下響應光武能克而斬之以中興帝室曹操盜漢家四百年之天下及其子丕稱帝改元以據中夏諸葛亮相昭烈以圖興漢其言曰漢賊不兩立當奬率三軍北定中原攘除姦兇復興漢室其志將欲繫頸曹丕告于高祖光武之廟而斬之然後足以謝天下也唐之則天后廢中宗自立爲帝改國號曰周欲傳天下於武氏張柬之等擧兵復中宗之位誅張易之昌宗遷則天於上陽宮復國號曰唐後之君子責柬之不能以大義處非常之變而討唐室之罪人乃曰以武后至大廟數其九罪廢爲庶人賜之死而滅其宗中宗不得而與焉則足以慰在天之靈雪臣民之憤而天地之常經立矣此言深切而著明矣彼辛禑父子盜據正位十有六年姻戚權豪布列中外萬一姦兇之徒推擁而出則臣恐噬臍無及而殿下之大事去矣周公之於管叔至親也而猶爲天下誅之則天中宗之母也君子以不誅爲責況今賊臣之子孫非有管叔則天之親今既反正何廩養而不誅以啓羣邪之心乎夫天下之變常起於所忽終至於不可

得以制也其於殿下社稷之大計可不爲深慮乎今在廷之臣孰不欲言之其不言者恐言之不行而有後悔也經曰君不密則失臣臣不密則失身幾事不密則害成殿下與大臣謀於禁中以禑父子告于太廟而誅之明示中外毋令再亂王室以垂萬世之統王從之會宗臣事禑昌職非言官而上書請誅人有議者轉刑曹摠郎又上疏曰國家運祚之長在乎人君積德累仁培養邦本而已夫豈恃都城地勢之旺氣哉盤庚去耿以有河決之害大王去邠以有狄人之侵平王東遷以有犬戎之亂今無此數事而欲還都漢陽物議驚駭胥動訛言是殿下以江水赤沸太白晝見乃信讖緯不經之言欲移蹕以避之殿下如欲弭災惟當避殿減膳兢業小心下罪已之令以求直言明其政刑愛養黎元而已僞禑惑邪臣之言徙居漢陽貪殘之徒恣意誅求楊廣一道爲之騷然今若移幸則修宮室備供儲將家抽戶斂侍從百官宿衛臣庶將傾城以赴之朝夕餱粻之不繼風霜雨露之無庇辛勤旅次可勝言乎況今禾穀被野萬騎所至踐蹂且盡漢陽吏民失其家室奔竄山谷披荊棘刈蓬藋秋耕秋收又失其時臣恐民之受患甚於禑

時也又惑浮屠法猊之說重修演福寺盡壞芻近人户臣爲殿下不取願罷移都黜法猊以副輿望昔晉惠帝時雨血太白晝見太子與皇后見殺自是宗室相殘天下大亂懷愍二帝終爲劉聰所虜夷狄亂華者數百年唐高祖時太白晝見經天秦王殺太子及齊王元吉太宗季年太白屢晝見而則天廢中宗自立革唐稱周大殺唐之宗室社稷幾亡天之垂戒豈偶然哉今春夏之交太白屢晝見今又晝見經天者月餘天之所以戒殿下者至矣殿下列花卉於宮中而日翫之又欲遊幸漢陽臣恐祇懼之心有未至也

願以堯舜三王之心爲心以周公孔子之道爲道不惑邪議惟務實德則天意可回而邦本可固矣

吳思忠初名思正其先迎日縣人後徙寧遠鎭登第累遷監察糾正歷獻納執義辛昌時爲司議大夫上疏論復私田之弊從之又與同列上書曰往者羣姦秉權援引朋黨用舍顚倒骨鯁忠直之士指爲迂濶排而斥之貪邪諂諛之徒號稱賢能崇而陟之絕塞言路蒙蔽聰明邦家殄瘁幸賴天地宗社之靈羣兇伏誅朝野廓清殿下初卽大寶芻搜賢俊布列庶官大開言路芻蕘必採其禮樂制度之宜救時拯民之策臺省文章申奏殿下聽而行之然法雖立而民未見效革私田正經界之論巨室之所大忌有志之士勁直之言邪黨之所深疾胥動浮言以惑衆聽中外嘵嘵此扇亂之漸也況天變屢見星躔失度霜降之餘迅雷不收立冬之後蒸霧發洩此二氣有乖之驗也臣等竊謂殿下當克謹天戒好學從諫修省於上羣臣當各供其職無敢怠荒恐懼於下然後天變可消人釁不作能保無窮之業今也大臣每用樂宴飲供費千千實非敬天勤民憂災恤變之道願自今迎餞上國使臣及勞慰有功將帥外凡中外公私宴飲

用樂痛行禁斷以謹天戒以節國用以厚民生昌納之恭讓初與舍人趙璞等上疏極論李穡曹敏修之罪又曰李仁任擁立辛禑之罪亦殿下之所親見也請委諸憲司斬棺瀦宅以聲其罪又曰三司右使金續命倡爲未辨其母之說見黜而死公山府院君李子松諫禑興師遂爲大戮請命攸司祭其墓錄其子孫以慰忠魂命罷穡父子廢敏修爲庶人又與璞等上疏曰今殿下上承　天子之命下應臣民之望撥亂反正紹我聖祖旣絕之大統廢辛禑父子爲庶人此則正名分定民志以開萬世太平之時也昔衛君

待孔子爲政孔子欲先正名曰名不正則民無所措手足漢呂后取宮妾子弘爲惠帝嗣太尉周勃以弘非惠帝子而誅之迎立代王以定民志以開四百年之太平唐則天后廢其子中宗欲立異姓武三思爲太子丞相張柬之誅則天之黨復立中宗君子論之曰則天旣得罪於唐之宗廟中宗亦不得私於其母柬之等旣立中宗以則天賜死而中宗以大義不與其議則可以解祖宗之怒而天地之常經立矣亦孔子正名之義也今一二大臣推戴殿下以繼恭愍王後以正辛禑非恭愍王之子布告中外三韓億兆之

民相謂曰吾生復見太祖之孫矣往者洪倫之亂之源及禑母般若之言之死殿下之所明知亦 聖天子之所已聞也而李穡獨不聞不知邪於仁任擁立辛氏之際曾無一言敎修立昌之時首倡定策今年又欲復立辛禑其罪前疏未盡之矣今殿下旣紹正統李種學獨倡言於人曰玄陵旣以禑封江寧君立府矣而又 天子爵命禑矣 李(太祖舊諱)何人敢違玄陵之命廢我驪興王乎今殿下不正禑父子之罪以告太廟以定民志又不正穡父子附禑昌之罪以絶羣小之陰謀則殿下亦不得一日安天位也或曰辛氏父子 天子所知不可不待明降而正其罪是大不然 天子旣責三韓陪臣以異姓爲君矣又安有二命乎且或上國欲存辛禑則未審殿下亦可存而不定民志乎春秋之法亂臣賊子人得以誅之先發後聞可也又何待於明降乎仁任推戴辛氏之罪乃太祖列聖在天之靈所共誅者也乃何不從臣等之請此而不誅則是開萬世亂賊之門也宜令有司斬棺瀦宅籍沒家産穡種學父子止於停職屬散則萬世姦賊何所懲乎宜下攸司明正其罪李崇仁河崙前爲仁任腹心後循穡姦計以督辛昌朝見而欲立

辛禑以永絶列聖之血食罪不容誅者也亦令攸司論罪又種學以立昌爲父之功言於宦官李芬芬言於李琳之女黨附李琳欲遂姦計願下攸司鞫其情狀以正其罪權近私坼 聖旨先示李琳又示李穡其心不在王氏明矣旣而託以崇仁事上書被劾其間亦未可知止流遠方不正其罪則何以懲後世不忠之臣乎前漢陽尹文達漢以琳姻戚居中用事恣行不義琳之族屬已皆流竄而獨在輦下請收職牒斥去外方於是瀦仁任宅流穡父子崇仁崙芬達漢又上疏曰宦寺本以宮內埽除爲職無與外事

至秦毁古制以趙高爲中車府令而二世死於其手西漢以弘恭爲中書令殺戮忠良而王莽簒曹節用事而東漢亡唐以仇士良爲中尉廢置人主宋以童貫爲將帥陷二帝于女眞前元院使用事遂失天下古今之明鑑也在我祖宗之制官寺無官文廟之世時號太平我朝賢聖之君也而宦寺給事不過十數人亦未嘗食祿忠烈王朝亦不許參官至于玄陵使宦寺得與兩府入衛之列卒致萬生之變亦殿下之所親見也殿下卽位復立内侍府階三品是殿下以中興之主復蹈亡國之轍也願自今宮中宦官給事

者只給衣食罷内侍府不聽遷成均大司成以其彈劾不已奪其言職也尋判典校寺事諫官承鄭夢周指論趙浚尹紹宗等請置極刑憲府乃劾思忠罪與紹宗同乞並究理命削職遠流及夢周死召還任轉左常侍自此以後入 本朝

金士衡密直副使蔵之子上洛侯永煦之孫也士衡蔭補藝文館職累遷監察糾正恭愍時爲考功散郎與直郎劉慶元言按廉守令職掌貢賦近來州縣多闕貢或至三四年請論如法從之辛禑三年爲執義與趙浚安翊金湊崔崇謙等同在臺諫時稱得人累遷開城尹賜功臣號國家議革私田改按廉爲都觀察士衡爲交州江陵道都觀察使公明威惠綽有聲稱明年知密直司事同知經筵事恭讓嘗御經筵講無逸士衡曰大抵耽樂者享年短無逸者享年長理固然也天子一身係天下安危諸侯一身係一國安危故爲人上者宜以敬爲心以逸爲戒蓋無逸則百姓以寧故天亦保之耽樂則百姓不寧故天亦不保此享國長短之所以異也後知門下府事兼司憲府大司憲王將遷都漢陽與同僚上疏曰彈糾非違臣等之職今天灾地怪屢見譴告者由政教失宜公道

或廢上下之情不通而民不安業也殿下尤宜恐懼修省誠信御下納諫進忠惠愛斯民以弭天灾乃因書雲觀奏欲遷漢陽臣等伏見楊廣諸州之民困於土木秋稼失時漢陽人家皆被奪占老弱飢寒寄寓山野流離顚仆侍衛諸司及諸道軍官各領衛卒旅寓辛艱將有凍餒之患殿下深信讖緯不恤民弊於皇天譴告何古昔聖王以誠小民爲祈天永命之本願停遷幸以固邦本王不納又上疏言尹彝李初之黨皆已遠竄而禹玄寶權仲和張夏慶補等尚在都下不宜罪同罰異請一切逐之王以情狀未明事在

赦前不允又再請不報於是士衡及執義安景儉崔遠掌令許周崔兢持平趙庸等請辭不許令視事皆稱疾不出刑曹又上疏請竄玄寶等王下其疏都評議使司使司言宜從憲府刑曹之請唯贊成事鄭夢周言彝初之黨罪固不白又經赦宥不可復論王不得已流玄寶仲和夏等命士衡等就職士衡等劾刑曹以夢周右彝初黨謀害所司劾之判書安景恭成石珚等劾夢周皆左遷李懃李廷補代之懃等又劾夢周及左常侍鄭寓左司議崔云嗣黨附夢周不論彝初之黨獻納李蟠正言權壎等上言彈劾非刑曹

之任懃廷補劾郎舍又彈夢周謀害大臣請鞫之遂罷懃等職蟠又劾掌令崔兢不糾刑曹越職言事憲司以諫省非風憲之任又劾蟠等蟠等反劾景儉遠周庸等憲司刑曹爲之一空士衡時方在告聞之輿疾視事上書論蟠壎身爲諫官阿附夢周不論彝初之黨力攻憲司法官甚不忠請治其罪寓云嗣蟠懃皆見罷尋拜三司左使同判都評議使司事自此以後入 本朝

金子粹字純仲雞林府人恭愍末擢魁科授德寧府注簿辛禑初爲正言時慶尚道都巡問使曹敏修擊倭于密城斬數十級禑賜衣酒及馬敏修上箋謝命子粹製囘敎子粹辭曰敏修摠一道兵金海大丘之戰怯懦敗沒多殺士卒密城小捷功不掩罪不敢奉命禑怒下子粹巡衛府命池奫及大司憲河允源鞫之奫等欲坐以違旨子粹曰先王置諫官所以補君之失也自古王言有不可諫官諍之願諸公察國家置諫官之意奫大怒欲杖流議于都堂諸相畏之無敢出言密直副使李寶林曰子粹雖小儒諫官也且所謂違旨者蓋如置人于東擅移于西者也子粹之罪恐不得以此論都堂是其言請流之禑曰巡衛府

已議其罪今復輕邪不聽右使金續命入白太后曰臣武人不曉事然文臣皆言諫官雖忤旨不罪者所以開言路也今子粹罪小不宜重論太后乃謂禑曰予老經事多未聞杖辱諫官若爾人皆杜口國事日非矣於是免杖流于突山戍奫等意子粹必與郎舍議又流諫議鄭寓于竹林戍踰年許從便久之拜典校副令累遷判司宰寺事恭讓朝除成均大司成世子左輔德上書曰伏覩敎書以天文示異責己甚切訪求直言謹條狂妄之言殿下濬德著聞人心推戴廓除異姓之禍光復祖宗之業皆奉玄陵大妃之命

而行之其主盟定策之功實殿下之所由與三韓之
所共賴故卽位之始卽封王大妃以正位號獻冊寶
甚盛典也殿下事之之禮當厚於所生自去年南幸
之時以至今日其於國大妃之殿親幸非一奉養亦
至獨於王大妃之殿曾不一詣是狃於生育之恩忽
於承祧之重其可乎傳曰爲之後者爲之子此古今
之大義也王大妃萬世之後亮陰之禮固所自盡生
事之禮其可不盡心乎願自今歲時伏臘必先詣王
大妃殿以奉寒暄然後詣國大妃殿以明大義近日
設封崇都監以策王世子臣不能無惑焉殿下未受

宣命而世子先受冊寶之禮其可乎傳曰子雖齊聖
不先父食言先後之序不可亂也待殿下親朝　帝
所受命徐議而行未爲晚也況今朝廷使臣來徵良
馬萬匹百司疲於奔命當此之時強欲行封崇之禮
恐未合於輿論也唐韓愈言於憲宗曰自黃帝堯舜
至于三代皆享壽考百姓安樂當此之時未有佛法
自漢永平始有佛法其後亂亡相繼運祚不長宋齊
梁陳元魏以降事佛漸謹年代尤促此非韓子之臆
說考之史冊瞭然可見殿下卽位之始修廣演福寺
塔破民家三四十戶今又大起浮屠慶興土木之役

厥今農務方劇而交州一道斫木輸材人畜盡悴曾
不小恤欲以徼未可必得之冥福以貽現在生靈之
實禍爲民父母其可若是乎乞申降明勅以寢其役
以寬民力殿下卽位以來其於大廟諸陵未聞有修
葺營繕之舉而急於起塔是報本追遠之誠反不逮
於求福利生之念矣豈非足爲盛德之一欠乎昔宋
景有君人之言而熒惑退舍成王惑流言之讒而雷
電以風由是觀之人君一心之得足以感天心一行
之失足以召天變願殿下存心以居對越上帝雖居
幽暗之中常若有臨之者及其應接之際尤謹其念

慮之萌視聽言動必以禮出入起居罔不敬而其處
事不蔽於私欲不流於姑息則此心之敬足以感天
心而消變異斡敎化而興邦國矣又何必崇奉浮屠
大起塔廟而後國祚靈長也哉況無若新羅多作佛
事以至於亡神聖垂訓其可違耶浮屠之說猶不可
信況怪誕荒幻之巫覡乎國中設立巫堂旣爲不經
所謂別祈恩之處又不下十餘所四時之祭以至無
時別祭一年糜費不可殫記當祭之時雖禁酒之令
方嚴諸巫作隊託稱國行有司莫敢詰焉故崇飲自
若九街之上鼓吹歌舞靡所不爲風俗不美斯爲甚

矣乞明勅有司除祀典所載外一禁淫祀痛斷諸巫出入宮掖以絶妖妄以正風俗近日下教求言甚切然臣嘗見臺省有言事者遽震天威或奪其見任或黜之外寄或抑之下官臣恐求言之教甚切而拒諫之念猶在也乞前日落職之臣一皆擧用所言之事一皆施行以勸將來則有志之士孰不爲殿下盡言乎成均生員朴礎等亦上疏曰伏惟國家自聖祖創業以來金枝玉葉繼繼承承無墜厥緖者幾五百年于玆矣中遭否運異姓之禍我殿下以神聖之資應天順人掃除兇豎不勞兵刃誕受厥命克復宗社飛

龍之初三韓億兆歡欣拭目想望太平此正復古中興以致雍熙之秋也臣等獲逢明時齒于胄學徒費廩祿踰蒙聖恩慨然有志於堯舜君民排斥異端者有日矣然志不得行言不得達懷憤鬱抑竊議私嘆得通上聽一悟聖心雖被妖言之罪無所悔焉況今殿下發德音下明旨開廣言路求言如渴臣等安敢嘿嘿以負平生之志伏惟殿下更加優容不使盛朝有讜言而受戮者乃國家之幸也臣等竊聞有天地然後有萬物有萬物然後有男女有男女然後有夫婦有夫婦然後有父子有父子然後有君臣有君臣

然後有上下有上下然後禮義有所錯此天下之達道古今之常經不可須臾離也苟或廢焉者則覆載所不容日月所不照鬼神所共殛天下萬世公論之所共誅也彼佛何人也以世嫡而叛其父絶父子之親以匹夫而抗天子滅君臣之義以男女居室爲非道以男耕女織爲不義絶生生之道塞衣食之源欲以其道思以易天下信如此焉則百年之後人類絶矣天行乎上地載乎下其所以生育於其間者惟草木禽獸魚鼈龍蛇而止爾三綱五常之道竟何寓於其間哉夫佛本夷狄之人與中國言語不類衣服殊

制口不言先王之法言身不服先王之法服不知夫婦父子君臣之倫僞啓三途謬張六道遂使愚迷妄求功德不憚科禁輕犯憲章竊人主之權擅造化之力塗生民之耳目溺天下於汚濁醉生夢死不自覺也是以築宮殿樓閣以事之飾土木銅鐵以形之髡良人男女以居之雖桀之璇宮象廊紂之瓊宮鹿臺楚靈之章華呂政之阿房不加也是豈不出乎百姓之財力歟嗚呼痛哉其誰正之必也上之人德修於己教成於下以明禮義使斯民知天理之所在然後可以正之矣洪惟我東方自新羅之季奉浮屠之法

至於閭里比其塔廟佛氏之說洋洋乎盈耳淪於肌
膚浹於骨髓未可以義理曉也亦未可以口舌辨也
惟我太祖統三韓之初深懲積弊禁後代君臣私立
願刹於是太師崔凝請除佛法太祖以爲新羅之季
佛法盛行人人以爲死生禍福悉佛所爲今三韓甫
一人心未定若遽革佛氏必生駭心乃作訓曰宜鑑
新羅多作佛事以至於亡然則太祖之垂訓於後世
者至深切矣歷代君臣不能體聖祖之遺意因循苟
且營菴立塔無代無之式至于今其弊滋甚爲人心
世道計者可不痛心哉傳曰一夫不耕或受之飢一

婦不蠶或受之寒彼佛氏之徒不耕而飲食充不蠶
而衣裳具安居自養者不知其幾千百萬由是而凍
餓者不知幾何人矣彼雖飲風吸露巢居野處爲國
家者所當斥之者也況坐華屋食精饌遊手而揖君
親其可一日容於天地之間乎誠不共戴天者也奈
何殿下以英明之資惑於浮屠讖緯之說往還于南
以國君之尊親幸檜菴以倡無父無君之教以成不
忠不孝之俗以毁我三綱五常之典臣等爲殿下中
興之美惜也且誕降之辰殿下宜率百官上壽大妃
以示殿下中興孝理之盛德於三韓臣庶也此之不

爲反遵胡教區區於拜僧供佛以沮臣庶中興至理
之望可乎至若窮人之力斂人之怨演福塔廟之役
中外嗷嗷士民觖望臣等未知所營之木鬼輸神轉
歟所用之財天降地湧歟欲求福於冥冥之中反貽
患於昭昭之際臣等意一朝風塵再擾霜雹洊臻沙
彌不能操干戈塔廟不能禳饑饉昔後周壞經像而
修甲兵齊崇塔廟而弛刑政一朝合戰周興齊滅然
則佛氏之不能作禍福於人世者亦可知矣伏惟殿
下法堯舜三代之所以興鑑齊陳梁蕭之所以亡上
繼聖祖之遺意下副吾儒之素望使彼佛者勒還其

鄕人其人以充兵賦盧其居以增戶口焚其書以永
絶其根本所給之田使軍資主之以贍軍餉所屬奴
婢使都官掌之以分各司各官其銅像銅器屬於軍
器寺以修甲兵其所用器皿屬於禮賓寺以分各司
各官然後敎之以禮義養之以道德不數年間民志
定而敎化行倉廩實而國用周然則向之背君父毁
人倫逆天理者將去其舊染之汚以發其秉彝之良
心知父子君臣之倫知夫夫婦婦之道男耕女織以
生其生含哺鼓腹以樂其樂致理之豐可以肩三代
而軼漢唐矣且今佞臣金瑛以不肖之資無知之見

阿意順旨變亂是非欲興無父無君之教以廢古今聖賢之道以爲太祖開國皆蒙佛力指闢佛者爲太祖之罪人太祖聖德神功順乎天而應乎人心同堯舜行法湯武三韓之民其畏威也如雷霆其懷德也如父母雖盡誅境內沙門如元魏盡鑄佛像爲錢如周世宗彼佛者安能使太祖不能成統合三韓之功乎我國家自庚寅癸巳而上通儒名士多於中國故唐家以爲君子之國宋朝以爲文物禮樂之邦題本國使臣下馬所曰小中華之館自庚癸之後不死兵亂則逃入山林通儒名士百無一二存者彼學佛者

始倡邪說上誣羣臣下誑愚民乃作太祖九世之像曰太祖前身某生爲某院主某生作某塔造某經至曰某生爲某寺之牛至某生乃得王位上賓之後今爲某菩薩成書開板藏于演山以欺萬世玄陵見之深加敬信於是內佛堂之法席演福寺之文殊會講經飯僧至屈千乘之尊拜髠爲師親執弟子之禮至于甲寅未蒙事佛之福臣等未知太祖九世像釋迦達磨復生于東方親見太祖於天堂佛刹而作此像歟太祖前身爲牛爲院主之時親見者何僧歟彼之邪說誣上以太祖爲牛此豈聖子神孫所忍聞者也

嗚呼正學不明人心不正不修德而惟福之是求不知道而惟怪之欲聞豈不痛哉豈不惜哉自孟子闢楊墨尊孔氏以來漢之董子唐之韓子宋朝之程朱子皆扶斯道闢異端爲天下萬世之君子也王安石張天覺等興佛教易風俗而爲天下萬世之小人也殿下若遵安石天覺之所好髠三韓之民棄國棄家弊屣王位入山求佛則納金瑱之言可也若遵董韓程朱之學以正人心明人倫去民之蟊賊以興堯舜三代之理以光中興之業則彼金瑱者當轘諸都市示三韓萬世以大聖人之不惑於邪說可也殿下以

金瑱爲忠於國家之臣則禑昌父子絶我太祖列聖三十一代之祀之時彼瑱者能立興復王氏之策乎兼大司成鄭道傳發揮天人性命之淵源倡明孔孟程朱之道學闢浮屠百代之誑誘開三韓千古之迷惑斥異端息邪說明天理而正人心吾東方眞儒一人而已是上天授殿下以皐陶伊傅之佐以興堯舜三代之盛於中興之日也殿下以道傳闢佛之策爲祖宗之罪人歟金瑱奉佛之說爲殿下之忠臣歟臣等亦未敢知也殿下疑道傳之正學信金瑱之邪說則豈不取笑於天下見譏於萬世哉此臣等所以敢

言也爲理之本捨正人心何以哉蓋人心之趨向不正則其本亡矣雖有屑屑於事爲之末皆苟而已未有源未潔而流清者也亦未有本未固而末茂者也故臣等獨以闢異端爲正人心之本獻焉伏惟殿下萬幾之暇特留宸念擧而行之非特當今之幸抑亦永有辭于萬世矣若殿下以臣等之言勿以爲迂採而納之臣等更爲殿下陳理道之萬一疏上王大怒初司藝柳伯淳知礎等將上疏招諸生止之曰天下旣廣雖有異端何害吾道生員尹向曰天下安有二道伯淳曰諸生之志則大矣雖上書王必不聽何補

於治向曰孟子云吾君不能謂之賊吾輩雖不才安敢背前賢之格言受賊君之名哉伯淳竟不能禁唯礎向及韓皐許遲金綣李子撰等十五人上書餘皆不從伯淳乃屬知申事成石瑢却其疏礎等知之議欲不受業子粹等惡其無禮博士金貂金祖學正鄭包學錄黃喜等以生員徐復禮不署名於疏鳴鼓黜之子粹等又怒貂等不告長官擅黜生員因貂等家奴召復禮還入學及子粹赴衙貂等不庭迎子粹上箋辯職略曰臣斗筲淺量樗櫟微材曾忝言官旋竄邊陲暫爲郡守遽罹縲絏每因事而徑情及招尤而

速禍寅緣驟貴超拜大司成榮幸踰涯又兼左輔德旣尸素而曠職宜引退而避賢况爲下官之侵陵能不中心之羞愧君子貴於見幾小臣安於知止伏望賜以兪音遂其愚抱不允下貂等于巡軍尋釋之未幾判典校寺事轉左常侍與同列上疏曰年前　朝廷所遣官十人皆是本國之人乃有僥倖冒進之徒或依娼妓或聯親戚邀請官爵殿下一皆曲從眞差添設動以百數名器之濫廉恥之喪一至於此乞付攸司盡奪其職以儆後來又三司官數至十五署祿牌外無餘事自今凡中外錢穀出納先報都評議

使司使司移文三司使精核會計量入爲出則庶幾財用有所撙節且無曠官之誚矣王從之尋拜刑曹判書自此以後入　本朝

論曰宋祖陳橋之變事已迫矣趙普猶曉譬拒之君子之處心當如此也南誾趙仁沃於威化回軍之時首議推戴不已遽乎及誾論彝初獄事與道傳之言如出一人其情見矣李豆蘭有豐沛之舊去就之義比他人差間矣尹紹宗妬李崇仁之才嗛李穡之不與己也構害崇仁猶未敢誦言誅穡而吳思忠者乃敢倡言以穡父子爲萬世之賊必欲殺之噫嘻亦甚

矣方是時也猶及鄭夢周盡忠王室一時忠義之士推爲宗盟其客附於浚道傳者清議耻之獨大司憲金士衡執義安景儉崔遂掌令許周崔兢持平趙庸判書安景恭成石珚李懃李廷補等彈劾夢周名義掃地千載之下有餘愧矣金子粹出處未詳然論姜淮伯羅織無辜文論禹玄寶搆釁生事則殆士衡之流輩歟

木齋家塾彙纂麗史卷之三十八

義烈傳

嗚呼士之節義遇亂世而後見焉豈不悲哉高麗顯宗之初已有契丹之亂仁宗以後王室寖多故矣蓋麗朝權臣之禍始於李資謙極於鄭仲夫及至崔忠獻四世柄國則其禍酷矣資謙之變大臣侍從有仗節而死者其餘不附者尚多也祖宗養士遺風餘澤猶有存者仲夫之亂不問賢愚高下凡戴文冠者皆殺之擧朝爲之一空其間必有成仁取義之士特玉石俱焚高下難別耳忠獻當國前後斬殺朝士無慮

七八十人皆度其終不附也而後殺之則凡被害於忠獻者蓋皆名節之士也繇是以還愞脆成俗一時英人傑士無不煦嫗於忠獻父子之門鮮能自拔者名節隤於是極矣烈宣以降逆豎之亂不絕於內瀋王之變繼作於外非無曉逆順不貳心之臣跡其本末完節少矣然則國家治亂安危實係士流名節爲之扶持而相與汙隆有國者可不鑒哉舊史作忠義傳摭載未該今輒增取而釐正然死節死事宜有別矣若敵王所愾勇往無前或授任內外思死其職或不幸陷賊義不辱己雖所處不同俱爲忠義之上者至於銜命出疆審義就死蒼黃遇難終恥苟免抑又其次歟悉依史家凡例定爲等差然亦以其所遇之時所處之事或殊而義理隨以低仰論其慷慨捐軀蹈義不悔則有何差別於其間哉作義烈傳

楊規　洪灌　金縝　金甫當　鄭顗　鄭文鑑　金長壽

楊規穆宗朝拜刑部郎中顯宗元年遼主自將來討康兆圍興化鎭（在義州南五十五里）規爲都巡檢使與鎭使鄭成副使李守和判官張顥嬰城固守遼主獲通州城外男婦衣以錦衣授一箭封書入送于鎭諭規等降

其書曰爾等亟捕康兆送于駕前便卽回兵脅從之徒悉與原免當體朕懷無貽後悔守和等上表曰戴天履地者合去姦兇資父事君者須堅節操若違玆理必受其殃伏乞俯循民情用回睿略遼主覽之賜敕曰朕纂承五聖臨御萬方忠良則必示旌襃兇逆則須行誅伐以爾國康兆弑逆不道故朕興問罪之師比特頒於綸音蓋式示於招懷遽覽封章未聞歸款況爾等早列簪裾必知逆順豈可助謀於逆黨不思雪憤於前王守和又回表云臣等敬奉詔泥輒陳心石望賜泣辜之惠切祈解網之仁凌霜耐雪加安

百姓之心灰骨粉身永奉千年之聖遼主覽表知城不可下乃解圍而東引大軍屯于通州康兆李鉉雲盧戩等戰敗被擒副使盧顗徐崧盧濟等死于陣下遼兵乘勝追奔數十里斬首三萬餘級長驅而進詐萬兆書諭規降規却之曰我受王命而來豈受兆命者耶遼兵使盧戩及其閤門使馬壽持檄至通州中郎將崔質洪淑執而拘之乃與防禦使李元龜崔卓等閉門固守遼兵入郭州防禦使趙成裕宵遁行營修製官乘里仁大將軍大懷德工部郎中李用之禮部郎中簡英彥等皆死城遂陷契丹留兵六千人守

之規自興化馳赴通州收兵夜入郭州擊契丹所留兵悉斬之徙城中男女七千餘人于通州明年遼主旋師龜州別將金叔興擊遼兵於龜州斬萬餘級規掩擊於無老代(未詳所在)斬二千餘級又戰於梨樹追至石嶺破之後三日又戰於余里站大破之是日三戰皆捷復邀其前鋒於艾田敗之俄而遼主大軍奄至規與叔興力戰終日兵盡矢窮遂皆死之契丹兵爲諸將鈔擊困遇雨馬駝甲仗皆委之而走渡鴨綠江鄭成引兵追之及其半渡尾擊之遼兵溺死者甚衆諸降城皆復之是役也規以孤軍旬月間凡七戰斬

級甚衆奪被虜人三萬餘口獲駝馬器械不可勝數王嘉其節贈工部尚書封其妻洪氏爲殷栗郡君手製敎賜洪氏粟授其子帶春校書郎贈叔興將軍歲廩其母李氏帶春有智略仕於靖宗爲安北大都護府使官至直門下省而卒其後有文大者高宗時人也十八年以郎將在瑞昌縣戰敗爲蒙兵所虜逼至鐵州城下令文大呼諭州人曰眞蒙古兵來矣可速出降文大乃呼曰假蒙古兵也且勿降蒙兵怒欲斬之使再呼復如之遂斬之蒙兵攻城急城將陷判官李希績聚城中婦女老幼納倉中火之率其丁壯自

刎而死同時又有曹孝立者焉高宗四十年以文學在春州蒙兵圍之樹柵二重掘塹丈餘城中井泉皆渴刺牛馬血而飮孝立度城不守與其妻赴火死按察使朴天器率敢死士壞柵突圍遇塹不得出無一人脫者

洪灌字無黨唐城人少力學筆法效羅僧金生體登第歷御史中丞寶文閣學士睿宗嘗覽編年通載命灌撰進三韓事蹟尋與李軌許之奇朴昇中金富修尹諧等辨陰陽書仁宗朝拜司空尚書左僕射四年李資謙擧兵犯闕是夜灌直都省歎曰主辱臣死吾

安用生爲詣西華門門閉灌叩扉呼曰老臣灌來王令縋入資謙燒大內逼王出御延德宮灌步從王病蹇不及行至西華門外爲拓俊京所害資謙敗王念其忠贈推誠報國功臣三重大匡太尉門下侍郎同平章事上柱國謚忠平公

金縝溟州人力學登第出知靈光郡有惠政安撫使崔濡簡亢少許可特最縝秩滿授右補闕尋出牧清州入爲秘書少監仁宗朝歷國子大司成御史大夫左散騎常侍進同知樞密院事資謙之亂縝在直廬見宮室連燒歎曰吾平生用直道爲凶賊所忤出必

害我寧自盡使從者闔户逮火而死年五十六謚烈直公

金甫當 人有膽氣明宗三年癸巳以東北面(今永興府)兵馬使諫議大夫起兵於東界欲討鄭仲夫李義方復立前王與錄事李景直及張純錫謀以純錫柳寅俊爲南路兵馬使裴允材爲西海道兵馬使使發兵與東北面兵馬使韓彥國擧兵應之純錫寅俊至巨濟奉前王出居慶州仲夫義方聞之使李義旼朴存威領兵圖之安北都護府執甫當送于京義方鞫殺之甫當臨死誣曰凡諸文臣孰不與謀於是誅戮殆盡

鄭顗清州人高宗四年顗以臺吏分使西京契丹兵入寇詔西京兵馬使崔俞恭判官金成等遣西京兵往援五軍是時俞恭不恤政事軍民咸怨有崔光秀者因衆心離叛於中路作亂還襲西京俞恭成醉臥不省也光秀仍據西京自稱句高麗興復兵馬使署置僚屬召募精銳傳檄於北界諸城顗素與光秀善深憤之密謀討光秀會光秀出禱神祠顗率校尉金億白濡畢玄甫等袖大斧就光秀於祠中與語因斫殺之誅其黨八人餘悉不問城中遂安王嘉顗功擢

授中郎將累拜大將軍二十年玄甫以西京叛大臣議指安以玄甫嘗爲顗用乃令顗乘傳往諭玄甫至大同江從者請毋遽入顗奮然曰受命而出敢少稽乎死其分也遂入西京玄甫喜得顗欲以爲主且誘且脅顗竟不屈遇害

鄭文鑑登第補直學元宗十一年三别抄叛文鑑時在江都僞署承宣使之秉政文鑑歎曰從賊而富貴豈若一死之爲榮因赴水死其妻邊氏見文鑑死亦投于水邊氏按察使胤之女也

金長壽鹽州人紅賊陷京都長壽以檢校中郎將家

居鹽州募鄉兵擒斬遊弃百餘人奪其牓文馳報行在以功超授上將軍賜紫金魚袋王在興王寺賊犯行宮長壽自城中領兵與崔瑩馳詣行宮是時王匿太后室中賊求王方急長壽將入門諸宰臣曰審視而後入長壽厲聲曰賊在內何謂審視拔劒毀門而入斬一人賊爭前斫長壽血流被面長壽猶奮劒擊殺數人賊稍辟易諸軍乃入長壽已死矣王由是獲免

論曰歐陽脩作死節傳戰死者不與焉若楊規者慷慨徇國以必死爲心精忠才略豈遽出張巡下哉殆不可以戰死例也論其功烈規實難於邯贊何以言之邯贊統大兵而所敵者遜寧規之所領不滿數千大軍爲康兆所統而潰遼主自將四十萬規以孤軍當之其所摧敗足以懾虜膽而增東國之氣故難也嗚呼規眞人傑也哉

河拱辰 崔均 洪彥博

河拱辰晉州人成宗朝爲鴨江渡句當使穆宗末還尙書左司郎中初拱辰在北界擅發兵擊東女眞敗而匿之顯宗立坐流及遼兵至王南幸召還赴行在拱辰謁王於楊州奏曰契丹本以討賊爲名今得康兆若遣使請和彼必班師王從之吉因遣拱辰及高英起奉表詣遼營拱辰至昌化縣以表狀授郎將張旻等先行使言曰國王因內亂出避江南遣陪臣拱辰等請命下吏惶懼不敢前來請亟收兵旻既行契丹追兵奄至拱辰陳其狀契丹問江南遠幾許曰萬里餘矣追兵乃還明年拱辰等入遼營乞班師遼主許之因執以歸拱辰既被留內圖還國外示忠勤遼主甚加寵遇拱辰與英起密謀紿遼主曰東國今喪亡臣等願領兵點檢而來遼主將從之尋聞王返國計遂不行遼主使英起居中京拱辰居燕京妻以美姬豐其餼餽以安其意拱辰念必東終不樂多市駿馬列置中路爲脫歸計人告其謀遼主鞫之拱辰具以實對乃曰臣於本國不敢有二心罪當萬死不願生事大朝遼主義而原之諭令改節效忠拱辰辭益厲不遜遂見殺遼人爭取心肝而食之王聞下敎錄功官其子文宗六年圖形閣上

崔均字幹儒全州人才開夙著仁宗朝登第爲少府注簿宰相崔允儀奉旨簡詞官詳定禮儀均居選首毅宗時允儀有疾王遣中使問所欲言允儀對曰臣不才備位將相子弟悉居華要國恩罔極惟有感涕

臣所欲言者崔均賢可大用也允儀卒王思其言授均閤門祗候明宗立擢户部員外郎屬内侍尋遷禮部郎中兼太子文學賜金紫金使來問前王之故均爲接伴使應對敏給事得解四年趙位寵起兵西京王以均爲東北路都指揮使均受命歷抵登(今安邊)和州(今永興)回至寶龍驛(今春龍驛)王遣李景伯權授均禮部侍郎充兵馬副使與兵馬使合兵擊西京均聞命謂景伯曰吾觀諸城皆與位寵相應潛懷二心敵兵若至向背不可知然既有上命死安足避乃還赴和州是夜位寵將金朴升趙冠等來攻和州郎將李琚開

彙纂麗史卷之三十八 九

門納之均與兵馬使李儀御史智仁挺皆被擒均罵曰賊帥位寵起自行伍位至八座乃敢忘恩背義舉兵構逆天地神人所共憤疾其覆亡可立須也汝等助扇凶逆拘執王人官軍即至汝輩皆虀粉矣遂見殺儀及幕僚皆死均工草隷優於吏幹終未至大用人皆惜之贈禮部尚書子甫淳性廉簡有父風官至守太師門下侍郎撰明宗實錄謚文定公

洪彦博字仲容奎之孫忠平公瀣之後也忠肅十七年登第忠穆四年授密直提學恭愍元年拜贊成事三年拜左政丞封南陽侯十年改門下侍中紅賊入寇衆議欲避之彦博獨言京都不可輕棄勸王自將與民守之俄而西兵敗書至王遂南幸彦博從之明年復京都制勝方略多出於彦博然彦博功高權重不恤國事判密直宋卿言於彦博曰蒼生望公復相久矣今居首揆何無一事協輿望乎去歲播遷宗社蒙塵取天下笑公之不早圖也今公子握府兵壻長憲司富貴已極何不憂國彦博殊不堪論卿罷之時彦博子師禹師範已顯壻柳淵(以廉簡稱屢爲將得衆心)爲監察大夫故卿云然王不欲還舊都將入江都命卜於太祖眞殿人心洶洶太后洪氏彦博姑也召責彦博曰

彙纂麗史卷之三十八 十

爾以外戚巨室位冢宰 遇已重今王欲遷都而國人皆不欲爾何不爲言于王乎彦博以告王會卜不吉遂止十二年王將還都淹期不發彦博趣王還駕駐興王寺金鏞遣其黨猝犯行宮師範遣人走報彦博時尚早彦博聞變不起令家人作粥俄而賊至曰出迎帝命左右報賊已在門請暫避其鋒彦博曰吾出見賊問其故家人挽止彦博不聽曰安有爲首相而逃死者乎徐整衣冠出户曰爾乃賊也何稱帝旨賊斮之血濺屋椽年五十五賊在興王者聞之皆呼萬歲贈謚文定自瀣死於資謙之亂其後多以名節

顯者南陽洪氏遂爲東國名家南朝袁氏以顗粲皆立節自言其門户以節義相傳高於王謝洪氏在東國貴顯而有節義不愧袁氏云

論曰崔均人品不下於灌縝皆有古烈士之風然毅宗放弑逆臣構亂均力不能討則引去可也而反爲之致死其死也雖近於勇烏足稱哉夫仲夫義方所謂亂臣賊子人得以誅者要之趙位寵亦非純臣也均於是時以宗社爲重毅宗明宗同是吾君義方位寵同爲吾賊明宗非有意於簒立則義不可以背位寵非王室之純臣則亦安有不討也哉翦位寵以定

明宗奉明宗以誅義方是均之心也而今不以全節予之者其有旨哉

儒學傳

嗚呼孟子歿而千載無眞儒其在漢唐時以董韓二子當之尚論之士未敢許也夫以中國之盛數千年無一人焉況於東國乎其在東國新羅薛聰氏號爲儒者然其言論文采不表于後何以稱焉中國至于宋朝程夫子兄弟作有以接孟氏之緒在東國爲文宗之世程氏之學三傳而得朱氏集成諸子其道愈益顯在東國爲神熈之世然程朱氏之在世也宋朝擯斥而困苦之天下尊其道者寡而詆然攻之者皆是也中國尚如此況在東國其能知尊而慕之乎且自南渡以來高麗與宋絶不相通是時東國未聞有程朱之學也宋末德安之潰姚樞得儒生趙復者乞死甚苦樞竟攜而北復業程朱之學稟其書至燕許衡等學而習之其說始大行於北方在東國爲元宗之世白頤正從其父文節在燕京得其書以歸自是東國之士始知於詞章之外有所謂性理之學焉然知其道者亦寡矣知尊其書而篤好之者得二人焉曰禹倬吉再或庶幾焉作儒學傳

禹倬 吉再

禹倬丹山人爲人嚴毅正直通經史尤邃於易學忠烈朝登第調寧海司錄郡有八鈴祠頗著靈怪郡民祀之甚瀆倬命碎之沈于海中其妖遂絶入爲監察糾正忠烈薨忠宣至自元卽位祭殯殿因幸金文衍第見淑昌院妃妃文衍妹也後數日遂幸文衍第烝焉翼日倬白衣持斧伏於秸席上書以諫近臣展疏不敢讀倬厲聲曰卿爲近臣不能格非而逢惡卿亦知其罪耶左右悚然王有慚色倬因棄官歸居于福州之禮安縣忠肅嘉其節義再召不起聚門徒日以

講論爲事程氏易傳初來東人無能曉者倬閉門參究月餘乃解以授學者性理之學始行焉官至成均祭酒忠惠三年卒年八十一倬卒二百有餘年文純公李滉就倬舊居建祠祀之扁曰易東書院滉爲文而記之曰先生之忠義大節既足以動天地撼山岳而經學之明進退之正有大過人者則爲後學師範可以廟食百世者非先生而誰哉先生之學其亦脫去世習之陋而有發於龍門之餘韻者矣自是學者翕然宗之

吉再字再父善州海平人父元進知錦州事再爲人

穎悟志操高潔幼好讀書負笈尋師就商山司錄朴賁授論孟諸書元進遊宦松都別娶盧氏再母金氏獨居于鄉因以致怨再爲陳夫婦人倫之義母聞而感悟不出怨言再既長就省元進于京邸盧不慈再起敬起孝盧感而遇之如所生再乃從陽村權近問學因遊於李穡鄭夢周之門始聞理學之至論丙寅登第補成均博士歲戊辰時事大變再度高麗必亡作詩見志曰身雖從衆無奇特志則夷齊餓首陽已巳拜門下注書庚午春辭以母老棄官南歸道長湍謁李穡告其志穡歎息贈詩以別再既歸除官不赴

辛未聞驪興訃行方喪三年金氏年高無恙再晨昏定省展衾韜枕躬自爲之不使妻孥代行遇父忌素服廢食垂淚竟日奉先治家一遵文公家禮入 本朝以太常博士徵再堅卧不起初 太宗在潛邸入學讀書再未第時居同里相從講劘情義甚款以故 太宗眷再屢召之州官督令如京再既至上箋陳不事二姓之義 上高其節優禮遣歸朝中搢紳歆景風義咸賦詩以贈權近爲文序之曰有高麗五百年培養教化以礪士風之效萃先生而收之有朝鮮億萬年扶植綱常以明臣節之本自先生而基之其

有功於名教大矣再退而卜築于金烏山下遠近學者翕然嬴糧負書而從質問經義再隨才誘掖討論忘倦每中夜而寢雞鳴而起具衣冠晨謁祠堂次及先聖退坐一室終日儼然講明性理之學剖析精微務契濂洛之旨其言必主忠孝闢異端其教自灑掃應對以至蹈舞詠歌不使之躐等童丱坌集講誦之聲晝夜不輟一家化之嫂婢歌詩相杵人比鄭公鄉焉學者尊之曰冶隱先生年五十七聞權近卒行心喪三年其後朴賁卒又行心喪其老而篤於禮如此旁近緇流感再孝義長髮歸養者數十人鄰有一卒

遠戍其妻棘籬自守久之卒夜歸妻闔户拒之曰暮夜難辨遽開此門則豈十年牢關之義邪吉爺聞之亦以爲何如其化之及人者如此再年六十七卒南議政在按嶺南建祠以祀之　世宗元年贈司諫院左司諫萬曆中立砥柱碑於墓傍文忠公柳成龍記之曰吉先生仕於高麗之季知其將亡高蹈雲林迨予　聖人作萬物覩向之飲食呴濡於王氏之門者奔走恐後而先生以不事二姓之義正色昌言屛跡衡門矢死不起其志烈矣夫犯天下之大難立天下之大節行天下人之所不能爲使烏山一區獨留王氏甲子於數十年之久嗚呼眞砥柱也夫

卓行傳

嗚呼士之以卓行稱者世未嘗無其人也意高麗五百年間草澤之士方外之英必有以絶德殊行聞於世者何其閴然鮮覯也哉豈以毁跡冥遯自絶於世人不得以聞之歟抑以東國無好事者不肯傳其事遂致湮沒歟嗚呼以顔子之賢不遇仲尼則名不彰士之有特行殊操於文辭不少槩見者何可勝數哉夫自范蔚宗傳隱逸於漢乘其後史家多效之蓋高蹈之士激厲頹波有補於風教殆不可少也當睿宗朝或有一二目以隱者顧非其人也何足取哉及毅明以後權兇顫國濁亂極矣一時士大夫安其位食其祿充然無復廉恥色當是時也果能超然遠逝不受其祿則合於君子出處之道不但以隱遁槩之也得一人焉曰韓惟漢高麗政刑弛而不肅名義堙而不明從賊者無識不從則速禍能於是時竭忠秉義抗賊而賊不敢害事定而不居其功蓋古之義士也得一人焉曰洪立功夫孝者百行之源王者顯孝悌以勸百姓其爲政莫尚焉史當得書今得六人焉曰文忠崔婁伯徐稜金遷黃守鄭愈至若婦女之守節者在東史不必錄也夫錄善何將以勸來世也則東

方女則之懿何待於勸哉在漢時已稱東國貞信不淫僻其俗然也麗末制爲之法三品以上妻守節者無旌閭不必旌也蓋東韓士大夫婦女鮮行再醮之禮者習俗旣久風流彌盛家有伯姬人詠栢舟其臨亂蹈義特其餘事耳行之者不以爲難聞之者不以爲異何待於勸哉茲不錄焉

韓惟漢　洪立功　文忠　崔婁伯　徐稜
金遷　黃守　鄭愈

韓惟漢明宗時人也世居京都不樂仕進及崔忠獻

擅政歎曰難將至矣乃攜妻子隱於智異山淸修苦節不與人相聞世高其風致王聞之徵爲西大悲院錄事辭不就乃遣使迎之閉戶不出使者排戶而入惟漢題詩壁上從北牖而遁乃移居漆谷終身不返焉未幾果有契丹之難蒙兵繼至

洪立功仁宗時郎將也李資謙擧兵犯闕以立功爲借將軍使隷拓俊京俊京令立功領軍士六十餘人擔柴火東華門立功行至都省南路密語軍士曰我與若等皆王臣也脅於賊臣燔焫宮門於義可乎因共釋擔趨宣義門從賓而入羅拜王前王驚問立功前自陳王甚義之立功因爲防衛不離王所事定之後不知其所終焉

高麗史卷一百二十一 十七

文忠事母至孝居五冠山靈通寺之洞去京都三十里爲養祿仕朝出而暮歸歎其母老作木雞歌名曰五冠山曲樂府傳習焉

崔婁伯水原府吏尙翥子也尙翥獵爲虎所噉於時婁伯年十五欲捕虎母止之婁伯曰父讎可不報乎卽荷斧跡虎虎旣飽而臥婁伯直前叱曰汝食吾父吾當食汝虎乃掉尾俛伏遽斫而刳其腹盛虎肉於瓮埋川中取父骸而葬之廬於墓側服闋出虎肉喫之盡登第毅宗朝拜翰林學士

徐稜長城人高宗時養母不仕母疽發於項醫曰得生蛙可療天方冱寒稜曰生蛙不可得母病殆不瘳乎號泣不已醫曰雖無蛙且試之且炒藥于樹下忽有物從樹上墮於鼎中乃生蛙也醫賀曰子之孝誠感于神明是天賜也合藥傅之母疾果愈大將軍徐曦同縣人每說此事泫然泣下

金遷溟州吏目也高宗末蒙兵至遷母金及其弟德麟被虜而去時遷年十五晝夜涕泣服衰終制後十四年得母書云在東京遷素貧從人貣特數百金欲往贖之請于朝不許及忠烈王入朝遷復請行又不許遷痛哭不食自得母書號泣奔遑者六年鄕僧孝緣京之屬其兄千戶孝至攜往遷隨至東京訪其母弟於北州天老寨得之贖其母而歸中贊金方慶囘自元至東京召見遷母子歎之言於摠管府給引以送旣至遷父宗衍金父子陵皆年高尙在父子夫婦相見而喜一時稱爲異事後六年贖其弟德麟歸同養其母終身盡孝焉

高麗史卷一百二十一 十八

黃守平壤人也忠肅時爲本府雜材署丞父母年皆七十餘有弟曰賢曰仲連曰季連及姊妹二人同爨

而食日三時具甘旨先饋父母退而共食二十餘年子孫服習不敢少怠贊成姜融訪于其第嗟歎曰東韓士大夫家罕有此事豈意此城中有古義門之風乎令府人具狀上其事里閭聳觀焉

鄭僉 晉州人知善州事任德子也恭愍二十一年與其弟愻從任德戍河東郡倭寇夜至任德病不能騎僉愻擁父而走賊追及刺任德愻以身蔽之斫賊數人賊少却於是僉負任德疾走而免愻竟歿焉事聞授僉宗簿寺丞 同時有兄弟偕行者弟得黃金二錠以其一畀兄至陽川江同舟而濟弟忽投金於水兄

怪而問之弟曰吾平日愛兄甚篤今而分金輒萌忌兄之心斯乃不祥之物也不若投諸江而忘之兄感其言亦投金於水時同舟皆愚民故不問其名氏邑里云

行人傳

史記行人無傳此有之何也夫使事之重也尚矣春秋時列國遣使相朝夫子皆錄之又嘗言之曰使於四方不辱君命可謂士也其微旨可見已漢唐以來帝有天下四方萬國無敢與朝廷抗禮者奉使之臣受命撫綏而已其在東國則不然恪謹侯度愼簡使价將下國之誠意導達於天子之聽譬之列國朝聘其體不亡謹嚴歟中國史行人無傳而東國有之則豈以其輕若彼其重若此哉且夫東國南北皆有敵國日以習兵爲事而東國介於其間獨雍容文具爲治疆場有警輒以玉帛將事使事得失其在東國尤重也審矣然奉使之體以專對爲能以廉操爲尚其或黷貨取侮則辱國何異蒸豆之喫馨風遠播則使本國隱然增九鼎之重是故恪子敷對而蒙帝撤回十年之兵奬其淸節而 大明遽歸千里之域者伊誰之功歟斯眞使乎而賢於十萬師者詎不信哉今取鄭文以下九人立傳嗚呼可不監哉

鄭文 庾應圭 李純孝 宋彦琦 金守剛
張鎰 金有成 金齊顏 朴宜中

鄭文 字懿德草溪人侍中陪傑之子也陪傑妻崔氏賢而無子擇其族女以爲媵遺腹生文文年甫十五六嶷然若老成焉赴試作君爲民天賦曰物如憔悴我則施雨露之恩俗若頑凶我則布雷霆之怒文宗聞而稱之登第擢直翰林轉右拾遺臺諫駁奏文外系出處仁部曲不宜諫官乃改授內給事官至政堂文學禮部尙書爲人朴而謙訥不事生産居室僅庇

風雨莅官謹慎典刑曹十餘年未嘗妄出入人罪扈駕西京請立箕子祠卒謚貞簡贈左僕射嘗奉使入宋所賜金帛分與從者餘悉買書籍而歸宋人多之

庾應圭字賓王茂松人平章事弼之子也弼以剛嚴重當世應圭爲人謇諤頗操履峻整甚有父風善屬文再舉不第入補内侍遷參官持議端方遇事立斷精詳若宿慮者轉考功員外郎鄭仲夫等廢毅宗立王弟翼陽公晧是爲明宗明宗素聞應圭名授工部郎中使賫表如金應圭入境金主詔婆娑路不納移文詰問應圭對曰前王有疾以母弟權攝國事金主曰

讓國大事也何以不先陳請詔有司再問應圭至金主覽表曰爾國雖小亦知君臣之義兄弟之序奈何廢兄簒位天討將行爾毋敢諱應圭對曰前王不幸有沈痼之疾遵先父王遺命讓位于弟小國安敢欺罔天子陪臣雖就湯鑊更無異辭金主猶疑之以問于朝丞相良弼奏曰晛有一子往年有表自陳生孫之喜晛果有疾何不立其子而與其弟乎今晛不遣使而晧使獨至是晧簒明矣豈可捨而不問右丞孟浩曰當詢彼國士民果皆推服卽許冊禮帝曰封國君而詢於民此與除拜猛安謀克何異乃不允前王讓位授回詔應圭應圭曰陪臣齎表二道新王之表何無回詔也陪臣無狀墜失使指罪不容於死與其生還東國寧殞首於天子之庭以明吾君之無他因具服立待命闕下晝夜不離三日不食金主聞之遣人勸食應圭不食從者密饋水漿應圭責之曰汝亦人耳何行詐之甚邪及五日形容枯槁氣息將絶力不能立數至僵仆金主矜其忠遣大臣慰諭曰爾國雖小有臣若此已寢問罪之議汝且就食毋傷生應圭對曰天眷雖厚臣不受回詔何敢苟活受詔之日乃臣續命之辰也猶不食至于七日金主嘉之授回

詔賜御饌厚慰遣還以功擢太子中舍人賜金紫錄其子孫金人亦高其使節每使价往來必問安否及金甫當起兵仲夫等捜文臣脫於庚寅之禍者盡殺之一卒執宰相尹鱗瞻縛之次及應圭應圭厲聲呵之卒不敢近應圭往見諸將曰無禮而能保國者未之有也古者刑不上大夫公等宜法古匡國乃何使賤卒縛辱大臣況尹公有廟謨將略若國有大事捨此人而誰可屬者公等思之諸將謝曰微公專對吾屬得有今日乎乃延坐禮之鱗瞻由是得免四年趙位寵起兵西都王遣應圭諭諸城還拜工部侍郎明

年與給事中史正儒入西京宣諭應圭見位寵諭以君臣大義辭意慷慨位寵即上表請降應圭將還西京裨將李仁白明送之據鞍與語應圭叱曰爾等何敢無禮於天使邪仁等拜謝而去正儒於中路遇疾請留應圭不許疾驅而歸位寵果遣精騎追至洞仙驛不及斬館吏而還是年卒年四十五應圭有清操嘗倅南京一芥不苟取其妻因免乳得疾但啜菜羹衙吏密饋隻雞妻曰家公平生未嘗受人遺何可不告而受以累清德乎卒辭之有五子禧世謙碩等皆至顯官

彙纂麗史卷之三十八 二十三

李純孝 韓山人父宗椿衛尉卿純孝爲人清白嘗使蒙古不費一物而還行槖蕭然巷婦鄙卒皆服其清節曰眞官人也高宗朝累官至全羅道巡問使卒

宋彥琦 鎭州人父恂以知禮聞官至侍郞平章事雖在懸車凡國典禮皆就咨焉彥琦少能文高宗時登第出倅金州政廉平能斷事奸豪斂迹以最徵爲都兵馬錄事稍遷監察御史監右倉時告糴請謁坌集彥琦一以至公分俵甚均時稱賢御史蒙古兵二百餘騎聲言捕獺直入嘉朔龜泰之境實欲剽掠彥琦從數騎往諭蒙兵乃退自是四使蒙古講和息兵七年之間邊境稍安累官至判將作監事三十三年王欲復使講好會彥琦遘疾宰相相謂曰宋公不瘳國將如之何卒年四十三

金守剛 性精通博物耿介不羣高宗朝登第直史館累遷侍御史王時在江都蒙古歲遣將侵軼八路督還舊京王遣守剛如蒙古進方物守剛從帝入和林城乞罷兵帝以不出陸爲辭守剛奏曰譬如獵人逐獸入窟持弓矢當其前困獸何從而出又如冰雪慘烈地脈閉塞草木其能生乎帝然之曰爲汝結兩國之和因遣徐趾來使罷兵後復來侵又遣守剛帝自

彙纂麗史卷之三十八 二十四

將伐宋守剛謁於行營乞罷兵帝又許之遣使與守剛偕至守剛仕至中書舍人卒未至大拜時論惜之

張鎰 字弛之初名敵昌寧郡吏爲人溫毅善屬文長於吏才高宗朝登第居鄉十五年補昇平判官以政最聞及罷復歸舊隱按察使王諧薦爲直史館累遷殿中侍御史元宗初與侍郞金祇錫迭按三南人以爲威重不及祇錫而斷決過之遷吏部郞中歷兵禮二部侍郞左諫議大夫三別抄叛據珍島以鎰得南民心授慶尙道水路防護使鎭撫之鎰有專對才前後凡八使上國不辱君命以判大府事有疾乞退王

不許曰鎰從事賢勞尚稽大用超授簽書樞密院事翰林學士贊成事十四年出爲全羅道指揮使明年還同知樞密院事忠烈即位加知僉議府事寶文署大學士修國史致仕尋卒年七十謚章簡無子

金有成安城縣人父璥尚書左僕射有成年十五中第授同文院錄事元宗朝元世祖遣祕書監趙良弼宣撫日本令我國導達有成被選爲書狀官偕良弼往諭以順逆禍福日本承命遣使朝元以功累遷監察御史忠烈時世祖復遣僉院洪君祥招諭日本王以有成善於辭命陞太僕尹爲宣諭使時書狀闕人

皆以計避郭麟者清州人擢壯元直文翰署忠直有文章語衆曰事不辭難臣子之義何辭爲或以白宰相宰相喜充書狀遣之婦翁崔謁欲謁宰相止其行麟奮然曰死一也死國事不猶愈於死妻子之手乎遂行日本憾往歲之役皆留不還國家憐之遙授有成職評理歲祿其家麟亦授官賜清之楸洞田二人存歿世不得聞

金齊顏字仲賢良簡公方慶之孫上洛君昴之子也登第恭愍王十三年爲正言時內豎韓暉李龜壽以邊功超拜僉議評理管機密甚寵幸諫官不署告身二人疑齊顏譖王曰臣等國耳忘身暴露于外齊顏年少謬居言官非惟不署臣等告身凡㺚川之役將士告身皆不署是有二心欲使將士解體也王大怒謂慶千興元松壽金達祥曰韓暉李龜壽有勞於國齊顏不署告身欲鞫之對曰郎舍衆矣齊顏豈可獨責王曰齊顏卿等之族故爲卿等言之又讓松壽曰卿掌銓選引齊顏爲諫官何爲也松壽伏地流汗不能對王將下齊顏獄千興與宋仁績爭之不能得達祥進曰齊顏諫官也若下獄後世以殿下爲何如主且告身不時署有何罪王益怒起入內翼日齊顏謝

病王遣使強起令署暉等告身竟罷之十五年以軍簿佐郎從田祿生聘河南王擴廓帖木兒至燕京皇太子惡其通信命東還齊顏謂祿生曰公大臣不可留予且留必達使命因稱疾留燕寄書其兄齊閔曰燕都雖不如昔丈夫可居之地也王以齊顏有異謀怒之居無何齊顏自燕單騎走河南達國書曰宰相田祿生被令旨還國齊顏以君命不可委諸草莽又樂聞大王之高風不遠萬里而來耳仍獻玉燭王問何物曰此明燈之具燻而暗修則復明冀王修德若此因上書以爲我王聰明仁武坐殲紅賊百萬之衆

以安帝室爲天下倡今大王忠義聞天下欲東西協
力削平僭亂夾輔帝室王大喜奏授中議大夫中書
兵部郎中簽書河南江北等處行樞密院事齊顏素
善儒琴至是爲王彈之王悅未幾遣其幕客郭永錫
偕來報聘王欲拜代言辛旽嗛其不謁己沮之乃授
内書舍人尋左遷典校副令齊顏常怏怏後與前密
直使金精等謀誅旽事泄繫巡軍杖之旽遣人縊殺

朴宜中字子虛初名實密城人父仁杞版圖摠郞宜
中恭愍朝擢高科授典儀直長累轉獻納司藝辛禑
時除門下舍人陞左司議大夫與鄭蓬上疏曰近日

司憲所申數事允合公論而殿下未盡兪允茲竭愚
衷輒冒言之伏惟我國家自祖聖創業以來列聖相
承持盈守成殿下以明睿之資幼冲嗣位亦克持守
九年于玆比年以來倭賊日熾滚入爲寇殺掠人民
燔焫城郭州郡凋弊田野荒蕪加之水旱饑饉荐臻
倉廩虛耗草賊竊發私相屠戮人民離散父子不保
禍亂之極莫此爲甚矧惟上國不許通好屯兵近境
窺伺釁隙又況天災人妖地怪與夫鳥獸蟲魚之異
疊見譴告一國人民大小戰慄罔不憂懼殿下誠宜
兢兢業業無敢逸豫廣延衆論以圖治安以消變異

不可一日之或怠一事之或忽況可爲不急之務縱
耳目之娛恣心志之欲般樂怠敖哉昔在有夏太康
尸位以逸豫滅厥德厥弟五人述大禹之訓以作歌
而太康盤遊無度卒以不保商之太甲欲敗度縱敗
禮伊尹以明言烈祖之成德以訓之太甲以是爲戒
而克終允德夫太甲太康之所以有間者顧訓之行
與不行耳先儒謂以此二訓揭之座隅銘之盤席若
古聖人儼臨乎前則保國之金湯全生之藥石也伏
望殿下以太甲爲法太康爲戒日以二訓三省于身
輟燕飮之樂絶遊畋之戲無侮聖言無逆忠直無遠

耆德無比頑童遠讒聽諫任賢去邪夙夜孜孜常以
敬天勤民爲務則可以答上天立君之意可以勝祖
考付託之重可以慰臣民期望之心盈成之業可求
保矣不報還成均大司成拜密直提學如京師請還
鐵嶺迆北自恭愍朝奉使者多賫金銀土產輕貨雖
有識者迫於權貴囑託私裝居貢獻十分之九中國
以爲高麗利中國之貨假事大來耳及林廉用事其
弊尤甚宜中不賫一物而行遼東鎭撫徐顯索細布
宜中傾橐示之解所著紵衣與之顯歎其淸白以告
禮部官 天子引見待之有加顯出語人曰僕宰相

以下吾見高麗使臣多矣至尊禮待未有如朴宰相者 帝又命禮部官享宜中于會同館坐前元平章院使上遂寢鐵嶺立衛之議時張子溫死於錦衣衛其從行二人尚未東還 帝付宜中遣之行數日遼東以崔瑩擧兵聞宜中到遼海從者恐被拘皆逸宜中單騎到遼東略無懼色辛昌立賜推誠補祚功臣號恭讓時爲同知經筵王一日御經筵謂侍講官曰予齒已暮讀聖經無益也宜中曰昔晉平公謂師曠曰吾年已七十七欲學恐年老矣師曠曰何不炳燭平公曰安有爲人臣而戲其君者乎師曠曰盲臣安

敢戲其君乎吾聞之少而好學如日出之陽壯而好學如日中之光老而好學如炳燭之明炳燭之明孰與昧行乎公然之今殿下春秋尚富學未晚也王嘉納書雲觀上疏曰道詵密記有地理衰旺之說宜幸漢陽以休松都地力王謂宜中曰卿以爲何對曰古昔人君以讖緯術數保其國者臣未之聞也況今下民多疑有書來自上國則曰必有事西北界有報牒急騎則曰天兵將至禁宮門闌入則曰是必有以也民心旣如是又動衆以遷則下民尤惑矣供億之費騷擾之弊且不可勝言願殿下察焉王不聽尋拜藝文館提學兼成均大司成入 本朝爲檢校參贊議政府事卒年六十七天姿明敏學問篤實廉清慷慨夷險一節爲文章精深而典雅

良吏傳

高麗太祖初定三韓事多草刱未遑置州縣官成宗始分十道定郡縣置守令自是厥後遣廉問黜陟之使屢下勸農蠲租之詔宜若良吏輩出而今見於史者惟王諧以下數人豈吏逸而不傳邪此數人者或以清愼律己或以仁慈撫民俱有遺愛可謂不愧於古之良吏矣作良吏傳

王諧 金之錫 崔碩 鄭云敬 李寶林

王諧父惟禮賓卿諧少登第累遷監察御史守法不撓高宗朝由少府少監出按慶尚激揚清濁一道畏服崔怡子僧萬宗萬全蓄米五十餘萬石取息於民分遣門徒催徵甚酷民盡輸其有租稅屢闕諧令曰民未納稅先督私債者罪之於是二僧之徒不敢肆租稅得以時輸後爲晉州副使吏畏民懷及遷東都留守晉民涕泣願借一年乃復舊任諧沈毅剛正清白有大節凡所計畫無不便民三十三年卒聞者驚歎曰國之重寶亡矣

金之錫 未詳其世系高宗末爲濟州副使州俗男年十五以上歲貢豆一斛衙吏數百人歲各貢馬一匹副使判官分受之以故守宰雖貧者皆致富有井奇李著二人嘗守是州俱坐贓免之錫到州日卽蠲貢豆馬選廉吏十人以充衙吏政清如水吏民懷服先是有慶世封者守濟州亦以清白稱州人曰前有世封後有之錫

崔碩 忠烈朝人登第累遷昇平府使秩滿入爲祕書郎昇平故事每太守遞還必贈馬八匹倅七匹法曹六匹惟所擇及碩還邑人進馬請擇良碩笑曰馬能

到京足矣何擇爲至京歸其馬邑人不受碩曰吾守汝邑銜馬生駒帶來我固貪汝今不受汝馬豈以我爲貪而貌辭邪并其駒授之自是其弊遂絕邑人頌德立石號八馬碑

鄭云敬 奉化人忠肅朝登第補尚州司錄有誣告龍宮監務贓者按廉遣云敬鞫之云敬至龍宮見監務不問而還曰吏貪汙者非才足以弄法不能今監務老且不勝任誰肯賂乎按廉果知其誣歎曰司錄誠長者也州有宦者得幸天子奉使來欲加以非禮云敬卽棄官去宦者慚懼夜追至龍宮謝之乃還忠惠時出知密城時密人有貸宰相趙永暉布者永暉託御香使安祐移牒徵之云敬寢不行祐馳入金海府以不及郊迎召府使密之候吏奔告邑人皆危之祐至問前牒云敬曰密人貸布者趙自徵之非公所宜問祐怒令左右辱之云敬正色曰今已郊迎天子之命將何以罪我公不布德音惠遠民敢爲是邪祐屈而止遷福州判官州有僧於僉川驛路爲賊所掠將死驛吏問其故曰予持布若干疋行見餉糞田者又見耘田者餓有人自後厲聲曰我耘田者呼與語汝何不應未及對卽擊之奪布去言訖遂斃吏執耘者

告于州鞫之獄已具云敬自外還曰殺僧者非此人牧使曰已服曰愚民不耐搒掠恐怖失辭耳牧使令云敬鞫之卽召糞田主問曰汝餉糞田人時有言及僧者無隱田主曰有一人言僧所持布可充酒價於是拘其人置外先鞫其妻曰吾聞某月某日而夫遺汝布若干何處得之妻曰夫以布歸曰貸布者還之卽詰夫誰貸汝布者夫辭屈自服牧使驚問云敬曰凡盜賊祕其迹惟畏人知其曰我耘田者詐也邑人皆服忠穆時以書雲副正充書狀官賀正如元時奇后專寵中貴多東人來饋頗倨傲云敬正色曰今日

之饋為舊主也中貴愕然曰秀才殺我矣歷按楊廣
交州道轉典法摠郎恭愍卽位以云敬與佐郎徐浩
守法不為權貴所撓召入內殿賜酒尚書玄慶言曰
兩宮寢殿地禁甚嚴今外人出入無制宮殿司門官
寺之職令使忽赤守之視事之時陛衛宜謹令左右
如市奏事未了已洩於外掌刑之官不可昵近令鄭
云敬徐浩賜酒寢殿皆戾古制王然之出牧全州時
有元使盧姓者暴橫所至凌辱守令疾馳入州欲罪
以不及郊迎云敬引禮不屈卽日棄去父老呼哭盧
亦愧服留之不得召拜兵部侍郎存撫江陵朔方入

知刑部有訟事自都堂下云敬謂宰相曰式序百官
能者進之不能者退之宰相事也至於法守各有司
存事事皆由廟堂是侵官也未幾拜刑部尚書後以
檢校密直提學謝病歸榮州子道傳道尊道復道
傳自有傳

李寶林文忠公齊賢之孫為人嚴毅方正有政才嘗
知南原府新置濟用財以支供費民無橫斂又宰京
山府道聞婦人哭聲曰若哀而喜者執訊之果與姦
夫謀殺夫者也有人訟鄰人割牛舌鄰人不服寶林
渴其牛會里人和醬于水令曰以次飲牛牛欲飲卽
止里人如令至所訟人則牛駭走訊之果服牛食我
禾故斷其舌又有人馬逸食人麥苗殆盡麥主將訴
之馬主曰我有麥田稔與汝勿訴也麥主許之及夏
麥再苗猶可收馬主曰汝麥亦稔不與麥主訴寶林
命馬主坐麥主立曰俱走不及者罰馬主不及詰之
曰彼立我坐其能及乎寶林曰麥亦然傷而再苗其
及稔乎汝逸馬食麥罪一也乞令不告罪二也違約
不與罪三也亂法之民不可不懲遂杖之以麥歸告
者為政嚴明類此辛禑初判安東府事以治最擢拜
大司憲時林樸不署呈北元書寶林阿仁任意劾流

之人譏其無雅操尋遷密直副使濟州進羖䍽分畜
諸州多物故不孳令贖其價宰相欲分其餘畜之寶
林與權仲和言民贖價而分之於義何遂止官至政
堂文學封雞林君謚文肅無子

木齋家塾彙纂麗史卷之三十八

木齋家塾 彙纂麗史